Eduard Meyer

Geschichte des Altertums

Dritter Band: Das Perserreich und die Griechen - Erste Hälfte

Eduard Meyer

Geschichte des Altertums
Dritter Band: Das Perserreich und die Griechen - Erste Hälfte

ISBN/EAN: 9783743491656

Hergestellt in Europa, USA, Kanada, Australien, Japan

Cover: Foto ©ninafisch / pixelio.de

Eduard Meyer

Geschichte des Altertums

GESCHICHTE

DES

ALTERTHUMS

VON

EDUARD MEYER.

———

DRITTER BAND.

DAS PERSERREICH UND DIE GRIECHEN.
ERSTE HÄLFTE: BIS ZU DEN FRIEDENSSCHLÜSSEN
VON 448 UND 446 v. CHR.

MIT EINER KARTE.

STUTTGART 1901.
J. G. COTTA'SCHE BUCHHANDLUNG NACHFOLGER
G. M. B. H.

BENNO ERDMANN

UND

CARL ROBERT

IN TREUER FREUNDSCHAFT

ZUGEEIGNET.

Vorwort.

Der dritte Theil meiner Geschichte des Alterthums umfasst die Zeiten des Perserreichs und die griechische Entwickelung bis zu ihrem Ausgang in voller und hoffnungsloser Zersetzung, der durch die Schlacht bei Mantinea, die Auflösung
des attischen Seebundes und die Zerstörung des Reichs des
Dionys bezeichnet wird. Von da an liegt der Schwerpunkt
der Entwickelung nicht mehr in Griechenland, sondern in der
neu aufstrebenden makedonischen Macht, welche die Aufgaben in die Hand nimmt, die die Hellenen selbst zu lösen
sich unfähig erwiesen haben. Beim Fortschreiten der Arbeit
stellte sich alsbald die Unmöglichkeit heraus, den Gegenstand,
wenn ich ihn seiner alle anderen Perioden der weltgeschichtlichen Entwickelung überragenden Bedeutung entsprechend
behandeln wollte, im Rahmen eines Bandes darzustellen. Die
beiden Hälften, in die er zerlegt werden musste, sind auf
Wunsch der Verlagsbuchhandlung als dritter und vierter Band
bezeichnet worden. Ihre innere Einheit soll aber dadurch
nicht aufgehoben werden; daher habe ich die Bucheintheilung
und Paragraphenzählung im vierten Band weitergeführt, und
ein gemeinsames Register wird beide Bände beschliessen. Der

Druck des vierten Bandes soll sofort beginnen, und ich hoffe,
ihn so fördern zu können, dass er in Jahresfrist erscheinen
kann. Ich darf daher wohl die Bitte aussprechen, bei der
Beurtheilung des dritten Bandes und vor allem der Disposition
und der Vertheilung des Stoffs nicht ausser Acht zu lassen,
dass er nur einen Theil eines einheitlich entworfenen Ganzen
bildet.

Die Ausarbeitung hat sich auch diesmal viele Jahre lang
hingezogen. Eingehendere Vorarbeiten, die zu selbständigen
Untersuchungen anwuchsen, liessen sich auch hier nicht vermeiden; sie sind meist im zweiten Bande meiner »Forschungen
zur alten Geschichte« (Halle 1899) veröffentlicht. Eine andere
Vorarbeit war mein Buch »Die Entstehung des Judenthums,
eine historische Untersuchung« (Halle 1896). Ich möchte ausdrücklich hervorheben, dass ich das erste Buch des dritten
Bandes, die Darstellung des Perserreichs, in unmittelbarem
Anschluss an diese Schrift im Sommer 1896 zum Abschluss
gebracht habe. Was von neuem Material seitdem hinzugekommen ist, habe ich zu verwerthen gestrebt; man wird es
aber, hoffe ich, begreiflich und entschuldbar finden, wenn ich
die zahlreichen Arbeiten über die älteste jüdische Zeit, welche
seitdem erschienen sind, nur ganz ausnahmsweise berücksichtigt habe. Immer aufs neue zu diesen Fragen zurückzukehren, wäre mir ganz unmöglich und für mein Buch schwerlich von Vortheil gewesen. An der Richtigkeit meiner Auffassung der Hergänge hat mich weder eine dieser Schriften
irre gemacht — am wenigsten die immer aufs neue wiederkehrenden Versuche, die überlieferten Daten für Ezra und
Nehemia durch andere zu ersetzen und den inneren Zusammenhang zwischen der Wirksamkeit der beiden Männer
aufzuheben —, noch der ebenso gehässige wie oberfläch-

liche Angriff, den J. WELLHAUSEN gegen mein Buch gerichtet hat [1]).

Während der Drucklegung ist H. DELBRÜCK's Geschichte der Kriegskunst (I. Das Alterthum, 1900) erschienen, in der die Perserkriege in sehr eingehender und interessanter Weise behandelt sind; der Verfasser hat seine früheren Ansichten mehrfach modificirt und ergänzt. Beizustimmen vermag ich ihm allerdings da, wo wir zu verschiedenen Ergebnissen gelangt sind, nirgends. DELBRÜCK hat meine Untersuchungen über Herodot und über die Wehrkraft und Bevölkerungszahl Attikas im zweiten Bande meiner Forschungen noch nicht berücksichtigt; sonst würde er vielleicht selbst in einzelnen Punkten zu einer anderen Auffassung gelangt sein.

Dass ich die neuesten Berliner Offenbarungen, durch die die alte Geschichte von orientalistischer Seite her ganz neu beleuchtet wird, völlig unberücksichtigt gelassen habe, wird man hoffentlich billigen. Wo die Auffassungen der Grundfragen, der Methode und der wissenschaftlichen Arbeit überhaupt so fundamental verschieden sind, ist jede Möglichkeit nicht nur einer Verständigung, sondern selbst einer Discussion ausgeschlossen.

Die beigegebene Karte hat ihren Zweck erfüllt, wenn es ihr gelingt dem Leser die Weltlage zur Zeit des Entscheidungskampfes von 480 in ihrer Totalität anschaulicher vor Augen zu führen, als das Wort es vermag. Um einen richtigen Begriff vom Perserreich und überhaupt von jedem asia-

---

[1]) Ich habe denselben in einer kleinen Schrift (Julius Wellhausen und meine Schrift Die Entstehung des Judenthums, 1897) zurückgewiesen und gezeigt, dass WELLHAUSEN es mit seinem wissenschaftlichen Gewissen für vereinbar hält, ein Buch zu recensiren, ohne es ordentlich gelesen zu haben. Er lässt mich mehrfach das Gegentheil von dem sagen, was mit klaren Worten in meinem Buch steht.

tischen Reich zu gewinnen, ist das wichtigste Erforderniss, das bewohnte Culturland von den unter der Hoheit des Reichs stehenden Wüsten- und Steppengebieten scharf zu scheiden, eine im einzelnen allerdings sehr schwer mit Sicherheit zu lösende Aufgabe, die unsere Atlanten und Karten fast immer völlig ausser Augen lassen. Soweit es der Massstab gestattet, habe ich versucht, ihr wenigstens in den gröbsten Umrissen zu genügen.

Meinem lieben Freunde OTTO CRUSIUS bin ich auch diesmal für seine thatkräftige Beihilfe bei der Correctur zu lebhaftem Danke verpflichtet.

Halle a. S., den 21. November 1900.

Eduard Meyer.

Inhalt.

Abkürzungen.

A. = Anmerkung.

Ak. = Akademie.

Ber. = Berichte (Monatsberichte, Sitzungsberichte).

BCH. = Bulletin de correspondance hellénique.

CIA. = Corpus inscriptionum Atticarum.

> Bei den Supplementen (vol. IV, 1 in drei Heften gibt die Ergänzungen zu vol. I, vol. IV, 2 die zu vol. II) ist eine einfache Citirweise unmöglich. Ich habe mir dadurch zu helfen gesucht, dass ich neben der Nummer (die sich auf vol. I und II bezieht) die Seitenzahl von vol. IV citirt habe.

CIG. = Corpus inscriptionum Graecarum.

CIGS. = Corpus inscriptionum Graeciae septentrionalis.

CISem. = Corpus inscriptionum Semiticarum.

DS. = DITTENBERGER, sylloge inscriptionum Graecarum.

> Wo nichts hinzugesetzt ist, ist die zweite Auflage (1898. 99) citirt.

Entst. d. Jud. = meine Entstehung des Judenthums, 1896.

Εφ. αρχ. = 'Εφημερίς άρχαιολογική.

FHG. = Fragmenta historicorum Graec. ed. MÜLLER.

Fl. Jahrb. = FLECKEISEN's Jahrbücher.

Forsch. I. II = meine Forschungen zur alten Geschichte I, 1892. II, 1899.

GDI. = Sammlung der Griechischen Dialectinschriften, herausgeg. von COLLITZ.

IGA. = Inscriptiones Graecae antiquissimae.

J. = Journal.

JRAs. Soc. = Journal of the Royal Asiatic Society.

MAI. = Mittheilungen des archäologischen Instituts, athenische Abtheilung.

N. S. = New Series, nouvelle série.

rec. = recueil.

rev. = revue.

Z. = Zeitschrift.

ZDMG. = Zeitschrift der Deutschen Morgenländischen Gesellschaft.

> Die früheren Bände meiner Geschichte sind als Bd. I. II citirt; die Zahlen bezeichnen die Paragraphen. Citate ohne Bandzahl wie §. 231 A. verweisen auf Paragraphen und Anmerkungen des vorliegenden Bandes.

Nachträge und Berichtigungen.

§. 48 hätten als Gewicht des persischen Talents statt 25,92 Kilogramm richtiger 25,20 Kilogramm angegeben werden sollen, in genauer Uebereinstimmung mit dem Normalgewicht des Dareikos von 8,4 Gramm.

§. 80). Ich habe übersehen, dass C. F. Lehmann schon früher neben Šamaš-irbâ einen zweiten Usurpator Chazzija oder Tarzija nachgewiesen hat, von dem wir eine Urkunde vom 11./8. seines ersten Jahres besitzen. Es haben also unter Xerxes zwei Empörungen Babylons stattgefunden, die erste wahrscheinlich 484, die zweite 479. S. jetzt Lehmann in der Wochenschrift für class. Philol. 1900, 959 ff.

§. 95 A. Zum Decret von Isinda vgl. jetzt Kalinka im Jahrb. des österr. archäol. Instit. 1900.

Zu §. 113 A. sei darauf hingewiesen, dass Sellin inzwischen seine Ansichten über Zerubabel und den Knecht Jahwes wesentlich modificirt hat (Studien zur Entstehungsgeschichte der jüdischen Gemeinde nach dem bab. Exil, 1901).

Zu §. 115 A. und 130 A.: Bei Sirach 50, 25 f. ist mit Ryssel bei Kautzsch, Apokryphen und Pseudepigraphen des A. T. I, 471 auf Grund der Uebersetzungen zu lesen: »Gegen zwei Völker empfindet meine Seele Abscheu, und das dritte ist kein Volk: die da sesshaft sind im Gebirge Seir (statt Samaria) und die Philister und das thörichte Volk, das zu Sichem wohnt.« Diese Lesung wird jetzt durch den von Schechter gefundenen hebraeischen Text bestätigt, der וישבי שעיר bietet. Damit wird die von mir übernommene Erklärung Wellhausen's hinfällig.

Geschichte des Alterthums.

Dritter Theil.

Das Perserreich und die Griechen.

—

Erste Hälfte.

Bis zu den Friedensschlüssen von 448 und 446 v. Chr.

Erstes Buch.

Der Orient unter der Herrschaft der Perser.

———

Quellenkunde zur Geschichte der Perserzeit.

Die Quellen der persischen Geschichte.

1. Im Gegensatz zu den älteren Reichen des Orients hat das Perserreich nur sehr wenige Denkmäler hinterlassen. Ausser den babylonischen Urkunden über Kyros (Nabonedchronik und Proclamation des Kyros Bd. I, 499) besitzen wir historische Texte nur von Darius: den grossen Bericht über seine Thaten in der Inschrift von Behistan (Bd. I, 515), die sehr verstümmelten Inschriften vom Suezcanal (§. 60) und seine Grabinschrift zu Naksi Rustem bei Persepolis. Die sonstigen Inschriften des Darius und seiner Nachfolger sind Bauinschriften dürftigsten Inhalts. Diese Königsinschriften sind fast alle in den drei Sprachen der Keilschrift (§. 15), die vom Suezcanal ausserdem in Hieroglyphen abgefasst. Von den Urkunden der Verwaltung und den Protokollen und Aufzeichnungen, die in den Kanzleien der Könige und der Satrapen geführt und zu Hofjournalen oder ▸Tagebüchern◂ zusammengestellt wurden (§. 27 f.), ist uns einiges wenige erhalten: ein Erlass des Darius an den Domänenverwalter Gadatas im Gebiet von Magnesia am Maeander in inschriftlicher Copie aus römischer Zeit, mehrere aramaeische Urkunden auf Papyrus aus Aegypten, einige auf die Juden bezügliche Urkunden im Buch Ezra. Weit zahlreicher sind die nach Königsjahren datirten Privaturkunden, vor allem viele Tausende aus Babylonien, vorwiegend aus der ersten Hälfte der Perserherrschaft, welche die Chrono-

logie auf eine feste Grundlage stellen und die Daten des ptole-
maeischen Kanons (Bd. I, 126) bestätigen und genauer bestimmen,
daneben demotische Urkunden aus Aegypten. Dazu kommen
aramaeische Siegel und Gemmen von Privatpersonen, der Aichvermerk eines Gewichts in Löwengestalt aus Abydos, endlich die
Münzen von Königen, Satrapen, Heerführern, Dynasten und
Gemeinden. In Aegypten sind ausserdem Bauinschriften des
Darius und einige Inschriften von Privatpersonen aus der Zeit
des Darius und Xerxes erhalten, ferner eine Angabe über den
Aufstand des Chabbaš in einer Inschrift vom Jahre 311, endlich zahlreiche Inschriften aus der Zeit der Pharaonen des
vierten Jahrhunderts. Aus dieser Zeit besitzen wir auch aus
dem persischen Kleinasien manche Inschrift, namentlich aus
Lykien und Karien.

Die älteren Bearbeitungen der persischen Inschriften (Bd. I, 410) sind
jetzt überholt durch WEISSBACH und BANG, die altpers. Keilinschr. (I, 1893)
für den persischen, WEISSBACH, die Achaemenideninschr. zweiter Art (1890)
für den susischen, BEZOLD, die (babyl.) Achaemenideninschr. (1882) für den
babylonischen Text. Die Trümmer der hieroglyph. Inschriften vom Suezcanal sind im Rec. de travaux publicirt: Inschrift von Šalûf VII, 1
(MARIETTE und MASPERO), IX, 131 (MÉNANT). XI, 160 (DARESSY); Inschrift von Tell el mas-chûta XIII, 97 (GOLÉNISCHEFF). — Für die Annalen Naboneds und den Cyruscylinder sind die älteren Arbeiten (auch
SCHRADER's Uebersetzung, Keilinschr. Bibl. III) durch HAGEN und DELITZSCH
in den Beitr. zur Assyriologie II, 1894 mehrfach berichtigt. Ueber die
babylonischen Urkunden und die Chronologie s. Forsch. II. Den Haupttheil bildet ein grosser von Nebukadnezar II. bis Darius I. reichender Ur-
kundenfund im British Museum (§. 81). Vgl. BOSCAWEN, Transact. Soc.
Bibl. Arch. VI, 1877; von STRASSMAIER, babyl. Urkunden, mit anderen
Documenten zusammen publicirt. Dazu die Urkunden von Nippur aus
der Zeit Artaxerxes' I. und Darius' II. in The Babylonian Exped. of the
Univers. of Pennsylvania IX. Für die Handels- und Culturgeschichte ist
dies Material noch nicht genügend ausgenützt. Sammlung des aegyptischen Materials bei WIEDEMANN, aegypt. Geschichte. — Ueber die Urkunden
des Ezrabuchs s. §. 8. Erlass an Gadatas: COUSIN und DESCHAMPS, BCH.
XIII, 530. XIV, 646. DS. 2; vgl. Entst. d. Jud. 19 f. DITTENBERGER, Hermes
XXXI, 643. Die aramaeischen Inschriften, Papyri (vgl. CLERMONT-GANNEAU,
rev. arch. nouv. sér. 36. 37) und Siegel sind im CISem. II gesammelt. Unter
den Papyri aus Aegypten befinden sich das Schreiben eines Beamten an
einen Vorgesetzten (CISem. II. 144), öffentliche und private Rechnungen

(146 ff.), ein paar leider ganz zerfetzte Seiten eines Buchs, das von religiösen und politischen Verhältnissen (bei Gelegenheit eines Aufstandes) gehandelt hat (145); Ostrakon aus Elephantine mit einer Processurkunde (138). Der Löwe von Abydos ib. 108. Vgl. Entst. d. Jud. 10 ff. — Münzen: Grundlegend ist die in der Erklärung völlig überholte Sammlung von DE LUYNES, essai sur la numismatique des satrapies, 2 voll., 1846. Dann BRANDIS, Münz-, Maass- und Gewichtswesen in Vorderasien bis auf Alexander (1866), mit umfassen- dem Münzverzeichniss. Ferner die Aufsätze von WADDINGTON, rev. numism. 1860. 1861 (= mélanges de numismatique); H. DROYSEN, Z. f. Numism. II; J. P. SIX, numism. chronicle, new series XVII, 1877. 3. ser. IV, 1884; rev. num. 1883. 1886; HEAD, the coinage of Lydia and Persia, in Numis- mata orientalia 1877, u. a. Für die meisten Zwecke wird jetzt das Werk von BABELON, les Perses Achéménides 1893 (catal. des monnaies grecques de la biblioth. nat. II) ausreichen, das auch die Erklärung wesentlich gefördert hat.

2. Herodot redet von persischen Geschichtskundigen (λόγιοι I, 1. 5), die freilich mehr von der griechischen Sage als von persischen Traditionen wissen. Die grossen Thaten der Könige lebten in Sagen fort (Herod. I, 95. 121. 214; III, 1), die Begebenheiten waren in den Hofjournalen ver- zeichnet; aber zu einer historischen Literatur haben es die Perser, soweit wir wissen, nicht gebracht. Später ist dem Gedächtniss der Iranier jede Erinnerung an das Achaemeniden- reich geschwunden; was die neupersische Literatur von ihm weiss, verdankt sie der im Mittelalter durch syrische Ver- mittelung importirten graeco-aegyptischen Alexandersage. — Von der historischen Literatur der Unterthanen sind uns ausser ein paar Notizen aus Berossos und der Königsliste Manetho's nur Trümmer der jüdischen Literatur in der Be- arbeitung des Chronisten erhalten, darunter Urkunden und die Auszüge aus den Denkwürdigkeiten des Ezra und des Nehemia (§. 8). Von den Zuständen des Reichs haben die Juden auch später noch ein lebendiges und zuverlässiges Bild bewahrt, das uns in dem etwa im dritten Jahrhundert ge- schriebenen Estherroman (§. 131) entgegentritt. Selbst in die Visionen Daniels hat sich eine Anzahl echt persischer Amts- titel gerettet, die hier auf das Chaldaeerreich Nebukadnezars übertragen werden (vgl. Entst. d. Jud. 23).

3. Weitaus die meisten Nachrichten über das Perserreich
verdanken wir den Griechen. Die älteste erhaltene Quelle
sind Aeschylos' Perser (472 v. Chr.). Der Dichter hat sich
sichtlich bemüht, das Localcolorit zu wahren; aber seine
Kenntnisse reichen über die allgemeinste Kunde von persischen
Sitten und Institutionen nicht hinaus, und was er über die
Geschichte des Reichs (v. 759 ff.), die Völkerschaften und
Heerführer mittheilt, ist grossentheils seine eigene Erfindung.
Für ihn, wie für die älteren Griechen überhaupt, stehen die
Beziehungen zu den Griechen und den westlichsten Provinzen
des Reichs durchaus im Mittelpunkt der Auffassung. — Die
älteste persische Geschichte, die wohl nicht über den ersten
Darius hinabreichte, hat Dionysios von Milet geschrieben.
Aus Hekataeos' Geographie (Bd. II, 465) sind uns einige
Notizen, aus Charons und Hellanikos' persischen Geschichten
fast nichts erhalten. Einige auf eines dieser Werke, vielleicht Charon, zurückgehende Nachrichten liegen durch Deinon
vermittelt bei Justin vor, der mehrfach eine vorherodotische
Form der Geschichten von Kyros, Kambyses, Smerdis bewahrt
hat. Sonst sind sie durch die Darstellung Herodots verdrängt.
Herodot hat zwar Persisch so wenig wie eine andere fremde
Sprache verstanden (Forsch. I, 194), aber durch Dollmetscher
und Griechen eine gute Kenntniss der persischen Tradition
erhalten, die allerdings für die ältere Zeit sagenhaft und vielfach von griechischen Erzählungen und Ideen durchsetzt ist
(Bd. I, 411). Seinen Vorgängern — man wird zunächst an Dionysios von Milet denken — hat er die Chronologie (Forsch. I)
und vielleicht einige streng historische, mit seinen ausführlichen Erzählungen in Widerspruch stehende Angaben (z. B.
I, 125; VII, 11; vgl. Forsch. II, 233 f.) entlehnt. Ausserdem
ist ihnen die auf völlig authentisches Material zurückgehende
Liste der Satrapien und Tributsätze des Darius (III, 89 ff.;
vgl. §. 50 A.), die Beschreibung der Königsstrasse von Sardes
nach Susa (V, 52 ff.) und ebenso der Bericht über Xerxes'
Zug von Kelaenae bis Therme mit dem Verzeichniss der
Völkerschaften in seinem Heere, ihrer Bewaffnung und Führer,

also der Kern von VII, 26—131, entnommen (vgl. Forsch. II, 231 f.). Die Zuverlässigkeit dieser Stücke namentlich in ethnographischer Hinsicht ist durch die persischen Keilinschriften vielfach glänzend bestätigt worden. Ergänzt hat Herodot seine Nachrichten durch eigene Anschauung. Zwar in Iran ist er nicht gewesen, wohl aber in Babylon, vielleicht von Phoenikien aus; und die Lebensweise und Sitten (νόμοι) der Perser hat er scharf beobachtet und I, 131 ff. vortrefflich geschildert (vgl. Bd. I, 417). Auch die Angaben über den Osten und die Grenzgebiete des Reichs, namentlich über die Sitten und Merkwürdigkeiten von Indien (III, 98 ff.), zeigen trotz einzelner Irrthümer, wie gut er es verstand, zuverlässige Nachrichten einzuziehen; von den seit Skylax von Karyanda (§. 60) zu den Griechen gedrungenen indischen Fabeln hält er sich auffallend frei. — Ueber Herodots Geschichte der Perserkriege §. 142 f. Auf die Begebenheiten nach 479 geht Herodot nur in einzelnen Excursen ein (z. B. IV, 43).

4. Etwa vierzig Jahre nach Herodot, um 390 v. Chr., hat der Arzt Ktesias von Knidos, der siebzehn Jahre lang am Hof des Grosskönigs gelebt hatte (414—398), die Geschichte des Orients und speciell in grosser Ausführlichkeit (Buch 7 bis 23) die des Perserreichs erzählt. Auf Grund seiner Kenntnisse des Lebens und der Traditionen des Orients sucht er Herodot überall zu berichtigen; jedoch zeigt er dadurch nur, wie sehr die Tradition sich verschlechtert hat (Bd. I, 412) und wie wenig kritisch er selbst veranlagt war. Ebenso hat er im Anhang seines Werks die indischen Fabeln von wunderbaren Völkern und Thieren ausführlich erzählt, die Herodot bei Seite lässt. Das hat ihm im Alterthum ganz allgemein den Ruf eines Fälschers und Lügners verschafft, und wenigstens wo er sich für die ältere Zeit auf Urkunden beruft (§. 27 A.), ist dieser Vorwurf berechtigt. Werth hat sein Werk für uns fast nur für die Geschichte des fünften Jahrhunderts, wo er zuletzt als Augenzeuge und, wenigstens soweit seine Eitelkeit nicht in Betracht kommt, allem Anschein nach zuverlässig erzählt. Der Auszug, den Photios aus ihm

bewahrt hat, ist hier, von wenigen zerstreuten Nachrichten
bei den griechischen Schriftstellern abgesehen, fast unsere
einzige Quelle.

Ctesiae Cnidii rel. ed. C. Müller im Anhang zu Didot's Herodot. Im
allgemeinen vgl. meinen Artikel Ktesias bei Ersch und Gruber. Dass
Diodor ihn für die assyrische und medische Geschichte nicht direct benutzt hat, sondern durch Vermittelung desselben Schriftstellers, dem er
die Alexandergeschichte verdankt, hat Jacoby, Rhein. Mus. XXX gezeigt
[den Widerlegungsversuch von Krumbholz, Rh. Mus. XLI halte ich für
misslungen], vgl. Gutschmid, Kl. Schr. V, 23 ff.; dass dieser Schriftsteller
Agatharchides von Knidos τὰ κατὰ τὴν 'Ασίαν ist, hat Marquart, die Assyriaka des Ktesias, Philol. Suppl. VI, 1893 erkannt [dagegen Krumbholz, zu
den Assyriaca des Ktesias, Rh. Mus. L, 205 ff.]. — Von Ktesias' Perser-
geschichte findet sich bei Diodor keine Spur. — Ktesias' Werk enthielt
einen geographischen Anhang über die Strasse von Ephesos nach Baktrien und Indien. Ausserdem citirt Athenaeos zweimal Κτησίας ἐν τῷ περὶ
τῶν κατὰ τὴν 'Ασίαν φόρων in mehreren Büchern. Auch ein geographisches
Werk hat er geschrieben.

5. Während Ktesias' phantastische Reconstruction der
assyrischen und medischen Geschichte viel Anerkennung gefunden hat — schon Plato benutzt sie für seine historische
Phantasie legg. III, 685 ff. (s. Nöldeke, Hermes V, 457),
dagegen schwerlich für die persische Geschichte III, 694 ff.
= epist. 7, 332 a —, hat man für die Perserzeit meist mit
Recht Herodot vorgezogen, dem sich z. B. Ephoros überall
angeschlossen hat. Auch Xenophon hat für den didaktischen
Roman, zu dessen Substrat er die Reichsgründung des Kyros
machte, im wesentlichen Herodots Erzählung zu Grunde gelegt, aber aufs stärkste umgearbeitet. Die Tendenz der bald
nach 362 geschriebenen Schrift ist, zu zeigen, wie eine hervor-
ragende Persönlichkeit in der griechischen Welt ein taktisch
durchgebildetes Heer und damit eine festgefügte, auf die
Treue der Unterthanen gegründete Monarchie schaffen könne.
Aber wohl oder übel muss die Erzählung in eine Schilderung
des Perserreichs und seiner Institutionen auslaufen. Diese
(VIII, 6 und sonst in nicht sehr zahlreichen zerstreuten Bemerkungen) ist zwar vielfach idealisirt, aber im allgemeinen
zuverlässig. Trotz der Schwäche des Reichs hat seine Grösse

und sein fester Bestand im Gegensatz zu den Wirren der
griechischen Verhältnisse dem nüchternen Soldaten einen starken
Eindruck gemacht; auch waren ihm manche persische Einrichtungen sehr sympathisch. Ergänzt werden die Schilderungen der
Cyropädie durch die Darstellung der Satrapienverwaltung Xen.
oecon. 4, 4 ff. Eine scharfe Kritik des Perserreichs, wie sie
schon früher z. B. Isokrates paneg. 138 ff., 150 ff. gegeben
hatte, enthält das von einem Zeitgenossen der Cyropädie
angehängte Schlusscapitel VIII, 8. — Ein lebendiges Bild der
Zustände um 400 bietet Xenophons Anabasis, der aus einem
anderen Werk (Sophainetos?) eine sehr werthvolle Satrapienliste (VII, 8, 25 f.) angehängt ist (vgl. §. 161). Weitere Nachrichten über die spätere persische Geschichte verdanken wir
den zeitgenössischen Historikern, wie Xenophons Hellenika,
Ephoros, Theopomp, den Broschüren des Isokrates, dann den
Historikern Alexanders, wie Kallisthenes und für den Osten
Onesikritos, Nearch, Polykletos von Larisa u. a. Aus Ptolemaeos hat Arrian seine zuverlässigen Angaben über die persischen Satrapen geschöpft.

In Xenophons Cyropädie stammt aus Herodot die Jugendgeschichte
des Kyros. die ganze Kroesosgeschichte (speciell VI, 2, 11 der Bund mit
Sparta; VII, 1, 27. 48 die Verwerthung der Kamele gegen die Reiterei
= Her. I, 80; VII, 2, 3 die Variation der Ersteigung der Burg von Sardes;
VII, 2, 11 die Verschonung von Sardes auf Kroesos' Rath = Her. I, 88 f.;
VII, 2, 15 ff. die Verhandlung mit Delphi und die Selbsterkenntniss, zu der
Kroesos kommt; auch der Grabhügel des Abradatas am Paktolos VII,
2, 5. 16 ist gewiss das Grab des Alyattes Her. I, 93), die Geschichte
der Einnahme Babylons; ferner stammt die Bezeichnung des Kyros als
πατήρ VIII, 1, 44. 2. 9 und die Geschenke, die ihm gebracht werden, aus
Herod. III, 89. I. 2. 16 ist Her. I, 133 benutzt und künstlich umgedeutet
(vgl. VIII, 8, 8), I, 3, 11 in der Angabe über das Weintrinken Her. I,
133 mit Unrecht corrigirt. Die Gründe der Abweichungen liegen auf
der Hand. Die Verbrennung des Kroesos konnte Xenophon so wenig
brauchen wie die Erhebung des Kyros gegen seinen Grossvater; deshalb
erfindet er Astyages' Sohn und Nachfolger Kyaxares, der dem Kyros
schliesslich sein Reich vermacht. Der ganze Armenier- und Assyrerkrieg
lb. II—V ist zu militärisch-pädagogischen Zwecken erfunden. Ausserdem wird dem Kyros die äussere und innere Vollendung des Perserreichs
(Unterwerfung Aegyptens und Reichsorganisation) zugeschrieben. Ktesias,

den Xenophon gekannt hat (Anab. I, 8, 26 f.), ist nur für den Namen
des jüngeren Sohnes Tanaoxares und die ihm zugewiesenen Provinzen, die
freilich modificirt werden (VIII, 7, 11), und vielleicht für den Umfang
des assyrischen Reichs I, 5, 2 und sonst vereinzelt (§. 68 A.) benutzt; VIII,
5, 28 wird gegen ihn polemisirt. Einzelne Namen, wie den Gobryas bei
der Eroberung Babylons (Bd. I, 504), der zum Assyrer gemacht wird, mag
er anderen älteren Schriftstellern entnommen haben, ebenso die Angabe,
dass Kyros' Vater Kambyses König der Perser war (I, 2, 1), die ja auch
bei Herodot III, 75. VII, 11 erkennbar ist, aber von der Sage ignorirt
ward. Die Gestaltung der Persönlichkeiten dagegen ist ausschliesslich
sein Eigenthum. — Von historischem Werth für die Zustände des Reichs
sind ausser den Angaben des achten Buchs nur ganz vereinzelte Notizen
der ersten Bücher (III, 2. 24. 3. 26. VI, 2, 11. VII, 1, 45. 4. 1 = VIII,
6, 8. VII, 4. 9. 5, 67 ff.) und die gelegentliche Rücksichtnahme auf all-
bekannte orientalische Sitten wie I, 4, 27. IV, 2, 2 und in den ideali-
sirten Angaben über die persische Erziehung. Im übrigen aber hat
Xenophon in den ersten Büchern die Orientalen mit Absicht wie Griechen
geschildert: er will ja zeigen, wie aus den griechischen Verhältnissen ein
Staat wie der des Kyros geschaffen werden könnte.

6. Gegen Ende des Achaemenidenreichs hat Deinon von
Kolophon in einem sehr umfangreichen Werk die Geschichte
der Perser (und der älteren asiatischen Reiche) bis mindestens
zum Ausgang Artaxerxes' III. sowie in einer zweiten und
dritten Abtheilung eingehend die Institutionen des Reichs und
die Sitten der Perser dargestellt. Er hat alle seine Vorgänger benutzt, in der Sagengeschichte mit ausgesprochener
Vorliebe für die älteren und ursprünglicheren Versionen; in der
assyrischen Geschichte scheint er Ktesias' System weiter ausgebildet zu haben. Im übrigen schreibt er im Gegensatz zu
Ktesias und Herodot in dem ausgebildeten Geschichtsstil seiner
Zeit, mit breit ausgemalten Erzählungen, unter möglichster
Wahrung des Localcolorits. Dadurch ist er neben Herodot
die Hauptquelle für die persische Geschichte geworden und
hat Ktesias in den Hintergrund gedrängt. Nicht mit Unrecht
gilt er für ihren zuverlässigsten Bearbeiter (Nepos Conon 5,
vgl. z. B. Cic. de div. I, 46). Daher hat Trogus vorwiegend
aus ihm geschöpft, ebenso Nepos im Conon und Datames;
für Plutarchs Leben des Artaxerxes II. ist er die Hauptquelle,

ebenso wahrscheinlich für Nikolaos von Damaskos (nur bis
auf Kyros erhalten). — Gleichartig scheinen Heraklides von
Kyme's Περσικά gewesen zu sein, aus deren erstem Theil
über persische Institutionen (Παρασκευαστικά, in mehreren
Büchern) Athenaeos grössere, sehr werthvolle Stücke bewahrt
hat; einzelne Notizen aus ihm hat auch Plutarch erhalten.
In gleichem Sinne, mit Heranziehung alles culturgeschicht-
lichen, antiquarischen, philologischen Materials (namentlich
der Homerstellen über Asien), dabei aber nur zu oft in ro-
manhaft ausgeschmückter Weise, haben auch die anderen
Schriftsteller dieser Zeit, wie Theopomp, Kallisthenes, die
Peripatetiker, die asiatischen Dinge behandelt. Besonders beliebt wird es, seit die persische Religion genauer bekannt geworden ist, aus ihr einzelne Lichter aufzusetzen und so zugleich
seine Gelehrsamkeit zu zeigen (so in der Kroesosgeschichte bei
Nikolaos Dam. und in der Ueberarbeitung der Themistokles-
geschichte durch Phanias von Eresos Plut. Them. 28; μὰ τὸν
Μίθρην findet sich zuerst bei Xen. Cyrop. VII, 5, 53; eingehend hat zuerst Theopomp lb. VIII die persische Religion
behandelt).

Ueber Deinon und Heraklides von Kyme vgl. RCHL, Fl. Jahrb. 1888,
121 ff. Zu Trogus und seiner Quelle Deinon s. Gutschmid, Kl. Schr. V.
Aus Deinon stammt nach der Uebereinstimmung mit Plut. Artax. 4. 5
auch Aelian var. hist. I, 31—34. Zu Nic. Dam. JACOBY in den Comm.
phil. Lips. für G. Curtius 1874. Zu Plutarchs Artaxerxes: SMITH, a
study of Plutarchos life of Artaxerxes, Leipzig 1881. KRUMBHOLZ, de
Ctesia aliisque auct. in Plut. Artax., Progr. Eisenach 1889, der aber für
Ktesias zu viel in Anspruch nimmt.

7. Auf diese Quellen gehen die uns erhaltenen Darstellungen der späteren Zeit zurück. So tritt z. B. in der
Schilderung der persischen Sitten bei Strabo XV, 3, 13 ff.
als Grundlage Herodot hervor, aber in ausschmückender Ueberarbeitung, wie sie Deinon oder Heraklides geben mochte; daneben ist §. 18 Xenophon Cyr. I, 2 verarbeitet. Ausserdem
sind Darstellungen der Alexandergeschichte benutzt (so §. 21
Polyklet von Larisa), denen die Schilderung des Landes (c. 2.

3 init.) grösstentheils entnommen ist. In den persischen
Stratcgemen bei Polyaen stehen nachweislich Stücke aus
Herodot, Ktesias, Ephoros, Deinon neben einander, häufig ist
aber die Herkunft nicht bestimmbar. Woher die persischen
Geschichten bei [Aristot.] Oecon. II stammen, ist nicht festzustellen. — Von den Neueren ist seit BARNABAS BRISSON's
bekanntem Werk De regio Persarum principatu libri tres (zuerst 1590) die Organisation des Reichs oft behandelt, so von
HEEREN (Ideen I), sodann mit Heranziehung des neu er-
schlossenen urkundlichen Materials von G. RAWLINSON (Hi-
story of Herodotus II, 555 ff.; Five Eastern Monarchies III)
und von DUNCKER (Gesch. d. Alt. IV); eine dem Stoff ge-
nügende Behandlung steht noch aus. Die politische Geschichte
des Reichs hat durch NÖLDEKE (Aufsätze zur persischen Geschichte 1887) eine treffliche Darstellung gefunden; nur
kommt hier weder die Persönlichkeit der ersten Herrscher
noch die allgemeine geschichtliche Bedeutung des Reichs zu
vollem Rechte (vgl. meine Recension ZDMG. XLIII, 550).
Die Geschichte der Satrapien ist namentlich durch KRUMB-
HOLZ und JUDEICH wesentlich gefördert worden.

Von den Notizen späterer Schriftsteller könnte einzelnes z. B. auf Ba-
ton von Sinope ὁ πραγματευθείς τὰ Ηερσικά Strabo XII, 3, 11 (um 200 v. Chr.)
zurückgehen, so wenig wir auch über ihn wissen. — SPIEGEL's eran. Alterthumskunde bietet für die Achaemenidenzeit wenig Selbständiges. Für
die Satrapien KRUMBHOLZ, de Asiae min. satrapiis persicis, Leipzig 1883.
vgl. NÖLDEKE, Gött. Gel. Anz. 1884, 290 ff.; DERS., de discriptione regni
Achaem., Progr. Eisenach 1891; LEUSCHAU, de rebus Prienensium, Leipz.
Stud. XII, 13 ff.; JUDEICH, Kleinasiat. Studien 1892. Die Ergebnisse der
Dissertation von A. BUCHHOLZ, quaest. de Persarum satrapis satrapiisque,
Leipzig 1894, scheinen mir meist verfehlt. Ein reiches Repertorium
historischer Namen und Daten gibt F. JUSTI, Eranisches Namenbuch,
1895. — Ueber die Chronologie der persischen Könige s. Forsch. II,
437 ff. — Sehr dankenswerth ist der Versuch SIEGLIN's, atlas antiquus
tab. VIII, die Satrapien Herodots und die von Darius genannten Landschaften kartographisch zu fixiren, während KIEPERT die Satrapien ganz
willkürlich ansetzt.

Jüdische Quellenkunde.

8. Von der jüdischen Literatur vom Exil abwärts sind uns sehr bedeutende Ueberreste erhalten: die Schrift Ezechiels, Deutero- und Tritojesaja, die Propheten der Perserzeit (Haggai, Zacharja, Maleachi, an die Obadja und weiter Joel anschliessen), ferner eine Reihe pseudonymer Prophetien und Eschatologien in den Büchern Jesaja, Jeremia, Zacharja, sodann das Gesetz in seinen verschiedenen Schichtungen, schliesslich die gesammte, auf Grund des Gesetzes erwachsene Sammlung der Hagiographen, mit deren Legendenbüchern (Chronik, Ruth, Esther) auch das unter die Propheten gerathene Buch Jona auf gleicher Linie steht. Eigentlich historische Schriften dagegen hat die in äusserer Gleichförmigkeit verlaufende Epoche nicht hervorgebracht. Nur Ezra und Nehemia haben jeder seine Thaten für die Sache Gottes und der Gemeinde in einer memoirenartigen Schrift dargestellt. Ausserdem besass man eine Anzahl Urkunden: ein Verzeichniss der aus dem Exil zurückgekehrten Geschlechter und ihrer Kopfzahl, das Nehemia in seine Schrift aufgenommen hat; den Bericht des Satrapen von Syrien über den Tempelbau an Darius I. und dessen Antwort darauf; eine Beschwerde des Statthalters von Samaria über den Mauerbau von Jerusalem an Artaxerxes I. und das von diesem verhängte Verbot desselben [eine ähnliche Beschwerde unter Xerxes Ezra 4, 6 ist uns nicht mehr erhalten]; endlich die von Ezra selbst mitgetheilte Vollmacht, die der König ihm gegeben hat. Dieses Material ist, wie es scheint am Ausgang der persischen Zeit (Neh. 12, 22), in einem kurzen, zum Theil aramaeisch geschriebenen Geschichtswerk zusammengestellt, dem »Buch der Tagesereignisse« (Neh. 12, 23); auch ein wenigstens in seinen älteren Theilen ganz unbrauchbares Verzeichniss der Häupter der Priester- und Levitengeschlechter (theilweise erhalten Neh. 12, 1—26) mit einer Liste der Hohenpriester (v. 10 f.) war darin aufgenommen. Dieses Buch ist ein oder anderthalb Jahrhunderte später von dem Leviten, der

die erhaltenen Bücher der Chronik verfasst hat, als unmittelbare Fortsetzung der Chronik überarbeitet worden; so sind die uns erhaltenen Bücher Ezra und Nehemia (ursprünglich als ein Buch gezählt) entstanden. Es gibt von ihnen ausserdem noch eine secundäre griechische Bearbeitung, das sog. erste (dritte) Ezrabuch, welches alles auf Nehemia Bezügliche ausscheidet und über Zerubabel eine spätere Legende einfügt. Durch die wiederholte Ueberarbeitung sind die Auszüge aus Nehemia's und namentlich aus Ezra's Schrift oft gekürzt und entstellt; die Urkunden sind ziemlich intact geblieben. Von Eigenem hat der Chronist eine Ausmalung der Rückkehr und des Tempelbaus unter Kyros (Ezra 1, 1 — 4, 5) und mit Benutzung einer älteren aber werthlosen Vorlage ein Verzeichniss der Bewohner Jerusalems und der Landorte (Neh. 11, 3—19. 21—36 = Chron. I, 9), sowie einzelne zerstreute Zusätze hinzugefügt, ferner, weil er die Angaben über den Mauerbau auf den Tempelbau bezog, die Urkunden darüber Ezra 4, 6 bis 23 vor den Tempelbau unter Darius gestellt. — Auch in den angeblich auf die vorexilische Zeit, thatsächlich auf die Gegenwart des Verfassers bezüglichen Geschlechtslisten der Chronik finden sich einige für die jüdische Geschichte brauchbare Angaben (§. 129 A.); die Liste der 24 Priestergeschlechter Chron. I, 24 dagegen stammt erst aus makkabäischer Zeit. — Josephus hat ausser ein paar Angaben über den Ausgang der persischen Zeit (§. 128. 130) nichts Neues zu geben vermocht, sondern lediglich die biblischen Berichte entstellend überarbeitet. — Ein historisches Verständniss der nachexilischen Zeit und der Entstehung des Judenthums konnte erst erreicht werden, als erwiesen war, dass das Gesetz des Priestercodex und die ganze darauf ruhende Literatur eine Schöpfung dieser Zeit ist. Von dieser Grundlage aus hat zuerst B. Stade eingehend und grundlegend die Geschichte dieser Zeit behandelt; dann kürzer mit scharfer Charakterisirung der wichtigsten Momente J. Wellhausen. Nur ist auch in diesen Werken der allgemeine historische Hintergrund nicht immer genügend berücksichtigt. In anderen Darstellungen vollends, gelegentlich selbst in SMEND's Religionsgeschichte, tritt der religiös-theologische Gesichtspunkt mehr in den Vordergrund und finden die materiellen Zustände, die sich hinter den geistigen Problemen verbergen und aus denen diese vielfach erst erwachsen sind, weniger Berücksichtigung, als dem Historiker zulässig ist. Von der anderen Seite hat, namentlich durch KOSTERS, eine skeptische Auffassung weite Verbreitung gefunden, welche die Urkunden für unächt hält, die Rückkehr aus dem Exil unter Kyros läugnet, den Tempelbau für ein Werk der in Palaestina gebliebenen Juden erklärt. Diese Umkehrung aller Ueberlieferung habe ich in meinem Buch über die Entstehung des Judenthums widerlegt.

Ueber die Urkunden und die Quellen des Buches Ezra-Nehemia s. m. Entst. d. Jud., 1896. Ueberblick der Einzelanalyse §. 115 A. 123 A. Auf KAUTZSCH' Uebersetzung (die heil. Schrift des Alten Test.) mit sorgfältiger Quellenscheidung sei gleich hier ein für alle Mal verwiesen. — STADE, Geschichte des Volkes Israel II, 1888 in der ONCKEN'schen Sammlung. [Die angehängte Fortsetzung von O. HOLTZMANN, das Ende des jüd. Staatswesens und die Entst. d. Christ. ist leider sowohl in der Materialsammlung und Kritik wie in der Auffassung ganz unzureichend.] WELLHAUSEN, israelit. und jüd. Geschichte, 1894; SMEND, Lehrbuch der alttest. Religionsgeschichte, 1893; KOSTERS, het herstel van Israël in het perzische Tijdvak, 1893 (vgl. auch WELLHAUSEN, Nachr. Gött. Ges. 1895, 166 ff.); meine Entstehung des Judenthums, 1896. [Die Art von Kritik, mit der TORR, the composition and historical value of Ezra-Nehemiah, 1896, und MARQUART, Fundamente israelitischer und jüd. Geschichte, 1896, S. 28—68, die Ueberlieferung behandeln, kann ich nur als verhängnissvolle Willkür betrachten; an die Stelle methodischer Untersuchung setzen sie subjective Urtheile und phantastische Combinationen. Völlig verfehlt erscheinen mir WINCKLER's Abhandlungen ▸die Zeit der Herstellung Judas◂ und ▸Nehemias Reform◂ in seinen Altorient. Forschungen, II. Reihe, Bd. 2, 1899.]

I. Das Reich der Achaemeniden.

Das Land und die Stämme der Perser.

9. Das Centrum des iranischen Hochlands bildet eine grosse Salzwüste, ohne Trinkwasser und ohne Vegetation, im Sommer glühend heiss, für Menschen fast unpassirbar. Sesshafte Cultur und Ackerbau ist hier nur an Stellen möglich, wo sich, wie im Gebiet von Kerman und von Jezd, die Niederschläge an hohen Gebirgsketten zu kurzen Wasserläufen sammeln, oder wo im Nordosten die vom Hindukusch herabkommenden Flüsse, der Etymander (Helmend) und seine zahlreichen Genossen, das Leben tiefer ins Binnenland hineintragen, bis sie in dem flachen Sumpfsee im Lande der Drangen (Hamûn oder Zirehsee) ihr Ende finden. Sonst ist Iran nur an den Rändern bewohnbar. Im Norden wie im Süden ist es von hohen Gebirgsketten umschlossen; von den schneebedeckten Höhen des Elburz südlich vom kaspischen Meer bis zum Hindukusch erstreckt sich das Gebirgsland Chorasan, in dem im Alterthum die Stämme der Hyrkaner, Parthyaer, Arier, Drangen sassen. Nach beiden Seiten entsendet es zahlreiche Flüsse, welche oasenartig in die centrale Wüste und ins turanische Tiefland hinabdringen, bis sie im Kampf mit den Sandmassen versiegen. Chorasan bildet die Brücke zwischen dem baktrisch-sogdischen Bergland im Osten, dem Gebiet des Oxus und Jaxartes, und dem Mederlande im Westen, wo sich die von Süden heraufkommenden Bergketten dem nördlichen Randgebirge immer mehr nähern und ein fruchtbares Hochland umschliessen, reich an Seen und

Wasserläufen, mit gemässigten Sommern und rauhen Wintern. Hier sind im Kampfe mit den Assyrern die Iranier zuerst zur Bildung eines Staats gelangt. Von Medien ziehen sich die Zagrosketten nach Südosten zum persischen Meerbusen hinab. Die Gestade dieses Meeres gewähren auf der iranischen wie auf der arabischen Seite das gleiche trostlose Bild. Die Schifffahrt ist durch Untiefen und Felsenriffe behindert, die Ufer sind flach und hafenarm. Eine furchtbare Sonnenglut lastet auf ihnen und macht sie für Mensch und Thier fast unbewohnbar; nur die Palme gedeiht hier. Die vom Rande des Hochlands herabkommenden Giessbäche führen nur in der Regenzeit grössere Wassermengen in raschem Lauf dem Meere zu und vermögen weder der Befruchtung des Landes noch der Schiffahrt zu dienen. Im Osten, an der Küste von Mekrān, fristet eine armselige Fischerbevölkerung (Ichthyophagen) ihr dürftiges Leben, und auch das höher gelegene Binnenland Gadrosien bis zum Etymandergebiet einwärts (Beludschistan) ist trotz einiger gutbewässerter und fruchtbarer Thäler grösstentheils vollständiges Wüstenland, und überdies von allen Culturvölkern so abgelegen, dass es von Alexander bis auf den Anfang unseres Jahrhunderts kaum ein Europäer betreten hat. Hier hausen nomadische Stämme wie die Myken und Parikanier, zum Theil nicht iranischer Herkunft, sondern eher der Urbevölkerung Indiens verwandt, die Vorfahren der heutigen Brahuis; die Griechen haben gelegentlich den Aethiopennamen auf sie übertragen. Einen anderen Charakter trägt der Westen, das Land der Perser. Wenige Meilen von der Küste steigen dicht über einander die Bergketten des Zagros empor; zwischen ihnen liegen Thäler und Ebenen, denen die Höhenlage von 1500—2000 Metern über dem Meere eine gemässigtere Temperatur und reichere Niederschläge gewährt. »Hier herrscht ein mildes Klima«, berichtet Nearch; »das Land ist reich an Kräutern und wasserreichen Wiesen, es trägt viel Wein und alle anderen Früchte mit Ausnahme des Oelbaums. Da sind blühende Lustgärten; Flüsse mit klarem Wasser und Seen, reich an Fluss- und Seevögeln, bewässern das Land. Die Zucht der Rosse ge-

deiht und ebenso die der Lastthiere; oft finden sich Wälder
voll wilder Thiere.« Die Wälder in den Bergen sind jetzt geschwunden, und dürftig genug erscheinen dem Wanderer, der
aus gesegneteren Ländern kommt, die Rosengärten und Wasser-
bäche von Schiráz; aber die persischen Dichter werden nicht
müde, die Herrlichkeit ihrer Heimath zu preisen, und König
Darius rühmt von ihr, dass sie »ein schönes Land ist, mit
trefflichen Rossen und trefflichen Menschen, das durch Ahuramazda's und meinen, des Königs, Schutz vor keinem Feinde
zittert«. Im Süden ist Persis von der See, im Osten und
Norden von der Wüste umschlossen; nur im Nordwesten steht
es mit anderen Ländern in Verbindung. Durch die Bergpässe
führt die Strasse nach Elam (Susiana) und Babylon hinab,
längs der Zagrosketten gelangt man durch ein rauhes, in den
Schneestürmen der Winterzeit fast unpassierbares »Bergland«
Paraetakene (bei Ispahan), das schon zu Medien gerechnet
wird (Herod. I, 101), nach Egbatana.

Stämme Gadrosiens [der Name kommt vor Alexander nicht vor]:
Παρικάνιοι Herod. III, 94, vgl. 92. VII, 68. 86; vgl. Hekataeos bei Steph.
Byz. ἐν δ' αὐτοῖσι πόλις Παρικάνη οὔνομα; Μύκοι Herod. III, 93. VII, 68
(= pers. Maka, jetzt Mekràn), vgl. Hekataeos bei Steph. Byz. s. v.; öst-
liche Aethiopen Herod. III, 94. VII, 70. Schilderung Persiens durch
Nearch bei Arrian Ind. 40 [danach die Uebersetzung im Text] = Strabo
XV, 3. 1: ἡ παραλία καυματηρά τε καὶ ἀμμώδης καὶ σπανιστὴ καρποῖς
ἐστι πλὴν φοινίκων· ἡ δ' ὑπὲρ ταύτης ἐστι πάμφορος καὶ πεδινὴ καὶ θρεμ-
μάτων ἀρίστη τροφός, ποταμοῖς τε καὶ λίμνοις πληθύει. τρίτη δ' ἐστὶν ἡ
πρὸς βορρᾶν χειμέριος καὶ ὀρεινή. Dass Herodot (z. B. IX, 122) u. a. das
Land als rauh und dürftig schildern, beruht auf dem Gegensatze gegen
Susiana und Babylonien. Scheinbar wahrt daher Xenophon das Localcolorit, wenn er gegen Herodot I, 136 die Rossezucht der Perser bestreitet und die Reiterei erst durch Kyros ins Heer eingeführt werden
lässt (Cyrop. I, 3. 3. IV, 3); in Wirklichkeit ist die historisch grundfalsche Behauptung aber nur eine Fiction, durch die Xenophon den
Griechen die Nothwendigkeit und Möglichkeit der Schöpfung einer kräftigen Reiterei zeigen will. — Von neueren Werken über die Geographie,
die Denkmäler und die Zustände Persiens ist vor allem G. Curzon, Persia
and the Persian Question, 2 voll., 1892, zu nennen; für die alte Geographie vgl. Stolze, Persepolis, in Verh. der Ges. für Erdkunde X, 1883,
251 ff.; Tomaschek, Ber. Wien. Ak. phil.-hist. Cl. CII. CVIII. CXXI (über

Nearch). [J. DE MORGAN, mission scientifique en Perse, 1894 ff. bietet wenig.]

10. Unter den persischen Stämmen waren die angesehensten die Pasargaden, Maraphier und Maspier, deren Mittelpunkt die κοίλη Πέρσις bildete, das sind die breiten und fruchtbaren Thäler des Araxes (j. Kur oder Bendi-amir) und seines Hauptzuflusses Medos oder Kyros (Pulwâr). Hier gedieh ein schöner kräftiger Menschenschlag, der von Ackerbau und Viehzucht lebte und Bogen und Lanze zu brauchen wusste. Auch die Pferdezucht, der Stolz der iranischen Stämme, ward eifrig betrieben, und in den Bergen bot die Jagd reichen Ertrag und stählte die Kraft des Mannes für den Krieg. Andere Ackerbau treibende Stämme waren die Panthialaeer und Derusiaeer, vermuthlich weiter im Osten, und im Berglande von Kermân die Germanier oder Karmanier. In den ra<u>u</u>heren Theilen des Gebirges und in den Steppen und Wüsten der Küste und des Inneren sassen räuberische Nomaden von zum Theil sehr rohen Sitten, die meist gleichfalls zu den Persern gerechnet werden; so in Persis selbst die Marder, die Nachbarn der elymaeischen Uxier (pers. Uvâdža, j. Chûzistan) und der Kossaeer (Bd. I, 129) im Zagros, in der centralen Wüste die Sagartier (pers. Asagarta), im karmanischen Küstenland die Utier (pers. Jutija), ferner die Dropiker; auch der Name Daher »Räuber« erscheint hier wie in der turanischen Steppe (Bd. I, 424). Eine politische Einheit haben diese Stämme in älterer Zeit so wenig gebildet wie die Mediens; in zahlreiche Gaue zerspalten, lebten die Bauern unter angestammten Fürsten in patriarchalischen Verhältnissen, in stetem Kampf mit den Räubern und Nomaden, beschützt von den »Geschlechtsgöttern«, die sie vor Misswachs und Feinden schirmen (Darius Pers. d). Einflüsse der babylonischen Cultur sind gewiss schon früh über Susa auch ins persische Bergland gedrungen; weit stärker aber war die Einwirkung der stammverwandten Meder. Auf der paraetakenischen Bergstrasse mögen die Stämme in der Urzeit in ihre Wohnsitze gelangt sein. Auf demselben Wege ist die Religion Zarathustras zu ihnen gekommen, die das Eigen-

thum aller sesshaften Stämme Irans geworden ist. In Medien
hatte die Mazdalehre bereits im achten Jahrhundert die Herrschaft gewonnen, vielleicht schon seit langem; vermuthlich
haben Wanderpriester aus der medischen Priesterkäste der
Magier sie von hier zu den Persern gebracht. Daher finden
wir den Magiernamen auch bei den Persern im Gegensatz zu
den »Feuerzündern« (âthravan, griech. πύραιθοι) des Ostens.
Die Magier beobachteten in Persien manche von der Religion
vorgeschriebene Bräuche, die vom persischen Volk abgelehnt
wurden, so die Ausrottung alles unreinen Gethiers und die
barbarische Sitte, die Leichen durch Hunde und Raubvögel
verzehren zu lassen (Bd. I, 444. 449). Die persischen Könige
dagegen haben ihre Leichen begraben.

Der Name Πέρσαι ist (NÖLDEKE, Aufs. zur pers. Gesch., 147) eine
verkürzte ionische Form (aus Πήρσαι) des einheimischen Pârsa. Ueber
die Stämme Herod. I, 125: ἔστι δὲ Περσέων συχνὰ γένεα, καὶ τὰ μὲν αὐτῶν
ὁ Κῦρος συνάλισε καὶ ἀνέπεισε ἀπίστασθαι ἀπὸ Μήδων. ἔστι δὲ τάδε, ἐξ ὧν
ἄλλοι πάντες ἀρτέαται Πέρσαι· Πασαργάδαι (zu denen die Achaemeniden
gehören) Μαράφιοι Μάσπιοι. ἄλλοι δὲ Πέρσαι εἰσὶ οἵδε, Πανθιαλαῖοι Δηρου-
σιαῖοι Γερμάνιοι (bei Steph. Byz., der auch sonst Varianten hat, Καρ-
μάνιοι). οὗτοι μὲν πάντες ἀροτῆρες εἰσί, οἱ δὲ ἄλλοι νομάδες, Δάοι Μάρδοι
Δροπικοὶ Σαγάρτιοι. Die grundlegende Bedeutung dieser Angabe ist bisher durchweg, auch von mir, übersehen worden. Nur die drei zuerst
genannten kämpfen mit Kyros gegen die Meder und bilden daher bei
den Späteren allein die Landschaft Persis, jetzt Farsistân, während Karmanien eine besondere Satrapie bildet. [Darius erwähnt Karmanien nie, und
nennt Beh. III, 5 Jutija eine Landschaft in Persien, während bei Herodot
III, 93. VII, 68 die Oὔτιοι als ein gesondertes Volk in der 14. Satrapie
erscheinen.] Darius zählt die Sagartier zu den Unterthanen und zwar
in den östlichen Provinzen (Pers. e; daneben Beh. II, 33 Asagarta in
Medien, die SIKULIS mit den Sagartiern im östlichen Zagros Ptol. VI,
2, 6 identificirt); bei Herodot III, 93 gehören sie gleichfalls der 14. Sa-
trapie an (vgl. VII, 85 νομάδες ἄνθρωποι Σαγάρτιοι καλεόμενοι, ἔθνος μὲν
Περσικὸν καὶ φωνῇ, aber mit anderer Rüstung). Persische Sprache und
Sitten der karmanischen Stämme auch Nearch bei Strabo XV, 2, 14
(vgl. 2, 8). Arr. ind. 38, 1; barbarische Kriegsbräuche Strabo l. c. —
Von den übrigen Stämmen werden ausser den Pasargaden (z. B. Herod.
IV, 167; noch bei Ptol. VI, 8, 12) nur noch erwähnt die Maraphier
(Herod. IV, 167) und die Marder (Herod. I, 84; Aesch. Pers. 994; Strabo
XI, 13, 3. XV, 3, 1; Arr. ind. 40, 6; denselben Namen [bei Eratosthenes

Ἄμαρλοι, vgl. ANDREAS bei PAULY-WISSOWA I, 1729] trägt ein Volksstamm in den medischen Bergen am kaspischen Meer); ihre Eponymen sowie den Μῆδος hat Aeschylus in seine Liste der Perserkönige aufgenommen Pers. 774 Μάρδος [Μάρδις oder Μέρδις ist schlechte Conjectur]. 778 Μάραφις [daher Steph. Byz. Μαράφιοι, ἔθνος ἐν Περσίδι, ἀπὸ Μαραφίου βασιλέως]; Hellanikos (schol. Aesch. Pers. 768 Μάραφις und Μέρφις) machte sie zu Brüdern des Kyros. In der phantastischen Jugendgeschichte des Kyros bei Nic. Dam. fr. 64 ist Kyros ein Marder, Sohn eines Räubers und einer Ziegenhirtin. — Strabo XV, 3, 1 nennt als persische Stämme die Πατεισχορεῖς λεγόμενοι = Patišuvarā bab. Pidischuri Dar. NR c, vielleicht identisch mit dem etwas nördlicher in der medischen Wüste gelegenen Patuš'arra der Assyrer (Bd. I. 389), ferner 'Αχαιμενίδαι (!), Μάγοι (!) und als Räuber Κύρτιοι und Μάρδοι. Eine lange Liste sehr verschiedenwerthiger Stammnamen gibt Ptolem. VI, 4. 6. 8, wo 8, 12 auch die Καμηλοβοσκοί Strabo's XV, 3, 1 in der karmanischen Steppe ein besonderes Volk werden, wie schon bei den Historikern Alexanders die 'Ιχθυοφάγοι und Χελωνοφάγοι. [Ueber die angeblichen Daher bei Ezra 4, 9 s. Entst. d. Jud. 36.] Den überfeinen Combinationen von MARQUART, Assyriaka des Ktesias (Philol. Suppl. VI) 642 ff. [vgl. auch denselben Philol. LV, 228. 233 f. = Unters. zur Geschichte von Eran 60. 65] über die pers. Stämme und ihre Wanderungen vermag ich nicht zu folgen; die Identität der Perser mit den viel weiter nördlich wohnenden Parsua der Assyrer (Bd. I, 338) ist nicht erweisbar. — Dass die Meder Mazdajasnier waren, lehrt die Liste unterthäniger medischer Häuptlinge aus der Zeit Sargons bei DELITZSCH, Sprache der Kossaeer S. 48 (vgl. Bd. II, 27), in der der Eigenname Mazdaka (geschrieben Mašdaku und Maštakku) zweimal vorkommt. Dass (Ahura) Mazda der für die zarathustrische Religion charakteristische Eigenname des höchsten Gottes ist und ausserhalb derselben nicht vorkommen kann, sollte doch nicht zweifelhaft sein. Die immer wieder auftauchende Meinung, dass Darius von Zarathustra nichts gewusst habe (das wunderlichste Argument ist, dass in seinen Inschriften Angra manjus nicht genannt wird; als ob in einer gleichartigen christlichen Inschrift der Teufel vorkommen würde), ist mir unverständlich; jedes Wort seiner Inschriften erweist ihn als Zarathustrier. Dass von Kyros dasselbe gilt, wird, wer die Sachlage besonnen überlegt, nicht bezweifeln; sonst müsste die Religion bei Darius als Neuerung auftreten. — In meiner Darstellung der Religion in Bd. I habe ich im Anschluss an DARMESTETER die Bedeutung der Persönlichkeit Zarathustra's vollkommen verkannt. [DARMESTETER hat seine Ansichten im dritten Bande seiner neuen Uebersetzung des Zendavesta, annales du Musée Guimet Tome 24, 1893, weiter entwickelt; da gegen TIELE, Iets over de oudheid van het Avesta, Versl. Akad. Amsterdam, Letterkunde 3de Reeks XI, 1895, der jedoch den jüngeren Stücken des Avesta ein zu hohes Alter gibt. An dem sassanidischen Ursprung

namentlich des Vendidâd halte ich fest. Jetzt ist vor allem zu vergleichen
GELDNER, Avesta-Literatur, im Grundriss der iran. Philologie, Bd. II, dessen
Ansatz Zarathustras in die Zeit der Kyros ich aber für viel zu jung halte.]
Bei den Bemerkungen über die Magier Bd. I, 449 hätte der räthselhafte
רבמג »Obermagier« am Hofe Nebukadnezars in dem historischen, völlig
authentischen Bericht Jerem. 39, 3 nicht übergangen werden dürfen: der
Ursprung des Namens ist noch dunkel.

11. Die Heimath der Perser liegt abseits von den Schauplätzen des geschichtlichen Lebens; die grosse Strasse, welche
den Westen mit der Welt des Ostens verbindet, führt von
Babylon aufwärts aus dem Thal des Gyndes (Diâla) in das
des oberen Choaspes (Kerchâ) am Felsen von Bagistana vorbei nach Egbatana und von hier weiter am Nordrande des
iranischen Hochlands entlang. So sind von den Persern, ähnlich
wie von den Arabern, zwar wiederholt weitgreifende Bewegungen
ausgegangen; aber zum dauernden Centrum eines grossen
Staats konnte die Landschaft niemals werden. Wenn der
Rückschlag eintritt, entschwindet Persis aufs neue Jahrhunderte
lang dem geschichtlichen Leben. In die Geschichte eingetreten
sind die Perser zuerst zu Anfang des sechsten Jahrhunderts.
Um 596 v. Chr. hat der Achaemenide Teispes aus dem Stamme
der Pasargaden sich des Haupttheils von Elam mit der Hauptstadt Susa bemächtigt, ähnlich wie ein Jahrtausend vorher
die Kossaeer sich zu Herren Babyloniens gemacht haben. Seitdem heissen er und seine Nachkommen bei den Babyloniern
Könige von Anschan (Bd. I, 466). Sie wurden Vasallen der
medischen Könige. Von den persischen Stämmen waren ihnen
nur die westlichsten, die schon genannten Bewohner des
hohlen Persis, des heutigen Farsistân, unterthan. Wie dann
Kyros, der Sohn des Kambyses, an ihrer Spitze sich im Jahre
553 (Bd. II, 470) gegen Astyages empörte, das medische Reich
stürzte und in wenig mehr als einem Jahrzehnt ganz Vorderasien unterwarf, wie sein Sohn Kambyses das Nilthal dem
Reiche hinzugewann, wie Kambyses' Untergang und der Sturz
des magischen Usurpators eine Krisis herbeiführten, die den
Bestand der persischen Herrschaft ernstlich in Frage stellte,

wie Darius die Aufstände niederwarf und die Zügel des Reichs
mit fester Hand ergriff, ist früher bereits erzählt worden.

Bis auf Kyros war der Persername selbst den Völkern des Orients
so gut wie unbekannt. Ihre Erwähnung unter den Söldnern von Tyros
im Jahre 587 bei Ezech. 27. 10 [danach in der Vision über Gog 38, 5]
ist sehr überraschend; vielleicht steckt ein anderes Volk darin. Die
Landschaft Susiana nennen die Perser Uvâdža (jetzt Chûzistân) nach dem
ihnen zunächst sitzenden räuberischen Gebirgsstamme der Uxier, die
Babylonier Elam; der einheimische Name ist Hapirti. Bei den Griechen
heissen die Bewohner Kissier. An meiner Ansicht über Anschan Bd. I, 466
muss ich trotz der entgegengesetzten Auffassung von DELATTRE, EVERS,
WINCKLER (Unters. zur altorient. Gesch. 114 ff.) u. a. festhalten, nur mit
der Einschränkung, dass der Name wohl nicht ganz Elam, sondern speciell die Ebene von Susa bezeichnet (vgl. WEISSBACH, Anzanische Inschriften, Abh. sächs. Ges. XII, 123 ff.). Ich stimme TIELE, het land
Anzan (in: Feestbundel aan P. J. VLETH 1894) durchaus bei. Entscheidend ist, dass die einheimischen Könige von Susa sich »König von Anzan
šušunqa« d. h. »des susischen Anzan (Anschan)« nennen. Auch ist die
Stellung Susas und der susischen Sprache in der Achaemenidenzeit nur
zu erklären, wenn die Stadt bereits vor Kyros die Hauptstadt des Reiches
war. An den Titel »König von Anschan« knüpfen die Phantasien, welche
Kyros zu einem Elamiten und womöglich zu einem Mongolen machen
[vgl. jetzt auch WINCKLER bei MESSERSCHMIDT, Stele Nabuna'ids, in Mitth.
der vorderas. Ges. I, 71, der Anšan = Persien für einen Archaismus
hält]. — Seltsam ist, dass auch in tüchtigen Werken der Eponymos
Achaemenes noch immer als historischer König behandelt wird.

Charakter des Achaemenidenreichs. Die unterworfenen Staaten. Die Residenzstädte.

12. Die Würdigung der weltgeschichtlichen Bedeutung
des Achaemenidenreichs hat sehr darunter gelitten, dass wir
den Gegensatz gegen Griechenland in den Vordergrund stellen
und es an der griechischen Cultur messen, nicht an den früheren
und späteren Reichen des Orients. Es kommt hinzu, dass unsere Kenntniss vielfach dürftig und unsicher ist und grösstentheils aus der Zeit des Verfalles stammt. Eine unbefangene
Betrachtung wird nicht verkennen können, dass das Perser-

reich ein gewaltiger Culturstaat gewesen ist. Dem entspricht
der tiefe Eindruck, den es auf Zeitgenossen und Gegner wie
Aeschylos, Herodot, Xenophon gemacht hat. Mochte ein kranker
Despot wie Kambyses sich von wilder Laune hinreissen lassen
— die persische Tradition verurtheilt seine Thaten scharf
genug, wenn sie auch nie vergisst, dass er der angestammte
Herrscher war —, so sind doch die Perser dem Beispiel des
grossen Reichsgründers immer treu geblieben. Sie haben ihre
Kriege energisch, aber nicht blutdürstig geführt, und wenn
sie auch gelegentlich besiegte Feinde aus der Heimath fort-
schleppten, so hat doch bis auf Artaxerxes III. die Vernichtung
eines grossen Culturcentrums nie ihren Namen befleckt, mochte
sich auch eine Stadt wie Sardes oder wie Memphis, Babylon,
Susa wiederholt empört haben — die Verbrennung des
menschenleeren Athens war eine politische und militärische
Nothwendigkeit, der sich keine Kriegführung hätte entziehen
können. Ein weiter Blick, ein grosser und humaner Sinn
zeichnet das Achaemenidenreich aus; über ein Jahrhundert
lang (519—401 v. Chr.) hat sich unter seiner Herrschaft
Vorderasien, von einigen Grenzkriegen wie den Kämpfen mit
den Griechen und von den Aufständen Aegyptens abgesehen,
eines fast ungetrübten Friedens, einer wohlwollenden und gerechten Regierung, eines gesicherten Wohlstandes erfreuen
können, und auch die dann beginnende Zersetzung des Reichs
ist nicht durch Empörungen der Unterthanen, sondern durch
den Hader unter den Herrschern selbst und die Einwirkung
der überlegenen Cultur und des Heerwesens der Griechen
herbeigeführt worden.

13. Das Reich der Achaemeniden erhebt zuerst von allen
Staaten, welche die Geschichte kennt, den Anspruch auf
Universalität. »Zum Herrscher weithin über diese grosse
Erde, ihn, den einen, zum Gebieter über Viele«, »zum König
über viele Länder und Zungen«, »über die Gebirge und Ebenen
diesseits und jenseits des Meeres, diesseits und jenseits der
Wüste« (bab. Inschr. H) hat Ahuramazda, der Schöpfer des
Himmels und der Erde, den Perserkönig gemacht. »Den Herrn

aller Menschen von Sonnenaufgang bis Sonnenuntergang‹
kann er sich nennen (Aeschines 3, 132). Alle die Völker,
deren Repräsentanten auf seinem Thronsitz abgebildet sind,
gehorchen ihm, bringen ihm Tribut und leisten ihm Heeresfolge. Damit ist zugleich gesagt, dass das Reich sich als einen
Culturstaat fühlt. Der König hat die Aufgabe zu erfüllen,
die Ahuramazda ihm gestellt hat, Recht zu üben, Unrecht
und Lüge zu bestrafen, die Freunde zu belohnen, die Feinde
zu züchtigen und ›im Schirm Ahuramazdas den Ländern
seine Gesetze aufzuerlegen‹. ›König der Länder‹ (khšâjathija
dahjunâm, bab. šar mâtâti) ist sein bezeichnendster Titel.
Noch gebräuchlicher ist ›König der Könige‹, obwohl es ihm
ausser dem König von Kilikien an eigentlichen Vasallen ge-
bricht; denn die Stadtfürsten und Stammeshäuptlinge, die
auch im Perserreich unter den Unterthanen nicht fehlen, stehen
so tief unter ihm, dass sie dem Titel keinen wahren Inhalt
verleihen. So mag die Bezeichnung, die bekanntlich bis auf
den heutigen Tag die Titulatur des Perserkönigs geblieben
ist, falls sie nicht etwa medischen Ursprungs ist (die Assyrer
und Babylonier kennen sie noch nicht), eher die höchste
Steigerung des Königthums ausdrücken sollen, wie die griechische
Benennung βασιλεύς ohne Artikel, die zum Ausdruck bringt,
dass der Gattungsbegriff in der Welt nur ein einziges Mal
vertreten ist. Eben deshalb hat eine Theilung des Reichs unter
die Söhne eines Königs, wie sie anderen Zeiten so nahe liegt,
hier nie stattfinden können; auch Kyros' Versuch, seinem
jüngeren Sohn durch Ausstattung mit mehreren Provinzen
unter der Oberhoheit des älteren eine selbständige Stellung zu
geben, ist, nachdem er so unglücklich ausgegangen war, in
dieser Weise nicht wiederholt worden. Das Weltreich ist ein
einheitlicher Staat und kennt nur éinen Herrn. — Die Universalität ist, wenn wir uns auf den Standpunkt des Orients
stellen, durch die Eroberungen des Kyros und Kambyses in
demselben Umfang erreicht worden, wie im Abendlande im
römischen Kaiserreich. Mochten an den Grenzen der Erde
unbotmässige Völker auf niederer oder dem Orientalen un-

verständlicher Culturstufe hausen: für das Perserreich hatte
das keine grössere Bedeutung als die Selbständigkeit der Germanen und Geten oder des Partherreichs für den römischen
Orbis terrarum. Alle Culturvölker des Orients waren zu einem
Staate vereinigt. Seit der Wiederherstellung der Reichseinheit
durch Darius hört daher das Achaemenidenreich auf, ein er-
obernder Staat zu sein: der Folgezeit blieb nur die Aufgabe,
auszubauen und abzurunden und das Gewonnene zu behaupten.

»König der Könige«, aram. מלכא זי מלכיה CISem. II. 122. 138.
in der Gadatasinschrift βασιλεὺς βασιλέων Δαρεῖος ὁ 'Υστάσπεω findet sich
in vorpersischer Zeit nicht; anklingende Ausdrücke in assyrischen und
babylonischen Beschreibungen der Königsmacht (ebenso Ezech. 26, 7)
sind nicht titular. Die Ptolemaeer nennen sich statt dessen אדן
מלכים »Herr der Könige«.

14. In den unterworfenen Culturstaaten haben die Perserkönige die althergebrachten, durch eine Tradition von Jahrtausenden geheiligten Formen möglichst gewahrt. Kyros ist
in Babylon, Kambyses in Aegypten als der von den Göttern
berufene Nachfolger der einheimischen Herrscher aufgetreten,
und auch unter seinen Nachfolgern haben die beiden Reiche
dem Namen nach fortbestanden. Mehr als eine Form ist das
freilich nicht gewesen; die einverleibten Reiche haben weder
Privilegien noch eine Sonderverwaltung, in Babylon und
Memphis residirt ein persischer Statthalter so gut wie in jeder
anderen Provinz des Reichs. Im westlichen Asien findet sich
keine Spur ähnlichen Entgegenkommens, auch nicht in Lydien.
Ganz andere Rücksichten dagegen wurden den Medern und
den übrigen iranischen Völkern erwiesen. Durch den Verrath
medischer Magnaten, durch den Abfall des medischen Heers
von Astyages ist Kyros' Sieg ermöglicht worden. So nehmen
die Meder im Reich die nächste Stellung nach den Persern
ein. »Persien, Medien und die anderen Länder« nennt Darius
sein Reich, »König von Persien und Medien« heisst Xerxes
in Babylon (§. 80). Aus Persern und Medern besteht die

Kerntruppe des Heers, ihnen werden die Reichsbeamten entnommen (Xen. Cyr. IV, 2, 8), unter Kyros und Darius erscheinen Meder in den höchsten Vertrauensstellen an der Spitze der Heere. Die königliche Tracht und die Ordnung des Hofs hat Kyros von den Medern übernommen, Egbatana wird eine der Residenzen des Grosskönigs. So lebt das Mederreich weiter nicht als Schatten eines ehemals selbständigen Staats wie Babylonien und Aegypten, sondern umgewandelt in das Perserreich. Den Fernerstehenden kam die innere Umwälzung gegenüber dem Fortbestehen eines mächtigen iranischen Reichs kaum zum Bewusstsein: daher haben die Griechen wie andere Völker den Medernamen auf das Perserreich übertragen. — Aehnlich wie die Meder sind die übrigen iranischen Stämme gestellt, die theils bereits den Medern unterthan, theils vielleicht erst von Kyros unterworfen waren. Jetzt sind sie alle in einem Reich vereinigt; die Empörung der Meder, Sagartier, Parther, Hyrkaner, Marger, Sattagyden und eines Theils der Perser nach der Ermordung des Magiers war der letzte Versuch, die alte Stammesunabhängigkeit zu behaupten. Alle sesshaften und viele nomadische iranische oder, wie sie sich selbst nennen, arische Stämme reden dieselbe, dialektisch kaum variirte arische Sprache, dienen demselben reinen und wahren Gotte Ahuramazda, »dem Gotte der Arier«, wie ihn die susische Uebersetzung der Behistaninschrift nennt. Die Listen der unterthänigen Landschaften, welche Darius aufzählt, zeigen, wie viel mehr sein Interesse diesen Völkern als den Unterthanen im Westen zugewandt ist. Mit Stolz nennt er sich in seiner Grabschrift nicht nur einen Perser, sondern auch »einen Arier arischen Stammes« — es ist bezeichnend, dass die babylonische Uebersetzung diesen Zusatz weglässt, die susische die persischen Wörter beibehält —, er rühmt sich, zuerst arische Inschriften verfasst und in alle Lande gesandt zu haben (Beh. L, nur susisch erhalten). So waren die Stammesunterschiede zwar noch nicht aufgehoben, aber zurückgedrängt; das Achaemenidenreich ist noch nicht das »Reich von Iran und Nichtiran« wie das der Sassaniden, aber

es hat den Grund dazu gelegt, dass die Arier Irans anders
als ihre Brüder in Indien eine einheitliche Nation geworden sind.

> Arier verhält sich zu Perser, wie Hellene zu Boeoter, Latiner zu
> Römer u. s. w.; nach Darius' Sprachgebrauch müssten wir die Sprache
> der altpersischen Keilinschriften arisch nennen. Aber da auch die indo-
> germanischen Stämme Indiens sich Arier nennen, müssen wir den abge-
> leiteten Namen Iranier (Arianer) beibehalten, der zuerst in Ostiran auf-
> gekommen ist. Ἄριος = persisch Aesch. Choeph. 423, vgl. Herod. VII,
> 62 (alter Name der Meder). Der Medername wird in der späteren jüdi-
> schen Literatur (Darius der Meder Dan. 6, 1 cet. neben Kyros der Perser
> ib. 6, 29. 10, 1 und Darius [III.] der Perser Neh. 12, 22; Reich der Meder
> und Perser Dan. 5, 28. 8, 20, Esther 10, 2 vgl. 1, 3. 14) und zur Zeit des
> Kambyses in der minäischen (südarabischen) Inschrift HALÉVY 535, s.
> §. 84 A., für die Perser gebraucht. Die Babylonier bezeichnen die medi-
> schen Könige als Manda, ein Name, der ähnlich wie bei den Griechen
> der Skythenname die Nordvölker im allgemeinen zu bezeichnen scheint.
> Daraus kann nicht mit WINCKLER, Unters. zur altorient. Gesch. 124 ff.
> gefolgert werden, dass Astyages kein Meder gewesen sei.

15. Von Persis aus lässt sich ein Weltreich nicht regieren. Wahrscheinlich haben schon Kyros' Vorgänger ihre
Residenz nach Susa, der alten Grossstadt in der fruchtbaren
Ebene von Elam, verlegt; und Susa ist die Hauptstadt des Achaemenidenreichs geblieben. Darius hat sich in der festen Burg
einen grossen Palast gebaut, den seine Nachfolger erweitert
haben. Während der heissesten Sommermonate wurde das
Hoflager nach Egbatana verlegt, im Winter brachten die
Könige mehrere Monate in Babylon zu — vielleicht ist Darius
zur Frühjahrszeit regelmässig hier gewesen, um am Neujahrstage die Ceremonie der Königsweihe zu vollziehen (§. 80).
Die Stellung der Hauptstädte spiegelt sich darin wieder, dass
auf dem Siegel des Königs und in allen inschriftlich publi-
cirten Königsurkunden dem arischen Text eine Uebersetzung
in die Sprachen Susas und Babylons beigefügt ist, nicht nur
dem grossen Bericht des Darius über seine Erhebung an der
Felswand von Bagistana, sondern ebenso seiner Grabinschrift
in Persepolis und allen Bauinschriften, mochten sie in Persien,
Medien, Armenien oder Aegypten angebracht sein. Die west-

lichen Provinzen erfahren eine gleiche Berücksichtigung nicht;
nur innerhalb ihres Gebiets wird die Landessprache daneben
verwendet, so in den Inschriften am Suezcanal die altheilige,
dem Volke freilich längst unverständliche hieroglyphische
Sprache und Schrift, in dem Denkmal, das Darius bei der
Ueberschreitung des Bosporus errichtet hat, das Griechische.
Analoges mag in Kleinasien und Syrien vorgekommen sein.
Anschaulich spricht sich darin sowohl die Universalität des
Reichs aus wie die führende Stellung der centralen Gebiete.
Mit der Conservirung der Formen der älteren Staaten dagegen
hat diese Verwendung der Sprachen nichts zu thun; daher wird
jede Berücksichtigung der einheimischen Religionen neben dem
arischen Gotte Ahuramazda in diesen Texten gemieden. Wie
wenig die bevorzugte Stellung der susischen Sprache etwa ein
Fortleben des alten elamitischen Reichs zum Ausdruck bringen
soll, zeigt der Umstand, dass in Susiana der persische Kalender
eingeführt ist, und dass der susische Text, ganz anders als
der babylonische, voll ist von wörtlich übernommenen persischen Wörtern und Wendungen. Ebenso sind die hieroglyphischen Texte nur eine nothdürftig aegyptisch stilisirte
Uebersetzung der persischen Originale; in ihren Trümmern
nehmen sich die persischen Anschauungen und Namen seltsam genug aus.

Susa erscheint wie bei den Juden (Nehem. 1, 1, Esther 1, 2, Dan.
8, 2), so bei den Griechen von Aeschylos an (der es für eine persische
Stadt hält und auch Darius' Grab hierher verlegt) durchweg als die
eigentliche Capitale des Reichs; so bei Herod. III, 70. V, 49. Die Er-
bauung des Palastes von Susa durch Darius kennen auch Plin. VI, 133.
Aelian hist. an. I, 59. — Ueber die Residenzen Xen. anab. III, 5, 15.
Cyrop. VIII, 6, 22 (sieben Wintermonate in Babylon, drei des Frühjahrs in
Susa, zwei Sommermonate in Egbatana, was wohl höchstens für die spätere
Zeit ganz correct ist), Athen. XII, 513 f., Plut. de exil. 12 mit kleinen
Variationen, bestätigt durch einzelne Angaben bei Ktesias (vgl. §. 80) u. a.
— Die Inschrift des Darius am Bosporos ist nach Herodots Bericht IV,
87 den erhaltenen ganz gleichartig gewesen: στήλας ἔστησε δύο ἐπ' αὐτοῦ
λίθου λευκοῦ, ἐνταμὼν γράμματα ἐς μὲν τὴν Ἀσσύρια (d. h. Keilschrift). ἐς
δὲ τὴν Ἑλληνικά, ἔθνεα πάντα ὅσα περ ἦγε· ἦγε δὲ πάντα τῶν ἦρχε. Sie
enthielt also die bekannte Völkerliste. Einen Block der Keilinschrift hat

Herodot noch gesehen. Vgl. auch die Inschrift an den Tearosquellen
IV, 91. — Viersprachig (die drei Keilschriften und Hieroglyphen) sind
auch die bekannten, an mehreren Stellen gefundenen Alabaster- und
Porphyrvasen des Xerxes und Artaxerxes, vielleicht als aegyptische
Arbeit.

Die Stellung der Perser.

16. Das Weltreich der Achaemeniden war zugleich ein
nationaler Staat. Auch wenn sie fern von der Heimath residirten und alle Völker Asiens ins Feld führten, haben die
Grosskönige doch nie vergessen können, wo die Wurzeln
ihrer Kraft lagen. »Die Lanze des persischen Mannes ist
weithin gedrungen,« rühmt Darius in seiner Grabschrift; »der
persische Mann hat fern von Persien Schlachten geschlagen«,
»er zittert vor keinem Feinde«. In den Palastinschriften von
Persepolis betet Darius für sein Land und sein Volk, voll
Stolz rühmt er sich seiner Abstammung aus dem persischen
Königsgeschlecht. — Erst durch Kyros sind alle persischen
Stämme geeinigt worden; dadurch wird es sich erklären, dass
Kyros vor der Besiegung des Astyages König von Anšan, nachher König von Persien genannt wird (Bd. I, 501 A.). Den Kern,
das eigentliche Persis, bildeten nach wie vor die Stämme, mit
denen Kyros den Krieg gegen Astyages geführt hatte. In
späterer Zeit und wahrscheinlich von Anfang an standen sie
unter einem Statthalter, der an Stelle des abwesenden Königs
die Verwaltung leitet. Aber Abgaben zahlten sie nicht; die
Kosten der Reichsverwaltung und des Hofhalts wurden aus
den Tributen der Unterthanen bestritten. Die östlichen
Stämme dagegen, die Sagartier, Karmanier, Utier, bilden einen
besonderen Steuerbezirk, die Provinz Karmanien (§. 10 A.).
Damit wird es zusammenhängen, dass hier bei den Utiern
(Jautija) die Empörung des Vahjazdāta, des zweiten falschen
Smerdis, ihren Hauptsitz hatte.

Steuerfreiheit der Perser Herod. III, 97; in seiner Satrapienliste erscheint Persis daher nicht. Aber er selbst nennt Hystapses III, 70

ὅπαρχος der Perser, freilich mit Unrecht; nach der Behistaninschrift
scheint er Satrap von Parthien gewesen zu sein. Unter Darius III. ist
Ariobarzanes σατράπης Περσῶν, Arrian III, 18, und ein Oberhaupt der
Verwaltung kann kaum je gefehlt haben.

17. Für sein Volk ist der König das von Ahuramazda
gesetzte Oberhaupt. Die Perser schwören, ihrem König treu
zu Diensten zu sein, der König gelobt, jeden Angriff auf ihr
Land und seine Ordnungen abzuwehren. Nicht für sich und
seine persönlichen Interessen betet der Perser zur Gottheit,
sondern für das Wohl des ganzen Volks und des Königs.
Wer dem König bei einer Ausfahrt begegnet, bringt ihm das
Beste, was er besitzt, die schönsten Erzeugnisse seines Gartens
und seiner Felder. Auch heutigen Tages erwartet der Schah
am Neujahrstage und sonst bei festlichen Anlässen oder ausserordentlichen Ausgaben reiche Geschenke von seinen Magnaten. Dafür spendet der König seinem Volk aus seinen
Schätzen mit freigebiger Hand. Meist hält sein Amt den
Weltherrscher der Heimath fern; kehrt er in sie zurück, so
erhalten alle Perser und Perserinnen Geschenke, vor allem
die Frauen der Pasargaden, der Stammesgenossen des Herrscher-
hauses, jede ein Goldstück — die Legende erklärt das dadurch,
dass die pasargadischen Frauen in dem letzten Entscheidungskampf gegen die Meder die schon weichenden Perser zum
Stehen gebracht hätten. Hier in seinem Heimathgau hat sich
Kyros sein Grab gebaut und eine Stadt angelegt, die den
Stammnamen trägt. In dem Heiligthum einer kriegerischen
Göttin, die hier verehrt wird (Anaitis?), erhalten die Herrscher
die Königsweihe; sie bekleiden sich mit dem Gewande des
Kyros und kosten von den Gerichten, die der alten einfachen
Zeit als Nahrung dienten, einem Feigenbrei, Terebinthen und
saurer Milch. — Im Mittelpunkt des hohlen Persis, am Pul-
vâr, hat Darius eine neue Hauptstadt für das gesammte Volk
geschaffen. Auf hoher befestigter Terrasse am Fuss der Berge
erbaute er einen Palast mit einem grossen Säulensaal und
einem Schatzhaus, dem Xerxes weitere Prachtbauten hinzugefügt hat, die freilich niemals vollendet worden sind — die

Herrscher konnten eben die Metropole ihres Volkes nur äusserst
selten aufsuchen und haben daher für die Vollendung der von
ihnen befohlenen Bauten wenig Interesse gezeigt. Ihre Gräber
dagegen haben sie alle in der Heimath angelegt. Oberhalb
von Persepolis hoch in einer steilen Felswand liegt das Grab
des Darius, theils daneben, theils unmittelbar über der Stadt
die seiner Nachfolger. Es ist bezeichnend für den raschen
Uebergang aus den einfachen Zuständen eines Bauernvolkes,
das nur Dörfer kannte, zu grösseren cultivirteren Verhältnissen, dass auch diese Stadt ihren Namen dem Volk entlehnt: als »dieses Persien« (anâ Pârsâ tja) bezeichnet sie Xerxes
(Pers. a 3), »zu den Persern« (ἐς Πέρσας) sagen die Griechen,
wenn sie von der Stadt sprechen. Später haben sie dafür
den Namen Persepolis gebildet. Auch andere Bauten der
Könige werden erwähnt, so ein Schloss in Gabae im Berglande
(Paraetakene), ein anderes in Taoke am Meer, in der Nähe
von Bender Buschehr (Strabo XV, 3, 3).

Treueid: Xen. Cyrop. VIII, 5, 25. 27. Gebete: Herod. I, 132. Geschenke an den König: Xen. Cyrop. passim. Plut. Artax. 4. 5. Aelian
var. hist. I, 31 ff. (Deinon). Geschenke des Königs: Thuk. II, 97. διὰ
τοῦτο ὁ Περσῶν βασιλεὺς ἐπειδὰν εἰς Πασαργάδας ἀφίκηται, χρυσὸν δωρεῖται
ταῖς Περσίσι γυναιξί· καὶ διανέμει ἑκάστῃ εἰς λόγον δραχμῶν εἴκοσι Ἀττικῶν
(d. i. eine Golddareike) Nic. Dam. fr. 66, 72. [Die Schlacht bei Pasargadae und die Gründung der Stadt durch Kyros auch Anaximenes bei
Steph. Byz. s. v. Strabo XV, 3, 8. Justin. I, 6.] Nach Plut. Al. 69 gibt
Alexander ἐν Πέρσαις .. τὸ νόμισμα ταῖς γυναιξίν, ὥσπερ εἰώθεσαν οἱ βασι-
λεῖς, ὁσάκις εἰς Πέρσας ἀφίκοιντο, διδόναι χρυσοῦν ἑκάστῃ; während frühere
Könige es wiederholt gethan hätten [so Kyros nach Xen. Cyrop. VIII,
7, 1 siebenmal], sei daher Ochos aus Geiz niemals hingegangen [doch
hat er in Persepolis gebaut]. Dass das keine falsche Verallgemeinerung
ist, lehrt Xen. Cyr. VIII, 5, 21 (vgl. 7, 1) ἔδωκε δὲ καὶ πᾶσι Πέρσαις
καὶ Περσίσιν ὁσαπερ καὶ νῦν ἔτι δίδωσιν ὅτανπερ ἀφίκηται βασιλεὺς εἰς Πέρσας
(vgl. auch Plato leg. III, 695 d). — Königsweihe Plut. Artax. 3. —
Ueber Persepolis s. vor allem STOLZE, Persepolis, 2 Bde., 1882, und NÖL-
DEKE, Aufs. zur pers. Gesch. 135 ff.; CURZON, Persia II [gegen STOLZE,
Verh. der Ges. für Erdkunde 1883, 256 ff.]. Dass Pasargadae (Plin. VI,
116 inde [wohl auf Persepolis, nicht auf Laodicea zu beziehen] ad orien-
tem Magi obtinent Frasargida castellum, in quo Cyri sepulcrum est) in
den Ruinen von Murgâb oberhalb Persepolis zu suchen ist, ist mir auch

jetzt nicht zweifelhaft; vgl. Stolze l. c. 269 ff.; Curzon, Persia II, 71 ff. Weissbach, ZDMG. XLVIII, 653 ff. bestreitet die Identität des Grabbaus mit dem des Kyros; aber dem jüngeren Kyros können die Inschriften des Palastes und vor allem das Porträt nicht angehören, das einen weit älteren Mann zeigt; auch war sein Andenken officiell geächtet. Sieglin hält Murghâb für Harmoza regia und sucht Pasargadae viel weiter östlich auf Grund von Plin. VI, 99 und Arr. VI, 29. 30.

18. So unumschränkt der König über das Weltreich gebietet, seinen Persern gegenüber ist er durch Recht und Herkommen gebunden. Alle wichtigen Angelegenheiten beräth er mit den Häuptern des Volks und den Heerführern gemeinsam; daraus ist die königliche Rathssitzung (§. 24) hervorgegangen. Unter den grossen Familien stehen die Häuser der sechs Männer obenan, die mit Darius zusammen den Magier ermordet und die Herrschaft der Achaemeniden wiederhergestellt haben. Ihnen hat Darius die höchsten Ehren gewährt; am Schlusse der Behistaninschrift legt er ihr Wohlergehen seinen Nachfolgern ans Herz. Sie haben unangemeldet Zutritt zum König, nur aus ihren Häusern und aus dem Herrschergeschlecht soll der König seine Gemahlin nehmen (Herod. III, 84); sie und ihre Nachkommen erhalten die wichtigsten und einträglichsten Statthalterschaften des Reichs. Sie alle sind mit reichen Landschenkungen in den Provinzen ausgestattet worden, so nachweisbar das Haus des Otanes, das auch sonst noch besondere Privilegien besass (§. 35), in Kappadokien, das des Hydarnes in Armenien. Offenbar haben diese Magnaten in dem Könige mehr ihresgleichen als ihren Herrscher gesehen; die Sage erzählt, wie einer von ihnen, Intaphrenes (Vindafrāna), durch Anmassung und jähzorniges Aufbrausen gegen Darius sich und seinem Hause den Untergang bereitet habe (vgl. §. 25 A.). — Die Rechtsprechung liegt in den Händen königlicher Richter, der »Rechtsträger« (dâtabara, das wäre griechisch θεσμοφόρος), die vom König auf Lebenszeit ernannt werden und nur wegen Verbrechen oder Bestechung abgesetzt werden dürfen. Nicht selten vererbt sich ihr Amt auf ihre Söhne. Sie wachen über die Beob-

achtung der ererbten Satzungen und geben dem König in
schwierigen Fällen Rechtsbelehrung. Freilich steht daneben
der Satz, dass der König thun darf, was er will; aber der
ächte König wird jede Willkür meiden und die Gebote Ahuramazdas und das Recht seines Volkes nie verletzen. Es sind
Verhältnisse, wie sie sich später im makedonischen Reich und
sonst überall entwickelt haben, wo ein Volkskönigthum zu einer
grösseren festbegründeten Monarchie erwachsen ist.

βασιλήϊοι δικασταί Herod. III, 31 [freilich die Angabe, Kambyses habe
sie über die Zulässigkeit der Geschwisterehe befragt, kann nicht richtig
sein, da diese in Iran alter, von der Religion sanctionirter Brauch ist],
vgl. V, 25. VII, 194, Plut. Artax. 29, Aelian var. hist. I, 34, Esther 1,
13 f. (der König befragt die weisen Astrologen, was nach' dem Recht
[דת, pers. dâta] mit Vaśti zu thun sei; »denn so geht das Wort des
Königs vor alle Rechtskenner«). דתברייא in der Beamtenliste Dan. 3,
2 f., vgl. Entst. d. Jud. 23. Weiteres §. 30. In den Urkunden aus Nippur
wird ein Babylonier Zittinabu als dâtabara des Artaremu bezeichnet
(Hilprecht, bab. exped. of the univ. of Pennsylvania, vol. IX, p. 73); die
Bedeutung ist hier völlig dunkel. — An die sog. »sieben Perser«, d. h.
die sechs Genossen des Darius [die mit den »sieben Räthen« §. 24 nichts
zu thun haben], haben sich in alter wie in neuerer Zeit viele Legenden
geknüpft; dass sie Stammesfürsten gewesen wären, ist nirgends überliefert. Nach Plato leg. III, 695 c. ep. 7, p. 332 a [die Quelle ist unbekannt; schwerlich Ktesias] theilt Darius mit seinen Genossen das Reich
in sieben Theile, ὧν καὶ νῦν ἔτι σμικρὰ ὀνείρατα λέλειπται; das kann nur
aus einer falschen Deutung der Landanweisungen entstanden sein, vgl.
§. 35. Von Hydarnes leiten sich die späteren Satrapen und Dynasten
von Armenien ab (Strabo XI, 14, 15, vgl. die Inschrift des Antiochos
von Kommagene bei Humann u. Puchstein, Reisen in Kleinasien S. 283 f.);
von Anaphas = Onophas Ktes. 29, 14 = Otanes [Ktesias 29, 14. 20
hat den Otanes S. d. Pharnaspes Her. III, 68 = Utâna S. d. Thukhra
bei Darius mit Darius' Bruder Otanes, dem Schwiegervater des Xerxes
und Vater des Anaphas Herod. VII, 61. 62. 82, zusammengeworfen und
überdies den Sohn an Stelle des Vaters gesetzt] die späteren Könige von
Kappadokien Diod. XXXI, 19. Der hier gegebene Stammbaum ist allerdings ein sehr spätes und werthloses Machwerk, und Reinach, rev. num.
1886, 311, sowie Marquart, Philol. LIV, 496 ff. haben daher die Angabe
völlig verworfen. Aber mit Rücksicht auf Herod. III, 83 über die Privilegien des Hauses des Otanes und auf die angeführten Stellen Platos
möchte ich doch an dem Fürstenthum der Otaniden festhalten. Von

welchem der »Sieben« die späteren pontischen Könige sich ableiteten, wissen wir nicht. — Im allgemeinen vgl. Plato leg. III, 694 f.: unter Kyros herrscht ἐλευθερία, Darius theilt das Reich in sieben Theile, καὶ νόμους ᾐξίου θέμενος οἰκεῖν ἰσότητά τινα κοινὴν εἰσφέρων καὶ τὸν τοῦ Κύρου δασμὸν ὃν ὑπέσχετο Πέρσαις εἰς τὸν νόμον ἐνέδει (§. 49 A.), φιλίαν πορίζων καὶ κοινωνίαν πᾶσι Πέρσαις, χρήμασι καὶ δωρεαῖς τὸν Περσῶν δῆμον προσαγόμενος. Unter Xerxes tritt dann wie unter Kambyses der Despotismus ein.

19. Dem Könige zu dienen ist die Pflicht und der Stolz des Persers. Im Kriege folgt jeder waffenfähige Mann dem Ruf zu den Waffen: die Grundbesitzer und der Adel dienen zu Ross, der gemeine Mann zu Fuss. Im Frieden wird für die Besatzung der Provinzen und den Schutz des Königs und der Hauptstädte aus Persern und Medern ein stehendes Heer ausgehoben, dessen Kern die Gardereiterei und das Fussvolk der zehntausend »Unsterblichen« bildet, deren Zahl stets voll erhalten wird. Tausend von ihnen bilden die Leibwache des Königs und lagern im Palast; als Abzeichen tragen sie goldene Aepfel auf den Lanzenschäften. Ihr Commandant, der Chiliarch, ist einer der höchsten Beamten des Reichs. Im Frieden lebt der persische Bauer, der sich seinen Unterhalt selbst beschaffen muss, in der Heimath auf seinen Feldern und Gärten; von den Wohlhabenden und Vornehmen dagegen verlangt der König, dass sie so oft wie möglich an seinem Hofe erscheinen und stets seiner Befehle gewärtig sind. Die jungen Perser aus den besseren Häusern wachsen nicht daheim auf dem väterlichen Gute auf, sondern »an den Thoren des Königs« zusammen mit den Prinzen und dem Nachwuchs der Beamten und Hofleute. Mit dem fünften oder siebenten Jahr beginnt die Erziehung im Bogenschiessen und Speerwerfen und im Reiten; den heranwachsenden Knaben bietet die Jagd in den Parks des Königs und den Bergen der Heimath die beste Vorübung für den Krieg. Auch in den Staatsdienst werden sie eingeführt; sie hören den Richtersprüchen zu, sie sehen, wer vom König geehrt, wer bestraft wird, und lernen so von Kindheit auf zugleich befehlen und gehorchen. Daneben werden die Gebote der Religion eingeprägt, die Vorschrift, stets

das Rechte zu thun und die Wahrheit zu reden. Mit dem zwanzigsten Jahre tritt der Perser ins Heer und in die Aemter- laufbahn ein.

ἀθάνατοι Herod. VII, 40 f. 83. Vgl. Artembares, Oberst der μυρία ἵππος Aesch. Pers. 302. μηλοφόροι Heraklid. Cum. fr. 1. Die Garde ist in der Hundertsäulenhalle vor dem Throne des Darius abgebildet; die Krieger tragen abwechselnd persische und medische Tracht. Vgl. Justi, der Chiliarch des Dareios ZDMG. L, 659 ff., sowie Marquart, Philol. LV, 224 ff. (Unters. zur Gesch. von Eran 57; vielfach phantastisch). Er- ziehung: Herod. I, 136 παιδεύουσι δὲ τοὺς παῖδας ἀπὸ πενταέτεος ἀρξά- μενοι μέχρι εἰκοσαέτεος τρία μοῦνα, ἱππεύειν καὶ τοξεύειν καὶ ἀληθίζεσθαι. Xen. Anab. I, 9, 3 πάντες γὰρ οἱ τῶν ἀρίστων Περσῶν παῖδες ἐν ταῖς βασι- λέως θύραις παιδεύονται. In der Cyropädie (I, 2. II, 1) wird das weiter ausgemalt, etwa in der Art der pädagogischen Provinz im Wilhelm Meister, durchaus mit Rücksicht auf die griechischen, nicht auf die per- sischen Verhältnisse. Strabo XV, 3, 18 f. beruht auf Herodot und Xeno- phon. Bei Plato Alk. I, 121 f. sind die Angaben über die Erziehung schematisirt.

20. Die Weltherrschaft bringt den Persern reichen Ge- winn. Freigebig spendet der König aus der Beute und aus den Schätzen, die sich in seinem Palaste sammeln, Ehrenketten und Spangen, Sklaven und goldgezäumte Rosse und gewaltige Summen Edelmetalls. Auch die Verleihung eines selbständigen Truppencommandos, wohl vor allem als Leibwache, ist ein ächt persisches Geschenk, das z. B. auch an Prinzessinnen gegeben wird. Am einträglichsten aber ist die Verschenkung von Land und Leuten in den Provinzen zu Eigenbesitz. »Kyros hat vielen seiner Freunde in allen er- oberten Gebieten[1]) Häuser (d. h. Güter) und Unterthanen ge- schenkt,« sagt Xenophon, »und noch jetzt gehören ihren Nachkommen die damals verliehenen Besitzungen« (vgl. §. 35). Die Masse der Perser bleibt in der Heimath — die Tradition

---

[1]) Xenophon (Cyrop. VIII, 6. 5) sagt κατὰ πάσας τὰς καταστραφείσας πόλεις. Das ist eine unbewusste Einwirkung der griechischen Anschauung, welche sich die Völker nur städtisch organisirt vorstellen kann. Denkt sich doch Herodot sogar die Meder im wesentlichen in Egbatana con- centrirt (I, 98 Dejokes τοὺς Μήδους ἠνάγκασε ἓν πόλισμα ποιήσασθαι καὶ τοῦτο περιστέλλοντας τῶν ἄλλων ἧσσον ἐπιμελεῖσθαι).

erzählt, dass Kyros den Vorschlag, aus dem kleinen rauhen
Heimathlande in reichere Gebiete hinabzuziehen, verworfen habe,
weil die Steigerung des Wohlstandes nothwendig Verweichlichung
und den Verlust der Herrschaft zur Folge haben müsse
(Herod. IX, 122) —, und auch von den mit fremdem Landbesitz Ausgestatteten berichtet Xenophon, dass sie meist die
Erträge daheim am Hofe verzehrten. Aber andere blieben
dauernd in der Fremde ansässig; und zahlreiche Perser wurden
alljährlich theils als Besatzungsmannschaften und Officiere,
theils als Beamte und Richter in die Provinzen geschickt. So
entstehen überall im Reiche starke persische Colonien.

Herod. IX, 109. Xerxes bietet der Artaynte πόλις καὶ χρυσὸν ἄπλετον
καὶ στρατόν, τοῦ ἔμελλε οὐδεὶς ἄρξειν ἀλλ’ ἢ ἐκείνη· Περσικὸν δὲ κάρτα ὁ στρατὸς
ἐῶρον. — In den Provinzen ansässige Perser finden sich vielfach, so in
Aegypten »der persische Eunuch (srs = ‏פרים‎ §. 23 A.) und Fürst (rpa'ti)
von Koptos« Atiwabja, Sohn des Artames und der Qanzu, vielleicht einer
Aegypterin, und sein titelloser Bruder Ariarathes (Ariurta) unter Darius,
Xerxes, Artaxerxes I., die ihre Namen mehrfach in Hieroglyphen in den
Steinbrüchen des Wadi Hammâmât verewigt haben: Lepsius, Denkm. III,
283 h—q; der Beamte Mithrawahischta CISem. II, 144; Chôri (Horus)
Sohn des Bagbaga CISem. II, 125 in Abydos u. a. Zahreich sind vorder-
asiatische Gemmen mit aramaeischer Schrift und persischen Namen und
Symbolen, so Parsondas (geschr. Prândt), Sohn des Artadates u. a. CISem.
II, 98 ff. Zahlreiche Perser finden sich in den Urkunden von Nippur
(Hilprecht, Bab. Exped. IX), ebenso in Babylon.

21. Die Perser waren, als sie in die Geschichte eintraten,
ein gesundes Volk von männlicher Kraft und Schönheit, gehoben durch den Glauben an die reine Lehre der Offenbarung
Ahuramazdas, ausgezeichnet ebenso sehr durch Muth und
Tapferkeit wie durch Treue gegen den König, durch Ehr-
gefühl und Wahrheitsliebe, und nicht am wenigsten durch
den Edelmuth, den sie in allen Kriegen den Besiegten gegenüber gezeigt haben, sehr im Gegensatz zu der brutalen semitischen Kriegsführung. In der Heimath hat sich die alte
Schlichtheit und Gradheit lange erhalten. Die Masse der
Perser waren Bauern, die ihre Felder selbst bestellten; dem
Wein sprach man gern und reichlich zu und pflegte dabei

die wichtigsten Angelegenheiten gemeinsam zu berathen; was
beim Trunke beschlossen war, wurde wie bei den Germanen
am nächsten Morgen nüchtern noch einmal geprüft (Herod. I,
133). Dagegen nahm man am Tage nur eine Mahlzeit (Xen.
Cyrop. VIII, 8, 9). Schulden zu machen galt als schimpflich,
die Lüge nach Zarathustras Gebot als ein verabscheuungs-
würdiges Verbrechen (Herod. I, 138). Im Kampf sich aus-
zuzeichnen und viele Kinder zu haben war der höchste Ruhm
und wurde vom König belohnt (Herod. I, 136). Aber man
war eingetreten in den Kreis der alten Culturvölker; mit den
Errungenschaften der Civilisation, die man nicht entbehren
konnte, drangen auch ihre Unarten ein. Es ging den Persern
wie später den Arabern; gerade die freie weitherzige Art, mit
der sie ihre Aufgabe erfasst haben, machte sie fremden Einflüssen um so zugänglicher. »Am meisten von allen Menschen
nehmen die Perser fremde Sitten an«, sagt Herodot. Schon
unter Darius finden wir in Aegypten einen persischen Heerführer aus dem Stamme der Maraphier, der den Namen
Amasis trägt (Herod. IV, 167); und so werden wohl gar
manche Persönlichkeiten der Perserzeit mit babylonischen
und westsemitischen Namen, deren Siegel uns erhalten sind,
Perser gewesen sein. Die fremden Einwirkungen auf die
persische Religion werden wir später noch kennen lernen.
Neue Lebensgenüsse werden zugänglich; Luxus und Weichlichkeit, Schlemmerei und Ausschweifungen aller Art finden
in den höheren Kreisen Eingang. Dazu kommen die verhängnissvollen Wirkungen der Politik, die Versuchung, nach
aussen und innen die gewonnene Stellung durch List und
Verrath zu behaupten. König Darius ermahnt in seiner Grabschrift die Menschen, sich Ahuramazdas Geboten nicht zu
widersetzen, den geraden Weg nicht zu verlassen, nicht ungerecht zu sein; er schärft seinen Nachfolgern ein, sich vor
der Lüge zu hüten und den Lügner schwer zu strafen, wenn
sie wollen, dass ihr Reich unversehrt bleibe (Beh. IV, 14);
er hat fest geglaubt, nur den Willen der Gottheit zu vollziehen, wenn er die Betrüger, die sich für Erben der alten

Herrscher ausgaben, unter Martern hinrichten liess: aber auch
er hat bei der Ermordung des Magiers und der Eroberung
Babylons der Ueberlieferung nach den Trug nicht gescheut,
ja die Tradition legt ihm hier einen sehr bedenklichen Sophis-
mus zur Vertheidigung der Lüge in Nothlagen in den Mund
(Herod. III, 72). Nicht selten bietet die persische Geschichte
wie die Spartas und Roms das Schauspiel, dass ein vornehmer Mann zwar dem Scheine nach sein Wort hält, aber
thatsächlich den schnödesten Treubruch begeht. Aber daneben
hat es nie an Männern gefehlt, die, wie Megabyzos nach der
Besiegung des Inaros, um ihrer Ehre willen ihre Existenz aufs
Spiel setzten, und ebensowenig an solchen, die für die Sache
und die Person des Königs freudig ihr Leben hergaben.

Die Perser αὐτουργοί Xen. Cyrop. VII, 5. 67, Aelian var. h. I, 31.
Her. I, 135 ξεινικὰ δὲ νόμαια Πέρσαι προσίενται ἀνδρῶν μάλιστα ... καὶ
εὐπαθείας τε παντοδαπάς πυνθανόμενοι ἐπιτηδεύουσι, καὶ δὴ καὶ ἀπ᾽ Ἑλλήνων μαθόντες παισὶ μίσγονται. Auch die letztere, viel angegriffene Behauptung (Plut. mal. Herod. 13) ist richtig und zeugt von dem unbefangenen Sinn des Historikers. Auch sie lässt sich auf die Araber übertragen. — Neuerdings sind die Berichte über das ἀληθίζεσθαι der Perser
trotz der Dariusinschriften für eine Fabel erklärt worden; die alten
Perser seien ebenso verlogen gewesen wie die modernen. Das ist eine
ganz unbegründete Auffassung: das altpersische Volk darf ebensowenig
nach den Verbrechen der persischen Staatsmänner beurtheilt werden,
wie etwa gegenwärtig das türkische. Ebenso wird z. B. kein Mensch
bestreiten, dass die Ehre im Mittelpunkt der ritterlichen Erziehung stand,
trotz aller ehrlosen Handlungen, die in den Zeiten der ritterlichen Politik
vorkommen. — Die Geschichte Herod. IV, 201 wird übrigens ebenso
von den unteritalischen Lokrern erzählt (Polyb. XII, 6). Die mit Herod.
III, 72 verwandte Discussion Xenophons (Cyrop. I, 6. 27 ff.) über die
Berechtigung von Trug und List gegen Feinde ist nicht persisch, sondern eine Untersuchung des Sokratikers über die ethische Frage.

Der König und der Hof.

22. So wenig wie die Könige von Babel und Assur
waren die Perserkönige auf Erden wandelnde Götter nach
Art der Pharaonen. Aber über alle Menschen sind sie hoch

erhaben, auch der höchstgestellte Beamte oder Heerführer ist
ihr Knecht (pers. bandaka, bab. gallû, aram. ʿabd, griech.
δοῦλος) und wird vom König als solcher angeredet. Vor dem
König wirft sich Jeder in den Staub; Niemand darf unangemeldet bei ihm eintreten. Wer mit ihm redet, hält die
Hände in den Aermeln; dem Diener, der hinter dem Thron
steht und den Wedel über dem Haupt des Herrn der Welt
hält, ist der Mund verbunden, damit sein Athem ihn nicht
berühre. In der äusseren Erscheinung zeigt der König alle
Pracht, welche die Phantasie ersinnen mag. Er allein trägt
eine gesteifte Mütze (κίταρις, τιάρα), alle anderen Unterthanen
müssen sie oben eindrücken. Seine Siegel, seine Münzen,
die Sculpturen in Behistan und Suez zeigen daneben eine
gezackte Krone. Bei den Mahlzeiten speist er meist allein,
seine »Tischgenossen« an einer Tafel im Vorgemach; nur bei
Festen und Trinkgelagen dürfen sie am Tisch des Königs lagern.
Vor dem Volk zeigt der Herrscher sich selten und nur zu
Wagen, mit grossem Gefolge und aller Pracht. Sein Geburtstag und der Tag seiner Thronbesteigung werden im ganzen
Reich als Feste gefeiert. Dann gibt er ein grosses Gastmahl,
bei dem er Niemand eine Bitte abschlagen darf. Dafür soll
der König allem Volk voranleuchten in den männlichen Tugenden als Krieger und Jäger — das Siegel des Darius zeigt ihn
auf der Löwenjagd; es galt als todeswürdiges Verbrechen,
wenn einer der Jagdgenossen vor dem König den Speer warf,
auch wenn das Leben des Herrschers gefährdet schien (Ktes.
29, 40) — wie als Pfleger des Ackerbaus und der Baum-
zucht, als Vorbild der Gerechtigkeit, der Wahrheitsliebe, besonders aber der Freigebigkeit, der verschwenderisch allen
Unterthanen und vor allem den Persern von den Glücksgütern
spendet, die die ganze Welt ihm zuführt.

Ueber das Ceremoniell des persischen Hofes sind wir namentlich
durch die Fragmente des Heraklides und Deinon genauer unterrichtet;
ferner Plut. Artax., Xen. Cyrop. VIII. 1—3 u. s. w. Die ὀρθή τιάρα oder
κυρβασία des Königs (z. B. Aristoph. aves 486. Xen. Anab. II, 5, 23,
Cyrop. VIII, 3, 13), pers. κίταρις Plut. Art. 26. 28, Ktes. 29, 47 u. a. und

die niedrige der übrigen Perser finden sich häufig auf den Monumenten. Doch scheinen die Leibwächter zum Theil dieselbe Kopfbedeckung zu tragen wie der König. — Geburtstag und Thronbesteigungsfest Plato Alkib. I, 121 c, Herod. IX. 110.

23. Wie alle vornehmen Perser (Her. I, 135) hat auch der König mehrere Frauen und dazu einen reichbesetzten Harem von Kebsweibern — so viele wie Tage im Jahr, behaupten die Griechen. Unter ihnen befinden sich zahlreiche Ausländerinnen. Kyros und Kambyses haben auch medische und aegyptische Princessinnen heimgeführt. Aber die Thronfolger stammen durchweg von Perserinnen aus vornehmem Hause, meist aus dem Königsgeschlecht selbst. Darius hat mehrere Töchter des Kyros geheirathet; eine von ihnen, Atossa, die früher mit Kambyses vermählt war, war die Mutter des Thronfolgers. Sehr gewöhnlich ist die Vermählung mit der eigenen Schwester; Artaxerxes II. hat daneben zwei seiner Töchter in seinen Harem genommen, was ebenso wie die Vermählung mit der eigenen Mutter (Ktesias fr. 30) von der zarathustrischen Religion sanctionirt war. Der Nachfolger wird durch den König selbst designirt; ob der erstgeborene oder der zuerst nach der Thronbesteigung geborene Sohn das nähere Anrecht habe, ist von Darius I. und II. verschieden entschieden worden. Das höchste Ansehen beim König geniesst die Mutter, deren Einfluss bei den Achaemeniden mehrfach ebenso verhängnissvoll gewesen ist wie bei den osmanischen Sultanen. Unter den Hofbedienten spielen die Eunuchen eine grosse Rolle; sie werden namentlich von Babylon geliefert (Herod. III, 92, jährlich 500 Knaben), doch erscheinen auch nicht wenige Perser unter ihnen. Manche sind zu hohen Vertrauensstellungen am Hofe gelangt oder mit angesehenen Aemtern in den Provinzen bekleidet worden; nur die militärische Laufbahn ist ihnen verschlossen. In den späteren Zeiten der Günstlingswirthschaft haben sie oft einen entscheidenden und verhängnissvollen Einfluss auf die Reichspolitik geübt. Neben ihnen stehen die Schaaren der niederen Bediensteten, die Stallknechte, Köche u. s. w., dann die Mund-

schenken, Kämmerer, Pagen, die Leibwächter, die Magier. Auch unter ihnen sind die unterthänigen Völker zahlreich vertreten, namentlich Juden. Seine Leibärzte bezog der König in älterer Zeit aus Aegypten, dann vorwiegend aus Griechenland; der erste hellenische Arzt, der am Perserhof zu Ansehen gelangte, war Demokedes von Kroton, der Leibarzt des Polykrates (Bd. II, 481), der bei dessen Tode in die Hände der Perser gefallen war. Dazu kommen die zahlreichen auch ohne Amt am Hofe weilenden, von des Königs Tisch gespeisten Perser, die mit dem Titel von Tischgenossen und Verwandten geehrt werden. An der Spitze des Hofs stehen die grossen Aemter des Oberkammerherrn (εἰσαγγελεύς), Obermundschenken, Oberstallmeisters, des Wagenlenkers, des Lanzen- und des Bogenträgers des Königs, die Darius in Behistan und an seinem Grabe hat abbilden lassen und mit Namen nennt. Als oberster Hofbeamter erscheint der Chiliarch, der Commandant der »Tausend« der Leibgarde (§. 19), der wenigstens in späterer Zeit die Stellung des Vezirs einnimmt.

Zur Stellung der Eunuchen vgl. Xen. Cyr. VII, 5, 58 ff., mit einer für den Verfasser sehr charakteristischen Apologie. Häufig haben ausländische Eunuchen persische Namen erhalten. Das aramaeische Wort für Eunuch saris סריס (vgl. Esther 1) erscheint auf Denkmälern geradezu als Titel, so aus der Perserzeit in Aegypten §. 20 A.; aus assyrischer Zeit ein »Oberster der Eunuchen« als Eponymos CISem. II, 38; ein babylon. Eunuch CISem. II, 75. — Der Titel χιλίαρχος, den z. B. Bagoas unter Artaxerxes III. trägt, der aber schon bei Aeschylos Pers. 304 vorkommt, ist dann in den makedonischen Staat übergegangen. — Verwandte: Arrian VII, 11, Xen. Cyrop. VIII, 3, 13 u. a. Oberstallmeister ist wohl Teribazos, der Xen. Anab. IV, 4, 4 das Recht hat, den König aufs Pferd zu heben. Wagenlenker Herod. VII, 40.

Die Centralgewalt. Rechtspflege. Die Kanzlei.

24. Die Aeusserlichkeiten des Hofs haben die Neugier gereizt und die Phantasie der griechischen und orientalischen Erzähler lebhaft beschäftigt. Ueber die Administration des Reichs dagegen sind wir nur dürftig unterrichtet; vor allem

über die Art, wie die Centralgewalt ausgeübt wurde, haben
wir kaum irgendwelche Kunde. Und doch muss es Beamte
gegeben haben, welche den einzelnen Zweigen der Verwaltung
vorstanden, die Finanzen, das Heerwesen, die Rechtspflege
leiteten, die Bittschriften für die Entscheidung des Königs vor-
bereiteten, die Befehle an die Statthalter ausfertigten. Sie
müssen grosse Bureaux mit zahlreichen Beamten gehabt haben.
Wichtige Entscheidungen, wie die über die Einrichtung der
jüdischen Gemeinde unter Artaxerxes I., werden in einer grossen
Rathsversammlung unter dem Vorsitz des Königs getroffen,
zu der alle hohen Reichsbeamten geladen sind. An ihrer
Spitze stehen die sieben Räthe des Königs, deren Zustimmung
im Decret ausdrücklich ausgesprochen wird. Das mögen die
Reichsminister gewesen sein; ihr Präsident war vielleicht der
Chiliarch, der Hofmarschall und Vezir. Mehr noch als er
tritt das »Auge des Königs« hervor, der Beamte, dem der
König die Controlle über das ganze Reich und die Aufsicht
über alle Beamten anvertraut hat. Sein Platz ist an der Seite
des Herrschers, auch in der Schlacht; nicht selten aber wird
er in die Provinzen zur Inspection oder auf andere Missionen
entsendet.

Aus den sieben Räthen Ezra 7, 14. 15 sind wohl die »sieben Fürsten
der Perser und Meder« entstanden, »die das Antlitz des Königs sehen
und den Vorsitz im Königreich haben« Esther 1, 14 [daneben sieben
Eunuchen 1, 10; drei Oberbeamte nennt Dan. 6, 3]. Rathsversammlung:
Ezra 7, 28, vgl. Entst. d. Jud. 63. Dieselben Magnaten erscheinen auch
bei den Festen des Königs Esther 1, 3. — ὁ βασιλέως ὀφθαλμός Aesch.
Pers. 980, Aristoph. Ach. 92, Herod. I, 114, Plut. Artax. 12. Xenophons
Behauptung Cyrop. VIII, 2, 11, vgl. 6, 16, es habe viele βασιλέως ὀφθαλμοί
gegeben, ist Construction, die βασιλέως ὦτα wahrscheinlich seine Erfindung; er dehnt den Titel auf alle Berichterstatter und Spione des
Königs aus. [Lucian de merc. cond. 29 und Aristid. or. 16 p. 424
schöpfen wohl aus Xenophon. Die πυλωροί τε καὶ ὠτακουσταὶ λεγόμενοι
am Hof (Arist. de mundo 6) sind etwas anderes. Schol. Arist. Ach. 92
= Suidas und Heysch s. v. ist werthlos, ebenso die Angabe von zwei
Augen schol. Aesch. Pers. 980. — Als Ehrentitel für hochgestellte Ver-
traute, aber nicht als Amt. findet sich »Auge« und »Ohr des Königs«
im Pharaonenreich häufig.]

25. Der König ist die Quelle aller Belohnungen und
Strafen, der höchste Richter, der in letzter Instanz die Rechtsprechung selbst übt. Im allgemeinen sind die Achaemeniden,
wenn wir von den Ausschreitungen des Kambyses absehen,
ernstlich bemüht gewesen, ein gerechtes Regiment zu führen
und als Richter keine Parteilichkeit, als Regenten keine un-
billige Bedrückung der Unterthanen aufkommen zu lassen.
Dem Richter, dem Bestechung nachgewiesen wurde, war die
schwerste Bestrafung sicher (vgl. Herod. V, 25. VII, 194).
»Deswegen brachte mir Ahuramazda Hülfe und die übrigen
Götter, welche es gibt«, sagt Darius (Beh. IV, 13 f.), »weil
ich nicht feindselig (gegen den Gott?), kein Lügner, nicht gewaltthätig war, weder ich noch mein Geschlecht. Nach dem
Gesetz herrschte ich, weder Unrecht (?) noch Gewalt übte ich.
Wer meinem Hause beistand, den habe ich wohl beschützt,
wer (ihm?) Schaden that, den habe ich streng bestraft. Du
der du nach mir König sein wirst, einen Lügner und einen
Uebelthäter bestrafe streng!« In Erfindung langer Martern
und grausamer Hinrichtungen sind die Perser vielleicht noch
raffinirter gewesen als die Assyrer. Aber trotz arger Frevel,
trotz manches jähzornigen und ungerechten Urtheilsspruchs
— namentlich wenn die gutmüthigen aber schwachen Herrscher der späteren Zeit sich von einer Palastintrigue umgarnen
oder von einer raschen Laune hinreissen liessen — tritt die
Neigung, milde zu verfahren und Gnade zu üben deutlich
hervor. »Um eines einzigen Vergehens willen lässt weder der
König Jemanden hinrichten, noch straft deshalb ein Perser
seinen Sklaven in nicht wieder gut zu machender Weise«,
berichtet Herodot I, 137 (vgl. VII, 194 und auch den Erlass
an Gadatas), »sondern sie ziehen alle seine Handlungen in
Erwägung und nur wenn sie finden, dass die Uebelthaten
mehr und grösser sind als seine guten Dienste, lassen sie
ihrem Zorn freien Lauf.« Eine häufige Strafe für vornehme
Männer ist die Verbannung auf eine der heissen und öden
Inseln an der persischen Küste; auch dass zur Sühne eine
ausserordentliche Leistung aufgelegt wird, kommt vor (Herod.

IV, 43). Wenn bei Hochverräthern, wie es in anderen despotischen Staaten und ebenso in den griechischen Republiken
beim Sturz eines Tyrannen ständiger Brauch ist, die Hinrichtung der ganzen Familie nicht selten ist (z. B. Herod. III,
119, Plut. Artax. 2), so haben doch im allgemeinen die Perserkönige den Grundsatz befolgt, die Sünden der Väter nicht an
den Söhnen heimzusuchen und z. B. den Kindern von Rebellen oft genug sogar ihr väterliches Erbe zurückgegeben
(Herod. III, 15). — Wie zu strafen hat der Herrscher zu
lohnen. Wer dem König oder dem Reich einen Dienst erwiesen hat, wird in die Liste der Wohlthäter (ὀροσάγγαι) eingetragen und erhält ein Ehrenkleid, ein königliches Ross und
Land und Leute zum Eigenbesitz. Es ist der höchste Ruhm
des Königs, dass er Jedem seine Verdienste durch grössere
Wohlthaten vergilt und sich dadurch die Treue und den Eifer
der Unterthanen sichert.

Auf die Perserkönige sind wie später auf Alexander manche Anekdoten über charakteristische Entscheidungen übertragen, so Herod. III
119 über die Familie des Intaphrenes [bekanntlich von Sophokles in die
Antigone übernommen; über die orientalische Form der Geschichte vgl.
Pischel, Hermes XXVIII, 465; Nöldeke ib. XXIX, 155,] IV, 84 über die
drei Söhne des Oiobazos, ebenso wohl VII, 38 f. über Pythios. Vgl. die
Einkleidung des Estherromans. — Todesurtheil durch Berührung des Gür-
tels Xen. Anab. I, 6, 10, Nic. Dam. fr. 10, 19 und in der Charidemosgeschichte
Diod. XVII, 30 u. a. Verbannung auf die Inseln Herod. III, 93, Ktes. fr. 29.
40. fr. 38, Nearch bei Strabo XVI, 3. 5. 7. — Eintragung der εὐεργέται:
Herod. VIII, 85. 90 (vgl. VI, 30), Esther 6. Inschrift des Gadatas διὰ
ταῦτά σοι κείσεται μεγάλη χάρις ἐν βασιλέως οἴκῳ. Erlass an Pausanias
Thuk. I, 120 κείται σοι εὐεργεσία ἐν τῷ ἡμετέρῳ οἴκῳ εἰς ἀεὶ ἀνάγραπτος.
Herod. III, 154 κάρτα ἐν τοῖσι Πέρσῃσι αἱ ἀγαθοεργίαι ἐς τὸ πρόσω μεγά-
θεος τιμῶνται. Vgl. die Ariaspen in Drangiana, denen Kyros den Ehren-
namen Εὐεργέται gibt (Arrian III, 27, 4 u. a.). Der Name ὀροσάγγαι
Herod. VIII, 85, Nymphis fr. 12 im lex. rhet. Cantabr. s. v.

26. Die erhaltenen Urkunden zeigen, wie sehr die Central-
regierung sich um die Einzelheiten der Verwaltung kümmerte.
Wo immer ein Anlass vorlag, griff sie direct ein; einen Instanzenzug kennt sie nicht. Beschwerden der Unterthanen,
z. B. von der Priesterschaft des Apolloheiligthums bei Magnesia

gegen den königlichen Domänenverwalter Gadatas wegen Heranziehung ihrer Gärtner zu Abgaben und Frohnden, werden an
den König gerichtet und von ihm entschieden. In wichtigeren Fällen, z. B. über die Zulassung des Baus des Tempels
und der Mauern von Jerusalem, berichtet der Satrap der Provinz oder auch der Statthalter des Bezirks an den König und
holt seine Befehle ein. Constitutive Massregeln, wie Steuer-
privilegien oder die Ordnung der Stellung und Rechte der
aegyptischen, jüdischen, griechischen Priesterschaft und ihres
Cultus, können nur vom König erlassen werden. Der Verkehr
zwischen den Behörden und dem König erfolgt schriftlich,
durch Depeschen (aram. אגרה ἄγγαρος §. 39); die Schreiben
(נשתון) öffnet der königliche Secretär, der jedem Statthalter
beigegeben ist (Herod. III, 128). Jede Verfügung des Königs,
die in officieller Form, mit Nennung seines Namens und
unter seinem Siegel, erlassen ist, gilt als Reichsgesetz (dāta
דתון) und ist unwiderruflich (Esther 8, 8): der Herrscher
bindet sich selbst und seine Nachkommen durch die officielle
Kundgebung seines Willens. Gerade absolute Monarchien
können einen derartigen Grundsatz am wenigsten entbehren.
Durch schwere Strafandrohungen wird ihre Befolgung eingeschärft. Durch einen solchen Erlass ist z. B. durch Artaxerxes I. das jüdische Gesetzbuch für die Juden in Syrien
zum »Königsgesetz« erhoben worden, zu dessen Befolgung sie
verpflichtet sind. Ob und wie weit allgemeine Rechtssätze
für das ganze Reich oder für das persische Volk vom König
erlassen sind, wissen wir nicht; in der Regel wird hier die
Einholung eines Gutachtens von den »Rechtsträgern«, den
königlichen Richtern (§. 18), den Bedürfnissen genügt haben.

27. Die ganze Verwaltung wird, wie seit den ältesten
Zeiten im Orient, schriftlich geführt; auch über die gerichtlichen Entscheidungen wird ein Protokoll aufgenommen. Am
Perserhof wird wie ehemals in Aegypten, Babylon, Assyrien,
an den Fürstenhöfen von Israel und Juda alles sorgfältig aufgezeichnet, was der König vornimmt. Selbst in der Schlacht
sind ihm die Secretäre zur Seite, um die Namen der Krieger

und Heerführer, die sich im Kampfe auszeichnen, für die Liste
der Wohlthäter zu notiren. In diese Protokolle wird jede
königliche Verfügung eingetragen; die einzelnen Acten werden
zu »Tagebüchern« oder »Memorandenbüchern« zusammengestellt und in den Archiven niedergelegt, die sich in den
Schatzhäusern von Susa, Babylon, Egbatana u. a. befinden.
So kann jeder Vorgang und jede Entscheidung jederzeit urkundlich controlirt werden. Im Estherroman wird erzählt,
wie König Xerxes sich in einer schlaflosen Nacht aus dem
Protokollbuch vorlesen lässt und dabei den Namen Mardochai's
findet, der eine Verschwörung entdeckt, aber noch keine Belohnung dafür erhalten hat. Die hohen Beamten und namentlich die Statthalter haben unzweifelhaft gleichartige Aufzeichnungen gehabt, die von ihren Kanzleien geführt wurden.

Das Protokoll heisst aram. דכרונה Ezra 6, 2, ὑπόμνημα, ὑπομνη-
ματισμός, die Sammlung ספר דכרניא Ezra 4, 15, βιβλίον ὑπομνημα-
τισμῶν, hebr. ספר הזכרנות Esther 6, 1, ebenda und 2, 23 erklärt als
ספר דברי הימים, LXX μνημόσυνον; richtiger wäre ἐφημερίδες. Das sind
die βασιλικαὶ ἀναγραφαί Diod. II, 22 oder βασιλικαὶ διφθέραι (= βύβλοι Herod.
V, 58), ἐν αἷς οἱ Πέρσαι τὰς παλαιὰς πράξεις κατά τινα νόμον εἶχον συντεταγμέ-
νας (Diod. II, 32), aus denen Ktesias geschöpft haben will. Genau ebenso
sind die »Tagebücher der Könige von Israel« resp. Juda zu erklären.
Dieselbe Einrichtung ist in Aegypten, Syrien (vgl. jetzt Recueil de travaux 1899 p. 85) und Assyrien aus vielen Andeutungen erkennbar und
findet sich später bei Alexander, in den makedonischen Staaten und bei
den römischen Beamten, vgl. WILCKEN, Philol. LIII, 80 ff. — Archive in
den Schatzhäusern: Ezra 5, 17. 6, 1. 2. — Vgl. Entst. d. Jud. 48. 59.

28. Ueber die Einrichtung der persischen Kanzleien geben
uns die erhaltenen Urkunden einigen Aufschluss. Am Hof
und im Verkehr mit den persischen Beamten gebrauchte man
natürlich die persische (arische) Sprache, die mit einer sehr
vereinfachten, nur aus 36 Zeichen bestehenden Form der
Keilschrift geschrieben wurde, die den Charakter einer Silben-
schrift nahezu abgestreift hat. Aber für den Verkehr mit
den Unterthanen reichte die Sprache der Herrscher nicht aus.
Ob im Osten noch andere Sprachen verwerthet sind, wissen
wir nicht. Für den ganzen Westen wird das Aramaeische,

das schon seit der Assyrerzeit als Sprache des Handels und der
Diplomatie weite Verbreitung gefunden hatte (Bd. I, 401), die
officielle Sprache der persischen Behörden weit über die Grenzen
der semitischen Welt hinaus. In Aegypten braucht man im
Privatleben die Volkssprache mit ihrer aus den Hieroglyphen
abgekürzten Cursivschrift, das sog. Demotische; aber die Eingaben an die Beamten, die Processurkunden, die öffentlichen
Rechnungen, und in Folge dessen auch viele Privaturkunden
werden aramaeisch abgefasst. Dass in Kleinasien die Satrapen
und Heerführer sich für ihre Geldprägungen aramaeischer
Aufschriften bedienen, dass ein persisches Gewicht in Löwen-
form aus Abydos in Troas einen aramaeischen Aichvermerk
trägt, zeigt, dass auch hier das Aramaeische die Reichssprache
gewesen ist. So wird wohl auch in Babylon von den Reichsbeamten und ihren Kanzleien aramaeisch, nicht babylonisch
geschrieben worden sein. Daher findet das Aramaeische auch
im Privatgebrauch stets weitere Verbreitung; wie schon im
achten und siebenten Jahrhundert manche Assyrer und Babylonier, verwenden es jetzt nicht wenige Perser für ihre Siegel.
In noch weiterem Umfang als die Sprache ist die aramaeische
Schrift verwendet worden; vielleicht hat man die Keilschrift, die
mit dem Griffel in Thontafeln eingedrückt wird, beim Schreiben
mit dem Rohr auf Papyros oder ähnlichem Material überhaupt
niemals gebraucht — wie sie dazu denn auch ganz ungeeignet ist —, sondern in diesem Fall auch für das Persische
die bequeme und allgemein bekannte aramaeische Schrift benutzt. Daraus ist später das sog. Pehlewi (d. h. die »parthische« Schrift) der Arsakiden und Sassaniden hervorgegangen.
Daher ist die aramaeische Schrift schon in der Perserzeit ins
westliche Indien eingedrungen und wird hier zum Schreiben der
einheimischen Sprache gebraucht (§. 59). Auch die Verwilderung von Sprache und Schrift in den Keilinschriften des zweiten
und dritten Artaxerxes dürfte so zu erklären sein. — Im Verkehr
mit den Griechen endlich verwerthet die persische Kanzlei die
griechische Sprache. Allen Erlassen, die zur Kenntniss der
Unterthanen gelangen sollen, wird eine Uebersetzung in die

betreffende Sprache beigefügt und eine Copie derselben (pers. פרשגן) allen, die es angeht, zugestellt. Auch bei Eingaben an den König haben die Statthalter, wenn ihr Inhalt den Unterthanen bekannt werden sollte, dem persischen Original eine aramaeische Uebersetzung beigegeben.

Ueber die erhaltenen Urkunden s. §. 1; über Ezra 4, 7 Entst. d. Jud. 16 ff. Die Angaben Esther 1. 22. 3, 12. 8, 9, dass die königlichen Erlasse an jedes Volk in seiner Schrift und Sprache ergangen wären, ist eine arge Uebertreibung. Der Sprachgebrauch der Königsinschriften (§. 15) hat mit der Sprache der Behörden nicht mehr zu thun als bei uns etwa die Verwendung des Lateinischen auf Denkmälern und Bauten. — Die Behauptung, dass die persische Keilschrift erst von Darius erfunden sei, so namentlich WEISSBACH, ZDMG. XLVIII, 664, kann weder durch die susische Inschrift Beh. L, wo Darius nur sagt, er habe [zuerst] »Inschriften in anderer Weise, nämlich auf arisch« angefertigt, aber nicht, er habe die Schrift erfunden, noch durch ein Machwerk wie epist. Themistocl. 21 erwiesen werden; überdies bezieht sich diese Stelle (Them. lässt sich goldene θυματήρια schicken, ἐφ' οἷς ἐπιγέγραπται τὰ Ἀσσύρια τὰ παλαιὰ γράμματα, οὐχ ἃ Δαρεῖος ὁ πατὴρ Ξέρξου Πέρσαις ἔναγχος ἔγραψε) trotz RÜHL, Fl. Jahrb. 1888, 115, wohl eher auf den Gegensatz von Keilschrift [als Σύρια γράμματα Diod. II, 13 bezeichnet] und aramaeischer Schrift. Jedenfalls muss das Persische schon lange vor Kyros geschrieben sein, wenn auch zuerst vielleicht mit babylonischen Zeichen. — Zur Verbreitung der aramaeischen Schrift vgl. auch Diod. XIX, 23 = Polyaen. IV, 8, 8.

Die Provinzen und die Stellung der Unterthanen. Satrapen, Städte, Dynasten.

29. Im Gegensatz zu den zahlreichen kleinen Provinzen des Assyrerreichs hat Kyros aus den unterworfenen Ländern grosse Bezirke (griech. νομοί oder ἀρχαί) gebildet, die von einem »Landpfleger« (khšatrapāvan, griech. ἐξαθράπης, σατράπης, übersetzt meist durch ὕπαρχος, bab. und aram. pachat, pechā) verwaltet werden. Das Assyrerreich war aus Jahrhunderte langen Kämpfen mit kleinen Fürstenthümern und Stadtgebieten, das Perserreich aus der Eroberung vier grosser Reiche hervorgegangen. Das Lyderreich hat Kyros in

zwei Provinzen zerlegt, den Sprengel von Sardes, der das
Hauptland und die ihm eng verbundenen und grösstentheils
seit Alters einverleibten Nachbarländer (Mysien, Karien, das
griechische Küstenland) umfasste, und den Sprengel von Daskylion, zu dem die unterthänigen Landschaften des Nordens
und Ostens gehörten. Ebenso wurde von Babylonien das
Unterthanenland als Satrapie »jenseits des Stroms« (§. 84 A.)
abgetrennt. Den Haupttheil des Mederlands hat vermuthlich
schon Kyros in zwei Satrapien getheilt, die von Egbatana und
das obere Medien mit Assyrien; daran schliesst sich im Westen
die armenische Satrapie. Etwas zahlreicher sind die iranischen Provinzen; Darius erwähnt in der Behistaninschrift die
Satrapen von Baktrien und Hyrkanien, sein Vater Hystaspes
war, wie es scheint, Satrap von Parthien. Aegypten mit
seinen Nachbarländern Libyen und Kyrene bildete wieder nur
eine einzige Provinz. Als dann Darius das Abgabensystem
neu ordnete und die Tribute definitiv festlegte, hat er, im
wesentlichen im Anschluss an die älteren Ordnungen, das
Reich mit Ausschluss der Heimath der Perser in zwanzig
Satrapien getheilt (§. 50). Die Satrapien sind durchweg grosse,
mehrere Völker umfassende Gebiete; sie zerfallen in Unterstatthalterschaften und diese wieder in kleinere Bezirke. Nicht
selten werden mehrere Satrapien in der Hand eines einzigen
Statthalters vereinigt, so gleich in den ersten Jahren des
Darius Babel und das Land jenseits des Stroms in denen des
Ustani (התני Σισίνης, Ezra 5. 6), häufig umgekehrt Unterstatthalterschaften zu anderen Satrapien geschlagen oder
selbständig gemacht. Ebenso sind noch gegenwärtig im iranischen Reich bald zahlreiche Landschaften in einer Hand vereinigt, bald erhält jede ihren eigenen Statthalter. Bei der
Dürftigkeit unserer Quellen lässt sich daher die Zahl der
selbständigen Satrapien in den einzelnen Epochen nicht mit
Sicherheit feststellen, um so weniger, da weder die Perser
noch die Griechen die Ober- und Unterstatthalterschaften in
der Titulatur unterscheiden. Für die Stellung der einzelnen
Statthalter und für die politischen Verwickelungen ist es von

grosser Bedeutung, ob z. B. die Landschaften Lydien, Grossphrygien und Kappadokien vereinigt waren oder selbständige
Satrapien bildeten; für die Administration dagegen kommt
bei der Grösse dieser Provinzen meist nicht allzu viel darauf
an, ob der Statthalter der einzelnen Landschaft noch einen
Vorgesetzten über sich hat, zumal da ihm der directe Verkehr
mit dem Hofe immer freisteht (§. 26).

Neuere Literatur §. 7; über Darius' Organisation §. 49. Die Listen
der unterthänigen Völker in den Inschriften des Darius (§. 58) haben
mit der administrativen Eintheilung des Reichs nichts zu thun. —
Khšatrapávan = אֲחַשְׁדַּרְפְּנִין (spr. 'achšadrapân) = ἐξατράπης LEBAS
III, 388 in Mylasa und Theopomp. fr. 111; ἐξαιθραπεύων in Mylasa CIG.
2691 c—e = LEBAS III. 377 ff., entstellt in ἐξοατραπεύων in der Urk. von
Tralles CIG. 2919 = LEBAS III. 1651, DS. 573 (vgl. Forsch. II, 497); verkürzt
σατράπης. Das Wort findet sich zuerst in Sargon's Liste medischer Häuptlinge
§. 10 A. als angeblicher Eigenname šatarpanu (geschr. satarpanu). [Wie
ein Gott in Syrien (RENAN. mission en Phénicie p. 241; Wiener Z. Kde. d.
Morgenl. VIII, 1 in Palmyra) und Elis (Pausan. VI, 25) zu dem Namen Σατράπης
שדרפא kommt, wissen wir nicht.] — Sprachgebrauch der Griechen: Herod. III, 89 Darius ἀρχὰς κατεστήσατο εἴκοσι, τὰς αὐτοὶ καλέουσι
σατραπηίας. Ebenso I, 192. Sonst nennt er die Provinz νομός III, 90 ff.
120. 127 u. a., den Statthalter III, 120 νομοῦ ἄρχων, sonst ὕπαρχος III,
128. IV, 160. VI, 33. IX, 113; ebenso nennt er aber die Commandanten
der thrakischen Castelle VII. 33 Ἀρταΰκτην Σηστοῦ ὕπαρχον = VII, 78
ὃς Σηστοῦ ἐπετρόπευε. VII. 105. 106. IX, 116, wo Sestos als νομός bezeichnet wird. Ebenso VII. 194 Sandokes ὁ ἀπὸ Κύμης τῆς Αἰολίδος
ὕπαρχος. Thukydides sagt VIII, 108 Arsakes Τισσαφέρνους ὕπαρχος; I,
129 ἡ Δασκυλῖτις σατραπεία = VIII, 6. 99 ἀρχή. Xenophon braucht
σατράπης und ὕπαρχος promiscue [ebenso noch Lucian ver. hist. II, 33];
so heisst Anab. IV, 4, 4 Teribazos ὕπαρχος von Westarmenien, 1, 2, 20.
8. 5 Kyros' Unterstatthalter ὕπαρχοι. dagegen Hell. III, 1. 10 Pharnabazos' Unterstatthalter in Troas σατράπης. Oecon. 4, 11 dagegen ist der
Satrapenname auf die Oberbeamten beschränkt (§. 43). In der Liste der
ἄρχοντες τῆς βασιλέως χώρας [Xen.] Anab. VII, 8, 25 (§. 5) stehen Ober-
und Unterstatthalter [so die von Lydien, Phrygien, Lykaonien mit Kappadokien, die unter Kyros standen] ohne Unterschied neben einander.
Bei Diodor (Ephoros) wird nur σατράπης gebraucht, auch für Unterstatthalter, so XIV, 35. XIV, 24 ist Ἀριαῖος ὁ Κύρου σατράπης (vgl.
XIV, 80) = Ἀριαῖος ὁ Κύρου ὕπαρχος Xen. Anab. I, 8, 5. Arrian
braucht neben σατράπης in derselben Bedeutung ὕπαρχος von Statthaltern
des Darius wie des Alexander I. 12, 8. 16. 3. III, 16, 9. IV, 18, 3. An

letzterer Stelle heisst Mazaeos ὕπαρχος, III, 16, 4. VII, 18, 1 σατράπης von
Babylonien. [Arist.] oec. II, 15 heisst Maussollos' Unterstatthalter in
Lykien ὕπαρχος, sonst wird σατράπης gebraucht. — In der jüdischen
Literatur kommt der Satrapenname erst in der hellenistischen Zeit auf
(mehrfach neben pechâ gestellt, als bedeute er etwas anderes: Ezra 8,
36, Esther 3, 12. 8. 9); in der Perserzeit wird wie in den babylonischen
Urkunden immer פחה pechâ gesagt, sowohl vom Statthalter von Syrien
Ezra 5, 3. 6. Neh. 2, 7. 9 [wo der Singular statt des Plurals zu corrigiren ist]. 8, 7, wie von dem von Judaea Haggai 1. 1. 2, 2. 21. Ezra 5, 14.
6, 6, Neh. 5, 14 f.; »der Tiršatâ« Neh. 7, 65. 70. 8, 9. 10. 2 ist Titel,
etwa »Excellenz«, s. Entst. d. Jud. 194. — Der Statthalter von Samaria
heisst Ezra 4, 8 f. בְּעֵל טְעֵם »Befehlshaber«; hier scheinen also Ober-
und Unterstatthalter auch in der Titulatur geschieden zu sein. — Bei
Dan. 3, 2 f. 27. 6, 8 werden daneben noch andere Titel aufgezählt, darunter das schon in alter Zeit (ClSem. I, 5. Amarnabrief 237, 9) aus
bab. saknût entlehnte סגן sagan. — Die Provinz heisst im A.T.
מְדִינָה »Gerichtsbezirk« (§. 30). In den Inschriften des Darius wird
dahju (bab. mât) gleichmässig für Land, Provinz und District gebraucht.
— Der Satrap Mazaeos Arrian III, 8, 6 führt auf seinen Münzen überhaupt keinen Titel, sondern nennt sich »Mazdai, der über 'Abar Naharâ
und Kilikien (gesetzt ist)« מזדי זי על עברנהרא וחלך (HALÉVY).

30. Mit der Aufrichtung des Perserreichs tritt das Regiment der Satrapen und ihrer Unterstatthalter an die Stelle
der einheimischen Herrscher und ihrer Beamten. Sie haben
die Verwaltung zu führen und zugleich die Interessen des
Königs und des Reichs zu vertreten. Der oberste Satrap hat
für Ordnung und Sicherheit zu sorgen, jede Rebellion niederzuhalten, Räuber und Diebe zu strafen; sein Ruhm ist, wenn
»in seiner Provinz jeder rechtliche Mann in seinen Geschäften
ohne Gefahr reisen kann, wohin er will« (Xen. Anab. I, 9, 13).
Er ist der oberste Richter in Criminal- und Civilsachen; wie
dem König stehen ihm und ebenso den Unterstatthaltern für
die Rechtsprechung »Rechtsträger« (§. 18) zur Seite. Daher
heisst die Provinz aramaeisch medina »Gerichtsbezirk«, und
von den Ortschaften Gibeon und Mispa nördlich von Jerusalem
wird angegeben, dass sie »zum Stuhl des Statthalters von
Syrien« gehörten (Nehem. 3. 7), d. h. dass sie von ihm Recht
nahmen, nicht vom Statthalter der Provinz Juda. Ferner erhebt

der Satrap die Abgaben und führt sie an den König ab; er liefert den Truppen ihre Verpflegung. Er hat dafür zu sorgen, dass das Land gut bebaut ist und der Bauernstand gedeihen kann. Er controllirt die Unterstatthalter und setzt sie ein und ab; wer es versteht, seinen Bezirk zu heben und neue Steuerquellen zu erschliessen, wird belohnt und erhält ein grösseres Gebiet. Zur Durchführung seiner Massregeln und zur Sicherung seiner Stellung hält der Satrap eigene Truppen und eine ständige Leibwache; ausserdem steht ihm der Oberbefehl über die Truppen seiner Provinz zu (§. 43). Ueber die Städte und Dynasten seines Gebiets führt er die Aufsicht; auch mit den nicht unterthänigen Nachbarn kann er verhandeln (z. B. Herod. V, 96) und, wenn er es für nöthig hält, eine Expedition gegen sie ausrüsten, zu der er allerdings wohl meist vorher die Einwilligung des Königs einholt (Herod. V, 32, vgl. IV, 167).

Von der Stellung der Satrapen lässt sich aus den griechischen Nachrichten, vor allem aus Xenophon (Anab. I, 9, Oecon. 4, Cyrop. VIII, 6, 10. 14, vgl. VIII, 1, 6) und den Angaben bei Ezra und Nehemia wenigstens einigermassen ein Bild gewinnen. — דהבריא finden sich in der Beamtenliste Dan. 3, 2; sie sind identisch mit den דיניא »Richtern« Ezra 4. 9.

31. So hat der Satrap fast eine königliche Stellung; vielfach vererbt sich sein Amt Generationen hindurch in derselben Familie, so z. B. in der Satrapie von Daskylion. Aehnlich sind in ihrem engeren Bezirk die Unterstatthalter gestellt, nur dass ihnen in der Regel wenigstens das Truppencommando abgeht und dass sie der Oberaufsicht der Satrapen unterliegen. Der Hof der Satrapen ist ein Abbild des Königshofs. Die Perser der Provinz, Beamte wie Grundbesitzer, sind verpflichtet, hier zu erscheinen und Geschenke zu bringen; dafür speisen sie an der Tafel des Statthalters, und er sendet ihnen Wein und Leckerbissen und Heu für ihre Pferde. Alle wichtigen Angelegenheiten werden mit ihnen berathen; die Eingaben an den König werden im Namen des Satrapen und des ihm vom König beigesetzten Secretärs und »seiner übrigen Genossen«,

der Perser der Provinz, ausgefertigt, die letzteren gelegentlich
nach den einzelnen Kategorien aufgezählt. Aber die Pflicht
des Statthalters ist es, wie für die Interessen des Reichs so
auch für das Wohl der Unterthanen zu sorgen; und so finden
wir nicht selten auch diese zu seinen Berathungen herangezogen.
So vertritt der Hyparch von Samaria die Interessen seines
Bezirks gegen die Aspirationen der Juden und nennt in seinen
Eingaben an den König die Unterthanen neben den persischen
Beamten. Auch sonst sind die Perser auch in der Verwaltung
keineswegs exclusiv gewesen. So zahlreich Perser in den unteren
Verwaltungsstellen erscheinen, so häufig sind Angehörige der
unterworfenen Völker wie in der Armee so in der Verwaltung
zu den höchsten Posten gelangt. Wie wir unter Kyros und
Darius medische und armenische Satrapen finden, so hat
z. B. Judaea wiederholt jüdische Statthalter erhalten, und im
vierten Jahrhundert ist die Satrapie Karien einem einheimischen
Dynastengeschlecht übergeben worden. Unter Pharnabazos ist
ein Dardaner Zenis Unterstatthalter von Troas (Aeolis), dem
nach seinem Tode seine Gemahlin Mania folgt; unter dem
jüngeren Kyros finden wir in Ionien einen Aegypter Tamos
als Statthalter und Flottencommandanten. Für die locale
Verwaltung vollends waren die Einheimischen gar nicht zu entbehren, zumal wo sie so durchgebildet war wie in Aegypten
oder in Babylonien; für diese Zwecke besassen die Perser
weder die nöthige Sachkunde noch hätten sie an Zahl ausgereicht. So behielt man in solchen Fällen in der Regel die
alten Beamten und die einheimische Verwaltung bei.

Ueber die Eingänge der Urkunden Ezra 4. 5 s. Entst. d. Jud. 30 ff.
— Ein persischer Beamter in Aegypten ist Mithrawahišta CIsem. II, 144.
an den ein Aegypter Pachim, wohl ein Unterbeamter, eine Eingabe
richtet. Zenis: Xen. Hell. III, 1. 10. Tamos: Xen. Anab. I, 2, 21. 4, 2,
Diod. XIV, 19. 35.

32. So gleichartig äusserlich die Statthalterschaften erscheinen, so verschieden ist in den einzelnen Gebieten thatsächlich die Gestaltung des Regiments. Der König ist der Herr über
alle seine Unterthanen und der Satrap sein Vertreter; sie können

überall nach Gutdünken eingreifen, nicht nur wo die Interessen
des Reichs es erfordern, sondern wo immer es ihnen beliebt.
Aber wie jedes erobernde Reich hat sich auch das persische
in seinen Einrichtungen den bestehenden Verhältnissen möglichst angepasst. Wo eine politische Organisation vorhanden
war, die den Interessen des Reichs nicht entgegenstand, hat
man sie bestehen lassen, und ebenso umgekehrt da, wo die
Kraft des Reichs nicht ausreichte, um eine Umwandlung zu
erzwingen, wie bei den nomadischen Stämmen der Steppen
und Wüsten des Ostens, Arabiens, Libyens, bei den kriegerischen Völkerschaften der wilden iranischen, armenischen
und kleinasiatischen Gebirge. Hier war man zufrieden, wenn
die Stämme und ihre Häuptlinge Heeresfolge leisteten und Tribut oder auch nur Geschenke gaben. Im Falle eines Conflicts
hat man wohl einmal versucht, sie zu Paaren zu treiben, aber
selten mit dauerndem Erfolg; mehrfach hat man sich nur
arge Schlappen geholt. Aber auch in den pacificirten Gebieten gab es zahlreiche Fürsten, welche schon vorher den
grösseren Reichen unterthan gewesen waren oder die persische
Oberhoheit freiwillig anerkannt hatten. Diese alle haben auch
die Perser bestehen lassen; sie nehmen jetzt die Stellung erb-
licher Satrapen oder Unterstatthalter ein, nur dass sie zugleich
im Innern, ihren Unterthanen gegenüber, die Träger der alten
Traditionen und des alten Rechts bleiben und für diese der
heimische Staat fortlebt, wenn auch mit geschmälerten Rechten
und mit der Pflicht, dem fremden Herrn Heeresfolge zu leisten
und Abgaben zu zahlen. Hierher gehört vor allem das Königreich Kilikien, dessen Herrscher, die durchweg Syennesis heissen,
bis zum Ende des fünften Jahrhunderts ihr Land als Satrapie
regiert haben. Wie sie haben die Häuptlinge der Paphlagonen
sich dem Kyros freiwillig unterworfen und daher ihre Rechte
behalten. Aber nicht viel anders stehen z. B. die bithynischen
Stammfürsten oder die Dynasten und Burgherren in Karien
und Lykien. Aehnliche Machthaber gibt es überall im Reiche;
in Sogdiana z. B. finden wir zur Zeit Alexanders zahlreiche
mächtige Fürsten, von denen mehrere auf ihren Felsburgen

dem Eroberer energischen Widerstand leisteten, ebenso in den
indischen Grenzlanden. Auch von den zahlreichen Priesterfürsten Kleinasiens und Syriens, die uns in der hellenistischen
Zeit als Herren eines ausgedehnten, von Hörigen bebauten
Tempellands begegnen, bestanden gewiss manche schon in
der Perserzeit oder sind damals zu Macht gelangt, wie der
Hohepriester von Jerusalem. Zu ihnen gehört wahrscheinlich
'Abdhadad, der im vierten Jahrhundert Münzen mit aramaeischer Legende geprägt hat; wie es scheint war er der
Hohepriester der Atargatis von Bambyke. Alle diese Machthaber herrschen in alter Weise über ihre Territorien und
Unterthanen, erheben die Steuern, prägen, wo es der Verkehr
erfordert, Münzen auf ihren Namen, sprechen Recht, führen
die Truppencontingente, wenn sie auch unter Aufsicht des
Satrapen und seiner Unterstatthalter stehen und diese gelegentlich einmal rücksichtslos eingreifen, den Rechtsspruch
eines der kleinen Herren umstossen, ihn absetzen oder tödten
mochten.

Xen. Cyrop. VII, 4, 2 ὧν ἕνεκα οὐδ᾽ ἐπεμελ᾽ πώποτε Πέρσην σατράπην
οὔτε Κιλίκων οὔτε Κυπρίων, ἀλλ᾽ ἦρχον αὐτῷ ἀεὶ οἱ ἐπιχώριοι βασιλεύοντες·
δασμὸν μέντοι ἐλάμβανε καὶ στρατιάς ὁπότε δέοιτο ἐπήγγελλεν αὐτοῖς. VIII,
6, 8 werden daneben noch die Paphlagonen genannt. Erschöpft ist
diese Kategorie aber damit durchaus nicht. Münzen des 'Abdhadad und
eines anderen Dynasten von Hierapolis: BABELON, Perses achém. p. LI ff.

33. Nicht anders betrachten die Perser die organisirten
Stadtgemeinden, die sie an den Grenzen ihres Reichs, in Phoenikien, Cypern, Lykien, den griechischen Gebieten antreffen.
Ihrem Wesen nach sind sie ihnen gänzlich fremd, ja fast unverständlich, zumal wo nicht, wie in Phoenikien, ein wenn
auch in seiner Macht beschränkter König, sondern Rath und
Volk das Regiment führen. Daher haben sie in den griechischen Republiken die Regierung überall in die Hände eines Ver-
trauensmannes, eines Tyrannen gelegt, der durch sein eigenes
Interesse an Persien gebunden schien und für den Gehorsam
des Gemeinwesens haftete. Diese Machthaber zahlen dem Reich
die Steuern ihrer Städte und führen ihre Truppen und Schiffe.

Im übrigen aber mochten die Gemeinwesen ihre inneren Angelegenheiten ordnen wie sie wollten. In den griechischen Städten haben die Tyrannen offenbar die Formen des republikanischen Selbstregiments unter ihrer Oberaufsicht ebenso bestehen lassen, wie ihre Vorgänger in der Zeit der Unabhängigkeit. Während in den phoenikischen Städten der Stadtkönig das Geld prägt, erscheint auf den Münzen der Griechenstädte niemals der Name des Tyrannen, sondern Wappen und Name der Stadt. Alle diese Gemeinden behalten ihr eigenes Recht, Maass und Gewicht, ihre Magistrate und ihren Rath, ihr Gemeindevermögen: sie können nach Gutdünken Steuern und Zölle erheben — ob daneben auch das Reich Hafen- und Marktsteuern erhoben hat, wissen wir nicht —, sie haben eigene Truppen und regeln ihr Verhältniss zu den Nachbargemeinden nach eigenem Ermessen. Nur die Stadtmauern scheinen die Perser meist niedergelegt zu haben. Aber überall können die Reichsorgane eingreifen, wie es ihnen gut dünkt, eine Besatzung in die Stadt legen, ihr Gebiet vergrössern oder verringern, ihre Einkünfte, ja die Stadt selbst einem »Wohlthäter«, wie z. B. dem Themistokles, zum Eigenbesitz verleihen (§. 36). Bei Parteiumtrieben und Unruhen greift der Satrap ein, ebenso bei Fehden mit den Nachbarn, ferner bei wichtigen politischen Angelegenheiten, und ohne Zweifel, wenn es ihm angemessen erscheint, auch bei Processen. Auch neues Recht kann er schaffen. So hat nach Niederwerfung des ionischen Aufstandes der Satrap Artaphrenes einen Congress sämmtlicher griechischer Städte nach Sardes berufen, um ein allgemeines Verkehrsrecht zu vereinbaren, das die einzelnen Gemeinden zwang, bei Streitigkeiten zwischen Angehörigen verschiedener Städte ein geregeltes Gerichtsverfahren, wahrscheinlich vor dem Forum des Beklagten, anzunehmen; bis dahin war man über den alten Zustand der Selbsthülfe und der Gewinnung eines Faustpfandes (ἄγειν καὶ φέρειν, vgl. Bd. II, 237) noch nicht hinausgekommen (Herod. VI, 42). — So ist es materiell den Städten unter persischer Herrschaft nicht gerade schlecht gegangen, ja sie besitzen eine gewisse Autonomie, d. h. eigenes

Recht und eigene Verwaltung. Aber dieselbe ist beschränkt und
prekär, nur geduldet, nicht staatsrechtlich festgelegt. Nicht
nur nach aussen ist ihnen die freie Bewegung genommen
und sind Abgaben und Heeresfolge der Ausdruck der »Knechtschaft« (δουλεία): auch im Innern sind sie ständig den Eingriffen der Reichsorgane ausgesetzt, und wenn diese auch
nicht selten ihre wahren Interessen besser fördern mögen als
die Organe und Parteien der Gemeinde selbst, so bleibt doch
die Sehnsucht nach den alten Zeiten der ungebundenen Selbständigkeit immer lebendig. Nie kann man vergessen, dass
man einen Herrn über sich hat. Immer aufs neue hat das
nicht nur in den griechischen, sondern auch in den lykischen
und phoenikischen Städten zu dem Versuch geführt, die volle
Freiheit wieder zu gewinnen, freilich auf die Dauer immer
ohne Erfolg.

Das Bild, welches [Aristot.] oecon. II, 1 von den finanziellen Competenzen der Könige, Satrapen und Städte in der Seleukidenzeit entwirft.
wird in seinen Grundzügen vielfach auch schon für die Perserzeit gelten,
aus deren Ordnungen die der hellenistischen und römischen Zeit erwachsen sind. Nur versagt hier meist das Material vollständig. — Von
fundamentaler Bedeutung ist der vieldeutige Begriff der αὐτονομία.
Im engsten Sinne besagt er, dass ein Gemeinwesen sein eigenes Recht
hat, also nicht unter fremdem Recht oder fremder Willkür steht, wie
das flache Land, die ἔθνη. Daraus ergibt sich weiter die innere Freiheit,
das gesetzliche Regiment, im Gegensatz zu Tyrannenherrschaft und willkürlichen Eingriffen fremder Oberherren. Dagegen verträgt sie sich mit
der Zugehörigkeit zu einem Reich und Abgaben an dasselbe (vgl. im
Nikiasfrieden Thuk. V. 18), sie ist nicht identisch mit ἐλευθερία; daher
steht in den Dekreten der griechischen Zeit meist ἐλεύθερος καὶ αὐτόνομος
neben einander, und die Seleukiden verleihen z. B. an Erythrae DS.¹ 166
τήν τε αὐτονομίαν ὑμῖν συνδιατηρήσομεν καὶ ἀφορολογήτους εἶναι συγχωροῦμεν
τῶν τε ἄλλων ἁπάντων καὶ τῶν εἰς τὰ Γαλατικὰ συναγομένων. Auch Freiheit
von Besatzung ist in der αὐτονομία nicht enthalten. Ebenso fordert der
König 395 durch Tithraustes von Agesilaos τὰς ἐν τῇ Ἀσίᾳ πόλεις αὐτονόμους οὔσας τὸν ἀρχαῖον δασμὸν αὐτῷ ἀποφέρειν (Xen. Hell. III, 4, 25);
offenbar erbietet er sich damit, sich innerer Eingriffe oder etwa der Einsetzung von Tyrannen zu enthalten. Dem entsprechend handeln nachher Pharnabazos und Konon ib. IV, 8, 1 παρεμυθοῦντο τὰς πόλεις, ὡς οὔτε
ἀκροπόλεις ἐντειχίσοιεν ἐάσοιέν τε αὐτονόμους. Endlich die volle Durchfüh-

rung des Begriffs ergibt die volle Freiheit auch von jedem äusseren Zwang,
also die politische Selbständigkeit und Unabhängigkeit im Sinne der vollen
ἐλευθερία. In diesem Sinne fordern die Spartaner die αὐτονομία der Griechenstädte von den Persern Xen. Hell. III, 2, 12. 20. 4, 5 und die Athener von
Sparta die volle Unabhängigkeit der nach dem Antalkidasfrieden autonomen
Städte Hell. VI, 3, 7. In welchem Sinne das Wort jedesmal gebraucht
wird, kann nur der Zusammenhang lehren. — Die Stellung der hellespontischen Griechenstädte definirt Xen. Cyrop. VII, 4. 9 διεπράξαντο ὥστε
εἰς μὲν τὰ τείχη, βαρβάρους μὴ δέχεσθαι, δασμὸν δὲ ἀποφέρειν καὶ στρατεύειν
ὅποι Κῦρος ἐπαγγέλλοι. Das ist der Zustand des vierten Jahrhunderts;
in der älteren Zeit haben derartige Bestimmungen schwerlich bestanden.

34. Im Gegensatz zu den »Städten« und »Dynasten«,
d. h. den eximirten Gebieten, die unter der Oberaufsicht des
Reichs von einheimischen Organen regiert werden, stehen
nach dem Sprachgebrauch der hellenistischen Zeit die »Völkerschaften« (ἔθνη), d. h. das nicht städtisch organisirte flache
Land, das dem unmittelbaren Regiment der Reichsbeamten
unterstellt ist. Dieselben Kategorien bestanden auch im Perserreich, nur dass hier der Bereich der »Völkerschaften« viel
ausgedehnter ist als später, während »Städte« im staatsrecht-
lichen Sinne fast nur im Küstengebiet vorkommen. Aber
auch hier scheiden sich zwei Gruppen: neben den von den
Statthaltern verwalteten Landschaften stehen ausgedehnte Gebiete, welche Privateigenthum Einzelner geworden sind und
von ihnen verwaltet werden. Dazu gehört vor allem das
Königsgut, die durch das ganze Reich zerstreuten Domänen,
zum Theil vielleicht ehemals der Besitz der einheimischen
Herrscher, zum Theil neue Anlagen, wie z. B. das Schloss
von Kelaenae in Phrygien, das Xerxes nach 480 erbaut haben
soll. Die königlichen Domänen sind grosse Landgüter mit
ausgedehnten Parks (פרדם παράδεισος), theils Waldungen und
Jagdgründe mit starkem Wildbestand, theils wohlgepflegte
Gärten und Baumpflanzungen — die Gartencultur haben die
Perser wie alle Orientalen mit besonderer Liebe betrieben. Die
Verwaltung leitet ein Vogt, der »Aufseher des königlichen Para-
dieses«, so in Syrien unter Artaxerxes I. Asaph, der den Auftrag erhält, Nehemia das Holz für den Mauerbau von Jerusalem

zu liefern, so bei Magnesia am Maeander unter Darius I. Gadatas, den der König belobt, weil er Pflanzen aus Syrien (»dem Land jenseits des Euphrat«) in Kleinasien (»den unteren Gebieten Asiens«) acclimatisirt hat, aber schwer tadelt, weil er die Gärtner des Apollon zu Frohndiensten auf profanem Gebiet gezwungen und von ihnen Abgaben erhoben hat. — Andere Besitzungen gehören der Königin, so die Dörfer, aus deren Erträgnissen ihr Haushalt und ihr Schmuck beschafft wird (§. 51). Auch die Satrapen haben Paradiese und Schlösser in ihrer Provinz.

πόλεις, ἔθνη καὶ δυνάσται (oder μόναρχοι) ist in der Seleukidenzeit die ständige Bezeichnung für die drei Kategorien des Unterthanengebiets; vgl. auch Esther 3, 12. — παράδεισοι des Königs: Xen. oec. 4, 13, Nehem. 2, 8; in Sidon Diod. XVI, 41. Gadatas: §. 1 A. P. des Satrapen in Daskylion Xen. Hell. IV, 1, 15, in Sardes oec. 4, 20, Kelaenae Anab. I, 2, 7, Tarsos I, 2, 23, Syrien I, 4, 10. Βασίλεια des armenischen Satrapen Anab. IV, 4, 2. 7.

35. In derselben Weise wird Grund und Boden zu erblichem Eigenthum an verdiente Unterthanen, »Wohlthäter« (§. 20. 25) verliehen, Perser wie Ausländer. Die geschenkten Besitzungen sind an sich nichts anderes als grosse Güter, deren Eigenthümer, wie es scheint, mit besonderen Privilegien, Steuerfreiheit und Gerichtsbarkeit über die Gutsangehörigen, ausgestattet wurden; dafür haben sie Reiter für das Heer zu stellen. Sie sind den Statthaltern unterstellt und verpflichtet, an ihrem Hof und in ihrem Rath zu erscheinen. Viele von diesen Schenkungen haben jedoch einen solchen Umfang, dass sie über das Maass der Privatwirthschaft hinausgehen und ihre Besitzer im Verhältniss zum Reich wie zu den Unterthanen eine fürstliche Stellung erhalten. Derartige Gebiete sind zweifellos aus dem sonst üblichen Schema der Provinzialverwaltung eximirt und den Unterstatthalterschaften gleichgestellt worden. Hierher gehört die Hausmacht der Hydarniden in Armenien, der Otaniden in Kappadokien, des Hauses des Pharnabazos im hellespontischen Phrygien, des Tissaphernes in Karien. Von den Statthaltern unter-

scheiden sich diese Grundherren dadurch, dass das Gebiet, das sie verwalten, ihr volles erbliches Eigenthum ist; sie stehen den einheimischen Dynasten gleich, nur dass sie nicht gleichen Stammes mit den Unterthanen, sondern ihnen zu Herren gesetzt sind und dass sie viel grössere Privilegien, vielleicht sogar volle Abgabenfreiheit besitzen. Vielfach müssen ihre Vorrechte sehr gross gewesen sein. Wenn Herodot vom Haus des Otanes berichtet, es sei allein von allen Persern auch jetzt noch frei und werde nur soweit beherrscht, wie es selbst wolle, vorausgesetzt, dass es die persischen Gesetze nicht übertritt, so kann sich das nur auf seine Stellung in Kappadokien beziehen. Darauf deutet auch Platos Angabe hin, das Darius und seine sechs Genossen das Reich unter sich vertheilt hätten (§. 18 A.). In der That berichtet die allerdings wenig zuverlässige Tradition der späteren Könige Kappadokiens aus diesem Hause, ihre Vorfahren hätten das Land von Darius als erbliche, tributfreie Dynastie erhalten.

Xen. Cyrop. VIII, 8, 20: in früheren Zeiten war es Brauch τοὺς τὴν γὴν ἔχοντας ἀπὸ ταύτης ἱππότας παρέχεσθαι (vgl. VIII, 6, 10), οἱ δὴ καὶ ἐστρατεύοντο, jetzt machen die δυνάσται ihre Bedienten zu Reitern. — Besitz des Pharnabazos und Tissaphernes Xen. Hell. III, 12. 4. 12. IV, 1, 33, vgl. Amorges S. d. Satrapen Pissuthnes Thuk. VIII, 5, 28. Otaniden: Herod. III, 83, Diod. XXXI, 19, 2; vgl. §, 18 A. — Herod. VIII, 85 Phylakos von Samos εὐεργέτης βασιλέος ἀνεγράφη, καὶ χώρη ἐδωρήθη πολλῇ. — In der Urkunde bei Hilprecht, Bab. Exped. of the Univ. of Pennsylv. IX, p. 37 verpachtet ein Perser seinen Grundbesitz bei Nippur auf 60 Jahre. — Der ἕτερός τις τῶν ὑπάρχων δυνάστης, den Kyros Anab. I, 2, 20 hinrichten lässt, ist wohl ein mit Land ausgestatteter Perser, nicht ein Unterstatthalter. Ist der mit ihm zusammen hingerichtete φοινικιστὴς βασίλειος Megaphernes ein Intendant der königlichen Purpurfabriken? Zu dem persischen Verwaltungssystem würde das sehr gut passen; die Purpurfärberei könnte königliches Monopol gewesen sein.

36. In ähnlicher Weise sind nicht selten ganze Ortschaften verschenkt worden, so dass der Beschenkte ihre Einkünfte bezieht und somit als Grundeigenthümer des Stadtgebiets gilt. So erhielt Amyntas, der Sohn eines vornehmen Persers und einer makedonischen Princessin, die Einkünfte der Stadt Alabanda, Zopyros, der Eroberer Babylons, die Ein-

künfte Babylons auf Lebenszeit abgabenfrei. Griechische
Städte sind, soweit wir wissen, nur an Griechen zum Eigenbesitz verliehen worden; sie allein mochten als befähigt gelten,
das Regiment über ihre Landsleute zu führen. So soll Kyros
dem Kyzikener Agathokles sieben Städte, wie es scheint meist
in Troas, verliehen haben. Der flüchtige Spartanerkönig Demarat erhielt die halbgriechischen Städte Teuthrania und
Halisarne in Mysien, Gongylos von Eretria die Aeolerstädte
Gambrion und Palaegambrion, Myrina und Gryneion; ihre
Nachkommen regiren in diesen Städten noch zu Anfang des
vierten Jahrhunderts. Themistokles erhält von Artaxerxes I.
»Magnesia am Maeander für das Brod, Lampsakos für den
Wein, Myus für die Zukost«. Die also Beschenkten werden
dadurch zugleich Regenten dieser Städte; aber ihre Stellung ist,
wie diese Formulirung zeigt, eine wesentlich höhere, als die
eines von den Persern eingesetzten Tyrannen. Der Beschenkte
wird Herr und Eigenthümer der Städte und ihres Gebiets
und bezieht aus ihnen seine Einkünfte nicht anders als der
König oder die Königin aus den für ihren Unterhalt bestimmten Ortschaften. Daher hat, anders als die Tyrannen,
Themistokles in Magnesia Münzen auf seinen Namen geprägt,
ebenso Gongylos und seine Nachkommen. Wenn berichtet
wird, dass Themistokles aus Magnesia alljährlich 50 Talente
zog, so ist diese Summe trotz der Grösse und Fruchtbarkeit
des Gebiets nur zu erklären, wenn ihm nicht nur die städtischen Zölle und Abgaben, sondern auch der bisher an das
Reich entrichtete Tribut zugewiesen war. So darf man vielleicht annehmen, dass die persischen Landschenkungen überhaupt mit Abgabenfreiheit verbunden waren: das würde dem
Grundsatz entsprechen, dass die Perser — und ebenso die
ihnen vom König wegen ihrer Verdienste gleichgestellten
Männer — keine Abgaben zahlen. Auch manchen Heiligthümern ist Freiheit von Abgaben und Frohnden verliehen
worden, so dem Apollo von Magnesia schon von Kyros, dem
Himmelsgott von Jerusalem von Artaxerxes I. Zur Heeresfolge dagegen sind natürlich alle diese Gebiete verpflichtet.

Zopyros: Herod. III, 160 τὴν Βαβυλῶνα οἱ ἔδωκε ἀτελέα νέμεσθαι
μέχρι τῆς ἐκείνου ζόης. Amyntas τῷ δὴ ἐκ βασιλέος τῆς Φρυγίης ἐδόθη
Ἀλάβανδα πόλις μεγάλη νέμεσθαι VIII, 136 [VII, 195 wird Alabanda
in Karien erwähnt, unter einem Tyrannen, d. h. einem einheimischen
Stadtherrn, Aridolis; hat es etwa zwei Orte dieses Namens gegeben?] —
Agathokles: Athen. I, 30 a. Demarat und Gongylos und ihre Nachkommen: Xen. Hell. III, 1, 6. Anab. II, 1, 3, VIII, 8, 8. 17 [Athenaeos'
Angaben über Demarat I, 29 f. sind falsch]. Münzen: Six, Numism.
chronicle, 3 sér. XIV, 315. Themistokles: Thuk. I, 138. Nach Phanias
und Neanthes hat er ausserdem Perkote und Palaeskepsis εἰς στρωμνὴν
καὶ ἀμπεχόνην (στολήν) erhalten (Plut. Them. 29, schol. Arist. eq. 84,
Athen. I, 29 f.). Nach Ktes. 29, 52 erhält der Athener Lykon, der Verräther des Pissuthnes, πόλεις καὶ χώρας. — Nicht hierher gehören Syloson
in Samos Herod. III, 140 ff., Koes in Mytilene V, 11, Theomestor in Samos
VIII, 85, vgl. IX, 90; das sind gewöhnliche Einsetzungen zum Tyrannen.

37. Für die Unterthanen macht es wenig Unterschied,
wenn sie zu frohnden und zu zinsen haben, ob sie direct vom
Satrapen und seinen Unterstatthaltern oder von einem grossen
Magnaten regiert werden; die Kosten des Unterhalts ihrer
Vorgesetzten haben sie neben den Abgaben an das Reich in
beiden Fällen zu tragen. Die Bedürfnisse der Hofhaltung eines
Statthalters waren sehr beträchtlich. Als Nehemia im Jahr
445 Statthalter der kleinen und armen Provinz Juda war,
speisten an seinem Tisch täglich 150 angesehene Juden, dazu
die, welche aus den Nachbargebieten zu Besuch kamen; der
tägliche Aufwand betrug ein Rind und sechs Schafe, dazu Ge-
flügel und Wein. »Trotzdem,« erzählt Nehemia (5, 14 ff.), »habe
ich das ‚Brod des Statthalters‘ nicht gegessen (d. h. nicht bezogen),
während die früheren Statthalter vom Volk für Brod und Wein
täglich 40 Silberseqel (47 M.) nahmen (jährlich also 2,4 Silbertalente = 16,872 M.) und überdies ihre Knechte das Volk herrisch
bedrückten.« Aehnlich mögen die Ausgaben eines kleinen Dy-
nastenhofs gewesen sein. Danach mag man ermessen, was
der Hofhalt eines grossen Satrapen täglich kostete. Nach
einer allerdings phantastisch übertriebenen Angabe bezog der
Satrap von Babylonien täglich 1 Artabe (ca. 56 Liter) Silber;
dazu hatte er ein grosses Gestüt mit 16,000 Stuten und
800 Hengsten, und vier Dörfer für den Unterhalt seiner

Hunde (Herod. I, 192). Wir sehen, dass wie bei den Landschenkungen so bei den Statthaltern die Ausstattung in »Brod,
Wein und Zukost« auf die Unterthanen angewiesen war. Offenbar blieb es ihrem Ermessen überlassen, den Bedürfnissen entsprechend die Höhe des zu erhebenden Betrags festzusetzen.

38. Eigene Rechte stehen den Unterthanen nicht zu; eine
rechtlich geschützte Selbstverwaltung kennt das Reich, abgesehen
von ihrer Duldung in den Küstenstädten, so wenig wie den Begriff der politischen Freiheit, ausser wo er bei Berg- und Wüstenstämmen zusammenfällt mit Uncultur. Trotzdem liegt es im
Wesen eines despotisch regierten Reichs, dass den Unterthanen
in ihren eigenen Angelegenheiten grosse Bewegungsfreiheit
gelassen wird. Wenn sie nur gehorsam sind, die Abgaben
zahlen und die vorgeschriebenen Truppen stellen, mögen sie
im übrigen thun und lassen was sie wollen. Die Beamten
sind lange nicht zahlreich genug, um überall eingreifen zu
können. Auch ist es nur natürlich, dass sie sich durchweg an
die bestehenden Verhältnisse anlehnen und sich von den
Unterthanen unterrichten und berathen lassen. Daher wird den
Unterthanen eine locale Organisation gestattet, ja vielleicht
geradezu gegeben. So zerfällt z. B. die kleine Provinz Juda
in eine Anzahl von Landbezirken, an deren Spitze einheimische Grundbesitzer stehen, die in den Hauptorten ihren
Sitz haben. Sie werden die localen Angelegenheiten und vermuthlich zugleich die Erhebung der Steuern und ihre Ablieferung an den Statthalter besorgt haben. Die Angelegenheiten der Gesammtgemeinde dagegen werden von den
Geschlechtsältesten geleitet, die in Jerusalem zum Rath zusammentreten; dieser Rath hat auch die Gerichtsbarkeit über
die Volksgenossen. Der König erklärt das Gesetzbuch »in
Ezras Hand« für bindend für die Juden und gibt Ezra Vollmacht, Richter einzusetzen, die auf Grund desselben Recht
sprechen sollen. In wichtigen Fällen wird auch wohl eine
Volksversammlung des ganzen Stammes ausgeschrieben. So
eigenartig die Stellung der Juden war, ähnliche Organisationen
wird es doch vielfach im Reich gegeben haben, abgesehen

von den Ländern, wo wie in Aegypten von Alters her ein
bis ins kleinste ausgebildeter Beamtenapparat alle Angelegenheiten erledigte. Als Alexander vor Sardes erscheint, kommen
»die angesehensten Sardianer« mit dem Festungscommandanten zu ihm, um ihm die Stadt zu übergeben (Arrian I,
17, 3). Die Rechtsgeschäfte werden in Babylonien und Aegypten
und gewiss auch sonst in den altgewohnten Formen und in
der einheimischen Sprache abgeschlossen, auch wenn ein Perser,
ja selbst wenn der Satrap oder der Kronprinz daran be-
theiligt ist. So werden die Statthalter, auch wenn sie eine
Sache nicht den Organen der Unterthanen überliessen, sondern
vor ihren Stuhl zogen, in der Regel nach dem einheimischen Recht entschieden haben. Religiöse Satzungen, wie sie
Ezra's Gesetzbuch enthält, mögen auch sonst mehrfach vom
König sanctionirt und als bindend für alle Reichsorgane anerkannt worden sein. Im übrigen aber hat das einheimische
Recht schwerlich irgendwo gesetzliche Gültigkeit gehabt. Von
Alexander wird berichtet, dass er »der Stadt Sardes und den
Lydern insgesammt das alte lydische Recht zurückgab und
sie für frei erklärte«. Das kann, da von politischer Freiheit
hier nicht die Rede sein kann, nur besagen, dass er sie der
Willkür der Beamten entzog und ihnen Selbstverwaltung und
eigene Rechtsprechung wiedergab. Mithin war das lydische
Recht von den Persern nicht anerkannt, so oft man es auch
bei Processen berücksichtigt haben mag. Hier wie überall
ist es nicht sowohl Ungerechtigkeit und Gewaltthätigkeit der
Regierung, was das despotische Regiment als einen schweren
Druck empfinden lässt, als vielmehr die Willkür, mit der sie
bald eingreift, bald nicht, und die dadurch geschaffene Unsicherheit des Rechtszustandes.

Arrian 1, 17, 4 Alexander Σαρδιανοὺς καὶ τοὺς ἄλλους Λυδοὺς τοῖς
νόμοις τε τοῖς πάλαι Λυδῶν χρῆσθαι ἔδωκε καὶ ἐλευθέρους εἶναι ἀφῆκεν·
ἐλεύθερος muss hier im Sinne von αὐτόνομος stehen.

Controllorgane. Reichsstrassen.

39. In die Reichsverwaltung greift der König ein, wo es
ihm geeignet scheint oder wo eine Angelegenheit vor ihn
gebracht wird; dass ein regelmässiger Instanzenzug nicht befolgt wurde, lehren die Gadatasinschrift wie die Verhandlungen
über den Mauerbau von Jerusalem. Je ausgedehnter das
Reich, je mächtiger die Stellung der Statthalter war, um so
nöthiger war es, Einrichtungen zu schaffen für die Aufrechterhaltung der Reichseinheit und die rasche und unweigerliche
Durchführung der königlichen Befehle. Dem Zusammenhalt
des Reichs dienen die grossen in Susa zusammenlaufenden
Strassen, welche es in Anlehnung an die älteren Verkehrswege
in allen Richtungen durchziehen. Eine von ihnen, die »Königsstrasse« von Ephesos und Sardes nach Susa ist uns genauer
bekannt. Es ist die alte Handelsstrasse, welche von Sardes
im Hermosthal aufwärts in das nordphrygische Plateau zu
den Königsstädten am Sangarios und von hier über den Halys
nach Pteria in Kappadokien führte (Bd. II, 244) und jetzt über
den Euphrat durch Armenien und Assyrien am Tigris entlang bis Susa fortgeführt ward. Eine andere Strasse ging
von Babylonien durch die Zagrosketten am Fels von Bagistana vorüber nach Egbatana und von hier an die baktrische
und indische Grenze. Auch quer durch Kleinasien, vom Golf
von Issos nach Sinope, ging eine directe Route. Andere
Strassen führten von Persien nach Kolchis (§. 67), von Tarsos
durch die Amanospässe nach Syrien. Dazu kommt die alte
palaestinensische Küstenstrasse nach Aegypten und der von
Syrien durch das nördliche Mesopotamien nach Assyrien
führende Handelsweg (Bd. I, 184), ferner die directe Route den
Euphrat abwärts durch die mesopotamische Wüste nach Babylon, die in der Furth von Thapsakos den Euphrat überschritt (Bd. I, 493). Diese Strassen waren nach Parasangen
(zu ³/₄ Meilen) vermessen und wurden immer in gutem Stande
gehalten; auf der Königsstrasse lagen in Abständen von durch-

schnittlich etwa drei Meilen an den Stationen »königliche Post-
haltereien und vortreffliche Gasthäuser« (σταθμοί τε πανταχῇ εἰσι
βασιλήϊοι καὶ καταλύσιες κάλλισται Herod. V, 52). An den Grenzen
der Provinzen und an den Flussübergängen lagen Befestigungen
mit starker Besatzung (πύλαι), ebenso z. B. an der Grenze
Babyloniens gegen die mesopotamische Wüste. Hier wurde
scharfe Controlle über den Verkehr geübt. An allen Stationen
waren berittene Postboten bestellt zur raschesten, bei Tag und
Nacht ununterbrochenen Beförderung der königlicheu Befehle
und der Regierungsdepeschen, »schneller als die Kraniche«,
wie die Griechen sagten. Auch eine Telegraphie durch Feuer-
signale soll es gegeben haben.

Ueber die Königsstrasse Her. V, 52 ff. s. KIEPERT, Ber. Berl. Ak.
1857; RAMSAY, J. R. Asiat. Soc. 1883. Zur Quelle vgl. §. 3. Befestigungen und Controlle Xen. Anab. I, 5, 5. Herod. V, 35. VII, 239. —
In Ktesias' Werk stand nach Photios (fr. 29, 64) am Schluss ἀπὸ 'Εφέσου
μέχρι Βάκτρων καὶ 'Ινδικῆς ἀριθμὸς σταθμῶν, ἡμερῶν, παρασαγγῶν, also genau wie in Herodot's Schilderung [auch die Parasangenangaben in Xenophons Anabasis weisen auf vermessene Strassen hin]. Die von Isidoros
von Charax beschriebene parthische Reichsstrasse (σταθμοὶ Παρθικοί) hat
demnach offenbar schon in der Perserzeit bestanden. — Die Strasse von
Sinope nach Kilikien ergibt sich aus den Bd. II, 287 A. besprochenen Angaben. — Eilboten, pers. ἀστάνδαι oder mit einem dem Babylonischen
entlehnten Worte ἄγγαροι, davon aram. אִגַּרְתָּא »Depesche«: Herod.
VIII, 98, Xen. Cyrop. VIII, 6, 17, Suidas ἄγγαρος, MILLER, mélanges de lit.
grecque p. 397 = lex. rhet. Cant. ὁροσάγγης. [Arist.] de mundo 6, Esther
3, 13 ff. 8, 10 ff., wo die berittenen Boten als im Reichsdienst stehend
(אֲחַשְׁתְּרָנִים 'achšatrânim, von pers. khšatra Reich) bezeichnet und
zugleich mit einem unbekannten Wort בְּנֵי הָרַמָּכִים benannt werden.

40. Zur Controlle der Satrapen entsendet der König
möglichst häufig höhere Beamte, wie das »Auge« des Königs
oder seinen Bruder oder Sohn, mit Truppenmacht in die Provinzen (Xen. Cyr. VIII, 6, 16, oecon. 4, 8), die unangemeldet
die Verwaltung inspiciren und über Missstände berichten. Auch
der dem Statthalter beigegebene königliche Secretär (§. 26)
und die Festungscommandanten und Officiere in der Provinz
bilden Aufsichtsorgane gegen Umtriebe der Satrapen. Dazu

kommt ein ausgebildetes Spionirsystem; Denunciationen werden
vom König unbedenklich entgegengenommen (Xen. Cyrop. VIII,
2, 10 f.; vgl. §. 24 A.). Den eigentlichen Kitt des Reichs aber
bildet das Nationalgefühl der Perser in der Provinz und ihr
fester Zusammenhalt den Unterthanen gegenüber. So lange
der König der Treue seines Volkes und seiner Grossen gewiss
ist, so lange er bei den Truppen unweigerlichen Gehorsam
findet, auch wenn er, wie bei der Beseitigung des Oroetes
(Bd. I, 514), befiehlt, den hochverrätherischen Satrapen nieder-
zustossen, in dessen Dienst sie stehen, so lange ist das Reich
gegen jede Gefahr gesichert. Sobald diese Bande sich lockern,
tritt die Schwäche des ungeheuren Reichs hervor und der
Zersetzungsprocess beginnt.

Das Heerwesen.

41. Das wichtigste Organ des Reichs ist die Armee.
Ihren Kern bildet das Aufgebot des persischen Volks zu
Fuss und zu Ross und in diesem wieder die Garde (§. 19).
Ausserdem sind persische Truppen als stehende Besatzungen
durch das ganze Reich vertheilt; so z. B. in den Burgen
von Sardes, Kelaenae, Egbatana, Babylon, Memphis, in den
aegyptischen Grenzfestungen Elephantine, Marea, Daphne,
in den Forts an den Strassen und Pässen. In der kilikischen Ebene ist ein Reitercorps stationirt (Herod. III, 90).
Im Falle eines Kriegs oder Aufstands sammeln sich wie daheim so in den Provinzen alle ansässigen Perser zu den
Waffen. Aber zu allen Zeiten haben die Perserkönige daneben die Streitkräfte der Unterthanen verwendet. Bei der
Einnahme Babylons durch Kyros spielten die Truppen der
Gutaeer aus dem Zagros (Bd. I, 141) eine Hauptrolle. Nach
Aegypten folgten dem Kambyses die Contingente der Griechenstädte Kleinasiens. Das Heer, mit dem Darius die Aufstände
niederwarf, bestand aus Persern und Medern (Beh. II, 25).
Zu den Reichskriegen gegen die Skythen und die Griechen,
zu den Schlachten von Kunaxa, Issos, Arbela sind Truppen

von allen Völkerschaften des Reichs aufgeboten — die Schlachtordnung von Arbela, welche die einzelnen Contingente aufzählte, wurde nachher unter der Beute aufgefunden (Aristobul
bei Arrian III, 11, 3). Wie die Wehrpflicht der Unterthanen
geordnet war, wissen wir nicht. Nach einer Erzählung Herodots, welche Tracht und Lebensweise der Lyder erklären soll,
hätte Kyros die Lyder entwaffnet; nach Xenophon liess
Kyros überall den Besiegten die Waffen abnehmen und verbrennen; nur als Schleuderer sollen sie verwerthet werden.
Diese Angaben sind unzuverlässig und übertrieben. Aber
offenbar wurde in der Regel die unterthänige Bevölkerung
zur Ablieferung der Waffen gezwungen und zum Kriegsdienst
nur so weit herangezogen, wie sie dem Reiche nicht gefährlich
werden konnte. Am stärksten sind die Iranier, vor allem die
Meder herangezogen worden, daneben die sakischen Nomaden
(Herod. VIII, 113 u. a.); ihre Contingente haben in der Prä-
senzarmee des Königs niemals gefehlt. Auch in Babylonien
lagen Meder und Hyrkaner, die mit Landbesitz ausgestattet
waren. Die übrigen Völkerstämme werden je nach ihrer
Zuverlässigkeit und militärischen Brauchbarkeit in sehr ver-
schiedenem Umfang ausgehoben sein. In jedem der grossen
Militärbezirke des Reichs war ein Sammelplatz bestimmt, wo
sich die persische Mannschaft des Gebiets und die Contingente
der Unterthanen zu stellen hatten; so für Kleinasien bis zum
Halys das Kastolosfeld bei Thymbrara in der Hermosebene.
Auch in Friedenszeiten wurden hier Paraden abgehalten, zu
denen wie es scheint ausser den mobilen Truppen auch die
kriegspflichtigen Unterthanen zusammengezogen wurden, wenn
auch schwerlich in voller Kriegsstärke. Wie weit in ruhigen
Zeiten in den einzelnen Provinzen neben den persischen Besatzungen einheimische Truppen unter Waffen gehalten wurden, wird von den localen Bedürfnissen abgehangen haben.
In späterer Zeit, als die militärische Ueberlegenheit der Griechen
offenkundig geworden war, sind wenigstens in den westlichen
Provinzen neben den persischen Truppen überall griechische
Söldner gehalten worden.

Im Gegensatz zu den Truppen in den Provinzen wird die Präsenz-armee des Königs bei Isokr. paneg. 145 scharf als ἡ στρατιὰ ἡ μετὰ τοῦ βασιλέως περιπολοῦσα bezeichnet; ihr sind die Truppen der Inspectoren der Satrapien (Xen. Cyr. VIII, 6, 16; vgl. §. 40) entnommen. Ueber die Dislocation der persischen Armee haben wir im übrigen nur ganz unzureichende Nachrichten. Im allgemeinen s. Xen. Cyrop. VIII, 6, 1—16, Oecon. 4, 5 ff. Ueber den σύλλογος ib. 4, ὁ βασιλεὺς δὲ κατ' ἐνιαυτὸν ἐξέτασιν ποιεῖται τῶν μισθοφόρων καὶ τῶν ἄλλων οἷς ὡπλίσθαι προστέτακται (das sind doch wohl die kriegspflichtigen Perser und Unterthanen der Provinz, im Gegensatz zu dem activen Heer der μισθοφόροι), καὶ πάντας ἅμα συνάγων πλὴν τοὺς ἐν ταῖς ἀκροπόλεσιν ἔνθα δὴ ὁ σύλλογος καλεῖται· καὶ τοὺς μὲν ἀμφὶ τὴν ἑαυτοῦ οἴκησιν αὐτὸς ἐφορᾷ, τοὺς δὲ πρόσω ἀποικοῦντας πιστοὺς πέμπει ἐπισκοπεῖν. Κῦρος στρατηγὸς πάντων, οἷς καθήκει εἰς Καστωλοῦ πεδίον ἀθροίζεσθαι Xen. Anab. 1, 9, 7. 1, 2 = κάρανος τῶν εἰς Καστωλὸν ἀθροιζομένων Hell. I, 4, 3 (vgl. Steph. Byz. v. v.). Das ist offenbar identisch mit Θύμβραρα, ἔνθα καὶ νῦν ὁ σύλλογος τῶν ὑπὸ βασιλέα βαρβάρων τῶν κάτω Συρίας Cyrop. VI, 2, 11. Die Lage ist unbekannt. Beim ionischen Aufstand οἱ Πέρσαι οἱ ἐντὸς Ἅλυος ποταμοῦ νομοὺς ἔχοντες προπυνθανόμενοι ταῦτα συνηλίζοντο Herod. V, 102. — Als Commandanten der Burg von Sardes kennen wir unter Kyros den Perser Tabalos Herod. I, 153 f., unter Darius III. Mithrines Arr. I, 17, 3. — Schlachtordnung von Arbela: Aristobul bei Arrian III, 11, 3. Entwaffnung der Lyder: Herod. I, 156, auf die Babylonier übertragen Plut. Apophth. Xerx. 2. Meder und Hyrkaner in Babylon: Xen. Cyr. VIII, 4, 28, vgl. IV, 2, 8.

42. Die Lebensmittel und Gelder für die Verpflegung erhalten die Truppen in den Provinzen von den Statthaltern; aber sie sind Soldaten des Königs, nicht des Statthalters. Der König bestimmt die Stärke der Garnisonen, er ernennt ihre Commandanten, er hält alljährlich, sei es in Person, sei es durch entsandte Inspectoren, Heerschau über sie ab. Auch die Contingente der Unterthanen werden durchweg von Persern, zum Theil sehr vornehmer Abstammung, befehligt; diese ernennen die niederen Officiere. Nur die Stadtkönige und Tyrannen und die karischen Dynasten führen, ihrer eximirten Stellung entsprechend, ihre Truppen und Schiffe selbst; so abhängig sie sind, sind sie doch immer Vasallenfürsten und haben Militärhoheit. Gleichartig mögen die Dynasten grösserer Landbezirke, wie die Otaniden in Kappadokien, gestellt gewesen sein. Ebenso commandirt Syennesis von Kilikien beim Feld-

zug des Xerxes die kilikische Flotte. Sonst scheinen in
Xerxes' Heer die Heerführer der Unterthanen durchweg von
den Statthaltern verschieden gewesen zu sein; nur die aegyptische Flotte wird von Achaemenes, dem Satrapen Aegyptens,
angeführt. So war eine gegenseitige Controlle der Statthalter
und der in der Landschaft stationirten persischen Officiere
möglich; sie haben das Recht, über einander beim König Beschwerde zu führen. Aber auch sonst war diese Trennung
unentbehrlich. Der Officier soll seine Truppen in den Krieg
führen, der Statthalter bleibt zurück, um für die Sicherheit
der Provinz, für die Verpflegung der Truppen und die Aufrechterhaltung der Verbindungen zu sorgen.

Für die Heeresorganisation s. Herod. VII, 61 ff. Doppelstellungen,
wie die des Artayktes, der zugleich Commandant von Sestos und Heerführer der Makronen und Mossynoiken ist (Herod. VII, 78), mögen öfter
vorgekommen sein. Auch dass Xerxes' Bruder Masistes zugleich Satrap
von Baktrien und einer der Generäle der Armee war (VII, 82. IX, 113),
ist kaum als Ausnahme zu rechnen.

43. So hatte es in der That den Anschein, als sei im
Perserreich, wie Xenophon es schildert, eine vollständige
Trennung der Civil- und der Militärgewalten durchgeführt.
»Jene herrschen über die Einwohner und die vom Ertrag ihrer
Arbeit lebende Bevölkerung (ἐργάται) und erheben von ihnen
den Tribut, diese commandiren die Besatzungstruppen.« Aber
Xenophon selbst muss hinzusetzen: »wo ein Satrap eingesetzt
ist, hat er für beides zu sorgen« (oec. 4, 9 ff.). Er verschweigt, dass ein Satrap für jede der grossen Provinzen
bestellt ist. »Besatzungscommandanten, Oberste und Satrapen
haben die Truppen vollzählig und Pferde und Waffen in gutem
Stand zu halten; die Satrapen haben aus den Persern ihrer
Provinz und den Unterthanen Reiter und Wagenkämpfer zu
stellen,« sagt er selbst (oec. 4, 7. Cyrop. VIII, 6, 10). In
der That haben die Satrapen zu allen Zeiten das Obercommando über die Truppen ihrer Provinz gehabt. So
werden unter Kyros die gutaeischen Truppen, die Babylon
besetzen, von ihrem Statthalter Gobryas geführt. Bei der

Niederwerfung⁻ der Aufstände schickt Darius den Satrapen
von Baktrien, einen Perser Dádarši, gegen die Marger
(Beh. III, 38); Vivana, Satrap von Arachosien, wird mit
seinem Darius ergebenen Heer von den Truppen des zweiten
falschen Smerdis angegriffen (Beh. III, 44): Darius' Vater Hy-
staspes, wie es scheint Satrap von Hyrkanien, wird von einem
Theil seines Heeres verlassen, mit dem Rest bekriegt er die
Parther und Hyrkanier (Beh. II, 35). Oroetes, der sich nach
Kambyses' Tod in Kleinasien unabhängig zu machen sucht,
hat eine Leibwache von 1000 Persern, die offenbar den Kern
der Besatzung seiner Provinzen, vor allem die Garnison von
Sardes bildeten (Herod. III, 127 f.). Ebenso hat im Jahr 334
Kelaenae eine Garnison von 1000 Karern und 100 griechischen
Söldnern vom Satrapen von Phrygien (Arr. I, 29, 1). Unter
Darius hat der Satrap Aryandes von Aegypten den Oberbefehl
über die gesammte Truppenmacht des Landes einschliesslich
der Flotte; er entsendet sie auf eine Expedition gegen Barka
und ernennt ihre Heerführer (Herod. IV, 167). Um dieselbe
Zeit gebietet Artaphrenes von Sardes »über die Truppenmacht
der kleinasiatischen Küsten und hat ein grosses Heer und
viele Schiffe«, die er nach Zustimmung des Darius unter einem
von ihm ernannten Feldherrn gegen Naxos entsendet (Herod.
V, 30. 32), und zwar obwohl damals Otanes der für das
Küstengebiet ernannte Feldherr war (V, 25). Nachher leitet
er zusammen mit dem vom König ernannten Feldherrn die
Operationen gegen die aufständischen Ionier (Herod. V, 116.
122 f.); ebenso geht der Satrap von Daskylion gegen Kyzikos
vor (VI, 33). Später ist es nicht anders. Im peloponnesischen
Krieg und nachher im Kampf mit den Spartanern und im
Krieg gegen Alexander befehligen die Satrapen die Aufgebote
ihrer Provinzen und leiten innerhalb derselben die Operationen
selbständig; nur sind sie dem vom König ernannten Oberfeldherrn, meist einem der Satrapen, untergeordnet. Die Niederwerfung rebellischer Räuberstämme, wie der Myser, Pisider,
Lykaonen ist Angelegenheit der Provinz und ihres Satrapen,
nicht des Oberfeldherrn (Xen. Anab. I, 6, 7. 9, 14; Hellen.

III, 1, 13). Um das Jahr 400 haben so gut wie die Ober-
feldherrn Kyros und Abrokomas auch Tissaphernes von Karien
(Xen. Anab. I, 1, 7. 2, 4. III, 4, 13 u. a.), Syennesis von
Kilikien (ib. I, 2. 12. 21. 4, 4), die armenischen Satrapen
Orontes (ib. IV, 3, 4) und Teribazos (ib. IV, 4, 5. 17 ff.),
Pharnabazos, der Satrap des hellespontischen Phrygiens (ib.
VI, 4, 24. 5, 7), eine beträchtliche Truppenmacht; Orontes
hat dieselbe zum Heere des Königs geführt (Anab. II, 4, 8;
III, 4, 13). Auch Xerxes' Bruder Masistes, Satrap von Bak-
trien, commandirt über die dort stehenden Truppen (Herod.
IX, 113). Das persische Land wird gegen Alexander von
seinem Satrapen Ariobarzanes vertheidigt (Arrian III, 18, 2).
Dass die seit Artaxerxes I. beginnenden Aufstände der Satrapen
zur Voraussetzung haben, dass ihnen das Commando über
die Truppen der Provinz zusteht, ist allgemein anerkannt;
die angeführten Belege zeigen, dass das keine Neuerung, kein
Zeichen des beginnenden Verfalls, sondern die zu allen Zeiten
bestehende Ordnung war. Und in der That ist nicht einzu-
sehen, wie die Satrapen ihre Stellung den Unterthanen gegenüber, ihrer Aufgabe, Ordnung und Sicherheit in der Provinz
aufrecht zu erhalten, die Steuern regelmässig einzutreiben und
Rebellionen zu unterdrücken, hätten durchführen sollen, wenn
ihnen nicht das Commando über die bewaffnete Macht zustand. Bei der Grösse des Reichs und der Schwierigkeit der
Verbindungen war eine vollständige Theilung der Competenzen
unmöglich: die gesammte civile und militärische Macht jeder
Provinz musste in einer Hand liegen. Ausser den regulären
Truppen der Provinz haben die Satrapen, wie es scheint, auf
eigene Hand Söldner anwerben und ausrüsten können, so
viel es ihnen zweckmässig schien und ihre finanziellen Mittel
gestatteten; der Centralgewalt konnte es nur erwünscht sein,
wenn überall im Reich zahlreiche und gut geschulte Truppen
vorhanden waren. Auch die Unterstatthalter hielten, wenigstens in späterer Zeit, zum Theil eigene Truppen und operirten
damit in ihrem Gebiet selbständig; so unter Pharnabazos die
Statthalter von Troas Zenis von Dardanos und dann dessen

Wittwe Mania, die griechische Söldner hielt und dem Pharnabazos im Krieg gegen die Myser und Pisider zuführte und mit
ihnen mehrere griechische Städte eroberte (Xen. Hell. III, 1.
10 ff.); ebenso greift Tissaphernes' Hyparch Arsakes Adramytion
und Antandros an (Thuk. VIII, 108). Auch die Bestellung
eigener Heerführer für die Contingente der Unterthanen scheint
man in späterer Zeit, als nur noch Defensivkriege geführt
wurden, aufgegeben zu haben; in den Schlachten gegen Alexander werden sie durchweg von den Statthaltern selbst commandirt (Arrian I, 12. II, 11. III, 8), während die persischen
Truppen ihre selbständigen Obersten behalten (z. B. Arrian
I, 12. 8).

44. So sind die Satrapen gewissermassen die Generale
der Armeecorps ihrer Provinz. Aber an den Provinzialgrenzen
findet ihre Thätigkeit ihre Schranken, über dieselben können
sie nicht oder doch nur in Ausnahmefällen hinausgreifen. Da
indessen grössere, mehrere Armeecorps umfassende Commandos
unentbehrlich waren, ist das Reich in eine Anzahl grosser
Armeebezirke getheilt, die unter einem vom König ernannten
Oberfeldherrn stehen. Unter Kyros nehmen in Kleinasien die
Meder Mazares und nach seinem Tode Harpagos diese Stelle ein
(Her. I, 157. 162), die den Paktyes besiegen und das Küstenland unterwerfen. Unter Darius finden wir als »Feldherrn der
Küstenarmee« (στρατηγὸς τῶν παραθαλασσίων ἀνδρῶν) nach
einander Otanes, einen der Sieben (Her. III, 141), Megabazos,
Otanes, den Sohn des Sisamnes, Mardonios (Her. V, 25 f.,
vgl. 116. VI, 43). Vorher mag der Satrap Oroetes dieselbe
Stellung gehabt haben. Nicht selten wird einer der Satrapen
zum Oberfeldherrn eines Armeebezirks ernannt; so im peloponnesischen Krieg zuerst Tissaphernes, Satrap von Lydien
und Karien (στρατηγὸς τῶν κάτω Thuk. VIII, 5), dann Kyros,
Satrap von Lydien und Grossphrygien (Xen. Hell. I, 4, 3),
darauf wieder Tissaphernes (στρατηγὸς τῶν πάντων ib. III, 2,
13), dann Pharnabazos von Phrygien und, wie es scheint,
nach ihm Teribazos von Lydien (ib. IV, 8, 12 βασιλέως ὄντα
στρατηγόν; vgl. V, 1. 28), während dessen Nachfolger Struthas

(ἐπιμελτ;ομενος τῶν κατὰ θάλατταν ib. IV, 8, 17) vielleicht nicht Satrap gewesen ist. In den letzten Zeiten des Reichs, als Mentor und dann sein Bruder Memnon Strategen waren, ist die Trennung der beiden Aemter wieder eingetreten. Der Oberfeldherr ist den Satrapen seines Armeebezirks übergeordnet — so z. B. Kyros und dann Tissaphernes während ihrer Strategie dem Pharnabazos (Xen. Hell. I, 4, 5, vgl. 5, 8; III, 2, 13, vgl. IV, 1, 37) — und leitet in der Regel die grösseren Unternehmungen, während die Satrapen innerhalb ihrer Provinzen die militärischen Operationen selbständig ausführen. Nicht selten mag dem Oberfeldherrn vom König ausser den Truppen der Provinzen noch ein besonderes Heer zur Verfügung gestellt sein. Wie schwer es freilich für ihn war, seinen Willen den übermächtigen Untergebenen gegenüber durchzusetzen, hat sich in allen Kriegen gezeigt, mochte er nun zugleich Satrap sein oder nicht. Wie in Kleinasien die Genannten, stand in Syrien im Jahr 400 Abrokomas als Feldherr des königlichen Heeres (Xen. Anab. I, 4, 3—5) neben dem Satrapen Belesys (ib. I, 4, 10. VII, 8, 25). Damals bestand das Heer des Artaxerxes II. im Kampf gegen Kyros aus vier Armeen unter Führung des Abrokomas, Tissaphernes, Gobryas, Arbakes (ib. I, 7, 12). Demnach zerfiel das Reich damals wahrscheinlich in vier Militärbezirke, von denen Kleinasien den ersten, Syrien und das Euphratgebiet den zweiten gebildet haben wird; die beiden anderen haben dann Armenien und die iranischen Lande bis nach Indien hin (vgl. Diod. XIV, 22) umfasst. Hinzu kommt für die frühere Zeit der aegyptische Bezirk unter seinem Satrapen. Ausserdem scheint der Herrscher von Kilikien auch militärisch selbständig gewesen zu sein. Im Heer des Xerxes wird das gesammte Fussvolk mit Ausschluss der Garde unter Hydarnes von sechs Generalen commandirt (Herod. VII, 82 f.); ob dabei eine ähnliche Eintheilung zu Grunde lag, wissen wir nicht.

Die Grenzen des kleinasiatischen Bezirks (vgl. §. 41 A.) sind unsicher. Die militärische Selbständigkeit Kilikiens scheint auch bei Xen. Anab. I, 4, 4 angedeutet: an den issischen Pässen τὸ μὲν ἔσωθεν πρὸ τῆς Κιλικίας Σύεννεσις εἶχε καὶ Κιλίκων φυλακή· τὸ δὲ ἔξω τὸ πρὸ τῆς Συρίας, βασιλέως ἐλέγετο φυλακή φυλάττειν, letztere stand unter Abrokomas' Befehl.

45. Bei den Persern waren Fussvolk und Reiterei mit grossen Bogen und Rohrpfeilen, Lanzen von etwa sechs Fuss Länge und kleinen, im Gürtel getragenen Dolchmessern bewaffnet. Wenn auch Darius rühmt, die persische Lanze sei weithin gedrungen, ist doch der Bogen die eigentliche nationale Waffe. Ihn trägt der König auf den Denkmälern und Münzen, wo er als Krieger dargestellt ist; die Wahrheit reden, Reiten und Bogenschiessen lernt die persische Jugend. Dem Pfeilhagel, mit dem sie die Gegner überschütten, dem Ansturm und der energischen Verfolgung der Reiterei verdanken die Perser ihre Siege über die Lanzenreiter und das Fussvolk der Lyder wie über die babylonischen Heere, die zum Theil nur mit Lanzen und Nahwaffen bewaffnet waren und daher auch eherne Helme trugen. Der Kampf zwischen Persern und Griechen ist ein Kampf zwischen Bogen und Lanze. Die uncultivirten iranischen Stämme wie Paktyer, Utier, Myken, Parikanier führen nur Bogen und Dolch. Die Lanze der Perser und der sesshaften Iranier ist eine Neuerung; wenn wider Erwarten die Feinde durch den Pfeilregen nicht geworfen sind, dient sie zum letzten entscheidenden Stoss. Die persische Bewaffnung war medischen Ursprungs (Herod. VII, 62); hier wird man also die Lanze zuerst von den Assyrern und den Völkern des Westens übernommen haben. — Als Bogenschützen tragen die Perser weder Helme noch Panzer und Beinschienen, sondern Hosen und lange faltige Leibröcke mit weiten Aermeln und auf dem Kopf eine weiche Mütze (tiara). Ein Theil der persischen Truppen, namentlich die vornehmen Reiter, hat von den Aegyptern das wattirte, mit Metallschuppen besetzte Panzerhemd übernommen, das gegen Pfeile und Schleudersteine, aber nicht gegen den Stoss der Lanze schützte. Eine schwere Rüstung nach Art der griechischen Hopliten würde die für das Schützencorps unentbehrliche Beweglichkeit und die Schnelligkeit des Angriffs

gehemmt haben. Für den Nahkampf und die Vertheidigung
waren die Perser daher nur ungenügend gerüstet. Die einzige
Schutzwaffe der Massen ist ein leichter viereckiger, mit Fell
überzogener Schild (γέρρον), den das Fussvolk beim Schiessen
in Form eines Schildwalls vor sich aufpflanzt. Die meisten
Völkerschaften des Ostens waren ähnlich bewaffnet wie die
Perser; die Saken, nächst den Persern und Medern die
zuverlässigsten Truppen (§. 68), charakterisirt durch ihre
spitzen Mützen, führen neben dem Bogen Streitäxte (σά-
γαρις). Im Westen dagegen, in Babylonien, Syrien, Aegypten, Kleinasien, herrschen Lanze und Schwert vor; hier
finden sich daher auch schwere Schutzwaffen, eherne Helme,
grosse Metallschilde, zum Theil auch Metallpanzer. Aber diesen
Truppen haben die Perser offenbar nie recht getraut und ihre
Kampfweise gering geschätzt, da sie ihren Bognern mit Leichtigkeit erlegen waren; so spielen sie im persischen Heer immer
nur eine geringe Rolle.

Ueber die Bewaffnung s. vor allem Herodot V, 49. VII, 61 ff.; ferner
die Schlachtschilderungen. Annahme der aegyptischen Panzer (vgl. Herod.
VII, 89; Abbildung bei ERMAN, Aegypten II, 717): Herod. I, 135. Den
Abbildungen von Kriegern mit verschiedener Bewaffnung auf den persischen Monumenten fehlen leider alle Beischriften; überdies sind die Soldaten nicht im Kampf, sondern in Paradeuniform dargestellt; daher
fehlen hier bei den Persern die Schilde. Werthvoller noch sind die
griechischen Darstellungen aus der Zeit der Perserkriege: STUDNICZKA,
Archäol. Jahrb. VI, 239 ff. (vgl. §. 195); LÖWY, ib. III, 139 ff. [Vgl. JACK-
SON in den Classical Studies in Honour of H. Driver, S. 95 ff., der Herodot
mit den Monumenten und den Daten der iranischen Literatur vergleicht.
Seine Zusammenstellung erweist mit schlagender Deutlichkeit — wenn
er auch die Consequenz nicht gezogen hat —, dass die Schilderung der
persischen Bewaffnung im Vendidad aus sehr viel jüngerer Zeit stammt,
als das Achaemenidenreich.] Xenophon will in der Cyropädie die Organisation eines idealen griechischen Heeres darstellen und gibt daher
absichtlich ein historisch ganz falsches Bild sowohl in der schemati-
schen Entwickelung der Organisation im 2. Buch wie in der Beschreibung
der angeblichen ursprünglichen Bewaffnung der Perser I, 2, 13 (sie
hätten nur Nahwaffen und Panzer gehabt, keine Bogen und Speere),
deren Falschheit durch die Berufung auf die griechischen Gemälde
für die Schilde (γέρρον .. οἷόνπερ γράφουσι οἱ Πέρσαι ἔχοντες) maskirt

wird. — Die Bewaffnung der Babylonier Herod. VII, 63 stimmt zu der der
Assyrer auf den Monumenten, nur dass sie hier auch noch Bogen haben,
die Herodot nicht mehr erwähnt. Schild und Lanze als nationale aegyptische Waffen Plato Tim. 24 b; vgl. Herod. VII, 89. — Ueber die persische Kampfweise vgl. Delbrück, Perserkriege und Burgunderkriege, 1887,
der aber ihre taktische Organisation unterschätzt.

46. Die Perser haben für den Krieg grosse Völkermassen
zusammengehäuft; aber sie im Kampf zu verwerthen haben
sie wenig verstanden. Die Trennung der Reiter, Bogenschützen
und Lanzenkämpfer in besondere Abtheilungen wird bereits
auf Kyaxares zurückgeführt (Herod. I, 103); zu einer weiteren
organischen Gliederung aber ist man nicht gelangt. Die Contingente der einzelnen Völkerschaften und die persischen Corps
wurden in der Schlacht in grossen Vierecken aufgestellt; im
Centrum nimmt der König oder der Feldherr seinen Platz.
Die Mehrzahl der Truppen kann daher nie zum Kampfe gelangen und nur durch ihre Masse wirken. In grossen Ebenen
sucht man die Feinde zu überflügeln und in Flanke und
Rücken zu packen, in engerem Terrain wird die gewaltige
Zahl eher hinderlich und hemmt die freie Entfaltung und Bewegung der Kerntruppen. Die Entscheidung wird durch die
persische und sakische Reiterei und die Bogenschützen des
Fussvolks gebracht. Zur Verstärkung des Angriffs stellt man
Sichelwagen vor die Schlachtreihe, um die feindlichen Schaaren
in Verwirrung zu bringen und niederzumähen. — Eine besondere Truppengattung sind die namentlich aus Arabern
gebildeten Kamelreiter, die Kyros im Kampf gegen Kroesos
mit Erfolg gegen die lydische Reiterei verwendet hat. — Endlich haben die Perser aus den Küstenvölkern, Aegyptern,
Phoenikern, Kilikern, Griechen, eine grosse Flotte gebildet,
deren tüchtigstes Element die phoenikischen Matrosen waren.
Als Kämpfer auf den Schiffen wurden namentlich Perser und
Saken verwendet.

Geldwesen, Finanzen und Abgaben.

47. Die im Perserreich vereinigten Gebiete standen ökonomisch auf sehr verschiedener Entwickelungsstufe. In der griechisch-lydischen Welt war seit länger als einem Jahrhundert die Münze und damit die entwickeltste Form des Geldverkehrs zur Herrschaft gelangt (Bd. II, 349). Von hier aus ist sie früh nach Lykien und Cypern, im fünften Jahrhundert weiter in die kilikischen Handelsstädte und nach Gaza gedrungen. Dem gegenüber steht das grosse vorderasiatisch-aegyptische Handelsgebiet, in dem seit Jahrtausenden der Gebrauch der Edelmetalle als Werthmesser in Barrenform fest geregelt war; hier cursirten sie nicht in der currenten, vom Staat geprägten und als gesetzliches Zahlungsmittel gesicherten Münzform, sondern als Gewichtsstücke, die in festen Formen, als Ringe, Platten, Schmuckstücke u. a. im Verkehr umliefen, aber bei der Zahlung wie jede andere Waare nachgewogen werden mussten. Wie schwer der Handelsverkehr seine Gewohnheiten ändert, zeigt sich hier besonders deutlich. Erst sehr spät und offenbar nach langem Sträuben hat man sich in diesen Gebieten (und ebenso in Karthago) entschlossen, die Erfindung der Münze anzunehmen: die Geldprägung der phoenikischen Städte reicht nicht über das vierte Jahrhundert hinauf, noch später und nur ganz vereinzelt ist im syrischen Binnenlande geprägt worden, z. B. in Hierapolis-Bambyke (§. 32); in Aegypten und Babylonien ist (abgesehen von dem Silber des Aryandes) in der Perserzeit überhaupt nicht geprägt worden. Hier begnügte man sich mit den Münzen, welche von den Küstengebieten und vom Reich in Umlauf gesetzt wurden. Allzu gross ist übrigens der Unterschied der beiden Gebiete nicht. Denn die Münzen werden überall nach dem Gewichtssystem des Prägorts ausgeprägt und haben nur in diesem Zwangscurs; alle anderen zum Theil nach ganz anderem Fuss oder unterwerthig geprägten Stücke müssen

auch hier nachgewogen werden. Bei grösseren Zahlungen
muss sich Jeder ohnehin durch Nachwägung gegen Verluste
schützen, während im Kleinverkehr die Barren ebenso gut
wie die verschiedenen Münzsorten auf Treu und Glauben
in Zahlung genommen wurden. — In den Gebieten dagegen,
welche erst seit kurzem oder noch gar nicht in die Cultur
eingetreten waren, herrschte noch durchaus Tauschverkehr
und Naturalwirthschaft. Nur im indischen Grenzgebiet hat
die Münze sofort Eingang gefunden (§. 59): hier im fernen
Osten, durch einen weiten Zwischenraum von dem Bereich
des abendländischen Verkehrs getrennt und doch von ihm
beeinflusst, hat sich ein selbständiges Gebiet des Geldverkehrs
und der Münzprägung gebildet. In dem ganzen übrigen Osten,
auch im Heimathlande der Perser selbst, hat unter den
Achaemeniden das Geld nur in sehr beschränktem Umfang
Eingang gefunden und zwar fast nur die grossen Goldstücke —
z. B. bei den Goldspenden der Könige an die Perser in der
Heimath (§. 17). Das gilt überhaupt für die ganze Entwickelung des Geldverkehrs. Während für die Bedürfnisse des
täglichen Lebens in weiten Gebieten der Tausch und die
Naturallieferungen noch völlig ausreichten, musste es dem
Kaufmann oder dem Söldner sehr erwünscht sein, seinen Gewinn oder seine Ersparnisse in wenigen Goldstücken bei sich
tragen und nach Hause nehmen zu können. Daher kommt
es, dass die Geldprägung mit grossen Gold- und Elektron-
stücken beginnt und man erst verhältnissmässig spät zur Ausgabe von Theilstücken und Scheidemünzen fortgeschritten ist.

Ueber die Währungs- und Münzverhältnisse der Achaemenidenzeit
ist grundlegend Brandis, Münz-, Maass- und Gewichtswesen Vorderasiens bis auf Alexander, 1866; ferner Hultsch, Griech. und röm. Metro-
logie, 2. Aufl. 1882; Nissen im Handbuch der klass. Alterthumsw. I, u. a.
Daneben die numismatischen Werke §. 1 A.

48. In diese Verhältnisse hat Darius energisch ordnend
eingegriffen. Zwar an eine Aufhebung all der localen Prä-
gungen und Gewichtssysteme, die mit den Gewohnheiten und
Verkehrseinrichtungen der einzelnen Gemeinwesen aufs engste

verknüpft waren, war nicht zu denken. Aber über ihnen schuf Darius, ähnlich wie es Kroesos für das lydische Reich gethan hatte (Bd. I, 489), eine neue Reichswährung. Zugleich entzog er den unterthänigen Gemeinden und Dynasten das Recht der Goldprägung und erhob dieselbe zum Reichsregal. Die neue Goldmünze, der Dareikos, ist wie das Goldstück des Kroesos ein Dreitausendstel, d. i. ein Stater, des persisch-euboeischen Talents von 25,92 Kilogramm, die Hälfte des bei den Griechen cursirenden Goldstaters von Phokaea; sie wird aber möglichst rein und etwas schwerer ausgebracht als der Kroesische Stater, zum Gewicht von 8,4 Gramm. Der Dareikos hat mithin einen heutigen Goldwerth von 23½ Mark (genau 23,44 Mark). Als Münzbild trägt er das Bild des Königs als knieenden Bogenschützen. Daneben wird ein Silberstück von 5,6 Gramm ausgegeben, meist mit gleicher Prägung, der medische . (d. h. persische) Scheqel (σίγλος Μηδικός), der nach dem Verhältniss von Gold zu Silber = 13⅓ : 1 ein Zwanzigstel des Dareikos darstellt, also nach damaligem Curswerth 1,17 Mark (nach heutigem Silberwerth natürlich beträchtlich weniger); ihm entspricht ein Silbertalent (= 6000 Siglen) von 33,6 Kilogramm, das sog. babylonische Talent. Gerechnet wird immer entweder nach Golddareiken oder nach Silbertalenten und Silberminen. Die Silbermine enthält 100 Silberseqel oder 5 Dareiken, also nach Goldwerth 117 Mark; das Silbertalent 6000 Silberseqel oder 300 Dareiken, also nach Goldwerth 7030 Mark; 10 Silbertalente sind also gleich einem Goldtalent. In diesen Münzen werden alle Zahlungen vom und an den Staat geleistet. Durch die Münzordnung des Darius ist das Reich zur reinen Goldwährung übergegangen. Innerhalb desselben beherrscht der Dareikos den Grossverkehr vollständig; auch über seine Grenzen hinaus hat er in der griechischen Welt weite Verbreitung gefunden. Die Silberprägung, und wo ein Bedürfniss vorhanden ist, auch die Kupferprägung — das Elektron wird im Perserreich nicht mehr als Münzmetall benutzt —, stand dagegen auch den einzelnen Gemeinden nach wie vor frei und wird in weitem Umfange nicht nur von den Städten und Dynasten, sondern wenn ein Bedürfniss vorliegt, z. B. für die Löhnung von Soldtruppen, auch von Satrapen und Generalen geübt. Aber die von ihnen geprägten Münzen werden von den Reichscassen nur als Waare, nicht als Geld angenommen.

Dass Darius der Urheber der Münzordnung des Perserreichs ist, kann nach Herod. IV, 166 Δαρεῖος χρυσίον καθαρώτατον ἀπεψήσας ἐς τὸ δυνατώτατον νόμισμα ἐκόψατο [daraus Pollux III, 87] und angesichts der Rückführung der Tributordnung auf Darius nicht bestritten werden. Auch die Ableitung des στατὴρ Δαρεικός (Herod. VII, 28, Pollux VII, 102. IX, 58. 84, CIA. I, 199; gewöhnlich abgekürzt Δαρεικός IGA. 69, DS. 84, CIA. II, 660, 43 u. a.; Herondas 7, 102 ff.) von seinem Namen (so bei den Lexikographen) ist gewiss richtig. Bei den Semiten heisst er אדרכן Ezra 8, 27, Chron. I, 29, 7 (LXX δραχμής), phoen. דרכם in der Piraeeusinschrift Zl. 3; דרכמן Ezra 2, 69. Neh. 7, 70. 72, phoen. plur. דרכמנם ib. Zl. 6 dagegen ist δραχμή (vgl. Entst. d. Jud. 196 f., wo aber die Heranziehung eines angeblichen assyrischen Wortes daragmana zu streichen ist; dies Wort existirt nicht). — 3000 Dareiken = 10 Talente Xen. Anab. I, 7, 18. σίγλοι Μηδικοί CIA. II, 649. 651 cet.; ὁ σίγλος δύναται ἑπτὰ ὀβολοὺς καὶ ἡμιωβόλιον ἀττικούς [1 att. Obol = 0,72 gr.; 7½ att. Obolen also = 5,40 gr., d. i. nahezu = 1 siglos von 5,60 gr.] Xen. Anab. I, 5, 6; λέγουσι δέ τινες δύνασθαι τὸν δαρεικὸν ἀργυρᾶς δραχμὰς κ, ὡς τοὺς ε δαρεικοὺς δύνασθαι μνᾶν ἀργυρίου Harpokr. und Suid. s. v. δαρεικός. Das stimmt zu den Münzgewichten und bestätigt das Verhältniss 13⅓ : 1 der Edelmetalle (bei Herod. III, 95 abgerundet τὸ δὲ χρυσίον τρισκαιδεκαστάσιον λογιζόμενον im Verhältniss zum Silber). — Die Angabe Herod. III, 89, das babylonische Talent sei gleich 70 euboeischen Minen, die Nissen wieder aufgenommen hat. kann nicht richtig sein, wie seine eigene Rechnung III, 95 lehrt. Wahrscheinlich ist mit Mommsen, Brandis, Hultsch u. a. 78 Minen zu lesen: 60 bab. Minen = 78 eub. Minen. Das ist das Verhältnis des Silbertalents des Siglos zum Goldtalent der Dareike; das persische Silbertalent ist also mit dem babylonischen, das Goldtalent mit dem euboeischen, d. i. attischen, identisch. Das (zum Abwägen der Tribute bestimmte) Goldtalent stellt der bronzene Löwe von Abydos CISem. II, 108, vgl. Entst. d. Jud. 10 f., dar, dessen Gewicht jetzt noch 25,657 Kgr. beträgt. Dass die Satrapen das Prägerecht geübt haben, bestreitet Babelon mit Unrecht, wenn sie auch meist nur als Heerführer für die Soldzahlung geprägt haben. Aus Herodots Angabe IV, 166, dass Darius den Satrapen Aryandes von Aegypten als der Usurpation verdächtig getödtet habe, weil er das Silber so rein ausprägte, wie die königliche Münze das Gold, lassen sich weitere Aufschlüsse nicht gewinnen.

49. »Unter Kyros und Kambyses«, erzählt Herodot (III, 89), »war über die Tribute nichts festgesetzt, sondern die Unterthanen brachten Geschenke.« Freilich dass die Abgaben nicht weiter erhoben worden wären, die früher im babylonischen, medischen, lydischen Reich gezahlt wurden, ist undenkbar, und Herodot selbst berichtet, dass der magische Usurpator sein Regiment mit einem dreijährigen Steuererlass eröffnet habe (III, 67). Daneben gewährte die unermessliche Kriegsbeute reiche Mittel für die Bedürfnisse der Regierung und die grossen Geschenke, welche Kyros dem herrschenden Volk zuwandte. Soweit das nicht ausreichte, wird man Contributionen gefordert haben, namentlich im Kriege, wo die Verpflegung des Heeres von den Unterthanen geliefert werden musste. Im übrigen aber war es Pflicht der Unterthanen, dem Herrscher freiwillig Gaben und reiche Geschenke darzubringen in weit höherem Maasse als die Perser selbst (§. 17). Das persische Volk hat den schönen Zeiten des »Vaters« Kyros noch lange ein dankbares Gedächtniss bewahrt, und von den Unterthanen mögen nur einzelne, die besonders schwer betroffen wurden, die Anforderungen als Härte empfunden haben. Aber ein geordnetes Regiment konnte dabei auf die Dauer nicht bestehen; als die Zeit der Kriege und Eroberungen zu Ende ging, war eine feste Organisation unentbehrlich. Darius hat die Aufgabe erfasst und durchgeführt. Mochten die Perser ihn den Krämer schelten, weil er an Stelle der genialen Freigebigkeit des Kyros ein geordnetes Rechnungswesen setzte, durch seine Reichsorganisation hat er sich mehr noch als durch seine Kriegsthaten den Platz zur Seite des Reichsgründers gewonnen.

Dass die Organisation der Provinzen und Tribute das Werk des Darius ist, berichten nicht nur Herodot III, 89 ff., Plato leg. III, 695 a (§. 18 A.), Polyklet bei Strabo XV, 3, 21 τὸν διατάξαντα τοὺς φόρους Δαρεῖον εἶναι Plut. apophth. Dar. 2 = Polyaen VII, 13, sondern auch die jüdische Tradition Daniel 6, 2. »es gefiel dem Darius, 120 Satrapen über das Reich zu setzen«. Nach Esther 1, 1. 8, 9. 9, 30 hat das Reich »von Indien bis Kusch« 127 Provinzen. Nach Esther 10, 3 legt Xerxes »dem Festland und den Inseln Tribut auf«.

50. In Darius' Steuerordnung sind die Bedürfnisse der Naturalwirthschaft und der Geldwirthschaft mit einander verbunden. Für jede der zwanzig grossen Satrapien, in die er die Gebiete der Unterthanen zerlegt hat, hat er einen Jahrestribut in Geld festgesetzt, der vom Grundbesitz, also als Grundsteuer, gezahlt wird. Daher wird der Grund und Boden durch das ganze Reich katastralisch vermessen und die Abgabe auf die Grundstücke festgelegt. Wo eine Gemeindeorganisation besteht, erheben die Gemeindeorgane den Tribut und liefern ihn an den Satrapen ab; auf dem Lande wird er von den Beamten der Satrapen direct erhoben. Die Steuersätze, welche Darius festgelegt hat, sind bis zum Ende des Perserreichs unverändert geblieben. Die uns überlieferten Sätze für die einzelnen Satrapien sind allerdings nicht vollständig gleichwerthig, da uns nur die Summen gegeben werden, welche in den Königsschatz abgeführt wurden, nach Abzug der in der Provinz für Reichszwecke aus den Steuern verwandten Summen. So hatten z. B. die Kiliker ausser den an den König abgelieferten 360 Silbertalenten (2,530,800 Mark) noch 140 Talente (984,200 Mark) für die im Lande stehende Reiterei aufzubringen. Ebenso hatten die Babylonier den Sold für die Besatzung zu zahlen. Aehnliches mag öfter vorgekommen sein, obwohl in der Regel die Verpflegung der Truppen in Naturalien geliefert wurde. Auf der anderen Seite wissen wir nicht, ob nicht in manchen Fällen die Erträgnisse von Bergwerken und anderen Regalien mit eingerechnet sind, so z. B. bei der 14. Satrapie, die Karmanien, Drangiana und den Haupttheil der iranischen Wüste, also ein zwar sehr ausgedehntes, aber nur an wenigen Stellen fruchtbares und dichter bewohntes Gebiet umfasst; trotzdem ist für sie der hohe Satz von 600 Talenten == 4,218,000 Mark überliefert. Trotz dieser Bedenken gewähren die überlieferten Sätze einen Ueberblick über die ökonomischen Verhältnisse und die Leistungsfähigkeit des Reichs. Den höchsten Tribut zahlte Babylonien: 1000 Silbertalente (7,030,000 Mark). Dann folgt Aegypten mit Kyrene mit 700 Talenten (4,921,000 Mark). Susiana zahlt nur

300 Talente (2,109,000 Mark), die syrischen Lande einschliesslich Phoenikiens, Palaestinas und Cyperns nur 350 Talente (2,460,500 Mark) — hier mögen andere Ausgaben, für das Heer, den Grund des auffallend niedrigen Satzes bilden. In Kleinasien zahlen die Küstensatrapien, obwohl weitaus die kleinsten, nächst Aegypten und Babylon im Verhältniss zur Grundfläche weitaus die höchsten Steuern: die erste Satrapie, Karien und die griechischen und lykischen Küstenstädte, 400 Talente (2,812,000 Mark), die zweite, Lydien mit Mysien, 500 Talente (3,515,000 Mark). Die dritte Satrapie, Phrygien und Kappadokien, zahlt 360 Talente (2,530,800 Mark), Kilikien ebensoviel; die vier kleinasiatischen Satrapien zusammen also 1620 Talente (11,388,600 Mark). Weit niedriger sind die Sätze für die ausgedehnten, aber wenig entwickelten und zum Theil unfruchtbaren und sehr dünn bevölkerten Gebiete des Ostens. Armenien und Medien mit den Nachbarlanden, zusammen fünf Provinzen (10., 11., 13, 18., 19.), zahlen 1550 Talente (10,896,500 Mark), die sechs Satrapien des östlichen Irans 2080 Talente (14,622,400 Mark), also ein Gebiet von mehr als dem vierfachen Umfang Kleinasiens nur ein Viertel mehr Steuern als dieses. Die Gesammtsumme dieser 19 Satrapien ergibt einen Jahresertrag von 7600 babylonischen Silbertalenten (53,428,000 Mark). Dazu kam das Gold, welches die von Darius unterworfenen Inder des unteren Kabulthals und des mittleren Indus dem Königsschatz zuführten, das theils aus dem Sande der goldreichen Gebirgsbäche, theils aus Hochasien gewonnen wurde. Herodot gibt seinen Ertrag auf jährlich 360 euboeische Goldtalente (25,308,000 Mark) an, also täglich ein Talent; doch ist das wohl nur eine sehr hochgegriffene, höchstens in Ausnahmefällen einmal erreichte Schätzung.

Die Liste der Satrapien und ihrer Steuern bei Herodot III, 89 ff. stammt aus einer unbekannten aber vorzüglichen und im letzten Grunde gewiss officiellen Quelle. Die in euboeische Talente umgerechnete Gesammtsumme des Silbertributs III, 95 ist verschrieben (vgl. §. 48 A.) und mit Mommsen, Brandis, Hultsch, Stein in 9880 Tal. (= 7600 bab. Tal.) zu corrigiren; sonst scheinen alle Daten unanfechtbar zu sein. Die Angabe, dass mehr-

fach nicht unmittelbar benachbarte Völker zu derselben Satrapie verbunden seien, ist vielleicht mit SIEGLIN, Atlas ant. Tab. 8 auf Fälle wie
die Myser von Kios und die Lyder Kabaliens zu beziehen, die vom Hauptlande der zweiten Satrapie durch die zur dritten gehörigen Phryger getrennt waren. Im übrigen sind SIEGLIN's Grenzen nicht immer richtig. —
Her. VI, 42: Nach Niederwerfung des ionischen Aufstands hat Artaphrenes τὰς χώρας μετρήσας σφέων κατὰ παρασάγγας . . φόρους ἔταξε ἑκά-
στοισι, οἳ κατὰ χώρην διατελέουσι ἔχοντες ἐκ τούτου τοῦ χρόνου αἰεὶ ἔτι καὶ
ἐς ἐμὲ ὡς ἐτάχθησαν ἐξ Ἀρταφρένεος· ἐτάχθησαν δὲ σχεδὸν κατὰ ταὐτὰ καὶ
πρότερον εἶχον. Daher sind die Sätze für jede Provinz und jede Gemeinde
fest: Thuk. VIII, 5. 6, Arrian I, 17, 1. 10. 18, 2. II, 5, 9. u. a. — Besatzung in Kilikien Herod. III, 90, in Babylonien Xen. Cyrop. 7, 5, 69 f.

51. Neben dem Tribut hat jede Provinz Naturalabgaben
an den König zu liefern. Zufällig bekannt ist uns, dass
Kappadokien jährlich »ausser dem Silbertribut 1500 Pferde,
2000 Maulthiere, 50,000 Schafe, Medien nahezu das Doppelte
zu liefern hatte«. In Medien, im nisaeischen Gefilde an den
Vorhöhen des Zagros, lag das berühmte königliche Gestüt, in
dem die besten Pferde der Welt gezüchtet wurden, angeblich
zu Zeiten bis zu 150,000. Die Kiliker hatten 360 weisse
Pferde zu liefern, ähnlich z. B. ein Dorf in Armenien und die
Stadt Aspendos in Pamphylien. Babylon lieferte 500 Ver-
schnittene, die dem Reiche unterthänigen Araber, von denen
ein Geldtribut nicht erhoben wurde, 1000 Talente Weihrauch, die Aethiopen (Kuschiten) oberhalb Aegyptens alle
zwei Jahre zwei Choinix, d. i. ungefähr zwei Liter rohes Gold,
200 Stämme Ebenholz, 20 grosse Elephantenzähne und fünf
Negerknaben. Gleichartig ist der indische Goldtribut. Aber
weit wichtiger noch ist, dass die ganze Verpflegung des Hofs mit
Einschluss seiner Beamten und all der Perser, die »an der
Tafel des Königs speisen«, sowie der Garde und der übrigen
Truppen der königlichen Armee aus den Naturallieferungen
der Provinzen bestritten wird. »Ausser dem Tribut ist die
Verpflegung des Königs und des Heers auf alle Länder, die
ihm unterthan sind, vertheilt,« sagt Herodot I, 192; und
zwar liefert Babylonien die Verpflegung für vier, das übrige
Asien für die acht anderen Monate. Einzelne Leistungen

sind bestimmten Gemeinden oder Ortschaften ausschliesslich
auferlegt, die dann wohl keine weiteren Abgaben zu zahlen
haben — ähnlich wie der König seinen Günstlingen Ortschaften »für Wein und Brod« schenkt. So liefert Assos in
Aeolis den Weizen für die königliche Tafel, Chalybon (Chel-
bon) bei Damaskos den Wein; das Wasser des Choaspes
(nach anderen des Eulaeos) von Susa wird dem König auch
im Kriege überall hin nachgeführt. Das Schuhwerk der Königin hat der Ort Anthylla in Aegypten zu liefern, den Gürtel
(d. i. den Schmuck) der Königinmutter Dörfer in Nordsyrien,
andere Lieferungen Dörfer am Tigris nördlich von Opis. »Was
es im Perserreich an Naturproducten und Erzeugnissen des
Gewerbfleisses gibt,« sagt Theopomp fr. 125, »kommt als
Geschenk an den König, Teppiche, Gewänder, Zelte, Sophas
von kostbarster Arbeit, goldene und silberne Gefässe, unge-
zählte Tausende von Waffen, dazu Lastthiere und Schlachtvieh, ferner Gewürz, Seide, Papier und alles was man sonst
irgend verwenden kann. Aus dem gepökelten Fleisch, das
an den Hof geliefert wird, werden solche Haufen aufgeschichtet,
dass man sie von fern für Hügel und Höhenzüge hält.« Dazu
kommt dann noch die Verpflegung des Königs und seines
Hofs bei Reisen und Kriegsfahrten. »Wenn der König in
ein unterthäniges Gebiet kommt,« berichtet Theopomp (fr. 124),
»haben die Bewohner für seine Mahlzeit zwanzig, dreissig und
oft noch viel mehr Talente auszugeben; denn für jede Stadt
ist nach ihrer Grösse wie der Tribut so auch ihre Lieferung
für die Mahlzeit (falls sie den König zu Gast hat) seit Alters
festgesetzt.«

Tribute in Pferden und Vieh: Strabo XI, 13, 8. Herod. III, 90.
Xen. Anab. IV, 5, 34. Arrian I, 26, 3. 27, 4. Nisaeisches Gestüt: Herod.
III, 106. VII, 40. Strabo XI, 13, 7. Arrian VII, 13, 1. Diod. 17, 110.
Dörfer für Naturalleistungen: Xen. Anab. I, 4, 9. II, 4, 27. Herod. II,
98. Plato Alcib. I, 123. Cic. Verr. III, 76. Strabo XV, 3, 22. Eingehend
hatten über die Naturalleistungen Ktesias in der Schrift περὶ τῶν κατὰ
τὴν Ἀσίαν φόρων (fr. 96. 97) und Deinon fr. 12 ff. gehandelt. Vgl. auch
Theopomp fr. 125. Darstellungen der Tributdarbringungen, darunter
auch seltene Thiere wie das indische Zebu und das baktrische Kameel,

finden sich an den Treppen der Paläste des Xerxes und Artaxerxes III.
in Persepolis. Polyklets Bericht bei Strabo XV. 3, 21 πράττεσθαι δὲ (τὸν
βασιλέα) ἐκ μὲν τῆς παραλίας ἀργύριον, ἐκ δὲ τῆς μεσογαίας ἃ φέρει ἑκάστη
χώρα, ὥστε καὶ χρώματα καὶ φάρμακα καὶ τρίχα ἢ ἐρίαν ἤ τι τοιοῦθ' ἕτερον
καὶ θρέμματα ὁμοίως macht mit Unrecht einen fundamentalen Unterschied
zwischen den westlichen Provinzen und dem Binnenland.

52. Zu diesen Einkünften kommen die vom König erhobenen Zölle und Weggelder; ferner die Erträgnisse der Domänen und Regalien, so des Fischfangs aus dem Canal, der
vom Nilthal zum Moerissee führt — Herodot schätzt ihn während der sechs Monate des hohen Wasserstandes auf täglich
1 Silbertalent, in den sechs anderen auf 20 Minen täglich
(II, 149) —, die Abgaben von dem grossen Wasserreservoir
am Herirüd (§. 68), dazu gewiss die Ausbeute von Bergwerken (z. B. der karmanischen Gruben, aus denen Gold,
Silber, Kupfer, Mennig, ferner Arsenik und Salz gewonnen
wurde, Onesikritos bei Strabo XV, 3, 14), ferner die Erträgnisse der Paradiese, der königlichen Wälder und Pflanzungen. »Tribut, Naturalabgaben und Zölle« bilden das »Einkommen des Königs« oder das »Königshaus«. Sie werden
unter Aufsicht der Statthalter von den »Schatzträgern« (ganzabara = γαζοφύλαξ) erhoben und verwaltet; Anordnungen des
Königs, z. B. über die der Priesterschaft von Jerusalem verliehene Steuerfreiheit, werden ihnen zugestellt. Zahlungen, die
der König zu leisten hat, z. B. für Opfer in seinem Namen
in staatlich anerkannten Heiligthümern oder für den Bau und
die Ausrüstung des Tempels von Jerusalem, werden auf die
Tribute der Provinz angewiesen und aus dem »Königsschatz«
oder »Königshaus« bestritten. Ein Theil der eingehenden Gelder
bleibt in der Provinz; die Hauptmasse wird in die grossen
Schatzhäuser von Susa und Persepolis abgeliefert.

Nach Ezra 4, 13 vgl. 20, 7, 24 besteht das Einkommen des Königs
aus מִנְדָּה, assyr. mandat »Tribut«, בְּלוֹ, assyr. bilit, d. i. vielleicht die
Naturalabgabe, vielleicht speciell in der Form eines freiwilligen Geschenks (§. 49), und הֲלָךְ »Wegsteuer« oder »Zoll«, vgl. Entst. d. Jud. 24.
In den babylonischen Urkunden finden sich die drei Kategorien als bara

= בְּלוֹ, ein persisches Wort, das dem griech. φόρος entspricht, nada-
nátu = מַנְדָּה, und ilki = הַלָךְ, s. HILPRECHT, the Bab. Exped. of the
Univ. of Pennsylvania IX, p. 28, 2. 49 f.; vgl. JENSEN, Z. Assyr. XIII, 335.
— Ueber ganzabara s. Entst. d. Jud. 24. Anweisungen auf die Tribute
Ezra 4, 4. 8. 7, 21 ff.

53. »Den Tribut«, berichtet Herodot (III, 96), »bewahrt
der König folgendermassen: er lässt das Metall einschmelzen
und in Thonfässer giessen, und wenn das Gefäss voll ist, wird
der Thon abgenommen. Wenn er aber Geld braucht, lässt
er so viel davon abschlagen, wie er jedesmal nöthig hat.«
In Susa hat nach Polyklet (Strabo XV, 3, 21) »jeder König
sich auf der Burg ein besonderes Wohnhaus und ein Schatzhaus gebaut, mit einem Bericht über die von ihm erhobenen
Abgaben. Das meiste Gold und Silber war zu Geräthen verarbeitet, nur wenig zu Geld ausgeprägt; denn jene galten als
geeigneter für Geschenke wie für die Bewahrung der Kostbarkeiten; von geprägtem Gelde brauche man nicht mehr
als was für die Bedürfnisse des Reichs ausreiche, dann werde
wieder entsprechend den Ausgaben neues geprägt.« Daher
fanden sich ungeheure Metallmassen in Barren in diesen
Schatzhäusern aufgespeichert. Nachdem Darius III. gewaltige
Summen in den Krieg mitgeführt und verloren und überdies
noch, wie es heisst, 8000 Talente auf die Flucht mitgenommen
hatte, soll Alexander in Susa noch über 40,000 Silbertalente
Edelmetall (281 Millionen Mark), dazu 9000 Talente in Dareiken (63 Millionen Mark), in Persepolis gar 120,000 Talente
(843 1/2 Millionen Mark) und dazu 6000 (42 Millionen Mark)
im Schatzhaus des Kyros in Pasargadae vorgefunden haben;
die Gesammtsumme der Schätze, die er nach Egbatana zu-
sammenbringen liess, wird auf 180,000 Talente (1265 Millionen
Mark) angegeben. Dazu kamen die sonstigen Kostbarkeiten
aller Art, z. B. in Susa nicht weniger als 5000 Talente
Purpurstoff aus Hermione, die seit dem ersten Darius hier
gelegen haben sollen (Plut. Alex. 36). Man sieht, wie wenig
Geld verhältnissmässig für Reichszwecke gebraucht wurde.
Fast nur in Kriegszeiten wird es zu grösseren Geldausgaben

gekommen sein; im Frieden mag weit mehr Edelmetall für die Geschenke des Königs an seine Magnaten und sein Volk als für andere Bedürfnisse verwendet worden sein.

Die Angaben über die Schätze in Susa geben Strabo XV, 3, 9, Arrian III, 16, Plut. Alex. 36, Diod. 17, 66, Curt. V, 2, 11 im wesentlichen übereinstimmend; über Persepolis Diod. 17, 71, Curt. V, 6, 9 f. Dass das Gold in Silbertalente umgerechnet ist, sagt Diod. 17, 71 ausdrücklich (εὑρέθησαν γὰρ ἐν αὐτοῖς δώδεκα μυριάδες ταλάντων, εἰς ἀργυρίου λόγον ἀγομένου τοῦ χρυσίου). Die Summen sind jedenfalls nach persischen, nicht nach den bedeutend kleineren attischen Talenten berechnet. — Die Ueber- schüsse der Einkünfte werden auch jetzt noch vom Schah im Schatz aufgespeichert, theils in Gold, theils in Goldarbeiten, Juwelen u. s. w. Der vom letzten Schah aufgespeicherte Kronschatz wird auf 3—4 Mil- lionen Pfund Sterling berechnet (Curzon, Persia II, 484).

54. Um so grösser waren die Naturalausgaben des Kö- nigs. 15,000 Menschen, heisst es, werden täglich am Tisch des Königs gespeist. »Wenn man die sogenannte Mahlzeit des Königs beschreiben hört,« sagt Heraklides von Kyme, der sorgfältigste Berichterstatter, »scheint sie sehr luxuriös zu sein; bei genauerer Betrachtung erweist sie sich aber als durchaus ökonomisch eingerichtet; und dasselbe gilt von den übrigen Persern, die eine Machtstellung einnehmen. Täglich werden für den König 1000 Thiere aller Art ge- schlachtet . . . Davon wird jedem Tischgenossen eine mässige Portion vorgesetzt, und was er etwa übrig lässt, nimmt er mit nach Hause. Das meiste Schlachtvieh und die sonstigen Lebensmittel aber werden den Leibwächtern und den übrigen Truppen des Königs auf den Hof hinaus gebracht, und die Truchsesse vertheilen hier Fleisch und Brod in gleiche Por- tionen. Wie in Griechenland die Söldner mit Geld besoldet werden, so erhalten diese vom König die Lebensmittel in Ver- rechnung. Ebenso wurden bei den übrigen persischen Macht- habern alle Speisen zusammen auf die Tafel gesetzt; wenn dann die Tischgenossen gespeist haben, vertheilt der Tafel- wart, was übrig bleibt, meist Fleisch und Brod, unter die Hausleute, und so erhält jeder sein tägliches Brod. Zum König jedoch kommen die angesehensten Tischgenossen nur

zur Frühmahlzeit; ein zweites Mal zu kommen ist ihnen erlassen, damit auch sie ihre Tischgenossen bewirthen können.«
Nach dem Bilde dieser Schilderung haben wir uns die ganze
Reichsverwaltung vorzustellen. Als »die das Salz des Palastes
essen« (Ezra 4, 14) oder »die des Königs Brod (patibaǵa) essen«
werden die persischen Beamten bezeichnet.

Mahlzeit des Königs: Herakl. fr. 2 (Athen. IV, 145 b); Nachahmung
durch Nikostratos von Argos: Theopomp fr. 135 (Athen. VI, 252). ὁ Περσῶν βασιλεύς, ὥς φησι Κτησίας (fr. 50) καὶ Δείνων (fr. 19) ἐν τοῖς Περσι-
κοῖς, ἐδείπνει μὲν μετὰ ἀνδρῶν μυρίων πεντακισχιλίων, καὶ ἀνηλίσκετο εἰς
τὸ δεῖπνον τάλαντα τετρακόσια Athen. IV, 146 c. Letztere Angabe. zu der
Herod. VII, 118 und Theopomp fr. 124 (Athen. IV, 145 a) zu vergleichen
ist, soll wohl nur eine Abschätzung des Materials in Geld sein. פַּתְבַּג
הַמֶּלֶךְ neben dem Wein Dan. 1, 5. 8. 13. 15. 16; אֲכֵלִי פַתְבָּגוֹ
Dan. 11, 26 von den Tischgenossen der makedon. Herrscher = κοτίβαξις
(Pers. patibáǵa Antheil), erklärt als Brod, Cypressenkranz und Wein,
Deinon fr. 14.

55. Die asiatischen Provinzen des Achaemenidenreichs
haben gegenwärtig etwa 35 Millionen Einwohner bei einem
Umfange von annähernd 5 Millionen Quadratkilometer. Im
Alterthum ist die Bevölkerung nicht nur in den westlichen
Provinzen, sondern auch in Iran beträchtlich stärker anzu-
setzen. Ausserdem kommt Aegypten mit etwa 6—7 Millionen
hinzu. So kann die Gesammtbevölkerung des Achaemenidenreichs auf mindestens etwa 50 Millionen angeschlagen werden.
Darunter werden die Perser (im engeren Sinne, die Bewohner
des eigentlichen Persis) nicht viel mehr als eine halbe Million
ausgemacht haben; bei Xenophon Cyr. I, 2, 15 werden die
erwachsenen Perser auf ungefähr 120,000 geschätzt. Die Geld-
abgabe der Unterthanen an den König wird sich daher auf rund
1 Siglos oder 1 Mark auf den Kopf belaufen haben. Freilich
gibt diese Schätzung nur einen sehr unsicheren Maassstab, da
es sich um eine Grundsteuer handelt, also ein Theil der Bevölkerung, namentlich in den Städten, von ihr nicht betroffen
wird. Ausserdem fallen die zahlreichen eximirten Gebiete aus,
sowohl die mit Steuerfreiheit beschenkten Tempelgüter wie

die zu vollem Privatbesitz überwiesenen Länder und Gemeinden. Andrerseits sind die Lasten der Unterthanen mit Tribut
und Naturallieferungen keineswegs erschöpft. Hinzu kommen
Frohndienste, z. B. für die königlichen Parks, sodann wenigstens in manchen Fällen die Verpflegung der stehenden Besatzungen — so haben die Kiliker für die Reiterei 140 Talente
aufzubringen, die Aegypter und Babylonier ausser dem Tribut
das Getreide für die Truppen zu liefern —; endlich und vor
allem die Leistungen für den Satrapen und die übrigen persischen Beamten (§. 37). Wo neben und unter der Reichsregierung eine Selbstverwaltung besteht, sei es in anerkannter
Form, sei es nur geduldet als freie Vereinigung, wie bei der
jüdischen Tempelgemeinde, kommen noch die Ausgaben für
das Gemeinwesen hinzu. So ist es begreiflich, dass, wenn
die Leistungen an das Reich in fruchtbaren Landschaften und
wohlhabenden Städten nicht besonders schwer waren, sie in
ärmeren, häufig von Misswachs und Dürre heimgesuchten
Gegenden, wie bei den Juden in Palaestina, äusserst drückend
empfunden und nur mit Mühe aufgebracht wurden. Hier
kam es nicht selten vor, dass die Bauern zur Bezahlung der
königlichen Steuer Geld auf ihre Felder und Weinberge liehen
und schliesslich, um ihr Leben zu fristen, ihre Kinder in die
Knechtschaft verkaufen mussten. Ein Moment kommt dabei
noch in Betracht: die Steuer wurde in Geld erhoben und dadurch in geldarmen Gebieten die unbemittelte Bauernschaft
mit Nothwendigkeit den Wucherern in die Hände getrieben.

Zu den Frohnden vgl. die Gadatasinschrift. So unsicher alle Ver-
gleichungen ausfallen müssen, so mag doch einen ungefähren Anhalt gewähren, dass nach Curzon, Persia I, 181 (vgl. II, 380), die persische Provinz Chorasân im Jahre 1889 an Abgaben nach dem damaligen Geldwerth
154 000 [oder 145 000] £ baar und 43,000 £ in Naturalien gezahlt hat,
bei etwa 5—600,000 Einwohnern. Davon erhielt der Schah nach Leistung
der Ausgaben für das Heer, die Beamten, Pensionen etc. in Geld und
Naturalien 27,543 £. d. i. ca. 550,000 M., also etwas über ein Siebentel.
Nach Herodots Angabe bezog der König aus der 16. Satrapie, die über
noch einmal so gross war als das persische Chorasân — es kommen Hyrkanien, Herat, Merw, Sogdiana (Samarkand), Chorasmien (Chiwa) hinzu —

300 Tal. = 2.109.000 M. Berücksichtigen wir, dass gerade die frucht-
barsten Districte fehlen und dass die Bevölkerung Chorasâns im Alterthum leicht noch einmal so stark gewesen sein kann, wie gegenwärtig,
dass überdies die in Herodots Liste gegebenen Einnahmen thatsächlich
kaum je erzielt sein werden, so würde sich ergeben, dass das Verhältniss
des Tributs an den König zur Einwohnerzahl in der Achaemenidenzeit
dem gegenwärtigen ungefähr gleich gewesen ist — zugleich aber auch,
einen wie geringen Theil der Gesammtleistungen er ausmachte. Lieferungen für das Heer: Herod. III, 90. 91. Xen. Cyrop. 7, 5, 69 f. Steuerdruck in Palaestina Nehem. 5, 4 f.; vgl. 9, 37.

Die Reichspolitik und die Religionen.

56. »Die Einrichtungen, welche Kyros zur Sicherung der
persischen Herrschaft getroffen hat,« berichtet Xenophon
(Cyrop. VIII, 1, 7), »werden auch jetzt noch von den Königen
als Gesetze befolgt.« »Dem Kyros sich zu vergleichen, würde
kein Perser wagen,« sagt Herodot III, 160. Die Urkunden
bestätigen diese Angaben. Namentlich Darius ist, so sehr er
über Kyros' Ordnungen hinausging, doch nur als der Fortsetzer und Vollender seines Werks aufgetreten. So ist auch
für das Verhalten gegen die Unterthanen Kyros' Vorgang
maassgebend gewesen. Die Stellung der Perser wurde dadurch erleichtert, dass in weiten Gebieten Vorderasiens durch
die Assyrer und die grossen Völkerbewegungen des siebenten
Jahrhunderts die nationale Widerstandskraft gebrochen war;
nur in Aegypten und Babylon und bei den Griechen, Karern,
Lykiern haben sie immer aufs neue gegen Empörungen kämpfen
müssen. So haben sie zu dem Radicalmittel der Assyrer
und Babylonier, der Transplantation ganzer Bevölkerungen,
nur in vereinzelten Fällen gegriffen, und zwar fast nur bei
neuen Eroberungen, so in Samos, Barka, Eretria. Dafür hat
Kyros den Juden und vielleicht auch anderen von den Babyloniern fortgeführten Volksstämmen die Rückkehr in die Heimath gewährt.

In welchem Zusammenhange in der Inschrift von Tell el Mas-chûta
(§. 1) zweimal der Name Kyros vorkam, ist leider nicht zu erkennen.

57. Ueberall waren Kyros und seine Nachfolger bestrebt, die einheimischen Anschauungen möglichst zu schonen. Sie waren überzeugte Mazdajasnier und wussten sich den fremden Götterdiensten weit überlegen; aber den fremden Unterthanen gegenüber stellen sie sich als eifrige Verehrer ihrer Götter hin. Kyros verkündet den Babyloniern, dass Marduk von Babel ihn zum König ausersehen habe als seinen wahren und treuen Verehrer gegenüber dem abtrünnigen Naboned, der seine Hülfe bei den Göttern der Landstädte suchte, Kambyses und Darius opfern in den Tempeln Babylons und Aegyptens wie die alten heimischen Könige, wenn auch Kambyses sich nicht enthalten konnte, die aegyptische Religion, die ihm in der That lächerlich und kindisch genug erscheinen musste, zu verspotten. Dem Himmelsgott der Juden, den griechischen Göttern, den Gottheiten all der zahlreichen Völker des Reichs werden im Namen des Perserkönigs Opfer dargebracht. Nicht wesentlich anders verfährt bis auf den heutigen Tag jede Regierung den Religionen fremder Unterthanen gegenüber, die sie nicht unterdrücken kann, sondern dulden und anerkennen muss, auch wenn sie sonst in religiösen Dingen exclusiv und aggressiv auftritt. Der Zeit der Achaemeniden lag eine staatliche Propaganda, eine Bekämpfung der anderen Religionen, wie sie die Sassaniden geübt haben, noch durchaus fern; mochten die Unterthanen glauben, was sie wollten, dafür waren die Könige dem Ahuramazda nicht verantwortlich. Aber sie sind noch weiter gegangen; überall haben sie ihre Herrschaft auf die Religion der Unterthanen zu stützen gesucht und dieser und ihrer Vertretung, der Priesterschaft, weitgehende Concessionen gemacht, angesehene Tempel mit Privilegien und grossen Schenkungen ausgestattet, und, wo es erforderlich war, der Priesterschaft eine feste Organisation und eine führende Stellung unter ihrem Volk gegeben. Diese Religionspolitik ist in den Beziehungen zu den Griechen, den Aegyptern, den Juden consequent befolgt; sie ist für die Stellung der Perser und die Durchführung der politischen Aufgaben des Reichs von grundlegender Bedeutung. Ohne Zweifel

ist man den anderen Völkern gegenüber, über die wir keine Kunde
haben, nicht anders verfahren. Auch diese Religionspolitik geht
auf Kyros zurück. Wie er in Babylon als Erwählter des Marduk
auftrat und für den Cultus der babylonischen Götter Sorge trug,
so hat er dem Tempel von Jerusalem die von Nebukadnezar ge-
raubten Gefässe zurückgegeben und seinen Wiederaufbau angeordnet, den dann Darius bestätigt; und in dem Erlass an Gadatas,
der die Freiheit des Personals des magnesischen Apollotempels
von Abgaben und Frohnden angetastet hatte, tadelt Darius
seinen Beamten, »weil du meine Gesinnung gegen die Götter
durch dein Thun vereitelst« und »die Gesinnung meiner Vorfahren gegen den Gott verkennst, der den Persern volle Wahrheit verkündet hat«. Gleiche Privilegien hat Artaxerxes I. der
Priesterschaft von Jerusalem verliehen und zugleich die jüdische
Priesterschaft organisirt und ihrem Gesetz bindende Kraft für
ihr Volk gegeben. Dasselbe hat in Aegypten bereits Darius
gethan. — Wir werden später sehen, wie unter der Herrschaft der Achaemeniden, durch ihre Religionspolitik bewusst
und unbewusst gefördert, die Religionen Vorderasiens sich
umgebildet haben und in eine neue, für alle Zukunft be-
deutungsvolle Richtung hinübergeführt worden sind.

II. Die Völker des Orients im Perserreich.

Entdeckungsfahrten und Eroberungen im Osten und Süden. Indien. Der Suezcanal.

58. Mit Kambyses' Tode war die Zeit der Eroberungen zu Ende; der Ausbau des Reichs und die Erschliessung seiner Kräfte waren die Aufgaben, die seinem Nachfolger gestellt waren. Nachdem er die Rebellionen niedergeworfen und die Grundzüge der Organisation geschaffen hatte, galt es vor allem, die Reichsgrenzen sicher zu stellen. Das ist das Ziel, dem Darius' kriegerische Unternehmungen galten; er stand auch auf diesem Gebiet vor denselben Aufgaben, die Augustus im Römerreich durchgeführt hat. Im Osten hat er das nordindische Grenzland dem Reiche einverleibt. Schon Kyros scheint die indischen Stämme am Paropanisos (Hindukusch) und im Kabulthal, vor allem die Gandarer, unterworfen zu haben; Darius ist an den Indus selbst vorgedrungen. Den nächsten Antrieb für die Eroberung bot das Gold, das hier zu gewinnen war, theils aus den Flussthälern des Hindukusch und Himalaja, theils aus dem von Murmelthieren durchwühlten Goldsand der tibetischen Wüste, den die indischen Karawanen herbeiführten. Daher sind auch die schwer zugänglichen Gebirgsländer von Kafiristan und Kaschmir (ind. Kaśmíra, wahrscheinlich die in der fünfzehnten Satrapie mit den Saken verbundenen Κάσπιοι oder Κάσπειροι) wenigstens zum Theil unterworfen worden. Der hohe Goldtribut, den

Indien alljährlich lieferte, für die Einwohner mehr eine Natural- als eine Geldsteuer, ist schon erwähnt worden (§. 50). Als der Stamm, der das Wüstengold sammelt, werden die Darden im heutigen Dardistan westlich vom Indusdurchbruch genannt.

Die Inschriften des Darius geben fünf Listen der unterworfenen Völkerschaften. Die älteste, Behist. I, 6, zählt 23 Länder einschliesslich der Perser; die zweite, Persep. e, nur persisch erhalten, gleichfalls 23, indem sie die Perser weglässt, die Ionier und Meerbewohner zusammenzieht, und die Sagartier und Inder (Hi(n)duš) hinzufügt. Ungefähr dieselben Namen scheinen die verstümmelten hieroglyphischen Listen der beiden Inschriften vom Suezcanal (§. 1 A.) enthalten zu haben: auch hier finden sich die Inder (Hindui) genannt, ferner die »Saken vom Ende der Erde« und das »Negerland«. Die Grabinschrift von Nakši Rustem endlich scheidet die Saken in amyrgische, spitzmützige und Saken jenseits des Meeres (§. 68) und fügt dem alten Bestand noch Skudra, zopf(?)-tragende Ionier, Put, Kusch, Maćija und Karkâ hinzu (§. 67). Eine vollständige Aufzählung aller Unterthanen hat Darius nicht beabsichtigt; sonst würden nicht Syrien, Phoenikien, Kilikien ganz fehlen und Kleinasien nur durch Saparda, d. i. Sardes (ספרד Obadja 20, bab. Sapardu Z. Assyr. VII, 232 in der Seleukidenzeit), und Kappadokien vertreten sein. Daher dürfen keine zu weit gehenden Folgerungen aus den Listen gezogen werden. — Zu den griechischen Nachrichten über Indien s. vor allem Lassen, indische Alterthumskunde II. Genauere Angaben über die indischen Verhältnisse gibt nur Herodot III, 98 ff. IV, 44. Die Gandarer (pers. Gâ(n)dara, sus. bab. Parupa'išana) und Sattagyden werden schon in der Liste von Behistan genannt, gehören also zum ererbten Bestande des Reichs. Für Κάσπιοι bei Herod. III, 93. VII, 67. 86 ist vielleicht mit Steph. Byz. Κάσπειροι zu lesen; identisch sind wohl die von Onesikritos bei Strabo XI, 11, 3. 8 erwähnten Κάσπιοι = Casiri Plin. VI, 55, Κασπείραιοι Ptolem. VII, 1, 47. Ueber die Darden und das Ameisengold s. Ktesias ind. 12 und fr. 70, Nearch fr. 12, Plin. VI. 67. XI, 111 und die von Müller zu Megasthenes fr. 39 (Strabo XV, 1, 44) gesammelten Stellen. Goldreichthum Indiens auch Xen. Cyrop. III, 2, 25. vgl. 27 ff.

59. Das Flachland am Fuss der iranischen Randgebirge, der Solimankette, bis zum Indus, hat Darius jedenfalls zur Provinz gemacht; den grossen Strom dagegen hat er schwerlich überschritten. Doch haben die jenseitigen Stämme bis an die grosse Wüste, die das Stromgebiet des Indus von dem

des Ganges scheidet, von der persischen Macht einen lebendigen
Eindruck erhalten; noch in weit späterer Zeit kamen Gesandtschaften ihrer Häuptlinge mit Geschenken an den Perserhof.
Zum ersten Mal trat eine Macht der westlichen Welt in unmittelbare Berührung mit dem grossen Culturvolk des Ostens,
und rasch verbreitete sich über das ganze Abendland bis zu
den Griechen die Kunde von den zahllosen Völkerschaaren
des fernen Landes am Sonnenaufgang, von den Wundern
seiner Thier- und Pflanzenwelt, von seinem Reichthum an
Gold und werthvollen Producten, von den fremdartigen Sitten
und Anschauungen seiner Bewohner, von den noch auf ganz
roher Culturstufe stehenden Stämmen des Innern weit im
Südosten — alles umrankt von den Gebilden der Phantasie,
welche die Inder in reicher Fülle geschaffen hatten und die
Abendländer ausmalten und durch eigene Zuthaten erweiterten.
— Auch bei den Indern machte sich die Einwirkung des
grossen Culturstaats und seiner Civilisation geltend. Ein Verkehr mit dem Westen, namentlich zur See mit Babylonien,
hatte zu allen Zeiten bestanden; wie das babylonische Gewicht (Bd. I, 187) und vielleicht einzelne babylonische Sagen
haben die indischen Kaufleute auch die kaufmännische Buch-
stabenschrift schon früh, wahrscheinlich bereits im neunten oder
achten Jahrhundert, nach Indien gebracht und hier weit jenseits der Gebiete der Keilschrift dem phoenikischen Alphabet
ein neues gewaltiges Gebiet zugeführt. Die brahmanischen
Priester haben aus ihr ein methodisch durchgebildetes, auf
scharfer Lautbeobachtung beruhendes Schriftsystem (das
Brahmi) entwickelt, das Mutteralphabet der heutigen indischen Schrift. In der persischen Zeit fand daneben die aramaeische Schrift und die in ihr gebräuchlichen Zahlzeichen in
Westindien (dem Kabulgebiet und dem Pendjab) Eingang
und wurde unter dem Einfluss des Brahmi umgestaltet (die
Kharoṣṭhî-Schrift). Den gangbarsten Namen für Schrift und
Inschrifttafel (dipi, lipi) haben die Inder dem persischen (dipi)
entlehnt. Auch die Münzen lernte man kennen und eignete
sie sich an. In Westindien haben sich zahlreiche persische

Silbermünzen mit Contremarken in einheimischer Schrift gefunden. Neben dem persischen drang im vierten Jahrhundert das attische Geld ein; wiederholt haben die Inder attische Drachmen nachgeprägt. Durch sie lernten sie auch die griechische Schrift kennen, die dem Grammatiker Pânini (um 350) bereits bekannt ist. Daneben finden sich seit dem vierten Jahrhundert im Pendjab, namentlich in der Stadt Taxila, viereckige Silberstücke nach indischem Fuss, die von den Kaufmannsgilden ausgegeben wurden und ihre Namen tragen.

Persische Provinz am Indus: Strabo XV, 2, 9; genauere Angaben fehlen. Indische Gesandtschaften und Geschenke: Ktes. ind. 28. fr. 67. 77. — Ueber die indischen Schriften und ihre Abhängigkeit von den westlichen Alphabeten G. Bühler, indische Palaeographie, im Grundriss der indo-arischen Philologie I, Heft 11, 1896. Er gibt auch die Daten über die Münzen. Indische Contremarken auf persischen Siglen Rapson, JR. As. Soc. n. S. 27, 1895, 865 ff., der aber wohl manche Zeichen mit Unrecht für Indien in Anspruch nimmt. Nachahmungen attischer Münzen: Head in Catal. of Greek Coins, Attica p. XXXI und 25 f. (11 Münzen aus dem Pendjab).

60. Bei der Unterwerfung der indischen Grenzlande hat Darius weitergehende Pläne verfolgt als die Eroberung einer neuen Provinz und die Gewinnung eines Goldlandes. Von Kaspapyros (Kabul) aus entsandte er eine Flotte unter Führung des karischen Schiffskapitäns Skylax von Karyanda den Kabulfluss (Kophen) und den Indus hinab zu einer grossen Entdeckungsfahrt auf dem Ocean. »Von der Indusmündung«, erzählt Herodot (IV, 44), »fuhr Skylax durch das Meer nach Westen und gelangte im dreissigsten Monat an die Stelle, von der der Pharao Necho die Phoeniker zur Umschiffung Afrikas entsandt hatte (d. h. nach Suez). Nachdem er die Umschiffung vollendet hatte, unterwarf Darius die Inder und nahm das Meer in Benutzung.« Die Zuverlässigkeit dieses Berichts ist oft in Zweifel gezogen. Aber Skylax hat die »Küstenbeschreibung des äusseren Meeres«, d. h. des indischen und atlantischen Oceans, selbst in griechischer Sprache herausgegeben und dabei von den Indern und den Wundern und Fabeln ihres Landes berichtet. Die Umschiffung Arabiens ist

durch die Inschriften am Suezcanal urkundlich bezeugt; so
kann es nicht zweifelhaft sein, dass auch die Strecke von Karmanien bis Indien erforscht und befahren ist. — Die Ergänzung der Fahrt des Skylax bildete die Durchführung des schon
ein Jahrhundert vorher von Necho begonnenen Werks eines Schiff-
fahrtscanals vom Nil zum Rothen Meer. Der Canal zweigte sich
bei Bubastis vom Nil ab und ging durch das von Ramses II. er-
schlossene und besiedelte Wadi Tumilât, einen tiefen Einschnitt
in das Wüstenplateau, an Pitom (Patumos) und Sukkot vorbei
zum Bittersee auf dem Isthmus von Suez und von hier zur
Nordspitze des Rothen Meers. »Der Canal ist vier Tagfahrten
lang«, berichtet Herodot II, 158, »und so breit gegraben, dass
zwei Trieren rudernd neben einander fahren können; sein
Wasser erhält er vom Nil.« An seinem rechten Ufer erhoben
sich an vier Stellen gewaltige Denkmäler mit Inschriften in
Keilschrift und Hieroglyphen, von denen uns nur wenige
Trümmer erhalten sind. »Ich befahl«, sagt Darius in der
einen, »diesen Canal zu graben vom Fluss Pirâva (dem Nil),
der in Aegypten fliesst, zum Meer, das von Persien kommt.
Dieser Canal wurde gegraben. Darauf befahl ich (zu ergänzen
ist etwa »dass Schiffe auf diesem) Canal nach Persien (fahren
sollten) . . .« In einer der hieroglyphischen Inschriften war
die Fahrt ausführlich beschrieben; zweimal ist der Name
Saba (Šabat) erhalten, wo die Flotte offenbar angelegt und
Handelsbeziehungen angeknüpft hat. In den Trümmern der
anderen Inschrift erkennt man die Worte »nie geschah des-
gleichen« und »sie gelangten nach Persien«.

Fragmente von Skylax περίπλους τῶν ἐκτὸς τῶν Ἡρακλέους στηλῶν
bei Müller, geogr. I, praef. p. XXXIV. Dass der unter seinem Namen erhaltene Periplus des Mittelmeers mit dem alten karischen Seefahrer nichts
zu thun hat, ist bekannt. Herodot kennt die Schrift nicht, wohl aber
Aristoteles pol. IV, 13, 2 und Avienus Quelle ora mar. 44. 372 u. a. Er
hat mehrere der Fabelvölker der indischen Sage (vgl. Lassen, indische Alterthumskunde II, 651), wie die Ὠτολίκνοι, Μονόφθαλμοι und wohl auch die
Ἐνοτίκοντες zuerst in die griechische Literatur eingeführt und sie mit
den schon bei Homer und Hesiod (fr. 82 Kinkel) vorkommenden und
meist nach Aethiopien oder in den äussersten Norden versetzten Fabel-

völkern griechischer Erfindung, wie den Pygmaeen, Μακροκέφαλοι (vgl.
Hippokr. de aëre 14), Ἡμίκυνες, Σκιάποδες (vgl. Aristoph. aves 1553) verbunden. Das ist dann von Ktesias u. a. weiter ausgeführt; Herodot weiss
nichts davon oder ignorirt diese Geschichten, wie er die von den Arimaspen
und Greifen verwirft III. 116. IV. 13. — Berger's Zweifel an der Realität der
Fahrt des Skylax und der Umschiffung Afrikas durch die Phoeniker (Gesch.
d. wissensch. Erdkunde der Griechen I, 35—49) scheinen mir unberechtigt.
— Die persische Inschrift vom Suezcanal hat früher Oppert auf Grund
der Angaben des Aristoteles und der Späteren (§. 62 A.) so ergänzt, dass
der Canal wieder zugeworfen sei; jetzt sind durch die hieroglyphischen
Inschriften alle Zweifel widerlegt, die auch früher schon angesichts der
Angaben Herodots II. 158. IV. 39 unzulässig waren. [Vgl. auch W. Max
Müller in den Mitth. d. vorderasiat. Ges. 1898, Heft III. 46 f.]

61. Nirgends vielleicht tritt die Weltstellung des Perserreichs unter Darius so grossartig hervor, wie in diesen Unternehmungen. Der indische Ocean, die Südgrenze des Reichs,
sollte eine grosse Handelsstrasse werden, Indien, das bisher
nur durch die Kabulpässe mit dem Reich in Verbindung
stand, auch von Süden her erschlossen und dem grossen
Handelsgebiet angegliedert werden, das im Perserreich zu
einem grossen Culturstaate mit einheitlicher Regierung, einheitlicher Münze und grossen gesicherten Strassen zusammengefasst war. Zugleich wurde dadurch die persische Heimath
und die Hauptstadt Susa dem Welthandel näher gerückt und
von der Abhängigkeit von Babylon befreit. Die Schiffe konnten
an den persischen Küsten anlegen und in den See einlaufen,
in dem die Wasser des Tigris, Choaspes und Eulaeos sich
damals vereinigten — die Weiterfahrt den Fluss hinauf nach
Susa wird durch Stromschnellen gehemmt. Daran schlossen
sich noch weitergehende Pläne. Wie Darius eine Expedition
unter Demokedes zur Erforschung der unteritalischen Küste
entsandte, hat sein Sohn Xerxes den Achaemeniden Sataspes
zur Sühne eines Vergehens beauftragt, Afrika von Westen
aus zu umschiffen, offenbar im Anschluss an die gleichartigen
Unternehmungen der Karthager (§. 378): die Fahrt der Phoeniker
unter Necho sollte in umgekehrter Richtung wiederholt, ganz
Afrika in die Verbindung mit dem Achaemenidenreich einbe-

zogen werden. Aber Sataspes versagte der Muth für das gewaltige Werk; als die trostlosen oceanischen Küsten der Sahara
kein Ende zu nehmen schienen, ist er wieder umgekehrt. Er
musste seinen Ungehorsam mit dem Tode büssen.

Ueber den See an der Mündung des Tigris und der susischen
Flüsse s. Nearch bei Arrian ind. 42 = Strabo XV, 3, 5; Polyklet bei
Strabo XV, 3, 4; Onesikritos ib. 5; Plin. VI, 130. 134. — Die Kunde von
der Fahrt des Sataspes verdankt Herodot IV, 43 dem Samier, der sich des
Vermögens eines nach der Hinrichtung seines Herrn geflohenen Eunuchen
des Sataspes bemächtigte. Sehr mit Unrecht haben die Späteren und
manche Neueren, wie BERGER, auch hier Herodots Angabe verworfen.
Sätze wie Aristot. meteor. II. 1, dass das erythraeische (indische) Meer mit
dem atlantischen nicht zusammenhänge — bekanntlich ist diese namentlich von Seleukos weiter ausgebildete Theorie schliesslich von Ptolemaeos
aufgenommen worden —, zeigen uns, wie sehr das geographische Wissen
der Griechen mit dem Verfall des Perserreichs zurückgegangen ist.

62. Eine kräftige zielbewusste Regierung konnte dem
Handel neue Bahnen zuweisen und den privaten Unter-
nehmungsgeist mächtig zu fördern versuchen. Als die Herr-
schergewalt erschlaffte und der Verfall eintrat, sind diese Ansätze verkümmert. Die persischen Küsten sind zu trostlos,
als dass sie ein Sitz des Welthandels hätten werden können;
Babylonien hat hier immer seine herrschende Stellung bewahrt.
Zwar gab es in Persien auch später noch einzelne Hafenorte,
und bei der Insel Margastana an der susischen Küste fand
Nearch den Weg durch die Untiefen und Klippen durch
Pfähle bezeichnet. Auch hat der Handel auf dem Meerbusen
nie ganz aufgehört, die Perlenfischerei wurde betrieben, Zimmt
und Weihrauch von den arabischen Küsten bezogen. Die Bedeutung der Bahreininseln Tylos und Arados und des ihnen
gegenüber an der arabischen Küste gelegenen Emporiums
Gerrha (j. 'Okeir), das wohl schon in Nebukadnezars Zeit hinaufragt (Bd. I, 493), hat in der Perserzeit jedenfalls zugenommen.
Die Karawanen der Gerrhaeer brachten die Waaren Arabiens,
vor allem den Weihrauch von Hadramaut und Saba, zusammen, und vertrieben ihn über See nach Babylonien und
durch die Wüste nach Petra und Palaestina. Aber aus den

persischen Provinzen wagte kein Mensch mehr die Fahrt um Arabien; dem Alexander konnte Nearch erklären, sie sei »wegen der Hitze und der Einöde unmöglich«. Zu Herodots Zeit wurde der Suezcanal noch befahren; dann ist er verfallen und versandet. Das wiederhergestellte Pharaonenreich des vierten Jahrhunderts hatte kein Interesse daran, ihn im Stand zu halten. Daher konnte die Erzählung entstehen, die wir zuerst bei Aristoteles finden, Darius habe den Canal überhaupt nicht ausgeführt, weil seine Ingenieure glaubten, der Spiegel des Rothen Meeres liege höher als das Nilthal. So ist es gekommen, dass Alexander und seine Nachfolger die Unternehmungen und Entdeckungen noch einmal machen mussten, die von denselben Gedanken beherrscht bereits Darius ausgeführt hatte. Erst der zweite Ptolemaeos hat den Canal vom Nil zum Rothen Meer wiederhergestellt, Arabien umschiffen lassen und aufs neue eine directe Handelsverbindung mit Indien angeknüpft.

Handel auf dem persischen Meer: Arrian ind. 32, 7. 38. 3. 39. 1. 41. 2. 7. 43. 3. Fahrten von der Indusmündung nach Saba in der Zeit nach Alexander: Agatharchides 103 = Diod. III, 47. Gerrha: Androsthenes und Aristobul bei Strabo XVI. 3, 3. Eratosthenes bei Strabo XVI. 4. 4. Agatharchides de mar. er. 87. 102 = Diod. III. 42. Strabo XVI. 4. 18. 19 [durch Artemidor vermittelt]. Sind die räthselhaften »Araber, die in Gûr[leg. Ger]-Ba'al wohnen«, Chron. II, 26, 6, die Gerrhaeer? Die spätere Version über den Suezcanal, dessen erster Versuch dann auf Sesostris zurückgeführt wird, geben Aristot. meteor. I, 14, Diod. I, 33, Strabo I, 1. 31. XVII, 1, 25, Plin. VI, 165.

Die Nordgrenze und die centralasiatischen Handelsstrassen. Kolchis. Feldzüge gegen Saken und Skythen.

63. Aehnliche Aufgaben waren dem Reich im Norden gestellt. Den ewigen Gegensatz zwischen dem iranischen Bergland und der grossen Wüste und Steppe im Norden, zwischen den Viehzüchtern und Ackerbauern und den räuberischen Nomaden, und seine grundlegende Bedeutung für die Entstehung der

Religion Zoroasters haben wir früher schon kennen gelernt.
Oasenartig erstrecken sich an den Flussläufen einzelne cultur-
fähige Gebiete weit ins Wüstenland hinein, so das Gebiet der
Marger (Merw) und nördlich vom Oxus der westliche Theil
der Sogden bei Marakanda (Samarkand), am weitesten vorge-
schoben nahe der Oxusmündung in der Oase von Chiwa die
Chorasmier, rings umgeben von wilden Wüstenstämmen, welche
die Iranier nach ihrer Lebensweise Daher, »Räuber«, nach
ihrem Stamm Saken, die Griechen Skythen nennen, und unter
denen am Jaxartes die Massageten am meisten hervortreten.
Wie diese Stämme sind die Sarmaten zwischen dem Kaspischen Meer und dem Don und westlich von ihnen bis zur
Donau die Horden der skolotischen Skythen iranischen Ursprungs; der Ariername findet sich in ihren Eigennamen ebenso
häufig wie in denen der sesshaften Iranier, so scharf sie
Wohnsitz und Lebensweise scheidet. — Westlich vom Kaspi-
schen Meer, in Medien, grenzt Iran an ein wildes zerklüftetes
Bergland, das sich vom Kaspischen Meer durch Armenien zum
Pontus hinzieht und von dem fruchtbaren Thal des Araxes
durchschnitten, von den Ebenen des Kyros und des Phasis
im Norden begrenzt wird; jenseits derselben erhebt sich der
Kaukasus als gewaltiger Grenzwall gegen die skythische Steppe.
Hier hausen am Kaspischen Meer zahlreiche nicht arische
Stämme ('Ανariάκαι, vgl. Strabo XI, 13, 4), die Tapurer,
Amarder, Kaspier, und vor allem die Kadusier oder Gelen
(Plin. VI, 48) im heutigen Gilân. Am Araxes und bis zum
Vansee sitzen die ehemals mächtigen Alarodier (Urartu) und
nördlich von ihnen im Quellgebiet des Araxes die Saspiren;
dann in den pontischen Gebirgen die Moscher, Chalyber (Chal-
daeer), Tibarener und zahlreiche kleinere Völkerschaften, deren
Gebiet sich ehemals, vor dem Eindringen der indogermanischen
Kappadoker und Armenier, viel weiter nach Süden ausdehnte.
Weiter im Norden, am Kyros und Kaukasus, sind die Sitze
der Albaner und Iberer (Georgier), deren Namen in der persischen Zeit noch nicht erwähnt werden, endlich am Schwarzen
Meer im Phasisthal die der Kolcher.

64. Auch durch diese Gebiete ziehen sich mehrere alte Handelsstrassen, welche die Producte Indiens und das Gold der centralasiatischen Wüste dem Westen zuführen. Als die Makedonen den Osten unterwarfen und erforschten, lernten sie einen Handelsweg kennen, der von Indien durch das Kabulthal und über die Hindukuschpässe nach Baktra und von hier ihrer Meinung nach den Oxus abwärts bis zu seiner vermeintlichen Mündung ins Kaspische Meer, in Wirklichkeit wohl eher durch Margiana nach Hyrkanien führte. Von hier gingen die Waaren über das Meer zur Kyrosmündung und dann den Fluss hinauf und durch den Pass von Sarapana auf den Phasis. Hier nahmen sie die Kolcher, ein betriebsames und nicht uncultivirtes Volk, das seine Macht, wie es scheint, über mehrere Nachbarstämme ausgedehnt hatte, in Empfang und übermittelten sie den Griechen, die an ihren Küsten in den Niederlassungen Phasis und Dioskurias landeten. — Eine zweite Strasse mag in der That den Oxus hinab und dann vom Aralsee nach dem Don und den bosporanischen Städten hinüber gegangen sein. Hier in der Wüste waren die Chorasmier die Hauptvermittler des Handels; so wird es sich erklären, dass nach Herodot ihre Macht ehemals bis ins Gebiet des Flusses von Herat reichte (§. 68), während ihr König Pharasmanes dem Alexander erzählt, sein Gebiet reiche bis an die Grenzen der Kolcher und Amazonen, und er sei bereit, ihn bis ans Schwarze Meer zu führen.

Indisch-pontische Handelsstrasse: Strabo XI, 7, 3 φησὶ δὲ καὶ εὔπλουν εἶναι (τὸν Ὦξον) καὶ οὗτος (Aristobul) καὶ Ἐρατοσθένης παρὰ Πατροκλέους λαβών, καὶ πολλὰ τῶν Ἰνδικῶν φορτίων κατάγειν εἰς τὴν Ὑρκανίαν θάλατταν, ἐντεῦθεν δὲ εἰς τὴν Ἀλβανίαν περαιοῦσθαι καὶ διὰ τοῦ Κύρου καὶ τῶν ἑξῆς τόπων εἰς τὸν Εὔξεινον καταφέρεσθαι (ebenso II, 1, 15). Plin. VI, 52 (Varro) adicit Pompei ductu exploratum in Bactros septem (octo Solin. 19, 4) diebus ex India perveniri ad Jachrum (?, Daliarum Solin.) flumen, quod in Oxum influat, et ex eo per Caspium in Cyrum subvectos, et V non amplius dierum terreno itinere ad Phasim in Pontum Indicas posse devehi merces. Der Glaube, dass man auf dem Oxus ins Kaspische Meer fahren könne, herrscht in der makedonischen Zeit allgemein, z. B. Arrian III, 29. 2. — Bei Hekataeos fr. 188 heissen die Moscher Κόλχων ἔθνος, wie fr. 185

die Koraxer im Norden. Daraus folgert SIEGLIN wohl mit Recht, dass
die Kolcher vor der persischen Eroberung die Herrschaft über ihre Nachbarn hatten. Chorasmier: Arrian IV, 15, 4. Herod. III, 117.

65. Wesentlich anderer Art ist der grosse Handelsweg,
der vom Schwarzen Meer, von Olbia und den anderen milesischen Colonien, nach Innerasien ging. Er führte aus dem
Skythenlande über den Don und dann durch die sarmatische
Steppe fünfzehn Tagereisen nach Norden an die Wolga zu
den Budinen, wahrscheinlich einem finnischen Volk (Permier).
Ihr Land war mit Wäldern und Sumpfseen bedeckt und voll
von Fischottern, Bibern, Mardern u. a., deren Felle ein be-
gehrter Handelsartikel waren und zur Verbrämung der Pelze
dienten. In ihrem Gebiet hatten die griechischen Kaufleute eine
Niederlassung Gelonos gegründet, die mit Pallisaden befestigt und
von griechisch-skythischen Mischlingen bewohnt war, die Landbau und Handel trieben. Von hier bog der Weg nach Nordosten ab, führte sieben Tage durch eine unbewohnte Einöde
etwa auf der Strasse von Perm nach Jekaterinenburg über den
sanftansteigenden Rücken des Ural und gelangte in östlicher
Richtung ins Gebiet der Thyssageten und weiter der Jyrken,
finnischer Jägerstämme in der westsibirischen Steppe am
Irtysch, zu einem versprengten skythischen Stamme. »Bis
hierher ist das Land eben und tieferdig, von hier an wird es
felsig und rauh.« Die Strasse erreicht die gewaltigen Berg-
massen des Altai und des Thianschan, des Himmelsgebirges,
und dringt zwischen ihnen durch die dsungarische Pforte in das
centralasiatische Hochland ein. »Wenn man auch vom Felsen-
gebiet ein grosses Stück durchzogen hat, wohnen im Bergland
am Fuss hoher Gebirge Menschen, die von Geburt an Kahl-
köpfe sein sollen, Männer wie Weiber, mit Stumpfnasen und
vortretenden Backenknochen,« die Argippaeer. Es ist ein
türkischer oder mongolischer Stamm; die Kahlköpfigkeit wird
eine Umdeutung der Sitte sein, sich den Kopf glatt zu rasiren.
»Sie sprechen eine eigene Sprache, kleiden sich aber nach
skythischer Weise, und leben von Baumfrüchten ... denn
Schafe gibt es nicht viel bei ihnen, da die Weiden schlecht

sind. Jeder wohnt unter einem Baum, den er im Winter mit
einem dichten weissen Filz bedeckt. Niemand thut ihnen Unrecht, denn sie gelten für heilig; daher haben sie auch keine
Kriegswaffen. Dagegen schlichten sie die Streitigkeiten ihrer
Nachbarn, und wer zu ihnen flieht, wird von Niemandem
verfolgt.« Wir erkennen einen friedlichen Stamm, der sich,
ähnlich wie in den Jahrhunderten vor Mohammed die Araber
von Mekka, durch die Gunst seiner Lage und geschickte Benutzung der Handelsverbindungen eine gesicherte Stellung
unter den uncultivirten Nachbarn gewonnen hat. »Bis hierher
kommen Skythen und auch griechische Kaufleute aus Olbia
und anderen pontischen Häfen; die Skythen brauchen um zu
ihnen zu gelangen sieben Dolmetscher und sieben Sprachen.
Was jenseits von ihnen (nach Norden) liegt, kann Niemand
sicher sagen; hier erheben sich steile Gebirge, die kein Mensch
überschreitet. Die Argippaeer erzählen von ziegenfüssigen
Menschen und weiter — offenbar im hohen Norden — von
solchen, die sechs Monate lang schlafen. Im Osten von den
Argippaeern aber, das steht fest, wohnen die Issedonen,« wahrscheinlich ein tibetischer Stamm, die die Leichen ihrer Eltern
verzehren und ihre Schädel vergolden. »Sonst sollen auch
sie ein gerechtes Volk sein; die Weiber haben bei ihnen gleiche
Macht wie die Männer.« Dass die Issedonen in der Mitte
des centralasiatischen Hochlandes wohnen, an der Strasse,
die vom Tarymbecken nach China führt, steht durch die von
Ptolemaeos bewahrte Beschreibung der Handelsstrasse der
römischen Zeit fest, die aus dem Jaxartesgebiet nach China
führte. Bis zu ihnen will Aristeas gekommen sein, der Wundermann, der das arimaspische Gedicht verfasst hat (Bd. II, 460).
Bei ihnen erfuhr er von den einäugigen Arimaspen, die ihren
Nachbarn, den Greifen, das Gold abgewannen. Jenseits derselben, hinter hohen Bergen bis zum Meere, wohne ein fried-
liches glückliches Volk, in dem Aristeas die Hyperboreer wieder-
fand, zu denen Apollo im Winter fortzog: es ist vielleicht die
erste sagenhafte Kunde vom chinesischen Reich, die so zu
den Griechen gelangt ist.

Die in den Ἀριμάσπεια ἔπη des Aristeas (bei Herodot IV, 13 vgl. 27. 32.
III, 116, Aeschyl. Prom. 802 f. und in einigen Fragmenten, vgl. Damastes hei
Steph. Byz. Ὑπερβόρεοι) und mit wunderbarer Anschaulichkeit und Realität
von Herodot IV, 21 ff., vgl. 108 f. 123 f. beschriebene Handelsstrasse ist seit
HEEREN, Ideen I, 2 vielfach, zuletzt und am sorgfältigsten von TOMASCHEK,
Kritik der alt. Nachr. über den skythischen Norden I. II. Ber. Wien. Ak. 116
u. 117, 1888 untersucht worden. Da die Sitze der Issedonen durch Ptole-
maeos feststehen, kann über die Richtung im allgemeinen kein Zweifel sein.
Eine genauere Bestimmung scheint TOMASCHEK gelungen, obwohl über viele
Einzelheiten, namentlich über die Identität der von Herodot genannten
mit modernen Volksstämmen, nie volle Sicherheit erreicht werden kann.

66. So führt diese Strasse in grossem Bogen um die
kaspisch-aralische Steppe herum und erreicht weit jenseits des
iranischen Gebiets den Norden des centralasiatischen Hochlandes, dessen Südwesten zuerst durch Darius' indischen Feldzug erschlossen wurde. Den Anreiz hat hier wie dort das
Gold geboten. Um das Gold Tibets und des Altai und der
Wüste Gobi zu gewinnen, haben, wie die Fabel von den
Greifen und den Arimaspen lehrt, die skolotischen und griechischen Händler mit ihren Waaren den weiten Weg durch
die rohen Volksstämme Russlands und Sibiriens zu den Argippaeern und Issedonen zurückgelegt. Sie zeigen eine Ausdehnung der Handelsbeziehungen und der geographischen
Kenntnisse der Ionier, die Staunen erregt. Zur Zeit Alexanders war wenigstens die Erinnerung daran noch lebendig;
so erklärt es sich, dass Alexander einen combinirten Angriff
vom Jaxartes und von der Donau aus auf die pontischen
Skythen erwägen konnte und dass seine Makedoner glaubten,
der Jaxartes sei der Oberlauf des Don, ja im Hindukusch die
Kaukasuskette erkennen wollten. Damals wusste man auch
noch, dass das Kaspische Meer ein Binnenmeer ist (Arist.
meteor. II, 1). Die folgende Zeit hat den Zusammenhang
durch den Glauben, dass das Kaspische Meer sich nach
Norden zum Ocean öffne, vollständig zerrissen. Grosse Völker-
schiebungen in Südrussland, der Verfall der skolotischen
Stämme und der dadurch herbeigeführte Niedergang der
Griechenstädte am Pontus werden den Verfall der Handels-

beziehungen nach Osten herbeigeführt und die alten Strassen
ungangbar gemacht haben. Die wissenschaftliche Forschung
aber zeigte den alten Nachrichten gegenüber eine sehr be-
greifliche, aber sachlich ganz unbegründete Skepsis. Erst in
der römischen Kaiserzeit sind mühselig die Kenntnisse und
Verbindungen wiedergewonnen worden, welche die Ionier- und
die Perserzeit besessen hatten; wesentlich über sie hinaus-
gelangt sind erst die letzten Jahrhunderte des Mittelalters.

67. Darius hat auch in diesen nördlichen Gebieten dieselbe zielbewusste Energie entfaltet, die er überall bewiesen
hat. Die Vorländer bis zum Kaukasus hat er dem Reiche
einverleibt. Aus den unterworfenen Gebieten wurden zwei
neue Satrapien gebildet, die durch ihren geringen Umfang
ihren jüngeren Ursprung deutlich erkennen lassen. Die pontischen Stämme, in deren Gebirgen der chalybische Stahl gewonnen wurde, bildeten die neunzehnte, die Völkerschaften am
Kaspischen Meer die elfte Satrapie. Zu voller Festigkeit ist
freilich die persische Oberhoheit in diesen Gegenden nie gelangt und in den pontischen Gebirgen früh wieder abgeschüttelt worden; manche Gebirgsthäler mögen nie völlig
unterworfen worden sein. — Keinem Satrapen unterthan
waren die Kolcher und ihre östlichen Nachbarn; aber sie
leisteten dem König Heeresfolge und erkannten die Oberhoheit
des Reichs durch einen Tribut von 100 Knaben und 100 Mädchen an, den sie alle fünf Jahre zu liefern hatten. So darf
Darius die Kolcher (Karkā) in seiner Grabschrift am Schluss
der Aufzählung seiner Unterthanen nennen; die daneben genannten und unter den Figuren, welche den Thron des Königs
tragen, abgebildeten Matschijā (bab. Maṣai) — offenbar waren
sie damals eben erst unterworfen — sind vielleicht die pontischen Küstenstämme. »Der Kaukasus«, sagt Herodot III, 97,
»bildet die Grenze des persischen Reichs, die Völker nördlich
von ihm kümmern sich um die Perser nicht mehr.« Eine
Handelsstrasse, die wohl auch militärisch befestigt war, führte,
wie aus Herod. I, 104. IV, 37 hervorgeht, von Persien durch
Medien über Egbatana und am Urmiasee entlang ins obere

Araxesthal zum Gebiet der Saspeiren (wo es ein Goldberg-
werk gab, Strabo XI, 14, 9) und von hier über die Berge zu
den Kolchern ins Phasisthal und ans Schwarze Meer.

68. In Ostiran erfahren wir von einer grossen Be-
wässerungsanlage der Perserkönige im Thal des Akes »an
den Grenzen der Chorasmier, Hyrkanier, Parther, Sarangen
(Drangen) und Thamanaeer«. Es ist wohl der Herirûd (Areios),
der Fluss von Herat. Da, wo er aus den Bergen Chorasäns
in das Vorland der turanischen Wüste eintritt, »theilte er
sich in fünf Arme, die durch Bergschluchten führen, und be-
wässerte das Gebiet dieser Völker. Der Perserkönig aber hat
diese Canäle durch Schleusen verschliessen lassen und das
Wasser zu einem grossen See aufgestaut« und lässt im
Sommer nur so viel Wasser abgeben, wie die Landschaften
nothwendig brauchen. Dadurch fliessen grosse Abgaben in
die Staatscasse. Aber hervorgegangen ist die Maassregel nicht
aus fiscalischen Zwecken, sondern, ähnlich den babylonischen
und aegyptischen Wasserbauten, aus dem Streben, durch
rationelle Wasservertheilung dem Raubbau und der Vergeudung
durch willkürlich angelegte Gräben und Canäle ein Ende zu
machen und möglichst weite Gebiete an den Grenzen der
Wüste der Cultur zu gewinnen. — Die Bändigung der turanischen Stämme hat bereits Kyros versucht, der im Kampf
gegen sie den Tod fand. Auf ihn wird die Anlage der
Feste Kyrescheta unweit des Jaxartes zurückgeführt. Weitere
Erfolge hat Darius errungen. In seiner Grabinschrift nennt er
als seine Unterthanen »amyrgische Saken« (Saka Humavarka)
und »spitzmützige (?) Saken« (Saka tigrakhauda). Als »Saken
an den Enden der Erde« erscheinen sie in der hieroglyphischen
Völkerliste vom Suezcanal. Herodot in seiner Aufzählung der
Truppen des Xerxes identificirt beide: »die sakischen Skythen
trugen steife spitze Mützen (κυρβασίας) und Hosen, und waren
mit einheimischen Bogen und Dolchen sowie mit Streitäxten
(σαγάρις) bewaffnet. Diese Skythen nannten die Perser amyrgische Saken; denn sie nennen alle Skythen Saken.« Sie
kämpften unter demselben Obersten wie die Baktrier; dagegen

sind sie derselben Satrapie zugewiesen wie die Kaspeiren von
Kaschmir (§. 58). Man sucht ihre Sitze daher wohl mit Recht
in dem Berglande im Quellgebiet des Oxus. In dem Saken-
könig Amorges, den Kyros nach Ktesias bekriegt haben soll,
ist wohl gleichfalls der Name der amyrgischen Saken enthalten.
Diejenigen Saken dagegen, welche den Persern eine Kerntruppe
berittener Bogenschützen stellten, sind vielleicht eher in der
turanischen Steppe zu suchen.

Akesbassin: Herod. III, 117. Der Name ist wohl mit dem ziemlich
fabelhaften Flusse Ochos identisch, den die makedonischen Schriftsteller
ins Kaspische Meer fliessen lassen. Aehnliches wird gelegentlich auch
von anderen Flüssen Chorasáns erzählt. z. B. Ammian XXIII, 6, 69. 70.
Dass in Wirklichkeit im Altertbum die Flüsse von Merw und Herat sowie
der Polytimetos (Zerefschan) von Samarkand [und der Etymander Helmend]
ebenso im Sande verliefen wie gegenwärtig, bezeugt Aristobul bei Strabo
XI, 11, 5 = Arrian IV, 6. — Ob Sakâ haumavarkâ wirklich »Hauma
(Soma) bereitende Saken« heisst, wie oft angenommen wird (z. B. Fr.
Müller, Wiener Z. f. Kunde des Morgenl. VII, 258), ist sehr fraglich. Die
Angaben der Alten über die Saken bedürfen einer genaueren Untersuchung. In der babyl. Uebersetzung wird der Name Saka durch Nam-
miri wiedergegeben, was für Gimiri = Kimmerier verschrieben ist (Bd. I,
424 A.). Siegel eines Saken Vašdâ mit persischer Aufschrift: Weissbach
und Baxo, Altpers. Keilinschr. p. 48, nr. c. — Nach Ktesias wird Amorges
später Kyros' Bundesgenosse gegen Kroesos; darauf beruht wohl Xen.
Cyrop. V. 2, 25. 3. 22 ff.

69. Gegen diese sakischen Stämme hat Darius wiederholt
Krieg geführt. Bei Polyaen wird von einem Feldzug des Darius
gegen die unter drei Königen — von denen einer Amorges
heisst — stehenden Saken erzählt, bei dem die Perser durch
die List des Sirakes, auf den die Anekdote von Zopyros'
Selbstverstümmelung übertragen ist, in die baktrische Wüste
gelockt werden und kaum dem Tod durch Verschmachten
entgehen, später aber die drei Heere der Feinde der Reihe
nach besiegen. So phantastisch der Bericht ist, so wenig
wird man bezweifeln, dass Darius schwere Kämpfe zu bestehen hatte und das Ziel einer dauernden Pacificirung der
Grenzlande doch nicht erreicht wurde. So hat Darius den
Plan entworfen, den Feind im Rücken zu fassen. Wie die

Russen in unserem Jahrhundert, um geschützte Grenzen zu
gewinnen und ihre Verbindungen zu sichern, gezwungen waren,
Schritt für Schritt das ganze Steppenland zu unterwerfen bis
an den Rand Irans, so versuchte Darius, das ganze kaspisch-
pontische Steppengebiet seinem Reiche einzuverleiben. Er
entschloss sich zu einem Heerzuge gegen die »Saken jenseits
des Meeres«, die skolotischen Skythen. Wenn Herodot angibt,
Darius sei gegen die europaeischen Skythen gezogen, um für
den Skytheneinfall in Medien (Bd. I, 463 ff.) Rache zu nehmen,
so ist unter dem falschen Pragmatismus der wahre Sachverhalt
leicht zu erkennen: der ständigen Gefahr nomadischer Invasionen
vom Norden her, welche Iran fortdauernd bedrohten und denen
es im Verlauf seiner Geschichte immer aufs neue zum Opfer gefallen ist, sollte ein Ende gemacht werden. Der Plan konnte
nur entstehen, wenn man den Zusammenhang der nördlichen
Länder und die hier bestehenden Völkerverbindungen kannte,
aber doch von der Ausdehnung und Unwegsamkeit des Gebiets, von den grossen Strömen Russlands und dem Umfang
der aralo-kaspischen Steppe keine klare Anschauung hatte.
So hat sich Darius zu einer Unternehmung verleiten lassen,
die wie die Feldzüge Alexanders gegen Indien und durch Gadrosien auch bei den grössten Opfern zu einem Erfolg nicht
führen konnte, weil die Voraussetzungen nicht richtig waren,
unter denen sie geplant war.

Sakenkriege: Polyaen. VII, 11, 6. 12. Zu Ende des Perserreichs
waren die Saken nicht mehr unterthänig, sondern stellten ihre Bogenreiter als freie Verbündete Arrian III, 8, 3. — Dass der Skythenfeldzug
nicht aus Eroberungssucht erklärt werden kann, ist evident; die hätte
viel eher zu einem Angriff auf Griechenland geführt, wie Atossa bei
Herod. III. 134 fordert.

70. Nach Ktesias' Erzählung hat Darius zunächst den
Statthalter Ariaramnes von Kappadokien über See gegen die
Skythen entsandt. Mit dreissig Fünfzigruderern sei er über
den Pontus gefahren und habe den in Gewahrsam gehaltenen
Bruder des Skythenkönigs gefangen fortgeführt. Auf die Re-
criminationen des letzteren sei dann Darius selbst mit dem

Reichsheer aufgebrochen. Eher wird man wohl in der Flotten-
bewegung eine Operation zur Unterstützung des Landheers zu
erkennen haben. Der Heerzug, der etwa um das Jahr 512
stattgefunden haben mag, war sorgfältig vorbereitet. Ueber
den Bosporus liess Darius durch den samischen Baumeister
Mandrokles eine starke Schiffsbrücke schlagen. Auf dem Marsch
durch Thrakien nahm er die Huldigung der einheimischen
Stämme entgegen; nur die Geten zwischen Balkan und Donau
mussten mit Waffengewalt zur Unterwerfung gezwungen werden. Mit der Ueberbrückung der Donau waren die Flotten
der griechischen Tyrannen beauftragt; dicht oberhalb des
Donaudeltas, unterhalb der Mündung des Pruth, haben sie
die Brücke geschlagen, deren Bewachung sie übernahmen,
während Darius mit dem Haupttheil des Heeres in die bessarabische Steppe einrückte. Die Feinde befolgten dem Angriff
gegenüber die Taktik, welche die Natur des Landes nahelegt:
sie liessen sich auf keinen Kampf ein, sondern zogen sich
mit ihrem ganzen Tross immer tiefer in die Steppe zurück,
während ihr Reiterschwärme die Perser beim Fouragiren unaufhörlich belästigten. Sonst haben wir über den Verlauf des
Feldzugs keine brauchbaren Nachrichten. Nach den Erkundi-
gungen, die Herodot etwa zwei Menschenalter später in Olbia
an der Dnieprmündung einzog, hätte Darius in wenig mehr
als sechzig Tagen das ganze Gebiet der Skythen, Sarmaten,
Budiner bis an die Wolga (Oaros) durchzogen — acht alte
Ringmauern am Ufer des Flusses führt die Tradition auf ihn
zurück — und dann den Rückmarsch durch das mittlere
Russland angetreten, dessen Volksstämme ebenso vor ihm aus-
gewichen seien wie die Skythen. Schliesslich sei er durch den
Mangel an Lebensmitteln, durch die Ermattung in Folge der
fortwährenden Scharmützel und durch die Wirkung einer
Räthselbotschaft, die ihm der Skythenkönig mit höhnenden
Geschenken übersandte, zur Heimkehr genöthigt worden. Glück-
lich sei er dem nachsetzenden Skythenheer entgangen und über
die Donau entkommen, da die Tyrannen trotz zweimaliger
Aufforderung durch die Skythen die Brücke nicht abgefahren

hatten. Dass diese Erzählung vollständig unhistorisch ist,
haben die Späteren nicht verkannt: Ktesias lässt den Darius
nur fünfzehn Tagemärsche weit vordringen und dann schleunigst fliehen, weil ein Bogen, den ihm der Skythenkönig
schickt, stärker ist als der persische; sein Heer habe auf dem
Rückzug durch die nach Thrakien vordringenden Skythen
schwere Verluste erlitten. Strabo bezeichnet die bessarabische
Steppe zwischen Donau und Dniestr (Tyras) als Schauplatz
des Feldzugs, bei dem das Heer fast durch Wassermangel zu
Grunde gegangen wäre. Diese Auffassung wird wohl richtig
sein; es ist wenig wahrscheinlich, dass Darius auch nur einen
der grossen südrussischen Ströme überschritten hat. Wo man
mit feindlichen Schaaren zusammenstiess, mögen die Perser
manche Erfolge errungen haben; so ist es begreiflich, dass
das Ergebniss des Feldzugs officiell als ein Sieg hingestellt
wurde. Am Felsen von Behistan ist der Abbildung der neun
gefangenen Rebellen das Bild eines gefesselten Sakenhäupt-
lings mit hoher spitzer Mütze hinzugefügt, mit der Beischrift:
»Das ist der Sake Skuka (susisch Iskunka)«. Der persische
Text der grossen Inschrift enthält eine ganz verstümmelte
Zusatztafel, in der nach dem Bericht über die Niederwerfung
eines dritten Aufstandes der Elamiten durch Gobryas (Bd. I,
515) von einem Zug des Darius gegen die Saken erzählt war,
auf dem, wie es scheint, der Tigris und weiter ein Meer überschritten und die Feinde besiegt wurden. »Darauf war das
Land mein« schliesst auch dieser Bericht. Es ist klar, dass
hier von dem Feldzug gegen die europaeischen Skythen die
Rede war. In Wirklichkeit war die Expedition vollkommen
gescheitert; nur das Ergebniss der vorbereitenden Maass-
regeln, die Unterwerfung des östlichen Thrakiens und der
Griechenstädte an seiner Küste, wurde festgehalten. Das musste
alsbald zu weiteren Verwickelungen führen.

   Die Zeit des Skythenfeldzugs ist nur ganz approximativ festzustellen;
er wird zwischen den ersten Kämpfen des Darius 520 und dem ionischen
Aufstand 499 ungefähr in der Mitte liegen. Hippias gab seine Tochter
dem Sohn des Hippoklos von Lampsakos, weil dieser bei Darius grossen

Einfluss hatte Thuk. VI, 59: dass er diesen Einfluss nur beim Skythenkrieg gewonnen haben könne, dieser mithin mehrere Jahre vor Hippias'
Sturz fallen müsse, ist ein sehr unsicheres Argument. Die capitolin.
Chronik (CIG. 6855) setzt Hipparchos' Ermordung und Darius' Uebergang
über den kimmerischen (?) Bosporus gegen die Skythen ins Jahr 513/2. —
Inschrift des Mandrokles in Samos und des Darius in Byzanz (vgl. §. 15 A.)
zur Erinnerung an die Ueberbrückung des Bosporus Herod. IV, 87 f.; die
Brücke muss an der schmalsten Stelle gelegen haben, entweder oberhalb
oder unterhalb Rumili Hissar, vgl. Polyb. IV, 43. Die Angabe Herodots IV,
91 über die Inschrift des Darius an den Tearosquellen ist phantastisch.
— Dass Ktesias 29, 16 f. den Bericht Herodots kennt, ist evident; auch
die Bogengeschichte ist aus Herod. III, 21 (von Kambyses und den
Aethiopen) entlehnt. Justin II, 5 ist aus Herodot und Ktesias com-
binirt. Die Zahlenangaben (bei Herodot IV, 87 700,000 Mann einschliesslich der Reiterei, dazu 600 Schiffe, bei Ktesias [daraus Diod.
II, 5] 800,000; der Verlust beträgt nach ihm 80,000 Mann) haben natürlich gar keinen Werth. — Strabo's Angabe VII, 3, 14 ist nicht Ueberlieferung, sondern richtige Combination. Den Skythenfeldzug kennt auch
Plato Menex. 239 E. Gorg. 483 D; dagegen die von Ephoros bei Strabo
VII, 3, 9 citirten Verse des Choirilos über die sakischen Nomaden aus
Asien, welche die Brücke überschreiten, beziehen sich offenbar nicht auf
die Ueberbrückung des Bosporus durch Darius, wie Strabo angibt, sondern auf die des Hellespont durch Xerxes. — Die Geschichte, dass Miltiades die Abbrechung der Donaubrücke gerathen, Histiaeos sie gehindert
habe (Herod. IV, 137), hat schon THIRLWALL als Erfindung bezeichnet;
sie stammt aus der Zeit, als Miltiades nach seiner Rückkehr nach Athen
wegen seiner Tyrannis auf den Tod verklagt war. Vor den Persern hat
er wegen seiner Betheiligung am ionischen Aufstand fliehen müssen; bis
dahin war er getreuer Vasall der Perser. Es ist seltsam, dass GROTE
und DUNCKER die Erzählung vertheidigt haben. Nach Ktesias hätten die
Chalkedonier die Bosporusbrücke abfahren wollen und einen von Darius
errichteten Altar vernichtet und seien dafür von Darius gestraft worden;
das ist offenbar aus Anlass von Herod. IV, 144 erfunden.

Iran. Die Bauten der Perserkönige und die persische Kunst.

71. In den »Ländern des Ostens« (Darius Pers. c), d. h.
den iranischen Ländern östlich von Persien, zählt Herodot fünf
Satrapien; dazu kommen im Westen die beiden medischen
Satrapien und die Satrapie der Bergstämme am Kaspischen
Meer, ferner die Provinz von Susa, im Osten die von Darius

eroberten Satrapien der Inder und der Saken mit Einschluss
der Kaspeirer von Kaschmir (§. 68). Ueber die innere Entwickelung dieser Gebiete fehlt uns fast jede Kunde. Von der
Stellung der arischen Volksstämme zu den Persern, von der
beginnenden Ausbildung einer iranischen Nationalität ist früher
schon die Rede gewesen. Ein kräftiges Sonderleben behauptete
sich vor allem in Ostiran, bei den Baktrern und Sogden. Ein
Versuch, die alte Selbständigkeit wieder zu gewinnen, ist nach
Darius unseres Wissens nur noch einmal wieder unternommen
worden, von den Medern um das J. 409; die Erhebung, deren
Anlass wir nicht kennen, wurde noch in demselben Jahre
beigelegt. Die wichtigste und schwierigste Aufgabe des Reichs
war die Niederhaltung der wilden Gebirgsstämme — sie hat
bis auf den heutigen Tag noch keine Regierung vollständig
lösen können. Im Osten gaben die Nomaden, am Kaspischen
Meer die Kadusier und ihre Nachbarn den Königen fortwährend zu schaffen; in den Zagrosketten hielten sich die
Kossaeer und ihre südlichen Nachbarn, die Uxier (Uvadža),
kaum je ruhig. Schon der dritte Aufstand in Susiana gegen
Darius, den Gobryas niederwarf (Bd. I, 515), mag eine derartige Erhebung gewesen sein. Unter den späteren Königen,
als das Reich schwach wurde, hatten die Bauern und Ortschaften der Nachbarschaft fortwährend unter den Raubzügen
und Brandschatzungen dieser Stämme zu leiden. Wollten die
Könige ihr Hoflager von Susa nach Egbatana verlegen oder
Persepolis aufsuchen, so mussten sie den unbehelligten Durchzug durch die Berge von den Kossaeern und Uxiern mit Geschenken erkaufen.

> Aufstand der Meder: Xen. Hellen. I, 2, 19. Kossaeer, Uxier, Ely-
maeer: Strabo XI, 13, 6. XV, 3, 12. XVI, 1, 18. Arrian III, 17. VII, 15.

72. Von der Stellung der Perser im Reich, von der
Rückwirkung der Weltherrschaft auf ihre Cultur und ihren
Charakter ist schon geredet worden. Ihre Fähigkeit und Neigung, sich fremde Bräuche und die Errungenschaften einer
höheren Cultur anzueignen, tritt uns in der Kunst besonders

anschaulich entgegen. Eine heimische Kunst hat das Bauern-
volk in den Zeiten seines Sonderlebens nicht erzeugt. Als es
nun galt, in Persien würdige Wohnstätten und Gräber für
die Herren der Welt zu schaffen, hielt man sich an die Vorbilder der alten Culturstaaten, zunächst an die Babyloniens.
So errichtete man in Pasargadae, Persepolis und Susa grosse
Terrassen, auf denen sich die Paläste und Audienzhallen der
Könige erhoben. Die gesammte Decoration ist dem Formen-
schatz der vorderasiatischen Cultur entnommen. Geflügelte
Stiercolosse mit bärtigen Menschenhäuptern bewachen den Eingang; lange Friese, Darstellungen der Leibgarde und der
Tributdarbringungen beleben den Unterbau, umrahmt von
Rosetten und stilisirten Blüthen, gegliedert durch dazwischen
gestellte Cypressen; Darstellungen des Königs auf dem Thron
oder unter dem Sonnenschirm, von seinen Dienern geleitet,
prangen an Wänden und Pfeilern. An anderen Stellen stösst
der König einen Löwen, einen Greif, ein Einhorn oder andere
Fabelwesen der babylonischen Kunst nieder; ein Löwe zerfleischt einen Stier oder ein Einhorn, lange Reihen schreiten-
der Löwen schmücken das Gesims. Ueber dem Bilde des
Königs schwebt die Gestalt Ahuramazdas (§. 76). Aber trotz
alledem sind die persischen Paläste nichts weniger als eine
sklavische Copie ihrer Vorbilder. Ein wesentlicher Unterschied
war bereits durch äussere Bedingungen gegeben; in den persischen Bergen stand anstatt der babylonischen Ziegel ein vor-
züglicher marmorartiger Kalkstein zur Verfügung. Daher sind
die Felsterrassen, die hier die aus Lehmziegeln und Erdpech
aufgeschütteten Fundamente der babylonischen Bauten vertreten, mit grossen wohlgefugten Quadern umschlossen und
gestützt, die Treppen, die Pfeiler und Säulen, die Ecken der
Gebäude, die Anten des Portals, die Umrahmungen der
Fenster und Thüren aus grossen Steinblöcken aufgeführt. Die
Zwischenwände dagegen wurden aus Luftziegeln hergestellt,
die mit Stuck, vielleicht auch mit gebrannten Ziegeln, verkleidet waren; sie sind daher gegenwärtig durch atmo-
sphärische Einwirkungen spurlos verschwunden. In Susa, wo

Steine schwerer zu beschaffen waren, spielen die Ziegel eine
weit grössere Rolle, und ist in Folge dessen der babylonische
Einfluss stärker; hier finden sich z. B. prächtige Friese · aus
farbigem emaillirtem Thon in babylonischer Arbeit. Weit
wesentlicher ist, dass trotz aller äusseren Uebereinstimmungen
der Grundcharakter der Architektur sich vollständig geändert
hat: in den Palästen von Assur und Babel gruppiren sich die
zahllosen Gemächer um grosse Binnenhöfe, der persische Palast
ist ein Säulenbau. Ueberall bildet den Kern des Gebäudes
der säulengetragene Prachtsaal, in dem der König Audienzen
ertheilt und seine Magnaten und Diener bewirthet; einzelne
Bauten, wie die gewaltige Hundertsäulenhalle in Persepolis,
die Darius gebaut hat, bestehen nur aus diesem einzigen
Raum. Der Prunkbau des Xerxes war eine grosse offene
Säulenhalle, ohne irgend welche Wände, nach aussen nur
durch Vorhänge verschlossen. Auch wo kleinere Gemächer
den Saal umgeben, öffnet sich der Palast immer frei nach
aussen mit einer säulengetragenen Vorhalle, wie ein griechischer Tempel, während der assyrische Palast und der aegyptische Tempel sich gegen die Aussenwelt abschliessen. Selbst
die Thorwege vor den Palästen haben zwischen den beiden
von wachehaltenden Stiercolossen getragenen Portalen eine
offene Säulenstellung.

Für die Ruinen von Pasargadae und Persepolis (vgl. §. 17) sind die
älteren, nicht immer ganz zuverlässigen Werke von TEXIER, descr. de
l'Arménie, de la Perse et de Mésopotamie, 2 vol., 1842 ff. und FLANDIN
und COSTE, voyage en Perse, 1841 ff., durch die photographischen Aufnahmen STOLZE's, Persepolis, 2 Bde., 1882, nicht überall entbehrlich gemacht. Im übrigen vgl. die gute Uebersicht und Analyse von CURZON,
Persia II, 71 ff. 115 ff. Für Susa: DIEULAFOY, l'acropole de Suse, 1890 ff.
[mir unzugänglich]. Ueber die persische Kunst: DIEULAFOY, l'art antique
de la Perse, 1884 ff. PERROT et CHIPIEZ, hist. de l'art V, 1890. Für die
Restauration der Bauwerke geben die Façaden der Felsengräber eine
sichere Grundlage.

73. Da die persischen Paläste nur ein Stockwerk hatten
und die Decke aus Holz bestand — die Cedernstämme, aus
denen sie gefügt waren, sind wohl vom Libanon und Amanos

herbeigeschafft —, konnten die Säulen im Gegensatz zu den massiven, enggestellten Säulen der aegyptischen wie der dorischen Tempel schlank und hoch werden und weit von einander stehen. Dadurch erhalten die Säulenhallen einen heiteren Charakter, wie er dem Festsaal ziemt, der durch Teppiche und Guirlanden, durch die bunte Bemalung und das prächtige Getäfel der Decke noch erhöht wurde. Nur in Pasargadae und an den Grabfaçaden erscheinen glatte Säulen, sonst sind sie durchweg cannelirt; aber die Canneluren sind flacher und enger als die griechischen. Die Basis ist meist glockenförmig und mit Blättern geschmückt, die von einem Eierstab herabhängen. Ganz eigenartig ist das Capitäl. In der Regel läuft die Säule in einen Kelch aus; darüber erheben sich unorganisch aufwärts gerichtete Voluten. Ueber diesen, oder, wo sie fehlen, direct über dem Säulenschaft, springen nach beiden Seiten phantastisch gestaltete kniende Pferde (auch Löwen und Stiere) hervor; auf dem Sattel zwischen den beiden Mähnen ruht der Block, der den Deckbalken trägt. Das ist ein aus der babylonischen Kunst, aus den wappenförmig gegen einander vorspringenden Thieren, die auch in die chetitisch-kleinasiatische und mykenische Kunst übergegangen sind, weiter entwickeltes Motiv. Sonst scheint das Capitäl den in Kleinasien herrschenden Formen und speciell dem aeolischen Capitäl verwandt. — In der ganzen Idee des Säulenbaus und auch in den Formen der Säulen selbst wird man trotz aller Abweichungen im einzelnen griechische Einflüsse kaum verkennen können. Noch deutlicher empfindet man dieselben in der Sculptur. Die Typen der menschlichen Figuren, die Gewandung, die Haartracht knüpfen unmittelbar an an die assyrisch-babylonischen Muster. Aber ihr starrer Schematismus, die unnatürliche Uebertreibung in der Behandlung der Musculatur, des Bartes, des Haupthaars sind überwunden, die Kunst hat eine höhere Freiheit gewonnen. Der Faltenwurf der Gewandung, die Bewegung der schreitenden Figuren stehen der griechischen Kunst am Ende des sechsten Jahrhunderts gleich, deren Einfluss auch darin kennt-

lich ist, dass das Auge bei den im Profil gezeichneten Figuren
en face gebildet wird. Die Gesichtsbildung der Könige, der
Hofbeamten, der Leibwächter zeigt das Ideal des arischen
Mannes; aber auch die Typen unterthäniger Völker, der Neger,
der centralasiatischen Stämme sind mit Geschick nachgebildet.
Die Gleichförmigkeit in den langen Figurenreihen der Paläste,
der Mangel an Abwechslung, an origineller Ausbildung der
einzelnen Scenen ist durch den Stoff bedingt; mehr als eine
decorative Wirkung sollen sie nicht erzielen.

74. Das älteste persische Grab war ein freistehender Bau,
in dem die mit Wachs überzogene Leiche beigesetzt wurde
— denn wenn es als ein ungeheurer Frevel galt, das heilige
Feuer durch Verbrennen der Leiche zu verunreinigen, so befolgten die Laien ebenso wenig den Brauch der Magier, die
Todten den Raubvögeln zum Frass hinzuwerfen. Das Grab
des Kyros ist eine schlichte Zelle auf hohem, in Stufen an-
steigendem Unterbau, auf drei Seiten von einem Säulengang
umgeben. Grabthürme, wohl Verwandten des Königshauses
angehörig, finden sich mehrfach in Pasargadae und Persepolis.
Dann hat Darius, angeregt eher durch aegyptische als durch
kleinasiatische Vorbilder, das Felsengrab geschaffen, eine
schlichte Kammer mit schönem Portal und einer aus dem
Felsen gehauenen Säulenhalle davor. Darüber steht auf einem
von den Repräsentanten aller unterthänigen Völker getragenen
Thronbau der König, ganz allein, im Gebet vor dem Feuer-
altar, gestützt auf seinen Bogen; über ihm schwebt das Bild
Ahuramazdas und dahinter die Sonnenscheibe. Zu den Seiten
des Thrones sind die treuesten Diener des Königs abgebildet.
Es ist das würdigste Monument des grossen Herrschers, eine
Schöpfung von schlichter Grösse und Wahrheit, ohne jeden
Pomp, frei von aller mystischen Selbstvergötterung, der tref-
fendste Ausdruck der Majestät des Achaemenidenreichs. Mit
Recht haben alle späteren Könige sich begnügt, für ihre Ruhe-
stätten das Grab des Darius zu copiren.

    Gleichartige achaemenidische Felsgräber aus dem Zagros bei DE MOR-
GAN, mission scientif. en Perse, II, pl. 29. 40.

75. So ist die persische Kunst der richtige Ausdruck des persischen Reichs. Von allen Unterthanen und Culturen, die es umschliesst, entnimmt sie in Form und Technik, was ihr dienlich scheint — nach aegyptischen Mustern sind z. B. auch die Gesimse der Thüren und Fenster in den Palästen gearbeitet, ebenso wie die Krone des verklärten Kyros (Bd. I, 505) aus Aegypten stammt —; aber ganz anders als z. B. den Phoenikern, die über eine rohe Mischung, eine unvermittelte Nebeneinanderstellung der verschiedenartigsten Elemente nie hinausgekommen sind, gelingt es ihr, alle Bestandtheile zu einer organischen Einheit, zu einem neuen höheren Stil zu verschmelzen. Die Schöpfungen des Perserreichs sind das Höchste, was die Kunst des alten Orients zu erzeugen vermocht hat. Aber zugleich lehren sie mit geradezu überraschender Deutlichkeit, dass die alte Entwickelung des Orients zum Abschluss gekommen ist und eine neue Epoche begonnen hat. Sie sind ganz und gar modern, eine durchaus künstliche Schöpfung; ihnen fehlt, was das Wesen aller ursprünglichen Kunst ausmacht, das innige Verwachsensein mit dem Volksthum, die nothwendige Entwickelung von innen heraus. Sie sind nicht wie diese mehr aus einem inneren Zwange als aus freier Entschliessung geboren, sondern sie sind das Ergebniss einer Wahl, einer selbständigen Ueberlegung ihres Schöpfers, der aus vielen Möglichkeiten das Geeignetste heraussucht. Man kann nicht behaupten, dass ihnen der nationale Charakter fehle, dass sie nicht der künstlerisch vollendete Ausdruck dessen wären, was der Perser empfand: mit berechtigtem Stolz haben Darius und Xerxes auf ihre Werke geschaut. Aber nicht das Volk, sondern das Reich hat die Kunst geschaffen. Nach den ersten Ansätzen in den Monumenten von Pasargadae gelangt sie sofort unter Darius auf den Höhepunkt ihrer Entwickelung; und hier bleibt sie stehen, wie das Reich stehen blieb. Andere Aufgaben als den König und seine Macht zu verherrlichen hat sie nicht. So bleiben ihre Schöpfungen auf die Königsstädte beschränkt. Die Magnaten und Vasallen in den Provinzen haben sie nachgeahmt, die

phoenikischen Stadtkönige lassen sich in Tracht und Haltung
ihrer Lehensherren bilden; aber von einer Einwirkung auf
das persische Volk findet sich keine Spur. Schwerlich sind
die Baumeister und Bildhauer der Paläste und Gräber Perser
gewesen; selbst die zu Grunde liegenden Ideen mögen von
einem genialen Meister aus den Unterthanen stammen, dessen
Gedanken der König billigte. So ist mit dem Falle des Reichs
die persische Kunst ebenso plötzlich und vollständig verschwunden, wie sie entstanden war, ohne bei dem Volke, in
dessen Mitte ihre Schöpfungen standen, irgend welche Nach-
wirkung zu hinterlassen. Als ein halbes Jahrtausend später
aufs neue ein persisches Reich entstand, hat sich derselbe Vorgang wiederholt; aber von einer Anlehnung der sassanidischen
Kunst an die achaemenidische ist nirgends etwas zu spüren.

Einen Bildhauer Telephanes von Phokaea, dessen Werke wenig be-
kannt geworden sind, weil er in Thessalien thätig gewesen ist und für
Xerxes und Darius (doch wohl Darius I.) gearbeitet hat (quod se regum
Xerxis atque Darei officinis dediderit), nennt Plin. 34. 68 nach den
Kunsthistorikern. Aehnliches mag öfter vorgekommen sein.

Die persische Religion.

76. Dass der grosse Gott, welcher Himmel, Erde und
Menschen geschaffen hat und regiert, seinem Diener die Herrschaft über die ganze Welt verliehen hatte, war die glänzendste
Bestätigung für die Wahrheit der reinen Lehre: das feurige
Glaubensbekenntniss, das Darius in seinen Inschriften niedergelegt hat, dessen Formeln seine Nachfolger von ihm übernahmen, ist zugleich der Dank des Herrschers an den Gott.
Aber auch die Religion erfuhr die Rückwirkung der Weltherrschaft. Die iranische Religion kannte weder Götterbilder
noch Götterhäuser. Auf den Berggipfeln rief man den Himmelsgott und seine Manifestationen an, Sonne und Mond, Erde
und Feuer, Wasser und Wind, und errichtete die Altäre mit
dem ewigen Feuer; aber auch an jedem beliebigen anderen Orte
konnte man, ohne weitere Vorbereitung, zur Gottheit beten

und ihr seine Gaben darbringen, unter Assistenz des Magiers, der die heiligen Formeln dazu sang. Auch zur Zeit der Weltherrschaft noch sah der Perser, wie zahlreiche Angaben der Griechen lehren, geringschätzig herab auf die übrigen Völker, welche die weltumfassenden Götter in Menschen- oder gar Thiergestalt bildeten und in ein enges Haus zwängten. Dem Ahuramazda hat man niemals einen Tempel erbaut. Die Burgen von Persepolis und Pasargadae umschliessen keine religiösen Bauten; nur die Feueraltäre auf den Bergen der Nachbarschaft gehören wohl der Achaemenidenzeit an. Aber eine symbolische Darstellung des Gottes entnahm man den Nachbarn doch: es war die vorderasiatische Umwandlung der geflügelten Sonnenscheibe der Aegypter, die bereits die Assyrer zur Darstellung ihres Nationalgottes Assur erwählt hatten: ein von mächtigen Flügeln getragener Ring, aus dem die Gestalt des Gottes herausragt, wie ein König gekleidet, mit langem Bart und Haupthaar, auf dem Haupt die Kidaris, in der Linken einen Kranz, die Rechte belehrend erhoben, wie es sich für den Gott ziemte, der den Menschen durch seinen Propheten die Wahrheit offenbart hatte. Andere Entlehnungen aus der babylonischen Kunst, wie die Kämpfe des Königs mit Einhorn, Greif und anderen Unthieren (§. 72), dienen zunächst lediglich der Decoration; zugleich aber erhalten durch sie die feindlichen Dämonen, die Geschöpfe Ahrimans, eine festere Gestalt.

Ueber die Religion des Achaemenidenreichs s. Herod. I, 131 f., Clem. Alex. protr. 5, 65 aus Deinon fr. 9. — Die Abbildung eines Feueraltars findet sich auf den Königsgräbern. Was die »Anbetungsstätten« sind, welche Gaumata zerstört und Darius wiederhergestellt hat (Behist. I, 14, vgl. Foy, ZDMG. 50, 132 f. 52, 592, und dagegen Justi ib. 53, 89 ff.), wissen wir nicht; wirkliche Tempel können es nicht gewesen sein. Hier trifft Marquart's Vermuthung (Fundamente israel. u. jüd. Gesch., 1896, S. 48), dass Gaumata den Cult nach den Forderungen der Magier habe reformiren wollen und Darius das rückgängig gemacht habe, vielleicht das Richtige.

77. Dass, wenn auch die Grundgedanken der religiösen Lehre überall auf Zarathustra selbst zurückgehen, doch das

System in der Perserzeit weiter gebildet ist, ist nicht zu bezweifeln, so wenig wir darüber im einzelnen feststellen können. Namentlich werden sich hier wie in der bildlichen Darstellung und in den populären Culten (§. 78) babylonische Einflüsse geltend gemacht haben. Dass die sechs abstracten Mächte, die Ameša spenta, welche Ahuramazdas, ihres Vaters, Willen verwirklichen und die Welt regieren (Bd. I, 441), mit diesem zu einer Siebenheit zusammengefasst werden, dass weiter neben ihnen vierundzwanzig Gottheiten (Jazata) stehen (Plut. de Is. 47), scheint auf Babylon zu weisen (§. 83), ebenso vielleicht die Ausmalung des Weltendes und die Auferstehung aller Todten zu einem allgemeinen jüngsten Gericht — während die damit in Widerspruch stehende Anschauung, dass jeden Menschen drei Tage nach dem Tode das Gericht über seine Thaten erwartet, dass der Gute und Fromme die Brücke Činwat überschreiten muss, um in Ahuramazdas Reich zu gelangen, während der Gottlose und Böse in die Hölle eingeht, auf den Propheten selbst zurückgeht und im Mittelpunkt seiner Predigt gestanden hat. Auch der Gedanke mag jetzt ausgebildet sein, dass die beiden mit einander ringenden Mächte sich aus dem Urprincip der Zeit (Zrvan) losgelöst haben, dass erst Ahuramazda, der Schöpfer der guten Welt, dann der böse Geist, der seine Werke nachgebildet und ins Gegentheil verkehrt hat, je dreitausend Jahre geherrscht haben, bis mit Zarathustras Auftreten eine dreitausendjährige Periode des Kampfes begann. An ihrem Ende wird das böse Princip definitiv erliegen und eine selige Zeit eintreten, in der die Menschen keiner Nahrung bedürfen, in der es keinen Schatten gibt, sondern nur Licht; dann kann der gute Gott vom Kampf ausruhen. Am Ausgang der Perserzeit sind diese Gedanken bereits den griechischen Forschern bekannt geworden. — Daneben ist das Ritual, die Reinheitsvorschriften, die Beobachtung und Deutung von Vorzeichen weiter entwickelt. Wenn die Bedeutung irgend welche reale Grundlage hat, in der die Griechen schon in der Mitte des fünften Jahrhunderts und ihnen folgend wir das Wort Magier und Magie gebrauchen, so müssen sie sich auch mit Zauberei und Beschwörungen abgegeben haben. Doch nicht nur die persischen Religionsbücher wissen nichts davon, auch die besten griechischen Zeugen Deinon und Aristoteles bestreiten ausdrücklich, dass die Magier »von magischen Zauberkünsten etwas gewusst hätten« (τὴν δὲ γοητικὴν μάγειαν οὐδ' ἔγνωσαν). Ihre Prophetenkunst beschränkte sich auf Weissagungen, vor allem aus den bei der Opferliturgie verwertheten Zweigen (baresman); dazu mögen Traumdeutungen, Mittel zur Abwendung böser Vorzeichen u. a. gekommen sein. So ist die griechische Bedeutung des Magiernamens wohl nur darauf zurückzuführen, dass sie im Gefolge des Königs und der Magnaten Geistliche sahen, welche unter unverständlichen Gebräuchen und Liturgien das Opfer vollzogen, Vorzeichen deuteten und religiöse Unterweisungen darüber gaben, was zulässig und heilsam sei und was nicht. — Zu politischer Bedeutung ist der Magierstand trotz des Ansehens seiner Mitglieder am Hofe unter den Achaemeniden niemals gelangt. Sie sind lediglich die Diener und Werkzeuge, welche die Verbindung des Laien, der die Riten nicht kennt, mit der Gottheit vermitteln.

Von der persischen Theologie haben die Griechen erst im vierten Jahrhundert Kunde gewonnen. Zuerst nennt der Verfasser des ersten Alkibiades 122 Ζωρόαστρος ὁ Ὡρομάζου als Lehrer der μάγεια, die als θεῶν θεράπεια erklärt wird (vgl. Xen. Cyr. VIII, 1, 23, in demselben Sinne z. B. Plut. Artax. 3. 6 bei der Erziehung der Prinzen); dann spricht Theopomp fr. 71. 72 (Plut. de Is. 47 — der vorhergehende Abschnitt stammt nicht aus ihm, s. Diog. Laert. praef. 8) von dem Kampf der beiden Mächte, deren Namen er kennt. Ausführlicher war die Darstellung des Aristoteles im μαγικός fr. 27—31 Ross, vgl. fr. 8, und seines Schülers Eudemos, bei dem das Urprincip τόπος oder χρόνος zuerst erscheint, nach der allerdings neuplatonisch stark entstellten Angabe bei Damascius de pr. princ. 125 (vgl. Kern, de Orphei Epim. Pherec. theogon. p. 4). Auf eine gleichartige Quelle, etwa auf Hermippos περὶ μάγων (fr. 78 ff. FHG. III, 53), geht Plut. de Is. 46. 47a zurück. — Magische γοητεία, d. h. Beschwörungen: Herod. VII, 191. Opfer ib. 43. 113 f. Traum- und Zeichendeutung VII, 19. 37. Ueber die Magier bieten Deinon fr. 5. 8 und von Späteren vor allem Strabo XV, 3, 14. 15 sehr werthvolle An-

gaben. Sammlung verschiedenwerthiger Notizen bei Diog. Laert. praef. 2
[spätere Erfindung wie Plin. 30, 5]. 6—8, Cic. div. I, 90. — Im übrigen
vgl. §. 10 A. Nur in der hier vorgetragenen Begrenzung halte ich einen
babylonischen Einfluss bei den Ameša spenta für möglich, nicht aber
eine Entstehung derselben und gar der indischen Âditja's aus den sieben
Planetengottheiten, wie OLDENBERG, Rel. d. Veda, 192 ff. ZDMG. 50, 68
annimmt.

78. Die Lehre Zarathustras, zu der sich Darius bekannte,
konnte sich nur in begrenzten Kreisen rein erhalten: die
Masse des Volkes brauchte kräftigere religiöse Kost. Die persischen Eigennamen zeigen, welches Ansehen alle Zeit die
alten volksthümlichen Götter behauptet haben, welche Zarathustra bei Seite geschoben, aber als Manifestationen des
wahren Gottes geduldet hatte, welche Darius in seinen Inschriften nie nennt, so vor allem Mithra, der Sonnengott. Sein
Name ist den Griechen früher bekannt geworden als der
Ahuramazdas. Bei den Nachbarvölkern herrschte überall ein
prunkender, reich ausgestatteter Cultus, und sie wussten
von der Macht und Grösse ihrer Götter genug zu erzählen.
Da ist es kein Wunder, dass auch die persischen Anschauungen von ihnen beeinflusst wurden, dass ein König wie
Artaxerxes I. z. B. an die Realität und Macht des Himmelsgottes von Jerusalem wirklich glaubte (Ezra 7, 23, vgl. 8, 22),
während seine Vorgänger den fremden Göttern lediglich aus
politischen Gründen gehuldigt hatten, dass man die Gestalten
der eigenen Religion den fremden anähnelte und so die untergeordneten Götter in den Vordergrund gehoben wurden dem
abstracten Ahuramazda gegenüber. »Ursprünglich opferten
die Perser nur dem Himmelsgott Zeus und der Sonne, dem
Monde, der Erde, dem Feuer, dem Wasser und den Winden,«
sagt Herodot; »von den Assyrern (d. i. Babyloniern) und
Arabern aber haben sie gelernt, auch der Uranostochter
Aphrodite zu opfern, die sie Mithra nennen.« Dass Herodot
hier die Namen Mithra und Anâhita verwechselt hat, liegt auf
der Hand. In der That haben die Perser die Quell- und
Vegetationsgöttin Ardvîsûra Anâhita (Anaitis, Bd. I, 450), ur-

sprünglich die Göttin des Oxusstroms, der babylonischen Istar
oder Belit gleichgesetzt und zu einer üppigen Göttin der Zeugung
und Fruchtbarkeit ausgestaltet. Die babylonischen Sakaeen,
ein Freudenfest mit rauschenden Gelagen, bei dem den Sklaven
gestattet wird, nach Art der Herren zu leben, werden übernommen und mit ihrem Dienst verbunden; vielfach werden
ihr Sklaven und Sklavinnen geweiht, ja selbst freie Mädchen
prostituiren sich ihr zu Ehren wie bei den Semiten und Kleinasiaten, so vor allem in Armenien. Sie wird gestaltet wie
die babylonische Göttin, als schönes kräftiges Weib, fest
gegürtet, mit strotzenden Brüsten, mit goldener Sternenkrone
und goldgewirktem Bibermantel, Ohrringen und Halsband von
Gold; in der Hand trägt sie den heiligen Baresmazweig. Auch
Mithra wird jetzt in menschlicher Gestalt, als Sonnenjüngling,
dargestellt. Das Mithrafest wird das Hauptfest des Reichs,
an dem der König sich berauscht und den Nationaltanz tanzt.
Unter Artaxerxes II. kommt die Entwickelung zum Abschluss;
er zuerst ruft in seinen Inschriften neben Ahuramazda die
Anâhita und den Mithra an. »Er zuerst hat die Perser gelehrt, menschengestaltige Götterbilder zu verehren.« berichtet
Berossos fr. 16, »und das Bild der Aphrodite Anaitis in Babylon, Susa, Egbatana, in Persepolis, Baktra, Damaskos und
Sardes aufgestellt.«

Vgl. Bd. I, 450 f. und Art. Anaitis in Roscher's Lexikon der Mythol.
Sakaeen: Berossos fr. 3 und Ktes. fr. 16 bei Athen. XIV, 639 c (am 16. bis
20. Loos = Tammûz, Juli). Strabo XI, 8, 4 f. Dio Chrys. 4, 66. Aus
babyl. Quellen wissen wir bis jetzt über die Sakaeen nichts; die Gleich-
setzung mit dem Neujahrsfest Zagmuk [wie zu sprechen?] am 1. Nisan
(April) und weiter mit dem jüdischen Purim am 14./15. Adar (Meissner,
ZDMG. L, 297) scheint mir sprachlich und sachlich unmöglich (vgl.
§. 131 A.). Mithrafest: Ktes. fr. 55. Duris fr. 13. Gestalt der Anaitis:
Jašt 5, 126 ff.; dass es nach der babyl. Göttin gebildet ist, hat Halévy
erkannt. Prostitution: Strabo XI, 14. 16. XII, 3, 37. Bei den Griechen
findet sich Mithra wohl zuerst bei Xen. Cyrop. VII, 5. 53.

79. Die Religion Zarathustras trägt, wie früher bemerkt
(Bd. I, 449), von Anfang an keinen streng nationalen Charakter. Wendet sich der Prophet auch zunächst an seine

Landsleute und dann an die Arier im allgemeinen, so steht
doch nichts im Wege, dass auch der Fremde seine Lehre annimmt. Die richtige Verehrung Ahuramazdas, die Mehrung
seines Reichs, ist an keine Nationalität und an kein Land
gebunden. Die Perser, welche in die Provinzen gingen, haben
daher nicht nur ihre Religion mitgenommen, sondern auch
begonnen, sie unter den Unterthanen zu verbreiten. Namentlich in Armenien und Kappadokien entwickelt sich eine starke
religiöse Propaganda, offenbar im Anschluss an die Höfe der
persischen Magnaten, die hier grosse Besitzungen hatten.
Ueberall treten bei derselben die volksthümlichen Götter in den
Vordergrund. Mithra, die Manifestation des Ahuramazda, der
»Vermittler«, weniger allerdings wie Plutarch meint zwischen
den beiden Principien, aus denen er gemischt wäre, als zwischen
Ahuramazda und der Welt, wird der eigentliche Träger der
persischen Propaganda. »Alle persischen Dienste haben wie
die Meder so die Armenier angenommen«, sagt Strabo, »den
Anaitiscult aber die Armenier ganz besonders; vor allem hat sie
eine Cultusstätte in der Landschaft Akilisene« am oberen
Euphrat, die daher auch Anaitika genannt wird. Auch der
»Drachentödter« Vrtragna ('Αρτάγνης, armen. Vahagn) gehört zu diesem Kreis. Im Irisgebiet in Kappadokien ist Zela
ein grosses Heiligthum der Anaitis, an die sich die Ameša-
spenta's Omanos (Vohumano) und Anadates (Amertatât?) anschliessen; hier werden ihr die Sakaeen gefeiert. Auch im
inneren Lydien ist ihr Cultus in mehreren Städten heimisch
geworden; er verbindet sich hier mit dem des einheimischen
Mondgottes.

Ueber die persischen Götter in Armenien GELZER, zur armen. Götter-
lehre, Ber. sächs. Ges. 1896. 99. — Anaitis in Akilisene: Strabo XI. 14. 16.
Dio Cass. 36. 48. Plin. 5. 83. 33. 82 u. a.; in Zela Strabo XI. 8. 4. XII, 3,
37; in Lydien z. B. in Maeonia Rev. arch. 3. sér. VI, 107. VII, 156; in
Hierocaesarea, wo ihn Kyros begründet haben soll (!) Tac. Ann. III, 62,
Paus. V, 27. 5. vgl. III. 16. 8. VII, 6, 6; in Philadelphia, wo 'Αναειτεια
als Festspiele gefeiert werden LEBAS III, 3424. Vgl. Pausan. III, 16, 8.
Vollständiger Ueberblick der Anaitisinschriften bei J. H. WRIGHT, Har-
vard Studies in Classical Philology, VI, 1895, S. 57. Einen über-

raschenden Einblick in die Intensität der persischen Propaganda hat die
Inschrift des Antiochos von Kommagene am Nimruddagh (HUMANN und
PUCHSTEIN, Reisen in Kleinasien 272 ff.) gegeben, wo die Trias Ζεὺς
'Ωρομάσδης, 'Απόλλων Μίϑρας "Ηλιος 'Ερμῆς, 'Αρτάγνης 'Ηρακλῆς "Αρης
verehrt wird. — πύραιϑοι in Kappadokien Strabo XV, 3, 15. — Mithras
μεσίτης Plut. de Is. 46. — [Neuerdings sind in Kappadokien am Halys
aramaeische Inschriften aus frühhellenistischer Zeit zum Vorschein gekom-
men, in denen »der König Bel«, d. i. der Landesgott, der auf den
Satrapenmünzen als Ba'al erscheint, die Din Mazdajasniš, d. h. die als
Frau verkörperte »mazdajasnische Religion« als seine Schwester und Gemahlin anerkennt, s. LIDZBARSKI in der Ephemeris für semit. Epigraphik
I, 1900, S. 59 ff.]

Babylonien.   Die Weisheit der Chaldaeer.

80. In Babylonien war Kyros der Bevölkerung so viel
wie möglich entgegengekommen. Als Marduks erkorenen
Liebling hatte er sich eingeführt; er hatte den Titel eines
Königs von Babel angenommen. Alljährlich am Neujahrstage, dem 1. Nisan (April), ergriff nach altem Brauch der
König Babels die Hände der Statue des Marduk (Bel) und gewann dadurch die göttliche Sanction seiner Königswürde.
Kyros hat diese Sitte beibehalten. So besteht nach Naboneds
Fall das »Königreich von Babel« der Form nach noch ein
halbes Jahrhundert weiter, wenn auch gemindert um seine
auswärtigen Besitzungen und verbunden mit dem »Königthum
der Länder« d. i. »der Welt«. Nicht vom Tage der Thronbesteigung ab, sondern von dem folgenden Neujahrstage, dem
Tage der Ergreifung der Königswürde, werden in Babylon
nach alter Weise auch die Jahre der persischen Grosskönige
gezählt; die vorhergehende Zeit wird als »Anfang des Königthums« des betreffenden Herrschers bezeichnet. Als Kyros im
Sommer 530 zu seinem letzten Kriegszug gen Osten aufbrach,
hat er seinen Sohn Kambyses zum König von Babel eingesetzt.
Während der Wintermonate residirten die Perserkönige regelmässig in Babylon. Trotzdem konnte die Stadt, die über
ein Jahrtausend lang der geistige und zuletzt noch einmal

wieder der politische Mittelpunkt der vorderasiatischen Culturwelt gewesen war, den Verlust ihrer Unabhängigkeit nicht
verschmerzen. Als der Usurpator Smerdis sich gegen Kambyses empörte, hat sie ihn sofort anerkannt und dann nach
seiner Ermordung zweimal (October 521 bis Februar 520
und Hochsommer 520 bis Januar 519) den Versuch gemacht,
unter einem Nebukadnezar III. das nationale Reich wiederherzustellen. Es ist bezeichnend, dass Sippara, und vermuthlich auch andere Landstädte, während dieser Krisen der legitimen Regierung treu blieben, erst dem Kambyses, dann dem
Darius. Für sie war Babylon der glückliche Rivale, der sie
aus der Stellung gleichberechtigter, ja weit älterer religiöser
und politischer Centren herabgedrückt hatte: so hatten sie wenig
Ursache, Befreiung vom Perserjoch zu suchen. Darius hat
Babylon für die zweimalige Empörung schwer gezüchtigt durch
Hinrichtungen und Zerstörung der Mauern (Herod. III, 159);
aber das Königthum von Babel abzuschaffen hat er nicht
gewagt. Erst sein Sohn Xerxes hat den entscheidenden
Schritt gethan. In den ersten Monaten seiner Regierung
(reg. seit October 485) führt er noch den alten Titel »König
von Babylon und der Länder«. Aber am Neujahrstage 484
hat er die Hände Bels nicht erfasst, vielmehr die goldene
Belstatue aus dem Tempel entfernt, wie vor ihm Sanherib,
als er von 688—681 den babylonischen Thron unbesetzt liess,
und den Priester getödtet, der ihn daran hindern wollte. Die
Griechen erklären das als Habgier oder Despotenlaune; in
Wirklichkeit war es eine unvermeidliche symbolische Handlung,
die Ankündigung, dass mit dem bisherigen System definitiv
gebrochen werden sollte. Seitdem heisst Xerxes auch in den
babylonischen Urkunden »König von Persien und Medien,
König von Babel und der Länder« oder auch nur »König
von Persien und Medien«. Seit 480 tritt bei ihm und seinen
Nachfolgern einfach »König der Länder« an dessen Stelle.
Was den Anstoss zu Xerxes' Vorgehen gegeben hat, wissen wir
nicht; vielleicht die Erkenntniss, welche der zwei Jahre vorher
ausgebrochene aegyptische Aufstand die Perser lehren musste,

dass die Versöhnungspolitik des Kyros und Darius trotz aller Concessionen doch nicht zum Ziel führte. Noch einmal ist das babylonische Nationalgefühl aufgeflammt. Als Xerxes während der Sommermonate nach Egbatana gegangen war, empörte sich Babylon unter Führung des Šamaš-irbâ, der den Königstitel annahm (wahrscheinlich Herbst 484). Aber auch diesmal war dem Aufstand keine lange Dauer beschieden: nach Ktesias' Bericht hat Megabyzos, der Sohn des von den Rebellen erschlagenen Statthalters Zopyros, Babylon durch List erobert. Das war das Ende des babylonischen König-thums. Seitdem ist auch der alte Terrassentempel des Bel-Marduk allmählich verfallen; als Alexander nach Babylon kam, lag er in Trümmern.

Die richtige Erklärung der babylonischen Postdatirung und der Ceremonie des Ergreifens der Hände Bels verdanken wir WINCKLER (zuerst Z. Assyr. II, 302); danach sind meine Angaben in Bd. I (§. 125 u. a.) zu berichtigen. Im übrigen s. LEHMANN, Šamaššumukin (Assyriol. Bibl. VIII) S. 45 ff. und meine Forsch. II, 476 ff. Ueber Sippara Forsch. II, 473. Fortführung der Belstatue Herod. I, 183, bei Ktesias 29, 21 f. [daraus Aelian v. h. 13, 3] in die Oeffnung und Plünderung des Grabes des Belitanas verwandelt; vgl. Aristobul bei Arrian VII, 17, 2 und Strabo XVI, 1, 5 (angebl. Zerstörung des Beltempels).

81. Mit dem Erschlaffen des persischen Regiments ist auch in Babylonien der Wohlstand zurückgegangen, der hier ohne ein kräftiges Eingreifen der Staatsgewalt nicht bestehen kann. Die von Nebukadnezar wiederhergestellten Canäle und Deiche verfielen, weite Gebiete versumpften und verödeten. Wie weit die späteren Könige der Religion und den Landstädten noch Interesse zuwandten, wissen wir nicht. Babylon freilich blieb nach wie vor der Mittelpunkt des vorderasiatischen Handels und bot durch seinen Umfang, seine Paläste und Tempelbauten und die wunderbare Fruchtbarkeit seiner Umgebung dem Fremden Anlass genug zum Staunen. Keine Provinz zahlte so hohen Tribut (1000 Silbertalente = 7,030,000 Mark, dazu die Abgaben für den Hofhalt des Königs und seine Garde während vier Monaten und die Abgaben an den Satrapen, Herod. I, 192). Nirgends auf der Welt konnte man ein solches Häuser-

meer überblicken wie von dem grossen Terrassenthurm des
Beltempels: alles drei- und vierstöckige Bauten, von geraden
Strassen durchschnitten, die sich senkrecht kreuzten (Herod. I,
180). Aber der Wohlstand der Stadt hatte durch die fortwährend Aufstände gelitten (Herod. I, 196), und Xerxes und
seine Nachfolger hatten keinen Anlass, ihn zu heben. Es ist
schwerlich Zufall, dass die Documente des etwa 2500 Thontafeln umfassenden Archivs von Privaturkunden aus Babylon
(§. 1), welche unter Nebukadnezar II. beginnen, nicht über
die letzten Jahre Darius' I. hinabreichen. Aus der späteren
Perserzeit sind derartige Documente nur spärlich erhalten, abgesehen von dem grossen Funde aus Nippur aus der Zeit
Artaxerxes' I. und Darius' II.

82. Von den babylonischen Priestern mögen nicht wenige
in die nationalen Aufstände verwickelt, ja ihre eigentlichen
Anstifter gewesen sein; andere haben, so scheint es, wie in
Aegypten ihren Frieden mit der Fremdherrschaft gemacht und
versucht, dadurch ihre Stellung sich zu wahren. Die Priesterschaft führte jetzt den Namen Chaldaeer, der ursprünglich dem
südbabylonischen Volksstamm zukam (gegen Bd. I, 131), an
dessen Spitze Mardukbaliddin, der König des »Seelandes«, gegen
die Assyrer gekämpft und Nabopolassar und Nebukadnezar II.
das neubabylonische Reich gegründet hatten. Wie die Namens-
übertragung zu erklären ist, wissen wir nicht; sollen wir annehmen, dass bei der Neuordnung des Reichs die Priester-
stellen mit Landsleuten des Siegers besetzt wurden, dass damit auch eine neue theologische Richtung, namentlich eine
weitere Fortbildung der astrologischen Lehren ans Ruder kam,
welche die altbabylonische Bevölkerung nicht kannte? Wie
dem auch sei, jedenfalls haben die chaldaeischen Priester ihre
theologische und wissenschaftliche Thätigkeit auch in der
Perserzeit eifrig fortgesetzt. Sie haben wie unter den einheimischen Herrschern Annalen der einzelnen Regierungen
geführt und die Kunde von der Vergangenheit wie die
heilige Tradition von den Göttern und der Urzeit weiter
überliefert, die alten religiösen, literarischen und wissen-

schaftlichen Texte abgeschrieben und vielleicht auch vermehrt, vor allem aber eifrig die Sterne erforscht, die Finsternisse, das Eintreten der Mondphasen, die Sternconjunctionen und Planetenbahnen sowohl beobachtet und aufgezeichnet wie mit grosser Sicherheit, an der Hand cyklischer Zahlen, auf Jahre hinaus im voraus berechnet. Manche dieser Berechnungen und Beobachtungen sind uns noch auf Thontafeln erhalten, so die über die Mondfinsterniss am 16. Juli 523, die in die griechische Astronomie und in den Almagest des Ptolemaeos übergegangen ist. Hier verbindet sich die theoretische Forschung mit praktischer Thätigkeit. An den Observatorien der grossen babylonischen Heiligthümer in Sippara, Borsippa, Uruk (Orche) bestanden verschiedene Schulen, die wie sie seit Alters im Anschluss an die Localculte in den Einzelheiten der kosmogonischen Systeme und der Götterlehre auseinandergingen, so auch in der Astrologie abweichende Ansichten vertraten. Einige glaubten, dass nur die Schicksale der Reiche und die grossen Weltbegebenheiten in den Sternen vorgezeichnet seien, während andere das Geschick eines jeden Menschen aus der Constellation bei seiner Geburt ableiteten. In der Grundanschauung, dass die Götter sich in den Sternen, speciell den Planeten, verkörpern und diese die Gestalt der irdischen Vorgänge bestimmen, dass es daher bei jeder wichtigen Handlung nöthig ist, die richtige Stunde vorher zu berechnen und alle unheilvollen Combinationen zu beseitigen, stimmen sie alle überein. Sie haben es verstanden, durch ihr Wissen, durch den Besitz einer geheimnissvollen, genau ausgebildeten Kunst, durch die Autorität einer uralten religiösen Tradition sich am Hof wie bei den Massen dauerndes Ansehen zu gewinnen. Sie werden vom König und seinen Magnaten um Rath gefragt, sie setzen Tag und Stunde für wichtige Unternehmungen fest, sie deuten die Träume, stellen das Horoskop, wenden böse Vorzeichen ab. In Ost und West erzählt sich das Volk von ihrer Weisheit, aber auch von der Art, wie sie ihre Kunst zu ihrem Vortheil auszubeuten suchen und dabei gelegentlich ihr selbst zum Opfer fallen.

Χαλδαῖοι als Bezeichnung der Priesterschaft Herod. I, 181. 183, Ktes. 29, 15 und dann bei allen Späteren, z. B. in der Geschichte Alexanders Arrian 3, 16, 5. 7, 16, 5 ff. 22, 1 u. a., ferner Diod. II, 24, Curt. 5, 1, 22, Cic. div. I, 2 u. s. w.; ebenso Daniel 2, 2 ff. 4, 4. 5, 7, wo sie neben den Beschwörern, Traumdeutern, Zauberern als die Weisen Babels erscheinen. Von Aelteren z. B. Jes. 47, 13. Nicht selten mit den Magiern zusammengeworfen, z. B. Appian Syr. 58. Chaldaeische Schulen: Strabo XVI, 1, 6. Plin. VI, 123; vgl. Cic. div. II. 88.

83. Seit Jahrtausenden hat die babylonische Cultur ununterbrochen eine tiefe Einwirkung auf das westliche Asien geübt, zuerst direct, dann durch assyrische Vermittelung. Jetzt wird auch Persien von ihrem Einfluss berührt. Unter der Achaemenidenherrschaft dringen die babylonischen Ideen und Formen weit über die Kreise hinaus, in denen die chaldaeischen Priester directe Einwirkung üben konnten. Der Glaube, dass es für alles eine »Zeit« gibt, die von den Weisen berechnet werden kann und von der das Gedeihen des Werks abhängt (z. B. Esther 1, 13. Dan. 2, 8 f.), wird allgemein herrschend, ebenso die Anschauung, dass sieben Sterne, sieben Lichter, sieben Geister die eigentlichen Regenten des Schicksals sind und als Diener und Gehülfen der weltbeherrschenden Gottheit ihren Willen vollstrecken; ihre Symbole begegnen uns oft auf den Siegeln der Perserzeit. Die bizarren mischgestaltigen Wesen, die Dämonen, welche die Welt erfüllen und die Götter des Lichts bekämpfen, bis sie von ihnen bezwungen, gefesselt, vernichtet werden, sind seit Alters namentlich durch die Kunst verbreitet worden und haben ihren Eingang auch in die persischen Paläste gefunden (§. 72); aber auch der religiöse Glaube, der sie erzeugt hat, wird Allgemeingut, die Mythen, die an sie anknüpfen, werden in mannigfacher Umgestaltung überall erzählt. So namentlich der Mythus von dem meerentstiegenen Drachen (Tiamat) der Finsterniss und des Chaos, der mit seinen Genossen zu Anfang die Götter bekämpfte, bis der jüngstgeborene unter ihnen, Marduk, der grosse Bel von Babel, ihn bezwang und fesselte oder ihn zerspaltete und aus der einen Hälfte seines Leibes die Himmelswölbung schuf, welche die oberen Wasser verschlossen hält,

aus der anderen den Ocean, auf dem die Welt ruht; alsdann schuf er die Sterne, Thiere, Pflanzen und alle Creatur. Schon in sehr alter Zeit ist dieser Mythus wie viele andere babylonische nach Syrien gedrungen und vom hebraeischen Volksglauben aufgenommen und der Jahwereligion angepasst worden. Jetzt sehen wir, wie er aufs neue in mannigfachen Variationen sich verbreitet. Die Verbindung mit der babylonischen Religion und ihren Culten schwindet dabei, die heimischen Gottheiten oder unbekannte magische Mächte treten an die Stelle der ursprünglichen Gestalten; aber die Erzählung selbst bleibt bestehen und wandelt als geheimnissvolle vieldeutige Ueberlieferung von Ort zu Ort.

Die fundamentale Bedeutung der babylonischen Religion für den altisraelitischen Volksglauben wie für die Entwickelung des Judenthums und weiter des Christenthums hat zuerst H. Gunkel in dem bahnbrechenden Werke Schöpfung und Chaos in Urzeit und Endzeit 1895 ausgesprochen und an der Analyse des Chaosmythus und seiner Verzweigungen erwiesen. Auf das werdende Judenthum ist der babylonische Einfluss natürlich im Exil und nachher besonders stark gewesen; aber er reicht, wie auch Gunkel anerkennt, weit darüber hinaus. Die Analyse der religiösen Gemeinvorstellungen, welche sich im Orient seit der Perserzeit entwickeln (§. 103 f.), ist dadurch besonders erschwert, dass wir ausser für das Judenthum für keine der in Betracht kommenden Religionen gleichzeitige authentische Quellen besitzen. Zwischen der älteren Gestalt der aegyptischen, babylonischen, persischen Religionen und der Form, in der sie uns in griechisch-christlicher Zeit entgegentreten [meist in fremdem Gewande], klafft eine grosse Lücke, die durch keinerlei einheimische Documente ausgefüllt wird. Auch in Babylonien besitzen wir aus der Zeit nach Nebukadnezar ausser den astronomisch-astrologischen Tafeln kaum irgendwelche religiösen Texte, so dass sich nicht sagen lässt, wie weit sich hier die Religion umgestaltet und fortgebildet haben mag. Eben dadurch wird die vergleichende Analyse ausserordentlich schwierig; bei vielen jüdisch-christlichen, persischen oder heidnischen Anschauungen, die deutlich auf Babylon hinweisen, lässt sich doch der Beweis der Entlehnung nicht führen. Hypothesen, wie sie Zimmern in dem Aufsatz Vater, Sohn und Fürsprecher in der babyl. Göttervorstellung 1896 andeutet, scheinen mir vorschnell und über das Ziel hinausgehend. Das Problem liegt weit tiefer.

Syrien und Phoenikien. Der arabische Handel.

84. Ueber die syrischen Lande unter persischer Herrschaft wissen wir nur sehr wenig. Das Eigenleben der zahlreichen Kleinstaaten war durch die Assyrer niedergetreten worden, unter der babylonischen Herrschaft hatte das Land sich vollends an das Regiment fremder Beamten gewöhnt und sich materiell dabei wahrscheinlich recht gut gestanden. Seitdem ist von Selbständigkeitsgelüsten nirgends mehr die Rede. Die Perser haben das ganze Gebiet westlich vom Euphrat und südlich vom Tauros und Amanos zum ersten Male zu einer Einheit, zu der Provinz »Jenseits des Stroms« (עבר נהרא) zusammengefasst, der auch Cypern zugewiesen wurde. Trotz des Namens gehörte auch das Aramaeerland östlich vom Euphrat mit Charran und Nisibis und wie es scheint auch die mesopotamische Wüste bis an die babylonische Grenze dazu. Unter den Satrapen standen mehrere zum Theil aus den Unterthanen genommene Unterstatthalter, so der von Phoenikien, der von Samaria, der über die Reste der altisraelitischen Bevölkerung und die von Sargon (722 und 715), Assurbanipal (um 645) und vielleicht von Assarhaddon hierher geführten Babylonier, Aramaeer, Araber (Bd. I, 378) und Elamiten gesetzt war, und der von Jerusalem für die durch Kyros hier wieder angesiedelten Juden — später ist dieser Posten eingegangen (§. 118). Daneben standen die phoenikischen und cyprischen Stadtkönige und Priesterfürsten, wie der von Bambyke (§. 32). Dem durch die Assyrer geschaffenen Völkergemenge hat das Aramaeerthum überall das Gepräge gegeben und sich die aus der Fremde verpflanzten Elemente assimilirt, wenn sie auch die Erinnerung an ihre Abstammung in Namen und Culten oft noch lange bewahrten. Auch die Culte ihrer neuen Heimath sind von den Ansiedlern meist angenommen worden; so haben die Babylonier und Elymaeer in Samaria den Jahwe nach der landesüblichen Weise verehrt. In anderen Fällen haben babylonische Culte Eingang gefunden, so vor Alters Sin

in Charrân, später Nebo in Edessa, Bambyke, Palmyra neben
den einheimischen Göttern, so vor allem der babylonische
Bêl an Stelle des syrischen Be'el (Ba'al) in Palmyra und
Sidon (§. 85). Die lange Friedenszeit und der rege Verkehr
befördern die Mischung noch weiter. Die alten localen Gegensätze schwinden, das von den Persern zur officiellen Sprache
der westlichen Provinzen erhobene Aramaeische beginnt die
einheimischen Sprachen in Palaestina wie in Babylonien und
schliesslich selbst in Phoenikien zu absorbiren; es wird die
Schriftsprache der arabischen Stämme. Unter den binnen-
ländischen Städten scheint Damaskos den ersten Rang einzunehmen, wo auch eine grosse königliche Schatzkammer sich
befand (Arrian III, 11). Die Residenz der Satrapen lag im
Norden, wie es scheint bei Chaleb (Xen. Anab. I, 4, 10). Von
hier geht jetzt der Haupthandelsweg bei Thapsakos über den
Euphrat (Bd. I, 493). Damit hängt zusammen, dass die alten
Königsstädte des Amanosgebiets zurücktreten, die chetitische
Nationalität verschwindet. Dagegen gelangt das grosse Heiligthum der durch Prostitution und Castration geehrten Atargatis
in Bambyke (Mabbûq, Hierapolis) südlich von Karkemiš, wo sich
die heiligen Fische der Göttin befinden, zu stets wachsender
Bedeutung in der semitischen Welt; eine Filiale ihres Cults
entsteht in der Philisterstadt Askalon. — Wie weit bei den
Aramaeern neben den materiellen Interessen des Handels und
der Industrie auch ein selbständiges geistiges Leben geherrscht
hat, wissen wir nicht; gab es eine Literatur, so ist sie völlig
verschollen. Nur das steht fest, dass die allgemeine religiöse
Bewegung der Zeit (§. 103 f.) auch die syrischen Cultusstätten
ergriffen hat.

Ueber **Abarnaharâ** s. Entst. d. Jud. 20, 2. Auf babyl. Urkunden:
PEISER in der Keilinschr. Bibl. IV, S. 304. MEISSNER, Z. altt. Wiss. XVII,
191; in der Gadatasinschrift Πέραν Εὐφράτου. Der Name findet sich auch
auf der minaeischen Inschrift der Perserzeit HALÉVY 535 + 578 = GLASER
1155 (Text vollständig bei WINCKLER, Mitth. Vorderas. Ges. 1898, Heft 1),
die durch die Inschrift GLASER 1083 (theilweise publicirt von GLASER, Abes-
sinier in Arabien 74) erläutert wird, s. HARTMANN, Z. Ass. X, 25 ff. XI, 79 ff.

und meine Bemerkungen ib. XI, 327. Er ist auch in der Seleucidenzeit geläufig geblieben. ebir nâri kommt gelegentlich schon in weit früherer Zeit vor (WINCKLER, Altorient. Forsch. II, 1, 12, vgl. DEWS., Mitth. der Vorderas. Ges. 1898, 19. 51 ff. GLASER, ib. 1897, 250 f.), aber nur als allgemeine Bezeichnung für die westlichen Gebiete; als Terminus der politischen Geographie ist der Ausdruck erst von den Persern geschaffen und von den Aramaeern und Juden angenommen worden, obwohl er bei ihnen früher gerade das Gegentheil, nämlich das Land östlich vom Euphrat, bezeichnete. — Dass die Provinz das aramaeische Mesopotamien mit umfasste, lehrt Xen. Anab. I, 4. 10. VII, 8, 25, Arrian III, 8, 6. 11. 4; aber auch Xenophons 'Αραβία I, 5, 1 (nach VII, 8, 25 mit Phoenikien zu einer [Unter-]statthalterschaft verbunden) wird dazu gehört haben, bis an die Πύλαι Babyloniens I, 5, 5. 7, 1. — Die Satrapie von Babylon heisst bei Herodot 'Ασσυρία, ebenso in den beiden erwähnten minaeischen Inschriften אשׁור Z. Ass. XI, 328. — Ueber die Ansiedler in Samaria: Entsteh. d. Jud. 35 ff.

85. In Phoenikien bestanden in der Perserzeit vier Fürstenthümer: Tyros, Sidon, das Assarhaddon im J. 675 zerstört und als assyrische Colonie wieder aufgebaut hatte, das aber seitdem die Selbstregierung und ein phoenikisches Königsgeschlecht wiedergewonnen hat, Byblos und Arados. Unter diesen vier Staaten nimmt Sidon jetzt die erste Stelle ein. Tyros ist zurückgegangen, theils in Folge des Verlustes seines gesammten Colonialbesitzes und seiner Suprematie in Phoenikien, theils weil, seit die Phoenikerstädte sämmtlich einem grossen Reich angehören, das auf dem Festlande gelegene Sidon für die Karawanen und Kaufleute aus dem Binnenlande bequemer gelegen war als die Felsburg im Meere. So hat der König von Sidon in der Hierarchie des Perserreichs den Vortritt vor dem von Tyros; die sidonischen Schiffe sind die besten, die sidonischen Kaufleute die rührigsten. Es kommt hinzu, dass die Bevölkerung Sidons in Folge der Neugründung durch die Assyrer stark gemischt war — assyrische Elemente lassen sich in ihr noch in weit späterer Zeit nachweisen. Das mag dem Unternehmungsgeiste zu Gute gekommen sein. Daher war Sidon seit dem fünften Jahrhundert, wie es im Handel mit Athen die erste Stelle unter den Phoenikerstädten einnimmt, auch dem griechischen Einfluss in hohem Maasse zu-

gänglich. Die Könige von Sidon lassen sich ihre Särge von
griechischen Künstlern ersten Ranges anfertigen; im vierten
Jahrhundert lebt König Straton ('Abd'astart) ganz in griechischer Weise und zieht griechische Sänger und Musikanten
und vor allem Schaaren griechischer Sängerinnen und Tänze-
rinnen an seinen Hof. Sidon herrscht über ein ausgedehntes
Gebiet; ausser einem grossen Theil der Libanonküste gehört
ihm der nördliche Theil der palaestinensischen Küstenebene,
das Gebiet von Dor und wahrscheinlich auch Joppe. Doch
steht der tyrische Besitz dagegen kaum zurück; diesem gehört
ausser der Küste bis zum Karmel mit der Stadt 'Akko im
Süden die reiche Stadt Askalon und wahrscheinlich auch
Asdod (Azotos). Nur Gaza, die südlichste der Philisterstädte,
an der Grenze des syrischen Culturlandes, blieb ein selbständiges Gemeinwesen von stets wachsender Bedeutung; schon
zu Herodots Zeit war es »nicht viel kleiner als Sardes« (III, 5,
Kadytis). Hier mündet die grosse Karawanenstrasse nach
Arabien, die den Weihrauch ans Mittelmeer führt; zugleich
ist Gaza die letzte Station auf der Strasse nach Aegypten.
Ein grosses Völkergemisch fand sich hier zusammen; aber das
Uebergewicht haben die Aramaeer: der Hauptgott von Gaza
heisst jetzt Marna, d. i. aramaeisch »unser Herr«. — Im
Norden tritt Byblos, dem Berytos gehört, ganz zurück, während Arados einen grossen Aufschwung nimmt und über die
ganze gegenüber liegende Küste und die Eleutherosebene gebietet. Zahlreiche Küstenplätze, wie Paltos, Karne, das zu
einer grossen und wohlhabenden Stadt erwachsende Marathos,
ferner Simyra, sind ihm hier unterthänig. Weiter südlich
haben in einer kleinen Küstenebene Tyros, Sidon und Arados
unweit des Meeres die befestigten Quartiere angelegt, die als
die »Dreistadt« Tripolis zusammengefasst waren. Daran knüpft
im vierten Jahrhundert eine gemeinsame Organisation Phoenikiens; in Tripolis wird eine Tagsatzung gehalten, zu der
die Könige mit ihren Rathsherren erscheinen und über wichtige
Angelegenheiten berathen. — Auf Cypern zerfällt das Phoe-
nikergebiet in zwei Staaten: auf der Nordküste Lapethos, im

Süden Kition, dem in späterer Zeit auch die Binnenstädte
Idalion und Tamassos unterthan sind. Dem stehen mindestens
sechs griechische Stadtfürstenthümer gegenüber (Salamis, Soli,
Marion, Paphos, Kurion, Amathus, dazu zeitweilig Idalion). —
Dass die Phoenikerstädte unter der persischen Herrschaft trotz
des Kampfes mit Griechenland in der ersten Hälfte des fünften
Jahrhunderts einen neuen Aufschwung nahmen, ist nicht zu
bezweifeln. Die Strassen nach dem Hinterlande waren sicher,
im Reich herrschte allgemeiner Friede, das Bedürfniss nach
fremden Waaren wuchs. Der Handel mit dem Colonialgebiet
wurde nur noch reger, seit der Westen durch Karthago zu
einem Reich zusammengefasst war; Karthago hat das Pietäts-
verhältniss zu Tyros und seinem Gotte nie gebrochen. Aber
auch mit den Griechen wusste man sich trotz aller Rivalität
zu stellen. Zur Münzprägung sind, wie schon erwähnt, die
Phoenikerstädte erst spät, gegen Anfang des vierten Jahrhunderts, übergegangen. Arados hat seine Silbermünzen nach
persischem, die drei anderen Phoenikerstädte nach phoeni-
kischem Fuss geprägt. In Gaza dagegen prägte man nach
attischem Fuss und mit attischen Typen; so international war
die Handelsstellung der Stadt. — Sonst wissen wir über
Phoenikien wenig. In der Technik und auch in der Münzprägung macht sich der griechische Einfluss geltend. Aber
der Import der griechischen Kunstobjecte beruhte doch selbst
in Sidon nur auf einem rein äusserlichen Interesse; im dritten
Jahrhundert hat man hier die griechische Mode ebenso rasch
und gründlich wieder abgeworfen, wie man sich ihr vorher
hingegeben hatte. Die einheimische Kunst blieb, wie eine
Stele des Königs Jechawmelek von Byblos lehrt, der alten
Weise treu, die von überall her zusammengestoppelten Motive
in äusserlicher Weise neben einander zu stellen: der König
erscheint auf ihr in persischer Tracht und mit persischem
Bart vor der in aegyptischem Stil gestalteten Stadtgöttin.

Im allgemeinen: Herodot VII, **44**. 96. 98. VIII, 67; vgl. III, 136.
VII, 100. 128, Diod. XIV, 79. XVI, 41, Arrian II, 18, 7. 15, 6 f. 20, 1.
Curt. IV, 1, 6, ferner Skylax 104, leider sehr verstümmelt überliefert.

Für die Münzen: Six, numism. Chron. N. S. XVII, 1877, rev. num. 3. sér. I,
1883. Babelon, BCH. XV und Catal. des monnaies grecques II, les Perses
achéménides. — Tripolis (das Bd. I, 284 nicht hätte erwähnt werden dürfen):
Skylax 104. Diod. XVI, 41. 45. Strabo XVI, 2, 15. Straton von Sidon:
Theopomp fr. 126 und Anaximenes fr. 19 (bei Athen. XII, 531, Aelian v. h.
VII, 2), CIA. II, 86. — Assyrische Elemente in Sidon: der Gott Nergal
und die Eigennamen Jatonbêl und 'Abdbêl CISem. I, 119. 287, von
Winckler, Alttest. Unters. 117, erkannt. — Für die Deutung der Sarkophage von Sidon (Hamdy-Bey und Th. Reinach, nécropole royale de Sidon)
s. vor allem Studniczka, Jahrb. arch. Inst. IX, 1894. Aber es ist un-
möglich, die aus Aegypten importirten Sarkophage des Tabnit und
Eŝmun'azar II. vor die griechischen zu setzen, da der Titel »Herr der
Könige«, den Eŝmun'azar seinem Oberherrn gibt, den Ptolemaeern zukommt, dagegen den Perserkönig nicht bezeichnen kann. — Stele des
Jechawmelek (der mit dem Karthager Ἰωμίλκος delischer Inschriften
nichts zu thun hat) CISem. I, 1.

86. Während das Aramaeerthum in den Städten die
Herrschaft gewinnt, beginnen von Süden her überall arabische
Elemente in das Culturland einzudringen. Die grossen Kämpfe
der Assyrerzeit, die Schwächung, zum Theil sogar die Vernichtung
der selbständigen Staaten an den Grenzen der Wüste hat
ihnen den Weg freigemacht. Nach der Zerstörung Jerusalems
dringen die Edomiter gegen das öde daliegende Land an und
schieben die Kalibbiter von Hebron nach Norden ins Gebiet
von Betlehem; aber hinter ihnen drängt wieder der arabische
Stamm der Nabataeer, der ihnen im fünften Jahrhundert ihr
altes Stammland (um Petra) abnimmt und sie auf das neu-
occupirte Gebiet im Süden Palaestinas (den Negeb, seitdem
Idumaea) beschränkt. Aehnlich wird es östlich vom Jordan
gegangen sein. Die Ammoniter suchen nach dem Falle Jerusalems im altisraelitischen Gebiet festen Fuss zu fassen, aber
in ihrer Heimath haben sie und die Moabiter sich offenbar nur
mit Mühe behauptet. Um 445 finden wir einen Araber Goŝam
in angesehener Stellung in Samarien; um dieselbe Zeit soll
die Bestimmung des Deuteronomiums, dass kein Ammoniter
oder Moabiter je der Gemeinde Jahwes angehören dürfe, auf
alle »Araber«, d. h. Beduinen, gedeutet worden sein (Nehem. 13,
1 ff.). Im Antilibanon und dem oberen Litanithal haben sich

seit der Perserzeit die Ituraeer festgesetzt, in der mesopota-
mischen Wüste vom Chaboras bis an die babylonische Grenze,
dem Land Suchi der Assyrer (Sûach bei den Hebraeern), haben
arabische Nomaden schon weit früher Fuss gefasst. Durch
diese Völkerschiebung sind ausgedehnte Gebiete, in denen eine
höhere staatliche Cultur und, soweit es der Boden und die
Bewässerung zuliess, selbst Ackerbau bestanden hatte, auf
lange Zeit in primitive Zustände zurückgesunken. Denn nur
schwer entschliesst sich der Beduine zu sesshaftem Leben,
das ihm mit dem Verzicht auf die ungebundene Freiheit der
Wüste gleichwerthig zu sein scheint. Zwar gab es auch jetzt
schon, wie eine Schilderung aus dem Jahre 312 lehrt, »einige
Araberstämme, welche unter der tributären Bevölkerung leben
und Ackerbau treiben und sich von den Syrern nur dadurch
unterscheiden, dass sie nicht in Häusern, sondern in Zelten
wohnen«. Aber die meisten wollten nichts davon wissen. Bei
den Nabataeern »ist es bei Todesstrafe verboten, Korn zu
säen, fruchttragende Gewächse zu pflanzen, Wein zu trinken,
ein Haus zu bauen; dagegen züchten sie auf den Weiden der
Wüste Kamele und Schafe und erwerben daneben durch
Handel grossen Wohlstand«. Für Feinde sind sie unangreifbar; dann flüchten sie sich in die Wüste, wo sie sich durch
verborgen angelegte Cisternen mit Wasser versorgen; ihre
Habe und die Weiber und Kinder bringen sie auf einer steilen
Felsburg, die keiner künstlichen Befestigung bedarf (Petra?),
in Sicherheit.

Nabataeer, assyr. Nabaiti (Bd. I, 458) hebr. נביות Gen. 25. 12
[Sohn Ismaʿels]. 28, 9. 36. 3. Jes. 60, 7 (neben Qedar Bd. I, 389 u. a.).
Schilderung bei Diod. XIX. 94 ff. nach Hieronymos von Kardia [danach
II, 48 wiederholt]. In der Römerzeit sind sie ein sesshaftes Culturvolk
geworden; bei den arabischen Dichtern und Historikern bezeichet daher
ihr Name die Ackerbau treibende aramaeische Bevölkerung. — Zum
Vordringen der Araber vgl. Ezechiel 25. Dass die Edomiter durch sie
in ihre späteren Wohnsitze gedrängt sind (vgl. Entst. d. Jud. 114 ff.),
weiss auch Strabo XVI, 2, 34. Araber sind auch die »struppigen Leute
mit rundgeschorenem Haar (vgl. Herod. III, 8 und Jerem. 25, 23 [ent-
lehnt 9. 25. 49, 32]) und ausgestopften Pferdeköpfen als Kopfschmuck [aus

Herod. VII. 70 von den östlichen Aethiopen übertragen] von dem breiten See in den solymischen Bergen (= Gebirge von Jerusalem), die poenikisch (d. i. semitisch) reden«: Choirilos bei Joseph. c. Ap. I, 173; vgl. v. Gutschmid, Kl. Schr. IV, 572 ff. — Die Araber im Antilibanon (Arrian II, 20, 4, Curt. IV, 2, 24 f.) sind die Ituraeer יטור Gen. 25, 12 [Sohn Isma'els]. Chron. I, 5, 19 [neben Hagarenern wie I, 5, 10, Naphis (auch Gen. 25, 12) und Nodab (unbek.); der Chronist bringt die modernen Namen vielfach in der alten Zeit an]. — Araber in Mesopotamien Xen. Anab. I, 5. VII, 8, 25, auf der Sinaihalbinsel Herod. III, 4 ff., Skylax 105. Sûach [vgl. §. 87 A.] ist bereits beim Jahwisten Gen. 24, 2 arabisch.

87. Die Bedeutung Arabiens liegt, wie früher ausgeführt, im Handel. Nicht nur den Verkehr zwischen Aegypten und Syrien und den Wüstenhandel zwischen Syrien und Babylon vermitteln die Beduinenstämme, sondern vor allem die Producte Südarabiens, Weihrauch, Myrrhen, Balsam und ähnliche Kostbarkeiten, ferner Gold. So begreift es sich, dass diese räuberischen Stämme, der Schrecken der Bauern und Städter des Culturlandes, dem Kaufmann, der in ihren Schutz getreten ist, volle Sicherheit gewähren und ihn unbehelligt durch ihr Gebiet escortiren, und dass diese unansehnlichen Heerdenbesitzer oft zugleich reiche und intelligente Handelsleute sind. Nicht nur den Griechen hat die »Gerechtigkeit« der Araber imponirt wie die mancher Stämme des Nordens, die unter gleichen Bedingungen lebten (§. 65), auch ein jüdischer Dichter etwa aus dem Ende des vierten Jahrhunderts macht arabische Häuptlinge zu Trägern der Discussion über die Frage, wie Gottes Weltregierung sich mit der Thatsache unverschuldeten Leidens des Schuldlosen verträgt. An den Götterfesten finden die grossen Messen statt, bei denen die Waaren ausgetauscht werden; daher dringt das Ansehen einer Cultusstätte weit über das Stammgebiet hinaus; auch entwickelt sich hier zuerst eine sesshafte Bevölkerung, welche den Handel und, soweit die Beduinen sich überhaupt einer staatlichen Ordnung fügen, die Leitung des Stammes in die Hände nimmt. — Wir haben früher gesehen, wie der Weihrauchhandel an Bedeutung ständig zunahm, wie im Gegensatz zu den immer aufs neue, zuletzt von Darius unternommenen

und immer nach kurzem Bestehen wieder unterbrochenen Versuchen, eine directe Sceverbindung herzustellen, die Stämme
Südarabiens begannen ihre Beziehungen zu erweitern und den
Vertrieb auf dem Karawanenwege bis ans Mittelmeergebiet
selbst in die Hand zu nehmen. Das hat zur Bildung festerer
Staaten und zu dauernden Beziehungen mit den Grossmächten
des Nordens geführt (Bd. I, 403): der König von Saba hat
im J. 715 dem Sargon gehuldigt, wie einer seiner Nachfolger
die in Saba landende Flotte des Darius (§. 60) freundlich aufgenommen haben wird. Die Reichthümer und Karawanen
von Saba werden in der hebraeischen Literatur der Zeit nicht
selten genannt. Aber das Haupthandelsvolk Arabiens neben
den Gerrhaeern (§. 62) waren die Minaeer, die nördlich von
der sabaeischen Hauptstadt Mariaba in dem fruchtbaren Hoch-
thal von Me'in sassen und, wie es scheint, das stammver-
wandte Königreich Ḥaḍramaut an der Küste des Oceans in
Abhängigkeit von sich brachten. Bei ihnen war die »Aegypten-
fahrt« ganz geläufig. Im J. 525 finden wir minaeische Kaufleute in Aegypten, welche nach ihrer Rückkehr den Göttern
der Heimath ihren Dank abstatten, dass sie sie aus den Gefahren der persischen Invasion glücklich bewahrt haben. Neben
Aegypten erscheinen Assyrien (d. i. Babylonien) und Syrien
('Abarnaharā), speciell Gaza, als Ziele ihrer Karawanenzüge.
Me'in und die benachbarten Ortschaften und ebenso die Städte
Sabas füllten sich mit Bauten und Weihgeschenken der Fürsten
und der Handelsleute und Krieger. Zur Sicherung ihrer Verbindungen haben die Minaeer in Nordarabien in der Oase von Ḥigr
im Gebiet der Thamudaeer eine Colonie gegründet; hier und vor
allem in dem benachbarten el 'Ola, einer von ihnen erbauten Stadt
in einem schmalen wasserreichen Felsthal, haben sie zahlreiche
Denkmäler und Inschriften hinterlassen, in denen die Namen
der Könige und Götter von Me'in genannt werden. Weiter
nordöstlich liegt ein anderer, selbständiger Handelsplatz, Taimā,
dessen Karawanen im Hiob 6, 19 neben denen von Saba genannt werden. Hier haben sich einige Inschriften in aramaeischer Schriftsprache etwa aus der Zeit um 500 gefunden, von

denen eine einen interessanten Einblick in die Culturverhält-
nisse des Handelsplatzes gewährt. Es ist eine Stele aus dem
Tempel eines Gottes, der den Namen Salm zi Hagam, »das
Götterbild (ἄγαλμα) von Hagam«, trägt. Auf der Seite der
Stele ist der Gott abgebildet, in assyrischem Gewand und
Bart, in der Hand die Lanze, mit aegyptisirendem Helm;
darüber schwebt die syrische Umbildung der geflügelten
Sonnenscheibe. Sein Priester Salmšezeb (»Salm hat ihn gerettet«), Sohn des Petosiris, ist darunter dargestellt, vor dem
Altar. Er ist, wie der Name des Vaters lehrt, aus Aegypten
gekommen und hat offenbar das Götterbild mitgebracht und
ihm das Heiligthum Hagam gegründet. In der Urkunde erkennen die älteren Götter von Taimâ, Salm von Mahram
— also ein zweites derartiges Götterbild —, Šangala und Ašîra
den neuen Gott an, bewilligen ihm jährlich den Ertrag von
16 Palmen ihres Landes und von 6 Palmen des Königsguts,
und bestätigen dem Salmšezeb und seinen Nachkommen das
Priesterthum für ewige Zeiten. Selten wohl dürfte uns die
Entstehung eines neuen Cultus in aller Naivität so greifbar
entgegentreten.

Die Entwickelung Südarabiens kann eingehender erst in einem späteren Bande geschildert werden. Ueberblick der Könige: D. H. Müller. Burgen und Schlösser Südarabiens II, in Ber. Wien Ak., phil. Cl. 97. Gegen Glaser's Hypothese eines weit höheren Alters der minaeischen Inschriften s. u. a. Mordtmann, ZDMG. XLIV, 182 ff.; Hartmann, Z. Ass. X, 25 ff. XI, 79; D. H. Müller, Wiener Z. f. Kde. d. Morgenl. VIII, 1 ff.: Mordtmann, Beiträge zur minaeischen Epigraphik, 1897 (Ergänzungsheft 12 zur Z. für Assyr.) S. VII ff. 105 ff. [Glaser hat seine Auffassung in den Mitth. der Vorderas. Ges. 1897, 248 ff. vertheidigt.] Zu den Inschriften Hal. 535 und Glaser 1083 s. §. 84 A. — Im A. T. finden sich die Minaeer מְעִינִים Chron. I, 4, 41. II, 26, 7 (verschrieben מְעוּנִים). 8 (verschrieben עַמּוֹנִים), viell. auch II, 20, 1, ferner Hiob 2, 11 (s. u.), LXX überall Μιναῖοι. Bei den Griechen: Eratosth. bei Strabo XVI, 2, 2. 4. Agatharch. 87 = Diod. III, 42. Strabo XVI, 2, 18. Plin. 12, 54 attingunt (das Gebiet von Hadramaut) et Minaei, pagus alius, per quos evehitur (der Weihrauch) uno tramite angusto. hi primi commercium turis fecere maximeque exercent, a quibus et Minaeum dictum est, vgl. 12, 69. Ferner 6, 155. 161 neben Hadramaut. und nochmals 157. Dion. perieg. 959. Steph. Byz. Μιναῖοι·

und Κάρνανα. Ptolem. VI, 7, 23. Alle diese Angaben stimmen zu der
von Halévy (Journ. as. 6. sér. XIX, 1872) entdeckten Stadt Me'ïn, der
Hauptstadt des gleichnamigen Reichs; Sprenger's Deutung auf eine militärisch organisirte und handeltreibende Conföderation mit dem Centrum
Minâ bei Mekka in dem vortrefflichen Werk Alte Geogr. Arabiens (vgl.
ZDMG. XLIV, 501 ff.) ist unhaltbar. Manche südarabische Namen, die
im A. T. wiederholt genannt werden, wie Dedan (neben Saba Gen. 25, 3.
10, 7 u. a.; oft in den Inschriften), Uzal (Ezech. 27, 19. Gen. 10, 27) u. a.
sind nicht sicher zu identificiren. Jerem. 25, 23 ff. nennt als arabische
Könige die von 'Ûṣ, Dedan, Taimâ, Bûz (= ass. Bâzu Bd. I, 389; urspr.
aramaeisch Gen. 22, 21 wie 'Ûṣ). Hiob 2, 11 erscheinen als Freunde des
Hiob von 'Ûṣ [wohl in der syrischen Wüste] Eliphaz von Taimâ, Bildâd
von Šuach (in Mesopotamien §. 86) und Ṣophar von Me'ïn (ὁ Μιναίων
βασιλεύς, verschr. הנעמתי), wozu 32, 2. 6 Elihu von Bûz nachgetragen
wird. — Minaeische Inschriften von el 'Ola und Ḥigr (Haegra Plin. 6,
157; Ἀγραῖοι Eratosth. bei Strabo XVI, 4, 2 neben Nabataeern und
Χαυλοταῖοι [= Chawïla?, vgl. Dion. perieg. 955 f. Nabataeer. Χαυλάσιοι
τε καὶ Ἀγραῖοι]: D. H. Müller, Denkschr. Wien. Ak. XXXVII, 1889,
nach Euting's Copien. Mordtmann, Beitr. zur minaeischen Epigraphik;
die ebenda veröffentlichten lichjanischen Inschriften gehören in nach-
christliche Zeit, s. Glaser, Skizze der Gesch. und Geogr. Arabiens II
(Bd. I ist im Buchhandel nicht erschienen) 102 ff. Dass hier die Tamu-
daei Plin. 6, 157. Θαμουδηνοί Agatharch. 92 = Diod. III, 44. Ptol. VI
7, 4. 21. Steph. Byz. Θαμουδά (assyr. Tamud Bd. I, 375) sassen, weiss,
noch die arabische Tradition. — Taimâ תימא Hiob 2, 11. 6, 19. Jes.
25, 23. Jerem. 25, 23 (s. o.) [verschieden von dem edomitischen תימן];
Plin. 6, 157 Nabataeis Timaneos iunxere veteres; Ptolem. VI, 7, 29
Θαιμα; aramaeische Inschriften CISem. II, 113 ff. [zuerst von Nöldeke,
Ber. Berl. Ak. 1884 und vor allem von Halévy, rev. ét. juives IX. 1 ff.
XII, 111 ff. erklärt; vgl. auch Winckler, Altor. Forsch. I, 183. II, 1, 76,
der aber mit Unrecht den Namen Petosiris anzweifelt]. Auch in Ḥigr
(Hegra) gibt es aram. Inschriften CISem. II, 117—121. Eine Parallele
zu der Ṣalminschrift bietet der Raub des Jahwebildes durch die Da-
niten Jud. 17 f. — δικαιοσύνη der Nabataeer Diod. III, 43. Strabo XVI,
4, 21. πανήγυρις, εἰς ἣν εἰώθεσαν οἱ περίοικοι καταντᾶν οἱ μὲν ἀποδωσό-
μενοι τῶν φορτίων, οἱ δ' ἀγοράζοντές τι τῶν αὐτοῖς χρησίμων Diod.
XIX, 95. Aehnliches Fest bei dem Heiligthum Φοινικῶν = Ṭôr auf
der Sinaihalbinsel Diod. III, 42. 43. — Eine hübsche Illustration des
minaeischen Handels bietet ein Verzeichniss den Göttern geweihter
Sklavinnen (Hommel in den Aegyptiaca, Festschrift für G. Ebers, 1897,
S. 25 ff.): 7 stammen aus Aegypten, je eine aus Ammon und Moab,
6 aus Dedan, 3 aus Qedar, vereinzelte aus anderen arabischen Gebieten,
aber 24 aus Gaza.

88. Von Expeditionen gegen die arabischen Stämme, wie sie die assyrischen und babylonischen Könige unternommen hatten, erfahren wir in der Perserzeit nichts. Die Grenzstämme hatten sich freiwillig gefügt, und weit hinaus in die Wüste mag die Hoheit des Perserkönigs anerkannt sein, so gering auch meist die Autorität der Behörden war, damals wie gegenwärtig. Besonderen Werth legten die Perser natürlich auf die Sicherheit der Wüstenstrasse zum Nilthal, die sie von Aegypten aus mit Wasser versehen liessen. Grundsteuer und Geldtribut konnten von den Nomaden nicht erhoben werden; dafür stellten sie Truppen, namentlich Kamelreiter, und hatten jährlich 1000 Talente Weihrauch zu liefern — ein Beleg zugleich, welche Bedeutung der Handel damals gewonnen hatte und welchen Gewinn die Stämme, deren Gebiet er passirte, aus ihm zu ziehen vermochten.

Stellung der Araber im Reich: Herod. III, 88. 97; vgl. 107 ff. über den Weihrauch. Strasse nach Aegypten III, 6. Dass die Araber keine Steuer zahlten, bestätigt Diod. XIX, 94 (Hieronymos von Kardia): ἄλλα γένη τῶν Ἀράβων, ὧν ἔνια καὶ γεωργεῖ μιγνόμενα τοῖς φορολογουμένοις καὶ μετέχει τῶν αὐτῶν τοῖς Σύροις πλὴν τοῦ κατασκηνοῦν ἐν οἰκίαις.

Armenien und Kleinasien.

89. Von dem Haupttheil der grossen medischen Landschaft, dem Gebiet von Egbatana und Rhagae, hat vermuthlich schon Kyros das nördliche Bergland um den Urmiasee, die Landschaft Matiene, abgetrennt. Mit ihr war im Westen das Stammland der Assyrer bis nach Opis hinab, das bei der Zerstörung Ninives zum medischen Reich gekommen war, im Norden das Araxesthal und das Gebiet am Vansee, die Sitze der Alarodier und Saspeiren, zu einer Satrapie verbunden und so das Gebiet von Urarṭu mit dem seiner Todfeinde, der Assyrer, mit denen es einst um die Herrschaft Vorderasiens gerungen hatte, in derselben Provinz vereinigt. Beide Völker waren durch die Stürme des letzten Jahrhunderts aufgerieben. In dem alten Assyrerlande sitzt seit dem Falle Ninives eine

aramaeische Bevölkerung. Auch die Alarodier fristeten kaum
noch ihre Existenz; sie erlagen dem Vordringen der indogermanischen Armenier (Haik). Woher und wie diese in das
Land gekommen sind, das seitdem ihren Namen trägt, ist
auch jetzt noch völlig räthselhaft. Sie sitzen vor allem in
dem Hochland zu beiden Seiten des oberen Euphrat bis zu
den Quellflüssen des Tigris. Aber sie greifen weit darüber
hinaus; das ganze Land bis zum Araxes erhält den Namen
Armenien. Sie saugen die Alarodier auf; nach Herodot werden dieselben nicht mehr erwähnt, schon im J. 400 heisst
ihr Stammland am Vansee Ostarmenien. Die Provinzialein-
theilung dagegen ist bestehen geblieben weit über die Perserzeit hinaus, nur dass, als in den Bergen am Tigrisdurchbruch
südlich vom Vansee die Karduchen sich selbständig machten
und nicht wieder bezwungen werden konnten, das assyrische
Land abgetrennt und vielleicht mit Medien verbunden wurde.
Aber erst nach 190 v. Chr. haben die Herrscher des eigentlichen oder Westarmenien das Araxesgebiet bis zum Kyros
hin erobert und das spätere Armenien geschaffen. Damals
wird uns aber auch schon gesagt, dass in diesem ganzen Gebiet
dieselbe Sprache herrsche. — Von dem starken Einfluss der
persischen Nationalität und Religion auf Armenien ist früher
schon gesprochen (§. 79).

Ob man mit STEIN in der Beschreibung der Königsstrasse Herod.
V, 52 Matiene mit 134 Parasangen vor die Aufzählung der vier Flüsse
setzt oder ein Versehen annimmt, jedenfalls zeigt die Stelle (vgl. V, 49),
dass Matiene zwischen Armenien und Susiana lag und am Tigris weit
hinabreichte; vgl. KIEPERT, Ber. Berl. Ak. 1857, 131 ff.; es ist also hier
mit Xenophons Μηδία Anab. II, 4, 27. III, 5. 15. VII, 8, 25 identisch, das
von Opis bis über die assyrischen Ruinenstädte hinauf reicht (die daher III.
4, 7—12 für Mederstädte gelten). Aus Matiene kommt der Araxes, der
kleine Zab und der Gyndes Herod. I, 189. 202. V, 52. Als Name
Nordmediens und des Urmiasees (Μαντιάνη Strabo XI, 14, 8. Μαρτιάνη
Ptol. VI, 2, 5) hat er sich bis in spätere Zeit erhalten: Strabo I, 3, 4
(Eratosth.). II, 1, 14. XI, 7, 2. 8, 8. 13, 1. 7. Plin. VI, 48. Dass Xenophons Ἀρμενία ἧς Ὀρόντης ἦρχε III, 5. 17. IV, 3, 4 [in VII, 8, 25 über-
gangen] mit dem nördlichen Theil von Herodots achtzehnter Satrapie
Matiener, Saspeiren, Alarodier) identisch ist, ist klar. Westarmenien

Xen. Anab. IV, 4, 4. 5. 34 (Φασιανοί καὶ ἑσπερίται VII, 8, 25) ist Herodots dreizehnte Satrapie Paktyike [sonst unbek.], Armenien und die Nachbarn bis zum Pontos; zum Umfang vgl. I, 72. V, 52. Ausserdem kennt
Herodot Matiener östlich vom mittleren Halys I, 72. VII, 72, mit denen
nichts anzufangen ist; sie scheinen auch Hekat. fr. 188. 189 gemeint zu
sein. — Die Karduchen Xen. Anab. III, 5, 16, d. i. Kardû mit der armenischen Pluralendung kh, später Γορδυαῖοι u. var., werden von HART-
MANN, Bohtân S. 90 ff. [Mitth. Vorderas. Ges. 1897] von den weiter östlich sitzenden Κύρτιοι, den Vorfahren der heutigen Kurden, geschieden,
mit denen man sie sonst allgemein identificirt hat; ebenso NÖLDEKE, Kardû
und Kurden, in der Festschrift für KIEPERT 1899, 73 ff. — Saspeiren (Sy-
spiritis) auch Strabo XI, 4, 8. 14, 9. Eroberungen des Artaxias und
Zariadris Strabo XI, 14, 5: ἐκ τῶν περικειμένων ἐθνῶν ἀποτεμόμενοι μέρη . . .
ὥστε πάντας ὁμογλώττους εἶναι. Bezeichnend ist, dass die babylonische Uebersetzung das persische Armina durch Uraštu = Urarṭu
אררט 'Αλαρόδιοι wiedergibt; in Babylon war nur der alte Name geläufig und wird auf das ganze Land ausgedehnt.

90. Im Osten und Norden grenzen an Armenien die schon
besprochenen Provinzen, die Darius aus den von ihm unterworfenen kaspischen (11. Satrapie) und pontischen (19. Satrapie) Stämmen gebildet hat, dahinter das Gebiet der Kolcher
(§. 67). Wo der Euphrat den Tauros durchbricht, von Melitene
abwärts, grenzt Armenien an Kilikien. Kilikien ist das einzige
von den selbständigen Reichen des Orients, welches sich in
die Perserzeit hinein erhalten hat. Der Syennesis hatte Kyros
freiwillig gehuldigt, und so konnte er sein Reich auf seine
Söhne vererben; die Griechen geben dem Regenten Kilikiens
daher durchweg den Königstitel. Erst im vierten Jahrhundert
ist die Dynastie beseitigt; die zweideutige Haltung, welche
der Syennesis zur Zeit des Bruderkriegs zwischen Kyros und
Artaxerxes II. einnahm, wird ihn und sein Haus die Krone
gekostet haben. — Zum kilikischen Reich gehört nicht nur
das Stammland in den Taurosketten am Kalykadnos und die
Ebene bis zum Amanos, sondern auch nördlich vom Tauros
Kataonien mit Melitene und das Gebiet von Mazaka am Ar-
gaeos, an dem der Name Kilikien haften blieb (Bd. I, 465).
Die Küste ist im Osten am Amanos von Phoenikern besetzt
(Rhossos, Myriandos), im Westen liegen zahlreiche griechische

Factoreien (Bd. II, 292), und immer stärker macht sich in der
Perserzeit auch in den einheimischen Handelsplätzen, wie Tarsos, Mallos, Issos, griechischer Einfluss geltend; auf ihren
Münzen treten im vierten Jahrhundert griechische Aufschriften
neben die aramaeischen. Auch die Kiliker selbst waren unter-
nehmende Seefahrer; sie stellten zur persischen Flotte ein starkes
Contingent, das bei Salamis vom Syennesis geführt wurde.

Syennesis: Herod. I, 74 (ao. 585). V, 118 (ao. 500. βασιλεύς). VII,
98 Σ. Ὠρομέδοντος (ao. 480, = Aesch. Pers. 326, Κιλίκων ἔπαρχος). Xen.
Anab. I, 2. Ktes. Pers. 29, 58 (βασιλεύς) = Diod. XIV, 20 δυναστεύων.
Mit Xenagoras von Halikarnass, der unter Xerxes Κιλικίης πάσης ἦρξε
δόντος βασιλέος Herod. IX, 107, weiss ich nichts anzufangen; Satrap war
er gewiss nicht. Stellung: Xen. Cyrop. VII, 4, 2. Umfang: Herod. I,
72. V, 52. Kataonien gehört nicht zu Kappadokien, sondern ist erst von
Ariarathes I. erobert worden, Strabo XII, 1, 2. Vgl. Nepos Dat. 4.

91. Im eigentlichen Kleinasien, dem Lande »unterhalb
des Tauros«, hat Darius von der Satrapie von Sardes Karien
und das altgriechische Küstenland (das eigentliche Aeolis mit
Lesbos, Ionien und die dorischen Städte) nebst Lykien mit
Milyas und Pamphylien abgetrennt. Mit Lydien blieben dagegen Mysien mit Teuthranien und dem lydischen Colonialgebiet von Adramytion in der thebischen Ebene, und im
Süden, durch die Phryger des Maeanderthals vom Mutterlande
getrennt, die lydischen Lasonier in Kabalien (Kibyra), sowie
wahrscheinlich auch die Pisider verbunden. Allerdings scheinen
beide Satrapien zunächst immer denselben Statthalter gehabt
zu haben; erst seit dem Ende des fünften Jahrhunderts sind
sie dauernd getrennt. Damals ist auch die Satrapie von Daskylion, welche das ganze übrige Kleinasien umfasste, durch
Loslösung des Binnenlandes Grossphrygien mit Kappadokien
von dem Küstengebiet am Hellespont und Pontos (Klein-
phrygien) in zwei Theile zerlegt worden. Seit Xerxes im
J. 478 den Artabazos, Sohn des Pharnakes, zum Statthalter von
Daskylion eingesetzt hatte, ist die Satrapie immer in diesem
von den »sieben Persern« abstammenden Hause geblieben, das
auch in der Provinz grosse Besitzungen erhielt.

Ueber die kleinasiat. Satrapien Krumbholz, de Asiae minoris satrapis persicis, Leipzig 1883, und dazu Nöldeke, Gött. gel. Anz. 1884, 290 ff. Die karische Satrapie kommt in Herodots historischen Berichten nie vor, ebensowenig bei Thukydides, wohl aber seit der Einsetzung des Kyros zum Satrapen von Lydien, Grossphrygien und Kappadokien im Jahre 408. Xen. Anab. I, 9, 7. Damals behielt Pharnabozos das hellespontische Phrygien, Tissaphernes Karien und die Ansprüche auf Ionien, die er aber gegen Kyros nicht durchführen konnte, ib. 1, 6. Adramytion gehört nach Thuk. V, 1 dem Satrapen von Daskylion Pharnakes, dagegen nach VIII, 108 einem Hyparchen des Tissaphernes; letzteres ist wohl richtiger. Pharnakes wird bei der Ansiedlung der Delier in die Nachbarprovinz übergegriffen haben. Lykien gehört auch unter Maussollos zur karischen Satrapie: [Arist.] oecon. II, 15, ebenso nach der bekannten bilinguen Inschrift unter Pixodaros (§. 95 A.). Milyas (das von Solymern bewohnte Binnenland von Lykien) ἔστι μὲν τῆς μεγάλης Φρυγίας, ξυνετέλει δὲ ἐς τὴν Λυκίαν τότε, οὕτως ἐκ βασιλέως μεγάλου τεταγμένον, Arrian I, 24, 5. — Die Ὑγεννεῖς oder Ὑτεννεῖς (Stein nach Steph. Byz.) der zweiten Satrapie Herod. III, 90 entsprechen wohl den Κατεννεῖς im östlichen Pisidien Strabo XII, 7, 1. — Die Myser von Kios haben vermuthlich zur dritten, nicht zur zweiten Satrapie gehört. — Zu den Landschaftsgrenzen ist Xen. Anab. I, 2 und Herod. VII, 26 ff. zu vergleichen.

92. In dem ausgedehnten Culturlande des inneren Kleinasiens war das persische Beamtenregiment voll durchgeführt. Zahlreiche Perser waren im Lande angesiedelt und mit grossen Ländereien ausgestattet, so die Otaniden, von deren Fürstenthum in Kappadokien schon die Rede gewesen ist (§. 18). Durch ihren Einfluss hat die persische Religion im Lande Eingang gefunden, namentlich in Kappadokien, wo das grosse Heiligthum der persischen Götter in Zela am Iris jedenfalls in dieser Zeit entstanden ist, aber auch vielerorts in Lydien (§. 79). Auch persische Namen begegnen uns in Kleinasien nicht selten. Die Hohenpriester der geistlichen Fürstenthümer der grossen Göttinnen von Komana am Iris in Kappadokien, Komana am Saros in Kataonien, Pessinus in Phrygien, die uns in hellenistischer Zeit in fürstlicher Stellung begegnen, haben jedenfalls auch unter den Persern schon über ein ausgedehntes Tempelland mit zahlreichen Hörigen regiert. Die gleiche Stellung, mit Steuerfreiheit und Selbstverwaltung ihres Gebiets, haben offenbar auch die grossen griechischen Heilig-

thümer erhalten, so die Apollonorakel von Klaros, von Didymoi, dessen Priester, die Branchiden, den Persern treu ergeben
waren, von Magnesia am Maeander, ferner das Orakel von Tele-
missos an der karisch-lykischen Grenze u. a. In den grösseren
Ortschaften Phrygiens und Lydiens und vor allem in der
Königsstadt Sardes (vgl. §. 38) werden die Häupter der einheimischen Bevölkerung, die Nachkommen des alten Adels
und die reichen Kaufherren und Fabrikanten an der Leitung
der localen Angelegenheiten Theil genommen haben; doch
versagen hier unsere Nachrichten vollständig. Das innere
Kleinasien führt unter persischer Herrschaft bis auf die Wirren
des vierten Jahrhunderts ein behagliches Stillleben. Die Phryger
und Kappadoker haben ein reges nationales und kriegerisches
Leben nie entwickelt; aber auch den Lydern, deren Reiter-
schaaren gegen die Griechen und noch gegen Kyros mannhaft
gekämpft hatten, ist die Kraft gebrochen. Willig haben sie
sich, seit Paktyes' Aufstand 545 niedergeworfen war, in die
Fremdherrschaft geschickt. So geht ihre Nationalität um so
rascher dem Untergang entgegen, da von der Küste auflockernd
nach wie vor immer mächtiger der Strom griechischer Cultur
eindringt. Ihre heimischen Sagen und die Erinnerung an die
Zeit der Grösse haben sie gepflegt. Aber als um 430 der
Lyder Xanthos daran ging, sie zu sammeln und zu einem
Geschichtswerk zu verarbeiten, hat er sie in griechischer
Sprache und für das griechische Lesepublicum geschrieben.
Griechische Sagen hat er eingehend berücksichtigt, auch dem
Einfluss des Rationalismus sich nicht entzogen. Damit ist
ausgesprochen, dass die Lyder sich culturell nur noch als
einen Annex des Griechenthums betrachteten und bereit waren,
in dasselbe aufzugehen.

93. In den Gebirgen dagegen, welche die Halbinsel im
Norden und Süden einschliessen, hausten wilde kriegerische
Völkerschaften, die der Fremdherrschaft einen zähen und un-
überwindlichen Widerstand entgegensetzten und wie vor Alters
so auch unter den Persern die Geissel der friedlichen Bauern
in den Thälern und Ebenen waren. So im Süden, in dem

zerklüfteten Bergland zwischen Lykien und Kilikien, die Pisider
und ihre Verwandten (Lykaoner, Isaurer), die in ihren steilen
Felsenburgen jedem Angriff trotzen konnten. Zunächst, etwa
bis in die Mitte des fünften Jahrhunderts, werden sie sich der
Fremdherrschaft gefügt haben; dann aber, als die Kraft des
Reichs erlahmte, weigerten sie den Tribut und begannen ihre
Raubzüge gegen das Culturland aufs neue, so oft auch die
Statthalter versuchten, sie zu Paaren zu treiben. Dabei fehlte
es diesen Gebieten keineswegs an eigener Cultur. Im dritten
Jahrhundert finden wir hier zahlreiche wohlhabende und stark-
bevölkerte Städte, die sich selbst regieren, so Isaura, Etenna,
Pednelissos, Sagalassos, Termessos, vor allem aber Selge im
Mittelpunkt der Landschaft, das sich der Abstammung von
Sparta rühmte. Von den Griechenstädten Pamphyliens, Perge,
Aspendos, Side drang hellenische Cultur in die Gebirge ein,
für die die prächtigen Münzen, welche Selge und Etenna in der
Perserzeit geprägt haben (mit pamphylischer Aufschrift), ein
lebendiges Zeugniss ablegen. So sind die Pisider eher mit
den Schweizern des vierzehnten und fünfzehnten Jahrhunderts
oder mit den Normannen zu vergleichen, als mit rohen Barbaren. — Die persische Herrschaft kann hier immer nur vorübergehend durchgeführt worden sein, so z. B. im J. 465, wo
die Perser Pamphylien zum Sammelpunkt ihrer Land- und
Seemacht machten, um Athens Angriff abzuwehren. — Auf
tieferer Stufe standen im Norden, im Olympos und dem abgelegenen Hügelland bis zum Temnos und auf der Arganthoniosakte die räuberischen Myser. Nördlich von ihnen, auf
der Landzunge zwischen dem Bosporus und dem Sangarios,
standen die Bithyner unter eigenen Häuptlingen, mehr Vasallen als Unterthanen der Perser. Ebenso haben die Paphlagonen ihr Stammfürstenthum bewahrt (§. 32), das in dem
abgelegenen Bergland zeitweilig zu grosser Macht gelangte:
120,000 Mann zu Pferd und zu Fuss soll ihr Häuptling Ko-
rylas im J. 400 haben aufbringen können. Von ihren nur
vorübergehend unterworfenen Nachbarn im Osten, in der
19. Satrapie, den Moschern, Chalybern und ihren Verwandten,

ist schon die Rede gewesen (§. 67). — So waren die griechischen
Städte am Schwarzen Meer wie in Pamphylien für die Reichs-
gewalt kaum mehr erreichbar und haben jedenfalls seit der
Mitte des fünften Jahrhunderts die volle Unabhängigkeit wiedergewonnen.

Pisider und Myser: Xen. Anab. I, 2, 1. 6. 7. 9, 14. II, 5, 13. III.
2, 23. memorab. III, 5, 26. Lykaonen: anab. I, 2, 19. III, 2, 23. Ueber
die Isaurer erfahren wir Näheres durch Perdikkas' Feldzug 322 (Diod.
XVIII, 22 u. a.), wo Laranda und Isaura zu Pisidien gerechnet werden,
über Pisidien durch den Feldzug des Achaeos 218: Polyb. V, 72 ff. Münzen
von Selge: FRIEDLÄNDER, Z. f. Num. IV. IMHOOF, ib. V. Six, ib. VI; von
Etenna: Six, ib. VI. — Paphlagonien: Xen. Anab. V, 6, 8 f. Hellen.
IV, 1, 2 ff. Theopomp fr. 199. Nepos Dat. 2.

94. Am schwierigsten lagen die Verhältnisse in der
ersten Satrapie. Nirgends war die particulare Selbstherrlichkeit
so stark entwickelt wie hier; alle zu ihr gehörigen Volksstämme waren in zahlreiche kleine Gemeinwesen zersplittert
und an ein freies Selbstregiment gewöhnt, wie es im Reich,
abgesehen etwa von den phoenikischen Städten, sonst nirgends
bekannt war. Den ununterbrochenen Hader und die Noth
der Vergangenheit vergass man nur zu leicht über der Gebundenheit der Gegenwart und den willkürlichen Eingriffen
der Regierung in die öffentlichen wie die privaten Rechte.
Nicht nur die Griechenstädte sehnten sich nach der »Freiheit«
zurück und seufzten unter dem Druck ihrer Zwingherren,
seien es Tyrannen, seien es Günstlinge des Königs, denen die
Stadt zum Eigenthum überwiesen war. Auch in Karien hatte
sich eine selbständige politische Organisation erhalten. Das
Land zerfiel in eine Anzahl von Gauverbänden, die sich aus
Dorfgemeinden zusammensetzen, nur dass mehrfach ein städti-
scher Vorort, wie Mylasa, Keramos, Pedasos, Kaunos das
Uebergewicht gewonnen hatte. Jeder dieser Verbände stand
unter dem Schutze eines localen Gottes kriegerischer Natur
— mehrfach führt er die Streitaxt —, der zugleich als Herrscher des Himmels und des Meeres gedacht wird. Ueber
ihnen steht die Stammversammlung, die bei den »weissen

Steinen« am Marsyas im Gebiet von Idrias zusammentritt und vom Zeus von Chrysaoris beschirmt wird. Eine Urkunde lehrt, dass unter Artaxerxes II. die karische Bundesversammlung einen Gesandten an den Grosskönig schickt, der die Gelegenheit benutzt, um gegen den Satrapen Maussollos zu intriguiren. An der Spitze der Verbände und Ortschaften finden wir Dynasten von ererbtem Ansehen und oft bedeutender Macht. Seit langem waren die Karer gewohnt, auf Abenteuer und Seeraub auszuziehen oder in fremden Diensten Sold zu nehmen. Der Unabhängigkeitssinn, den die Lyder unter der Monarchie verloren hatten, hatte sich hier unter der Herrschaft des Adels erhalten. Einzelne Ortschaften, wie Pedasos und Kaunos, hatten der Unterwerfung durch Kyros' General Harpagos energischen Widerstand entgegengesetzt, und in der Folgezeit sind sie zu einer Erhebung gegen die Perser jederzeit ebenso bereit gewesen wie die Griechen. Trotz der Concurrenz in Handel und Krieg war das Griechenthum hier womöglich noch stärker eingedrungen als in Lydien. Namentlich die karischen Küstenorte waren von ihren griechischen Nachbarstädten äusserlich und innerlich kaum mehr zu unterscheiden, wie umgekehrt Halikarnass nach Ausweis der Personennamen eine halbkarische Stadt, überdies mit der karischen Burg Salmakis zu einem Gemeinwesen verbunden war. Darius' Schiffscapitän Skylax von Karyanda (§. 60) hat seine Erforschung des Indus und des Oceans wie ein griechischer Forscher beschrieben, in einem Werke, das zu den ältesten Erzeugnissen der griechischen Prosaliteratur gehört. Im vierten Jahrhundert, und vermuthlich schon weit früher, wurde, wie die erhaltenen Beschlüsse bezeugen, in den karischen Städten griechisch debattirt und die Decrete in griechischer Sprache ausgefertigt.

σύστημα Χρυσαορικόν in Karien Strabo XIV, 2, 25. Gesandtschaft an Artaxerxes II. LeBas III, 377. DS. 95. Im übrigen vgl. Mommsen, Hermes XXVI, 146 f. und Schreiber, Bemerkungen zur Gauverf. Kariens, in den »Kleinen Beiträgen zur Geschichte«, Festschrift, Leipzig 1894. Λευκαὶ στῆλαι Herod. V, 118. Ueber die Stellung der Städte I, 175 (= VIII, 104) über Pedasos: αὐτοῖσί τε καὶ τοῖσι περιοίκοισι. Karische

Dynasten finden sich bei Herodot V, 37. 118. 121. VII, 98. 195, ebenso vereinzelt im attischen Bunde.

95. Gleichartig waren die Verhältnisse der Tramilen Lykiens; nur lebte hier die Bevölkerung in geschlossenen und befestigten Ortschaften, die meist auf hohen Bergrücken lagen, ähnlich den Städten Pisidiens. Das Regiment lag, so scheint es, durchweg in den Händen eines stolzen und in sich abgeschlossenen Adels, der sich auf die Heroen der Urzeit zurückführte; an ihrer Spitze standen Stadtherren, deren Namen uns auf den lykischen Münzen in grosser Zahl entgegentreten. Wenn auch Fehden zwischen den einzelnen Gemeinden und Dynasten oft genug vorkamen, so bildeten die Tramilen doch einen festorganisirten Stammbund mit einem Oberhaupt an der Spitze. Der Schwerpunkt des Volks lag im Gebiet des Xanthos, des einzigen grösseren Flussthals der Landschaft, mit den Städten Patara, Xanthos (Arna), Pinara, Tlos, Kadyanda auf den Bergen zu beiden Seiten; weiter westlich lag Telemessos mit seinem Orakel, das zeitweilig eine selbständige Stellung einnahm, östlich an der Südküste und auf dem steilen, aus dem Meer aufsteigenden Plateau Phellos und Antiphellos, Kyaneai, Myra, Limyra, Korydallos u. a. bis zum Vorgebirge der kyaneischen Inseln, das die Grenze gegen die rhodische Colonie Phaselis an der Ostküste bildete. — Bis auf die Eroberung Kleinasiens durch Kyros hatten die Tramilen sich unabhängig erhalten, und wie mannhaft sie sich gegen Kyros' Feldherrn Harpagos vertheidigten, ist bekannt; die Xanthier zogen den Untergang in den Flammen ihrer Heimath der Unterwerfung vor. Die Stadt ist wieder aufgebaut und mit den versprengten Resten der alten Bewohner, mit Zuzüglern aus ganz Lykien und zum Theil vielleicht mit Persern und Medern besiedelt worden; der Name Harpagos begegnet uns später in dem einheimischen Fürstengeschlecht. Wie die Monumente lehren, ist sie rasch zu neuer Blüthe gelangt und war wohl in der Regel der Sitz des Oberkönigs. Denn die Verfassung des lykischen Bundes haben die Perser bestehen lassen; Kybernis, Sohn des Kossikas, der im Heere des Xerxes

die lykische Flotte führt, wie Syennesis die der Kiliker, war
der angestammte König. Auf den Münzen der lykischen Städte
und Dynasten finden wir in der Regel das Wappen des Bundes,
das Dreibein, als Symbol der Einheit.

Ueber die Verhältnisse Lykiens werden wir noch reichen Aufschluss
erhalten, wenn die Uebersetzung der einheimischen Inschriften gelungen
sein wird, die in den letzten Jahren durch die Arbeiten von DEECKE, IM-
BERT, BUGGE, TORP, THOMSEN bedeutend gefördert ist. Ueber die Monumente s. ausser den älteren Publicationen namentlich von FELLOWS, die
Reisen im südwestlichen Kleinasien von BENNDORF, NIEMANN, PETERSEN
und v. LUSCHAN, I. II 1884. 89, ferner die Publication des Heroons
von Gjölbaschi-Trysa durch BENNDORF und NIEMANN (Jahrb. der kunst-
historischen Sammlungen des Kaiserhauses, Wien 1889). Warum der
Erbauer des Heroons ein griechischer Adliger gewesen sein soll, der
sich in dem Felsenneste Trysa festsetzte, wie BENNDORF meint, und nicht
ein lykischer Magnat, weiss ich nicht. Ferner PERROT et CHIPIEZ, hist. de
l'art vol. V. — Von den Inschriften ist die wichtigste die grosse Stele des
Sohnes des Harpagos aus Xanthos, die sich auf die Kämpfe gegen Amorges
im Jahre 413 und die anschliessenden Ereignisse bezieht; ferner das
bilingue Decret des Pixodaros, das KALINKA in der Festschrift für KIEPERT
161 ff. neu publicirt und erläutert hat. Ueber eine sehr verstümmelte
zweisprachige Inschrift aus Isinda an der Südküste, etwa vom Ende des
5. Jahrhunderts, s. HEBERDEY, Jahreshefte d. österr. arch. Inst. I, 1898,
37 ff. und KÖHLER, ib. 212 ff., der annimmt, dass sich hier Griechen angesiedelt und mit den einheimischen Dynasten zusammen die Ordnungen
der Festfeier, auf die sich die Inschrift bezieht, festgesetzt haben. —
Ueber die lykischen Münzen nächst FELLOWS, coins of ancient Lycia, vor
allem SIX, rev. num. 3. sér. IV, 1886, danach BABELON, les Perses achém.
Vgl. auch HILL, num. chron. 3. ser. XV, 1 ff. — Dass bei Herodot VII,
98 Κόβερνις Κοσσίκα zu lesen und darunter der König von Lykien zu verstehen ist, von dem wir Münzen mit der Aufschrift KVB haben, hat
SIX erkannt: Κοσσίκας ist = lyk. Cheziga (Mannes- oder Frauenname?).
— Dass der lykische Städtebund der späteren Zeit schon unter den Persern bestand, ergibt sich auch daraus, dass die Lykier als Einheit (Λύκιοι
καὶ συντελεῖς) in den delischen Bund eingetreten sind. Vgl. ferner Theopomp fr. 111.

96. Der persische Einfluss kann nicht unbedeutend gewesen sein. Eine Reihe von Dynasten (Artampara »der
Meder«, wie er sich auf einer Münze nennt, Harpagos, Mithra-
pata) führen persische Namen. Die Dynasten und Könige

tragen zum Theil persisches Costüm, auch in der Kunst glaubt
man persische Einwirkung zu verspüren. Aber viel stärker war
der griechische Einfluss. Mit Kreta, Rhodos, den ionischen Städten
stand Lykien seit Alters in engster Verbindung; in breitem Strom
waren lykische Sagen schon in die älteren Schichten des Epos
eingedrungen, die lykischen Heroen, auf die die einheimischen
Dynasten ihren Stammbaum zurückführten, Bellerophontes,
Glaukos, Sarpedon, Pandaros, vom griechischen Epos verherrlicht wie die keines anderen Volks. So sind denn auch
griechische Namen und Culte in Lykien heimisch geworden.
Vor allem aber ist die griechische Kunst seit dem siebenten
und sechsten Jahrhundert hier so mächtig eingedrungen wie nur
in Etrurien; und ihre Einwirkung dauert in der Perserzeit
ununterbrochen fort. Die lykischen Gräber, theils in Felsen
gehauen, theils freistehende Monumente in Form von Sarko-
phagen oder Pfeilern, schmücken sich mit griechischen Sculpturen, Scenen aus dem Leben des Verstorbenen und aus der
Sage sowie Darstellungen des Todtenopfers, ebenso die Bauten,
in denen sich die Nachkommen eines Magnaten zur Feier des
Todtencults versammeln — am berühmtesten darunter ist
das von einem Dynasten der Bergfeste Trysa (Gjölbaschi) auf
dem Plateau an der Südküste angelegte Heroon aus der Mitte
des fünften Jahrhunderts, dessen Sculpturen die von Polygnot
geschaffene Malerei ins Relief übersetzen. Wie die Sarkophage
von Sidon (§. 85) liefern auch die Grabdenkmäler Lykiens
einen Abriss der griechischen Kunstgeschichte. Aber im übrigen
ist der Unterschied gewaltig. Dort haben Herrscher, die an
der griechischen Cultur Geschmack gefunden hatten, ihre Särge
wie andere Luxuswaaren aus der Fremde bezogen und von
griechischen Künstlern üppig ausschmücken lassen; in Lykien
dagegen ist, daran kann kein Zweifel sein, mögen die Künstler
Griechen gewesen sein oder Lykier, die in der Fremde gelernt
hatten, die Kunst wirklich ins Volk oder wenigstens in die
Kreise des Adels eingedrungen in ähnlicher Weise, aber mit
weit tieferem Kunstgefühl als in Etrurien. Daher schmiegt die
Kunst sich hier den einheimischen Anschauungen an, nicht

nur in der Form des Grabbaus, sondern ebenso sehr in zahlreichen einzelnen Motiven. Sie verwendet wie die persische
Kunst die in Kleinasien verbreiteten Typen, die Wappenthiere,
den Löwenkampf, die säugende Kuh u. a., ferner die Gestalt
des Bes; und wenn auf dem noch aus dem sechsten Jahrhundert stammenden Harpyienmonument von Xanthos neben
Abbildungen des Todtenopfers, die sich ganz gleichartig auf
spartanischen Stelen und sonst finden, dargestellt ist, wie die
Seele des Todten in Kindesgestalt von geflügelten Genien fortgeführt wird, so gibt das gewiss auch lykische Anschauungen
wieder.

97. In keinem Gebiete des weiten Reichs waren der
persischen Verwaltung so schwierige Aufgaben gestellt wie in
der ersten Satrapie. Dabei war sie von der grössten Wichtig-
keit für die Behauptung der Machtstellung des Reichs zur See.
Beide Momente zusammen, die Eigenart der Bevölkerung und
die Bedeutung für die Flotte, werden Darius veranlasst haben,
die Verwaltung des Küstengebiets vom Binnenlande zu trennen.
Um die Bewohner in Unterwürfigkeit zu halten, wussten die
Perser, wie wir gesehen haben, keinen andern Weg, als die
einheimischen Formen bestehen zu lassen, aber die Leitung
Männern anzuvertrauen, auf die sie glaubten sich verlassen
zu können. Man mag versucht haben, ihnen persische Beamte für die einzelnen Districte zur Seite zu stellen; so finden
wir in Kyme in Aeolis im J. 480 einen Statthalter Sandokes,
unter dem jüngeren Kyros einen Aegypter Tamos als Hyparchen Ioniens — ebenso wie z. B. Sestos am Hellespont
einen Perser zum Vogt erhielt. Zunächst war der Schrecken,
den das plötzliche Erscheinen und der rasche Sieg der Perser
gebracht hatte, überall noch lebendig; so hat auch die Erschütterung der Perserherrschaft nach Kambyses' Tode hier
zu keiner Erhebung geführt, zumal in Sardes der energische
Statthalter Oroetes gebot, der, so selbstsüchtige Absichten er
verfolgte, doch die Unterthanen in Botmässigkeit zu halten
verstand, ja gerade damals den Polykrates von Samos in
seine Gewalt brachte. Aber die Gegensätze waren überall

vorhanden; über kurz oder lang mussten sie mit Nothwendigkeit zu den schwersten Conflicten führen.

Sandokes ὁ ἀπὸ Κύμης τῆς Αἰολίδος ὕπαρχος Herod. VII, 98. Tamos
in Ionien Diod. XIV, 19. 35. Sestos: Her. VII, 33. 78. IX, 116. Ferner
Arsakes, Hyparch des Tissaphernes in Adramytion und dem Idagebiet,
der gegen Antandros vorgeht, Thuk. VIII, 108.

Aegypten. Das Reich von Meroe.

98. Aegypten ist wie die letzte so auch die am schwersten
zu behauptende der persischen Eroberungen gewesen. Durch
umfassende Vorsichtsmassregeln haben die Perser ihre Herrschaft zu sichern gesucht. Die Wüstenstrasse durch Syrien
wurde mit Wasser versorgt (§. 88), in der Citadelle von Memphis und in den Festungen Daphne und Elephantine, ursprünglich wohl auch in Marea an der libyschen Grenze, lagen starke
persische Besatzungen. Der Statthalter wurde besonders arg-
wöhnisch überwacht; als der noch von Kambyses eingesetzte
Satrap Aryandes in den Verdacht gerieth, sich unabhängig
machen zu wollen — die Tradition erzählt, er habe sich dadurch verrathen, dass er besonders feines Silber ausprägte —,
liess Darius ihn beseitigen. Aus der Provinz zogen die Perser
700 Talente (4,921,000 Mark), dazu die Summen, die der
Fischfang im Moerissee abwarf; ausserdem hatte das Land
die Verpflegung der Besatzung zu liefern. Die Regierung hat
die Pflicht, die gemeinnützigen Anlagen in Stand zu halten,
nicht vernachlässigt, so den Damm oberhalb Memphis, der die
Stadt gegen Ueberschwemmungen sicherte. In wie grossartiger
Weise sie die aus Aegyptens Weltstellung erwachsenden Aufgaben löste, haben wir schon gesehen: der Canal vom Nil nach
Suez, die directe Schiffahrtsverbindung vom Nilthal und vom
Mittelländischen Meer nach Saba, Persien und Indien ist Darius'
Werk. Ueberhaupt ist die commercielle Bedeutung Aegyptens
noch immer gewachsen; das Land war voll von phoeniki-
schen und griechischen Kaufleuten und Reisenden, die lästigen

Beschränkungen, welche Amasis ihnen hatte auferlegen müssen, waren weggefallen. Darauf beruht es, dass die Bedeutung von Naukratis abnimmt: ganz Aegypten stand jetzt den Fremden offen.

Im allgemeinen s. m. Gesch. Aegyptens 387 ff. Materialsammlung bei A. Wiedemann, Gesch. Aegyptens von Psammetich bis Alexander, und seine Aegyptische Geschichte. Inschriften: Lepsius, Denkm. III. 283. Erman, Aus der Perserzeit, Z. aeg. Spr. XXXI, 1893, dessen Versuch, die Inschrift der Stele von Neapel auf die Zeit der Schlacht bei Marathon statt auf die Alexanders zu deuten, von H. Schäfer in der Aegyptiaca, Festschrift für G. Ebers 1897, S. 92 ff., widerlegt ist; dazu Stelen aus dem Serapeum, Inschriften aus den Oasen, demotische Contracte u. a. — Besatzungen: Herod. II, 30 [die in Marea, die er unter den Persern nicht mehr nennt, ist wohl in Folge der Aufstände weggefallen, da diese Gebiete nicht wieder vollständig unterworfen wurden]. III, 91. Aryandes: Herod. IV, 166. Polyaen VII, 11, 7 mit anderer Motivirung [aus der Apisgeschichte ist für die Chronologie nichts zu entnehmen]. Tribut: Herod. III. 91. Damm von Memphis II, 99. Fremde Kaufleute II, 39. 61. III, 6.

99. Die Grenzlande im Westen waren der Satrapie einverleibt: die für den Wüstenhandel wichtigen Oasen Hibis (el Charge) und die Dattelpalmenoase (Siwa, Ammonium) mit ihren Amontempeln und Orakeln, die kriegerischen libyschen Stämme und die Griechen von Kyrene. Als um 510 Pheretime, die Mutter des in Barka erschlagenen Königs Arkesilaos III. von Kyrene (Bd. II, 418), sich um Rache an den Satrapen Aryandes wandte, entsandte dieser eine Flotte und ein starkes Heer, das Barka eroberte und schwer strafte — ein Theil der Einwohner wurde fortgeschleppt und in Baktrien angesiedelt. Offenbar ergriff man die Gelegenheit gern, die Macht des Reichs in diesen abgelegenen Gebieten zu zeigen. Bis nach Euhesperides an der Syrte sind die Perser vorgedrungen. Damals wird wohl auch Arkesilaos' Sohn, Battos IV., in Kyrene eingesetzt sein, wenngleich die Stadt der Gefahr einer Besetzung durch die Perser durch einen Zufall entging.

Aryandes gegen Barka: Herod. IV, 165 f. 200 ff. Aeneas poliorc. 37, 6 f., daraus variirt Polyaen VII, 28, 1 [mit dem Namen Arsames statt Amasis für den persischen Heerführer].

100. Die Südgrenze gegen Aethiopien war durch Kambyses' Expedition (Bd. I, 509) gesichert, wenn auch sein Versuch, durch die Wüste in den Sudan vorzudringen, gescheitert war. Aber das nubische Vorland ist damals den Persern unterthan geworden; alle zwei Jahre lieferte es dem Könige zwei Maass Gold, 200 Blöcke Ebenholz, 20 grosse Elephantenzähne und 5 Negerkinder. An eine Erneuerung der Angriffe gegen das untere Nilthal haben die Könige von Kusch nicht wieder denken können. Der Schwerpunkt ihres Reichs verschiebt sich von der heiligen Hauptstadt Napata (j. Meraui) in dem engen Nilthal unterhalb des vierten Katarakts nach Meroe (Berua) im Sudan (j. Begerawie unterhalb von Schendi), von dessen Grösse und Reichthum man sich in der Mittelmeerwelt bald Wunderdinge erzählte. Von hier aus haben die Könige der Perserzeit, Pianchi IV. Arur, Horsiatef, Nastosenen, zahlreiche Feldzüge gegen die Negerstämme des Sudans unternommen, von denen ihre Inschriften berichten. Aloa am Blauen Nil, das heutige Sennaar, und Qens, das heutige Nubien, sind die beiden Hauptlande des Reiches Kusch oder Aethiopien. Es war ein seltsames Gebilde. Dem Anschein nach war es ein hochcultivirter Staat, der sich als ächten Erben des Pharaonenreichs betrachtete; in ihren Inschriften führen die Könige dieselbe Titulatur wie die Herrscher Aegyptens, sie nennen sich Söhne des Rê', Herrn der beiden Lande, Lieblinge der grossen Götter Aegyptens, sie tragen einen Thronnamen, sie bauen Tempel und Pyramiden und schmücken dieselben mit den Formeln des Todtenbuchs. Aber unter dieser Hülle verbirgt sich überall der ächt afrikanische Charakter; »die Krone des Negerlandes« nennt Horsiatef die Krone, die Amon ihm verleiht. So artet denn auch die Priesterherrschaft und die Pflege der Orthodoxie in eine groteske Farce aus. In allen Dingen, über Krieg und Frieden, über Streitigkeiten, über die Thronfolge entscheidet das Orakel des Gottes Amon vom heiligen Berge (Gebel Barkal bei Napata): er sucht aus den Prinzen den geeigneten Herrscher aus, er sendet dem Könige auch den Befehl, sich den Tod zu geben, wenn er

den Priestern nicht mehr gefällt, und dieser Befehl wird unweigerlich befolgt. Bei den Streitigkeiten um die richtige
Lehre kommt es zu Excommunicationen und blutigen religiösen Kämpfen, die sich mit politischen Kämpfen verbinden.
Das Herrscherhaus, welches zur Zeit der 26. Dynastie regierte
und wohl auf Taharqa und Tanuatamon (Bd. I, 392) zurück-
ging, scheint in diesen Kämpfen erlegen zu sein; auf den Urkunden sind die Namen der ihm angehörenden Herrscher sorgfältig getilgt.

Ueber die Geschichte des aethiopischen Reichs (Denkmäler bei
Lepsius, Denkm. V und Mariette, Monum. divers pl. 1—13) s. meine
Uebersicht Gesch. Aegyptens S. 355 ff. auf Grund der Arbeiten Maspero's
(rev. arch. nouv. sér. XXII. XXV. Transact. Soc. Bibl. Arch. IV u. a.).
Stellung der Religion: Herod. II. 29. Diod. III, 5 f. == Strabo XVII, 2, 3
(Agatharchides), durch die Urkunden bestätigt.

101. Durch Tradition und Cultur nahm Aegypten dieselbe Stellung ein wie Babylon, und so sind auch seine
Schicksale in der Perserzeit denen Babyloniens gleichartig gewesen. Zwar hat Kambyses die Tempel geplündert, die Götter
verhöhnt, den Apis verwundet, aber officiell ist er in Aegypten
als legitimer Nachfolger der Pharaonen aufgetreten, wie in
Babylon als der Nebukadnezars. Er und seine Nachfolger
führen die alte Königstitulatur und einen Thronnamen; Kambyses hat der Neit von Sais und ihrer Priesterschaft seine
Verehrung bezeugt, die Wiederherstellung ihrer Feste und die
Reinigung ihres Heiligthums von fremdem Greuel befohlen, die
Oberpriester der Tempel ernannt. Noch ganz anders kam
Darius der Priesterschaft entgegen. Er beschied den Oberpriester von Sais, Uzahor, zu sich nach Susa ('Elam) und
entsandte ihn mit umfassenden Aufträgen zur Wiederherstellung des verfallenen Hierogrammatencollegiums, des »Hauses
des Lebens«, für das er zahlreiche Kinder erziehen liess. Auch
er selbst ist nach Aegypten gekommen; der priesterlichen Tradition gilt er als ein weiser und gerechter Fürst, als der letzte
der grossen Gesetzgeber des Reichs. Vermuthlich hat er der

Priesterschaft ihre Privilegien und die Steuerfreiheit ihres
.Grundbesitzes bestätigt, während diese der Kriegerkaste genommen sein wird. Darius hat in Memphis und Edfu an den
Tempeln gebaut und in Hibis in der grossen Oase den Amon-
tempel begonnen. In der Verwaltung des Landes werden
neben den Persern zahlreiche Eingeborene verwendet, Mannschaften aus der Kriegerkaste kämpfen auf dem starken Schiffs-
contingent, welches Aegypten jetzt zur Reichsflotte zu stellen
hat. Die Fremdherrschaft konnte dauernd begründet scheinen.
Ist doch sogar die Erzählung aufgebracht und verbreitet worden, Kambyses sei eigentlich der Sohn des Kyros von einer
Tochter des Apries, also der legitime Pharao im Gegensatz
zu dem Usurpator Amasis. Auf religiösem Gebiete hatte die
Priesterschaft freie Hand; der Cultus all der localen Gottheiten, namentlich des Delta, prangte in vollem Glanze. Immer
zahlreicher wurden die Schaaren, die zu den heiligen Thieren
wallfahrteten, vor allem zum Apisstier von Memphis, daneben
zum Mnevisstier von Heliopolis und zum heiligen Ziegenbock
von Mendes. Alle alten Riten wurden beobachtet, von der
Berührung mit allem Unreinen, dem Zusammenspeisen mit
Fremden, dem Benutzen fremder Werkzeuge, mit denen mög-
licherweise eine Kuh geschlachtet sein konnte — der grösste
Frevel in den Augen des Aegypters —, hielt man sich pein-
lich fern, Aberglaube und magische Speculationen standen
in voller Blüthe. So fühlte sich die Priesterschaft unter der
neuen Ordnung ganz wohl. So vollständig freilich wie in
Meroe oder in dem Bilde, das man sich von den alten Zeiten
machte, war das Ideal nicht erfüllt; aber auch die Herrschaft
der 26. Dynastie war nicht viel besser als eine Fremdherrschaft gewesen. Nicht wenige scheinen dauernd auf Seiten
der Perser geblieben zu sein: eine chronikartige, mystisch-
prophetische Schrift aus späterer Zeit spricht über alle Rebellen gegen die Perser das Verdammungsurtheil.

Inschrift Uzahors Bd. I, 508 A. Traditionen über Darius Herod. II,
110. Diod. I, 95. Zur Kriegerkaste Herod. II. 164 ff. IX. 32. — Die aegyp-

tische Tradition über Kambyses bei Herod. III. 2 und Deinon fr. 11 ist von
der angeblich persischen Version Herod. III. 1, Ktes. fr. 37 aus chronologischen Gründen corrigirt. — Verhalten gegen die Fremden Herod. II,
89. 41. 91 u. a.

102. Aber es kam anders. Gerade das Entgegenkommen
und die Nachsicht der Regierung gab den Extremen freie
Hand, die auf eine Restauration der alten Herrlichkeit hofften.
Den Ausschlag hat gegeben, dass die libysche Bevölkerung,
welche im westlichen Delta sass, den Verlust ihrer dominirenden Stellung unter der 26. Dynastie nicht verschmerzen konnte
und in ihrer für ein von Osten kommendes Heer schwer an-
greifbaren, durch Nilarme und Sümpfe geschützten Lage immer
aufs neue die Lockung zum Abfall empfand. Darius hat das
Scheitern seiner aegyptischen Politik selbst noch erlebt; die
Schlacht bei Marathon, die erste Niederlage, welche die Perser
erlitten, und die Anbahnung des grossen Conflicts mit Griechenland gaben das Signal zum Aufstand (486). Ganz Aegypten
gewann die Freiheit und konnte sie dank dem Thronwechsel
im Reich etwa zwei Jahre lang geniessen. Aber als die persischen Rüstungen vollendet waren, hat Xerxes im J. 484,
wie es scheint ohne schwere Kämpfe, das Nilland wieder
unterworfen, um dieselbe Zeit, wo Megabyzos die letzte Empörung Babylons bezwang. Xerxes setzte seinen Bruder
Achaemenes zum Satrapen ein und »machte Aegypten viel
geknechteter, als es unter Darius gewesen war« (Herod. VII, 7).
Mit der Rücksicht auf die nationalen Empfindungen war es
vorbei, hier wie in Babylon. Keiner der späteren Perserkönige
hat an einem Tempel des Nilthals gebaut; nur in der grossen
Oase ist der Amonstempel unter Darius II. vollendet worden.
Die Aegypter haben wohl gemurrt, aber schwerlich hätten sie
es vermocht sich aus eigener Kraft noch einmal zu erheben.
Den libyschen Häuptlingen im Delta dagegen hat die Verschiebung der Verhältnisse am Mittelmeer es ermöglicht, die
Rebellion noch mehrmals zu wiederholen, ja schliesslich zwei
Generationen lang ein selbständiges Pharaonenreich wieder-
herzustellen.

Aegypt. Aufstand: Herod. VII. 1. 7. Der durch einen Apissarg aus seinem zweiten Jahre und durch eine Inschrift Ptolemaeos' I. aus dem Jahre 311 (MARIETTE, mon. div. 13. BRUGSCH, Z. aegypt. Spr. 1871) bekannte König Chabbaš, den man früher in diese Zeit setzte, gehört in die Zeit nach Xerxes, wie WILCKEN, Z. aegypt. Spr. XXXV, 1897, 11 ff. erwiesen hat. Aus der Inschrift erfahren wir, dass Xerxes Tempelland von Buto confiscirte; seine und seines ältesten Sohnes Ermordung wird als Strafe dafür dargestellt.

III. Die Anfänge des Judenthums.

Die Religionen im Perserreich.

103. Die nachhaltigsten Wirkungen des Perserreichs, die unmittelbar noch in unsere Gegenwart hineinragen, liegen auf religiösem Gebiet. Eine tiefgreifende Umbildung der Religionen hat unter seiner Herrschaft begonnen. Dass die Könige die Religionen der Unterthanen mit weitherzigem Entgegenkommen behandelten und zur Stütze ihrer Politik zu erheben versuchten, hat diese Entwickelung gefördert; aber folgenschwerer noch war die Thatsache der Existenz des weltumfassenden Achaemenidenreichs an sich selbst.

In alter Zeit war die Religion der lebendigste Ausdruck des politischen Gemeinwesens. Durch die Götter lebte der Staat, behauptete sich im Kampf mit anderen Mächten, nahm zu an Macht und Wohlstand. Das war anders geworden, seit die nationalen Staaten der Reihe nach zum mindesten ihrer politischen Selbständigkeit beraubt, meist aber vernichtet waren, seit die Bevölkerung aller Culturlande Vorderasiens sich hatte gewöhnen müssen, dass Fremde über ihr Geschick entschieden. Gelegentlich hat diese Erfahrung dazu geführt, dass man sich von der heimischen Gottheit abwandte, die sich so schwach und kraftlos erwiesen hatte, dass ihr Cult keinen Nutzen mehr bringen konnte. Aber so weit wir sehen können, sind es immer nur Einzelne, die diese Consequenz gezogen haben; in der Masse war der Glaube an die Realität

der heimischen Gottheiten zu tief gewurzelt, als dass sie sich von
ihnen hätte losreissen können. Der Ausweg, dass der Gott zürnte
oder dass er der Sache der Gegner zum Siege verholfen hatte,
weil sie die bessere war, stand immer offen; Kyros ist in Babylonien der von Marduk auserwählte ächte König, Naboned der
abtrünnige und verworfene. Den israelitischen Propheten ist
der Sieg der Assyrer und der Chaldaeer über ihr Volk das Werk
des eigenen Nationalgottes, der es züchtigen, ja vernichten will,
weil es sein wahres Wesen verkennt, der seine Macht nur um
so glänzender erweist, indem er die Weltherrschaft eines Volks
aufrichtet, das von ihm nichts weiss und wähnt, auch über
ihn gesiegt zu haben. Andere mochten sich mit dem Gedanken trösten, durch den das delphische Orakel sein Verhalten gegen Kroesos zu rechtfertigen suchte: über dem Gotte
stehe eine noch stärkere Macht, der er sich fügen müsse, sei
es ein unpersönlich gestaltetes unerbittliches Schicksal, der
»Zwang« der Orphiker, sei es die Entscheidung eines höchsten
Weltregenten. — Immer aber ist eine Umwandlung des alten
Gottesbegriffs die nothwendige Folge. Schon waren durch
die theologische Weiterbildung des naiven Gottesglaubens überall
die Volksgötter zugleich kosmische Mächte geworden, deren
schaffende, belebende, erhaltende Thätigkeit Himmel und Erde
umfasst. Jetzt fällt mit der Vernichtung des nationalen Staats
und dem Aufhören des staatlichen Lebens die politische Seite
der Gottheit weg, und der allgemeine Begriff bleibt allein übrig.
Die Sitten gleichen sich aus, die Völker mischen sich theils
friedlich im Handelsverkehr, theils durch die Zwangsmass-
regeln der Herrscher; vielfach verschwindet selbst die heimische
Sprache vor den grossen Cultursprachen. So zieht sich das
Volksthum immer mehr auf die Religion zurück, d. h. auf die
Verehrung der in der Heimath sesshaften Gottheiten und die
peinliche Beobachtung ihrer Bräuche. Aber eben dadurch
wird die einzelne Religion befähigt über die alten nationalen
Grenzen hinauszugreifen: die Verehrer einer jeden Gottheit
sind nicht mehr die in ihren Dienst hineingeborenen Volksgenossen, die nur durch sie existiren, sondern es sind die,

welche sich zu ihr bekennen und an ihr festhalten, seien sie
Volksgenossen oder nicht. Dadurch wird die Religion zugleich
individuell und universell. Nicht mehr das Gedeihen der politischen Gemeinde erwartet man von ihr, sondern ein jeder
sein persönliches Gedeihen, seinen individuellen Vortheil. Darum
kann der Fremde so gut zu ihr flehen, wie wer das Verhältniss zu ihr von seinen Vorfahren ererbt hat. So wird die
Gottheit eine unabhängige, auf sich selbst ruhende Macht,
die aus der Cultusstätte wirkt und aller Welt Gnade und
Segen bietet. Als solche betrachtet sie die Reichsregierung.
Allen grösseren Heiligthümern hat sie Privilegien und Schenkungen gewährt, an ihnen allen wird für das Wohlergehen
des Königs geopfert und gebetet. Zunächst geschieht das,
weil das Heiligthum bei den Unterthanen in hohem Ansehen
steht und man dadurch auf sie wirken will; sodann aber
auch, weil man diese Gottheiten wirklich für mächtige Wesen
hält, mit denen gut zu stehen nur von Vortheil sein kann.

104. So werden Universalismus und Individualismus die
charakteristischen Züge aller Religionen und aller Culte. Jeder
Cultus beansprucht der höchste, womöglich der einzig berechtigte, jede Gottheit eine grosse kosmische Macht zu sein, und
sie alle wenden sich nicht mehr oder nicht mehr ausschliesslich an eine Volksgemeinschaft, sondern in erster Linie an
jeden Einzelnen, ihm versprechen sie jeglichen Gewinn auf
Erden wie im Jenseits, sicherer als irgend ein anderer Gott.
Nicht mit einem Schlage ist die Umwandlung fertig geworden:
aber sie beginnt in der Perserzeit. Die grosse Concurrenz der
Religionen bereitet sich vor, welche die späteren Jahrhunderte
des Alterthums erfüllt. Jetzt ist es auch möglich geworden,
eine Gottheit fern von ihrem Wohnsitz zu verehren, losgelöst
von dem Heimathsboden und dem eigenen Volke: das Band,
welches Gott und Verehrer verbindet, ist nicht mehr national
und politisch, sondern persönlich und daher unzerreissbar.
Sklaven, Kaufleute, Handwerker, die ihrer Heimath dauernd
entfremdet werden, nehmen ihre Gottheit mit sich, gründen
ihr Heiligthümer, gewinnen ihr in der Fremde Anhänger, so

gut wie der Fremde, der an eine Cultusstätte kommt, der
Gottheit seine Verehrung zollt und dauernd für ihren Dienst
gewonnen werden kann. Daher beginnen alle Culte eifrig
Propaganda zu machen, sei es, dass sie sich bemühen, den
Kreis der Verehrer des Heiligthums zu erweitern, sein Ansehen und seinen Einfluss zu steigern weit über die Nachbar-
gebiete hinaus, sei es, dass sie die Ideen und Riten ihrer Religion zu massgebender Bedeutung zu erheben suchen. So
verbreiten die babylonischen und die aegyptischen Priester
ihre Weisheit überall hin; die Priester der Göttermutter von
Pessinus und ähnlicher kleinasiatischer und syrischer Culte
werben aus aller Welt einen Kreis fanatischer Anhänger, die
bereit sind, sich im Dienst der Gottheit zu castriren und als
Bettelmönche die Welt zu durchziehen. Alle diese Dienste bekämpfen die Culte der übrigen Götter nicht geradezu, sie stellen
sie nur als minderwerthig hin oder verlangen zum mindesten
neben ihnen einen anerkannten Platz. Es gibt aber auch
Religionen, welche die Berechtigung fremder Dienste überhaupt
nicht anerkennen, wie der Parsismus, oder sie gar als schwersten Frevel an dem eigenen Gott verdammen, wie das Judenthum. Diese suchen dann um so eifriger Anhänger unter den
Fremden zu gewinnen, welche durch Annahme der Offenbarung sich aus dem Verderben erretten und zugleich für die
Macht des allein wahren Gottes unter den Völkern zeugen
und dadurch die Stellung seiner Verehrer in den Augen der
Welt heben. Die Lehre Zarathustras, die Religion des herrschenden Volks, hat sich von ihrem Ursprung an an alle
Menschen gewandt und daher niemals einen exclusiv nationalen Charakter gehabt; die Jahwereligion hat diesen durch die
Schicksale, die das Volk trafen, zwar nicht verloren, aber um-
geprägt, und von da an um so eifriger begonnen Proselyten
zu werben.

105. Auch innerlich beginnen die Religionen sich einander
anzugleichen. Wie in Aegypten die Localculte der Gaue sich
eigentlich nur noch im Namen und in allerlei Detail des
Rituals unterscheiden, im Wesen aber einander gleich sind

— alle Götter sind Sonnengötter, alle Göttinnen Himmels-
göttinnen geworden —, und sich trotzdem nur um so eifriger
bekämpfen und Concurrenz machen, so ist es jetzt allen Culten
des Orients gegangen. Geistig, politisch, social ist das Niveau,
auf dem die Religionen erwachsen, immer gleichartiger geworden; und so bilden sich gleichartige religiöse Gemeinvorstellungen, die in den Einzelculten und -religionen nur diffe-
renzirt sind. Nirgends genügt mehr die alte Anschauung, dass
die Gottheit, die man verehrt, eine locale, in einem bestimmten
irdischen Kreise wirkende Macht ist; überall wird sie als Erscheinungsform einer universellen kosmischen Macht gedacht,
die zugleich die Erde beherrscht und die Geschicke der Menschen lenkt — wenn sie männlich ist, als Sonnen- oder Himmelsgott, wenn weiblich, als Göttin der Zeugung und des
Naturlebens. Daher kommt bei den Syrern und Phoenikern
der »Himmelsherr« Be'elsamin zu immer grösserem Ansehen,
der »gute und belohnende Gott«, wie er später inschriftlich
heisst, zugleich der höchste Donnerer; auch ohne Namen wird
die Gottheit angerufen, so auf den palmyrenischen Altären in
hellenistischer Zeit als »der, dessen Name gepriesen ist in
Ewigkeit, der Gnädige und Barmherzige«. Daneben dringt aus
Babylonien Bêl, der »Lenker des Geschicks«, ein. »Man empfindet, wie nahe sich die einzelnen Götter gekommen sind,
wie jeder gewissermassen nur eine Erscheinungsform der andern ist. Nicht als Jahwe bezeichnen die Juden den Fremden
gegenüber ihren Gott, sondern als den »Himmelsgott von
Jerusalem«; sie stellen ihn dadurch ihren persischen Herrn
als dem Ahuramazda ebenbürtig vor. Wenn in einer um
460 geschriebenen jüdischen Mahnrede Jahwe sagt: »Vom
Aufgang der Sonne bis zu ihrem Niedergang ist mein Name
gross unter den Völkern und überall bringt man meinem
Namen reine Opfergaben«, so kann das kaum anders erklärt
werden, als dass der überall verehrte Himmelsgott und Weltregent für identisch mit Jahwe gilt. Die Erhebung des Haupt-
gottes hat zur Folge, dass er von Schaaren von Dienern umgeben ist, die seinen Willen ausführen, seine Befehle auf die

Erde hinabtragen und ihm von allem sichere Kunde bringen:
der Himmelskönig und Weltenherr wird nach dem Bilde des
irdischen Königs gedacht. Die Vorstellungen wandern und
mischen sich, die babylonischen und aegyptischen Erzählungen
von den Göttern und ihren Thaten können sich an semitische,
kleinasiatische und persische Gottheiten ansetzen; die nationalen Schranken, welche einem derartigen Austausch früher
hemmend entgegenstanden, sind gefallen. Die chaldaeische
Anschauung von den Schicksalsmächten, die sich in den Planeten und Sternen offenbaren, der Glaube, dass alles eine bestimmte und berechenbare »Zeit« hat, wird zum Gemeingut
aller Völker. In der jüdischen Religion wurzelt der Hofstaat, der Jahwe umgibt, zwar in alten einheimischen Anschauungen, hat sich aber ausgestaltet nach babylonischem
Muster; immer grösser wird die Bedeutung, welche seine
»Boten«, die Engel, erhalten, immer mehr glaubt die populäre Anschauung über sie zu wissen. Dem entspricht es, dass
auch die entgegenstehenden Mächte ausgestaltet werden, dass
man von dem Kampf und dem Sieg über sie erzählt.

Ueber die syrischen Culte vgl. m. Artikel Ba'al in Roscher's Lexicon
d. Mythol. I, 2875 f. — Zu Maleachi 1, 11 vgl. Wellhausen, Skizzen und
Vorarbeiten V, 197. Da dem Jahwe nur in Jerusalem geopfert werden
kann, ist eine andere Deutung kaum möglich. Vgl. §. 132.

106. So steigert sich überall die Frömmigkeit oder zum
wenigsten der Cultus. Dass Götterbilder und -namen auf
den Münzen immer häufiger werden, ist dafür bezeichnend.
Der Glaube wird allgemein, dass man, um sich die Gnade
der Gottheit wirklich zu sichern, irgend etwas Besonderes thun
müsse; die Bräuche der Reinigung und Sühnung, die Fern-
haltung von allem Befleckenden, sowohl im ethischen wie vor
allem im physischen Sinne, gewinnen immer grössere Bedeutung. Daher gewinnen, wo die Götter einander so wesensgleich
geworden sind, die Unterschiede des Rituals, das früher naturwüchsige und untergeordnete Detail des Dienstes immer steigende Bedeutung — in ihm fast allein tritt ja der Unterschied
dieser speciellen Gottheit vor jeder anderen hervor. So kommt

es, dass alte längst absurd gewordene Bräuche und Anschauungen, wie der Thierdienst bei den Aegyptern oder die
Beschneidung und die Enthaltung von Schweinefleisch und ähnlichen Dingen bei den Juden und anderen Völkern, jetzt von ausschlaggebender Bedeutung werden und für die Masse fast allein
den Inhalt ihrer Religion bilden, dass je mehr sich die Religionen thatsächlich ausgleichen, desto exclusiver ihr Verhalten
gegen einander wird. Die Aegypter haben schon seit Jahrhunderten mit keinem Fremden zusammen gegessen und kein
»unreines« Werkzeug berührt; jetzt fangen die Juden und andere
Semiten an, es ebenso zu machen. Wer besonders fromm ist,
sperrt sich von der Welt ab — solche »Eingesperrte« finden wir
beim Tempel von Jerusalem (Nehem. 6, 10; vgl. schon Sam. I,
21, 8) und in der Ptolemaeerzeit und gewiss schon früher bei den
Apisgräbern von Memphis, und nur ein Schritt weiter ist es, wenn
die Diener der Atargatis oder der grossen Mutter von Pessinus
und vom Ida sich entmannen. Auch besondere Kräfte kann man
durch derartige Kasteiungen, namentlich aber durch die richtige
Erkenntniss des Wesens der Gottheit, ihres Namens, ihrer
geheimnissvollen Geschichte erlangen; der Versuch, das »Wissen«
zu Zauberzwecken zu verwerthen, wie er in Aegypten seit
Jahrtausenden geübt wurde, wird ganz allgemein. Vor allem
jedoch soll die Gottheit eine ruhige und selige Existenz im
Jenseits gewähren. Auch hier wie in Griechenland führt die
Individualisirung der Religion zur Entwickelung der Unsterb-
lichkeitslehre. Schliesslich beginnt dieselbe, langsam in Religionen einzudringen, welchen früher derartige Vorstellungen
ganz fern gelegen haben, zuletzt, doch erst in nachpersi-
scher Zeit, sogar ins Judenthum. Damit verbindet sich eine
zweite Vorstellung. Den vollen Segen, den man erhofft, gewährt die Gottheit in der Gegenwart ihren Verehrern nicht:
denn dann müssten diese über alle Gegner triumphiren, alle
Völker den Vorrang ihres Gottes anerkennen. Erst in Zukunft wird sich also die volle Macht der Gottheit offenbaren,
gegenwärtig steht sie noch im Kampf. Der Process der Welt-
bildung ist noch nicht zu Ende, der Idealzustand ist noch

nicht erreicht, die Gegner sind noch nicht vernichtet. Es ist
ganz natürlich, dass bei Völkern und Culten, die in sehr ge-
drückter Lage sind, die eschatologischen Hoffnungen am
lebendigsten ausgestaltet werden: von den Propheten Judas
sind sie schon seit Jesaja entwickelt worden. Aber auch die
Lehre Zarathustras fasst das Leben als einen Kampf der
beiden grossen Mächte, an dessen Ausgang der Sieg Ahuramazdas stehen wird. Man denkt sich den Kampf nach Art
der grossen Götterkämpfe bei der Weltschöpfung, die noch nicht
zum vollen Abschluss gelangt sind; so wird die Eschatologie
eine Wiederholung und Umbildung der Schöpfungsmythen. Gerade hier hat der babylonische Mythus den grössten Einfluss geübt und ist die Grundlage einer Allgemeinvorstellung geworden,
die in die verschiedensten Religionen Eingang gefunden hat.

Bei den meisten Religionen müssen wir den Process,
dessen Umrisse hier gezeichnet sind, aus dem Zustande erschliessen, in dem sie uns nachher in der griechischen Zeit
entgegentreten. Nur für die wichtigste und folgenschwerste
all dieser Bildungen, das Judenthum, liegt uns reicheres
Material vor, das uns ermöglicht, das Zusammenwirken der
allgemeinen Tendenzen der Zeit mit der Eigenart der einzelnen
Religion und der schaffenden und gestaltenden Thätigkeit der
massgebenden Persönlichkeiten genauer zu erkennen.

Die Juden im Exil. Ezechiel.

107. Im J. 621, als die Skytheninvasion verlaufen war
und die Macht der Assyrer sich zum Untergang neigte, war in
Juda das Gesetzbuch eingeführt worden, welches die durch
die Propheten verkündeten Forderungen Jahwes an sein Volk
in feste Vorschriften umsetzte. Aber die Hoffnung, dass es
möglich sein werde, dadurch Jahwes Gnade wieder zu gewinnen und die Existenz das Staats dauernd zu sichern, hat
sich nicht erfüllt. Im Gegentheil, gerade das Vertrauen auf
das Gesetz und den Schutz der Gottheit hat den Staat vollends

ins Verderben gestürzt; er konnte sich nicht entschliessen, sich in die Vasallenrolle zu schicken, für die ihn die geographischen und politischen Verhältnisse nun einmal unweigerlich bestimmt hatten. Nur Jeremia hat im Gegensatz zu den populären Propheten die Unvermeidlichkeit der Katastrophe erkannt: das Trotzen auf Jahwe und das Gesetz statt der inneren Heiligung des Volks ist nur ein noch schlimmerer Frevel; die Chaldaeer sind das Werkzeug, durch das Jahwe das Strafgericht an Juda wie an allen Völkern vollzieht. Im J. 597 hatte Nebukadnezar geglaubt, durch Wegführung des Königs Jojakin mit seinem Hofstaat und dem Adel des Landes, der Krieger, der Schmiede- und Schlosserzunft den Widerstand brechen zu können. Die neue Rebellion unter Sidqia wurde durch die Zerstörung der Stadt und die Wegführung fast der gesammten Bevölkerung bestraft; nicht nur alle Grundbesitzer wurden damals nach Babylon abgeführt, sondern auch die besitzlose Masse aus Jerusalem vollständig, aus den Landorten zum grossen Theil (586). An 10,000 Männer sind im J. 597, mindestens etwa 30,000, vielleicht aber 40—50,000 im J. 586 fortgeführt. Nur einen Theil der Aermsten hatte der König zur Bestellung der Aecker und Weinberge zurückgelassen und mit Land ausgestattet; aber auch diese waren nach Gedaljas Ermordung mit den Resten des versprengten jüdischen Heers, die sich wieder zusammengefunden hatten, meist nach Aegypten entwichen. So war das Land vollkommen verödet, den Nachbarn zur Beute. Von Süden drangen die Edomiter vor, ihrerseits wieder gedrängt von den Nabataeern (§. 80). Vor ihnen zogen sich die Reste der halbnomadischen Stämme des Südens, die sich Juda angegliedert hatten, wie Kaleb von Hebron und Jerachmeel, in das Gebiet von Betlehem und Jerusalem hinüber. Hatten die Deportirten von 597 binnen kurzem eine Umwälzung der Weltverhältnisse bestimmt erwartet, so erwies sich das Chaldaeerreich allen Gefahren gewachsen; auf eine baldige Rückkehr war nicht mehr zu hoffen, man musste sich in der Fremde häuslich einrichten. Die Nation schien dauernd vernichtet.

Ueber die Zahlen der Deportirten s. Entst. d. Jud. 108 ff. Die neueren Darstellungen haben vielfach der Deportation von 597 eine grössere Ausdehnung zugeschrieben als der von 586, im Widerspruch mit den Quellen, und überhaupt die Tragweite der ganz radicalen von Nebukadnezar 586 ergriffenen Massregeln viel zu sehr abzuschwächen gesucht. Sie haben sich den Ernst der Situation nicht anschaulich gemacht: man kann sich die Verödung des Landes seit 586 garnicht intensiv genug vorstellen.

108. Und doch war es undenkbar, dass Jahwe sein Volk auf ewig sollte verstossen haben und dass mit dem Strafgericht seine Geschichte ans Endziel gelangt wäre. Das wäre ja der Triumph der Völker, welche durch eigene Kraft, durch ihre Götzen gesiegt zu haben wähnten, während sie doch nur Werkzeuge Jahwes waren. Auch über sie musste das Strafgericht kommen, nach der stolzen Ueberhebung ein um so tieferer Sturz. Dann musste der Cultus in Jerusalem wiederhergestellt, die versprengten Reste des Volks von Jahwe gesammelt und zurückgeführt werden und damit die ideale Zeit der Gottesherrschaft auf Erden beginnen. Eben weil man in dem politischen Untergang des Volks die Idee der Macht des Nationalgottes nur dadurch retten konnte, dass man ihn zum alleinigen Herrn des Himmels und der Erde erhob, zum Weltregenten und Herrscher gerade auch über die Völker, welche seinen Namen nicht kannten und scheinbar ihn bekämpften, war eine zukünftige Restauration unentbehrlich, durch die sich Jahwe aller Welt als der alleinige Gott manifestirte. Diesen Gedanken haben denn auch die Propheten wieder und wieder ausgesprochen, zuletzt Jeremia, um so energischer, je unerbittlicher er zunächst die bevorstehende Vernichtung verkünden musste. Diese Erwartung machte es möglich, dass das Volk die politische Vernichtung und die Losreissung vom heimathlichen Boden überleben konnte, dass die jüdischen Deportirten nicht wie all die anderen, die vorher das gleiche Schicksal ereilt hatte, in dem Völkergemisch sich verloren, sondern ihre Selbständigkeit bewahrten. Gerade weil die Verkündung des Strafgerichts sich buchstäblich erfüllt hatte, konnte man mit voller Sicherheit auch die Erfüllung der Heilsverheissung

erwarten. So ist der Glaube an Jahwe, und zwar an den Jahwe des Gesetzbuchs und der Propheten, durch die Katastrophe nicht erschüttert, sondern gekräftigt worden. Die Elemente, welche wie die nach Aegypten abziehenden Reste der Bevölkerung den Grund des Verderbens darin sahen, dass man das Gesetz eingeführt hatte und von der Weise, in der die Väter Jahwe und die übrigen Götter verehrten, abgefallen war, kommen für die weitere Entwickelung bereits nicht mehr in Betracht; in Babylonien werden sie wenig zahlreich gewesen und bald ganz zu fremden Culten übergegangen sein. Opfern freilich konnte man Jahwe in der Fremde nicht; das war nach dem Gesetz nur auf dem Tempelberg von Jerusalem gestattet. Um so peinlicher beobachtete man seine sonstigen Satzungen: die starre Heilighaltung des Sabbats und die Beschneidung sind im Exil die »Zeichen« des Volkes Jahwes geworden. So erhielt sich das Volksthum zunächst lediglich als Religion; aber diese gab die Verheissung, dass dereinst das Volk glänzender als je zuvor wiederhergestellt, dass wieder ein Sohn Davids als »Gesalbter Jahwes«, als Messias in dem neuen Jerusalem über Juda und Israel herrschen solle. Dass nach Nebukadnezars Tode sein Sohn Amilmarduk den im J. 597 ins Exil geführten König Jojakin aus dem Gefängniss befreite und als König behandelte (Frühjahr 561), galt als erstes Zeichen der Wiederkehr der Gnade Jahwes; dadurch war der Fortbestand des Hauses gesichert, auf dem die Verheissung ruhte, und zugleich die Juden trotz der Losreissung von ihrer Heimath als Volk mit einem legitimen Oberhaupt anerkannt. — Die äussere Lage der Exulanten scheint, nachdem die ersten Schwierigkeiten der Einrichtung überwunden waren, nicht ungünstig gewesen zu sein. Sie hatten in den Ortschaften, in denen sie angesiedelt waren, eine selbständige Organisation unter Aeltesten, sie hatten ihr baares Vermögen mitgebracht und konnten Häuser und Grundbesitz erwerben, Felder bestellen und ihren Geschäften nachgehen (Jerem. 29. 4 ff.). Gegen rebellische Bewegungen freilich, gegen Propheten, welche eine baldige Rückkehr und den Sturz des Chaldaeer-

reichs verkündeten, schritt die Regierung unnachsichtig ein
(Jerem. 29, 21 ff.), und so musste man sich vorsehen. Um
so eifriger spähte man nach den Zeichen der Katastrophe,
die man von Medien oder von Elam aus erwartete, und erging sich im geheimen in Ausmalungen des Strafgerichts über
das übermächtige Babel, das an Furchtbarkeit das Schicksal
Jerusalems noch weit übertreffen sollte (Jes. 13. 14. 21,
Jerem. 50 f.).

109. Wenn die Rückkehr und die Wiederherstellung unzweifelhaft bevorstand, so galt es, sich für dieselbe vorzubereiten. Das ist die Aufgabe, die gleich nach Beginn des
Exils der Priester Ezechiel aus Jerusalem in Angriff genommen
hat. In einer umfangreichen, wahrscheinlich im J. 568
zum Abschluss gekommenen Schrift hat er seine Gedanken
niedergelegt. Wenn er im ersten Theil erzählt, er sei zuerst
im J. 593 als Prophet aufgetreten, um den ungläubigen Exulanten die bevorstehende Vernichtung Jerusalems zu verkünden,
dann aber habe ihm Jahwe das Reden verboten, bis die
Kunde von der Erfüllung eintraf, so mag dem etwas Thatsächliches zu Grunde liegen; aber für sein Werk ist das lediglich literarische Einkleidung so gut wie die Visionen, die sym-
bolischen Handlungen, die Orakel an die Aeltesten der Verbannten, die er mittheilt. Der prophetische Apparat ist zur
äusseren Form herabgesunken: Ezechiel ist ein schriftstellernder
Grübler, er wirkt nicht durch das lebendige Wort, das sich
einem Jesaja oder Jeremia aus tiefster Seele herausrang,
mochten sie wollen oder nicht, sondern er gibt das Buch
wieder von sich, das er in einer seiner Visionen verschlungen
haben will. Der Wandel war natürlich und unvermeidlich.
Grosse politische Bewegungen, in die das Volk hätte eingreifen
können, folgenschwere Entschlüsse, bei denen das Für und das
Wider mit all ihren furchtbaren Consequenzen dargelegt werden mussten, gab es nicht mehr; die Gemeinde der Exulanten
war auf die Zuschauerrolle beschränkt. Sie konnte wohl
wünschen und politisiren, aber nicht mehr politisch handeln.
Da war kein Platz mehr für den Volksredner, sondern nur

noch für den Pamphletisten. Was die alten Propheten gefordert hatten, sich dem Willen Jahwes zu unterwerfen, den Selbständigkeitsdünkel aufzugeben, die Fremdherrschaft als von Gott verhängte Strafe auf sich zu nehmen, war jetzt selbstverständlich geworden. Die Frage war nur noch, ob der Prophet oder ob die Masse die kommenden Ereignisse richtig beurtheilte; in sie eingreifen konnte keine der beiden Parteien. Nur den Mahnruf zur Umkehr, zur Vorbereitung auf die kommende Erlösung, zur Frömmigkeit und Gerechtigkeit und zum Abthun alles dessen, was als Götzendienst galt, musste Ezechiel erheben so gut wie seine Vorgänger. Seit es sich nicht mehr um die politisch organisirte Nation handelte, sondern um den Rest, aus dem das neue Volk hergestellt werden sollte, konnte die Frage aufgeworfen werden, ob nicht die Hauptthätigkeit des Propheten sich der Seelsorge, der Gewinnung des Einzelnen für das Gottesreich, zuwenden müsse. Ezechiel hat das empfunden, aber sofort auch die Unmöglichkeit eingesehen, zum Ziel zu gelangen: allerdings soll er jeden Gottlosen verwarnen, aber damit hat er seine Pflicht gethan, seine Schuld trägt ein jeder für sich (3, 16 ff. 33, 1 ff.). In der That war er zum Seelsorger völlig ungeeignet; aber auch eine mächtigere und tiefer empfindende Persönlichkeit hätte wohl einen Kreis enthusiastischer Jünger um sich sammeln, aber nicht eine Gemeinde von 40,000 erwachsenen Männern aus den irdischen Verhältnissen losreissen können, mochten sie die Heimsuchung des Schicksals noch so sehr empfinden.

Ezechiel (grundlegende Bearbeitung des sehr corrupten Textes von CORNILL 1886; Commentar von SMEND 1880) hat c. 40—48 zu Neujahr 573 »geschaut«, und in den ersten Theil, der der Hauptsache nach allerdings wohl bald nach 586 geschrieben ist, einen Nachtrag über Tyros im Jahre 571 eingefügt (29, 17); danach gibt das Datum 1, 1 »am 5./4. des Jahres 30 [nach Jojakins Exil]« = 568 v. Chr. wohl den Abschluss des ganzen Werks an. Dass die Visionen und z. B. die Zeichen c. 4 literarische Fictionen sind, liegt auf der Hand; dann gilt aber von den sonstigen Erzählungen dasselbe. So halte ich auch den angeblichen, in keiner Weise specificirten Götzendienst der Verbannten c. 14. 20 für Fiction; Ezechiel braucht ein abtrünniges Volk »Haus Widerspenstigkeit«

für seine Geschichtsauffassung. Sehr bezeichnend ist, dass er c. 14. 20 ausdrücklich ablehnt, Orakel zu geben, und Jahwe ihn bis zum Eintreffen der Nachricht vom Fall Jerusalems stumm gemacht hat 3. 26 f. 33, 21 ff.; also sind seine vorherigen Orakel sicher Fiction, so gut wie seine Seelsorge 3. 16 ff. 33 nur Theorie ist: eben durch die Worte, die er hier spricht (oder vielmehr schreibt), hat er seine Pflicht erfüllt und ist fortan der Verantwortung ledig.

110. Im Bewusstsein, dass gerade sie sich ernstlich bemüht haben, Jahwes Forderungen zu erfüllen, dass sie im J. 621 das Gesetz auf sich genommen haben, sagen die Exulanten: die Väter assen saure Trauben und den Söhnen werden die Zähne stumpf; wir büssen für die Vergehungen unserer Vorfahren. Das kann Ezechiel nicht dulden; das ethische Postulat, die Forderung, dass die Gottheit die Welt gerecht regiert, dass der äussere Schein trügt, macht sich übermächtig geltend und zwingt ihn, die ganze Geschichte des Volkes danach umzugestalten. Sie ist nichts als Abfall und Götzendienst oder Unzucht gewesen, wie er mit dem bis zum Ekel wiederholten und breit ausgemalten Bilde Hoseas sagt; auch die gegenwärtige Generation ist ebenso schuldig wie ihre Väter. Nie hat Jahwe einen Unschuldigen bestraft, nur der Gerechtigkeit den Lauf gelassen; aber das Alte musste vollständig vernichtet werden, weil es vollständig verderbt war. Nicht um des gottlosen und abtrünnigen Volkes willen bereitet Jahwe die Wiederherstellung vor, sondern um seines Namens willen, um den übrigen »Völkern«, d. i., wie wir jetzt schon übersetzen müssen, den »Heiden«, zu zeigen, dass er der wahre Gott ist. Deshalb wird er das vernichtete Volk wieder erwecken, die Trümmer von Juda und Israel aus der Zerstreuung sammeln und unter einem Fürsten aus Davids Haus in sein Land zurückführen, sie von aller Unreinheit reinigen, ihnen einen neuen Geist des Gehorsams und der Frömmigkeit verleihen. Nur durch ein Wunder kann wie die physische Wiederherstellung so die unumgängliche geistige Umwandlung herbeigeführt werden. Jahwe selbst wird alsdann in dem wiederhergestellten Tempel auf seinem heiligen Berg aufs neue seinen Wohnsitz nehmen.

Dann wird auch das Strafgericht die Völker ereilen, die sich über Jerusalems Fall gefreut oder gar nach seinem Besitz getrachtet haben, wie Edom, Ammon, Moab. Binnen kurzem, nach 40 Jahren (4, 6. 29, 13), erwartet Ezechiel die Umwälzung, die den Fall der Chaldaeermacht zur Voraussetzung hat — es ist für die Situation der Exulanten bezeichnend, dass er denselben niemals direct ausspricht —; dann wird zum Schluss nochmals ein grosses Heer der Nordvölker unter Führung des Gog, ähnlich der Skytheninvasion von 626, die Erde überschwemmen, aber auf den Bergen Israels seinen Untergang finden. Dadurch wird Jahwe sich »gross und heilig erweisen und sich kund machen vor den Augen vieler Völker, damit sie erkennen, dass ich Jahwe bin«. — Von den Einrichtungen dieses neuen Israels entwirft Ezechiel ein ausführliches Bild, damit, wenn die Zeit gekommen ist, genau nach den Forderungen des religiösen Ideals verfahren werden kann. Streng schematisch wird das Landgebiet in parallelen Streifen unter die zwölf Stämme vertheilt; die im Land ansässige, nicht israelitische Bevölkerung wird zu gleichen Rechten bei der Ackervertheilung zugelassen. In der Mitte liegt der Tempel, umgeben von dem Landgebiet der Priester aus dem Hause Ṣadoqs, d. h. der ehemaligen Priester von Jerusalem, und der übrigen zu Tempeldienern degradirten Lewiten, d. h. der ehemaligen Priester der Heiligthümer in den Landorten (der »Höhen«). Aller profane Besitz, auch die Stadt Jerusalem selbst, ist durch einen weiten Abstand von dem Heiligthum getrennt. Dass die Natur des Landes sich so ändern wird, dass es sich dem Schema bequem fügt, ist dabei die selbstverständliche Voraussetzung und durch ein Wunder leicht zu erreichen. Durchweg steht die Idee der Heiligkeit, d. h. der äusseren Reinheit und Unnahbarkeit der Gottheit und ihrer Wohnstätte im Vordergrund; eine Fülle von Ritualvorschriften wird daher für die Priester erlassen, damit sie von jeder Befleckung frei sind, wenn sie im Tempel amtiren. Schliesslich wird für den wiederhergestellten Cultus eine detaillirte Opfer- und Festordnung entworfen.

111. Ezechiel ist keine erfreuliche Erscheinung in der hebraeischen Literatur: engherzig, bornirt, ohne Schwung und Kraft, ohne jegliche Phantasie und daher von unerträglicher Pedanterie und Monotonie in den Strafreden wie in den Zukunftsschilderungen und nun gar in seinen Gleichnissen und in der breiten Ausmalung seiner Visionen. Dass er es wagt, sich als Prophet auszustaffiren und dadurch den Vergleich mit einem Jesaja oder Jeremia herauszufordern, lässt die Dürftigkeit seines Geistes um so stärker empfinden. Aber seine geschichtliche Bedeutung kann kaum hoch genug angeschlagen werden. Seine Ideen haben die gesammte weitere Entwickelung beherrscht: er ist der Vater des Judenthums und sein typisches Vorbild; bis auf den heutigen Tag trägt es seine Züge. Er leitet hinüber von dem stürmisch erregten, aber tief empfundenen religiösen Leben der alten Zeit zu der Geist und Gemüth und Religion ertödtenden Enge starrer Gesetzlichkeit. Die alten Propheten haben nichts energischer bekämpft, als das Gewicht, welches man auf Opfer und Feste, Busstage und Kasteiungen, kurz auf alle Aeusserlichkeiten des Cultus legte. Das war Verkennung des Wesens Jahwes; nicht äussere, sondern innere Reinheit forderte er, nicht Ceremonien und Opferrauch, sondern unbedingte Hingabe des Volks an seinen Willen, nicht beschnittene Leiber, sondern beschnittene Herzen. All diese Wendungen wiederholt auch Ezechiel; aber die Durchführung der inneren Reinheit, der sittlichen Hebung und Heiligung des Volks kann er sich gar nicht anders vorstellen als in der peinlichen Beobachtung unzähliger Riten, im krassesten Formalismus. Seine Auffassung ist herrschend geworden; sie entsprach der gedrückten Stimmung des Exils, welche sich nicht genug thun konnte, um Jahwes Gnade wiederzugewinnen. — Schon während des Exils hat man, zum Theil im Anschluss an die älteren Cultusbräuche, eine grosse Zahl von Opfer- und Reinheitsvorschriften und die Festordnung in der Form eines Mose am Sinai offenbarten Gesetzbuches fixirt (Levit. 17—26). Der Situation des Exils entspricht es, dass hier mit den theoretischen Forderungen

rücksichtslos Ernst gemacht wird, auch wo sie praktisch undurchführbar sind. So wird, während das Deuteronomium der
Schlachtung den Opfercharakter nahm und sie überall freigab,
in diesem Gesetzbuch jedes Schlachten eines Thiers an anderer
Stätte als an der Thür des Offenbarungszelts — der Pro-
jection des Tempels in den Wüstenaufenthalt der mosaischen
Zeit — als Götzendienst verboten. So wird die Brache des
ganzen Landes nicht nur wie in alter Zeit für jedes siebente
(Sabbat-) Jahr, sondern nach dem neunundvierzigsten auch
für das fünfzigste (Jubel-) Jahr verlangt; in diesem soll zugleich »jeder wieder zu seinem Besitz kommen«, alle Kauf-
geschäfte rückgängig gemacht, alle israelitischen Sklaven frei-
gelassen werden (— in diesem Punkt wird die deuteronomische
Forderung Bd. I, 477 also gemildert, da das auch für die
Exulanten praktische Bedeutung hatte). Als Priester gelten
dem Sinaigesetz wie Ezechiel nur die Lewiten von Jerusalem, »die Söhne Aharons« der mosaischen Zeit. Besonders
bezeichnend aber ist, dass alle für die Israeliten geltenden
Bestimmungen auch auf »die Metöken (gêrim), die sich unter
ihnen niedergelassen haben«, ausgedehnt werden; »eine Satzung
gilt für euch, für den Metöken wie für den Stammesgenossen«.
Mit anderen Worten, die Religion beginnt, sich vom Volksthum loszulösen, die neue Gemeinde ist nicht mehr eine
nationale, sondern eine religiöse Genossenschaft, die Propaganda macht und unter den Stammfremden Anhänger wirbt.
Die Ausländer, die aus ihrer Heimath ausgewandert waren
und innerhalb des israelitischen Volks als Schutzbefohlene
fortzukommen suchten, werden jetzt zu »Fremden, die sich
an Jahwe anschliessen«, zu Proselyten. — In derselben Zeit
ist die historische Literatur auf Grund des Gesetzes von 621
überarbeitet und mit diesem zu einem einheitlichen Werke,
dem deuteronomistischen Geschichtswerk, zusammengefasst
worden. Auch hier herrscht der Geist Ezechiels: die Vergangenheit wird auf Grund des Gesetzes beurtheilt und schlechthin verworfen, ein religiöser Pragmatismus überall an Stelle
des geschichtlichen Zusammenhangs gesetzt. Israel ist die

Gemeinde, die Jahwe aus den Völkern erwählt hat, in der er
selbst durch seine übernatürlichen Werkzeuge regiert und
überall durch Wunder eingreift. Das Königthum war ein Abfall von Jahwes Regierung, weil es Ungerechtigkeit und weltliche Gesichtspunkte — womöglich sogar politische Ideen —
hineinträgt. So kann in der historischen Zeit alles nicht
schwarz genug gemalt werden. Um so mehr schwelgen die
Verfasser in der Zeit, da unter Josua Jahwes Gnade noch voll
auf dem Volke ruhte. Hier findet man Ersatz für die Noth
der Gegenwart; hier kann sich der Hass und die Verachtung
gegen die Heiden in Ausmalung der Grossthaten des Volks
und seines Gottes völlig frei ergehen. Die Schilderungen tragen
einen widerwärtigen und dabei gemeinsinnlichen Charakter;
nicht der Kriegsmuth eines freien kampfesfrohen Volks hat sie
erzeugt, sondern der ohnmächtige Groll einer geknechteten und
verachteten Secte.

Die Rückkehr. Deuterojesaja.

112. Wäre das Chaldaeerreich von Dauer gewesen, so
wäre diese Entwickelung mit den Hoffnungen zu Grabe gegangen, auf denen sie beruhte. Höchstens eine Secte mit
phantastischen Zukunftserwartungen hätte sich erhalten können;
die Masse der Exulanten wäre schliesslich, mochte sie noch
so lange ihre Sonderexistenz zu wahren sich bemühen, in die
fremde Nationalität aufgegangen, unter der sie lebte. Aber
das Reich Nebukadnezars hatte keinen Bestand; noch nicht
50 Jahre nach dem Falle Jerusalems war es dem raschen
Angriff des Kyros erlegen. Am 12. October 539 wurde Babel
ohne Kampf von den Persern besetzt, am 27. October zog
Kyros in die feindliche Hauptstadt ein und gewährte ihr Verzeihung. Mit Jubel begrüssten die jüdischen Exulanten den
Fall des Reichs, der auch ihnen die Erlösung bedeutete. Kyros
gestattete ihnen die Rückkehr in die Heimath; im Sommer
538 gab er von Egbatana aus Befehl, ihnen die von Nebu-

kadnezar fortgenommenen Tempelgeräthe zurückzugeben und den Tempel in Jerusalem wieder aufzubauen. Die Zeit der Erfüllung schien gekommen, das messianische Reich und seine Herrlichkeit unmittelbar vor der Thür. So fanden sich aus allen Geschlechtern und aus der besitzlosen Bevölkerung Jerusalems und der Landstädte gewaltige Schaaren zusammen zu dem neuen Zug durch die Wüste, der zum zweiten Mal aus der Knechtschaft in das Land Jahwes führte; 42,300 Erwachsene, darunter etwa 30,000 Männer — die Zahl der Frauen, die die Rückkehr mitmachen konnten, war natürlich weit geringer, ebenso wie bei der Fortführung durch Nebukadnezar die Deportirten vielfach ihre Frauen und Kinder zurückgelassen hatten —, ferner 7337 Sklaven und Sklavinnen nennt das Verzeichniss, das bei der Ankunft aufgenommen wurde. Ein Sohn des Königs Jojakin, Šinbaluṣur (Šešbaṣṣar), trat als persischer Statthalter, dem königlichen Satrapen unterstellt, an die Spitze der Provinz Juda.

Ueber die Quellen für diesen und die folgenden Abschnitte s. §. 8, und ausführlicher s. meine Entstehung des Judenthums 1896. Ueber die Chronologie Forsch. II. 468 ff. — Als Quelle für die Rückkehr kommen, ausser der Liste Neh. 7 (daraus Ezra 2), nur die urkundlichen Angaben Ezra 5. 6 in Betracht; die Erzählung des Chronisten Ezra 1, 1—4, 5 ist daraus zurechtgemacht und ohne selbständigen Werth; nur der Name des Schatzmeisters Mitradat 1, 8 scheint authentisch zu sein. — Bei der Untersuchung über Zerubabels Alter Entst. d. Jud. 79 habe ich übersehen, dass er im Jahre 538 an der Spitze der Liste der Zurückgekehrten steht (vgl. daselbst S. 193); er kann also nicht erst um 542 geboren sein [vgl. meine Schrift: Julius Wellhausen und meine Entstehung des Judenthums 1897, S. 15].

113. So war eingetroffen, was die Propheten verkündet hatten; Jahwe hatte sein Volk nicht im Stich gelassen, er rüstete sich, wieder einzuziehen auf seinen heiligen Berg. Freilich war alles doch so ganz anders gekommen, als man erwartet hatte. Zwar das Chaldaeerreich war gefallen, aber Babel stand aufrecht, und die allgemeine Umwandlung aller irdischen Dinge war nicht erfolgt. An Stelle des chaldaeischen war das Weltreich eines anderen Volkes getreten, das von

Jahwe ebenso wenig wusste; von dem messianischen Reich
und der herrschenden Stellung des Volkes Jahwes war nichts
zu spüren, wenn auch ein Spross Davids wieder in Jerusalem
das Regiment führte. Diesen Gedanken tritt der Trostredner
entgegen, den wir Deuterojesaja nennen, weil seine Dichtungen
dem Jesajabuch angehängt sind (Cap. 40—55). Deuterojesaja
ist kein Prophet und hat keine neue Offenbarung Jahwes
mitzutheilen; sein Beruf ist, die Vorgänge zu deuten und
Jahwes Walten dem mit Blindheit geschlagenen Volk auszu-
legen. Deshalb schreibt er anonym. Aber er ist vielleicht
die genialste Gestalt der hebraeischen Literatur: im schärfsten
Gegensatz zu dem Formalismus Ezechiels kommt bei ihm so
gewaltig wie wohl nirgend sonst in der Weltliteratur die
Tiefe der religiösen Empfindung, die Kraft der Ueberzeugung
und die grossartige weltumfassende Anschauung zum Ausdruck, zu der die Jahwereligion sich durchgerungen hat. »Wie
kann Israel sagen: meine Angelegenheiten sind Jahwe ver-
hüllt und mein Recht entzieht sich meinem Gott?« Von Anfang an hat Jahwe sich als den alleinigen wahren Gott erwiesen, der die Welt geschaffen hat, und jetzt offenbart er
sich aufs neue als den Weltregenten, »dem die Völker sind
wie Tropfen am Eimer und Stäubchen auf den Wagschalen«.
Israel hat er erwählt aus allen Völkern. Freilich hat er es
strafen und dem Gespötte der Völker überantworten müssen;
aber verstossen hat er es nicht. Eben um seinetwillen hat
er den Kyros erweckt von Osten her wie einen Stossvogel
und ihm alle Völker und Reiche zu eigen gegeben: durch
Kyros wird die Verheissung vollendet, Jerusalem und der
Tempel wiederhergestellt. So ist Kyros der Hirte Jahwes, der
Messias (44, 28. 45, 1), der Jahwes Werk erfüllt ohne von
ihm zu wissen: »Um meines Knechtes Jakob, um Israels
meines Erwählten willen rief ich Dich mit Namen und gab
Dir Ehrentitel, da Du doch mich nicht kanntest, mich, Jahwe,
ausser dem kein Gott ist, und ich gürtete Dich, ohne dass
Du von mir wusstest, damit sie erkennen von Sonnenaufgang
bis zum Untergang, dass nichts ist ausser mir, ich Jahwe

und sonst nichts, der das Licht gebildet und die Finsterniss geschaffen, Heil wirkt und Böses schafft, ich Jahwe bin's, der all das thut.« Freilich, die Erfüllung ist anders gekommen als man erwartet hatte, urplötzlich und überraschend. Aber »darf der Thon mit seinem Bildner hadern?« »Wer ist Jahwes Rathgeber gewesen und kann ihn unterweisen?« Gerade dadurch erweist sich Jahwe um so mehr als Weltenherrn, dass der unwissende Heide seinen Plan ausführen muss, dass die ganze gewaltige Weltbewegung nur um seines Volkes willen da ist. Jahwe hat es seit langem vorher verkündet — so ist er der einzig wahre Gott, die anderen, die nichts davon wussten, sind nichtig und todte Götzenbilder ohne Leben. Wie Bel und Nebo gestürzt sind und all seine Weisheit, seine Sterndeutung und Zauberei Babel nichts genützt hat, so haben die Götzen alle nichts von dem gewusst, was kommen musste, was Jahwe seit Alters verkündet hatte. Ihre Rolle ist ganz ausgespielt. Damit gelangt der Schriftsteller zu den letzten und höchsten Gedanken: Nicht nur die Wende des Geschicks Israels ist gekommen, die Zeit wo Jahwes Gnade sich dem Volk trotz all seiner Unwürdigkeit wieder zuwendet, um nie wieder von ihm zu weichen, mögen auch die Berge stürzen und die Hügel wanken, so wie die Sündfluth niemals wiederkehren wird — deshalb ist Deuterojesaja der Tröster, nicht mehr wie die alten Propheten ein Bussprediger —, sondern indem Jahwe in dem Rechtsstreit zwischen Israel und den Völkern jenem zu seinem Recht verhilft, erweist sich der Gott Israels als der alleinige Gott der ganzen Welt. Die nationale Religion ist die alleinige Weltreligion. Israels Mission ist gewesen, allen Völkern den wahren Gott zu verkünden und zu offenbaren; so ist Israel der Knecht Jahwes, d. h. sein Prophet unter den Heiden. Vom Schicksal geschlagen, verachtet und misshandelt, hat es unter ihnen gelebt und geduldig wie ein Lamm sich zur Schlachtbank führen lassen, den schimpflichsten Tod erduldet. Aber jetzt wird Jahwe seinen Knecht zu neuem Leben erwecken, erhöhen und verherrlichen, so dass alle Völker ihn anstaunen und sich um ihn schaaren. Auch

Kyros wird erkennen, dass Israels Gott es ist, der ihn berufen
und ihm alle Schätze der Welt gegeben hat (45, 3). Schon
von der Gegenwart erwartet der Schriftsteller ein grosses
Wunder; wie Jahwe die fernsten Völker, Aegypter und Aethiopen, als Lösegeld für sein Volk gibt, — d. h. den Persern zum
Lohn für die Freigabe der Juden unterwerfen wird — , so
bahnt er ihm eine Strasse durch die Wüste, ebnet die Berge,
lässt Wasser in der Einöde quellen, um es von Babel nach
Jerusalem zu führen, wie er es einst durch das Meer aus der
Knechtschaft Aegyptens geführt hat. Dann wird es zur Leuchte
werden für die Völker, »damit mein Heil reiche bis ans Ende
der Welt«. Es wird sie die wahre Gotteserkenntniss lehren;
von überall her werden die Menschen sich herandrängen, um
Jahwes Volk zuzugehören und sich mit seinem Namen zu
nennen.

So anziehend und wirkungsvoll Deuterojesaja ist, so viele Schwierigkeiten bietet er. Viele Stellen sind mir noch ganz dunkel. Wesentlich
gefördert ist das Verständniss durch DUHM, Das Buch Jesaia übersetzt und
erklärt, 1892, der erwiesen hat, dass c. 56—66 beträchtlich jünger und
in Palaestina geschrieben sind (Tritojesaja §. 118). Sonst vgl. vor allem
CHEYNE, introduction to the book of Isaiah, 1895 [deutsch von BÖHMER
1897], und seine Uebersetzung 1880 ff. Die von EWALD ausgehende,
jetzt weit verbreitete Deutung des Knechts Jahwes in den Liedern 42,
1—4. 49, 1—6. 50, 4—9. 52, 13—53, 12 auf eine historische Persönlichkeit, einen unbekannten Märtyrer, dessen Wiederbelebung der Dichter erwartet [so z. B. auch SMEND, Alttest. Religionsgesch., 1. Aufl.; in der
2. Aufl. hat er seine frühere Erklärung zurückgenommen], im Widerpruch
mit allen anderen Stücken, wo der Knecht überall ausdrücklich als
Israel erklärt wird, scheint mir unmöglich (ebenso z. B. STADE, WELL-
HAUSEN, GIESEBRECHT, Beitr. zur Jesaiakritik, 1890). [Die weitere Wuche-
rung dieser Erklärung, der Knecht Jahwes sei Zerubabel, den die Perser
nach einer Rebellion hätten hinrichten lassen, erscheint mir so unge-
heuerlich und eine solche Verkennung des Geistes der Schrift Deuterojesajas, dass ich eine weitere Polemik dagegen für überflüssig halte.]
Auch habe ich nicht den Muth, diese Lieder, wie jetzt die meisten thun,
Deuterojesaja abzusprechen und einem älteren oder gar mit DUHM einem
jüngeren Schriftsteller zuzuweisen. Ueberhaupt scheint mir die Annahme
von Interpolationen, mit denen namentlich DUHM sehr freigebig ist, meist
unbegründet; vor allem dürfte in den scheinbaren Widersprüchen von
c. 48 mehrfach der eigentliche Schlüssel zum Verständniss der Schrift

stecken. — Dass irgend ein Stück Deuterojesajas vor der Einnahme Babylons geschrieben sei, ist mir höchst unwahrscheinlich; c. 46 f. setzen die Eroberung unzweifelhaft voraus [daher der gegen Jes. 13 f. u. a. viel gedämpftere Ton; Babel war eben ohne schweres Strafgericht davongekommen]. Andererseits ist die Schrift natürlich vor der Rückkehr geschrieben, also im Winter 539/8 [Duhm's Annahme, sie sei in Phoenikien geschrieben, ist ein seltsames Paradoxon]. Die Annahme einer Polemik gegen den Parsismus bei Deuterojesaja entbehrt jeder Begründung. Ueberhaupt ist irgendwelche tiefere Beeinflussung des Judenthums durch den Parsismus nicht nachweisbar, wie gerade das Buch von E. Stave, über den Einfluss des Parsismus auf das Judenthum, 1898 beweist. Die Ideen, in denen er persischen Einfluss sucht, sind ins Judenthum nachhaltiger erst im zweiten Jahrhundert v. Chr. eingedrungen.

114. So ist der Punkt erreicht, wo die nationale Religion mit vollem Bewusstsein den Anspruch erhebt, die einzig berechtigte für alle Völker zu sein. Auch hier ist es falsch, wenn man bei Deuterojesaja und überhaupt beim Judenthum auf den Monotheismus den Hauptnachdruck legt, trotz der scharfen Betonung der Alleinigkeit Jahwes. Das Wesentliche ist, dass dieser eine und allein existirende Gott eben Jahwe ist, der ganz persönliche Gott Israels. Nicht um einen Gegensatz zwischen ihm und anderen Göttern handelt es sich, sondern um den zwischen ihm und den wesenlosen Irrgestalten, den leblosen Schöpfungen ihrer eigenen Hand, welche die anderen Völker als Götter verehren. Der Nationalgott Israels, mit all seinen individuellen Zügen, mit allen Besonderheiten seines Cultus, soll der Gott aller Völker werden, alle Menschen sollen, wenn auch das Vorrecht des Samens Abrahams gewahrt bleibt, in Israel aufgehen. In der Praxis freilich führt das zu Consequenzen, die von der weltumspannenden Höhe der Theorie weit verschieden sind. Gerade weil Jahwe der Gott für alle Völker sein soll, empfindet man, etwas Besonderes zu sein, weit überlegen den blinden Heiden. Man soll sie bekehren, aber bis dahin sich durch die Berührung mit ihnen nicht beflecken: eine Ehe mit einer Götzendienerin vollends ist der schwerste Frevel an der Reinheit, die Jahwes Religion fordert. Bereits im Deuteronomium traten diese Anschauungen hervor (Bd. I. 476); jetzt werden sie mit

peinlicher Strenge durchgeführt. Man sieht, wie gerade der Universalismus zum Religionshass und schliesslich zum Religionskrieg führt — die Geschichtstheorie, welche die Eroberung Kanaans nach diesen Ideen behandelt, war ja längst dabei angelangt —, wie an Stelle der Nationalität die Religion das Distinctiv der Menschen wird. — Nur die Kehrseite der schroffen Ablehnung gegen die, welche nicht hören wollen, ist die Propaganda unter den »Heiden«. In der That hat dieselbe schon im Exil begonnen. Unter den Theilnehmern am Zug nach Palaestina fanden sich drei Geschlechter aus babylonischen Ortschaften, die nicht nachweisen konnten, dass sie aus Israel stammten. Selbst wenn es fortgeführte Palaestinenser gewesen sein sollten, würde es zeigen, dass das Proselytenthum schon stark entwickelt war; wahrscheinlich aber waren es Leute, die sich in Babylonien den Juden angeschlossen hatten. In den folgenden Jahrhunderten haben dann die in Babylonien zurückgebliebenen Juden, die sich weithin durch das Reich verbreiteten, zunächst nach Susiana und Medien, sehr viele Proselyten gewonnen. Für die volle Verwirklichung der neuen Ideen war es allerdings nöthig, dass aus dem Volk Jahwes eine Kirche wurde, dass die wiederhergestellte Gemeinde auf alle nationalen Aufgaben verzichtete, soweit sie nicht mit der Jahwereligion untrennbar verbunden waren. Dies ist das Resultat, zu dem die Entwickelung des nächsten Jahrhunderts geführt hat, sehr gegen die Wünsche und Hoffnungen des zurückgekehrten Volks.

Einrichtung des Gemeinwesens. Juden und Samaritaner. Die messianische Bewegung und der Tempelbau.

115. Das Wunder des Wüstenzuges trat nicht ein; die Karawane wird auf der grossen Heerstrasse den Tigris aufwärts und dann durch Mesopotamien und Nordsyrien gezogen sein. Statt eines Landes voll Milch und Honig, in dem Jahwe alle Schwierigkeiten ebnete und den Boden üppige Frucht

tragen liess, reichlicher womöglich als in dem verlassenen
Chaldaeerlande, fand man ein wüstes dürres Bergland, das
durch die fünfzigjährige Verödung vollends unwirthlich geworden war und schwere, Jahre lange Arbeit erforderte, wenn
es wieder eine grössere Bevölkerung ernähren sollte. Statt
dass aus aller Welt Israel neu gesammelt wurde und sich alle
Völker zu Jahwes heiligem Berge drängten, sassen missgünstige
Nachbarn ringsum. Zwar die Trümmer der Südstämme Kaleb,
Jerachme'el, Rekab, welche, von Edom gedrängt, sich in dem
verlassenen Lande angesiedelt hatten (§. 107), schlossen sich
den Rückkehrenden an: sie waren immer Unterthanen Judas
gewesen und begrüssten die Colonisten als Stärkung gegen
die feindlichen Nachbarn. Diese dagegen, Edom, Moab, Ammon, die Philister, sahen in ihnen unwillkommene Eindring-
linge, die ein Gebiet occupirten, das sie schon als ihre Beute
betrachteten. Und die Israeliten, die vermischt mit den assyrischen Ansiedlern in Samaria sassen, dachten nicht anders.
Sie verehrten Jahwe nach alter Weise auf den Berghöhen
und unter Bäumen, vor allem aber auf dem Gipfel des Garizim bei Sichem, sie hielten an den alten Cultusbräuchen und
Symbolen fest, sie duldeten daneben den Dienst anderer Götter.
In der Stadt Samaria selbst, wo die Nachkommen der von
Sargon und Assurbanipal angesiedelten Babylonier und Elymaeer den Haupttheil, wenn nicht die alleinige Bevölkerung
bildeten, überwog der Cult der Fremdgötter wahrscheinlich
den des Landesgottes. Ihnen gegenüber wollten die Nachkommen der israelitischen Stämme allerdings der ächte Same
Abrahams und das wahre Volk Jahwes sein: aber wie hätten
sie sich mit den Juden einigen können, mit denen sie Jahrhunderte lang in Feindschaft gelebt hatten, wie die Allein-
berechtigung des Emporkömmlings Jerusalem anerkennen, wie
das Gesetz [von 621] auf sich nehmen, das den Juden nur
Unheil gebracht hatte? Es kam hinzu, dass ihnen die rigorose
Exclusivität der Juden im Verkehr mit anderen Völkern und
die Verwerfung der Ehe mit Andersgläubigen ganz fernlag.
Eine Einigung war vollkommen ausgeschlossen.

Die Belege s. in m. Entst. d. Jud. Dass die Samaritaner am Tempelbau hätten Theil nehmen wollen, aber von Zerubabel und den Juden
zurückgewiesen wären (Ezra 4), ist Erfindung des Chronisten, die ebenso
sehr den authentischen Zeugnissen Tritojesajas wie den gegebenen Verhältnissen widerspricht. Ueber Samaria und Sichem s. Sirach 50, 26,
und dazu WELLHAUSEN, israel. u. jüd. Gesch. 148 A. 1.

116. Das den Juden überwiesene Gebiet umfasste den
Kern des altjüdischen Landes rings um Jerusalem, bis Mispa
und Jericho im Norden, Qeʻila, Betṣûr und Teqoaʻ im Süden;
die Thäler nach der Küste und nach dem Hafen Joppe blieben
in fremdem Besitz, ebenso im Süden Hebron. Auch so hatten
die Ansiedler Raum genug; nur im Norden sind manche in
das Gebiet der Nachbarprovinz nach Gibeʻon und Meronot
hinübergegangen, falls nicht vielmehr die Bevölkerung dieser Ortschaften sich im Gegensatz zu den Samaritanern der jüdischen
Gemeinde angeschlossen hat. Das Land wurde möglichst im
Anschluss an die ehemaligen Besitzverhältnisse vertheilt; nur erhielten jetzt auch die Nachkommen der ärmeren, ehemals besitzlosen Bevölkerung Landloose und wurden daher als Geschlechter
organisirt. Die im Lande Ansässigen, theils Juden, theils und
vor allem Angehörige der Südstämme, behielten natürlich, der
Weisung Ezechiels entsprechend, ihren oft sehr ausgedehnten
Grundbesitz. Aus ihnen sind meist die Obersten hervorgegangen,
die an der Spitze der Bezirke des Landes. standen (§. 38).
Dem jüdischen Gemeinwesen dagegen gehörte nur an, wer
von Israel abstammte, d. h. wer einem der alten oder der
neugebildeten Geschlechter zugehörte, sei es aus den Exulanten,
sei es aus den wenig zahlreichen Resten der im Lande zurückgebliebenen Judaeer. Denn noch dachte man nicht daran,
eine Kirche zu gründen; das Volk wollte man wieder herstellen oder wenigstens ein Bruchstück desselben, einen
»Rest«, der den Kern des demnächst zu erwartenden messianischen Reichs bilden sollte. Die nichtjüdischen Bewohner
des Gebiets schlossen sich als Proselyten (gêrîm) der Gemeinde
an; manche von ihnen, wie die Kalibbiten, sind sehr fromme
Jahweverehrer geworden. In der Hauptstadt nahmen die

Geschlechtshäupter oder »Aeltesten« ihren Wohnsitz, die den
Rath der Gemeinde bildeten und im Nothfall auch eine Volksversammlung beriefen. Ausserdem wurde jeder zehnte Mann
durchs Loos bestimmt, sich in Jerusalem niederzulassen, im
ganzen also etwa 3000 Mann. »Und das Volk segnete alle,
die sich freiwillig entschlossen, in Jerusalem zu wohnen.«
Noch war es kein Gewinn, sondern ein schweres, der Gemeinde
gebrachtes Opfer, in der heiligen Stadt zu leben. Auch sonst
stimmten die Verhältnisse gar wenig zu den Voraussetzungen
Ezechiels, an dessen Weisungen man sich nach Möglichkeit
zu halten suchte. Zwar Priester hatte man mehr als genug,
über 4000 in vier grossen Geschlechtern — man sieht, das
Amt hatte seinen Mann genährt; überdies mag auch die Absonderung gegen die Nachkommen der Hohenpriester bei der
Neueinrichtung nicht so streng durchgeführt sein, wie Ezechiel
vorgeschrieben hatte. Nur ein Theil von ihnen konnte gottes-
dienstliche Functionen übernehmen; die meisten wohnten als
Bauern in den Landorten. An ihre Spitze trat als »Hoher-
priester« mit gesteigerter Machtbefugniss Josua ben Joṣadaq,
der Enkel Serajas, des letzten Oberpriesters des alten Tempels.
Dagegen hatten die Lewiten wenig Neigung gehabt, sich den
neuen Verhältnissen einzuordnen; nur 74 hatten am Zuge
Theil genommen. Sie fanden allerdings Verstärkung durch
die Nachkommen der im Lande gelassenen Landpriester, z. B.
die Bnê Chenadad von Qeʻila. Zahlreicher waren die unteren
Tempelbeamten, Sänger, Thorhüter und Tempelsklaven —
letztere Nachkommen unterworfener Kanaʻanaeer, die jetzt trotz
Ezechiel (44, 9) legitimirt wurden. Alle diese Gruppen sind
später, nach Ezra, unter dem Namen Lewiten zusammengefasst
worden; erst dadurch hat der von der Theorie entwickelte
Unterschied zwischen diesen und den Priestern aus Aharons
Geschlecht einen realen Inhalt erhalten. Für die Einrichtung
und Ausstattung des Gottesdienstes brachte man durch eine
Collecte eine ansehnliche Summe zusammen, man errichtete
einen Altar, ja vielleicht hat Ŝinbaluṣur sogar mit dem Tempelbau begonnen — dann aber versagten die Kräfte vollständig.

Man hatte mit dem Bau und der Ausstattung des eigenen Hauses übergenug zu thun (Haggai 1, 4. 9), und bald kamen all die Nöthe über die neue Gemeinde, welche mit der ersten Einrichtung einer Colonie nothwendig verbunden sind, Misswachs und Dürre und in ihrem Gefolge die Hungersnoth (Haggai 1, 6. 10 f. 2, 16 f.). Dazu kam der Druck der Steuern an den König und der Abgaben für den Hofhalt des Statthalters, ferner die Nöthe der Kriegszeit unter Kambyses (Zach. 8, 10). So kam kein Mensch vorwärts. Aufs bitterste empfand man, dass die Zeit der Heimsuchung, die nun schon bald 70 Jahre währte (Zach. 1, 12), noch nicht zu Ende war; man beging nach wie vor die Trauerfeiern und Fasten der Zeit des Exils (Zach. 7). Es war eine trostlose Zeit, die vollste Enttäuschung nach all den stolzen Hoffnungen, mit denen man ausgezogen war.

117. Da änderte sich mit einem Schlage die ganze Weltlage. Rasch auf einander folgten die Erhebung des Smerdis (März 522), der Tod des Kambyses (März 521), die Ermordung des Magiers durch Darius (16. Oct. 521), und unmittelbar darauf der Aufstand aller östlichen Provinzen, vor allem zweimal hintereinander (Oct. 521 bis Februar 520 und Sommer 520 bis Januar 519) die Erhebung Babylons unter einem neuen Nebukadnezar. War das nicht die grosse Weltkatastrophe, welche, wie die heiligen Schriften lehrten, der Ankunft des Messias vorangehen sollte, die Selbstzerfleischung des heidnischen Weltreichs vor der Aufrichtung des Gottesreichs? Als immer neue Nachrichten kamen von der Verwirrung im Reich, von den Kämpfen innerhalb der herrschenden Nation selber für und wider Darius und den zweiten falschen Smerdis, da konnte kein Zweifel mehr sein. Zwar selbst Hand anlegen durfte man nicht; das war frevelhafte Ueberhebung, ein Versuch, Gott vorzugreifen, den Jahwe aufs schwerste strafte. Aber er selbst ging ans Werk; er hatte sein Herz dem Volk wieder zugewendet, die 70 Jahre der Knechtschaft waren um. Es galt sich vorzubereiten für die neue Herrlichkeit, für das Kommen Jahwes; und dazu war vor allem nöthig, dass der Tempel

aufrecht stand. »Die Leute sagen: Die Zeit zur Erbauung
des Tempels ist noch nicht gekommen,« aber am 1. Elul
(28. August) 520 ruft der Prophet Haggai zum Tempelbau
auf und spricht dem Zerubabel, dem Neffen und Nachfolger
Šinbaluṣur's, einem Enkel Jojakins, Muth zu: »Nur noch ein
Kleines, und ich erschüttere Himmel und Erde, Meer und
Festland, und ich erschüttere alle Völker, dass die Kostbarkeiten aller Völker herbeikommen, und ich erfülle dies Haus
mit Herrlichkeit.« »Ich erschüttere Himmel und Erde, stosse
den Königsthron um und zerschmettere die Macht des heidnischen Reichs und stürze um die Wagen und ihre Wagenkämpfer, dass Rosse und Reisige herabsinken, jeder durch das
Schwert des andern. An diesem Tage, spricht Jahwe, nehme
ich Dich, Zerubabel, Sohn des Šealti'el, meinen Knecht, und
halte Dich wie einen Siegelring; denn Dich habe ich auserwählt,
ist der Orakelspruch Jahwes der Heerschaaren.« Zerubabel, der
Spross Davids, der Neffe und Nachfolger Šinbaluṣurs, ist der ver-
heissene Messias, der König des neuen Gottesreichs. Dem armen
Prinzen mag bei der Bewegung schlimm genug zu Muthe gewesen
sein; aber völlig abweisen konnte er sie nicht. Am 24. Kislew
(17. Dec.) 520 legte er den Grundstein zum Tempel — in denselben Tagen, wo die Perser die Erhebung Babylons zum zweiten
Mal niederwarfen. Haggai ist von da an verstummt; sein
Genosse Zacharja, der sich den Kleingläubigen gegenüber auf
die Erfüllung der Worte der früheren Propheten berufen hatte,
liess den Muth noch nicht sinken. Noch am 13. Februar 519
sucht er die Muthlosen durch den Hinweis auf Jahwes Allmacht
und durch die Deutung visionärer Bilder, die babylonischen
Darstellungen und Ideen entlehnt sind, zu trösten; aus dem
Gold, das babylonische Juden der Gemeinde geschenkt haben,
lässt er die Krone für Zerubabel anfertigen. Aber das Wunder,
auf das er hoffte, trat nicht ein. Bald stand die Perserherrschaft fester als je, der Traum eines messianischen Reichs unter
Zerubabel war verflogen. Etwa im Frühjahr 519 kam Sisines,
Satrap von Syrien und Babylonien, zur Inspection nach Palaestina. Der Tempelbau schien ihm bedenklich; offenbar wusste

oder vermuthete er, was für Aspirationen dahinter standen.
Indessen da die Juden sich auf Kyros' Edict beriefen, wagte er
nicht einzuschreiten, sondern wandte sich an den König um
Instruction. Aber Darius liess die Juden gewähren. Er wusste,
dass eine Rebellion der Juden nicht zu befürchten war und
befolgte die traditionelle Politik des Reichs, indem er die religiösen Forderungen unterstützte. Er übernahm die Vollendung
des Tempels auf den königlichen Fiscus und gab überdies
Befehl, die Thiere zum Opfer für den König und sein Haus
täglich nach Angabe der Priester zu liefern. So ist der
Tempelbau das einzige Resultat der Bewegung gewesen; am
3. Adar (10. März) 515 wurde er vollendet. Die messianischen Hoffnungen mussten aufs neue auf eine unbestimmte
Zukunft vertagt werden; dass die äusseren Verhältnisse sich
doch gebessert haben, die Landstrassen sicher und die Ernten
gut sind, ist der einzige Trost, den Zacharja für die Gegenwart noch zu geben vermag (c. 7. 8).

> Ueber die Daten s. Forsch. II, 472 ff. und Entst. d. Jud. 79 ff. —
> Zu Haggai und Zacharja vgl. die treffliche Uebersetzung und Bearbei-
> tung von WELLHAUSEN, kleine Propheten (Skizzen und Vorarbeiten V)
> Den politischen Zusammenhang hat er nicht erkannt.

Die babylonische Judenschaft und die Gründung der jüdischen Kirche. Ezra, Nehemia und der Priestercodex.

118. Lange konnte auch dieser Trost nicht vorhalten.
Bald kamen wieder Nothjahre, Heuschreckenplagen, Miss-
ernten (Mal. 3, 10 f.). Immer weiter griff die Verschuldung
um sich; um die Steuern zu zahlen oder das tägliche Brot zu
kaufen, mussten nicht wenige ihre Söhne und Töchter in die
Schuldknechtschaft geben (Neh. 5). Von einer Aenderung der
Weltlage war nichts zu spüren; nur verloren jetzt auch die
Davididen ihre leitende Stellung — vielleicht hat es Darius doch
für gerathen gehalten, Zerubabel abzusetzen oder wenigstens
die Statthalterschaft seinen Nachkommen nicht mehr zu übertragen. Später haben die Perser den Posten ganz eingehen lassen.

Mit den Samaritanern kam es zum vollen Bruch. In einer
Schrift dieser Zeit wird den Ausländern, die sich an Jahwe
anschliessen, zugesichert, dass Jahwe sie nicht von seinem
Volk trennen wird; sogar den Eunuchen wird, im Widerspruch mit dem Deuteronomium, »ein Mal im Tempel und ein
ewiger Name verheissen, der besser ist als Söhne und Töchter«.
Aber der Bastardbrut, der Jahwe seine Arme weit ausgebreitet
hatte und die ihn verschmähen, die an ihrem Götzen festhalten und ihm sogar einen Tempel bauen wollen an un-
heiliger Stätte, die über ihre Brüder höhnen und sie verfolgen,
wird die Absage entgegengeschleudert. Sie sind nicht Jahwes
Volk, sondern eine abtrünnige Lügenbrut, Söhne eines Ehe-
brechers und einer Dirne, nicht besser als die »Völker des
Landes«, die Amoriter, Kana'aniter, Chetiter, die ehemals das
heilige Land bewohnten und die Jahwe um ihrer Greuel willen
ausgetilgt hat. So soll sie dasselbe Schicksal treffen sammt
ihren Götzen. Die Samaritaner setzten sich zur Wehr: schon
unter Xerxes richtete der Statthalter von Samaria eine Beschwerde über die Juden an den König. Dass die verhassten
Edomiter durch die Araber eine schwere Schlappe erlitten, war
zwar ein Trost (Mal. 1, 2. Jes. 63, 1 ff. Obadja), aber ein dürftiger: denn man profitirte davon nichts. Der Glaube ist stärker
als alle Erfahrung, und so hielt man an den glänzenden Verheissungen, an der herrlichen Zukunft des messianischen Reichs,
wo alle Völker zu Jahwe nach Jerusalem kommen werden,
unerschütterlich fest. Aber schwer empfand man überall den
Contrast zwischen den Prätensionen, mit denen man auftrat
und alle Nachbarn vor den Kopf stiess, und der trostlosen
Lage der Gegenwart. Gründe für das Ausbleiben der göttlichen Gnade liessen sich immer auftreiben: dass man die
Sabbate nicht heiligte, fremde Weiber heirathete, ungenügende
Zehnten und schlechte Opferthiere brachte, wie sie der Statthalter nicht annehmen würde, dass man die Armen bedrückte
und auf seinen Vortheil bedacht war, sich auf Fasten und
Kasteiungen etwas zu Gute that, statt Werke der Liebe gegen
seine Brüder zu üben, dass die Priester ungerechte Entschei-

dungen, eine falsche Tora gaben. Derartige Vorwürfe sind
in einer kleinen Broschüre (dem Maleachibuch) zusammengestellt, deren Verfasser ein Prophet sein will und im Namen
Jahwes spricht, aber bezeichnend genug anonym — es gibt
ja auch keine Ereignisse mehr, bei denen ein Volksredner mit
dem Einsatz seiner ganzen Persönlichkeit hätte auftreten
können, und so entbehren alle diese Sprüche des bestimmten
Anlasses, der bei den ächten Propheten nie fehlt. Ausführlicher
wird, neben der Auseinandersetzung mit den Samaritanern,
das gleiche Thema in den Strafreden und Verheissungen behandelt, welche der Schrift Deuterojesaias angehängt sind und
die man jetzt als Tritojesaja bezeichnet (§. 113 A.) — entstanden ist sie vielleicht erst in der Zeit Ezras. Aber all
diese Argumente und die Vertröstungen auf den Tag des
Kommens Jahwes konnten nicht viel nützen: so verkehrte
die Frage: »warum fasten wir und Du siehst es nicht, ka-
steien uns und Du merkst es nicht?« (Jes. 58, 3) sich nicht
selten in den Verzweiflungsruf: »es ist nutzlos, Gott zu dienen,
und was haben wir davon, dass wir seine Vorschriften beobachtet haben und im Trauergewande vor Jahwe dem Herrn
gewandelt sind? Jetzt müssen wir die Frechen glücklich
preisen; sie sind gediehen, obwohl sie Böses thaten, sie
haben Gott auf die Probe gestellt und sind straflos davon
gekommen.« »Wer Böses thut, ist gut in den Augen Jahwes,
und solche Leute hat er gern; oder wo bliebe der Gott des
Gerichts?« (Mal. 3, 14 f. 2, 17). Es ist begreiflich, dass gar
manche und gerade die Bessersituirten die Dinge nahmen, wie
sie lagen, dass sie den praktischen Aufgaben des Tages sich
zuwandten, dass die Häupter der Laien wie der Priesterschaft
Frieden suchten mit den Nachbarn und sich mit ihnen ver-
schwägerten, wenn auch dem einen und dem andern das
Gewissen dabei schlagen mochte. Die neue Gemeinde gerieth
in vollständige Stagnation, aus der sie sich mit eigenen
Kräften nicht mehr herausreissen konnte.

119. Die Wendung kam von Babylon. Die in Babylonien
zurückgebliebenen Exulanten hatten wesentlich andere Bedürf-

nisse als die Judengemeinde daheim. Natürlich hofften auch
sie auf die Herrlichkeit der messianischen Zeit; aber einstweilen ging es ihnen auch so ganz gut. Sie prosperirten und
breiteten sich aus und gewannen Einfluss auch bei Hofe, wo
nicht wenige Juden Dienste nahmen und sich beim König beliebt zu machen verstanden. Sie waren fromme und eifrige
Jahweverehrer, um so mehr, da sie mitten unter Andersgläubigen lebten: die Zugehörigkeit zum Volke Jahwes war
die Grundlage ihrer geistigen Existenz, auf ihr beruhte es,
dass sie sich den Völkern, unter denen sie wohnten, überlegen fühlten und des göttlichen Segens auch in den Dingen
dieser Welt sicher waren. Jerusalem war für sie das Centrum
der Welt; nicht selten mögen sie schon in der persichen Zeit
zum Tempel gepilgert sein, ebenso wie sie den Brüdern in
der Heimath Unterstützungen zukommen liessen (Zach. 6, 10;
vgl. Ezras Collecte §. 122). Aber die Entwickelung, welche die
Dinge hier genommen hatten, konnte ihnen nicht genügen. An
der hochheiligen Stätte, wo der Schöpfer und Regierer der Welt
seinen Wohnsitz hatte, musste sein Wille voll durchgeführt
sein, unbekümmert um alle irdischen Hindernisse. Hier durfte
keinerlei Unreinheit und Befleckung geduldet werden, hier
durfte nur das Gesetz herrschen, das allein die Sicherheit gab,
dass Jahwes Gnade dauernd seinem Volke zugewandt war und
keine neue Katastrophe eine nochmalige Vernichtung auch des
»Restes« herbeiführte. Ihre Existenz beruht nicht darauf,
dass die irdischen Verhältnisse in Palaestina gebessert wurden
und das Volk als Nation wiederhergestellt ward, sondern
darauf, dass das Judenthum als Religion durchgeführt
wurde und diese Religion tadellos functionirte. Waren die
Juden Palaestinas nicht im Stande, aus eigener Kraft das
Ziel zu erreichen, so mussten die Brüder im Reich eingreifen
und sie zwingen: sie durften hoffen, die Macht des Königs
für diese Zwecke gewinnen zu können. Die Ordnung, welche
es durchzuführen galt, hatte der Priester Ezra in einem »Buch
der Tora Moses« niedergelegt. Dies Gesetzbuch, von uns der
Priestercodex genannt, ist ein Sammelwerk, das mehrere Ent-

würfe und Bearbeitungen aufgenommen hat (darunter das
Sinaigesetz §. 111); es bildet den Abschluss und die Zu-
sammenfassung der systematisirenden Thätigkeit, die mit
Ezechiel begonnen hatte.

> Dass Ezra »der Schreiber des Gesetzes des Himmelsgottes« ist, sagt
> Artaxerxes in seinem Erlass ausdrücklich (Ezra 7. 12. 21, vgl. 25; um-
> gedeutet vom Chronisten 7. 11 und von den Auslegern); dass sein Ge-
> setzbuch der Priestercodex [nicht der Pentateuch] ist, ist wohl ausser
> von WELLHAUSEN jetzt allgemein anerkannt; vgl. Entst. d. Jud. 206 ff. —
> Der Priestercodex umfasst ausser dem historischen Rahmen die Gesetze
> Exod. 12. 25—31. 35—40. Lev. ganz [mit Einschluss des Sinaigesetzes
> c. 17—26 und dem Nachtrag c. 27]. Num. 1—10.10. 15—19. 27—36.
> Einzelne Stücke, wie Exod. 29, 88 ff. 30, 11 ff., Lev. 16, Num. 9. 28—31.
> 36 u. a. sind Ueberarbeitungen und Nachträge, die noch nach Ezra hinzu-
> gekommen sind.

120. Das Gesetzbuch ist, wie Ezechiels Entwurf, ein durchaus doctrinäres Werk. Wo es gilt, das Princip durchzuführen,
scheut es vor keiner Consequenz zurück. Nach dem Vorbild
der älteren Literatur und des deuteronomistischen Geschichtswerks trägt es das Gesetz im Rahmen der Weltgeschichte
vor. Es setzt ein mit der Schöpfungsgeschichte, die zwar an
den uralten Chaosmythos (§. 83) anlehnt, aber die mythischen
Züge fast völlig beseitigt hat. Aus dem uranfänglichen Wirr-
warr, da Finsterniss herrschte und Gottes Geist über den
Wassern brütete, hat Gott die lichte, wohlgeordnete Gotteswelt
geschaffen, die im Menschen, dem Ebenbilde Gottes, gipfelt.
Am Schluss seines Werkes, am siebenten Tage, ruhte Gott
aus: der Sabbat, das Distinctiv des Judenthums, wird hier
zu einem Grundpfeiler der Weltordnung. Ebenso wird das
Grundgebot der jüdischen Speisegesetze, das Verbot des Blut-
genusses, in Noah der gesammten Menschheit auferlegt. In
kurzer Folge, mit Ausscheidung alles Legendarischen und Individuellen, mit Beseitigung all der Züge, welche den fortge-
schrittenen ethischen oder religiösen Forderungen widersprechen
— der Verfasser will die alte Ueberlieferung nicht geradezu
aufheben, aber er schiebt sie bei Seite —, wird der Ueberblick der Urgeschichte und die Berufung des auserwählten

Samens Abrahams aus den Völkern berichtet. Die Beschneidung, das zweite »Zeichen« des Judenthums, wird als Bundeszeichen zwischen Gott und Abraham eingesetzt. Aber erst am Sinai offenbart Jahwe seinen Namen und gibt die Gesetze, nach denen sein Volk leben soll — nicht mehr ein Staat, sondern eine kirchliche »Gemeinde« (ʽeda), daher ohne weltliche Einrichtungen und ohne politisches Oberhaupt, dagegen mit dem Hohenpriester an der Spitze, dessen Bedeutung und Machtbefugniss ins Ungemessene gesteigert wird. Die Occupation und schematische Vertheilung des Landes der Verheissung unter die Stämme bildet den Abschluss; von einem Krieg mit den Kanaʽanaeern ist nicht die Rede, das Land wird vielmehr unbewohnt gedacht wie vor der Rückkehr aus dem Exil. Auch sonst tritt die Beziehung auf die Gegenwart durchweg hervor: Abraham ist aus der Chaldaeerstadt Ur in Babylonien ausgezogen, Palaestina ist ein armes Land, »das seine Bewohner frisst«, seine Einwohner sind Chetiter nach assyrischem Sprachgebrauch; die Sünden der Gegenwart, die Ehen mit heidnischen Weibern, die Verletzung der absoluten Sabbatruhe, die Anmassung priesterlicher Rechte durch Laien sind auch die grossen Verbrechen der mosaischen Zeit, die darauf gesetzten Strafen werden in abschreckenden Exempeln zur Schau gestellt.

121. Das wichtigste Charakteristicum des Priestercodex ist, dass er für die Masse der Gläubigen den Gottesdienst von den alten Grundformen des religiösen Lebens und des Verkehrs mit der Gottheit, dem Opfer und dem Altar, völlig losgelöst hat. Zwar ein Zustand ohne Tempel und regelmässige Opfer ist auch für ihn auf die Dauer unmöglich. Aber das ist ihm nicht mehr die natürliche und selbstverständliche Form des Cultus, sondern etwas Specifisches, von Jahwe erst am Sinai bei der Begründung der Gemeinde zugleich mit seinem Namen offenbart; vorher gab es keinen Opferdienst, die Patriarchen wussten nichts davon. Und auch in Zukunft geht er den Laien nur in so weit an, als er dafür zu steuern, Zehnten und Abgaben zu liefern hat. Er wird von den Prie-

stern Tag ein Tag aus nach genau bestimmten Satzungen
vollzogen, zwar ein unentbehrlicher Heilsapparat, der aber gewissermassen von selbst abläuft, ohne Zuthun der Menschen.
Wer in Jerusalem oder Palaestina lebt und seine Opfergaben selbst an die Priester abliefert, kann sich wenigstens
an der Anschauung der heiligen Stätten und der unmittelbaren Nähe Jahwes erbauen; bei den Juden in der Diaspora,
in Babylonien, kommt die Sehnsucht danach in den Gedichten
der späteren Zeit oft ergreifend zum Ausbruch und führte
nicht selten zu dem Entschluss, mit Ueberwindung aller
Hindernisse eine Pilgerfahrt auszuführen. Aber im übrigen
besteht ihr religiöses Leben in der Beobachtung aller von
Jahwe geforderten Riten, vor allem der Beschneidung, der Rein-
heits- und Speisegebote und der Sabbatruhe. Hinzu kommen
das Gebet und die Festfeiern — denn auch diese sind in
nothwendiger, wenn auch damals nicht geahnter Consequenz
des deuteronomischen Gesetzes vom Opfer und Tempel losgelöst. Ausdrücklich gibt der Priestercodex ihre Feier überall
frei, er verwandelt das Passah aus einem Volksfest an heiliger
Stätte in ein im Hause gefeiertes Familienfest. Die Consequenz der Erhebung des exclusiven Jahwe von Jerusalem
zum alleinigen Gott und der starren Concentration des Gottesdienstes auf den éinen Tempel ist, dass fortan der Jude überall
in der Welt mit seinem Gott in Verbindung treten kann.
Was vom Juden, gilt auch vom Proselyten, der wie im Sinaigesetz (§. 111) dem »Landeseingeborenen« religiös vollständig
gleichgestellt wird. Aber der regelmässige und correcte Gang
des Opferdienstes auf dem Tempelberg ist die Manifestation
Gottes in der Welt, die Garantie seiner Gnade und seines
Weilens unter seinem Volke und damit auch des kommenden
Heils. Daher ist das Opfer wenn nicht mehr die unentbehrliche
Grundlage so die Krone des Judenthums, der Schlussstein
seines religiösen Aufbaus. So kommt es, dass Ausgang
und Mittelpunkt des Gesetzbuchs weder ethische Vorschriften
noch religiöse Offenbarungen über das Wesen der Gottheit
bilden, wie im Deuteronomium, sondern die Errichtung des

Heiligthums, das in der Form der transportablen »Stiftshütte«
in die mosaische Zeit zurückdatirt wird, und die detaillirte
Beschreibung des Opferrituals und der Functionen der Priester.
So erklärt es sich aber auch, dass dies Gesetzbuch nicht aus
dem Jerusalemer Cultus und den Bedürfnissen der Juden Palaestinas hervorgegangen, sondern ihnen von den babylonischen Juden aufgezwängt worden ist.

122. Den Anstrengungen der babylonischen Judenschaft
ist es gelungen, die Organe des Reichs und den König selbst
für ihre Ziele zu gewinnen. Alle Hebel der Ueberredung und
Bestechung wird man in Bewegung gesetzt haben; ausserdem verstand man es, dem König von der Macht und Bedeutung des Himmelsgottes von Jerusalem einen hohen Begriff beizubringen und ihm durch zuversichtliches, gottergebenes
Auftreten zu imponiren (Ezra 8, 22). In einer Staatsraths-
sitzung zu Anfang des J. 458 genehmigte Artaxerxes I. die
ihm vorgelegten Anträge und entsandte Ezra in einer Mission,
»um über Juda und Jerusalem eine Untersuchung anzustellen
nach dem Gesetz Deines Gottes, das in Deiner Hand ist«.
Dieses Gesetzbuch, das er geschrieben hat und besitzt, wird
von Reichs wegen als »Königsgesetz« für das Volk in der Provinz Syrien, d. h. für die Juden in Palaestina, eingeführt.
Den babylonischen Juden, die mitten unter Fremden sitzen,
kann es nicht als rechtlich bindend auferlegt werden; wollen
sie es freiwillig auf sich nehmen, so wird sie niemand daran
hindern. In Palaestina dagegen soll Ezra Richter einsetzen,
die danach Recht sprechen, und Jedem den Process machen,
der »das Gesetz Deines Gottes und das Gesetz des Königs
nicht befolgt«. Dem Tempel wurde ausser reichen Geschenken
die Steuerfreiheit seiner Priester und Bediensteten verliehen,
ferner Ezra die Erlaubniss gewährt, für ihn eine Collecte in
Babylonien zu veranstalten. Wer von den babylonischen
Juden sich ihm bei dem Zug in die Heimath anschliessen will,
mag es thun. »Gepriesen sei Jahwe, der Gott unserer Väter,«
ruft Ezra in dem Bericht über seine Thätigkeit aus, nachdem
er die Urkunde mitgetheilt hat, »der Derartiges dem König in

den Sinn gab, den Tempel Jahwes in Jerusalem zu verherrlichen, und der mich Gnade finden liess vor dem König und
seinen Ministern und all den grossen Beamten des Königs!«

123. Im Hochsommer 458 ist Ezra mit seiner Karawane
in Jerusalem eingetroffen. Etwa 1760 babylonische Juden
hatten sich ihm angeschlossen, darunter auch eine Anzahl
Leviten und Tempeldiener, die schliesslich für den Zug gewonnen waren. Er fand die Zustände für seine Aufgabe wenig
günstig. Zwar die Masse war fromm genug; aber es ging
ihr gar zu schlecht, und schliesslich musste sie doch zunächst
leben. Die Vornehmen aber, Priester wie Laien, waren vollends von weltlichen Interessen beherrscht und standen in
Verkehr und Eheverbindung mit den Götzendienern von Sichem
und den übrigen Nachbarn. Dem musste zunächst ein Ende
gemacht, aller heidnischer Greuel gründlich abgethan werden,
ehe an die Einführung des Gesetzbuchs und seiner rigorösen
Forderungen zu denken war. Vier Monate hat Ezra gewartet
und das Terrain recognoscirt, bis er vorzugehen wagte. Dann
liess er sich öffentlich die Mittheilung der frevelhaften Ehe-
bündnisse machen und spielte vor den Augen des zusammen-
geströmten Volks den Ueberraschten und Verzweifelten. Sein
Jammern und seine Thränen erreichten ihren Zweck: den
Sündern schlug das Gewissen, von den überraschten und
isolirten Gegnern wagten nur Wenige den Mund aufzuthun.
Mit überwältigender Mehrheit nahm eine aus dem ganzen
Lande zusammenberufene Volksversammlung den Beschluss
an, die fremden Weiber und die von ihnen gezeugten Kinder
zu verstossen (Dec. 458). Mit der Durchführung der Massregel wurde eine von Ezra ausgewählte Commission beauftragt, die während des Winters ihre Aufgabe erledigte. Am
Ziel freilich war man damit noch nicht; die Gegner waren
wohl eingeschüchtert, aber nicht überwältigt, und vor allem
wollten die Samaritaner den ihnen angethanen Schimpf nicht
dulden. Ein feindlicher Zusammenstoss stand zu erwarten;
und so kam Ezra zu der Einsicht, dass er, ehe er weiter
gehen könne, zunächst für die äussere Sicherheit und Unab-

hängigkeit der Gemeinde sorgen müsse: er ging daran, die Mauern Jerusalems wieder aufzubauen.

Von den Memoiren Ezras ist uns Ezra 7, 11—9, 15 ein Stück wörtlich (den Eingang hat der Chronist durch seine eigenen Ausführungen 7, 1—10 ersetzt), c. 10 in Umsetzung in die dritte Person erhalten. Dann liess die Quelle den Bericht über den Mauerbau und seine Vereitelung mit den zugehörigen Urkunden Ezra 4, 6—23 folgen; diesen Abschnitt hat der Chronist vorweggenommen, weil er ihn auf den Tempelbau bezog. So klafft bei ihm zwischen Ezra 10 und Neh. 1 eine Lücke von 12 Jahren 8 Monaten. Dann folgt ein grosses Stück aus Nehemias Memoiren wörtlich: Neh. 1—7. Mitten in die von Nehemia mitgetheilte Liste der Zurückgekehrten [vgl. §. 112 A.] hat bereits die Quelle des Chronisten die Geschichte der Einführung des Gesetzes Neh. 8—10 eingelegt, offenbar aus Ezras Schrift; die sehr ungeschickte Uebergangsphrase 7, 73. 8, 1 a hat der Chronist irrthümlich mit nach Ezra 2, 70. 3, 1 hinübergenommen, wo er die Liste bei der Rückkehr unter Kyros schon einmal mittheilt und c. 3, 4 auch das Laubhüttenfest aus Neh. 8 anbringt. So unpassend die Geschichte der Gesetzeseinführung eingelegt ist, chronologisch steht sie am richtigen Ort: die von Nehemia berufene Versammlung 7, 5 ist dieselbe, in der 8, 1 ff. das Gesetz verlesen wird. — Aus dem Schluss der Memoiren Nehemias hat der Chronist, und z. Th. wohl schon sein Vorgänger, nur noch Bruchstücke erhalten: 12. 31. 32. 37—40. 13, 4—31, die er durch eigene Phantasie erweitert (12, 27—30. 33—36. 41—47; woher 13, 1—3 stammt, ist unklar). Dazwischen stehen fast völlig werthlose Bevölkerungs- und Geschlechtslisten 11. 3—19. 21—36. 12, 1—26. [Neh. 11, 1. 2. 20 gehören zur Liste der Zurückgekehrten cp. 7.]

124. Damit bot er den Gegnern die Handhabe zu seinem Sturz. Von dem Mauerbau stand in seiner Vollmacht nichts: hier konnte man einsetzen und ihm die Gunst des Königs entziehen, auf der allein seine Stellung beruhte. In einer Eingabe an den König machte Rechûm, der Statthalter von Samaria, unterstützt von der gesammten Bevölkerung seines Gebiets, ihm Mittheilung von dem Unterfangen, zu dem die Juden sich verstiegen hatten, die er ihnen über den Hals geschickt hatte, und setzte ihm die Gefahr auseinander, die dadurch dem Reiche drohe: Jerusalem sei immer eine Rebellenstadt gewesen, werde es befestigt, so werde es dem König keine Abgaben mehr zahlen und seine Herrschaft über Syrien

aufs schwerste gefährden. Die Vorstellung wirkte: Artaxerxes,
um seine Einkünfte besorgt, gab Befehl, den Mauerbau sofort
einzustellen. Rechûm und die Samaritaner erfüllten ihn mit
Freuden: die Thore wurden verbrannt, die Zinnen niedergeworfen, Breschen in die Mauern gelegt. Das halbvollendete
Werk lag aufs neue in Trümmern. — Damit war Ezras
Autorität gebrochen. Er war keine geniale, nicht einmal eine
bedeutende Persönlichkeit, völlig ausser Stande, die Massen
zu elektrisiren und im Unglück aus sich selbst neue Kräfte
zu schöpfen: über den starren Formalismus und die äussere
Correctheit, die sein Gesetzbuch beherrschen, reichte sein gei-
stiger Horizont nicht hinaus. Der Anhang, den er aus Babylonien mitgebracht und im Lande gewonnen hatte, war nicht
stark genug, und weitere Machtmittel besass er nicht: im
Namen des Königs konnte er nicht mehr drohen, wo dieser
ihn desavouirt hatte. So erhielt die Gegenströmung auch im
Innern wieder Oberwasser, an eine Einführung des Gesetzes
war nicht zu denken. Sein Gott, so schien es, hatte ihn
völlig im Stich gelassen.

125. So wäre die Bewegung vielleicht gänzlich im Sande
verlaufen und die jüdische Gemeinde nie aus dem Schwanken
herausgekommen, hätte nicht das Reich noch ein zweites Mal
eingegriffen. Ein jüdischer Mundschenk des Königs, Nehemia,
wurde durch die Kunde von der Verwüstung Jerusalems, die
ihm im December 446 [1]) einer seiner Brüder brachte, so ergriffen,
dass es dem König auffiel. Als Nehemia ihm den Grund seiner
Trauer erzählte, gewährte er ihm die Bitte, Jerusalem wieder aufzubauen, und entsandte ihn als Statthalter nach Judaea. Nehemia
war ein klarer Kopf, der Menschen und Dinge richtig zu behandeln
verstand, erfüllt von felsenfestem Glauben an die Lehren der
heiligen Schriften, überzeugt, dass was der Priester fordere,
Gottes Wille sei, ohne weiter darüber zu grübeln, der ächte

---

[1]) Die lange Pause erklärt sich wahrscheinlich dadurch, dass in
die Zwischenzeit (bald nach 450) der mehrjährige Aufstand des Megabyzos in Syrien fällt (§. 420), durch den die Verbindung zwischen Palaestina und dem Hof von Susa unterbrochen wurde.

Typus eines Laien, der berufen ist, die Macht der Kirche und
des Priesterthums zu begründen. Für die heilige Sache konnte
er ausser seiner energischen Persönlichkeit und seinem offenbar recht ansehnlichen Vermögen die Autorität des Königs in
ganz anderer Weise einsetzen als 13 Jahre vorher Ezra. Unge-
säumt ging er ans Werk. Am dritten Tage nach seiner Ankunft (Juli 445) recognoscirte er bei Nacht den Zustand der
Mauern und rief dann sofort die Häupter des Volks auf, mit
dem Werk zu beginnen. Aus Stadt und Land strömte die
Bevölkerung zum Mauerbau zusammen, Vornehme und Geringe;
auch die Gegner der Reform, wie der Hohepriester Eljašib,
konnten sich der Bewegung nicht entziehen, nur wenige, wie
die Magnaten von Teqoaʿ, hielten sich zurück. Durch Verzicht auf alle ihm als Statthalter zustehenden Einkünfte,
durch Durchsetzung eines allgemeinen Schuldenerlasses, der
den vom Steuerdruck schwer getroffenen Armen Freiheit und
Eigenthum zurückgab, gewann er die Stimmung vollends für
sich. Die Samaritaner, an ihrer Spitze Sinuballiṭ von Bet-
choron (n. w. von Jerusalem) und Ṭobia »der ammonitische
Knecht«, beide mit vornehmen Juden verschwägert, sowie
Gošam »der Araber« (§. 86), hatten zunächst über das ohnmächtige Werk gehöhnt; bald begannen sie zu drohen, sie versuchten Unzufriedenheit zu erregen, mit Hülfe ihrer Gesinnungsgenossen in der Stadt und der Nachbarstämme, der Ammoniter, Araber, Asdoditer, die Bauleute zu überfallen oder Nehemia in ihre Gewalt zu locken. Aber dieser liess sich durch
nichts anfechten und sicherte sich gegen einen Angriff; binnen
52 Tagen war die Mauer vollendet. Auch innerhalb der Gemeinde gingen die Wogen hoch. Noch einmal regte sich die
messianische Hoffnung; Propheten traten auf, die bereit waren,
Nehemia zum »König in Juda« auszurufen, ihn als Messias
zu begrüssen — wie er glaubt, von den Gegnern aufgestellt;
aber wahrscheinlich waren es ehrliche Fanatiker, die keine
Ahnung hatten, dass ihr Thun nur den Erfolg haben konnte,
das Gotteswerk zu vernichten. Doch für Nehemia bestand
die Versuchung nicht, der ein Zerubabel sich nicht ganz hatte

entziehen können; ruhig und sicher führte er die Mission zu
Ende, mit der der König ihn betraut hatte.

126. Gleich nach Vollendung der Mauer berief Nehemia
eine Volksversammlung, um für die Vermehrung der noch sehr
geringen Bevölkerung der wiederhergestellten Stadt Massregeln
zu ergreifen. In dieser Versammlung wurde der Antrag gestellt, Ezra aufzufordern, sein Gesetzbuch herbeizubringen und
zu verlesen (1. Tišri). Das geschah; während der nächsten
Tage wurde die Verlesung fortgesetzt, das Laubhüttenfest nach
den Satzungen des Priestercodex gefeiert, und am 24. Tišri,
nach einem grossen Bussfest, die Urkunde unterzeichnet, durch
welche sich das gesammte Volk feierlich zur Befolgung des Gesetzes verpflichtete, an der Spitze Nehemia und ein gewisser
Şidqia (vielleicht der Vorsitzende des Raths), dann die Ober-
häupter der Geistlichkeit und der Laien, die mit den Namen ihrer
Geschlechter unterschrieben. Sie gelobten, kein Ehebündniss
mit den »Landbewohnern« einzugehen, am Sabbat und anderen
Festtagen den Landbewohnern keine Waaren abzukaufen, das
Sabbatjahr und den Schuldenerlass in demselben zu beobachten,
endlich jährlich eine Kopfsteuer von ⅓ šeqel (0,4 Mark) an den
Tempel zu zahlen, die Holzlieferungen für das Opferfeuer familien-
weise zu vertheilen, an die Priester die Erstlinge von Frucht
und Vieh und die Ehrenportion von Brot, Most und Oel, an die
Lewiten den Bodenzehnten zu liefern, wie der Priestercodex
vorschreibt — die Lewiten haben wieder den Zehnten davon
an die Priester abzugeben. Dadurch wird zugleich der regelmässige Gang des Gottesdienstes und die materiell unabhängige
Existenz der amtirenden Priesterschaft und des Cultuspersonals
gesichert. Es bedarf kaum der Bemerkung, dass dieser entscheidende Act auf Veranlassung und unter energischer Mitwirkung des Statthalters Nehemia vollzogen ist: er ist das
Ziel, für das all sein Thun nur die Vorbereitung war. Aber
mit Absicht hat er sich bei dem Vorgang selbst völlig zurückgehalten: nicht auf Befehl der Regierung, sondern freiwillig
sollte das Volk das Gesetz Jahwes auf sich nehmen, das Ezra
aus Babel mitgebracht hatte.

Das Judenthum in der späteren Perserzeit. Die Samaritaner.

127. Durch den Act vom 24. Tišri (30. October 445) ist das Judenthum begründet worden. Die nationalen Aspirationen, praktisch längst zur Chimäre geworden, sind auf die Wunderzeit des Messias verlagt; für die Gegenwart hat sich eine Kirche und mit ihr zugleich ein Kirchenstaat, oder wie wir mit einem von Josephus (c. Ap. II, 165) geprägten Ausdruck zu sagen pflegen, eine Theokratie an ihre Stelle gesetzt. Dieser Kirchenstaat hat die Fremdherrschaft zur Voraussetzung. Die Stelle des weltlichen Oberhaupts der Gemeinde, des »Fürsten«, die noch Ezechiel, wenn auch mit sehr beschränkter Machtbefugniss, in Aussicht nahm, die zu Anfang der persischen Zeit unter Sinbalusur und Zerubabel noch halbwegs bestand, ist weggefallen. Die persische Regierung hat der Gemeinde die Sorge um die äussere Politik, um das Heerwesen und die Sicherheit von Leben und Eigenthum abgenommen und erhebt dafür den Tribut. Die inneren Verhältnisse, die Rechtsprechung, soweit nicht die Reichsorgane in dieselbe eingreifen, und die Gemeindeverwaltung hat sie der Gemeinde überlassen und ihr die Ausübung ihres Gottesdienstes in den Formen garantirt, die die religiöse Partei oder vielmehr die babylonische Judenschaft gefordert hatte. Dem entspricht es, dass die religiösen Interessen überall voran stehen und rücksichtslos durchgeführt werden. Die Priester, früher die Diener der Volksangehörigen, ein Berufsstand ohne Grundbesitz, ohne wahren Geschlechtsverband, den Schutzbefohlenen näher stehend als den Vollbürgern, werden jetzt der erste Stand, die Elite des Volks, reichlich mit Einkünften ausgestattet — die Theorie, die freilich nicht ausführbar war, weist ihnen sogar zahlreiche Ortschaften als Eigenbesitz zu —; sie erhalten die Führung im Rath der Aeltesten, der die Verwaltung und Rechtsprechung ausübt. An ihrer Spitze steht der Hohepriester, dessen Befugnisse der Priestercodex, in dem er unter der Maske des Aharon erscheint, ins Ungemessene gesteigert

hat; er allein tritt in unmittelbare Berührung mit Jahwe und
vertritt ihm gegenüber die Gemeinde, er ist ihr geistliches und
damit zugleich ihr weltliches Oberhaupt. Das »übrige Volk«,
die Laien, ist eigentlich nur dazu da, den Priestern zu zinsen,
damit diese den Tempeldienst regelmässig vollziehen können,
der den Mittelpunkt der Weltordnung bildet; sie müssen froh
sein, dass ihnen vergönnt ist, dabei zuzuschauen und den
Chor zu bilden. Im übrigen haben sie die Verheissung für
die Zukunft — wann sie eintreten wird, vermag niemand zu
ergründen. Dafür haben sie tagtäglich bei allem, was sie
thun und treiben, eine Fülle absurder Vorschriften zu beobachten, nicht weil dieselben einen sittlichen und religiösen
Werth hätten, sondern weil so einmal Jahwes Wille ist; nach
ihrer inneren Berechtigung auch nur zu fragen, wäre frevelnde
Vermessenheit. — Während der nächsten Jahre ist das Gesetz
zum Abschluss gebracht, indem man das neue Gesetzbuch
mit den älteren Büchern durch eine überarbeitende Redaction,
die sich bemühte, ihre Vorlagen möglichst vollständig aufzunehmen, zu einem einzigen Werk, den fünf Büchern der Tora
Mose's, zusammenarbeitete und einige Nachträge hinzufügte.

128. Freilich fehlte viel, dass nun das Leben nach dem
Gesetz mit einem Schlage hätte durchgeführt werden können.
Alles was noch naturwüchsig empfand, sträubte sich gegen
den furchtbaren Zwang. Als Nehemia nach zwölfjährigem
Regiment 433 an den Hof zurückkehrte, kam überall eine
laxere Praxis auf, so dass Nehemia sich noch einmal entsenden liess, um den Missbräuchen ein Ende zu machen. Die
Bauern wollten am Sabbat, dem natürlichen Markttag, ihre
Erzeugnisse in Jerusalem zu Markt bringen, tyrische Händler
brachten Fische und andere Waaren, bis Nehemia einfach
den ganzen Tag die Thore sperren liess. Dagegen konnte
auch er die Ehen mit fremden Weibern aus Ašdod, Ammon,
Moab nicht völlig beseitigen, und der dadurch herbeigeführte
Untergang der hebräischen Sprache, über den er klagt, ist
rasch und vollständig eingetreten; hier hat gerade der Aufschwung der Gemeinde und die wachsende Zahl der Pro-

selyten die Entwickelung gefördert. Die Hauptschwierigkeit machte die Priesterschaft: hier wie so oft (vgl. Bd. II, 461) hat der Stand, dem der Gewinn aus der Bewegung zufiel, sie weder hervorgerufen noch gefördert, sondern energisch bekämpft. Der Hohepriester Eljašib hat offenbar nicht geahnt, welcher Zuwachs auch an materieller Macht ihm und seinem Hause zufliessen würde; er empfand nur den Druck des unerträglichen Zwanges. Am Mauerbau hatte er sich betheiligen müssen; sonst wird er bei keiner der Massnahmen dieser Zeit genannt, vielmehr stand er offenbar unter denen, die sie im geheimen bekämpften, in erster Linie. Mit den Häuptern der Samaritaner war er eng liirt: dem Ṭobia hat er die Einziehung der Gefälle an die Priesterschaft übertragen und eine Kammer im Tempel eingeräumt, bis Nehemia diesem Greuel ein Ende machte; einer seiner Enkel war mit Sinuballits Tochter vermählt und hat sich lieber von Nehemia verjagen lassen, als sein Weib und die Verbindung mit den Samaritanern aufzugeben (§. 130). Die Einkünfte, welche ihnen das Gesetz zuwies, nahmen die Priester gern; aber sie nahmen auch den Zehnten, den die Leviten erhalten sollten, und Nehemias Massregeln dagegen während seiner zweiten Statthalterschaft sind nicht von dauerndem Erfolg gewesen. Beseitigen liess sich der Hohepriester aus der Theokratie nicht, und heilig blieb er, mochte er noch so arg freveln; aber wie die römischen Päpste hat auch das Hohepriestergeschlecht in der Folgezeit zwar seine Stellung entschieden festgehalten, aber meist nur weltliche Interessen verfolgt. Das Einzige, was wir von der jüdischen Geschichte aus der späteren Perserzeit wissen, ist, dass Eljašibs Enkel Johannes (Jochanan) seinen Bruder Jesus (Josua) um des Hohenpriesterthums willen, das dieser ihm mit persischer Hülfe entreissen wollte, im Tempel ermordete. Dafür soll Artaxerxes' III. allmächtiger Grossvezier Bagoas den Juden eine Steuer von 50 Drachmen für jedes beim täglichen Opfer geschlachtete Lamm auferlegt haben; vielleicht im Zusammenhang mit den damaligen Aufständen in Syrien, die auch zu

einer Deportation von Juden nach Hyrkanien geführt haben
sollen.

Für die inneren und äusseren Zustände der späteren Zeit, die vielfach schon bis in die Perserzeit hinaufragen, wenn wir es auch im einzelnen
nicht nachweisen können, ist grundlegend Schürer, Gesch. d. jüd. Volks
im Zeitalter Christi II, 2. Aufl. 1886, 3. Aufl. (Bd. II, III) 1898. Er-
mordung Josuas durch Johannes: Joseph. ant. XI, 7, 297 ff.; Willrich's
Annahme, dass die Erzählung eine von Pseudo-Hekataeos vorgenommene
Umgestaltung von Vorgängen unter Antiochos Epiphanes sei (Juden und
Griechen vor der makk. Erhebung 89), scheint mir recht unbegründet.
Artax. Ochos gegen die Juden: Euseb. a. Abr. 1657 (360 v. Chr.), daraus
Hieron., Synk., Oros. III. 7, 6; vielleicht ist daraus auch Justins seltsame
Notiz 36, 3 primum Xerxes rex Persarum Judaeos domuit entstanden.
Viel Verlass ist freilich auf diese Angaben nicht; die Annahme, dass die
Juditblegende daraus entstanden sei, ist höchst unwahrscheinlich. Die Notiz
bei Solin 35, 4 Judaeae caput fuit Hierosolyma, sed excisa est. Successit
Hiericus; et haec desivit, Artaxerxis bello subacta ist vielleicht eher mit
Th. Reinach (bei Schürer III³ S. 6) auf den Sassaniden Art. I. zu beziehen.

129. Allmählich gewannen die Verhältnisse festere Gestalt. Die Tora hatte Gesetzeskraft, die Strafen, die sie auf
jede Uebertretung setzte, wurden rücksichtslos durchgeführt,
die strenge Sabbatheiligung, die peinliche Beobachtung der
Reinheits- und Opfervorschriften, die Beseitigung alles dessen,
was als heidnischer Greuel galt, erzwungen; und allmählich
wurde, was Zwang gewesen war, zur Lebensgewohnheit. Das
Gesetz gab in den zerfahrenen Verhältnissen der Gegenwart
einen festen Halt, ein gesteigertes Vertrauen auf die Zukunft,
auf den göttlichen Segen. Vor allem aber schlang es ein unauf-
lösliches Band um alle Gemeindeglieder: von dem zahlreichen
Nachwuchs konnte Niemand mehr verloren gehen. Zugleich as-
similirte es die Elemente, die von aussen in die Gemeinde hinein-
kamen: die Fremden, die unter den Juden lebten, konnten sich
ihren Ordnungen nicht entziehen, die geheimnissvolle Verheissung, deren Träger die Gemeinde war, imponirte und wirkte ma-
gnetisch: die Metöken wurden Proselyten. Die unvermeidlichen
Mischehen waren nicht mehr gefährlich. So begannen die Juden
auch in Palaestina vorwärts zu kommen, trotz der Armuth
des Landes und der äusseren und inneren Bedrängnisse, an

denen es nie gefehlt hat; die Nöthe der ersten Einrichtung
waren überwunden. Die Bevölkerung vermehrte sich stark,
das kleine von den Persern überwiesene Gebiet wurde voll,
die Juden begannen sich auszubreiten, zunächst ins Philister-
land, in die Thäler nach der Küste hinab, wo alsbald inmitten
der Fremden (ἀλλόφυλοι — so wird später die sehr gemischte
Bevölkerung dieses Gebiets bezeichnet) zahlreiche Judenge-
meinden entstanden; dann in der griechischen Zeit auch in das
Land östlich vom Jordan (Peraea) und nördlich von Samaria
(Galilaea). Damit verschob sich zugleich der innere Aufbau
der Gemeinde. Im J. 445 hatte sich das nach Geschlechtern
organisirte Volk als Gemeinde Jahwes constituirt, die abhängigen Leute und die Proselyten, »die, welche sich von den
Landbewohnern getrennt hatten zum Gesetze Gottes«, hatten
sich dem angeschlossen. Aber dieser Unterschied war nicht
mehr zu halten. Der Vorrang, den die Geburt aus Abrahams
Samen gewährte, war zwar unaustilgbar, aber er liess sich
auf die Dauer nicht mehr feststellen. Schon der Priestercodex hat die unter den Juden wohnenden Kalibbiter, Jerachme'eliter u. s. w. durch Correctur ihres Stammbaums zu
ächten Juden gemacht, und die Praxis ist ihm bald gefolgt.
Ein paar Generationen später sind die Geschlechter verschollen:
Gemeindemitglied ist nicht mehr, wer einer der alten Bluts-
genossenschaften angehört, sondern wer als Jude geboren ist.
Der Satz des Deuteronomiums, dass Edomiter und Aegypter
im dritten Gliede Gemeindemitglieder werden können (23, 8),
gilt für alle, »die sich von der Unreinheit der Heidenvölker
zu den Juden abgesondert haben«. Die daneben stehende,
aus dem alten Nationalhass hervorgegangene Bestimmung,
dass kein Ammoniter oder Moabiter je der Gemeinde angehören dürfe, ist, wenn dem Bericht Neh. 13, 1 zu trauen ist,
im J. 445 noch beobachtet und auf alle »Araber« (Beduinen)
ausgedehnt worden (§. 86); später hat man sie mit Recht für
antiquirt erklärt, ebenso wie die Bestimmung über den Ausschluss der Bastarde und Verschnittenen schon von Tritojesaja
(56, 3) aufgehoben ist. — Die Folge der Ausbreitung der Ge-

meinde ist, dass eine Volksversammlung nicht mehr berufen wird, sondern das Regiment ganz in die Hände des aus der geistlichen und weltlichen Aristokratie in Jerusalem gebildeten Raths unter Leitung des Hohenpriesters übergeht.

Ueber die Ausbreitung der Juden nach Westen geben die Angaben des Chronisten Chron. I, 2, 50 ff. c. 4. 8. Neh. 11, 25 ff., die die Zustände seiner Zeit widerspiegeln, einige Auskunft, vgl. Entst. d. Jud. 106 f. 164 f. Aelteste Ansiedlungen in Peraea und Galilaea Makk. I, 5, vgl. Chron. II, 30, 11; τεκνοτροφεῖν τ᾽ ἠνάγκαις (Moses) τοὺς ἐπὶ τῆς χώρας καὶ δι᾽ ὀλίγης δαπάνης ἐκτρεφομένων τῶν βρεφῶν ἀεὶ τὸ γένος τῶν Ἰουδαίων ὑπῆρχε πολυάνθρωπον Hekataeos v. Abdera (um 300) bei Diod. XL, 3, 8. Zu Deut. 23, 4 ff. vgl. Schürer II ², 575 und über die Proselyten im allgemeinen Schürer II ², 549 ff. Bertholet, Die Stellung der Israeliten und der Juden zu den Fremden, 1896. mit nicht immer ganz richtiger Auffassung, ferner m. Entst. d. Jud. 118 ff. 227 ff. Matth. 23, 15 οὐαὶ ὑμῖν, γραμματεῖς καὶ Φαρισαῖοι ὑποκριταί, ὅτι περιάγετε τὴν θάλασσαν καὶ τὴν ξηρὰν ποιῆσαι ἕνα προσήλυτον, καὶ ὅταν γένηται, ποιεῖτε αὐτὸν υἱὸν γεέννης διπλότερον ὑμῶν.

130. Die eigenartigste Wirkung hat die Einführung des Gesetzes auf die Rivalen der Juden, die Samaritaner, ausgeübt. Zwar von Jerusalem und der aus dem Exil zurückgekehrten Judenschaft wollten sie nichts wissen; aber Jahwes Diener waren auch sie, und dem Eindruck des Gesetzes und seiner folgerichtigen Durchführung konnten sie sich nicht entziehen; das geschriebene Wort, das uralte Offenbarung bringen will, ist eine gewaltige Macht. Aus Eigenem vermochten sie ihm nichts entgegenzustellen: sie waren nur die Trümmer eines zertretenen Volks, ohne selbständiges Leben. So entschlossen sie sich, um sich selbständig zu behaupten, das jüdische Gesetzbuch zu übernehmen und nach ihm dem Jahwe Tempel und Cultus auf dem Garizim einzurichten: nannte doch das Gesetz den Namen Jerusalems nicht und liess sich daher ebensogut auf den heiligen Berg von Sichem beziehen. Eben die Priester, welche jetzt aus Jerusalem weichen mussten, ihre alten Verbündeten, halfen ihnen bei der Einrichtung. »Einer von den Söhnen Jojada's, des Sohnes des Hohenpriesters Eljaŝib, war Schwiegersohn des Choroniters Sinuballit,« erzählt

Nehemia am Schluss seiner Schrift; »den verjagte ich von mir weg (während der zweiten Statthalterschaft). Gedenke ihnen, mein Gott, der Befleckungen des Priesterthums und der Ordnungen des Priesterthums und der Lewiten!« Der Mann, dessen Namen Nehemia verschweigt, dessen Frevel, die er mit anderen Genossen zusammen verübt hat, er nur andeutet, war nach der jüdischen Tradition, die den Zusammenhang ganz legendarisch ausmalt, aber in diesem Punkte völlig glaubwürdig ist, Manasse, der erste Hohepriester von Sichem. Vielleicht hat schon er den Samaritanern die Tora gebracht. Mit ihr übernahmen sie auch ihre nothwendige Ergänzung, die Messiashoffnung. So trat neben die orthodoxe Kirche sofort auch die rivalisirende Ketzergemeinde; beide in Glauben und Cultus vollständig übereinstimmend, aber eben darum nur um so grimmiger mit einander verfeindet. Gerade das Fehlen jedes Differenzpunktes mit Ausnahme des völlig gleichgültigen, wo der wahre heilige Berg zu suchen sei, zeigt, dass der durch eine Jahrhunderte lange Geschichte geschaffene Gegensatz unüberbrückbar war. Genützt hat den Samaritanern ihr Unternehmen nicht viel: die Macht der Idee hatte sie unterworfen, aber sie blieben sklavische Nachahmer, und sie konnten über die Halbheit nicht hinaus, Träger des jüdischen Gesetzes und der jüdischen Verheissung und doch keine Juden sein zu wollen.

Ueber die Entstehung der samaritanischen Gemeinde ist uns leider ausser der vielsagenden Andeutung Nehem. 13, 28 f. nichts Authentisches überliefert; dieselbe beweist, dass die Geschichte bei Jos. ant. XI, 302 ff. von Manasse einen historischen Kern enthält, wenn sie auch Sinuballit und Manasse, der daher zu Eljaśibs Urenkel gemacht wird, in die Zeit des letzten Darius versetzt und mit der Alexanderlegende verquickt [deren Ursprung nicht in den Phantasien von WILLRICH, Juden und Griechen S. 1 ff. zu suchen ist]. Zur Orientirung über die Samaritaner und ihre Literatur vgl. KAUTZSCH, Art. Samaritaner in HERZOG's Realencycl. für prot. Theol. Ueber den Messias (Ta'eb) MERX, actes du huit. congrès internat. des orient. à Stockholm 1, 2, 119 ff. — Bei den Juden heissen die Samaritaner Kuthaeer nach dem ersten der Reg. II, 17. 24 genannten Völker; so schon Joseph. IX, 288 ff., XI, 302 u. a. Sich selbst nannten die Samaritaner nach Jos. XI, 344 Hebraeer, χρηματίζειν δ' οἱ ἐν Σικίμοις

Σιδώνιοι (ebenso XII, 262); dagegen lehnen sie den Judennamen natürlich ab, der ja auch mit ihnen nichts zu thun hat. Zu Sirach 50, 25 f.
ὁ λαὸς μωρὸς ὁ κατοικῶν ἐν Σικίμοις, der οὐκ ἔστιν ἔθνος, vgl. §. 115 A. —
Die prophetische Literatur und die Geschichtswerke konnten die Samaritaner nicht übernehmen, da sie mit Ausnahme von Amos und Hosea
überall von Jerusalem reden.

131. Die Gemeinde von Jerusalem ist nicht die Judenschaft; um sie herum legt sich in immer weiterer Ausdehnung
die Diaspora. Ihr Ausgangspunkt war die compacte Judengemeinde in Babylonien. Von hier aus verbreitet sie sich
nach Susa, nach Medien und bald auch in die westlichen
Provinzen. Zu vielen Tausenden denkt sich die Estherlegende
die Judenschaft durch das ganze Perserreich verbreitet: »es
gibt ein Volk, das zerstreut und abgesondert unter den Völkern
in allen Provinzen Deines Reiches lebt,« sagt Haman zu
Xerxes; »ihre Gesetze sind von denen jedes anderen Volks
verschieden, und die Gesetze des Königs befolgen sie nicht.«
Das ist spätestens um 200 v. Chr. niedergeschrieben. Die
Anfänge dieser Entwickelung reichen weit hinauf; die Psalmen
setzen sie überall voraus. Das Gesetz hat sie vorgesehen und
ermöglicht. Durch die Loslösung der Bekenner der nationalen
Religion von der Heimath und dem Opfercult, durch die schroffe
Absonderung gegen alle Nichtjuden ist es möglich geworden,
jedes Glied festzuhalten, wohin es auch versprengt sein mochte.
Dadurch ist zugleich den Juden die Fähigkeit gegeben, sich
in alle Verhältnisse zu schicken und aus ihnen Gewinn zu
ziehen; das war der legitime Vortheil, den Jahwe schon jetzt
seinem Volke gegen die Heiden gewährte. Ueberall erwiesen
die Juden sich als gewandte Leute, die es verstanden, in der
Welt vorwärts zu kommen; namentlich im Hofdienst waren
sie sehr brauchbar. Wenn man sie in ihrer Religionsübung
und Lebensweise nicht behelligte, waren sie anstellig zu jedem
Werk und auch zuverlässig, da sie von den übrigen Unterthanen durch einen scharfen Gegensatz geschieden waren und
ihr Interesse mit dem der Regierenden zusammenging. So
ist es nur natürlich, dass mit dem Judenthum sofort sein

nothwendiges Correlat, der Judenhass, in die Welt trat. Es
ist eine grundfalsche Behauptung unserer Zeit, dass er ein
Erzeugniss der Neuzeit oder des Christenthums sei: er ist so
alt wie das Judenthum selbst. Bereits in den Psalmen ist
überall von ihm die Rede. Nicht ihr Gott und ihre Religion
an sich ist es, was Spott und Hohn und Verfolgung der Heiden
hervorruft, sondern die hochmüthige Ueberlegenheit, mit der
sie als alleinige Bekenner des wahren Gottes allen anderen
Völkern entgegentreten, jede Berührung mit ihnen als be-
fleckend zurückweisen, den Anspruch erheben, mehr und besser
zu sein als sie und berufen zu sein, über sie zu herrschen. Wer
nicht durch das Geheimniss der Offenbarung zum Proselyten
gewonnen wird, dem sind die Juden ebenso unrein und ab-
stossend wie er ihnen. Die Juden empfanden den Gegensatz
um so bitterer, da er ihnen eine Umkehrung der wahren
Weltordnung war: daher die fortwährende Forderung des Gerichts, der Abrechnung mit den Heiden, das Herbeisehnen des
Tages Jahwes. Der Rachedurst ist hier das treibende Moment,
nicht etwa die Sehnsucht nach dem göttlichen Geheimniss.
Der Hass gegen die Heiden ist die Kehrseite des Strebens,
sie zu bekehren, sie dem Judenthum anzugliedern. Daher
schwelgt man bei der Ohnmacht der Gegenwart in der Vernichtung der Heiden wenigstens in der Phantasie: so im
deuteronomistischen Josua, so im Estherbuch, einer Legende,
welche ein zunächst von der jüdischen Diaspora übernommenes
heidnisches Fest dadurch zu legitimiren und weiter zu verbreiten sucht, dass sie es für ein Erinnerungsfest an eine von
Xerxes geplante allgemeine Verfolgung der Juden ausgibt, statt
deren der König den Juden schliesslich gestattet habe, durch das
ganze Reich ein gewaltiges Blutbad unter den Heiden anzu-
richten. Die Legende ist die Umwandlung eines babylonischen
Mythus, aber für den Geist des Judenthums nicht weniger charakteristisch als die in anderen Schriften vertretene universelle
Anschauung, welche, an Deuterojesaja anknüpfend, alle Menschen in der reinen Gotteserkenntniss ausgleicht und z. B. im
Hiob einen Nichtjuden zum Träger der tiefsten Gedanken über

das Verhältniss des Menschen zur Gottheit macht, oder in Volks-
büchern David von einer moabitischen Ahnfrau ableitet (Ruth)
und das Ausbleiben des Gerichts damit erklärt, dass Jahwe
Mitleid mit den armen Heiden hat und ihnen Zeit gönnt, sich
zu bekehren (Jona).

Zur Diaspora vgl. auch das Buch Tobit; zur Stellung der Juden am
Hof ausser Nehemia und Mardokai die Erzählung von Daniel und die
von Zerubabel im griech. Ezra, die gerade weil unhistorisch um so mehr
typisch sind. — Unter welchem Ptolemaeos und Kleopatra das Estherbuch ins Griechische übersetzt ist, ist leider nicht festzustellen. Aber
das Original muss vor der Makkabaeerzeit geschrieben sein — dazu
stimmt auch die gute Kenntniss der Zustände des Perserreichs (§. 2). Die
Reception des Festes und der Sage in der Diaspora ist natürlich noch
weit älter. Die Ableitung aus einem persischen Fest, welche LAGARDE
Abh. Gött. Ges. XXXIV, 1887 versucht hat, ist misslungen. Dass Mardokai und Esther in letzter Linie aus Marduk und Istar entstanden sind,
ist evident (JENSEN, Wiener Z. f. Kunde d. Morgenl. VI. 47 ff. 209 ff. GUNKEL,
Schöpfung und Chaos 309 ff.), die bisherigen Versuche aber, das zu
Grunde liegende babylonische Fest positiv nachzuweisen (ZIMMERN, Z. alt.
Wiss. XI. 127 ff. MEISSNER, ZDMG. L, 296 ff.) scheinen mir unhaltbar
(vgl. §. 78 A.). Der eigentliche Judenhass ist von dem politischen Hass
der Nachbarstämme gegen die Israeliten wohl zu unterscheiden; er ist
vielmehr vorwiegend in der Diaspora entstanden. Bei der Stellung der
Griechen und Römer und der späteren Abendländer zu den Juden könnte
man den Gegensatz orientalischer und occidentalischer Denkweise heranziehen; aber der Judenhass ist auch im Orient allezeit herrschend gewesen. Auch reden Griechen und Römer über die Juden ganz anders
als etwa über die Aegypter, die Phryger (Galli) von Pessinus, die Chaldaeer. Im übrigen werden die Juden in der griechischen Literatur zuerst von Herodot erwähnt, der II. 104 die Beschneidung der Phoeniker
und der Σύροι οἱ ἐν τῇ Παλαιστίνῃ [das sind trotz allem, was dagegen gesagt ist, die Juden] nach ihrem eigenen Eingeständniss (vgl. Josua 5, 9)
aus Aegypten ableitet. Genauer hat man sie erst durch und nach Alexander kennen gelernt, und da sie zunächst für eine Art philosophischer
Secte der Syrer gehalten (Theophrast, Klearch, Hekataeos von Abdera);
dem folgt bald genug ein ganz anderes Urtheil.

132. Denn das ist überhaupt das Wesen des Judenthums:
die höchsten und die abstossendsten Gedanken, das Grossartige und das Gemeine liegen unmittelbar neben einander,
untrennbar verbunden, das eine immer die Kehrseite des

anderen. Die höchste Idee will man verwirklichen: nur den
Gott, der Himmel und Erde geschaffen, will man verehren,
in reiner Gestalt, ohne menschliche Zuthat, sich ganz ihm
hingeben und seinem Willen leben. Allen Völkern will man ihn
verkünden, sie sollen dereinst der reinen Offenbarung gewonnen
werden — denn auch sie ahnen den Höchsten, der Himmelsgott, der überall auf der Welt verehrt wird, ist kein anderer
als Jahwe von Jerusalem (§. 105), wenn auch nur in schwachem
Abglanz. So scheint die alte Exclusivität überwunden, wo
Gott gegen Gott stand und Volk gegen Volk. Aber indem
sie diesen Gott für sich nehmen, als den, der sie allein aus-
gewählt hat aus allen Völkern und ihnen die Verheissung
gegeben, die sie über alle anderen erheben soll, indem sie ihn
unlösbar verknüpfen mit dem éinen Tempel von Jerusalem
und das Wesen seiner Verehrung in absurdem Regelwerk
suchen, richten sie die Schranke nicht als nationale, natürliche, sondern als eine künstliche religiöse doppelt und drei-
fach wieder auf. Das Judenthum ist wie die consequenteste
und folgenschwerste, so vielleicht auch die bizarrste Bildung,
welche die religiös-politische Entwickelung Asiens geschaffen
hat. Die alte Frage, ob die Juden ein Volk sind oder eine Re-
ligionsgenossenschaft, ist schief gestellt: vielmehr ist gerade das
das Wesen dieser Bildungen, dass sie das Volksthum in Religion umsetzen und dadurch im Stande sind, weit über die
Grenzen des ehemaligen Volks hinauszugreifen. Das ist, ausser
etwa im späteren Parsismus, nirgends in so umfassendem
Maasse geschehen wie im Judenthum. Das Erbtheil des Volks-
thums bleibt der Gemeinde: die Hoffnungen, welche das Volk
aufrecht erhielten, sind zu Verheissungen für die Gläubigen
geworden, diese leben in den Formen der ehemaligen Nation.
Dadurch werden Zustände und Anschauungen einer längst
vergangenen Zeit für alle Zukunft conservirt, Sitten und Bräuche,
die ehemals naturwüchsig waren, aber längst widersinnig geworden sind, den Nachkommen bis in die fernsten Geschlechter
aufgezwängt. Die Juden schleppen sich an ihnen bis auf den
heutigen Tag. Der göttliche Segen, den sie von der Ueber-

nahme des Gesetzes erwarteten, ist ihr Verhängniss, ist der schwerste Fluch geworden.

τὸν γὰρ πάντων ἐπόπτην καὶ κτίστην θεὸν οὗτοι (οἱ Ἰουδαῖοι) σέβονται, ἡμεῖς δὲ (die Heiden) μάλιστα προσονομάζοντες ἑτέρως Ζῆνα καὶ Δία heisst es in dem von einem Juden unter heidnischer Maske geschriebenen Aristeasbrief. Das ist zwar in sehr viel späterer Zeit geschrieben, aber die Anschauung ist weit älter. Es ist scheinbar dieselbe Auffassung, mit der die Griechen alle Zeit fremde Götter betrachtet haben; aber die Naivität der griechischen Identificirung ist den Juden unmöglich. Nur verschweigen sie in solchen Aeusserungen die Unterschiede, im Alterthum wie gegenwärtig.

Die Gegensätze im Judenthum. Das Gesetz und die ächte Religiosität. Das individuelle Problem und das ethische Postulat. Hiob.

133. Die Grundgedanken der jüdischen Religion sind von gewaltigen Persönlichkeiten erzeugt; aber das Judenthum selbst ist keine geniale Schöpfung, sondern das Werk kleiner Geister, welche die grossen Ideen der Vergangenheit in ein System gebracht haben. Selbst warme und tiefe religiöse Empfindung, wie sie im Deuteronomium noch hervorbricht, sucht man im Priestercodex oder bei Ezra und Nehemia vergebens; das Schema und die äussere Correctheit sind an ihre Stelle getreten. Das einzige, was wenn nicht Bewunderung, so doch Achtung hervorruft, ist die Consequenz der Durchführung, die rücksichtslos alle natürlichen Verhältnisse meistert und unter die unerbittliche Logik der gesetzlichen Ordnung zwängt. Es ist ein Werk von Epigonen, bestimmt, das nie endende Intervall auszufüllen zwischen der für immer entschwundenen Vergangenheit und dem Traumbild der Zukunft, dessen Erfüllung man von Tag zu Tage erwartet und das doch niemals zur Wirklichkeit werden kann. Aber eins gibt das Gesetz, eine feste Weltanschauung, eine unverbrüchliche Norm, nach der alle Lebensverhältnisse zu behandeln sind. Es ist der stärkste Gegensatz gegen die gleichzeitig sich ausbildende griechische

Cultur, der denkbar ist. Hier die stets weitergreifende Bewegung zur Freiheit, die mit allen überkommenen Anschauungen bricht und vor keiner Autorität Halt macht, der Menschengeist, der durch eigene Kraft die Welt und das innere Leben des Geistes zu begreifen und zu beherrschen versucht: dort die absolute Gebundenheit, der Individuum und Volk und Menschheit und alle Erscheinungen der Natur wie der Geschichte nichts sind, nur der Wille des Einen absoluten weltbeherrschenden Gottes. Daher kann das Judenthum eine Wissenschaft nicht erzeugen: alle Betrachtungen über Naturerscheinungen, über Pflanzen und Thiere, alle Speculationen über den Ursprung der Welt dienen nur, die Erkenntniss der Allmacht Gottes und damit die Furcht vor Gott und die unbedingte Unterordnung unter seinen Willen zu wahren. Die Geschichtsbetrachtung artet vollends aus in die wüsteste supranaturalistische Pragmatik, die alle geschichtlichen Vorgänge auf ein unmittelbares wunderbares Eingreifen Gottes zurückführt und keinen anderen geschichtlichen Factor anerkennt als das Verhalten des Menschen zu Gott. Daraus folgt, dass der Ausgang der alleinige Werthmesser wird, diejenigen gut und fromm sind, denen es gut ergangen ist, und umgekehrt — oder dass, wo dies unmöglich ist, die Ueberlieferung nach den Forderungen der Vergeltung corrigirt wird. Darin hat der Chronist, der zu Anfang des zweiten Jahrhunderts die israelitische Geschichte neu bearbeitet hat, die deuteronomistische Geschichtsschreibung noch weit überboten: eine Zeit, in der das Gesetz nicht die alleinige Norm der Geschichte gewesen wäre, ist ihm undenkbar. Kunst und Poesie und überhaupt Literatur in anderen als religiösen Formen ist für das Judenthum nicht vorhanden — eine Anzahl profaner Hochzeitslieder, die in griechischer Zeit im Hohenlied gesammelt wurden, sind nur deshalb auf uns gekommen, weil sie auf Salomo zurückgeführt und allegorisch gedeutet wurden. So liegt dem ächten Judenthum, da es den Menschen nicht auf sich selbst zu stellen vermag, auch der Begriff der Menschenwürde, der freien Entfaltung des Individuums und damit eine

wahre Sittlichkeit zunächst ganz fern. Die alte Zeit stand
darin weit höher: sie kannte wenigstens in den Propheten
selbständige Persönlichkeiten, die in unmittelbarem Verkehr
mit der Gottheit standen, die mit ihrer Ueberzeugung rückhaltlos hervortraten unbekümmert um alle Convention und
Tradition, sie kannte eine innere sittliche Verantwortung,
die höher stand als jedes Gesetz. Aber das Judenthum will
davon nichts mehr wissen: wir haben gesehen, wie die Prophetie zuerst innerlich ihres Wesens sich entkleidet und dann
auch äusserlich abstirbt. Die Makkabaeerzeit kennt keine
Propheten mehr (Makk. I, 4, 46. 9, 27). »In jener Zeit«,
heisst es in einem pseudonymen eschatologischen Pamphlet
aus griechischer Zeit (Zacharja 13), »schaffe ich die Propheten
und den unreinen Geist aus dem Lande; und sollte noch
Jemand als Prophet auftreten wollen, so werden seine Eltern
zu ihm sagen: Du darfst nicht leben bleiben, denn Lüge hast Du
geredet im Namen Jahwes ... Und jeder Prophet wird sich
seiner prophetischen Gesichte schämen und nicht mehr den
härenen Mantel anlegen, um zu betrügen, sondern er wird
sagen: ich bin kein Prophet, sondern ein Ackersmann.« Wenn
ein Zeitgenosse, der Prophet Joel, die Ausgiessung des prophetischen Geistes auf alles Fleisch, Männer wie Frauen, erwartet (3, 1), so ist das kaum etwas anderes: die Gesetzes-
herrschaft kann nur allgemeine Gleichheit dulden, aber keine
überragenden Persönlichkeiten. So steht denn auch die jüdische
Moral keineswegs hoch: hier hat sich die altsemitische Denkweise in voller Nacktheit erhalten. Das Vergeltungsrecht
herrscht durchaus, die Sehnsucht nach Rache, nach Bestrafung
der Heiden und der Gottlosen und Abtrünnigen in der Gemeinde bricht in den Zukunftshoffnungen überall hervor. Das
irdische Wohlergehen ist nach der allgemeinen Anschauung
der Massstab für das sittliche Urtheil über den Einzelnen;
die Furcht vor Jahwe ist der Weisheit Anfang und Schluss.
Besonders bezeichnend ist die Auffassung des Weibes. In
einfachen Verhältnissen, in strenger Unterordnung unter die
Sitte vermag sie, wie in der Ruthidylle, ein Beispiel rühren-

der Pflichterfülllung zu geben, in der Judithsage tritt sie wie ehemals Debora ein für ihr Volk, wo die Männer verzagen: aber das Problem der sittlichen Persönlichkeit der Frau, zu dem die griechische Cultur sich, wenn auch schwer genug, durchgerungen hat, ist dem Judenthum nie aufgegangen. Auch dem Weisen und dem Frommen ist das Weib nur die Leiterin seines Hausstandes und das höchste Object des Sinnengenusses, der Harem ein Lohn der Frömmigkeit (vgl. Hiob). Wer den Abstand der jüdischen von der griechischen Cultur ermessen will, vergleiche die Geschichte von Vašti und Esther mit der etwa gleichzeitigen Erzählung von der jüngeren Aspasia (Aelian, var. hist. XII, 1, wohl aus Deinon). Auch hier ist die jüdische Auffassung nicht allgemein orientalisch, sondern in dieser Schroffheit specifisch semitisch; die Perser und nun gar die Inder haben anders empfunden.

134. Trotz alles äusseren und inneren Zwangs hat jedoch das Gesetz die Judenschaft nicht vollständig unterwerfen können. In weiten Kreisen wurde es nur so weit befolgt, wie unumgänglich war; im übrigen gingen sie ihren Interessen ungescheut nach und machten aus ihrem Skepticismus gegen die göttliche Gerechtigkeit und den Nutzen der Frömmigkeit kein Hehl. Sie werden nicht alle Frevler gewesen sein, wie die Gegner behaupten; aber es waren lässige und lebenslustige Weltkinder. Die menschliche Natur lässt sich eben nicht völlig ausrotten, so wenig wie man dem Boden nach dem siebenten Sabbatjahr noch ein Jubeljahr, eine zweite Brache, aufzwängen konnte, sondern hier das Gesetz wohl oder übel schlafen lassen musste. Auch innerhalb des Gesetzes gab es noch einen weiten Spielraum. Die Weisen, welche ihre Lebensklugheit in poetischen Sprüchen niederlegen, fürchten Jahwe und wissen, dass man sich seinem Willen fügen muss, aber sie verschmähen das Leben nicht, wenn sie auch vor seinen Versuchungen, vor übermässigem Genuss, vor den von Gott abführenden Verlockungen warnen. Aber neben ihnen stehen die Gelehrten, die »Schreiber« oder Schriftgelehrten — der Chronist kennt schon eine geschlechtsartige Gilde derselben

kalibbitischen Ursprungs in Ja'beṣ (I, 2. 55, vgl. 4, 9) —, die
ihr ganzes Leben dem Studium des Gesetzes widmen und in
seiner peinlichen Erfüllung sich nicht genug thun können, immer
neue Sätze und Folgerungen aufstellen, die sich aus seinen
Vorschriften ergeben, und so eine stets wachsende Casuistik der
Gesetzlichkeit ausbilden. Ueber ihnen allen stehen die eigentlichen »Frommen«, denen die Furcht vor Jahwe und die Befolgung der Gebote in Fleisch und Blut übergegangen ist, so
dass sie gar nicht anders können als danach leben. Für diese
Kreise wird das Gesetzeswerk etwas Selbstverständliches, die
natürliche Ordnung des Lebens, von der man daher gar nicht
weiter zu reden braucht. Sie durchschauen die Heuchelei
derer, die mit ihrer Werkgerechtigkeit prunken und dabei Erpressung üben, den Nächsten lästern und ihren Lüsten nachgehen. Hier und hier allein ist daher auch eine wahre Religiosität, ein unmittelbares Verhältniss zu Gott möglich: für
sie ist die Gesetzeserfüllung nicht Selbstzweck, sondern nur
die Voraussetzung des wahren religiösen Lebens. Es sind die
Kreise, in denen die Psalmen und der Hiob gedichtet sind.
In ihnen zeigt sich, dass die grossen Männer der Vergangenheit
nicht umsonst gelebt haben, ein Jesaja, ein Jeremia, ein Deuterojesaja. Ihren Ideen ist der Spielraum beschränkt, aber er-
stickt sind sie noch nicht in dem äusseren Werk; sie können es
durchdringen und dadurch sich über ihm frei entfalten. Auch
hier waren die Individualitäten und die Stimmungen verschieden genug: vielfach überwiegt durchaus der Gegensatz gegen
die Heiden und Feinde, der Rachedurst, das Gefühl für das
Elend der Gegenwart, in der die Aspirationen der Gemeinde sich
noch immer nicht erfüllen wollen, mit einem Worte, der jüdische
Geist; in anderen, wie im Hiob oder im 73. Psalm, ist er nahezu
oder völlig überwunden. Zum Bewusstsein kommt der Gegensatz noch nicht, in den man dadurch zum Gesetz tritt, so wenig
wie die Urheber des Gesetzes, Ezechiel und Ezra, oder seine
Ausleger, die Schriftgelehrten, geahnt haben, dass sie mit
ihrer Werkthätigkeit und ihrem Formelkram im schroffsten
Gegensatz standen zu den alten Propheten, dass ein Jeremia sie

als Götzendiener, als Abtrünnige vom lebendigen Gott bekämpft haben würde. Aber in Wirklichkeit vermögen die
Frommen der Psalmen das Gesetz nur zu ertragen, weil sie
es innerlich überwunden und aufgehoben haben.

135. Hier ist denn auch der Boden gefunden, auf dem
nicht der Cultus, aber die Religion weiter gebildet und vertieft werden kann, auf dem endlich der Individualismus sich
voll entfaltet, der, wenn auch zunächst latent, in allen den
neuen religiösen Bildungen darin steckt und zusammen mit
seiner Kehrseite, dem Universalismus, ihr entscheidendes Merk-
mal ist. Es ist erstaunlich, wie schwer und wie spät das
individuelle Problem in der jüdischen Entwickelung zum Durchbruch gelangt ist. Hervorgewachsen ist dasselbe auch noch
aus dem alten nationalen Problem, der Forderung der Wiederherstellung des Volks in neuer Herrlichkeit. Weil die Voraussetzung dafür die Heiligung des Volks, die unbedingte
Durchführung des göttlichen Willens ist, weil zugleich eine
politische Wiederherstellung durch menschliche Mittel vollkommen ausgeschlossen und lediglich durch ein freies göttliches Wunder zu erhoffen ist, ist das Volk zur Gemeinde
geworden. Damit ist schliesslich doch die entscheidende
menschliche Action aus der Gesammtheit in den Einzelnen
verlegt: das wahre Israel ist weniger und mehr als das alte
Volk, es umfasst alle »die hinzittern zum Worte Jahwes«,
mögen sie aus Abrahams Samen geboren sein oder aus den
Völkern sich anschliessen. Aber die Forderung an den Einzelnen wird nur gestellt um der Gesammtheit willen: ihr gilt
die Verheissung, nicht ihm; der Lohn des Frommen ist, dass
er zur Gemeinde gehört, dass er am Tage des Gerichts vor
Jahwe bestehen kann und an dem Segen Antheil erhält,
der Israel bescheert wird. Fährt er vorher in die Grube, so
geht das die Gemeinde nichts an: seine Nachkommen werden
die Erfüllung sehen. Der Gedanke einer Ausgleichung im
Jenseits, einer überirdischen Vergeltung musste einer derartigen
Religion völlig fern liegen: dadurch wäre ihr Ziel, das ein
rein irdisches ist, aufgehoben worden. Das einzige, was den

Frevlern angedroht werden kann, ist, dass dereinst ihre Gebeine geschändet werden sollen. Das mochte dem Spötter ganz gleichgültig sein, da er nichts mehr empfindet, wenn er todt ist; aber den lebenden Menschen erfüllt der Gedanke doch mit Grauen, so gut wie der, dass er ohne Nachkommen sterben soll. — Aber doch hat das Individuum jetzt eine andere Stellung erhalten. Sein Verdienst ist es, wenn die Gemeinde überhaupt besteht und das Gesetz befolgt wird; freiwillig halten die Juden in der Zerstreuung an Jahwe fest, freiwillig, wenigstens der Form nach, hat die Gemeinde in Palaestina seine Gebote auf sich genommen. Männer wie Ezra — falls seine Schrift wirklich ein Memoirenwerk war — und jedenfalls Nehemia zeichnen die Thaten auf, die sie für Jahwe und seine Gemeinde gethan haben, gewissermassen als Schuldforderung, die sie an Gott haben: »Gedenke mir, mein Gott, alles zum Besten, was ich für das Volk gethan habe!« schreibt Nehemia, »gedenke mir dessen und tilge die Wohlthaten nicht aus, die ich dem Tempel meines Gottes und seinem Dienste erwiesen habe!« Und als Kehrseite dazu: »Höre, unser Gott, wie wir verachtet worden sind, und vergilt ihnen ihren Hohn und gib sie einem fremden Land zur Beute; decke ihre Verschuldung nicht zu und lass ihre Sünde nicht vor dir ausgelöscht werden!« Wenn der Tag der Rache und des Heils noch immer ausbleibt, so kann die Schuld dafür nur in dem unfrommen Verhalten einzelner Gemeindemitglieder gesucht werden. So ist thatsächlich jetzt doch nicht mehr die Gemeinde, sondern der Einzelne der Träger der Religion. Der Gedanke, der bei Ezechiel auftauchte, aber von ihm bei Seite geschoben wurde, dass es auf die einzelne Seele ankommt, nicht mehr auf das Volk, ist jetzt zur Wirklichkeit geworden.

136. Je mehr die Erfüllung der Hoffnungen sich hinausschob, desto mehr musste sich die Bedeutung des Individuums heben. Für die Diaspora trat die Zukunftsidee von Anfang an zurück; hier hält der Einzelne an Jahwe fest, weil er von ihm Schutz und Halt im Leben erhofft. Aber auch die compacte Volksmasse in Palaestina konnte von der Hoffnung allein

nicht leben. Je vollständiger alle grösseren gemeinsamen Aufgaben, alle politischen Fragen weggefallen waren, desto mehr trat die Stellung des Einzelnen, sein persönliches Schicksal in den Vordergrund. Die Gesetzeserfüllung wurde aus einer Vorbereitung für die Zukunft zum Inhalt des Lebens. Sollte man sich abmühen, Jahwes Gebote zu erfüllen, so musste man doch einen Gewinn davon haben. Daher wird gerade jetzt der Glaube an eine mechanische Vergeltung so allgemein und unausrottbar. Wie er in der Geschichtsbetrachtung durchgeführt wird (§. 133), so im Leben. Er ist eine Forderung an Gott: die der Gesammtheit gewährte Verheissung, die sich nicht erfüllt, setzt sich um in einen Anspruch des Einzelnen. Der Fromme und Gerechte muss belohnt werden, dem Gottlosen und Bösen muss es schlecht gehen, wenn Jahwe in Wahrheit der Gott Israels ist; was nützte sonst die Gesetzeserfüllung? Und doch schlägt diese Voraussetzung den Thatsachen ins Gesicht, trotz allem, was die Weisen anführen, sie zu erhärten und nachzuweisen, dass wenigstens am Ende den Guten der Lohn und den Bösen die Strafe ereilt. So ist es natürlich, dass die Lässigen und Ungläubigen, wie schon zur Zeit Zacharjas und Maleachis, so jetzt erst recht hier ihr Hauptargument entnehmen, dass sie mit Fingern auf die Gerechten hinweisen, die trotz aller Frömmigkeit im Elend verkommen sind, auf die Sünder, denen alles geglückt ist. Der wahrhaft Fromme vermag sie nicht zu widerlegen. Den populären Glauben, dass der Unglückliche für geheime Sünden büsst, überwindet er; viele Psalmendichter beruhigen sich bei dem Trost, dass den Sünder schliesslich doch die Strafe ereilt und dem Frommen zuletzt alles zum Besten ausschlägt. »Erhitze Dich nicht über die Bösewichter, ereifere Dich nicht über die Uebelthäter; denn wie Kraut werden sie rasch abgeschnitten, und wie grünes Gras verwelken sie. Vertraue auf Jahwe und handle gut, wohne im Lande und übe Redlichkeit: dann wirst Du an Jahwe dich ergötzen und er wird Dir geben, was Dein Herz wünscht. Ueberlass Jahwe Deinen Pfad und trau auf ihn, so wird er es machen, und wird Deine

Gerechtigkeit hervortreten lassen wie das Licht und Dein Recht
wie den Mittag.« Aber auch dieser Trost versagte denen, welche
es wagten, der unverhüllten Wirklichkeit ins Auge zu schauen.
Aber wer das kann und den Glauben an Jahwe im Herzen
trägt, der vermag auch alle Anfechtungen zu überwinden; der
weiss, dass aller äussere Gewinn nichtig und überflüssig ist,
dass es einen inneren Gottesfrieden gibt, der höher ist als alle
irdischen Güter, den kein Unglück zu rauben vermag. »Ausser
Dir begehre ich nichts im Himmel und nichts auf Erden.
Wäre mir Leib und Seele hingerafft, der Fels meines Herzens
und mein Antheil bliebe Gott in Ewigkeit« heisst es im
73. Psalm — freilich bricht hier dann doch sofort der Gedanke wieder durch, dass während den Frommen die Nähe
Jahwes genügt, die Bösen zuletzt doch ein Ende mit Schrecken
nehmen. Aber nirgends auf der Welt ist mit dem ethischen
Postulat so ernsthaft gerungen, ist der Conflict zwischen der
Idee der Gerechtigkeit des allmächtigen Weltenherrschers und
dem absoluten Elend des Menschenlooses so schwer empfunden
und so tief durchdacht worden, wie in der jüdischen Literatur
des vierten und dritten Jahrhunderts. Das Problem nicht zu
lösen, aber aufzuheben, indem es bis auf den letzten Grund
verfolgt wird, ist die Aufgabe, welche die grösste Schöpfung
dieser Epoche sich gestellt hat, das Gedicht von Hiob.

137. In aller Schärfe stellt der Dichter des Hiob das Problem: der Fromme trägt schuldlos das schwerste Leid, es ist der
furchtbarste Hohn, wenn ihm sein Schicksal als von der göttlichen Gerechtigkeit verhängte Strafe für geheime Sünden oder
für kleine Vergehungen hingestellt wird. Die Thatsache, dass
den Frevlern das Glück treu bleibt und dass der Unschuldige
leiden muss bis an den Tod ohne Hoffnung auf eine Wendung zum Bessern, ja ohne irgendwelche äussere Rechtfertigung — und mit dem Tode ist es mit dem Menschen vorbei,
was nachher geschehen könnte, geht ihn nichts mehr an
(7, 9 f. 14, 10 ff. 16, 22) —, wird über allen Zweifel erwiesen,
so dass die Gegner verstummen müssen. So ist es das allgemein furchtbare Menschengeschick, als dessen Träger Hiob

sich fühlt; als Anwalt der gequälten Menschheit tritt er Gott
gegenüber und fordert ihn zum Rechtsstreit heraus. Einen
Richter über ihnen beiden gibt es nicht; Gottes Allmacht kann
ihn vernichten. Aber Gott weiss, dass er Recht hat; Gott
selbst ruft er auf, dass er Schiedsrichter sei zwischen Mensch
und Gott, Gott selbst soll und muss die Processführung für
Hiob übernehmen, sein Anwalt werden, da kein anderer dazu
im Stande ist (16, 20 f. 17, 3; vgl. 19, 7 ff. 23 ff.). Die Antwort, die Jahwe aus der Wetterwolke ertheilt, ist keine andere,
als die Hiob selbst schon ausgesprochen hat: Jahwe ist der
allmächtige Schöpfer und Regierer der Welt: wer ist's, der
ihn zur Verantwortung ziehen, der sich ein Urtheil anmassen
könnte über sein Thun? Die Frage nach der Berechtigung
des Leidens bleibt unbeantwortet und muss es bleiben; aber
das Problem ist aufgehoben. Hiob bereut seine Vermessenheit, Gott herauszufordern, mit Recht: denn im Leben vermag
der Mensch nicht, wie in der Dichtung, Gott von Angesicht
zu Angesicht gegenüber zu treten. Aber er behält Recht;
seinen Freunden, die ihn für einen Sünder erklärt haben, legt
Gott eine Busse auf, »denn ihr habt nicht richtig von mir geredet, wie mein Knecht Hiob«. Der Fromme leidet unschuldig,
weil es Gott so gefällt; die Behauptung, dass des Menschen
Schicksal eine gerechte Vergeltung seiner Thaten sei, ist eine
Lüge. Aber das göttliche Weltregiment bleibt darum unan-
gefochten bestehen. Die Versöhnung gibt einzig das innere Bewusstsein der Unschuld und der Gottesergebenheit, das eigene
Gewissen, das die äussere Rechtfertigung nicht fordern darf
und nicht braucht. — Der Dichter des Hiob hat es gewagt,
das Problem bis zum letzten Ende durchzudenken, mit einer
Kühnheit und Wahrheit, die vor keiner Consequenz zurück-
schrickt. Er ist einer der grössten Denker aller Zeiten, sein
Werk zwar nicht in allen rhetorischen Einzelheiten, aber als
Ganzes von ganz überwältigender Wirkung. Daher ist es den
alten und modernen Auslegern meist unverständlich geblieben;
in der That liegt seine Auffassung von dem gewöhnlichen
Gottesbegriff himmelweit ab. Seine Lösung steht hoch über

der der folgenden Zeit, die in dem Unsterblichkeitsglauben
und der Vergeltung im Jenseits einen bequemen Ausweg gefunden hat. — Mit dem Hiob und einigen verwandten Psalmen,
namentlich dem dreiundsiebzigsten, ist die religiöse Emancipation
des Individuums erreicht. Die Aufgabe, die ursprünglich dem
Volk, dann der Gemeinde gestellt war, hier ist sie ausschliesslich ins Innere des einzelnen Menschen verlegt — mit voller
Absicht macht daher der Hiob isolirte Individuen, und zwar
Nichtjuden (§. 87), zu Trägern der Discussion. Damit ist
das Judenthum auf eine Entwickelungsstufe gelangt, die trotz
aller fundamentalen Unterschiede doch nicht bloss äusserlich
mit der griechischen Cultur sich berührt. Das Problem des
Individuums ist es gewesen, das nach Jahrhunderten beide
Entwickelungen zusammenzuführen und zu verschmelzen vermocht hat.

Dass Hiob seine Gerechtigkeit selbst verkündet, konnte bei ober-
flächlicher Betrachtung Anstoss erregen, und hat zur Einfügung der
Elihureden geführt. Aber gesagt werden musste es, um das Problem
ganz scharf hinzustellen, und nur er selbst konnte es sagen, da ausser
Jahwe — der es nicht bestreitet und dadurch anerkennt — nur er selbst
darüber Zeugniss ablegen konnte. — Die modernen Zweifel an der Aechtheit der restitutio in integrum am Schluss oder die Meinung Smend's
(alttest. Religionsgeschichte S. 502), sie sei lediglich durch die zu Grunde
liegende Sage erklärbar [ebenso Duhm in seinem Commentar 1897, der
Eingang und Schluss einem alten Volksbuch zuweist; dagegen jetzt
K. Kautzsch, Das sog. Volksbuch von Hiob, 1900], ist mir ganz unverständlich. Gewiss wird die Lösung des Problems dadurch nicht um einen Schritt
gefördert, dass Hiob wieder glücklich wird; das ist vollkommen gleichgültig geworden. Aber eben deshalb durfte sie nicht fehlen, weil der
Mensch in einer Dichtung einen anderen Ausgang, den er im Leben hinnehmen muss, nicht ertragen kann — ganz abgesehen davon, dass Jahwe
das Unglück selbst lediglich zu dem Zwecke herbeigeführt hat, um die jetzt
zum Abschluss gebrachte Discussion zu veranlassen. Etwas ganz anderes
ist es, wenn Sophokles im Oedipus (vgl. §. 461) den durch göttliches Verhängniss unschuldig Leidenden ins tiefste Elend gestossen werden lässt;
denn hier greift die Gottheit nicht vor unseren Augen ein, um die Frage
des Warum zu beantworten. Und doch hat es auch dem griechischen
Dichter keine Ruhe gelassen, bis er im höchsten Alter einen zweiten
Theil, die Erlösung des Dulders, hinzugefügt hat. Einen Schluss des
Hiob aber, wie ihn die neueren Exegeten fordern, könnte höchstens

die moderne Unnatur, die sich Naturalismus nennt, fertig bringen. Für
einen Skeptiker wie Qohelet wäre die Dissonanz denkbar; aber er hätte
sich in den Sinnengenuss geflüchtet, oder der Verzweiflung ergeben. —
Auch sonst kann ich Smend's Auffassung des Hiob nicht zustimmen; der
alte Dichter denkt grösser und·tiefer als sein Interpret. Richtiger urtheilt
Wellhausen, isr. u. jüd. Gesch. 174 ff.

138. In dem letzten Jahrhundert der persischen und dem
ersten der griechischen Herrschaft haben die verschiedenen
Strömungen sich ausgebildet, die wir kurz zu skizziren versucht haben. Die Gegensätze standen hart neben einander;
in zahlreichen Schriften, von denen nicht weniges auf uns
gekommen ist, haben sie Ausdruck gefunden. Bitter genug
empfanden die Strengen und die Frommen den Gegensatz gegen
die Heiden draussen und die Ungläubigen, Lauen, Schein-
heiligen innerhalb der Gemeinde. Aber es fehlte an einer
grossen Bewegung, welche die Juden mit sich fortgerissen
hätte. Die äusseren Erschütterungen, welche nicht selten als
Zeichen des kommenden Gerichts gedeutet wurden und eschato-
logische Grübeleien hervorriefen, haben doch das Stillleben der
Gemeinde höchstens vorübergehend gestört; eine Heuschrecken-
plage der griechischen Zeit, welche in Joel noch einmal einen
Propheten hervorrief — er sah auch in ihr einen Vorboten
des Gerichts —, vermochte noch weniger eine andauernde Er-
regung hervorzurufen. So kam es zu keinem gewaltsamen
Zusammenstoss der Gegensätze; sie behielten Zeit, sich aus-
zuwachsen. Dann allerdings haben sie eine um so schwerere
Erschütterung hervorgerufen, die die Gemeinde noch einmal
wieder auf die Weltbühne geführt, ja sogar vorübergehend in
einen Staat umgewandelt hat. Hervorgerufen ist sie durch
die weltlich Gesinnten, welchen das Gesetz zuletzt zu einer unerträglichen Fessel wurde; im Kampf mit ihnen und mit der
fremden Obrigkeit, auf die sie sich stützten, gewannen die
Frommen und Gesetzestreuen den Sieg. Erst damals hat die
Gesetzlichkeit die unumschränkte Herrschaft gewonnen und
versucht, jede Lebensregung sich zu unterwerfen. Das führte
nicht nur nach aussen zu neuen Gegensätzen, zu einem Con-

flict mit der Staatsgewalt, an dem der neugebildete Staat dahinsiechte, sondern auch nach innen. Für die tiefere und reinere Frömmigkeit, die Deuterojesaja, die Psalmen, den Hiob geschaffen hatte, war kein Platz mehr innerhalb des ächten Judenthums; der Gegensatz zwischen dem Geist der Prophetie und dem Geist des Gesetzes, der bisher latent gewesen war, wurde acut. Aus ihm ist das Christenthum geboren.

Gleichzeitig hat sich in der Tiefe ein fundamentaler Wandel der Anschauungen von Gott und der Welt vollzogen, unbemerkt und unbewusst, aber um so tiefgreifender. Die Gemeinvorstellungen, welche überall auftauchen, sind auch in das Judenthum eingedrungen. Nur ihre ersten schwachen Ansätze begegnen uns in der Literatur der persischen und nachpersischen Zeit: die Vorstellung, dass Gott zahlreiche Diener, »Boten« (Engel), zur Seite stehen, unter ihnen der »Ankläger« (Satan), der die Menschen vor Jahwes Richterstuhl verklagt (Zach. 3. Hiob 2. Chron. I, 21, 1. Psalm 109, 6), die Ausbildung einer Gott feindlichen Dämonenwelt, der die Bocksdämonen (Lev. 17, 7, vgl. Jes. 13, 21. 34, 14 u. a.) und der 'Aza'zel (Lev. 16) des Priestercodex angehören, die Uebernahme babylonischer und sonstiger Mythen und Symbole (namentlich bei Zacharja); ferner die Ausbildung der Gerichtsvorstellung, der Glaube, dass Jahwe vorher einen Boten senden werde, ihm den Weg zu bahnen (Maleachi 3, 1), dass vorher Elia, der gen Himmel gefahren und daher noch am Leben ist, auf die Erde zurückkehren werde, Frieden unter den Gläubigen zu stiften (Maleachi 3, 23). Aber in ganz anderer Intensität, völlig ausgewachsen, treten uns diese Anschauungen in dem Volksglauben der makkabaeischen Zeit entgegen, und mit ihnen verbinden sich der Auferstehungsglaube und die Vorstellungen von Paradies und Hölle. Woher sie stammen, wann und wie sie ins Judenthum eingedrungen sind, ist noch völlig dunkel; nicht zweifelhaft kann dagegen sein, dass der Auferstehungsglaube keineswegs ein Product des jüdischen Individualismus ist, sondern ganz neue

Elemente enthält. Die alttestamentlichen Schriften kennen diese Anschauungen nicht, selbst dem Danielbuch sind sie noch fremd: dann aber sind sie plötzlich da und sind neben der Gesetzes-erfüllung und der Messiashoffnung die massgebenden religiösen Ideen der Zeit geworden.

Dieser Entwickelung nachzugehen wird erst dann mög-lich sein, wenn wir uns der Zeit nähern, wo die neuen Ideen in Wirksamkeit treten. Es ist dieselbe Zeit, in der das bis dahin auf einen engen Kreis beschränkte Judenthum sich zu einer grossen welthistorischen Wirkung erhohen hat.

Das äusserst wichtige aber noch ganz dunkle Problem des Ur-sprungs der zu Christi Zeiten im Judenthum herrschenden Vorstellungen hat bisher, im Anschluss an Anregungen A. Eichhorn's, fast allein H. Gunkel, Schöpfung und Chaos, 1895, ernsthaft anzugreifen gewagt.

Zweites Buch.

Das Zeitalter der Perserkriege.

Quellenkunde zur griechischen Geschichte von den Perserkriegen bis auf Philipp von Makedonien.

Die Perserkriege.

139. Da die Grundzüge der Entwickelung der griechischen historischen Literatur schon in der Quellenkunde zum zweiten Bande dargestellt sind, können wir uns sofort der Ueberlieferung über die einzelnen Epochen zuwenden. Wirkliche Geschichtsschreibung im höheren Sinne hat bei den Griechen erst die perikleische Zeit und der grosse Entscheidungskampf zwischen Athen und Sparta geschaffen; die älteren Geschichtswerke der sog. Logographen behandeln nur Sagengeschichte und Völkerkunde und kommen daher an dieser Stelle nicht mehr in Betracht, abgesehen vielleicht von einzelnen Schriften über das Perserreich, wie der des Dionysios von Milet (§. 3). Doch waren in vielen Städten bereits Annalen (ὧροι) mehr oder weniger officiellen Charakters entstanden, die im Anschluss an die Beamtenliste die wichtigsten äusseren und inneren Ereignisse kurz verzeichneten. Erhalten sind uns daraus für die Zeit der Perserkriege nur wenige Notizen, und zwar fast allein über Athen in den Resten der atthidographischen Literatur, namentlich bei Aristoteles. Viel urkundliches Material konnte die Kriegszeit nicht hinterlassen. Die Siegesdenkmäler, Gräber, Weihgeschenke mit ihren Aufschriften in Versen und Prosa hat bereits Herodot eingehend ausgenutzt. Einige sind

uns noch erhalten, vor allem der delphische Dreifuss aus
Beute von Plataeae mit dem Verzeichniss der zum Freiheits-
krieg verbündeten Gemeinden (§. 215), ferner in späterer Erneuerung das Epigramm auf alle im Kriege gefallenen Megarer
(IGSept. I, 53, vgl. WILHELM MAI. XXIII, 168), ein Bruchstück
des Epigramms der Korinther u. a. Was sich sonst von Urkunden, Volksbeschlüssen und Aehnlichem fand, haben die
Gelehrten der hellenistischen Zeit gesammelt und zur Ergänzung
der Ueberlieferung verwerthet; der Niederschlag ihrer Arbeiten
liegt vor allem in Plutarchs Biographien und seiner kritischen
Abhandlung über Herodot (§. 143 A.) vor.

140. Wenn der Gedanke, die gewaltigen Begebenheiten
des Freiheitskriegs in einem erzählenden Geschichtswerk zur
Darstellung zu bringen, den Kämpfern selbst und auch der
unter ihrem Eindruck heranwachsenden Generation zunächst
noch völlig fern lag, so haben sie doch unmittelbar nach den
Ereignissen in der Literatur vielfachen Widerhall gefunden.
Die Lyrik, wie sie Simonides und Pindar pflegten, konnte in
den Siegesgedichten und den Trauerliedern auf die Gefallenen
nur einzelne Episoden fixiren, oder in die zum Preise agoni-
stischer Sieger verfassten Preisgesänge kurze Anspielungen auf
den grossen Kampf einflechten. Dagegen hat das Drama
Athens in dieser Zeit die nationalen Kämpfe der Gegenwart
ebenso unbedenklich zur Darstellung gebracht wie die der Vergangenheit. Denn es entnimmt seinen Stoff der gesammten
Geschichte; den Unterschied zwischen der Sage und der historischen Ueberlieferung, den die Wissenschaft macht, kennt das
Volk zu keiner Zeit und auch den Dichtern und Forschern
lag er damals noch fern. Nicht principielle Erwägungen,
sondern die fortschreitende politische Entwickelung, welche es
unmöglich machte, die inneren und äusseren Gegensätze der
Folgezeit auf die Bühne zu bringen, hat für die späteren Dra-
matiker die Beschränkung auf den mythischen Stoff zur Nothwendigkeit gemacht. Wir wissen von Phrynichos' Μιλήτου
ἅλωσις (493?) und seinen Phoenissen (476?), welche die
Schlacht bei Salamis behandelten; erhalten sind uns Aeschylos'

Perser (472), die Xerxes' Kriegszug und den Kampf von Salamis erzählen und den von Plataeae vorausverkünden; das
anschliessende Stück, Glaukos Potnieus, zog vielleicht die
Schlacht an der Himera heran. Aeschylos' Perser sind für die
Ueberlieferung von massgebendem Einfluss geworden: der
Verlauf der Schlacht von Salamis und die Stärke der Perser-
flotte sind durch sie festgelegt (§. 217. 225). Ergänzend trat
dem Drama die bildende Kunst zur Seite: wie die zahlreichen
Weihdenkmäler, namentlich in Delphi und Athen, die Er-
innerung an die grosse Zeit lebendig erhielten, so hat das
Gemälde des Mikon und Panainos in der Stoa poikile den
Gang der Schlacht von Marathon fixirt (§. 194).

141. Neben diesen Werken der Kunst stand der lebendige Strom der Ueberlieferung. In der Regel entschwinden
die Begebenheiten des Augenblicks, auch wenn sie von der
grössten historischen Bedeutung sind und die Zeitgenossen und
vor allem die unmittelbar von ihnen Betroffenen aufs tiefste
erregt haben, in kürzester Frist dem Bewusstsein. Sie werden
durch neue Ereignisse verdrängt, höchstens ein nebelhaft ver-
schwommenes Bild erhält sich im Gedächtniss der Nachwelt,
aus dem hier und da in vergröberten und verzerrten Umrissen
eine Persönlichkeit oder ein Ereigniss aufragt — oft genug
ein Vorfall ohne jede grössere Bedeutung, der durch irgend
einen Zufall in der Erinnerung haften geblieben ist. Aber die
Begebenheiten der Perserkriege waren so gewaltig und so um-
wälzend nicht nur für die politische Lage, sondern auch für das
gesammte Denken und Empfinden des Volks, dass sie nicht so
rasch vergessen werden konnten. Ueberall erzählte man von
den wunderbaren Siegen, die man nur durch unmittelbares
Eingreifen der Götter glaubte erklären zu können. Feste Traditionen bildeten sich in den einzelnen Gemeinwesen, in den
vom Kriege betroffenen Ortschaften, in den leitenden Familien.
Im Detail wichen sie oft stark genug von einander ab; jeder
Mithandelnde, Staaten wie Individuen, suchte seine Betheiligung und seine Verdienste ins hellste Licht zu setzen, die der
Genossen, die zugleich seine Rivalen waren, herabzudrücken:

auch die Gegensätze der folgenden Zeit machten sich geltend.
Den gemeinsamen Grundstock bildete die Folge der Ereignisse
selbst und, soweit eine solche vorlag, ihre Fixirung durch
die gleichzeitigen literarischen oder künstlerischen Zeugnisse.
Durchweg aber tragen diese Ueberlieferungen die charakteristischen Züge der populären Tradition, deren Eigenart sich
kaum irgendwo so gut studiren lässt wie hier [1]). Die grossen
Entscheidungen sind festgehalten, der Eindruck der massgebenden Persönlichkeiten und einzelner ausschlaggebender
Momente hat sich fest eingeprägt; aber das was für die geschichtliche Erkenntniss das Wesentlichste ist, die politischen
und militärischen Zusammenhänge, die entscheidenden Erwägungen treten ganz zurück; durchaus dominirt das anekdotische Moment. Da die Massen überhaupt unfähig sind,
einen historischen Process, von dem sie immer nur ein ganz
beschränktes Bruchstück übersehen, wirklich zu erfassen, erscheint die ganze Entwickelung als das Werk entweder des
Zufalls oder höherer Mächte, die zu Gunsten der nationalen
Sache eingreifen oder auch mit den Menschen ihr Spiel treiben
und z. B. den Xerxes, um ihn zu demüthigen, zu einem Kampf
zwingen, vor dem er selbst zurückscheute. Das Bild einzelner
taktischer Vorgänge während der Schlacht bleibt lebendig vor
Augen, von dem strategischen Gedanken, auf dem sie beruht,
haben schon die kämpfenden Truppen selbst keine Vorstellung,
geschweige denn die Erzähler. Für die realen Vorbedingungen
und Möglichkeiten einer militärischen Operation fehlt nicht
nur dem Laien, sondern auch dem gewöhnlichen Soldaten
jeder Sinn und jedes Verständniss. Unbedenklich lassen sie
ungeheure Massen auf engstem Raum sich bewegen und phy-
sisch unmögliche Operationen ausführen; die Zahlen der Perser-
heere werden ins Gigantische, ja ins Groteske gesteigert. Durch
diese Dinge sind die späteren Bearbeiter im Alterthum wie in

---

[1]) Denn die moderne populäre Tradition, die in jeder Beziehung
die gleichen Züge trägt, analysiren wir nicht in derselben eindringenden
Weise, weil hier für die Erkenntniss der geschichtlichen Vorgänge das
in Fülle vorhandene authentische Material ausreicht.

der Neuzeit in die Irre geführt worden, so dass sie die entscheidenden Gesichtspunkte meist nicht zu finden vermochten. Aber wenigstens die grundlegenden Ereignisse stehen unverrückbar fest; und so ist es einer unbefangenen Betrachtung, welche, unbekümmert um die Trübungen der Tradition, die Thatsachen selbst zu Grunde legt und ihren Zusammenhang aufsucht, um von hier aus ein Bild der werdenden Ereignisse zu gewinnen, auch jetzt noch möglich, zu einem wirklichen Verständniss zu gelangen. Es kommt hinzu, dass die ächte Tradition, wie sie Herodot aufgezeichnet hat, so sehr sie vom Ausgang beeinflusst ist, dennoch die Stimmung des Moments in wunderbarer Weise festgehalten hat und noch ganz frei ist von nationaler Ueberhebung und von dem Wahn, als sei der Ausgang etwas Selbstverständliches und brauche eine freiheitliebende Nation nur zu den Waffen zu greifen, um das gewaltigste Heer eines despotischen Staats niederzuwerfen. Die spätere Zeit dagegen, deren Auffassung uns namentlich bei den attischen Rednern und bei den Historikern von Ephoros an entgegentritt, ist ganz von dieser Idee beherrscht und hat daher an Stelle der herodotischen Tradition ein Zerrbild gesetzt, das, indem es die Thaten der Griechen ins Uebermenschliche steigert und die Perser mit geringschätziger Verachtung behandelt, die wirkliche Leistung des griechischen Volks und seiner Führer vollständig vernichtet. Das hat dann auf der anderen Seite, z. B. bei Theopomp, dem erbitterten Gegner Athens, zu einer ebenso unberechtigten, aber allerdings sehr erklärlichen Kritik geführt, welche die Thaten der Griechen und namentlich die Verdienste Athens nach Kräften herabdrückt. Nicht viel anders, nur weniger consequent ist es, wenn GROTE und überhaupt die moderne populäre Anschauung trotz aller Begeisterung für die griechische Sache ihren Erfolg nur dadurch zu erklären weiss, dass die Gegner noch grössere Fehler begangen hätten als die Griechen.

Den epischen Charakter der Tradition hat NIEBUHR mit Recht betont, wenn er sich dadurch auch verleiten liess, in Choirilos' Dichtung

die Quelle Herodots zu suchen. Viele richtige Bemerkungen bietet
WECKLEIN, die Tradition der Perserkriege. Ber. Münch. Ak. 1876. K. W.
NITZSCH, Herodots Quellen zur Gesch. der Perserkriege, Rh. Mus. XXVII,
ist den einzelnen Traditionsgruppen bei Herodot, namentlich den spartanischen, nachgegangen; aber seine Annahme, es habe in den einzelnen
Staaten officielle Versionen gegeben, war ein Missgriff, und seine Deutung des Wortes λόγος ein arges Missverständniss. Im Anschluss an
WECKLEIN und NITZSCH hat BUSOLT (die Laked. und ihre Bundesgenossen;
griech. Geschichte) viele Fragen weiter aufgehellt. Die bedeutendste Förderung verdanken wir DELBRÜCK, Perserkriege und Burgunderkriege. 1887,
der durch die Analyse der militärischen Momente eine sichere Grundlage schuf und damit zugleich die Möglichkeit eines politischen Verständnisses anbahnte. HAUVETTE, Hérodote, historien des guerres mé-
diques, 1894, bietet wenig. Manche werthvolle Bemerkung gibt MACAN,
the fourth, fifth and sixth books of Herodotus, 1895; freilich hat er die
Probleme trotz der methodisch vorgehenden Einzelanalyse nicht immer
scharf genug angefasst. Die Mängel der Tradition sind verhältnissmässig
leicht aufzudecken, wenn es auch vielen Erzählern schwer genug fällt,
sich von ihnen wirklich zu emancipiren. Dagegen wird oft übersehen,
wie erstaunlich viel Brauchbares die Tradition trotzdem bewahrt hat. —
Von anderen Arbeiten verdient vor allem NONDIS, die äussere Politik
Spartas zur Zeit der ersten Perserkriege, Upsala 1895, Erwähnung, der
die politischen Zusammenhänge meist richtig beleuchtet hat. Dagegen
vermag ich in den Arbeiten WELZHOFER's über die Perserkriege (Fl.
Jahrb. 1891. 1892. Hist. Taschenbuch, 6. Folge, XI. XII) nur Zerrbilder
wissenschaftlicher Untersuchungen zu sehen.

142. Die erste geschichtliche Darstellung der Perserkriege
hat (geraume Zeit nach 464) Charon von Lampsakos in seiner
persischen Geschichte gegeben. Die wenigen erhaltenen Bruchstücke scheinen zu zeigen, dass seine Erzählung weit kürzer
war als die Herodots und im Interesse der Griechen manches
verschwieg, was dieser mittheilte. Seine Arbeit ist vollkommen
in den Hintergrund gedrängt durch das Werk Herodots.
Herodot von Halikarnass, ein eifriger Anhänger Athens und
seiner Politik und Cultur, der daher wie so viele andere im
J. 444 in Perikles' panhellenischer Schöpfung Thurii eine neue
Heimath zu finden hoffte, aber die Stadt, wie es scheint,
schon sehr bald (vor 440) als ausgesprochener Anhänger
Athens wieder verlassen musste, hat Jahre lang die Traditionen der Hellenen und Barbaren gesammelt, ihre Länder,

Sitten und Denkmäler auf umfassenden Reisen kennen gelernt und die Ergebnisse seiner Forschungen und Erkundungen
in Vorträgen nach Art der Fabel- und Märchenerzähler (λογο-
ποιοί) dem unterhaltungsbedürftigen und wissbegierigen Publicum vorgetragen. Der Ausbruch des grossen Entscheidungskampfes zwischen Athen und den Peloponnesiern, der allgemeine Sturm auf Athens Stellung, der dazu führte, seine
Verdienste um Hellas nach Kräften zu verkleinern und womöglich ganz zu läugnen (vgl. VII, 139), gab ihm den Anlass, alles was er erkundet hatte — mit Ausschluss der Geschichte Assyriens, die er einer besonderen Schrift vorbehielt —
zu einem einheitlichen Werk zu verarbeiten, das in die Verherrlichung der Grossthaten Athens ausklang, in dessen Händen in den Jahren 480 und 479 allein die Entscheidung
gelegen hatte. Damit war zugleich die führende Stellung gerechtfertigt, welche Athen seitdem eingenommen hatte und zu
deren Vertheidigung es unter der Leitung seines grossen Staatsmanns den ihm hingeworfenen Fehdehandschuh unbedenklich
aufnahm. So ist gleich das erste grosse, von einer universellen, weit über die nationalen Schranken hinausgreifenden
Auffassung getragene Geschichtswerk, welches die Weltliteratur
kennt, recht eigentlich ein Erzeugniss des aufs höchste gesteigerten politischen Kampfes und von einer politischen Tendenz beherrscht so gut wie die Geschichtswerke des neunzehnten Jahrhunderts: die Erkenntniss der Vergangenheit gibt
den massgebenden Gesichtspunkt für die Beurtheilung der
Parteiungen und der Aufgaben der Gegenwart. Ueberall tritt
die Tendenz deutlich hervor und hat der Darstellung und dem
Urtheil des Schriftstellers die Färbung gegeben, in der Beurtheilung des Verhaltens der griechischen Staaten in der
Perserzeit, der Gehässigkeit, mit der Theben und Korinth, der
leichten Ironie, mit der Sparta behandelt, der Entschuldigung,
die Thessalien und namentlich Argos für ihr Verhalten zuge-
billigt wird, und nicht minder in der ausführlichen Apologie
der dunklen Punkte in der Geschichte des Alkmeonidenhauses
beim kylonischen Frevel und zur Zeit der Schlacht bei Mara-

thon, in der Anerkennung des Kleisthenes, in der Erwähnung
der Geburt des Perikles »des Löwen«, und in der argen Gehässigkeit, mit der das Andenken des Themistokles, des Gegners der Alkmeoniden, durchweg verfolgt, seine Verdienste
nach Möglichkeit herabgesetzt werden.

Im allgemeinen vgl. m. Abhandlung »Herodots Geschichtswerk« in
Forsch. II, wo ich die oft verkannte politische Grundtendenz näher dargelegt habe. Die Annahme, dass das Werk nicht vollendet sei, ist verkehrt; er kann nie beabsichtigt haben, über das Jahr 479,8 hinabzugehen. Von Kirchhoff's Untersuchungen (die Entstehungszeit des her.
Geschichtswerks) bleibt als einziges Ergebniss, dass die Geschichte der
Perserkriege während der ersten Jahre des archidamischen Kriegs geschrieben ist. Dies Ergebniss gilt aber für das ganze Werk, da dasselbe
nach einer einheitlichen, sorgfältig entworfenen Disposition gearbeitet
und durchaus aus einem Guss ist. Ueber den Herbst des Jahres 430
hinab führt keine sichere Spur (s. VI, 91. VII, 134. 233. IX, 73; letztere
Stelle, über die Verschonung Dekeleas durch die Spartaner, will Kirchhoff ohne Grund auf den Einfall von 428 beziehen).

143. Im allgemeinen gibt Herodot die Traditionen, wie er
sie gehört hat. Bewusste Entstellung ist nirgends nachweisbar;
vielmehr folgt er dem Grundsatz, dass seine Aufgabe sei, mitzutheilen, was erzählt ward, auch wenn er die Erzählung
nicht für richtig halte (VII, 152: ἐγὼ δὲ ὀφείλω λέγειν τὰ
λεγόμενα, πείθεσθαί γε μὲν οὐ παντάπασι ὀφείλω· καί μοι τοῦτο
τὸ ἔπος ἐχέτω ἐς πάντα λόγον). Wiederholt wird eine kritische
Bemerkung oder ein Urtheil ausgesprochen, meist aber ergibt
sich der Eindruck, den der Autor erzielen will, aus der von
ihm geschaffenen Verknüpfung der Ueberlieferung von selbst.
Die attische Tradition dominirt überall; daneben hat er
aufgenommen, was ihm von Berichten zugänglich wurde,
namentlich auch aus in Sparta und Delphi eingezogenen Erkundungen; auch hat er noch einzelne Männer gesprochen,
die den Krieg selbst erlebt hatten, so Thersandros von Orchomenos IX, 16. Für die Vorgänge auf persischer Seite
konnte er von Persern nur Vereinzeltes erfahren, z. B., wie
es scheint, von dem im fünften Jahrhundert mit der Satrapie
von Daskylion belehnten Hause des Artabazos. Seine Haupt-

quellen waren hier die an Artemisia anknüpfende halikarnas-
sische Tradition und die Ueberlieferung im Hause Demarats,
das in Teuthrania regierte (§. 36), daneben einzelne Erzählungen attischer Exulanten (Dikaios VIII, 65, vgl. 54). Ausserdem hat er für den Zug des Xerxes von Phrygien bis nach
Therme eine schriftliche Vorlage benutzt (vgl. §. 3), in die er
viele Zusätze, namentlich auch über die Abstammung der
Völkerschaften in Xerxes' Heer, eingefügt hat. Sonst sind
schriftliche Quellen nicht nachzuweisen, vielmehr ist die Verknüpfung und Anordnung der Ueberlieferung, wie die äusserst
geschickte, bis ins kleinste durchgearbeitete Disposition lehrt,
durchaus sein Eigenthum. Nur sehr dürftig und lediglich
episodisch sind die Vorgänge auf Sicilien behandelt, so dass
wir, da uns eine andere brauchbare Ueberlieferung hier nicht
zu Gebote steht — wir haben neben Herodot nur die ganz
verzerrte Darstellung des Timaeos im Auszug bei Diodor —,
über dieselben nur ganz unzulänglich unterrichtet sind. —
Die Aufgabe der Kritik ist, das von Herodot durch die Verknüpfung der Traditionen geschaffene Mosaikgemälde wieder
in seine Bestandtheile aufzulösen und, so weit es möglich ist,
die Ueberlieferung so wieder herzustellen, wie er sie gehört
hat. Nicht selten zeigt sich dann, dass Herodot falsch com-
binirt und z. B. bei der ·chronologischen Einreihung der Thatsachen Irrthümer begangen hat.

An Herodots Erzählungen übt Plutarch in der [ältere gelehrte Arbeiten reproducirenden] Schrift über Herodots Bösartigkeit vielfach eine
ganz treffende Kritik, nur dass er dem Autor zuschreibt, was der Charakter der mündlichen Tradition war, und dass er die Forderung einer
rhetorischen Verherrlichung der Griechen stellt, die glücklicherweise
Herodot ganz fern lag. — Ueber die Vorlagen Herodots in der Geschichte
des Xerxeszuges hat TRAUTWEIN, die Memoiren des Dikaios, Hermes XXV,
manches ganz Richtige bemerkt, wenn auch seine Annahme, dass eine
Schrift des Dikaios zu Grunde liege, zweifellos falsch ist. Vgl. auch
Forsch. II, 230 ff.

144. Mit den Fragen des menschlichen Lebens und Schicksals, dem Verhältniss des handelnden Individuums zu den all-

gemeinen Factoren, welche überall in die Absichten des Einzelnen eingreifen und seine Pläne fördern oder durchkreuzen,
hat sich Herodot vielfach beschäftigt. Oft versucht er, die
Erwägungen, welche die Situation bietet, auszuführen, die
Auffassung der Handelnden darzulegen. Diesen Aufgaben
dienen vor allem die zahlreichen Reden und Gespräche seines
Werks. Auch wo die Ueberlieferung einen Anhalt bot, sind
sie seine freie Schöpfung. Vielfach hat er sie ganz frei com-
ponirt, so die Reden über die Ansprüche auf die Hegemonie,
VII, 159 ff., IX, 26 ff., bei denen die attischen Leichenreden,
speciell die des Perikles im samischen Kriege, benutzt sind,
ebenso z. B. die Gespräche zwischen Xerxes und Artabanos
über das Menschenloos, oder das gleichartige Gespräch zwischen
Solon und Kroesos. Zu einer tieferen Auffassung des historischen Processes, zu einer Geschichtsbetrachtung, welche die
wirkenden Kräfte aufzusuchen und herauszuarbeiten vermag,
ist er freilich nicht gelangt. Vielmehr scheint ihm überall,
so wenig es auch möglich ist, zu einer wirklichen Erkenntniss
der Götter und ihres Wesens zu gelangen, das menschliche
und geschichtliche Leben abhängig von dem Eingreifen übernatürlicher Mächte. Sie lenken die Dinge wie sie wollen. Sie
verkünden die Zukunft durch Orakel und Weissagungen und
bewirken, dass ihr Wort sich erfüllt. Vor allem aber wachen
sie eifersüchtig über ihrer Machtsphäre und sorgen dafür, dass
der Mensch nicht ihresgleichen werde, sie haben ihre Lust
daran, ihn zu demüthigen und von seiner Höhe herabzu-
stürzen, seine hochfahrenden Pläne zu vereiteln. Es ist derselbe
Standpunkt eines entschlossenen Realismus, der es wagt, den
harten Thatsachen des Lebens ins Auge zu schauen, den die
attische Cultur diesen Problemen gegenüber einnimmt und den
in derselben Weise Sophokles vertritt (vgl. §. 455 ff.). Dieser
Empirismus beherrscht auch sonst Herodots Weltanschauung,
namentlich in der Geographie. Mit ihm verbindet sich in der
Kritik der Traditionen der alte, auch in der Ueberlieferung selbst
schon vielfach durchgedrungene Rationalismus, dessen Ergebnisse, wie sie Hekataeos und seine Nachfolger gefunden hatten,

für Herodot feststehende Erkenntnisse sind. Die wahre historische
Kritik dagegen liegt ihm noch ganz fern: der aus Empirismus
und Rationalismus erwachsende Zweifel an den Einzelheiten
der Ueberlieferung vermag sich über die Tradition nicht zu
erheben, noch von ihr zu den Thatsachen aufzusteigen, aus
denen sie erwachsen ist, sondern nimmt sie, von den einzelnen
Anstössen abgesehen, hin wie sie ist. Am stärksten tritt das
bei Herodot auf militärischem Gebiet hervor: hier steht er
ganz im Banne der populären Auffassung, und ist daher völlig
ausser Stande, ein reales Bild von einer Operation oder einer
Schlacht zu entwerfen. So ist es ihm denn auch nicht möglich, sich zu einer einheitlichen Auffassung der Vorgänge oder
gar einer Persönlichkeit durchzuarbeiten: seine Darstellung behält, trotz alles dessen, was er aus eigenem Ermessen hinzugethan hat, den Charakter des Mosaiks. Seine Stärke liegt
in dem glänzenden Erzählertalent, in der Freude an all den
reichen und interessanten Geschichten, die er gesammelt hat
und reizvoll wiedergibt. Daher hat sein Werk immer einen
unwiderstehlichen Zauber ausgeübt, selbst auf Zeiten, in denen
ein flacher rhetorischer Rationalismus die Geschichtsschreibung
beherrschte und man, wie von Isokrates an durch die ganze
hellenistische Zeit, auf Inhalt und Charakter seiner Erzählungen
geringschätzig herabsah. Gelesen hat man ihn auch damals
trotzdem immer von neuem.

Im allgemeinen s. Forsch. II; über die Behandlung der Persönlichkeiten I. Knuxs, das literarische Porträt der Griechen 71 ff.

145. Von Hellanikos' Geschichte der Perser ist uns kein
Fragment von Bedeutung erhalten. Die Auszüge aus Ktesias
lassen auch hier erkennen, wie rasch die Tradition sich verschlechtert: er knüpft die Schlacht bei Marathon an den
Skythenfeldzug an und setzt die Schlacht von Plataeae vor
Salamis. Die abgeleiteten Darstellungen der Späteren schliessen
durchweg an Herodot an, so gleich das Epos des Choerilos
von Samos (um 400), dann Ephoros (erhalten bei Diodor und
Justin), der nur einige populäre Ausschmückungen hinzufügt.

so bei Thermopylae. Im übrigen hat er Herodot modernisirt
und einen besseren Pragmatismus durchzuführen versucht.
Daraus sind manche scheinbare, aber grundfalsche Construc-
tionen hervorgegangen, z. B. die Ansicht, dass während des
Kriegs ein hellenisches Synedrion in Korinth die Leitung gehabt und auch nachher noch als Bundesorgan functionirt
habe. Ausserdem herrscht bei ihm eine starke, wenn auch
unbewusste Parteilichkeit zu Gunsten Athens, in der ihm alle
Neueren getreulich gefolgt sind; gelegentlich, so bei Mykale,
tritt auch die Tendenz hervor, die Verdienste der Griechen
Kleinasiens zu steigern (vgl. auch §. 141). Für die Geschichte
sind seine und alle späteren Darstellungen ohne Werth, abgesehen von ein paar Angaben aus Urkunden, Stadtchroniken
und Aehnlichem bei Plutarch (§. 139).

Die Pentekontaetie.

146. Für die Zeit von 478 an gilt für die Beschaffenheit
des Materials so ziemlich das Umgekehrte wie für den grossen
Entscheidungskampf. Die Tradition der Mitlebenden und der
nächsten Generationen hat aus diesen Jahren wohl die Hauptmomente und gelegentlich einzelne Episoden aus den Kämpfen
oder den politischen Verhandlungen — so z. B. Themistokles'
Auftreten in Sparta während des Mauerbaus Athens — im
Gedächtniss bewahrt; aber den Zusammenhang hat sie fast
vollständig vergessen, so dass uns selbst die Folge der Ereignisse in der populären Tradition überall nur in arger Ver-
zerrung entgegentritt, nicht nur bei den Rednern des vierten
Jahrhunderts und bei Plato in der Leichenrede des Menexenos, sondern selbst da, wo ein Politiker aus vornehmem
Hause, wie Andokides, einen Ueberblick der Begebenheiten
gibt, die er zum Theil noch selbst erlebt hat (Andoc. 3, 3 ff.,
ausgeschrieben von Aeschines 2, 172 ff., vgl. Forsch. II, 132 ff.).
Besässen wir keine anderen Nachrichten, so würde es selbst
bei den wichtigsten Vorgängen völlig unmöglich sein, ein auch

nur annähernd richtiges Bild zu gewinnen. Allerdings darf
man nicht ausser Acht lassen, dass es neben der populären
Tradition unzweifelhaft Kreise gegeben hat, in denen eine cor-
rectere Information zu finden war, und an die sich gewandt
haben würde, wer, wie Herodot für die Perserkriege, eine aus-
führlichere Darstellung dieser Zeit hätte geben wollen. So ist uns
z. B. aus Kallisthenes (bei Plut. Cim. 12 f.) eine offenbar durchaus zuverlässige Schilderung der Schlacht am Eurymedon erhalten, die zunächst wohl auf einen älteren Schriftsteller, in
letzter Linie aber gewiss auf gute Localtradition, vielleicht
bei den Ioniern, zurückgeht — daneben steht allerdings die
völlig phantastische Darstellung des Ephoros, die aus der
fälschlich auf die Eurymedonschlacht bezogenen Inschrift des
Denkmals für Kimons letzten cyprischen Feldzug construirt
ist (s. Forsch. II, 1 ff.).

147. Im Mittelpunkt des Interesses stand für die populäre
Tradition mehr noch als im sechsten Jahrhundert die Persönlichkeit der leitenden Männer; die Frage nach ihrer geschichtlichen Bedeutung wurde damals wie heute vielfach discutirt. Sie knüpfte vor allem an Themistokles an (Xen. mem.
IV, 2, 2, vgl. symp. 8, 39) und hat in zahlreichen Anekdoten
Ausdruck gefunden, von denen manche schon bei Herodot bewahrt sind. So tritt uns das Wesen der grossen Feldherrn
und Staatsmänner Athens und der Eindruck, den sie hinterlassen haben, in der späteren Literatur, der Komödie und vor
allem den Dialogen Platos, lebendig entgegen. Das Interesse
an der Persönlichkeit hat die Anfänge einer Memoirenliteratur
erzeugt. Der Tragiker Ion von Chios (der auch ein Gedicht
über die Gründungsgeschichte seiner Heimath verfasst hat,
Bd. II, 156 A.) hat in höherem Alter, etwa um 430, von den
berühmten Männern erzählt, die er auf seinen Reisen kennen
gelernt hatte (daher ἐπιδημίαι); erhalten sind uns daraus Mittheilungen über Kimon und Sophokles, sowie kurze Angaben
über Perikles. Aehnlicher Art scheint die um dieselbe Zeit verfasste Schrift des Rhapsoden und Homerikers Stesimbrotos von
Thasos gewesen zu sein, in der er von Themistokles, Kimon,

Thukydides, Perikles erzählte, nur dass der Bündner aus der
von Athen gedemüthigten Stadt für die attischen Staatsmänner, vor allem für Perikles, wenig Sympathien hatte und
die schlimmsten über diesen umlaufenden Verdächtigungen bereitwillig aufnahm; auch sonst waren die Erzählungen, die
er wiedergab, keineswegs immer zuverlässig. — Neben der
Frage der Bedeutung des Individuums steht die vielleicht noch
eifriger discutirte nach der richtigen Gestaltung des Staats;
aus ihr ist um dieselbe Zeit, seit dem archidamischen Kriege,
eine politische Literatur erwachsen. Die älteste auf uns ge-
kommene politische Broschüre, die um 424 oder vielleicht
etwas später von einem Oligarchen verfasste Kritik der attischen Demokratie, die unter Xenophons Schriften überlieferte
πολιτεία Ἀθηναίων, verbindet die theoretische Analyse mit dem
praktischen Ziel, den Gesinnungsgenossen des Verfassers klar
zu machen, dass es für sie mit diesem Staate keinen Compromiss gibt. Ihr Gegenstück ist das Bild, das Thukydides
in der nach Athens Fall geschriebenen Leichenrede des Perikles von den Idealen der attischen Demokratie entworfen hat.
Die beiden Schriftstücke sind unsere Hauptquellen zur Erkenntniss der inneren Zustände und Tendenzen Athens auf
der Höhe seiner Macht. Neben sie treten die zahlreichen Discussionen, welche die Weisheitslehrer und ihre Anhänger über
die richtige Gestaltung des Staats pflogen und die in den
sokratischen Dialogen ihren Nachhall haben, ferner die pro-
saischen und poetischen Schriften des Kritias (um 406) über
die Hauptstaaten und ihre Institutionen, bei denen Sitten und
Lebensweise in den Vordergrund traten. Auch die Tragödie,
vor allem Euripides, hat die Gelegenheit gern ergriffen, diese
Fragen zu discutiren, zum Theil verbunden mit einer Verherrlichung Athens, wie in den Hiketiden (wahrsch. 422),
aber immer mit ablehnender Haltung gegen die Ausschreitungen der radicalen Demokratie.

Bruchstücke aus Ion und Stesimbrotos haben die Biographie (Plutarch) und die Sammelwerke (Athenaeos) bewahrt. Die Zweifel an ihrer
Aechtheit gehören einer jetzt glücklich überwundenen, wenig rühmlichen

Zeit der Philologie an, als die modernen Gelehrten des Glaubens waren, den Alten vorschreiben zu können, was sie sagen durften. Vergessen ist jetzt auch AD. SCHMIDT's Annahme (das Perikleische Zeitalter II, 1879), die gesamte Ueberlieferung über die Pentekontaetie von Thukydides an sei aus Stesimbrotos geschöpft. Ebenso verschollen sind die Gewaltcuren, denen man die, zuerst von ROSCHER, Leben des Thuk., gebührend gewürdigte πολιτεία 'Αϑηναίων unterzogen hat. Am werthvollsten von den zahlreichen Schriften über sie ist die Bearbeitung von MÜLLER-STRÜBING im Philologus, IV. Suppl.-Bd., 1880, trotz mancher Gewaltsamkeiten. Vgl. auch Forsch. II, 401 ff.

148. Wenn die von der Tradition gebotenen Nachrichten dürftig und unzureichend sind, so wächst dafür ständig das authentische und urkundliche Material. Vor allem für Athen, das jetzt wie in der Geschichte so auch in der Ueberlieferung durchaus in den Mittelpunkt tritt. Einzelne Volksbeschlüsse und zahlreiche Grab- und Weihinschriften sind uns bereits aus vorpersischer Zeit erhalten; seit der Mitte des fünften Jahrhunderts nimmt dies Material gewaltigen Umfang an. Neben die Volksbeschlüsse, die, wenn sie eine dauernde Anordnung treffen, regelmässig in Stein gehauen werden, treten die Abrechnungen der attischen Cassen, vor allem die der Hellenotamien über das seit 454 der Athena gezahlte Sechzigstel der Tribute, und die der Schatzmeister der Athena über „die vom Staat beim Tempelschatz aufgenommenen Anleihen. Ferner Todtenlisten aus den Kriegen, Weihinschriften von Siegesdenkmälern und Schenkungen, u. ä. Vereinzelt sind uns solche Inschriften auch aus anderen Theilen Griechenlands erhalten, namentlich in Olympia. Den antiken Forschern waren daneben auch die geschriebenen Urkunden zugänglich, die sich in stets wachsender Zahl in den Archiven häuften. Vereinzelt finden sich noch Gedichte, die auf Zeitereignisse Bezug nehmen, so die Invectiven des Timokreon von Rhodos gegen Themistokles, und mehrere Gedichte auf Kimon, von denen eins den Tragiker Melanthios zum Verfasser hatte, ein anderes von Panaetios dem Philosophen Archelaos zugeschrieben wurde. Die Gedichte Pindars reichen bis in die Mitte des Jahrhunderts (Pyth. 8, 446 v. Chr.) hinab. Damit stirbt die alte Lyrik ab. Die Tragödie hörte

zwar auf, ihre Stoffe aus der Gegenwart zu nehmen; aber
nicht selten ist sie voll von Anspielungen auf die momentane
politische Situation, so Aeschylos' Orestie (458) und viele
Dramen des Euripides. Vor allem aber gelangt um die Mitte
des Jahrhunderts in Athen die politische Komödie zu voller
Ausbildung und bringt unzählige Anspielungen auf die gleichzeitigen Ereignisse, die handelnden Persönlichkeiten, das Leben
und Treiben in Stadt und Land, die Zustände des Reichs. —
Dazu kommen die Stadtchroniken (vgl. §. 139). Die ionische
Welt hat ihrer bereits eine ziemliche Zahl aufzuweisen (darunter eine Geschichte von Lampsakos von Charon), von denen
uns freilich ausser den Namen (Dion. Hal. de Thuc. 5) und
einigen Angaben aus der Sagenzeit nichts erhalten ist. Die
älteste Chronik von Athen, die bis zum Falle Athens reichte,
hat Hellanikos von Mytilene (Bd. II, 8) verfasst; sie muss
die Ereignisse der letzten Jahrzehnte verhältnissmässig ausführlich erzählt haben. Gleichartige, von der Urzeit bis zur
Gegenwart reichende Chroniken hat er auch über andere
Staaten, z. B. Lesbos und Argos, verfasst, ferner einen Abriss der griechischen Universalgeschichte bis zum Ausgang des
peloponnesischen Kriegs in drei Büchern, für die die Liste
der Herapriesterinnen von Argos das chronologische Gerippe
abgab.

Zu den Gedichten des Melanthios und Archelaos auf Kimon (Plut.
Cim. 4, aus Didymos) s. Forsch. II, 43. Zu Hellanikos' Chroniken Niese,
Hermes XXIII.

149. Eine auf wahrhaft geschichtlicher Auffassung beruhende Behandlung der Zeit nach 479, welche den Gang der
politischen Entwickelung klar darlegte, fehlte dagegen vollständig (τοῖς πρὸ ἐμοῦ ἅπασιν ἐκλιπὲς τοῦτο ἦν τὸ χωρίον, Thuk.
I, 97); dem Hellanikos, der allein die Aufgabe in seiner Atthis
wenigstens berührt habe, macht Thukydides den Vorwurf, dass
er den Gegenstand nur kurz und chronologisch nicht genau
behandelt habe — das zielt wohl vor allem darauf, dass er
die Ereignisse nach attischen, im Hochsommer zu Ende gehen-

den Archontenjahren aufzählte und daher den natürlichen Zusammenhang zerriss; doch mag er auch manche Ereignisse
falsch angesetzt haben. Das hat Thukydides veranlasst, in
die Darlegung der Ursachen des peloponnesischen Kriegs einen
ausführlichen Abriss der Entwickelung seit dem Schluss des
Werks Herodots, die sog. Pentekontaetie, episodisch einzulegen.
Aber es ist nicht die Gesammtgeschichte dieser Epoche, die
er schreibt, sondern die Vorgeschichte des peloponnesischen
Kriegs. Wie Athens Macht sich entwickelt, sein Reich sich
gefestigt hat, wie der Conflict mit den Peloponnesiern entstanden ist und welche Phasen er bis zum Ausbruch des
grossen Kriegs durchlaufen hat, will er darlegen. Alles was
sich nicht auf diesen einen Punkt bezieht, bleibt bei ihm unberücksichtigt, ebensowohl die Geschichte des Peloponnes und
der übrigen griechischen Welt wie die gesammte innere Geschichte; selbst solche Dinge wie den Frieden zwischen Athen
und Persien und Athens Unternehmungen im Westen und im
Pontos hat er nicht erwähnt. Wo wir sie controlliren können,
erweist sich seine Darstellung überall als zuverlässig; aber es
ist nur eine Skizze der Ereignisse, welche die Hauptmomente
in ihrer Verkettung scharf hervortreten lässt, dagegen, von
wenigen Ausnahmen abgesehen, auf das Detail nicht eingeht
und nicht eingehen kann. Dazu kommt, dass zwar die chronologische Folge streng beachtet wird (nur der Ausgang des
messenischen Kriegs wird I, 103 vorweggenommen), aber eine
bestimmte Datirung für den Autor unmöglich war, weil er
die Jahrbezeichnung nach eponymen Beamten principiell verwirft, irgend ein System aber, das natürliche Jahr, nach dem
er rechnet, chronographisch zu bezeichnen, wie man es später
durch die Olympiadenzählung zu gewinnen suchte, nicht existirte. Besässen wir eine Atthis oder ein ähnliches Werk, so
würden wir die richtigen Daten leicht und mit voller Sicherheit einsetzen können; so ist uns das nur in den wenigen
Fällen möglich, wo uns diese Daten aus atthidographischer
Ueberlieferung anderweitig erhalten sind. Von hier aus müssen
wir unter Benutzung der Folge der Begebenheiten und der

von Thukydides gegebenen Zahlen (z. B. für die Dauer des
messenischen Kriegs und der aegyptischen Expedition) die
richtigen Daten zu ermitteln suchen. Das ist lange als eine
fast unlösbare Aufgabe erschienen; gegenwärtig können theils
durch die Fortschritte der Detailforschung, theils durch die
Vermehrung unseres Materials — einzelne Daten sind jetzt
bei Aristoteles πολ. 'Αθ. gegeben, dazu kommen einige in-
schriftliche Daten — die Hauptpunkte als sicher festgelegt
gelten. — Eine Ergänzung der Pentekontaetie bietet die Erzählung der letzten Schicksale des Pausanias und Themistokles
I, 128—138.

Von den Untersuchungen über die Chronologie der Pentekontaetie
haben die sehr willkürlich und unmethodisch vorgehenden hist.-phil.
Studien von K. W. Krüger, 1837, lange Zeit eine unverdiente Autorität
genossen. Viel besser war A. Schäfer, de rerum post bellum persicum
gestarum tempore 1865. Von Neueren ist ausser den Geschichtswerken
Wilamowitz, Arist. und Athen II zu nennen, der manches richtig gestellt hat. Weiteres s. bei den einzelnen Daten.

150. Thukydides' Darstellung ist für alle Späteren die
Grundlage geworden. Vor allem ist ihm Ephoros (erhalten
bei Diodor) in seiner Universalgeschichte durchweg gefolgt;
was er von sonstigen Angaben hinzufügt, ist, soweit es nicht
aus Inschriften geschöpft ist, die Ephoros gern benutzte, aber
gelegentlich, wie bei der Eurymedonschlacht, falsch deutete,
fast durchweg minderwerthig und vielfach völlig unbrauchbar.
Er hat nicht annalistisch erzählt, sondern die Ereignisse zu
grösseren, sachlich geordneten Abschnitten zusammengefasst.
Dadurch hat schon er selbst viele chronologische Irrthümer begangen. Noch bedeutend vermehrt wurden die Fehler, als
Diodor die Capitel in der Folge, wie sie bei Ephoros standen,
in die Jahre seiner annalistisch geordneten Weltgeschichte
hineinsteckte, meist ohne irgend welche Rücksicht auf den
Inhalt, so dass Früheres und Späteres bunt durch einander
steht, Ereignisse, die mehrere Jahre umfassen, unter einem
Jahr zusammenstehen, während andere Jahre völlig leer bleiben.
So gibt Diodor nach Ephoros, der Thukydides reproducirt, an,

dass der dritte messenische Krieg zehn Jahre dauerte; aber
er erzählt seinen Anfang unter 469, sein Ende unter 456.
Ebenso hat er z. B. die Anarchie in Athen, d. h. die Herrschaft und den Sturz der Dreissig, zur Hälfte unter dem
Anarchiejahre 404,3, zur anderen Hälfte unter 401,0 erzählt.
Derartiges findet sich durchweg; seine Daten sind nur in den
Fällen von Werth, wo er sie aus der von ihm benutzten
chronologischen Quelle entnommen hat. — Die sonstigen späteren Geschichtsschreiber, Justins Auszug aus Trogus und die
Compilation des Aristodemos, von der uns ein Fragment er-
halten ist, haben kaum irgendwo weitere Bedeutung.

Für Ephoros [dass er die Quelle Diodors ist, hat lange vor Vol-
quardsen schon E. Cauer, quaest. de fontibus ad Agesilai hist. pertin.,
1847, erwiesen] ist grundlegend Holzapfel, Unters. über die Darstellung
der griech. Gesch. von 489—443, 1879, eine Abhandlung, die auch sonst
viel Richtiges bietet. Manche Einzelheiten s. in Forsch. II.

151. Neben der Universalgeschichte, die sich in Ephoros
durchaus wissenschaftliche Ziele stellt, wenn auch die einseitige
rhetorische Vorbildung des Schriftstellers und sein Mangel an
Verständniss für die realen Seiten des geschichtlichen Lebens
ihn hindert, sein Ziel zu erreichen, tritt als Fortsetzung der
Discussionen und Schriften der Zeit des peloponnesischen
Kriegs (§. 147) die politische Literatur. Der lebhaften politischen Discussion der Reactionszeit, dem erbitterten Kampf
der Parteien, dem Suchen nach dem Idealstaat verdankt sie
ihre Signatur. Durchaus beherrscht ist sie von der einseitigen
Betonung der Verfassungsfragen, welche zu vollständigem Verkennen des eigentlichen Wesens des Staats führt. Weil das
Streben Athens nach Machtentwickelung zur Demokratie geführt hat und diese schliesslich gescheitert ist, verwirft die
Theorie dies ganze Streben und sieht, im Gegensatz zu Thukydides' wahrhaft geschichtlicher Auffassung, in ihm nur eine
schlechthin verwerfliche Entartung. Auch als das Fiasko der
aristokratischen Kleinstaaten unter Spartas Führung und die
Ohnmacht gegenüber den Barbaren den Theoretikern die Anerkennung der politischen Macht und der staatsmännischen Per-

sönlichkeit aufzwängte — auch Plato hat (ep. 7. 8) die gewaltige
historische Bedeutung des Dionys von Sicilien offen anerkannt [1]), obwohl er durch den principiellen Kampf gegen seine
Gestaltung des Staats den Anstoss zum Sturz seines Reichs
gab — und eine Rückwendung zur Monarchie herbeiführte,
hat man sich von der Ueberschätzung der äusseren Ver-
fassungsformen nicht freimachen können. Mit ihr verbindet
sich, gleichfalls in scharfem Gegensatz zu Thukydides, eine
flache moralisirende Beurtheilung, welche an die grossen politischen Actionen den unzulänglichen Massstab der bürgerlichen
Moral anlegt, weil sie die tieferen, wahrhaft sittlichen Factoren des Staats und der geschichtlichen Verantwortung ignorirt. Von diesen Gesichtspunkten ist Platos Beurtheilung der
attischen Staatsmänner und der grossen Zeit Athens vollkommen beherrscht, ebenso aber z. B. ein so verbissener
Aristokrat und Athenerfeind wie Theopomp, der in den Excursen seines grossen Werks über Philipp von Makedonien,
vor allem im zehnten Buch (περὶ δημαγωγῶν) über sie alle
moralisch und politisch den Stab brach. Auch Aristoteles,
wenn er auch den Versuch macht, den realen Factoren Rechnung zu tragen und im Gegensatz gegen seine Theorie für
thatkräftige Persönlichkeiten, speciell für die Tyrannen, eine
lebhafte Sympathie zeigt, hat sich doch über diese Schranken
nicht zu erheben vermocht. Für die Demokratie hat er nur
Verachtung, und für die grosse Zeit Athens garkein Verständniss. In seiner Schrift vom Staat der Athener folgt er
für das fünfte Jahrhundert einer von extrem oligarchischem
Standpunkt geschriebenen Schrift, die zwar einiges werthvolles
Material mittheilt (namentlich Actenstücke zur Geschichte der
Jahre 411 und 404/3, die aber historisch nicht richtig verwerthet sind), aber von der wahren Entwickelung und den
handelnden Persönlichkeiten lediglich ein Zerrbild gibt und

---

[1]) Vgl. z. B. auch de legg. I, 638 über die Unzulänglichkeit der
Organisation eines Staats für die Behauptung seiner Selbständigkeit
mächtigeren gegenüber.

sich auch über die Chronologie mit grösster Nonchalance hin-
wegsetzt. — Die Folgezeit, namentlich die populäre Schriftstellerei der Peripatetiker, hat dann die Staatsmänner der
Vergangenheit wesentlich zur Illustration ihrer politischen und
ethischen Ideen benutzt und zahlreiche Anekdoten über sie
verwerthet oder neu in Umlauf gesetzt, die in der Regel ein
völlig verfälschtes Bild geben; ein wirkliches Verständniss der
Vergangenheit und der sie bewegenden Anschauungen und
Mächte lag dieser Zeit bereits völlig fern. — Geschichtlich steht
trotz all seiner Gebrechen Isokrates' Urtheil doch weit höher;
er war eben ein wirklicher Politiker und wusste, worauf es bei
den Machtfragen der Gegenwart ankam, wandte sich auch unbedenklich an jede positive Macht, um die Verwirklichung seiner
Ideale durchzusetzen — nur dass er, wie so viele Schriftsteller unseres Jahrhunderts, die Bedeutung des Wortes und
einer geschickt geschriebenen politischen Broschüre arg über-
schätzte.

In der philologischen Behandlung der historischen Literatur dominirt durchaus der formale Gesichtspunkt. Derselbe führt zu einer starken
Ueberschätzung der Bedeutung der Rhetorik, die wohl die Form der Erzählung, aber durchaus nicht nothwendig Inhalt und Auffassung beherrscht. Effecthaschende Geschichtsschreiber hat auch die Neuzeit in
Fülle hervorgebracht, und zu allen Missgriffen, die die Alten begangen
haben, lassen sich aus den Modernen Parallelen in Masse beibringen, oft
aus den allerbedeutendsten Autoren; aber doch wäre es eine bodenlose
Einseitigkeit, wollte man die moderne Geschichtsschreibung in der
Literaturgeschichte nach dem Gesichtspunkte der Rhetorik abhandeln.
E. Schwartz hat ausserdem noch den unglücklichen Terminus »historischer Roman« aufgebracht, der auf die betreffenden Werke so wenig
passt wie etwa auf Mommsen oder Treitschke.

152. Diesen Schriften zur Seite geht die stets anwachsende Specialgeschichte, die an die älteren Horographen und
Mythenhistoriker und speciell an Hellanikos anschliesst, dem
z. B. der älteste athenische Atthidograph Kleidemos noch sehr
nahe steht: daher hat sie auch immer eine rationalistische
Färbung bewahrt. Zum Theil verfolgt sie zugleich praktische,
politische Zwecke; mehr und mehr tritt aber die wissen-

schaftliche, antiquarische Forschung bei ihr in den Vordergrund. In der ersten Hälfte des vierten Jahrhunderts dürfte
es bereits kaum mehr ein Gemeinwesen von einiger Bedeutung
gegeben haben, das nicht eine derartige Literatur aufzuweisen
gehabt hätte, wie denn überhaupt damals bereits jedes Thema,
das irgendwie Interesse beanspruchen konnte, mehr als einmal behandelt ist — wir dürfen uns dadurch nicht irre
machen lassen, dass nur von einem Bruchtheil dieser Literatur
Namen und Büchertitel auf uns gekommen sind. Einen Niederschlag der geschichtlichen Specialliteratur bildete das grosse
Sammelwerk des Aristoteles über die Verfassungsgeschichte
der einzelnen Staaten. Von späteren Chroniken kommen vor
allem die Annalen von Samos (ὧροι Σαμίων) des Peripateti-
kers Duris in Betracht, aus denen uns für die Geschichte des
samischen und peloponnesischen Kriegs wie der folgenden Zeit
manche Angaben erhalten sind; sie waren durchweg in rhe-
torisch überladenem Stile geschrieben, mit starkem Aufputz
sensationeller Geschichten und unhistorischer Effecthascherei,
und dürfen daher nur mit äusserster Vorsicht benutzt werden.
Andere Zweige der historischen Forschung, Literatur- und
Musikgeschichte, Sammlung der Gesetze (Theophrast), allgemeine Culturgeschichte schlossen sich an, vor allem in den
Arbeiten der peripatetischen Schule. Was davon auf uns
gekommen ist, bezieht sich meist auf die Anfänge und die
Sagenzeit; aber wir dürfen nicht ausser Acht lassen, dass
diese ausserordentlich umfangreiche Literatur auch für die geschichtliche Ueberlieferung von Bedeutung gewesen ist. Sie
setzt sich in allen ihren Verzweigungen, von streng wissenschaftlicher Arbeit bis zur populärsten und oberflächlichsten
Schriftstellerei, fort in der hellenistischen Zeit. Etwas genauer
bekannt sind uns nur die Arbeiten über Athen, die Atthis
des Androtion aus der ersten Hälfte des vierten Jahrhunderts,
die Aristoteles benutzt hat, die des Philochoros aus der Zeit
des Antigonos Gonatas, an die sich zahlreiche ähnliche Arbeiten anschlossen, die höchst wichtige attische Urkunden-
sammlung des Makedoniers Krateros u. s. w. Philochoros und

auch Androtion geben höchst werthvolles zuverlässiges Material,
namentlich über Geschichte und Institutionen der Verfassung;
andere Werke, wie die Atthis des Phanodemos, aus der uns
phantastische populäre Erzählungen über Kimon erhalten sind,
hatten weit geringere Bedeutung.

Zu Kleidemos s. WILAMOWITZ, Arist. I, 286, und meine Forsch. II. 251.
Phanodemos: Plut. Cim. 12. 19. Ueber Krateros KRECH, de Crateri pseph.
synagoge, Greifswald 1888, Diss.; BR. KEIL, Hermes 30, 214 ff. 229 ff.

153. Der Niederschlag dieser gesammten Literatur, der
historischen und anekdotischen Ueberlieferung wie der gelehrten Forschung liegt uns vor in der Biographie, vor allem
bei Plutarch und Nepos, in den Sammelwerken, vor allem
Athenaeos, ferner Aelian, daneben die Strategeme Polyaens,
die Apophthegmen Plutarchs u. ä., und in den Commentaren
(Scholien) zu Dichtern und Rednern und den ihre Ergänzung
bildenden rhetorischen Lexiken. Die erhaltenen Schriftsteller
dieser Kategorien kommen für uns sämmtlich nur als das letzte
Glied der Kette der Ueberlieferung in Betracht, weil uns ihre
Vorlagen nicht mehr erhalten sind, so verschiedenartig im übrigen ihr literarischer Werth und ihre Bedeutung für die Culturgeschichte ihrer Zeit ist. Mit Ausnahme des Athenaeos, der in
ziemlich weitem Umfang sein Material selbst zusammengetragen
hat, geben sie im wesentlichen wieder, was sie schon in grösseren Biographien, Commentaren, Sammelwerken fanden. Das
gilt namentlich auch von der für uns wichtigsten Quelle, der
Biographie. Dieselbe geht zurück auf die grossen, theils gelehrten, theils, wie die des Hermippos, populären Arbeiten der
alexandrinischen Zeit; von hier aus hat sich das Material in
mannigfachen Verzweigungen und Brechungen, bei denen vielfach weitere Notizen hinzukamen oder eine andere Auffassung
der Persönlichkeit an Stelle der alten trat, fortgepflanzt
bis auf Nepos und Plutarch und die formlosen Biographien
bei Diogenes Laërtius und Suidas und in den Einleitungen
zu den Handschriften der Schriftsteller. Nepos gibt meist
einen kurzen Auszug aus der Vulgatbiographie, dem er ein-

zelne Zusätze aus seiner Lectüre, namentlich aus Thukydides
und Timaeos, hinzugefügt hat; Plutarch hat das grosse Verdienst, den reichen Strom der Ueberlieferung mit all seinen
Variationen nach Kräften bewahrt und in anmuthiger Form
zusammengefasst zu haben. Von Eigenem hat er freilich, abgesehen von einzelnen Citaten, nicht viel mehr hinzugethan
als das ethische Urtheil, das für ihn die Hauptsache ist, und
die lebendige stilistische Behandlung, auf der seine grosse
Wirkung auf Mit- und Nachwelt beruht. Zu einem tieferen
historischen Verständniss der grossen Persönlichkeiten ist er
nicht gelangt. Aber das haben auch seine Vorgänger nicht zu
erreichen vermocht; die Fähigkeit, sich in die Vergangenheit
wirklich hineinzuleben, ging ihnen allen und ihrer ganzen Zeit
ab. Daher stellen sie vielfach die verschiedensten Auffassungen
und Berichte neben einander und vermögen die sachlichen
und individuellen Probleme, die sie aufwerfen, nur in den
seltensten Fällen zu lösen; wo es auf Erkenntniss grösserer
politischer Zusammenhänge ankommt und vor allem wo nur
eine genaue Beobachtung der Chronologie auf die richtige
Lösung hätte führen können, versagen ihre Kräfte meist völlig.
Für uns ist das nur ein Vortheil, da in Folge dessen die Biographie das reiche Material, das sie gesammelt hat, meist in
ungetrübter Gestalt weiter gibt; und hier verdient ihr Fleiss
und ihre Gewissenhaftigkeit die höchste Anerkennung. Nicht
nur die äusserst umfangreiche Literatur, wie sie sich in den
grossen Bibliotheken der hellenistischen Zeit zusammenfand,
ist sorgfältig ausgeschöpft worden, sondern in weitem Umfange auch das urkundliche Material in den Archiven, Inschriften, Denkmälern und Weihgeschenken. Bei der Ausnutzung der Schriftsteller freilich fehlte die wahre Kritik, und
so steht hier Werthvollstes und völlig Werthloses, wie die
Anekdoten der späteren Zeit und die abgeleiteten Angaben
secundärer Schriftsteller, neben einander. Viele Notizen sind
uns gewiss verloren; im allgemeinen aber dürfen wir annehmen, dass uns, soweit die Biographien reichen, das Material,
welches in der älteren, für uns verlorenen Literatur zu finden

war, der Hauptsache nach erhalten ist und auch die älteren
Werke nicht wesentlich mehr geben würden. — Die kurzen
Notizen der Chroniken kommen für unsere Zeit dem sonstigen
Material gegenüber kaum in Betracht.

Die hier gegebene Darstellung und Beurtheilung der antiken Biographie beruht auf meiner Analyse der Biographie Kimons Forsch. II.

154. Durch die angestrengte Arbeit eines Jahrhunderts
und das gewaltig vermehrte Material, das wir vor allem den
Inschriftenfunden verdanken, sind wir in der Erkenntniss der
Geschichte des fünften Jahrhunderts weit über das hinaus-
gekommen, was die antike Gelehrsamkeit und die älteren
Forscher der Neuzeit zu geben vermochten. In weitem Umfang steht uns jetzt diese Zeit und namentlich die Geschichte
Athens, seine Institutionen und sein Reich, lebendig vor Augen.
Dank der Arbeit der Philologie und dem gewaltig geförderten
Verständniss der Schriftsteller ist uns auch das geistige Leben
dieser Epoche in ganz anderer Weise verständlich geworden
als früher. Grosse Lücken bleiben freilich, vor allem in der
Geschichte des Peloponnes, für die unsere Quellen fast völlig
versagen und wo von dem wichtigsten oft nur durch eine versprengte Notiz, z. B. bei Herodot, dunkle Kunde auf uns gekommen
ist. Aber auch die innere Geschichte Athens liegt namentlich
für die ersten Jahrzehnte nach den Perserkriegen auf weite
Strecken völlig im Dunkeln und lässt sich nur durch einen
besonnenen Reconstructionsversuch, der von den wenigen sicher
überlieferten Thatsachen ausgeht, einigermassen erhellen. Es
ist kaum zu hoffen, dass uns hier noch viel neues Material
erschlossen werden wird. Aber je weiter wir hinabgehen,
desto reicher wird das Material, desto sicherer die Erkenntniss.
So viele Lücken wir schmerzlich empfinden, so kann doch
Niemand, der sich in das Material wirklich hineingearbeitet
hat, bestreiten, dass eine Reconstruction der perikleischen Zeit
eine Aufgabe ist, welche mit den Mitteln der historischen
Wissenschaft sehr wohl gelöst werden kann.

Der peloponnesische Krieg.

155. Mit dem Ausbruch des peloponnesischen Kriegs erreichen wir die Zeit, wo die gleichzeitige Geschichtsschreibung beginnt. Sie ist die Schöpfung des Thukydides. Gleich beim Beginn
des Kriegs hat er den Plan gefasst, die grossen Kämpfe, die be-
vorstanden, in authentischer Form zur Darstellung zu bringen;
zweifellos hat er grosse Partien seines Werks gleich nach den
Ereignissen, sobald er die Informationen gesammelt und ge-
sichtet hatte, im wesentlichen in der Fassung niedergeschrieben,
in der sie auf uns gekommen sind, wenn er auch im Fortgang seiner Forschungen manches wieder und wieder rectifi-
ciren und umschreiben mochte. Aber zum Abschluss konnte
er nicht gelangen, als es 421 wieder Friede wurde; denn
dieser Friede war kein Abschluss, sondern nur die Quelle
neuer Verwickelungen, das grosse historische Problem war
nicht gelöst, sondern seine Lösung nur verschoben. So fuhr
er fort, das Material zu sammeln; das Exil, in dem er seit
424 lebte, gewährte ihm die Möglichkeit, auch von den Gegnern Athens Nachrichten einzuziehen, den Schauplatz der Begebenheiten, namentlich des grossen sicilischen Kriegs, selbst
aufzusuchen. Als dann der Krieg sich zum Entscheidungskampf zuspitzte und mit der Vernichtung der Macht Athens
endete, schlossen sich ihm die 27 Jahre seit dem Ausbruch
des archidamischen Krieges zu einem einzigen grossen Ringen,
zu »dem Krieg der Peloponnesier und Athener« zusammen,
bei dem es sich um die Behauptung der Machtstellung Athens
handelte. Von diesem Gesichtspunkt aus hat er, jetzt wieder
in Athen lebend, wohin ihn der Ausgang des Kriegs die
Rückkehr gewährt hatte (V, 26), die Ausarbeitung seiner
Materialien begonnen. Aber zum Abschluss ist er nicht gelangt; als er die Geschichte des Sommers 411 fast vollendet
hatte, ist ihm die Feder entsunken (nach 399 v. Chr., s. II,
100). Aus seinem Nachlass ist sein Werk herausgegeben
worden, soweit es vollendet war, ohne irgend welchen Ein-

griff eines Redactors; das Material, das er für die folgenden
Jahre gesammelt hatte, ist unbeachtet zu Grunde gegangen.
Was veröffentlicht wurde, ist im Sinne des Autors vollkommen
abgeschlossen und zur Veröffentlichung fertig — was natürlich nicht ausschliesst, dass er beim Fortschritt seiner Arbeit
hier und da noch Aenderungen oder Berichtigungen hätte vornehmen können. Durchweg ist das Werk eine vollkommene
Einheit, beherrscht von der Auffassung des éinen siebenundzwanzigjährigen Krieges, geschrieben vom Standpunkt des
Falles Athens aus, wenn auch hier und da (so zweifellos IV,
48, 5)' aus den älteren Entwürfen eine Wendung stehen geblieben sein mag, die sich mit diesem Standpunkt nicht ver-
trug und die der Autor bei der abschliessenden Ausarbeitung
übersehen hatte.

Die hier vorgetragene Ansicht über die Entstehung des Werkes des
Thukydides steht in schroffem Widerspruch zu der herrschenden, 1845
von F. W. ULLRICH begründeten Auffassung, dass Thukydides zuerst die
Geschichte des archidamischen Kriegs als selbständiges Werk ausgearbeitet und in sein Manuscript später, als er den 27jährigen Krieg als
Einheit auffasste, nur einzelne Zusätze eingefügt habe. In der weiteren
Ausmalung gehen die Ansichten weit aus einander; während nach ULL-
RICH das Specialwerk über den archidamischen Krieg nie vollendet wurde,
sondern der Schluss des vierten Buchs bereits von dem späteren Standpunkt des Th. aus geschrieben ist, glauben andere (so KIRCHHOFF, Th.
und sein Urkundenmaterial, 1895 [Ber. Berl. Ak. 1880—1890], und in
anderer Auffassung CWIKLINSKI, WILAMOWITZ und viele andere), die Geschichte des archidamischen Kriegs sei als selbständiges Werk vollendet
und publicirt und nachher entweder nur in Einzelheiten modificirt oder
aber durch umfassende Einlagen, namentlich die Geschichte der Pentekontaetie und die Reden (CWIKLINSKI), umgestaltet worden. Ebenso halten viele
die Geschichte der sicilischen Expedition für ein ursprünglich selbständiges
Werk, während Buch V und VIII nur ein erster Entwurf, ein unvollstän-
diges Brouillon mit zahlreichen Lücken und Fehlern sein sollen. Auch
der Thätigkeit eines Interpolators (MÜLLER-STRÜBING) oder Redactors und
Herausgebers (WILAMOWITZ, E. SCHWARTZ) haben manche einen grossen
Spielraum eingeräumt. Dem gegenüber habe ich meine Auffassung in
Forsch. II. zu begründen gesucht. Auf vielfachen Widerspruch bin ich
gefasst; aber ich sehe nicht, wie man sich bei unbefangener Betrachtung den zahlreichen dort zusammengestellten Zeugnissen des Schriftstellers selbst entziehen und vor allem, wie man verkennen kann,

dass die gesammte Auffassung und Darstellung des Schriftstellers im
ganzen wie im einzelnen nur begreiflich ist von dem Standpunkt des
vollendeten Kriegs aus, nach 404. Nicht wenige Philologen haben
allerdings vollkommen verlernt oder nie gelernt, Thukydides als Historiker
zu betrachten. — Dass die unglückliche Eintheilung des Werks in acht
Bücher, neben der eine bessere in 13 Bücher existirte, nicht vom Schriftsteller selbst herrührt, ist bekannt. Der Text, dessen Zuverlässigkeit
vielfach angegriffen ist (KIRCHHOFF), ist im allgemeinen vortrefflich überliefert, wenn es auch natürlich an einzelnen Verschreibungen und Aehnlichem nicht fehlt.

156. Die Aufgabe, den Hergang der gleichzeitigen Ereignisse
estzustellen, aus den Berichten der Handelnden zu ermitteln,
wie sie wirklich zu Stande gekommen und verlaufen waren,
hat Thukydides nicht nur die Grundsätze der Kritik der wider-
spruchsvollen Ueberlieferung erschlossen, sondern in engstem
Zusammenhang damit auch den Einblick in die wirkenden
Factoren alles geschichtlichen Lebens. Auf diesen beiden Momenten zusammen beruht die historische Kritik, durch die die
Geschichtsschreibung zu einer Wissenschaft erhoben wird, in
scharfem Gegensatz zu den Aelteren, welche die Traditionen
zusammenstellten und nach subjectivem Ermessen, nach der
Methode des Rationalismus und nach dem, was ihnen wahrscheinlich dünkte oder nicht, annahmen oder verwarfen oder
corrigirten, und den historischen Vorgang auf eine unbestimmte
Masse natürlicher und übernatürlicher Factoren zurückführten,
die sich in der Regel der Erkenntniss vollständig entzogen.
Thukydides' ganzes Wesen geht auf in dieser Erkenntniss: in
jedem Wort, das er schreibt, kommt sie zum Ausdruck. Er
versucht, dem Leser überall die Ereignisse, die er erzählt, unmittelbar vorzuführen, sie auf ihn wirken zu lassen, als ob
er sie selbst erlebe, ohne das Medium des darstellenden Historikers. Er soll zu den Begebenheiten stehen wie ein Zeitgenosse, freilich nicht wie ein wirklich an ihnen betheiligter,
der, mag er geistig und politisch noch so hoch stehen, doch
immer nur einen Theil der Vorgänge und der wirksamen
Momente zu übersehen vermag und in seinem Urtheil durch
die Leidenschaften des Tages nothwendig beeinflusst ist, son-

dern wie ein idealer Zeitgenosse, der den gesammten Zusammenhang vorwärts und rückwärts überschaut. Daher tritt
der Historiker mit seiner Persönlichkeit möglichst zurück; in
eigener Person spricht er sein Urtheil oder seine Auffassung
aus oder schildert die allgemeinen Verhältnisse nur in den
wenigen Fällen, wo jedes andere Mittel versagt — z. B. wo
er darlegt, weshalb er den siebenundzwanzigjährigen Krieg als
eine Einheit betrachtet, oder im Anschluss an die Revolutionen
auf Korkyra die Verwilderung des Parteikampfs schildert, der
überall in den griechischen Staaten ausgebrochen ist, oder bei
Perikles' Sturz sein Urtheil über die gesammte Politik Athens
ausspricht. Aber soweit es möglich ist, soll der Leser diese
Dinge aus den Begebenheiten entnehmen oder aus dem Munde
der handelnden Personen selbst erfahren. Deshalb hält sich
der Schriftsteller streng an den Gang der Ereignisse: semper
ad eventum festinat gilt auch von ihm. Mit der Erzählung der
Verwickelungen, welche den Ausbruch des Kriegs herbeiführten,
setzt er ein; den Ueberblick der Entwickelung seit den Perserkriegen bringt er erst da, wo es gilt den Kriegsentschluss
Spartas zu erklären, den er nicht auf jene äusseren Anlässe,
sondern auf die durch das Wachsen der Macht Athens hervor-
gerufene Eifersucht Spartas zurückführt, für das der bestehende
Zustand und die Machtstellung des Rivalen schliesslich un-
erträglich wird. Streng synchronistisch werden die Begebenheiten erzählt, wo der Krieg gleichzeitig auf verschiedenen
Schauplätzen spielt; das Eintheilungsprincip gibt das natürliche, in Sommer und Winter zerfallende Jahr, nicht das will-
kürliche Beamtenjahr und der schwankende Kalender der einzelnen Staaten. Erst als der zehnjährige Krieg beendet ist
und Erzählung und Jahrzählung des Autors trotzdem weiter
gehen, folgt die Erklärung, dass der ganze Krieg von 431 bis
404 als Einheit zu betrachten sei und dass, »wenn Jemand
die Friedenszeit nicht als Krieg rechnen will, er die Verhältnisse nicht richtig beurtheilt«. Erst hier, wo der Gang der
Dinge selbst darauf führt, ist die richtige Stelle, sich über
diese Grundauffassung auszusprechen, obwohl sie von Anfang

an vorausgesetzt wird, nicht, wie es jeder spätere Autor thun
würde und die modernen Kritiker auch von Thukydides fordern, im Eingang des Werks. Was nicht unmittelbar zum
Thema gehört, hat auch in der fortlaufenden Darstellung
keinen Platz, mag es dem Schriftsteller sonst noch so sehr
am Herzen liegen, und kann nur in einer Episode (die die
Stelle einer Note oder einer Beilage vertritt) angebracht
werden. Dahin gehört die Anwendung der kritischen Principien
des Autors auf die ältere Geschichte Griechenlands in der Einleitung (wenn der Verfasser damit seine Erwartung motivirt,
der Krieg werde bedeutender werden als alle früheren, so ist
das nur ein schriftstellerischer Nothbehelf; aber als Darlegung
der griechischen Culturentwickelung war diese Skizze zum vollen
Verständniss des Krieges in der That unentbehrlich); ferner in
dem Excurs über die Pisistratiden im sechsten Buch. Die für
einen entscheidenden Beschluss massgebenden Motive, die Kräfte,
welche die Situation beherrschen und zur Entscheidung treiben,
die allgemeinen Voraussetzungen, welche auf den politischen
und culturellen Zuständen, dem Wesen und Charakter der mit
einander ringenden Staaten und Bevölkerungen beruhen, kurz
alles das, was ein späterer und jeder moderne Historiker in
exponirenden und kritischen Erörterungen darlegen würde,
welche die Erzählung umrahmen, und vor allem in einer ausführlichen Einleitung über Wesen und Machtmittel der Staaten
und über die allgemeinen Momente, welche den Conflict herbeiführten und beherrschten, das alles führt Thukydides dem
Leser in den Reden vor. Wie in der Erzählung die Begebenheiten, so sollen hier die handelnden Persönlichkeiten uns einen
unmittelbaren Einblick in die Verhältnisse gewähren und das
eigene Urtheil ermöglichen. So nahe sich das äusserlich mit
einer actenmässig die Vorgänge protokollirenden chronikartigen
Erzählung zu berühren scheint, in Wirklichkeit ist es das volle
Gegentheil davon: das Augenblicksbild ist kein geschichtliches
Bild der Ereignisse, sondern nothwendig ein Zerrbild, so gut
wie nicht die Photographie das ächte Bild einer Persönlichkeit, einer Landschaft, eines Bauwerks gibt, sondern nur die

sich über das Momentane und Zufällige erhebende Schöpfung
eines Künstlers. Keine einzige Rede des Thukydides entspricht den wirklich gehaltenen, wenn auch einzelne Worte
aus ihnen aufgenommen sind; denn dem in einer bestimmten
Situation gesprochenen Wort haften unzählige ephemere, geschichtlich werthlose, ja die Erkenntniss trübende und ver-
fälschende Züge an, während es von dem, was zum geschichtlichen Verständniss der Ereignisse nothwendig ist, immer nur
einen Theil gibt, anderes dagegen als den Mithandelnden bekannt verschweigt, und noch öfter wichtige Momente nicht
erwähnt, weil der Redner sie nicht kennt — denn Niemand
vermag während des Handelns die Situation vollständig zu
übersehen und jede Ueberlegung zu berücksichtigen, die von
seinem Standpunkt aus nothwendig gewesen wäre, ja die
vielleicht unbewusst sein Handeln ganz wesentlich beeinflusst.
Alle Reden des Thukydides sind lediglich auf die Information
des Lesers, nicht auf die der fingirten Hörer berechnet; daher
stehen sie alle in Zusammenhang mit einander und sind auch alle
in demselben einheitlichen Stil geschrieben, der die gesammte
Darstellung beherrscht. Die Reden stehen nur an solchen
Stellen, wo der Leser, um zum vollen historischen Verständniss zu gelangen, einer weiteren Information bedarf, als sie
die Erzählung der Begebenheiten selbst bieten kann. Da aber
hat der Schriftsteller gar kein Bedenken getragen, die Redner
auch solche Dinge sagen zu lassen, welche sie vor ihrem Publicum und in der momentanen Situation unmöglich hätten
sagen können; ja er hat, wo er dem Leser etwas sagen
musste, was er ihm auf andere Weise nicht mittheilen konnte,
auch die irrelevantesten, an sich in die Geschichtserzählung
nicht hineingehörenden Vorgänge zum Anlass genommen, um
eine Rede einzulegen, so bei der Leichenrede und bei der
letzten Rede des Perikles. — Aber das Gleiche gilt von der
gesammten Darstellung des Schriftstellers. Gerade weil er
den Leser behandelt, als erlebe er die Dinge selbst, und ihm
scheinbar das Urtheil völlig freigibt, beherrscht er ihn nur um
so sicherer. Nicht nur in der Form der Darstellung, sondern

vor allem in der Auswahl der Thatsachen selbst, in dem,
was er einer ausführlichen Erzählung für werth hält, in dem,
was er nur in kurzen, oft ganz nüchternen und abgerissenen
Sätzen mittheilt, wie in dem, was er verschweigt, steckt sein
Urtheil bereits darin. Die ideale Objectivität des historischen
Stils, wie sie der erste und der grösste Meister der Geschichtsschreibung geschaffen hat, den die Weltgeschichte kennt, hat
das subjective Moment des kritischen Forschers zur nothwendigen Voraussetzung. Nur er vermag die historischen
Thatsachen zu erkennen und aus der unendlichen Masse der
momentanen Vorgänge herauszuheben; nur durch seine Vermittelung — oder wenn wir seine Auffassung verwerfen
wollen, durch die eines anderen forschenden und urtheilenden
Individuums — vermögen wir diese Erkenntniss uns anzueignen.

> Die Grundsätze, nach denen Thukydides sein Werk geschrieben hat,
> habe ich Forsch. II an der Hand von Einzeluntersuchungen klar zu legen
> versucht. Darauf muss ich hier verweisen, und daneben für seine Stel-
> lung zu den Persönlichkeiten auf I. Bruns, liter. Porträt, dem ich in den
> meisten Punkten zustimme. — Die Ansichten von Unger über die Chrono-
> logie des Th., der dem klaren Wortlaut des Schriftstellers entgegen seine
> Jahreinschnitte auf attische Kalenderdaten bezogen hat, können jetzt wohl
> als erledigt gelten, so viel Verwirrung sie eine Zeitlang angerichtet haben.
> Thukydides' mit dem Beginn des Sommersemesters identischer Frühlings-
> anfang fällt ungefähr auf den 1. März julianisch, sein Winteranfang
> ca. 1. November.

157. Ueber das, was historisch bedeutsam ist und daher in
der Geschichtserzählung berücksichtigt werden muss, hat Thukydides sehr scharf umgrenzte Ansichten, an denen er streng
festhält. Nur was zum Verständniss der Geschichte des Krieges
nothwendig ist oder doch die Situation in charakteristischer
Weise illustrirt, kann Erwähnung beanspruchen; nur an den
Höhe- und Wendepunkten ist es angebracht, den Hergang
ausführlicher zu erzählen und auf das Detail einzugehen.
Dagegen wäre es ebenso ermüdend wie zwecklos, wollte der
Historiker überall jede Einzelheit mit derselben Breite be-

handeln, wie die grossen Entscheidungen. Zahlreiche Vorgänge
auf militärischem und diplomatischem Gebiet sind so ephe-
merer Natur oder auf den Fortgang so einflusslos geblieben,
dass sie mit einer kurzen Notiz erledigt oder auch ganz übergangen werden können. Was dagegen zum Verständniss
des geschichtlichen Processes unentbehrlich ist, muss auch in
seiner Genesis und seinen Motiven klar dargelegt werden, so
dass der Leser ein Urtheil über den Vorgang gewinnen kann.
Unter den Momenten, aus denen ein historisches Ereigniss
erwächst, bedürfen diejenigen, welche individuell und dem
betreffenden Vorgang eigenthümlich sind, einer besonderen
Darlegung; dagegen nicht die allgemeinen Faktoren, welche
allen historischen Processen zu Grunde liegen und in jeder
gleichartigen Situation wiederkehren, die Massenerscheinungen.
Diese bilden zwar die Voraussetzung, aber keineswegs den
Inhalt der historischen Erkenntniss. Daher verdienen auch
die Vorgänge im Innern der Einzelstaaten, die Verhandlungen
in Rath und Volksversammlung, so aufregend und heftig um-
tritten sie gewesen sein mögen, im allgemeinen keine weitere
Berücksichtigung. Bei den grossen Entscheidungen beim Ausbruch des Kriegs, beim Sturz des Perikles, bei den Verhandlungen über Mytilene und Sphakteria, beim Beschluss der
sicilischen Expedition, beim Sturz des Alkibiades, werden die
inneren Vorgänge in Athen vorgeführt und die sich bekämpfenden Strömungen und Motive charakterisirt; und wo
die Parteikämpfe unmittelbar in den Gang des Krieges eingreifen, wo Revolutionen den Staat zerreissen oder einen jähen
Umschwung herbeiführen, werden sie ausführlich auch in ihren
Ursachen dargelegt. Damit aber ist es genug; diese Bilder
sind zugleich typisch für die ganze Entwickelung, und es wäre
so überflüssig wie des Geschichtswerks unwürdig, sollte jeder
der unzähligen analogen Vorgänge in ähnlicher Weise erzählt
oder auch nur jedesmal erwähnt werden, wie der Beschluss,
auf dem die einzelne Action beruht, zu Stande gekommen
ist. Das Treiben der Masse ist lediglich typisch, nicht individuell: darauf, und nicht auf der politischen Stellung des

Schriftstellers, beruht es, dass er von so vielen Vorgängen
der inneren Geschichte, über die wir gern etwas erfahren
möchten, vollständig schweigt (selbst z. B. von dem Ostrakismos des Hyperbolos), und dass er von den Demagogen mit
Ausnahme des Kleon keinen einzigen einer Charakteristik, ja
kaum einen der Erwähnung würdigt. Denn obwohl der Verfasser kein Hehl daraus macht, dass er die radicale Demokratie principiell verwirft und ihr den Haupttheil der Verantwortung für den Fall Athens zuschreibt, ist er doch im Stande
gewesen, von den ihr zu Grunde liegenden Idealen in der
Leichenrede des Perikles ein so warmes und packendes Bild
zu entwerfen, wie es der überzeugteste Demokrat kaum hätte
geben können; und der Umstand, dass Perikles der Schöpfer
der radicalen Demokratie gewesen ist, hat ihn nicht gehindert,
seiner politischen und geistigen Bedeutung die höchste Anerkennung zu zollen. — Aus derselben Grundauffassung erwächst die Stellung, die Thukydides zu den handelnden Persönlichkeiten einnimmt. Anspruch darauf, als geschichtlich
wirksamer Factor in der Darstellung berücksichtigt und gewürdigt zu werden, hat nur, wer selbständig durch seine
eigene Individualität im Gegensatz zu den Massen in die Geschichte eingegriffen hat, sei es, dass er sie in seine Bahnen leitet,
sei es, dass er mit ihnen kämpft und schliesslich ihnen unterliegt. Auch mittelmässigen Persönlichkeiten, wie einem Archidamos oder Pleistoanax oder Nikias, können die Umstände eine
solche Stellung verleihen, dass ihre individuellen Motive die
Hauptfaktoren einer grossen Entscheidung werden und daher
dargelegt werden müssen; in der Regel aber sind es Persönlichkeiten von beherrschenden Fähigkeiten des Intellectes und des
Willens, denen eine derartige Stellung zukommt. Nur in diesen
Fällen erhalten auch die Reden, die ihnen in den Mund gelegt
werden, eine persönliche Färbung. Dagegen alle die, welche,
auch wo sie momentan z. B. als Strategen dem Namen nach
eine leitende Position einnehmen, aber in Wirklichkeit nichts
leisten, was nicht jeder andere an ihrer Stelle auch leisten würde,
welche daher zu den Factoren, aus denen sich der historische

Vorgang zusammensetzt, kein neues individuelles Moment hinzufügen, werden als Persönlichkeiten vom Schriftsteller nicht berücksichtigt, ebensowenig alle die, welche nichts sind als der
Ausdruck und die Stimmführer der Massen, wie die Demagogen
gewöhnlichen Schlages. Nur eine Ausnahme gibt es hier im Ver-
laufe des Kriegs, das ist Kleon. Nicht dass er, nach Thukydides'
Urtheil, irgendwie über andere seines Gleichen hinausgeragt
hätte; im Gegentheil, er ist nach ihm kein Staatsmann, kein
beherrschender Intellect, sondern nur ein Typus, die Verkörperung der Aspirationen und Triebe der Massen. Aber gerade dadurch, dass diese sich in ihm zusammenfassen wie in
keinem anderen, dass er als ihr Stimmführer in den ent-
scheidendsten Momenten des archidamischen Kriegs den Ausschlag gibt, durch positives Wirken bei den Verhandlungen
über Mytilene und Sphakteria, negativ durch seinen Tod, der
das Zustandekommen des Friedens ermöglicht, wird er zu
einer historischen Persönlichkeit und erfordert eine Charakteristik und eine Darlegung der sein Handeln bestimmenden
Motive. Ueberall aber hat sich der Historiker innerhalb der
Grenzen seiner Aufgabe zu halten; sein Werk soll nichts
weniger sein als eine Sammlung moralischer Porträts; daher steht es zu der gleichzeitigen Memoirenliteratur (§. 147)
in ebenso bewusstem Gegensatz wie zu der Art, wie Herodot oder gar die spätere Biographie allerlei interessante Erzählungen und Anekdoten aus dem Leben hervorragender
Männer zusammenstellt. Nur die Momente, in denen der
Einzelne eine entscheidende Wirkung geübt hat und nur die
Eigenschaften, durch die er gewirkt hat, finden Erwähnung;
sonst kommen seine moralischen Qualitäten und seine individuellen Schicksale für die Geschichte nicht in Betracht —
und sei es der Tod des Perikles, der, weil er wirkungslos
war, im Verlauf der Geschichte nicht erzählt, dagegen bei
seinem Sturze erwähnt wird, als es gilt klarzulegen, welche
Wandlung Athen und seine Politik durch den Wegfall der
bis dahin den Staat beherrschenden Persönlichkeit erlitten
hat. Daher sucht der Schriftsteller auch bei der Charakteri-

sirung so viel wie möglich hinter den Thatsachen zurück-
zutreten; er gibt eine latente, aber um so wirkungsvollere
Charakteristik in der Art, wie er die Thaten dieser Männer
erzählt, und in ihren Reden, und schildert im übrigen den
Eindruck, den die Zeitgenossen von ihrem Wesen hatten, die
Eigenschaften, welche diesen als massgebend erschienen und
auf denen ihre historische Stellung und Wirkung beruhte.
Nur in den wenigen Fällen, wo dies Mittel versagt (z. B. bei
den oligarchischen Verschwörern VIII, 68), tritt er in eigener
Person mit dem Urtheil hervor.

Wie vollbewusst dem Schriftsteller wie seinen Lesern die Grundsätze gewesen sind, die Thukydides in der Auswahl des Stoffes wie in
der Charakteristik streng inne hält, lehren die entschuldigenden Aeusserungen Xenophons, wo er diesen Grundsätzen entgegen charakteristische,
aber geschichtlich indifferente Einzelheiten aufgenommen hat: Hell. II,
3, 56 bei Theramenes' Tod καὶ τοῦτο μὲν οὐκ ἀγνοῶ, ὅτι ταῦτα ἀποφθέγ-
ματα οὐκ ἀξιόλογα, ἐκεῖνο δὲ κρίνω τοῦ ἀνδρὸς ἀγαστόν cet. und V, 1, 4
bei den Ehrenerweisungen der Soldaten an Teleutias, als er abberufen
wird γιγνώσκω μὲν οὖν, ὅτι ἐν τούτοις οὔτε δαπάνημα οὔτε κίνδυνον οὔτε
μηχάνημα ἀξιόλογον οὐδὲν διηγοῦμαι· ἀλλὰ ναὶ μὰ Δία τόδε ἄξιόν μοι δοκεῖ
εἶναι ἀνδρὶ ἐννοεῖν, τί ποτε ποιῶν Τελευτίας οὕτω διέθηκε τοὺς ἀρχομένους.
τοῦτο γὰρ ἤδη πολλῶν καὶ χρημάτων καὶ κινδύνων ἀξιολογώτατον ἀνδρὸς
ἔργον ἐστίν. Im übrigen vgl. Bruns, literar. Porträt.

158. Ob Thukydides in der Auswahl der Ereignisse und
in der Beurtheilung der Persönlichkeiten überall das Richtige getroffen hat, ist Gegenstand der Untersuchung jedes
einzelnen Falls, so gut wie die Kritik seiner Auffassung
der Einzelvorgänge und des gesammten Krieges. Irrthümern
war natürlich auch er unterworfen, und einzelne Versehen
lassen sich nachweisen, ebenso Auslassungen von Vorgängen,
die hätten erwähnt werden sollen, in Folge übertriebener
Consequenz in der Durchführung seiner Grundsätze (vgl.
Forsch. II, 286 f. 375). Auch ist klar, dass er so wenig wie
überhaupt irgend ein Historiker über alle Vorgänge gleichmässig informirt sein konnte; die Schwierigkeiten, welche die in
Sparta herrschende Geheimnisskrämerei schuf, hebt er selbst
einmal hervor (V, 68). Durchweg aber beruht sein Werk auf

umfassender Materialsammlung und auf sorgfältiger kritischer
Sichtung und Verarbeitung seiner Informationen. Auch hier
ist es nicht ausgeschlossen, dass diese Informationen gelegentlich nicht ausreichten oder ihn zu einer falschen Auffassung
verleiteten. So hat er z. B. von den verwickelten topographi-
schen Verhältnissen bei Pylos kein correctes Bild gewonnen,
während die Schilderung des Kampfes bei Sphakteria mit der
Localität völlig übereinstimmt (s. GRUNDY, J. Hell. Stud. XVI)
und z. B. der Versuch MÜLLER-STRÜBING's, seine Darstellung
der Belagerung von Platacae als ein Phantasiegemälde zu erweisen, völlig in sich zusammengebrochen ist (GRUNDY, the
topography of the battle of Plataea, 1894). Ueberhaupt haben
sich die Angriffe, die in neuerer Zeit vielfach gegen seine
Glaubwürdigkeit gerichtet sind, durchweg als haltlos erwiesen,
selbst da, wo sie, wie in der Geschichte der Vierhundert, sich
auf eine urkundliche Grundlage stützen zu können schienen
(s. Forsch. II); und auch zu der Auffassung des Thukydides
wird die besonnene Forschung mehr und mehr zurückkehren,
obwohl sie die Pflicht nie ausser Acht lassen darf, überall auch
ihm gegenüber die Selbständigkeit ihres Urtheils zu wahren.

159. Das Material, das wir zur Controlle und Ergänzung
des Thukydides besitzen, ist dem für die Geschichte der Pentekontaetie gleichartig, nur noch reicher: attische Inschriften
die Komödie, von der uns aus den Jahren 425 bis 405 neun
Stücke des Aristophanes voll politischer Beziehungen erhalten
sind, die Reste der Atthiden und der sonstigen Localgeschichte,
die Schriften der Sokratiker, Plato und Xenophon, in denen
uns zahlreiche Persönlichkeiten der Kriegszeit anschaulich entgegentreten. Dazu kommt die allmählich einreissende Sitte
der Redenschreiber, die Plaidoyers in wichtigen politischen
und privaten Processen zu veröffentlichen; und auch von diesen
ist uns nicht wenig erhalten. Natürlich dürfen diese Reden
nur mit grosser Vorsicht verwerthet werden, da ihre Verfasser
garnicht die Aufgabe haben, die Wahrheit zu sagen, vielmehr es principiell mit derselben sehr leicht nehmen und nur
den Effect im Auge haben. Aber sie geben uns einen höchst

lebendigen Einblick in das politische Tagesgetriebe und sind
die wichtigste Quelle für die Kenntniss der politischen und
rechtlichen Einrichtungen Athens sowie der populären attischen
Tradition. Was die antike Gelehrsamkeit aus den Urkunden,
der Komödie, den Atthiden und der sonstigen Ueberlieferung
(so für die sicilische Expedition aus Philistos) gesammelt hat,
liegt in den Biographien, den Scholien u. s. w. (§. 153) vor.
Es ist natürlich, dass Thukydides durch dies Material kaum
irgendwo für die Kriegsgeschichte, sondern fast ausschliesslich
auf dem Gebiet der inneren Verhältnisse und der persönlichen
Schicksale hervorragender Männer ergänzt wird. Die späteren
Historiker, die durchweg direct oder indirect aus ihm schöpfen,
kommen neben ihm überhaupt nicht weiter in Betracht, auch
Ephoros (bei Diodor) nicht. Derselbe hat ebenso wie in der
Pentekontaetie Thukydides' Darstellung durchweg vergröbert
und entstellt und den historischen Zusammenhang völlig zerrissen, indem er die synchronistische Darstellung aufhob und
statt dessen die Vorgänge auf den einzelnen Schauplätzen zu
grösseren Abschnitten zusammenfasste. Von den im geschichtlichen Leben wirkenden Kräften hat er hier so wenig wie
sonst eine Vorstellung, obwohl er einen Thukydides zum
Führer hatte. Besässen wir nur seine Darstellung, so würden
wir vom peloponnesischen Krieg so gut wie nichts wissen
und fortwährend in die verkehrtesten Combinationen hinein-
gerathen; als warnendes Beispiel für andere Fälle, wo uns
nur derartiges secundäres Material vorliegt, ist daher seine
Darstellung von paradigmatischem Werth. Ausser Thukydides
hat er für die Ursachen des Kriegs die attische Volks-
tradition und die Komödie benutzt und mühselig zu einer
kläglichen Einheit zusammengearbeitet (Diod. XII, 38—40,
vgl. Forsch. II, 329 ff.). Benutzung der attischen Tradition
findet sich auch sonst, so bei der Gesandtschaft des Gorgias
(XII, 53) und in manchen Vertuschungen und Zusätzen (namentlich auch in den Zahlen), in denen die attischen Sympathien des Verfassers hervortreten. Bedeutendere Zusätze finden
sich bei den Kämpfen auf Sicilien, so bei der ersten Expe-

dition XII, 54, die sonst ein schlechtes Excerpt aus Thuky-
dides ist, in den Zahlen, bei der zweiten XIII, 2 ff. in manchen
Detailzügen. Hier hat wohl Ephoros selbst die sicilischen
Quellen, namentlich Philistos, herangezogen.

160. Für die letzten 6½ Jahre des Kriegs, die Thukydides
nicht mehr hat darstellen können, wird unsere Kenntniss der
äusseren Geschichte viel dürftiger. Die gleichzeitigen Chroniken,
z. B. Hellanikos, fixirten nur die Hauptpunkte, die Tradition
konnte nur einzelne Momente sicher festhalten. Als in der
nächsten Generation das Bedürfniss erwachte, Thukydides zu
ergänzen, war eine Fortführung seiner Erzählung in dem von
ihm festgehaltenen Umfang bereits nicht mehr möglich. Xenophon (geb. um 430), der in höherem Alter diese Aufgabe in
Angriff nahm, knüpft zwar formell an die letzten Worte des
Thukydides an, aber inhaltlich vermag er den abgebrochenen
Satz, mit dem er schliesst, nicht mehr zu ergänzen. Er muss
sich begnügen, die Hauptpunkte in ihrer chronologischen
Folge kurz vorzuführen; im allgemeinen wird er nur da ausführlicher, wo persönliche Erinnerungen vorliegen, wie bei der
Verlesung der abgefangenen spartanischen Depesche über die
Schlacht bei Kyzikos, beim ionischen Feldzug des Thrasyllos,
bei Alkibiades' Rückkehr, bei der Arginusenschlacht und dem
anschliessenden Process, und ebenso nachher bei der Geschichte der Dreissig. Damit hängt es zusammen, dass er
die Jahrzählung des Thukydides und die scharfe Gliederung
in Sommer und Winter aufgibt. Das hat zu manchen chronologischen Schwierigkeiten geführt und schon bei den Alten
Anstoss erregt. Daher sind in seinen Text eine Anzahl,
durchweg falscher, Olympiadendaten interpolirt, an die sich
eine Reihe weiterer, den späteren Chroniken entnommener
Zusätze über sicilische und persische Geschichte anschliessen. —
Wesentlich mehr als Xenophon hat offenbar auch Theopomp
von Chios nicht geben können, der eine Generation später
dieselbe Aufgabe auszuführen unternahm; schon im zweiten
Buch seiner Hellenika hat er von den Harmosten der Zeit
Lysanders geredet. Nachrichten, die auf sein Werk zurück-

gehen, besitzen wir nur sehr wenige. Von einem anderen
Fortsetzer des Thukydides, Kratippos, der wie Theopomp sein
Werk mindestens bis zum J. 394 herabgeführt hat (Plut. de
glor. Ath. 1), wissen wir überhaupt nicht, ob er, wie Dion. Hal.
de Thuc. 16 behauptet, derselben Zeit oder vielmehr der römischen Zeit angehört; Spuren seines Werkes begegnen wir
nirgends. Ephoros hat für diese Zeit Xenophon stark benutzt,
damit aber zahlreiche andere Nachrichten verbunden; so zuverlässig wie jener ist er nirgends.

Da Xenophon den Feldzug des Thrasyllos im Jahre 410 Hell. I. 2
offenbar aus eigener Erinnerung schildert [so richtig Schwartz, Rh. Mus.
44, 163], muss er um 430 geboren sein. Dazu stimmen alle sonstigen
Daten aus seinem Leben. Gestorben ist er in hohem Alter nach 355
(κόρος). — Dass der Eingang der Hellenika verstümmelt sei und die
Schrift ursprünglich ein Prooemion gehabt habe, ist eine ganz bodenlose
Annahme, die Schwartz S. 162 nicht hätte wiederholen dürfen. — Zu
Kratippos vgl. zuletzt Stahl, Philol. 50, 31. W. Schmid, Philol. 52, 118.

Vom peloponnesischen Krieg bis auf die Anfänge Philipps.

161. Seit Thukydides die zeitgenössische Geschichtsschreibung begründet hat, reisst ihr Faden nicht wieder ab.
Wenn es schwer, ja unmöglich war, den fehlenden Schluss
seines Werks zu ergänzen, so sind dagegen alle einigermassen
wichtigen Vorgänge der folgenden Epoche mehr als einmal
von zeitgenössischen Schriftstellern erzählt worden, theils in
Einzeldarstellungen, theils in zusammenfassenden Werken. Es
ist die Zeit, wo die Prosaliteratur zu voller Entwickelung gelangt ist und jeden Gegenstand, der irgend Interesse erregen
kann, immer aufs neue behandelt. Dem Namen nach bekannt
ist uns freilich wie von dieser gesammten Literatur, so auch
von den Geschichtswerken nur ein Bruchtheil, und noch viel
weniger zahlreich sind die, von denen uns Bruchstücke erhalten sind oder gar eine ungefähre Reconstruction möglich
ist. So erfahren wir z. B. von zwei boeotischen Schriftstellern, Dionysodoros und Anaxis, welche die Geschichte der

thebanischen Zeit dargestellt haben (Diod. XV, 95); aber citirt werden sie nicht ein einziges Mal, wenn es auch wahrscheinlich ist, dass ein Theil der späteren Ueberlieferung über diese Epoche auf sie zurückgeht. Daneben stehen die Geschichten Athens, wie Kleidemos und vor allem Androtion, einer der älteren Schüler des Isokrates, und die zahlreichen anderen Localhistoriker. Ueber die Expedition des Kyros und den Rückzug der Zehntausend kennen wir zwei Werke von Theilnehmern des Zuges, das des Sophainetos von Stymphalos, das Ephoros zu Grunde gelegt zu haben scheint, und die weit später geschriebene Anabasis Xenophons, in der der Schriftsteller sein Verhalten auf dem Rückzug gegen ihm gemachte Vorwürfe zu rechtfertigen sucht — in der Hellenika gibt er das Buch daher für ein Werk des Themistogenes von Syrakus aus. Daneben stand die Darstellung des Ktesias in seiner persischen Geschichte. Das gibt wenigstens einen Anhalt für die Literatur, die über ähnliche Gegenstände existirt haben mag. Auch über bedeutende Persönlichkeiten begann man eigene Schriften zu verfassen, wie denn die Persönlichkeit, mächtig gehoben durch die sokratische Literatur, mehr und mehr in den Vordergrund rückt: in der folgenden Epoche (Theopomp, die Geschichtsschreiber Alexanders u. s. w.) wird sie das Centrum der Geschichtsschreibung. Erhalten ist uns von dieser Literatur der sehr unberechtigter Weise von manchen Neueren angezweifelte Agesilaos Xenophons, geschrieben unmittelbar nach dem Tode des Königs 359, eine Charakteristik, in der der Schriftsteller für den Abriss seiner Thaten die allgemeine Geschichte, an der er eben damals arbeitete, stark benutzt hat.

Zu den boeotischen Schriftstellern E. von Stern, Xenophons Hellenika und die boeotische Geschichtsüberlieferung, 1887. — Dass Xenophon Hell. III, 1, 2 unter Themistogenes' Namen seine eigene Anabasis citirt, hätte nie bezweifelt werden sollen. Die Anabasis ist geschrieben, als die spartanische Herrschaft bereits nicht mehr bestand (VI, 6, 9), aber Sparta noch ein lebhaftes Interesse daran hatte, sein Bündniss mit Kyros zu vertuschen (daher wird I, 4, 2 der Name des lakonischen Admirals Samios, den er Hell. III, 1, 1 unbedenklich nennt, unter dem Namen

Pythagoras versteckt), also vor dem Uebertritt Persiens zu Theben 367.
Dazu stimmt, dass Xenophon nach V, 3, 7 ff. noch im Besitz seines
Landguts bei Skillus ist. Die Schrift ist also zwischen 379 und 371 ver-
fasst, wie die πολ. Λακ. Zu den Schlussparagraphen der Anabasis vgl. §. 5.
Vgl. auch F. Dürrbach, l'apologie de X. dans l'anabase, rev. des ét. grecques,
1893, der vieles richtig beleuchtet, aber die Abfassung erst um 370 setzt:
Xenophon habe durch seine Rechtfertigungsschrift die Rückkehr nach
Athen erlangen wollen.

162. Die älteste und zugleich die weitaus wichtigste Ge-
sammtdarstellung der Zeitgeschichte und zugleich die einzige
erhaltene sind Xenophons Hellenika. Sie sind von ihm in
höherem Alter in Korinth verfasst, lange nach seiner Verjagung aus Skillus. Vermuthlich hat er den Plan, die Fülle
sich drängender Ereignisse zu erzählen, die er in nächster
Nähe erlebt, bei denen er mehrfach selbst handelnd mitgewirkt hatte, erst gefasst, als die Schlacht bei Mantinea
einen gewissen Abschluss gebracht hatte. Wie der Eingang,
die Fortsetzung des Thukydides (§. 160), trägt überhaupt
das ganze Werk den Charakter von Memoiren. Was er aus
eigener Erfahrung kennt, erzählt er ausführlich; mit beson-
derem Behagen verweilt er bei den Feldzügen der Spartaner
in Asien, in denen sich seine politischen Ideale am meisten
verwirklichten und der Mann, dem er sich politisch und persönlich ganz angeschlossen hatte, Agesilaos, den höchsten
Ruhm gewann. Ueberall bildet das Bestehen einer historischen
Literatur über die Zeitgeschichte den Untergrund der Hellenika;
daher kann Xenophon über vieles ganz kurz hinweggehen,
auch wo es für den Gang der geschichtlichen Entwickelung
von viel grösserer Bedeutung war, als was er selbst erzählt.
So erwähnt er die Schlacht bei Knidos (ὅτι ἡττημένοι εἰσν
Λακεδαιμόνιοι τῇ ναυμαχίᾳ IV, 3, 10 — also setzt er voraus,
dass seine Leser sie kennen) nur als Meldung an Agesilaos
und gibt von den Seekämpfen während des korinthischen
Kriegs IV, 8 nur ein kurzes Resumé. Die Geschichte des
zweiten athenischen Bundes und der thebanischen Macht wird
nur ganz nebenbei berührt, Epaminondas VII, 1, 41 bei
seinem dritten Zug in den Peloponnes zum ersten Male,

Pelopidas überhaupt nur VII, 1, 33 ff. beim Abschluss des
Bündnisses mit Persien genannt. Sehr stark ist diese Auswahl des zu Erzählenden zugleich durch den politischen Standpunkt des Verfassers beeinflusst. Er ist der typische Re-
präsentant der Reactionszeit; in der Herstellung von Zucht
und Ordnung, in der militärischen Erziehung und Subordination, in der Beobachtung der überkommenen Frömmigkeit,
in der Lösung des Problems, dass die Untergebenen sich freiwillig der Herrschaft des berufenen Führers unterordnen,
sieht er sein Ideal, und eben deshalb in der Vorherrschaft
Spartas, die im Gegensatz zu der bösen Demokratie diese
Güter sichert und, indem sie die Kräfte Griechenlands unter fester
Leitung zusammenfasst, zugleich im Stande ist, die nationale
Aufgabe des Kampfes gegen Persien zu erfüllen. Wenn die
anderen Staaten Sparta daran hindern, so mehren sie dadurch ihre Schuld; mit besonderer Vorliebe verweilt er daher
bei den Momenten, wo seine Vaterstadt Athen mit Sparta
Hand in Hand geht, während er ihre Bündnisse mit Theben
durchaus verurtheilt. Aus demselben Grunde geht er über
die dunklen Seiten der spartanischen Herrschaft möglichst
hinweg. Um nicht von Lysanders Herrschaft und Sturz und
den zahlreichen damit verknüpften Gewaltthaten .reden zu
müssen, hat er nicht nur Lysanders Thaten in Milet, auf
Thasos u. a. verschwiegen, sondern die Geschichte der Jahre
403 bis 401 (mit Ausnahme der Befreiung Athens) völlig
übergangen, obwohl er nachher ganz unbedenklich die lysan-
drischen Dekarchien und ihre Beseitigung erwähnt (III, 4, 2.
5, 13) — eine der empfindlichsten Lücken unserer Kenntniss,
die durch die sonstigen Quellen nicht ausreichend ausgefüllt
wird. In derselben Weise hat er in der Anabasis von Klearchs
Gewaltthaten geschwiegen, um ihn verherrlichen zu können.
Analog ist, dass das Bündniss Spartas mit Dionys von Sicilien zwar, wo es unumgänglich ist, vorausgesetzt (V, 1, 26.
28. VI, 2, 4. 33. VII, 1, 22. 4, 12), aber, wie überhaupt die
Beziehungen zu Sicilien, nirgends eingehender besprochen
wird. — Eine derartige Geschichtsbetrachtung vermag sich,

auch wenn sie danach trachtet, zu einer universellen Auffassung, zur Erkenntniss und Herausarbeitung der den geschichtlichen Process beherrschenden Factoren nicht zu erheben;
sie bleibt auf einem seichten moralisirenden und politisirenden
Standpunkt stehen und wird zu einer Apologie der Männer, die
dem Schriftsteller durch ihr Wesen und ihre Politik sympathisch
sind, mögen sie sich auch über das Durchschnittsmaass so
wenig erheben und ethisch so bedenklich sein, wie Agesilaos.
Grössere Bedeutung haben nur die militärischen Urtheile
Xenophons, da er hier ein völlig competenter Beurtheiler
war. Dagegen führt sein Standpunkt mit Nothwendigkeit
dazu, dem Erfolg auch für das sittliche Urtheil entscheidende
Bedeutung beizumessen, da er es als Gottesurtheil hinnehmen
muss. Während er bis zum J. 382 die Thaten der Spartaner
rechtfertigt, wo er sie nicht verschweigt, muss er die Besetzung
der Kadmea und ebenso den versuchten Handstreich des
Sphodrias auf den Piraeeus verdammen, weil sie den äusseren
Anlass zum Sturz der spartanischen Macht geboten haben:
dadurch haben die Götter gezeigt, dass sie ihren Rechtsbruch
verurtheilen (V, 4, 1). Das genügt für den Verfasser vollständig; der Gedanke, dass es die Aufgabe des Historikers
ist, tiefer einzudringen und die spartanische Politik sowie den
schliesslichen Zusammenbruch ihrer Macht aus ihrem Wesen,
aus den Machtverhältnissen der damaligen Zeit zu begreifen,
ist ihm überhaupt nicht gekommen. So bezeichnet Xenophon
im Gegensatz zu der historischen Auffassung des Thukydides
eine Rückkehr zu dem Standpunkt Herodots und in letzter
Linie des Epos mit seiner übernatürlichen Pragmatik. Aber
was bei Herodot naiver Glaube ist, ist bei Xenophon die Zu-
rückschraubung des Reactionärs auf einen geistig längst überwundenen Standpunkt formaler Gläubigkeit, so fest er individuell von seinem Glauben durchdrungen sein mochte. —
So trägt Xenophons Werk in Auffassung und Darstellung
durchaus den Stempel der Einseitigkeit und Parteilichkeit und
ist nichts weniger als eine erschöpfende Darstellung der Geschichte seiner Zeit. Je mehr diese Erkenntniss durch-

gedrungen ist, desto stärker ist auch seine Glaubwürdigkeit
in Zweifel gezogen worden; aber mit Unrecht. So wenig wir
seine Auffassung überall theilen können und so starke Vorwürfe wir ihm nicht selten wegen seines Verschweigens machen
müssen, in dem, was er erzählt, erweist er sich überall als
ein sehr gut unterrichteter und wahrheitsgetreuer Berichterstatter.

Seit NIEBUHR zuerst Xenophons Charakter und Glaubwürdigkeit mit
leidenschaftlicher Wärme vom athenischen Standpunkt aus angegriffen
hat (über X. Hellenika, Kl. Schr. I, und in seinen Vorträgen), hat das
Urtheil über ihn mannigfache Wandlungen durchgemacht. Die modern-
demokratische Geschichtsschreibung, die in GROTE und seinen Anhängern
gipfelt, verdammte ihn unbedingt; die ruhigere Auffassung der letzten
Jahrzehnte hat auch ihm wieder Gerechtigkeit zukommen lassen, so wenig
sie zu der Bewunderung des späteren Alterthums zurückkehren kann, die
durch die Stoiker und Römer begründet ist, denen der correcte Schriftsteller mit seiner nüchternen praktischen Moral sehr sympathisch war.
Eine richtigere Würdigung Xenophons als Geschichtsquelle hat namentlich E. v. STERN, Gesch. der spartan. und theban. Hegemonie, 1884, begründet, sodann E. SCHWARTZ, Quellenunters. zur griech. Gesch., Rh. Mus.
44, 1889. — Die aus Marcellin vit. Thuc. 45 gefolgerte Annahme NIE-
BUHR's, in Xenophons Hellenika seien gegen den Willen des Schriftstellers zwei verschiedene Werke, die Fortsetzung des Thuk. (lb. I. II)
und die eigentlichen Hellenika (lb. III—VII) verbunden, ist weder in
dieser noch in irgend einer anderen Fassung (am meisten Eindruck hat
W. NITSCHE mit dem trefflichen Programm: über die Abfassung von X.
Hell., Berlin 1871, gemacht, der den Einschnitt nach V, 1 setzt) haltbar:
das ganze Werk ist, wie namentlich SCHWARTZ begründet hat, einheitlich
und nach 362 geschrieben. Untrennbar von der Frage nach Entstehungszeit und Tendenz seiner Schriften ist die nach X. Leben, die nach NITSCHE
besonders WILAMOWITZ, Antigonos von Karystos (Philol. Unters. IV, 1881)
330 ff. gefördert hat, der erkannt hat, dass die zuverlässigen Angaben
der Biographien, soweit sie nicht aus Xenophon selbst geschöpft sind,
aus Dinarchs Rede gegen Xenophons gleichnamigen Enkel [ἀποστασίου
ἀπολογία Αἰσχύλῳ πρὸς Ξενοφῶντα Dion. Hal. de Dinarcho 12; Diog.
Laert. II, 52 aus Demetrios Magnes] entnommen sind (hinzu kommen die
Trostschriften auf den Tod seines Sohnes: Aristot. bei Diog. L. II, 55).
Sodann A. ROQUETTE, de Xen. vita, 1884, der auch die sprachstatistischen
Kriterien nach der von DITTENBERGER, Hermes XVI, 329 f. angewandten
Methode zu verwerthen sucht. NITSCHE und noch ROQUETTE setzten die
Abfassung seiner Werke überwiegend in den Aufenthalt in Skillus, was

mehrfach, z. B. für die ersten Bücher der Hellenika, zweifellos verfehlt
war; aber die jetzt herrschende Neigung, seine gesammte Schriftstellerei
erst in die Zeit nach 370 zu setzen, als er aus Skillus verjagt in Korinth
lebte, kann ich ebenso wenig für richtig halten. Sicher älter ist die πολ.
Λακ. (zwischen 379 und 371) und die Anabasis (§. 161 A.), ferner meines
Erachtens die sokratischen Schriften, von denen das Symposion unter
dem frischen Eindruck des platonischen Symposions unter starker Benutzung der kleineren Schriften Platos (speciell Ion, Charmides) geschrieben ist. — Zur literarischen Würdigung Xenophons vgl. I. Bruns,
literar. Porträt, passim.

163. In der folgenden Generation ist mehrfach versucht
worden, Xenophons unzureichende Darstellung durch eine
bessere und zeitgemässere zu ersetzen. Theopompos von Chios
hat eine griechische Geschichte als Fortsetzung des Thukydides
begonnen (§. 160), aber nicht über das Jahr 394 hinabgeführt,
da er sich dann der Geschichte Philipps zuwandte. Die Erzählung war sehr ausführlich, da sie zwölf, die Zeit von 403
bis 394 also zehn Bücher füllte. Die Auffassung war durchweg streng antidemokratisch und athenerfeindlich, verherrlichte
dagegen den Alkibiades und die Führer der Spartaner, Lysander und Agesilaos. Erhalten ist uns aus dem Werk kaum
etwas von Bedeutung, auch nicht in den Biographien des
Nepos und Plutarch, da hier der Standpunkt durchweg ein
anderer ist. — Auch in die Philippika hat Theopomp zahlreiche Excurse über die ältere Zeit eingelegt, so vor allem
Buch XII (aus dem Photios einen Auszug gibt) und XIII über
die Beziehungen des Perserreichs zu den Griechen und Aegyptern im vierten Jahrhundert. — Noch weniger wissen wir von
Kallisthenes' Hellenika, der Geschichte der Jahre 387—357
(vgl. §. 146), an die sich eine Geschichte des heiligen Kriegs
anschloss, um ganz zu schweigen von dem ersten Buch von
Duris' von Samos griechischer Geschichte, das nach dem Sturze
Spartas 370 begann und bis zum Ausbruch des heiligen
Kriegs reichte. — Von den Universalgeschichten sind die offen-
bar ziemlich knapp gehaltenen Hellenika des Anaximenes von
Lampsakos (an die sich die Philippika und die Geschichte
Alexanders anschlossen) für uns nicht mehr greifbar. Um so

grössere Bedeutung gewinnt Ephoros, der, je näher er seiner Zeit kam, um so ausführlicher wurde (die Zeit von der Schlacht bei Marathon bis 404,3 war in den Büchern X—XVI, die von 403—362 in den Büchern XVII—XXV behandelt) und immer mehr den Rang einer Primärquelle erhält. Seine Darstellung liegt uns auch hier in dem freilich vielfach sehr wenig genügenden Auszuge Diodors vor. Sie fasste wie früher die Ereignisse ohne Beobachtung der chronologischen Folge und eines festen Synchronismus in grösseren, sachlich zusammenhängenden Abschnitten zusammen, die von Diodor ziemlich willkürlich und zum Theil sehr verkehrt in sein Jahrschema eingeordnet und dabei mehrfach sehr ungeschickt zerrissen sind. Die Tendenz ist durchaus antispartanisch und übt an Lysander und Agesilaos scharfe Kritik, während Athen überall günstig behandelt, vor allem aber Epaminondas verherrlicht wird. Eine tiefere historische Auffassung hat Ephoros hier so wenig wie sonst irgendwo zu gewinnen vermocht.

164. Je weniger die erhaltenen historischen Darstellungen ausreichen, um ein sicheres und vollständiges Bild der Epoche zu gewinnen, um so mehr sind wir auf eine Ergänzung derselben durch anderes zuverlässiges Material angewiesen. Zum Theil ist uns dasselbe auch hier in dem Niederschlag der gelehrten biographischen und antiquarischen Forschung der hellenistischen Zeit erhalten, in den Biographien des Plutarch und Nepos, den Sammlungen von Strategemen, Anekdoten und Apophthegmen, den Lexicis und Scholien. Ueber dies Material genügt es auf die Charakteristik in §. 153 zu verweisen. Daneben ist uns urkundliches Material in grosser Fülle erhalten. Nur dominirt hier, wie im fünften Jahrhundert, durchaus Athen, obwohl es zwar nicht culturell, aber politisch seine alte Bedeutung verloren und trotz aller Anstrengungen niemals wieder gewonnen hat. Selbst die Zahl der Inschriften aus dem übrigen Griechenland ist auch in dieser Zeit gegenüber der Masse der attischen noch sehr gering. Von literarischen Denkmälern ist uns von Tragödien seit dem Ende des peloponnesischen Kriegs, von Komödien

seit den beiden letzten Stücken des Aristophanes nichts mehr
erhalten; die Fragmente ergeben für die politische Geschichte
um so weniger, als die politischen Beziehungen in der mittleren Komödie ganz zurücktraten. Um so reicher sind aus
den ersten Jahrzehnten die Reste der Redenliteratur (Lysias
und Andokides), meist Gerichtsreden, dazu einige wenige an
das Volk. Dann folgt eine Lücke von ungefähr 30 Jahren, bis
uns aus der Zeit Philipps noch einmal Reden in grosser Zahl
erhalten sind. Die ganze Zeit umspannen dagegen die politischen Broschüren des Isokrates (vgl. §. 151), zu denen Xenophons Schrift von den Einkünften Athens (355) hinzutritt.
Hier tritt uns das politische Leben nicht nur Athens, sondern
ganz Griechenlands in grossem Zusammenhange entgegen,
während die eigentlichen Reden immer nur einzelne Episoden
in parteiischer und oft stark verfälschter Beleuchtung wider-
geben. — Auf die Bedeutung der philosophischen Literatur
braucht hier nur kurz hingewiesen zu werden. Die sokratischen Dialoge spielen durchweg in der Zeit vor 399, spiegeln
aber nicht nur in ihrem Gedankeninhalt vielfach die folgende
Zeit wider, sondern nehmen nicht selten auch unbedenklich
auf spätere Ereignisse Bezug. An sie schliessen sich Xenophons und Platos weitere Schriften über die politische Theorie,
der Hieron, die Cyropädie, die Gesetze. Daran reihen sich
die Darstellungen bestehender Verfassungen, namentlich die
zahlreichen Werke über spartanische Verfassung, von denen
uns Xenophons Schrift (um 375) erhalten ist, weiter Aristoteles' systematische Darstellung der athenischen Demokratie in
ihrer seit 403 ausgebildeten Gestalt, die Ueberreste seiner
übrigen πολιτεῖαι und seine Kritiken in der Politik. Endlich
die sich entwickelnde Fachliteratur, von der das erhaltene
Bruchstück eines kriegswissenschaftlichen Werks des Aeneas
(um 350) über die Vertheidigung gegen Belagerungen, mit zahlreichen historischen Beispielen, besondere Erwähnung verdient.

Die Geschichte des Westens.

165. Bei den Westgriechen hat sich die historische Literatur
nicht anders entwickelt als im Mutterlande. Zu Anfang stehen
locale Chroniken, von denen das fast verschollene Werk des
Hippys von Rhegion als die älteste genannt wird. Wenigstens in
kurzen Umrissen hat auch Herodot die Geschichte des Westens
bis auf die Perserkriege berücksichtigt, vor allem die sicilischen
Tyrannen; ebenso natürlich Hellanikos. Der erste Historiker
von grösserer Bedeutung war sein Zeitgenosse Antiochos von
Syrakus, dem Hellanikos wie es scheint auch in der Darstellung verwandt; er hat die Geschichte des Westens in zwei
Werken zusammengefasst, den Ἰταλικά und den Σικελικά.
Letztere reichten bis auf den allgemeinen Frieden von Gela
424 hinab. Thukydides hat ihn benutzt; grössere Bruchstücke besitzen wir nur aus der Geschichte der Urzeit und
der Coloniegründungen. — Für die Zeit der athenischen Inter-
ventionen auf Sicilien ist Thukydides die Hauptquelle, und
zugleich die einzige erhaltene Darstellung sicilischer Dinge,
welche Zuverlässigkeit beanspruchen kann. Von Thukydides
aufs stärkste angeregt und beeinflusst hat dann in der nächsten
Generation Philistos von Syrakus die Geschichte seiner Heimathinsel dargestellt, zunächst die ältere Zeit bis 406 in sieben
Büchern, dann die Geschichte des ersten Dionysios in vier,
schliesslich die ersten fünf Jahre seines Sohnes (367—363) in
zwei Büchern. Philistos war einer der bedeutendsten griechischen Historiker, und wird mit Herodot, Thukydides und
Theopomp immer zu den eigentlichen Classikern gerechnet
(unter die Ephoros und Xenophon nur bei einigen Aufnahme
gefunden haben); dem Theopomp wie dem Ephoros war er
in der geschichtlichen Auffassung und wohl auch in dem
ächten historischen Stil weitaus überlegen. Noch Cicero hat
ihn mit grossem Vergnügen gelesen. Aber er war ein energischer und unerschütterlicher Vertheidiger nicht sowohl des
Tyrannen — mit Dionys I. war er persönlich zerfallen und

von ihm verbannt —, als vielmehr der Tyrannis, um deren
willen er Dion und Plato bekämpft und schliesslich 356 den
Tod gefunden hat. Daher sagte seine Auffassung dem griechischen Durchschnittspublicum so wenig zu wie den späteren
Bearbeitern der älteren Geschichte, die an dem republikani-
nischen Ideal festhielten. So ist er als Quelle von ihnen nicht
benutzt worden, sondern nur von den Biographen (namentlich
im Leben des Nikias bei Plutarch). Auch werden manche
der geläufigen Anekdoten über Dionysios I. auf ihn zurückgehen. Aber nicht einmal grössere Fragmente besitzen wir
von ihm; die meisten erhaltenen Citate sind Ortsnamen bei
Stephanus von Byzanz. Der vollständige Untergang des Philistos ist einer der empfindlichsten Verluste, der die antike
historische Literatur betroffen hat.

166. Die Geschichte der beiden Dionyse, des Dion und
der anschliessenden Wirren bis auf Timoleon ist natürlich
auch von den Universalhistorikern behandelt worden, namentlich von Ephoros, aus dem auch hier nicht wenig bei Diodor
erhalten ist; ebenso von Theopompos, der im 21. Buch der
Philippika von Dionys' Herrschaft am Adriatischen Meer und
den Verhältnissen Italiens und dabei wahrscheinlich von dem
Keltenzug gehandelt und die Bücher 39—41 ganz der Geschichte der beiden Dionyse und des Dion gewidmet hat.
Ferner kommen die Verfassungsgeschichten des Aristoteles
auch hier in Betracht. Daneben stehen Specialgeschichten,
wie die fast völlig verschollene des Hermias von Methymna
in 10 oder nach anderer Eintheilung 12 Büchern, die mit
dem Jahr 376 abschloss (Diod. XV, 37). Ueber Dion hat
sein Begleiter Timonides von Leukas einen Bericht an Speusippos aufgesetzt, der in Plutarchs Dion stark benutzt ist.
Vom entgegengesetzten Standpunkt scheint Athanis von Syrakus, der 356 als Genosse des Herakleides erscheint, die Begebenheiten dargestellt zu haben. Er hat in 13 Büchern
Philistos fortgesetzt und die Erzählung wahrscheinlich bis auf
Timoleons Tod herabgeführt. Erhalten ist aus ihm nichts,
und irgend welche Einwirkung seiner Darstellung können wir

nicht nachweisen. Dagegen besitzen wir für die Zeit Dions
eine Quelle ersten Ranges in Platos Briefen, namentlich dem
7. und 8., die sein Verhalten bei der Bewegung, die zum
Sturz der Tyrannis führte, vor der Welt rechtfertigen und
nach Dions Tode seinen Anhängern Rathschläge geben wollen.
Natürlich sind sie, da sie Briefe sind, von den Neueren für
gefälscht erklärt worden; den Alten haben sie immer als pla-
tonisch gegolten und von der Biographie sind sie mit vollem
Rechte aufs stärkste benutzt worden, wie denn auch kein
neuerer Historiker den Werth ihrer Nachrichten hat verkennen
können, auch wenn er sie zur Salvirung seines Gewissens als
Pseudoplato citirt. In Wirklichkeit sind sie Documente von
unschätzbarem Werth nicht nur für die Kenntniss der sicilischen Geschichte, sondern für das Verständniss der gesammten
Entwickelung Griechenlands.

167. Alle älteren Werke über den Westen sind für die
Historiker vollständig in den Hintergrund gedrängt durch
Timaeos, den Sohn eines ehemaligen Herrschers von Tauro-
menion und späteren Anhängers Timoleons Andromachos.
Timaeos hat 317 vor Agathokles fliehen müssen und in Athen,
wohin er sich zurückzog und wo er fern vom politischen
Leben über 50 Jahre, ja vermuthlich bis an seinen Tod
(nach 264) gelebt hat, ein grosses Werk über die Geschichte
der gesammten westlichen Welt ausgearbeitet, das in 38 Büchern die Zeit bis zum Tode des Agathokles behandelte. Später
hat er noch eine Geschichte des Pyrrhos und der folgenden
Begebenheiten bis an den Ausbruch des ersten punischen
Kriegs daran angefügt. Die Art des Verfassers ist früher
bereits charakterisirt worden (Bd. II, 312); was dort über
die Behandlung der älteren Zeit gesagt ist, gilt für das ganze
Werk. Trotz aller Gelehrsamkeit und alles Fleisses ist es nur
ein Zerrbild geschichtlicher Forschung und Darstellung. Durchaus ist es das Product einer weltfremd gewordenen Stuben-
gelehrsamkeit, die aufdringlich ihre Mühewaltung zur Schau
trägt und sich in Kleinigkeitskrämerei und Nörgelei an allen
Vorgängern mit Behagen ergeht. Abstruse Gläubigkeit und

Frömmelei, die sich mit wüsten rationalistischen Deutungen
sehr wohl verträgt, ein blinder Tyrannenhass und eine schale
und innerlich durchaus unwahre Rhetorik beherrschen die
Darstellung und bestimmen das historische Urtheil, dessen
elementarste Voraussetzungen, ein Einblick in die realen Mächte
des ökonomischen und politischen Lebens, dem Verfasser vollkommen unbekannt sind. In Timaeos' Schlachtschilderungen
tritt seine Unfähigkeit einem jeden greifbar entgegen; aber
seine Darstellung der Politik ist nicht minder absurd. Alle
Versuche der Neueren, doch noch eine gute Seite an ihm
herauszufinden und ihn gegen die Vorwürfe z. B. des Polybios
in Schutz zu nehmen, haben das Bild nicht ändern können, auch
wenn sie erwiesen, dass im einzelnen einmal ein Angriff über
das Ziel hinausschoss. Als Historiker steht Timaeos tief selbst
unter Ephoros. Aber gewirkt hat er wie wenig andere. Sein
Werk war ein unerschöpfliches Repertorium für die gelehrte
und gelehrt sein wollende Forschung der hellenistischen Zeit
und vor allem der Römer, und seine Manier sagte der senti-
mentalen, dem historischen Verständniss völlig entfremdeten
Betrachtungsweise der Schriftsteller zu, die in augusteischer
Zeit Weltgeschichte zu schreiben unternahmen. Daher hat
ihn Trogus Pompeius für die Geschichte der westlichen Staaten
ausschliesslich benutzt — hier ist er durch den elenden Auszug Justins noch weiter verballhornt worden —; und Diodor
legte ihn für diese Partien als Hauptquelle zu Grunde. Daneben hat er Ephoros herangezogen, und in der Geschichte
seiner Heimathinsel, wo er genauer informirt war, die späteren
Zustände und Anschauungen mehrfach berücksichtigt.

   Die durch Schreibfehler in den antiken Citaten arg getrübte und
in MÜLLER's Fragmentsammlung sehr unglücklich behandelte Oeconomie
des timaeischen Werkes ist durch BELOCH, Fl. Jahrbb. 123, und SCHWARTZ,
Hermes 34, aufgehellt worden.

   168. Inschriftliches Material von historischer Bedeutung
besitzen wir aus dem Westen so gut wie garnicht; nur die
Münzen gewähren gelegentlich einiges Licht. Die umfangreiche
Literatur der Westhellenen ist fast völlig untergegangen. Bei

dieser Beschaffenheit der Quellen ist unsere geschichtliche
Kenntniss nur äusserst lückenhaft und verworren, und mit
der Kenntniss der Geschichte des Mutterlandes selbst da nicht
zu vergleichen, wo die Vorgänge, die sich im Westen ab-
spielten, an weltgeschichtlicher Bedeutung die Ereignisse in
jenem weitaus übertrafen. Von dem Detail der Hergänge
und zumal der militärischen Operationen können wir, abgesehen von den Zeiten, die Thukydides behandelt, fast nirgends
ein klares Bild gewinnen; es wäre ein arger Fehler, wollten
wir das verschleiern und für Wissen ausgeben, was keines ist,
sondern nur ein Wust verschobener und verzeichneter Notizen.
Immerhin sind wir für Sicilien noch am besten informirt.
Für Karthago sind wir, abgesehen von den Kriegen mit den
Griechen, fast allein auf Justins flüchtigen und lückenhaften
Abriss und auf die wenigen zum Theil fast unverständlichen
Angaben angewiesen, die Aristoteles (pol. II) in seiner Kritik
der karthagischen Verfassung gibt. Die zahlreichen, aber ganz
monotonen und inhaltsarmen karthagischen Weih- und Grab-
inschriften sind für die Geschichte, ja selbst für die Erkenntniss der culturellen und religiösen Zustände fast werthlos.
Von karthagischer Literatur sind uns nur der Periplus des
Hanno und einige Notizen aus dem Periplus des Himilko und
dem landwirthschaftlichen Werk Magos erhalten (§. 378. 379);
wenn sich eine karthagische Geschichtsschreibung entwickelt
haben sollte, ist sie für uns völlig verschollen. — Noch dürftiger fast ist unsere Kunde über Italien, sowohl über die Geschichte der Griechenstädte, wie über die der einheimischen
Völker und Staaten. Selbst von so entscheidenden Vorgängen,
wie den Kämpfen der Griechen und Etrusker, dem Einbruch
der Kelten und dem Niedergang der Etruskermacht haben wir
nur ganz unzureichende Nachrichten, die über nackte Chroniken-
notizen inhaltlich kaum hinausgehen. Aus Rom liegen gleichzeitige geschichtliche Aufzeichnungen (in späterer Ueberarbeitung) erst seit der Zeit der Samniterkriege vor; die wenigen
geschichtlichen Erinnerungen, die man aus der früheren Zeit
in die Annalen eintragen konnte, und die dann in den Ueber-

arbeitungen aus dem letzten Jahrhundert der Republik breit
ausgemalt und durch pseudohistorische Combinationen zu ge-
gewaltigem Umfang angeschwellt sind, bieten für die allgemeine Geschichte wenig von Bedeutung. Eingehender kann
von der Entwickelung der römischen Historiographie erst im
nächsten Bande im Zusammenhang mit der Darstellung der
römischen Localgeschichte gehandelt werden. — Das erhaltene
Material ist für Sicilien von A. Holm, für Karthago von
O. Meltzer sorgfältig gesammelt und auf Grund kritischer
Sichtung verarbeitet worden; im einzelnen wird wohl die
Kritik mehrfach noch etwas weiter gelangen können. Free-
man's umfassendes Werk über die Geschichte Siciliens, das der
Verfasser nicht hat vollenden können, hat sich über eine er-
neute Discussion der vielbehandelten Fragen zu einer wirklich
die Erkenntniss fördernden Darstellung kaum zu erheben vermocht. Das gross angelegte Werk von E. Pais, storia d'Italia
dai tempi più antichi alla fine delle guerre puniche, ist in
dem ersten Theil (storia della Sicilia e della magna Grecia,
vol. I 1894) über den Anfang des fünften Jahrhunderts noch
nicht hinaus gelangt, während der zweite (storia di Roma
vol. I p. I 1898. p. II 1899) eine Kritik der römischen Geschichtsüberlieferung bis auf Pyrrhos gibt.

Neuere Bearbeitungen.

169. Da ein Ueberblick der Entwickelung der modernen
Forschung und Literatur über griechische Geschichte schon im
zweiten Bande (§. 16 ff.) gegeben ist, können wir uns hier
auf wenige Bemerkungen beschränken. Die rastlos vorwärts
dringende, methodische geschulte Forschung des neunzehnten
Jahrhunderts hat nach allen Seiten hin unser Wissen erweitert
und vertieft; eine Fülle von Einsichten und Kenntnissen,
welche die bahnbrechenden Forscher mühsam erobern mussten,
sind jetzt Gemeingut aller geworden, die auf diesem Gebiete
zu arbeiten sich anschicken. Das Material ist gewaltig er-

weitert vor allem durch die neugefundenen Denkmäler und
Inschriften, daneben durch die Reste alter Literatur, welche
uns die Papyri Aegyptens gebracht haben. Mindestens ebenso
viel ist aber durch die Vertiefung des Verständnisses der
Literatur und die kritische Durcharbeitung und Sichtung der
Ueberlieferung neu erschlossen worden, sowohl negativ, indem
unhaltbare Ansichten und unzuverlässige oder völlig werthlose
Angaben beseitigt wurden, wie positiv, indem es gelang, unter-
gegangene Schriften aus der abgeleiteten Ueberlieferung zu
reconstruiren und verschollene oder unbeachtete Nachrichten
richtig zu würdigen, auf dem Unterbau des neu gesichteten
und auf seine Zuverlässigkeit sorgfältig geprüften Materials die
zunächst isolirt dastehenden Thatsachen zu verbinden und so
den Zusammenhang der Entwickelung wiederherzustellen. Bahn-
brechend ist hier überall vor allem Boeckh gewesen. Das Ergebniss liegt jedem, der sich überhaupt wissenschaftlich mit
der Geschichte der griechischen Zeit beschäftigt hat, klar vor
Augen: auf allen Gebieten, im Osten wie im Westen, ist unsere Erkenntniss in stetem Vorschreiten begriffen, auch die
bedeutendsten Werke, die ihrer Zeit das Verständniss mächtig
gefördert haben, sind nach wenigen Jahrzehnten nicht nur in
zahlreichen Einzelheiten, sondern oft auch in fundamentalen
Dingen inhaltlich veraltet. Um so seltsamer berührt es, wenn
von Zeit zu Zeit immer aufs neue nicht nur von Dilettanten,
sondern auch von Gelehrten, die sich auf anderen Gebieten
als Historiker ersten Ranges erwiesen haben, der Versuch gemacht wird, unter Ignorirung dieser ganzen Arbeit eines vollen
Jahrhunderts ein Bild der griechischen Entwickelung zu entwerfen, so vor zwanzig Jahren von Ranke in seiner Weltgeschichte und neuerdings von J. Burckhardt in der aus
seinem Nachlass herausgegebenen griechischen Culturgeschichte.
Es ist als wollte Jemand ein Werk über Mathematik schreiben,
ohne die wichtigsten Lehrsätze dieser Wissenschaft zu kennen.
Der Forscher wird diese Werke unwillig bei Seite werfen;
aber dass sie überhaupt unternommen werden konnten, und
dass sie mit grossem Beifall aufgenommen sind, ist ein sehr

beherzigenswerther Hinweis darauf, wie wenig die Ergebnisse
wissenschaftlicher, kritischer Geschichtsforschung in weitere
Kreise auch nur der nächststehenden Gelehrtenwelt, geschweige
denn in das grössere Publicum eindringen, selbst wenn sie
literarisch noch so glänzend vertreten sind.

170. Noch ein zweites Moment verdient Erwähnung. Die
ältere, von den Anschauungen unserer Classiker ausgehende
idealistisch-ästhetisirende Auffassung des Griechenthums, wie
sie zuletzt in glänzender Darstellung E. Curtius vertreten hat,
eine Auffassung, welche für die realen Mächte des geschichtlichen Lebens weder Interesse noch Verständniss hatte und
daher zu einer wahrhaft politischen Betrachtung nicht gelangen konnte noch wollte, ist seit der Mitte des Jahrhunderts
der politisirenden Geschichtsschreibung erlegen. Dieselbe war
ein Ausfluss der politischen Ideen, welche die erste, grössere
Hälfte des neunzehnten Jahrhunderts beherrschten. Der Gegensatz der liberalen, fortschrittlichen, constitutionell demokratischen, und der conservativ-reactionären, autoritativen Weltanschauung stand ihr im Mittelpunkt aller Geschichtsentwicke-
lung und beherrschte ihr historisches Urtheil. Die Kämpfe,
welche die Gegenwart bewegten, sah sie auch in der Vergangenheit und nicht am wenigsten in der griechischen Geschichte. Aus der Geschichte glaubte sie den Massstab gewinnen zu können, nach dem die moderne Entwickelung zu
messen sei, hier suchte sie die Principien, deren Sieg allein
der Gegenwart ein gedeihliches Fortschreiten sichern könne.
Aber thatsächlich entnahm sie den Massstab der Gegenwart
selbst, und zwar nicht einer unparteiischen Auffassung, die
in dem harten Ringen der Gegensätze überhaupt nicht zu gewinnen war, sondern der eigenen Partei: die Berechtigung
ihrer eigenen Anschauungen und Forderungen und die absolute Verwerflichkeit des gegnerischen Standpunktes wollte
sie historisch erweisen, wenn sie den Kampf zwischen Athen
und Sparta und den Kampf zwischen Demokraten und Aristokraten innerhalb der einzelnen Staaten darstellte. Eine
wahrhaft unparteiische Geschichtsschreibung, die über den

Gegensätzen stehend beiden Seiten gerecht zu werden sucht, war auf diesem Wege nicht zu erreichen. Der Entwickelung des Jahrhunderts entsprechend dominirte auch in der historischen Literatur durchaus der Liberalismus: und dieser ist, weil er in seinem Princip unhistorisch ist, vielmehr die Grundsätze und Grundforderungen des politischen Lebens aus Vernunftsätzen deducirt, am wenigsten im Stande, ein freies historisches Urtheil zu gewinnen. Sein Standpunkt ist überall und zu allen Zeiten der richtige, der der Gegner der verkehrte. So war es selbstverständlich, dass in allen entscheidenden Kämpfen die Spartaner und ihre Gesinnungsgenossen, die »Oligarchen« in Athen und weiter die Patricier Roms und später der römische Senat im Unrecht, Athen und die griechische Demokratie, die Plebejer und die Popularpartei im Recht waren. Ausgegangen ist diese Geschichtsbetrachtung auf griechischem Gebiet von G. GROTE, einem der Führer der englischen Radicalen; dann hat sie vor allem in Deutschland festen Boden und zahlreiche überzeugte Vertreter gefunden. Gegenüber der älteren Anschauung bezeichnete sie einen entschiedenen Fortschritt, indem sie zum ersten Male ernstlich die politischen Fragen in den Mittelpunkt stellte und das Verständniss für sie erschloss. Auch positiv hat sie die Erkenntniss gefördert; vieles was sie über die athenische Demokratie gelehrt hat, wird immer bestehen bleiben. Aber ihre Einseitigkeiten und Mängel liegen jetzt klar zu Tage. GROTE's Werk ist in weitem Umfang nicht eine Geschichte, sondern eine Apologie Athens. Mit der Wandlung der Anschauungen, dem Zurücktreten der alten und dem Emporkommen neuer Gegensätze seit 1870 ist auch auf diesem Gebiete eine neue Wendung eingetreten. Die Einseitigkeiten, die Abhängigkeit von ephemeren Erscheinungen der Gegenwart, die zweifellos auch unserer Auffassung anhaften, wird erst eine spätere Generation richtig zu erkennen vermögen; dass wir in politischen Fragen unparteiischer geworden und dadurch zu einem richtigeren und umfassenderen historischen Urtheil gelangt sind, wird schwerlich in Abrede gestellt werden können. Sehr scharf tritt die neue Richtung

vor allem in J. BELOCH's attischer Politik seit Perikles (1884)
hervor. Seitdem hat BELOCH in seiner griechischen Geschichte
(2 Bde. 1894. 97) auf Grund umfassender Durcharbeitung des
Materials ein Gesammtbild der griechischen Entwickelung entworfen, dem das besondere Verdienst zukommt, dass er im
Anschluss an die gegenwärtig herrschende politische und geschichtliche Auffassung vor allem die materiellen Grundlagen
der Entwickelung betont und klar dargelegt hat. — Ein
näheres Eingehen auf die umfangreiche sonstige Literatur ist
an dieser Stelle nicht möglich. Eine auf sorgfältigen Einzel-
untersuchungen beruhende Darstellung verdanken wir A. HOLM,
ein umfassendes Repertorium des gesammten Materials mit
eingehender kritischer Analyse G. BUSOLT, dessen griechische
Geschichte bis jetzt bis zum Ausbruch des peloponnesischen
Kriegs vorgedrungen ist. Vor allen aber muss hier v. WILA-
MOWITZ genannt werden, der mehr als irgend ein anderer
Lebender zur Erschliessung eines tieferen und lebensvolleren
Verständnisses der geistigen und literarischen Entwickelung
Griechenlands beigetragen und vielfach auch die Lösung der
historischen Probleme selbst da, wo eine einseitige Auffassung
bei ihm kaum zu verkennen ist, intensiv gefördert hat.

Einen sehr dankenswerthen Ueberblick über die neuere Literatur
mit eingehender Kritik bietet A. BAUER, die Forschungen zur griechischen
Geschichte von 1888—1898.

I. Die Schlacht bei Marathon.

Perser und Griechen. Die Unterwerfung Thrakiens.

171. Seit dem Fall des lydischen Reichs waren die Griechen Kleinasiens Unterthanen des Perserreichs. Die Expedition gegen Samos unter Darius (Bd. II, 488) hatte den letzten noch halbwegs unabhängigen Inselstaat beseitigt; an Stelle des Seekönigs Polykrates gebot jetzt sein Bruder als persischer Regent über die verödete Insel. Wenig später festigte Aryandes' Expedition gegen Barka (§. 99) die Herrschaft der Perser über die Griechen in Libyen. Das östliche Becken des Mittelmeers war ein persisches Meer geworden. Die Schiffe aller Küstenvölker waren zu einer grossen Reichsflotte verbunden; neben einander standen die Trieren der phoenikischen, karischen, griechischen Gemeinden, geführt von ihren Stadtfürsten, die überall keine höhere Aufgabe kannten, als ihre persönlichen und localen Interessen zu wahren und im Wetteifer mit ihren Rivalen das Auge des Herrschers der Welt auf sich zu ziehen. Unter den ionischen Städten nahm seit der Katastrophe von Samos Milet wieder die erste Stelle ein; sein Herrscher Histiaeos war der Führer der griechischen Contingente im Skythenkrieg. Er gab sich als den treuesten der persischen Vasallen; sich schrieb er das Verdienst zu, dass die Ionier damals auf der Wacht an der Donaubrücke ausgehalten hatten (§. 70) — freilich wäre es Wahnwitz gewesen, hätten sie anders gehandelt. Sein Streben war, seine Hausmacht zu mehren und sich als den angesehensten Mann der

griechischen Welt zu zeigen. Als Lohn für seine Dienste liess
er sich zur Gründung einer Colonie ein neu erobertes Gebiet
am Strymon schenken. Als dann der König, durch Megabazos vor dem unruhigen Ehrgeiz des Mannes gewarnt, ihn
in hohen Ehren an seinen Hof zog, trat sein gleichgearteter
Schwiegersohn Aristagoras an seine Stelle.

Ueber Histiaeos und seine Abenteuer liefen zahlreiche Anekdoten
um, die wie gewöhnlich das Persönliche und Seltsame an Stelle der
historischen Motive setzen; man beachte, dass Herodot V, 35 die Geschichte von dem ἐστιγμένος τὴν κεφαλήν als allbekannt voraussetzt. —
Weihinschrift des Histiaeos in Didymoi IGA. 490. DS. I.

172. An den Meerengen des Hellespont und Bosporos
kann kein Staat Halt machen; so sind denn auch die gegenüberliegenden europaeischen Gebiete ihren asiatischen Nachbarn
sehr bald gefolgt. Beim Skythenzug hat Darius den Bosporos
überschritten ohne Widerstand zu finden; Miltiades II. vom
Chersones leistete ihm Heeresfolge, die Stämme und Griechenstädte am Schwarzen Meer unterwarfen sich. Die Expedition
gegen die Skythen scheiterte allerdings vollständig, aber sie
hatte die Einziehung auch der Südküste Thrakiens zur Folge.
Die Flotte unter Otanes züchtigte eine Reihe von Orten, die
sich unbotmässig gezeigt oder die Perser auf dem Rückzug
geplündert hatten, so Byzanz, Chalkedon, Lamponion und
Antandros an der troischen Küste. Auch Lemnos und Imbros, damals wahrscheinlich schon von Athenern besiedelt
(Bd. II, 476), wurden unterworfen und erhielten einen griechischen Vogt. Das Landheer unter Megabazos unterwarf zunächst Perinthos an der Propontis, dann die Nordküste des
Aegaeischen Meers. Es kam den Persern vor allem auf das
Fruchtland am Strymon und die dortigen Bergwerke an, das
Gold des Pangaion, das Silber des Dysoros. Hier gab es
harte Kämpfe mit den Paeonern, von denen ein Theil nach
Asien verpflanzt ward. Auch Amyntas, der Herrscher Makedoniens, musste dem Grosskönig Erde und Wasser geben,
was nicht hinderte, dass sein Sohn Alexandros eine von den
persischen Gesandten verübte Unbill blutig rächte. An der

Küste legten die Perser mehrere Castelle an, so Doriskos unweit der Hebrosmündung und Eion am Strymon. Oberhalb
des letzteren, in der grossen Ebene am kerkinitischen See, bei
den »neun Wegen«, erhielt Histiaeos das Gebiet der Edoner-
stadt Myrkinos zur Gründung seiner Colonie. An anderen
Stellen sind die Perser wohl kaum tiefer ins Binnenland eingedrungen. Aus dem unterworfenen Gebiet wurde eine neue
Satrapie, die einundzwanzigste, gebildet.

Heimsuchung der griech. Städte: Herod. IV, 144. V, 1. 26. Erweitert Strabo XIII, 1, 22, der auch Abydos nennt. Zu Chalkedon vgl.
Ktesias 29, 17. Arrian fr. 61. Imbros und Lemnos waren nach Herodot
damals noch pelasgisch; aber dass Miltiades die Inseln erst während des
ionischen Aufstandes occupirt hätte, nachdem der von den Persern eingesetzte Lykaretos gestorben war — seinen Tod als Herrscher von Lemnos
erwähnt Herodot ausdrücklich — ohne einen Nachfolger zu hinterlassen
(denn sonst müsste dieser doch erwähnt werden), ist so unwahrscheinlich wie möglich. Ich bleibe also dabei, dass die Inseln noch zur Pisistratidenzeit occupirt sind und Lykaretos in Wirklichkeit über die attischen
Kleruchen zum Herrscher gesetzt wurde (Forsch. I, 16). Beloch's Ein-
wand (Griech. Gesch. I, 351), dass letztere den Kleisthenischen Demen
Attikas angehören, scheint mir nicht beweisend; sie sind bei der
Phylenordnung in ihre Heimathgaue eingeschrieben — nach denen sich
übrigens die Athener schon lange vor Kleisthenes genannt haben, z. B.
Myron von Phlya Plut. Sol. 12. — Die Paeoneranekdote Her. V. 12 ff.
hat Nik. Dam. fr. 71 aus ihm entlehnt (von Const. porph. fälschlich
auf Alyattes bezogen, s. Forsch. I, 168). Thrakische Satrapie: Her. III,
96; wahrscheinlich entspricht Skudra in Darius' Grabinschrift (§. 58 A.);
die daneben genannten zopf(?)tragenden Ionier scheinen die europaeischen
Griechen (mit attischem Krobylos?, d. i. Haarbeutel) zu sein. Castelle:
Herod. VII, 105—108. Skythen auf der Chersones gegen Miltiades, angeblich 495: Herod. II, 40.

173. Wie stark die persische Macht seit dem Fall Aegyptens und dem Antritt des Darius auf die griechischen Verhältnisse drückte, ist früher dargelegt worden. Der Rückgang
der Pisistratidenmacht geht wesentlich darauf zurück. Als
nach Hippias' Sturz der Angriff der Peloponnesier drohte,
wandte sich Athen an den Satrapen von Sardes um Hülfe
und seine Gesandten gaben dem Grosskönig Erde und Wasser:
nicht minder hoffte Hippias, der jetzt als persischer Vasall in

Sigeon sass, durch ihn die Rückkehr zu erlangen (Bd. II, 492).
Gleichartige Gesuche sind ohne Zweifel von den verschiedensten Staaten an Persien ergangen, von Argos im Kampf mit
Sparta, von Theben im Kampf mit Athen. Die Aleuaden Thessaliens, welche später den Xerxes eifrig unterstützten, werden
nicht unter ihm zuerst den Weg nach Susa gefunden haben.
Selbst ein tarentinischer Verbannter Gillos hoffte durch Darius
die Rückkehr in die Heimath zu erlangen (Herod. III, 138),
ebenso wie der von Hippokrates verjagte Tyrann Skythes
von Zankle bei ihm Zuflucht suchte (nach 494, Bd. II, 506).
Hätten wir eingehendere Kunde, so würden wir offenbar noch
sehr viel mehr derartige Beziehungen kennen lernen. — Der
Grosskönig versuchte, über die Verhältnisse des Westens genauere Kunde einzuziehen. Mit Karthago vermittelten die Phoeniker die Beziehungen; zur Recognoscirung der griechischen
Welt entsandte er auf zwei sidonischen Trieren eine persische
Expedition, die bis nach Unteritalien vordrang und nach
mancherlei Abenteuern — ihr Führer, der Arzt Demokedes
von Kroton, benutzte die Gelegenheit in die Heimath zu entweichen, und an der japygischen Küste geriethen sie in
Gefangenschaft, bis der eben genannte Gillos sie auslöste —
in die Heimath zurückkehrte. Es war klar, dass derartige
Verhältnisse, auch wenn die Regierung durchaus keine Eroberungsgelüste hegte, über kurz oder lang zu einem Conflict
führen mussten, der, wenn die Griechen sich nicht freiwillig
unterwarfen, nur durch einen Kampf auf Tod und Leben
seine Entscheidung finden konnte.

Demokedes' Expedition Herod. III, 133 ff. [danach Athen. XII,
522 b] mit anekdotischer Motivirung. Die Erzählung Justins (aus Timaeos)
über Darius' Verhandlungen mit Karthago XIX, 1 ist so abenteuerlich
— er verlangt Hülle gegen die Griechen und fordert die Abschaffung der
Menschenopfer und des Genusses von Hundefleisch, sowie die Verbrennung (!) der Leichen an Stelle der Bestattung; die drei letzten Punkte
werden von den Karthagern concedirt —, dass aus ihr nichts entnommen
werden kann [vgl. §. 231 A.]. — Die Meinung Norvin's (§. 141 A.), die
Griechen hätten die Oberhoheit des Grosskönigs anerkannt, Athens Theilnahme am ionischen Aufstand sei eine Empörung dagegen, der Zug von

Marathon ein Versuch, die abtrünnigen griechischen Unterthanen wieder
zu unterwerfen, findet in der Tradition keine Stütze.

Der ionische Aufstand.

174. Der entscheidende Anstoss ist weder von den Persern gekommen noch von den Griechen des Mutterlands, sondern aus dem inneren Hader in einer griechischen Gemeinde
und dem unruhigen Ehrgeiz eines griechischen Dynasten erwachsen. Nur um so deutlicher tritt zu Tage, wie unvermeidlich der grosse Kampf war, da ein unbedeutender Zufall
ihn zum Ausbruch bringen konnte. Auf Naxos waren die
Reichen vom Volk verjagt worden und wandten sich um
Hülfe nach Milet. Aristagoras nahm sie mit Freuden auf: er
sah in dem Hülfsgesuch den willkommenen Anlass, die Macht
Milets und den Glanz seiner Tyrannis zu mehren. So machte
er dem Satrapen von Sardes, Darius' Bruder Artaphrenes,
den Vorschlag, eine Expedition zur Rückführung der Verbannten und zur Unterwerfung der reichen Insel zu entsenden. Artaphrenes ging darauf ein, der Grosskönig gab
seine Einwilligung; im Frühjahr 500 ging eine starke Flotte
gegen Naxos in See. Aber die Naxier waren gewarnt und
setzten sich energisch zur Wehr. Von regelrechten Belagerungen verstanden Perser wie Griechen nicht viel; überdies
führte die Rivalität zwischen Aristagoras und dem persischen
Feldherrn Megabates zu offenen Conflicten. So wurden die
Mittel aufgebraucht, ohne dass man vorwärts kam. Schliesslich gab man die Belagerung auf, nachdem man den flüchtigen Naxiern auf der Insel ein Castell erbaut hatte. Die
Expedition war gescheitert, zugleich aber auch die Stellung
des Aristagoras aufs schwerste erschüttert. Er hatte seine
Geldmittel dabei grösstentheils zugesetzt; jetzt sah er voraus,
dass ihm die Schuld des Misslingens aufgebürdet, er von
Artaphrenes zur Verantwortung gezogen werden würde. Er
sah nur Rettung, wenn er dem zuvorkam und den Versuch
machte sich gegen die Perser zu empören.

Unsere einzige Quelle für den ionischen Aufstand ist Herodot. Seine Erzählungen tragen vielfach einen anekdotischen Charakter (§. 171 A.); aber die Gesammtauffassung, die BELOCH. Griech. Gesch. I. bekämpft hat, scheint durchaus zutreffend. Der Aufstand sowohl wie die Betheiligung Athens waren kopflos und verdienen Herodots ironische Behandlung vollkommen. Für die Meinung, dass Hekataeos den Krieg dargestellt und Herodot aus ihm geschöpft habe (so auch PESOLT), ist ein Beweis nicht zu führen. Die herodotische Tradition über den Aufstand erweckt den Schein grösserer Authenticität als die über die Perserkriege nur darum, weil die Ereignisse weniger complicirt waren und über die einzelnen Vorgänge viel weniger Varianten vorlagen. Die entscheidenden Thatsachen werden eine Generation später noch fest im Gedächtniss gestanden haben. — Chronologie: Nach Herodot VI, 43. 46. 48. 95 fällt Mardonios' Zug ins Jahr 492, 2 Jahre vor Marathon, nach VI. 31. 42 der Fall Milets ins zweite Jahr vorher, 494. Nach VI, 18 wird Milet im sechsten Jahr des Aufstandes genommen; dieser hat also 499 begonnen. Danach fällt die naxische Expedition wahrscheinlich ins Jahr 500, Aristagoras' Hülfsgesuch in Sparta und Athen in den Winter 500/499, der Zug gegen Sardes und die Ausbreitung des Aufstandes ins Frühjahr 499. Cypern ist nach V, 116 ein Jahr frei gewesen, also 498 unterworfen. — Zu diesen Ansätzen stimmt, dass nach Thuk. IV, 102 der erste missglückte Versuch der Athener, sich in Amphipolis festzusetzen, ins 29. Jahr vor die definitive Gründung unter Hagnon [im Archontat des Euthymenes 437.6 Diod. XII, 32. schol. Aesch. 2, 41], also unter den Archon Lysitheos [so ist schol. Aesch. 2. 41 zu corrigiren] 465/4, die Ansiedlung des Aristagoras 32 Jahre vorher, also 497/6 fällt. Ob im übrigen Herodots Chronologie als völlig authentisch gelten kann. ist nicht zu entscheiden; vgl. §. 180 A.

175. Die Neigung zum Aufstand war bei den Griechen Kleinasiens jederzeit vorhanden. Auch auf die unter gleichen Verhältnissen lebenden Karer und ihren stolzen und unabhängigen Adel konnte man rechnen (§. 94). Die wenig zahlreichen persischen Truppen im westlichen Kleinasien durfte man um so leichter zu überwältigen hoffen, da trotz aller Siege der Perser die Ueberlegenheit der Hopliten über die Bogenschützen im Nahkampf offenkundig war. Weiter sah man nicht; das Gefühl für die grossen Dimensionen, welche die Verhältnisse angenommen hatten, war trotz aller Erfahrungen des letzten Jahrhunderts den Griechen noch nicht lebendig geworden. Vergeblich hielt Hekataeos von Milet, der Geograph und Völkerkundige, dem Kriegsrath des Aristagoras

die Macht des Perserreichs vor, der die Ionier unfehlbar erliegen mussten. Man lebte noch ganz in den Anschauungen
der alten Kleinstaaterei, die im Vertrauen auf ihre Tapferkeit
und ihre Götter der Weltmacht trotzen zu können glaubte,
ganz wie die syrischen Staaten und die Israeliten in der assyrischen und chaldaeischen Epoche. So fand Aristagoras'
Vorschlag bei seiner Umgebung allgemeine Zustimmung. Um
die Massen zu gewinnen, war der Bruch mit der bisherigen
Regierungsform unumgänglich. Aristagoras fuhr nach Milet,
legte die Tyrannis nieder und übergab die Regierung der
Volksversammlung. Gleichzeitig gelang es, eine grössere Anzahl griechischer und karischer Dynasten, die noch mit der
Flotte im Hafen von Myus lagen, zu überfallen und festzu-
nehmen. Sie wurden ihren Gemeinden ausgeliefert, von diesen
jedoch meist entlassen; nur die Mytilenaeer haben ihren Tyrannen Koes gesteinigt. An der ganzen Westküste und auf
den Inseln flammte der Aufstand auf; überall wurde die
Demokratie wiederhergestellt, Feldherrn gewählt, Truppen für
den bevorstehenden Kampf ausgehoben.

176. So hoffnungslos der Landkrieg war, auch wenn man
zunächst Erfolge erringen mochte, zur See lagen die Dinge
anders. Der phoenikischen Flotte durfte man sich mit Recht
gewachsen, ja überlegen fühlen. Auf der See, in dem Insel-
meer, konnte man sich eine starke, vertheidigungsfähige Ope-
rationsbasis schaffen und von hier aus die Küstenstädte zu
halten suchen. Schwierig genug freilich war die Aufgabe,
und wahrscheinlich hätte auch eine zielbewusstere und ein-
heitlichere Kriegsführung nicht vermocht, die langgestreckten
Positionen auf die Dauer zu behaupten. Aber da der Krieg
einmal erklärt war, musste der Versuch gewagt werden. Auch
das hat Hekataeos klar erkannt und ausgesprochen. Freilich
bedurfte man zu einer derartigen Kriegsführung gewaltiger
Geldmittel; und so rieth er, als ächter Rationalist, die Tempel-
schätze des den Milesiern gehörigen Orakels von Branchidae
(Didyma), namentlich die reichen Weihgeschenke des Kroesos,
einzuziehen; sonst würden sie doch nur den Feinden in die Hände

fallen. Dazu indessen konnte man sich nicht entschliessen. Aristagoras' Gedanken blieben auf den Landkrieg gerichtet. So machte er den Versuch, fremde Unterstützung zu gewinnen; er ging ins Mutterland, um vor allem in Sparta und Athen Hülfe zu suchen. König Kleomenes, der Leiter der spartanischen Politik, war zu weitaussehenden Unternehmungen geneigt und wies Aristagoras nicht sofort ab; schliesslich aber siegte die Einsicht in die Widersinnigkeit der Entsendung eines spartanischen Hoplitencorps zum Kampf gegen den Herrscher von Asien. Man blieb bei der vorsichtigen Politik der Zeit des Kyros und lehnte das Hülfsgesuch ab. Besseren Erfolg hatte Aristagoras in Athen. Hier hatte soeben Kleisthenes die Einrichtung der Demokratie vollendet, im Kampfe mit Theben und Chalkis hatte sich die Bürgerwehr der neuen zehn Phylen glänzend bewährt (Bd. II, 492). Zudem war die äussere Politik beherrscht von dem Gegensatz gegen den verjagten Tyrannen, dessen Rückberufung der Satrap Artaphrenes kurz zuvor gefordert hatte. Das Vertrauen auf die eigene Kraft war mächtig gehoben, das Verhältniss zu Persien bereits gespannt: so entschloss man sich, den Ioniern zwanzig Schiffe unter Führung des Melanthios zu Hülfe zu senden. Die Verantwortung für den Entschluss trägt das Alkmeonidenhaus, in dessen Händen damals die Leitung Athens lag, entweder noch Kleisthenes selbst oder, falls er schon todt war, sein Bruder Hippokrates, dem sein Sohn Megakles und sein Eidam Xanthippos, Sohn des Ariphron aus dem Hause der Buzygen, zur Seite standen. Neben ihnen mag bereits Aristides von Alopeke als einflussreicher Staatsmann hervorgetreten sein. Es ist für die damalige Stimmung und den Mangel an Verständniss für die Weltlage ausserordentlich bezeichnend, dass man glaubte, durch eine solche Massregel den Ioniern helfen und etwas anderes erreichen zu können, als ein schweres persisches Strafgericht. Den zwanzig attischen Schiffen gesellten sich fünf aus Eretria zu, theils um der alten Freundschaft mit Milet willen, theils weil die Stadt seit der Demüthigung von Chalkis durch Athen sich der athenischen Politik angeschlossen hatte.

Dass Aristagoras ernstlich an einen Zug nach Susa gedacht hätte, wie die Spartaner behaupteten (Herod. V, 49 ff.), mag man doch selbst ihm nicht zutrauen. Herodot benutzt die Erzählung, um die Beschreibung der persischen Königsstrasse bei der Gelegenheit anzubringen. Mit Unrecht wird die spartanische Politik dieser Zeit allgemein verurtheilt oder höchstens mit der Rücksicht auf Argos entschuldigt; man macht sich die Absurdität einer spartanischen Expedition nach Kleinasien nicht klar. — Dass für Athens Hülfsleistung die Alkmeoniden verantwortlich sind, wird dadurch bestätigt, dass sie nach dem Falle Milets gestürzt wurden. Deshalb nennt Herodot, der die Alkmeoniden vertheidigt (V, 97), hier wie in der Geschichte des kylonischen Frevels (V, 71) keine Namen, sondern wälzt die Schuld auf die Gedankenlosigkeit der Bürgerschaft ab, die formell die Verantwortlichkeit trug. Zum Alkmeonidenstammbaum vgl. WILAMOWITZ, Arist. und Athen II, 322; Hippokrates, für den Pindar einen ϑρῆνος gedichtet hat (schol. Pyth. 7, 17), wird vor 490 gestorben sein.

177. Bis die Perser im Stande waren, der so plötzlich ausgebrochenen Insurrection entgegenzutreten, verging geraume Zeit. Während die Perser Kleinasiens sich sammelten, konnte die griechische Flotte den Aufstand nach Norden in die hellespontischen Gebiete bis nach Byzanz hin, nach Süden nach Karien und nach Cypern tragen. Im Frühjahr 499 rückten die Streitkräfte der Aufständischen mit den Truppen aus Athen und Eretria ins Binnenland vor zum Angriff auf Sardes. Die feste Burg, auf unzugänglichem Felsen, schützte Artaphrenes; die Stadt selbst konnte er nicht vertheidigen. Bei der Einnahme ging sie in Flammen auf. Die Einwohner, durch das Feuer auf dem Markt zusammengedrängt, setzten sich nothgedrungen zur Wehr. In den brennenden Trümmern konnten sich die Ionier um so weniger behaupten, als inzwischen das persische Aufgebot zur Hülfe heraneilte. Auf dem Abmarsch wurden sie bei Ephesos eingeholt und vollständig geschlagen. Damit war der Angriffskrieg zu Ende, wenn auch einzelne Orte, wie z. B. Kaunos, auf die Kunde von der Einäscherung von Sardes noch nachträglich zu den Aufständischen übertraten. Man konnte weiter nichts thun, als sich für den bevorstehenden Angriff in Vertheidigungszustand setzen. Die Athener, die dabei im wesentlichen nur eine

Zuschauerrolle hätten spielen können und für die es keine
Beute mehr zu gewinnen gab, kehrten nach Hause zurück,
ebenso wie es scheint die Eretrier, deren Feldherr in der
Schlacht gefallen war.

Dass Charon fr. 2 (Plut. mal. Herod. 24) von der Niederlage der
Griechen auf dem Rückzug nichts erzählt, kann nichts gegen ihre
Realität beweisen, wie Beloch meint; Charon hat auch sonst (in der
Paktyesgeschichte Bd. II, 471 A.) zu Gunsten der Griechen manches ver-
schwiegen. Die Berichte über die Thaten der Eretrier bei Plut. l. c.
sind secundäre Ausmalungen.

178. Während die persischen Truppen sich nach dem
Siege gegen die einzelnen Städte der Küste wandten, ging eine
phoenikische Flotte mit starker persischer Bemannung von
Kilikien gegen Cypern vor. Auf der Insel hatte der Gedanke
des Abfalls lebendigen Wiederhall gefunden. Onasilos von
Salamis hatte sich an die Spitze der Bewegung gestellt, seinen
widerstrebenden Bruder Gorgos, den Herrscher der Stadt, verjagt und alle Griechenstädte der Insel zum Abfall gebracht.
Hier war der Krieg zugleich ein Nationalkampf gegen die
Phoeniker von Kition — die Stadt Idalion bildete in dieser
Zeit ein griechisches Fürstenthum unter König Stasikypros
und nahm am Freiheitskampf eifrig Theil — und die auto-
chthone Bevölkerung von Amathus. Onasilos versuchte, Amathus zu erobern; aber binnen kurzem sah man sich durch
das Herannahen der Perser gezwungen, an die Vertheidigung
zu denken. Die persischen Truppen landeten, und in der
Ebene von Salamis kam es zur entscheidenden Schlacht. Der
Uebertritt des Stesanor von Kurion brachte den Persern den
Sieg; unter den Gefallenen war auch Onasilos, der den persischen Feldherrn Artybios im Zweikampf getödtet hatte. Es
half wenig, dass an demselben Tage die ionische Flotte, die
den Stammgenossen zu Hülfe geeilt war, die See gegen die
Phoeniker siegreich behauptete; auf die Kunde von der Landschlacht blieb ihr nichts übrig, als nach Hause zurückzukehren (498 v. Chr.). Der Reihe nach fielen die cyprischen
Städte den Persern in die Hände, theils durch Capitulation,

wie Salamis, wo Gorgos wieder eingesetzt wurde, theils nach längerer Belagerung, so Idalion und Soli.

Bronzetafel von Idalion über die dem Arzte Onasilos S. d. Onasi-kypros und seinen Brüdern zugesicherte Entschädigung, als sie gezwungen wurden während der Belagerung »durch Meder und Kitier« die Verwundeten ohne Entgelt zu heilen: GDI. I no. 60 [dazu u. a. MEISTER, Griech. Dial. II, 150 ff. mit sehr problematischen Vermuthungen].

179. Während dessen hatten die persischen Feldherrn in Kleinasien die kleineren Städte am Hellespont und der Propontis sowie in Aeolis meist unterworfen. Auch der karische Heerbann wurde in zwei grossen Feldschlachten geschlagen, zuerst am Macander, dann mit den milesischen Truppen zusammen bei Mylasa. Allerdings gelang es bald darauf dem Dynasten Herakleides, Sohn des Ibanollis von Mylasa, einen starken persischen Heerhaufen bei Nacht auf dem Marsch zu überfallen und zu vernichten; der Feldherr Daurises und zahlreiche vornehme Perser fanden hier den Tod (497 v. Chr.). Den Gang der Ereignisse konnte jedoch dieser Erfolg nicht mehr aufhalten; zu einem Widerstand im offenen Felde war keine Möglichkeit mehr. Von allen Seiten rückten die persischen Heerhaufen gegen Milet heran; Aristagoras, der bisher versucht hatte, von hier aus die Operationen der Aufständischen zu leiten, gab seine Sache verloren. Sein Rathgeber Hekataeos, auch jetzt noch auf den Seekrieg bedacht, glaubte, dass er sich auf der benachbarten Insel Leros verschanzen und behaupten, ja von hier unter günstigen Umständen noch einmal die Herrschaft in Milet wiedergewinnen könne; er aber zog es vor, mit seinem Anhang nach Myrkinos in Thrakien (§. 172) zu gehen, wo er bald darauf im Kampf mit den Edonern den Tod fand (496 v. Chr.). Auch der alte Histiaeos, den Darius entsandt hatte, die Insurrection durch seinen Einfluss zu bekämpfen, hatte keinen besseren Erfolg. Er soll von Anfang an heimlich zum Aufstand geschürt haben, um in den Händeln der griechischen Welt noch einmal eine Rolle zu spielen. Zuzutrauen ist ihm das; jeden-

falls entwich er jetzt aus Sardes und versuchte, in Milet Aufnahme zu finden. Als man ihn hier abwies und auch die
Chioten sich mit ihm nicht weiter einlassen wollten, fand er
in Mytilene Unterstützung. Er hat sich dann mit einer Anzahl Schiffe in den Bosporos gelegt und die Kauffahrer aus
dem Pontos aufgefangen. Noch nach der Schlacht bei Lade
plante er die Gründung eines Inselreichs; von den Lesbiern
unterstützt suchte er Chios und Thasos heim und plünderte
Freund und Feind. Schliesslich fiel er bei einem Raubzug
nach Aeolis den Persern in die Hände und wurde von ihnen
hingerichtet (493). Er wie Aristagoras waren keine wahren
Staatsmänner, sondern gemeine Abenteurer, die sich an ein
Unternehmen gewagt hatten, dessen Tragweite zu übersehen
und dessen Leitung zu behaupten sie völlig ausser Stande
waren.

> Das in Suidas' Katalog unter Skylax von Karyanda's Schriften stehende
> Werk τὰ κατὰ τὸν Ἡρακλείδην τὸν Μυλασέων βασιλέα ist von GUTSCHMID, Kl.
> Schr. IV, 139 ff. mit Recht auf die That des von Herodot erwähnten kari-
> schen Fürsten bezogen; Herodot hat die Schrift aber schwerlich gekannt.
> — Aristagoras gegen die Edoner (in Amphipolis) auch Thuk. IV, 102
> (§. 174 A.).

180. Inzwischen war die phoenikische Flotte, die bisher
gegen Cypern operirt hatte, frei geworden und erschien, ver-
stärkt durch aegyptische, kilikische, cyprische Schiffe, im
Aegaeischen Meer. So waren die Ionier doch gezwungen, die
Entscheidung zur See zu wagen; was man an Schiffen auf-
bieten konnte, sammelte sich in der geräumigen Bucht von
Milet bei der Insel Lade. Den Haupttheil der Flotte stellten
Milet, Samos, Chios und Lesbos; daran schlossen sich die
Contingente einiger kleinerer Gemeinden, die noch die Unabhängigkeit behauptet hatten, Myus, Priene, Teos, Erythrae,
Phokaea. Insgesammt sollen es 353 Schiffe gewesen sein,
was wohl bedeutend zu hoch gegriffen ist. Ihnen gegenüber
nahm die phoenikische Flotte Stellung, die etwa gleich stark
gewesen sein mag — die Zahl von 600 Schiffen, die Herodot ihr gibt, ist für die persischen Flotten stereotyp. Auf

beiden Seiten trug man Bedenken, den Angriff zu beginnen;
Wochen lang lagen sich die Flotten unthätig gegenüber. Die
Perser konnten rechnen, dass das Bewusstsein der verzweifelten Lage, in der die Aufständischen sich befanden, auf die
Dauer seine Wirkung nicht verfehlen werde, und vor allem,
dass bei der notorischen Uneinigkeit der griechischen Gemeinden es gelingen würde, durch die Einflüsterungen der
gestürzten Tyrannen, welche volle Begnadigung in Aussicht
stellten, einzelne Contingente zu sich herüberzuziehen und so
die feindliche Flotte zu sprengen. Für die Aufständischen
war auch jetzt noch die Möglichkeit eines Sieges nicht ausgeschlossen, der die Vollendung der Unterwerfung hinaus-
schieben, ja vielleicht vereiteln, ihnen neue und kräftige Unterstützung aus dem Mutterlande zuführen konnte: aber die
Voraussetzung dafür war eine einheitliche, den strategischen
Aufgaben gewachsene Leitung und die Fähigkeit zu aufopfern-
der Hingabe an das grosse Ziel. Daran aber fehlte es vollkommen. Zwar übertrug man dem tüchtigen Führer der
phokaeischen Schiffe, Dionysios, den Oberbefehl, und er begann auch Schiffe und Mannschaften durch Manövriren für
die bevorstehende Schlacht zu üben. Aber Phokaea hatte
nur drei Schiffe gestellt, und so war seine Autorität gering.
Nach acht Tagen war man des Exercirens überdrüssig und
kündigte ihm den Gehorsam; statt dessen machten die Mannschaften es sich in dem Lager auf Lade bequem. So kam,
was kommen musste: als die Perser die Zeit gekommen
glaubten und zum Angriff vorgingen, fuhren die samischen
Schiffe bis auf elf nach Hause, und ihrem Beispiel folgten
die Lesbier und viele andere. Der Rest der Flotte erlag der
Uebermacht, zum Theil, so die Chier, nach tapferer Gegenwehr. Darauf wurde Milet zu Lande und zu Wasser eingeschlossen und nach längerer regelrechter Belagerung erstürmt
(494 v. Chr.).

Die Zeit der Schlacht bei Lade steht nicht fest. Sie kann der Einnahme Milets kaum allzulange vorangegangen sein, muss also etwa
in den Herbst 495 gesetzt werden. Dann klafft zwischen ihr und den

vorhergehenden Ereignissen eine Lücke, die Herodots Erzählungen von
Aristagoras und Histiaeos nur scheinbar ausfüllen. Man sieht, wie die
Tradition nur die Hauptmomente bewahrt und die langwierigen Einzelkämpfe um die Städte kurz zusammengezogen hat. — Wenn die Zahlen
der Schiffe in dem Krieg des Xerxes zu hoch sind, so sind es die für
den ionischen Aufstand gegebenen erst recht; dass es meist Pentekonteren
waren, nicht Trieren, wie Herodot angibt, sagt Thuk. I, 14 mit Recht.
— Die Namen der elf samischen Capitäne, welche im Kampf aushielten,
wurden nach 479 in einem Ehrendecret aufgezeichnet: Herod. VI, 14.

181. Im nächsten Jahre wurden die Reste des Aufstandes,
vor allem die jezt wehrlosen Inseln, leicht bewältigt. Ein
schweres Strafgericht entlud sich über alle, die sich nicht,
wie Kyzikos und andere griechische und karische Orte, rechtzeitig unterwarfen. Die Städte und Tempel wurden nieder-
gebrannt, ein grosser Teil der Bevölkerung in die Gefangenschaft fortgeschleppt. Am schwersten musste Milet büssen:
die Bewohner, soweit sie nicht niedergemacht waren, wurden
im Exil am Tigris angesiedelt, der Boden von Stadt und Land
an Perser und Karer vergeben. Von der ärmeren Bevölkerung
mag ein Theil zurückgeblieben sein, wie bei allen ähnlichen
Deportationen: aber der Glanz der ehemals blühendsten Stadt
der griechischen Welt war für alle Zeiten vernichtet. Auch der
Tempel von Didyma wurde zerstört: die branchidische Priesterschaft soll ihn und seine Schätze den Persern in die Hände
gespielt haben. Sie wurde nach Sogdiana deportirt. Ebenso
wurden Chios und Lesbos schwer heimgesucht. An der europaeischen Küste der Meerengen äscherte die persische Flotte
eine Anzahl Städte ein, die den Aufstand unterstützt hatten,
so Perinthos, Selymbria, Byzanz. Miltiades II., der Herrscher
der thrakischen Chersones (Bd. II, 476. 489), entkam auf der
Flucht nach Athen mit Mühe den phoenikischen Verfolgern.
Besser erging es Samos, das zum Lohn für sein Verhalten
in der Schlacht verschont wurde; nur musste es den Tyrannen
Aiakes, Sohn des Syloson (Bd. II, 488), wieder aufnehmen.
Ein Theil der Samier zog es vor, nach Westen auszuwandern,
wo es ihm nach manchen Abenteuern gelang, sich der Stadt
Zankle durch Ueberfall zu bemächtigen (Bd. II, 506). Dann

trat Beruhigung ein: der Satrap Artaphrenes von Sardes, dem auch die ionisch-karische Satrapie verliehen war, stellte die alte Steuerordnung wieder her und führte für Processe zwischen Angehörigen verschiedener Gemeinden ein geordnetes Gerichts-verfahren ein (§. 33). Dagegen sind die Tyrannenherrschaften nur in Ausnahmefällen wiederhergestellt worden; da sie sich so wenig bewährt hatten, versuchte Mardonios, der im J. 492 als persischer General nach Kleinasien kam, die persische Herrschaft vielmehr auf die Popularpartei zu stützen und führte überall demokratische Verfassungen ein. Er konnte das um so eher thun, da die wohlhabenden aristokratischen Ele-mente im Kampf und den folgenden Strafgerichten grossen-theils zu Grunde gegangen waren.

Die Plünderung und Zerstörung von Didyma setzt Herodot VI, 19 in den ionischen Aufstand; den Verrath der Branchiden hat er wohl absichtlich verschwiegen. Kallisthenes (Strabo XVII, 1, 43) und alle Späteren (Strabo XI, 11, 4. XIV, 1, 5. Diod. XVII arg. 2, 20. Curtius VII, 5, 28 ff. Plut. ser. num. vind. 12. Aelian fr. 54 bei Suidas s. v. Βραγχίδαι. Pausan. I, 16, 3. VIII, 46. 3, vgl. II, 10, 5) setzen ihn fälsch-lich unter Xerxes. — Ephoros (Diod. X, 25) hat dem Hekataeos auch bei der Unterwerfung Ioniens eine Rolle zugeschrieben: er lässt ihn als Gesandten zu Artaphrenes gehen und diesen milde stimmen.

Athen. Sturz der Alkmeoniden. Themistokles und Miltiades.

182. Die Bedrängniss der Ionier, welche so rasch auf ihren tollkühnen Zug gegen Sardes gefolgt war, musste den Athenern die Augen öffnen über die kurzsichtige Art, wie die massgebenden Staatsmänner die Politik geleitet und den Staat unmittelbar an den Rand des Abgrunds geführt hatten. Blind-lings war man in den Conflict hineingerannt, ohne auch nur zu fragen, ob er sich vermeiden lasse: jetzt stand die Krisis unmittelbar bevor. Denn dass nach dem Falle Milets der Grosskönig einen Rachezug entsenden werde, konnte kein Mensch bezweifeln. So erhob sich eine stets anwachsende

Opposition gegen das Regiment der Alkmeoniden und ihrer
Genossen. Der Gedanke mochte laut werden, dass einzig ein
Abkommen mit Persien Rettung bringen könne, auch wenn
man als Preis dafür den verjagten Tyrannen wieder aufnehmen
müsse. Nur so wird es sich erklären lassen, dass im J. 496
Hipparchos, der Sohn des Charmos, ein Verwandter und, wie
schon der Name sagt, ein eifriger Parteigänger des Pisistra-
tidenhauses, zum Archon gewählt wurde. Dem gegenüber
forderten andere die energische Vorbereitung für den Entscheidungskampf. An ihre Spitze trat Themistokles, der Sohn
des Neokles aus dem Adelsgeschlecht der Lykomiden. Seine
Vorfahren hatten im Staat keine grössere Rolle gespielt, seine
Mutter war eine Fremde; um so mehr Erbitterung gegen ihn
hat es erregt, dass er sich nicht den führenden Geschlechtern
anschloss, wie Xanthippos und Aristides (§. 176), sondern
selbständig sich seinen Weg bahnte. Wie kaum einen anderen
Staatsmann des Alterthums hat ihn im Leben und nach dem
Tode der Hass seiner vornehmen Rivalen verfolgt, sein Privatleben mit Schmutz überschüttet, seine Bedeutung herabzudrücken versucht. Seine grossen Thaten hat man ihm widerwillig lassen müssen; aber über die erste Hälfte seines
gewaltigen Lebensganges ist die Ueberlieferung fast vollständig verwischt. Die alten wie die modernen Geschichtswerke
wissen denn auch wenig genug davon zu erzählen. Aber
um so lauter reden die Thatsachen selbst. Nicht um innere
Parteigegensätze handelte es sich für ihn, auch nicht darum,
für sich selbst die leitende Stellung zu gewinnen: das alles
war nur Mittel zum Ziel: der Rettung seiner Heimath aus
furchtbarer Gefahr und ihrer Erhebung zur ersten Macht der
Mittelmeerwelt galt all seine Thätigkeit. Klar stand ihm vor
Augen, dass bei dem sicher bevorstehenden persischen Angriff
aller Widerstand zu Lande auf die Dauer unmöglich sei, dass
es, wie Hekataeos dem Aristagoras ausgesprochen hatte, nur
ein Mittel gebe, die Unabhängigkeit zu behaupten: die Schöpfung
einer griechischen Seemacht. Aber er sah auch, dass Athen
im Stande sei, diese Aufgabe zu erfüllen, und er erkannte

die Wege, die zum Ziele führten. Dass er es vermocht hat, den Gedanken in die That umzusetzen, dass er mehr als ein Jahrzehnt lang unablässig gekämpft und gerungen hat, bis er die widerstrebenden Elemente niedergeworfen, bis er die Massen dazu gebracht hatte, ans Werk zu gehen, dass er die ganze Bevölkerung mit Enthusiasmus für seine Idee erfüllte und im entscheidenden Moment mit sich fortriss, so dass sie es wagten, alles aufzugeben, um alles zu gewinnen: das ist Themistokles' welthistorische Grösse. Mochte das alte Athen darüber zu Grunde gehen, mochten die Fundamente des Staats sich verschieben; es gab keine Wahl mehr. Dafür winkte, wenn Athen ihm folgte, am Ziel ein Siegespreis, wie ihn innerhalb der griechischen Welt wenige Jahre vorher auch die kühnste Phantasie nicht hätte erträumen können.

Zu Herodots Angaben vgl. §. 142. Die Gehässigkeit der Berichte, denen er folgt, tritt nirgends so deutlich hervor, als in der Behauptung, er sei im Jahre 480 erst vor kurzem zu höherem Einfluss gelangt (ἀνὴρ ἐς πρώτους νεωστὶ παριών VII, 143). Bekanntlich hat K. W. Krüger deshalb die Ueberlieferung über das bei Dion. Hal. VI, 34 angegebene Datum des Archontats des Themistokles 493/2 verworfen. Jetzt steht durch Aristoteles pol. Ath. fest, dass Themistokles' Flottengesetz ins Jahr des Nikodemos 483/2 fällt, nicht ins Archontat des Themistokles; überdies war das Wahlarchontat seit 487/6 abgeschafft. Themistokles' Archontat muss also früher fallen. Danach kann kein Zweifel mehr sein, dass der Archon des Jahres 493/2 der berühmte Themistokles gewesen ist. Timokreons Angriffe (vgl. §. 228 A.) beweisen nur die selbstverständliche Thatsache, dass der gewaltige Mann viele Feinde hatte. Die Frage, ob Themistokles seine Machtstellung benutzt hat, um sich auf unrechtmässigem Wege zu bereichern, ist juristisch nicht zu entscheiden und für die Beurtheilung seiner Bedeutung gleichgültig, wenn sie auch für historisirende Dilettanten immer im Vordergrund des Interesses stehen bleiben wird [vgl. §. 282]. Dem gegenüber hat Thukydides die überragende Genialität seiner Persönlichkeit und die auf ihr beruhende Einzigartigkeit seiner Stellung scharf ausgesprochen (I, 138). Auch die populäre Auffassung konnte sich dem nicht entziehen: daher die historisch meist werthlosen Anekdoten von Themistokles' Schlauheit (so von der Verbrennung der Flotte in Pagasae, Aristoteles' Geschichte von Th. und dem Areopag u. a.), und vor allem das Gespräch zwischen Th. und dem Seriphier (Plato pol. I, 330) oder dem Aphidnaeer (Herod. VIII, 125), das die Frage nach dem Verhältniss des Genies zu den Voraussetzungen und Schranken

seiner Wirksamkeit mit vollem Recht an dem Beispiel des Th. illustrirt.
— In der Folgezeit ist Th. als Urheber der Seemacht und der radicalen
Demokratie noch weiter verketzert worden, so von Kritias, Theopomp und
den Peripatetikern. Die spätere Biographie sucht wie immer die Lücken
der Ueberlieferung auszufüllen, meist mit geringem Erfolg. Einzelne ihrer
Erfindungen, wie die Enterbung durch den Vater (Nepos Them. 1), ver-
wirft Plutarch (Them. 2) mit Recht. Th.'s Mutter war nach Nepos eine
Akarnanerin (LOESCHCKE, de titulis aliquot atticis, 1876, p. 29), nach
Phanias eine Karerin, nach Neanthes aus Halikarnass; sonst galt sie
als Thrakerin (so in den von Plutarch c. 1 und Amphikrates bei Athen.
XIII, 576 c citirten Epigrammen); man wusste also positiv nichts dar-
über. — Von Neueren vor allem AD. BAUER, Themistokles, 1881. Ferner
R. NORDIN, Studien zur Themistoklesfrage, Upsala 1893. Ueber die Lyko-
miden: TÖPFFER, Att. Geneal. 208 ff. Nepos' Angabe pater eius Neocles
generosus fuit ist correct. — Archontat des Hipparchos Dion. Hal. VI, 1.
Dass er der Sohn des Charmos (über diesen s. die fehlerhafte Angabe des Kleidemos bei Athen. XIII, 609 d. Pausan. I, 30, 1. Plut.
Solon 1) ist, kann nicht zweifelhaft sein. Weiteres §. 198. 280. Zu den
Archonten dieser Zeit vgl. WILAMOWITZ, Arist. II, 81 A. Ein junger
Ἱππαρχος καλος auf attischen Vasen dieser Zeit: KLEIN, Vasen mit Lieblingsinschriften (Denkschr. Wien. Ak. phil. Cl. 39, 1891) S. 15. 29.

183. Die Schlacht bei Lade und der Fall Milets brachten
den politischen Kampf zur Entscheidung: sie zwangen dazu,
dem jetzt unmittelbar bevorstehenden Kriege ins Auge zu
schauen. Die herrschenden Classen, die von Kleisthenes aus
der grundbesitzenden Bürgerschaft neu organisirten Hopliten-
bataillone vertrauten auf ihre Wehrkraft und ihre Hingebung
an das Vaterland, die sich im Kampf gegen Chalkis und
Theben bewährt hatte, vor der das peloponnesische Heer
unter Kleomenes bei Eleusis zurückgewichen war, ohne den
Angriff zu wagen. Mit voller Zuversicht blickten sie auf den
Schutz der Burggöttin; was vermochte ihnen ein Barbaren-
haufe anzuthun, und wenn er noch so zahlreich war? Themistokles dagegen wusste, dass alle Tapferkeit, alle Siege zu
Lande nichts nützen konnten, so lange die Perser die See
beherrschten; sie mussten schliesslich allen Widerstand er-
drücken. Er liess kein Mittel unbenutzt, das Wirkung versprach. Der Dichter Phrynichos brachte den Fall Milets mit
all seinen Schrecknissen auf die Bühne. Auch wenn es nicht

überliefert ist, kann doch Niemand bezweifeln, dass er der
Politik des Themistokles diente. Er erzielte eine gewaltige
Wirkung, die sich darin nur um so deutlicher aussprach, dass
man ihn in Strafe nahm, weil er durch die Thränen, in die
das Volk ausbrach, das Fest des Gottes entweiht habe. Themistokles gelangte ans Ziel; bei den Wahlen des J. 493 wurde
er zum Archon gewählt und damit die politische Leitung des
Staats in seine Hände gelegt. Als Archon that er den ersten
Schritt zur Schöpfung der Flotte; er beantragte die Gründung,
eines neuen Kriegshafens in den geschützten Buchten der Halbinsel des Piraeeus. Bisher genügte für die attischen Kriegsschiffe, offene Fünfzigruderer, der flache Strand von Phaleron;
die neue Flotte konnte nur aus Trieren bestehen, und diese
bedurften eines Seehafens mit Docks und Arsenalen. Der Antrag wurde genehmigt und der Bau begonnen.

Phrynichos' Μιλήτου ἅλωσις Herod. VI, 21. Dass Themistokles im
J. 476 eine Trilogie des Phrynichos auf die Bühne gebracht hat, lehrt
die bei Plutarch Them. 5 (aus Didymos?) erhaltene Choregeninschrift. Die
Vermuthung, dass es die Phoenissen waren, ist wahrscheinlich, wenn auch
nicht beweisbar. — Archontat des Th.: Thuk. I, 93. Datum Dion. Hal. VI,
34 (§. 182 A.); bei Euseb. arm. unter Ol. 71, 1 = 497/6 Piraeeus munitur
a Themistocle mit Verschiebung des Datums. Die Errichtung des Hermes
πρὸς τῇ πυλίδι im Piraeeus durch die neun Archonten Philoch. fr. 80.
81 (aus lb. V) gehört in die Zeit des Konon (Koutorga, Wilamowitz,
Kydathen 207, Wachsmuth, Stadt Athen II, 33 ff.); mit ihm ist früher
fälschlich der unter Archon Kebris (vor 480) errichtete Ἑρμῆς ἀγοραῖος
auf dem Kerameikos Philoch. fr. 82 (aus lb. III) zusammengeworfen
worden, s. Wachsmuth, Stadt Athen I, 207 ff. II, 430, Wilamowitz, l. c.
u. Hermes XXI, 600.

184. Da traf, noch im Herbst 493, der seitherige Herrscher
der thrakischen Chersones Miltiades, der vor den Persern geflohen war (§. 181), mit grossem Gefolge und reichen Schätzen
in Athen ein. Einem Mann von seiner Stellung, dem Haupt
eines der begütertsten und vornehmsten attischen Adelsgeschlechter, dem langjährigen Herrscher über ein weites Gebiet, aus dem Athen direct und indirect grosse Vortheile zu-
geflossen waren, der auf der Chersones und auf Lemnos und

Imbros zahlreichen athenischen Bürgern Grundbesitz und eine
neue Heimath geschaffen hatte, musste die leitende Stellung
im Staat von selbst zufallen. So war seine Rückkehr allen
Parteien unbequem, vor allem aber den Alkmeoniden und
ihrem Anhang, die sich durch Themistokles schon bei Seite
geschoben sahen und jetzt, wenn es Miltiades gelang festen
Fuss zu fassen, allen Einfluss verlieren mussten. So wurde
Miltiades als Tyrann auf den Tod verklagt. Und allerdings,
der selbstherrliche Mann, der kein Bedenken getragen hatte,
auf der Chersones die Häupter der Griechenstädte mit List
an sich zu locken und gefangen zu setzen, der mit der Tochter
eines thrakischen Häuptlings vermählt war und eine Leibwache von fünfhundert Söldnern gehabt hatte, passte schlecht
in ein Gemeinwesen, das auf die bürgerliche Gleichheit und
die Verfehmung der usurpirten Monarchie gegründet war.
Aber Miltiades' Einfluss erwies sich stark genug; das Volksgericht sprach ihn frei. Offenbar betrachtete man Miltiades
als den geborenen Führer für den Kampf mit Persien; hatte
er doch die feindliche Armee genau kennen gelernt und musste
wissen, wie ihr zu begegnen sei. Auch hatte er die Schwäche
der persischen Bewaffnung und Kriegführung richtig erkannt:
so unwiderstehlich sich bisher ihr Pfeilhagel erwiesen hatte,
so wehrlos waren sie gegen den Angriff einer griechischen
Phalanx, wenn es dieser gelang, ihnen auf den Leib zu rücken.
Das glaubte Miltiades mit einer gut disciplinirten, einheitlich
geleiteten Truppe wie dem attischen Bürgerheer erreichen zu
können. So trat zwar auch er dafür ein, einen persischen
Angriff energisch abzuwehren; aber Themistokles' Flottenplan
schien ihm unnöthig und gefährlich. Wenn es gelang, das
persische Landheer zu schlagen, was konnten die Feinde dann
zur See noch viel ausrichten? Der Flotte blieb nichts übrig
als abzuziehen, die Freiheit des Landes war gerettet.

Charakter der Herrschaft des Miltiades Herod. VI, 39. Process VI,
104. Den Namen des Anklägers kennen wir nicht; aber da die zweite
Anklage 489 von Xanthippos erhoben wurde, wird er oder einer seiner
Parteigänger auch die erste erhoben haben. — Nach Plutarch Them. 4

hat Stesimbrotos erzählt, dass Themistokles die Flotte (im Jahre 483)
gegen Miltiades' Widerspruch gegründet habe: ἔπραξε δὲ ταῦτα Μιλτιάδου
κρατήσας ἀντιλέγοντος, ὡς ἱστορεῖ Στησίμβροτος. Das ist unmöglich und
kann auch von Stesimbrotos, der doch noch wusste, wann Miltiades gestorben ist, nicht erzählt sein, sondern nur, dass Miltiades dem Flottenplan des Themistokles entgegen trat (493/2), dieser ihn aber schliesslich
(488) doch durchsetzte. Dass das richtig ist, zeigt der Verlauf der Entwickelung zur Evidenz. Der scharfe persönliche Gegensatz des Miltiades
gegen Th. hat sich auf seinen Sohn Kimon vererbt. Plutarch kennt
hier wie überall Stesimbrotos' Angaben nur aus zweiter Hand.

185. Der Gegensatz entsprang den Fragen der Kriegführung und der äusseren Politik; aber er griff weit tiefer.
Wenn Themistokles' Plan durchgeführt wurde, musste man
die unteren Stände, aus denen allein die Ruderer und Steuer-
leute entnommen werden konnten, in ganz anderer Weise
heranziehen als bisher. Kleisthenes' Reform hatte die Leitung
des Staats in die Hände des grundbesitzenden Mittelstandes
gelegt; aus den steuerzahlenden Classen, den Rittern und
Zeugiten, die sich selbst ausrüsteten, ging das Bürgerheer
hervor, das sich seither vortrefflich bewährt hatte. Sollten
sie jetzt zurücktreten gegenüber den rohen Massen, die keinen
Herd und keine Grabstätte ihr eigen nannten, für die sie
kämpfen konnten, den Tagelöhnern und Packknechten, den
Matrosen und Handwerkern, die vom Kriegshandwerk so
wenig etwas verstanden wie vom politischen Leben? Sollte
den waffenfähigen Bürgern, die beim Beginn des mannbaren
Alters für den Krieg ausgebildet waren und sich Jahr für
Jahr in den Gymnasien übten, das Recht verkümmert werden,
für das Vaterland zu siegen und zu fallen? Sollte nicht mehr
der edle Waffenkampf Mann gegen Mann die Entscheidung
bringen, sondern die knechtische Arbeit der Ruderns? Noch
fühlte der Hoplit sich stolz und sicher genug, aus eigener
Kraft die Freiheit des Heimathbodens zu retten. Es ist begreiflich, dass alle besitzenden Kreise sich mit Händen und
Füssen gegen die Neuerung sträubten, die Beamten und der
Rath der Fünfhundert, die aus den drei oberen Classen her-
vorgingen, der aus den abgetretenen Archonten, den reichsten

und vornehmsten Männern gebildete Areopag, der die Regierung leitete. Hatte der Eindruck der Katastrophe Milets, hatte Themistokles' zündende Beredsamkeit momentan die Bürgerschaft in andere Bahnen fortgerissen, jetzt wo ein Zutrauen erweckender, von seiner Sache überzeugter Führer vorhanden war, schlug die Stimmung um. Bei den Massen, die in der Volksversammlung schliesslich den Ausschlag gaben, mag die Neigung zum beschwerlichen Flottendienst nicht gross gewesen sein; auch waren sie politisch noch nicht selbständig geworden und gewohnt, besseren Männern zu folgen. So wurde der Bau des Piraeeus sistirt, von Themistokles' Flottenplan war weiter nicht die Rede, Miltiades wurde der leitende Mann in Athen. Damit war zugleich entschieden, dass man dem persischen Angriff nicht zur See entgegentreten, sondern die feindliche Invasion zu Lande erwarten werde.

186. So war die Stimmung der Mehrheit in der athenischen Bevölkerung gehoben und kriegerisch; aber scharf standen die Parteien einander gegenüber. Miltiades' Einfluss dominirte; Themistokles war bei Seite geschoben, die Alkmeoniden vollkommen in den Hintergrund gedrängt. Was nützte es ihnen jetzt, dass Kleisthenes den Tyrannen gestürzt, die bürgerliche Verfassung neu begründet hatte, wenn die Machtstellung, die er dadurch seinem Hause dauernd errungen zu haben glaubte, in andere Hände übergegangen war? Nicht Athens Freiheit und Unabhängigkeit, sondern die Herrschaft über die Heimath ist allezeit das Ziel gewesen, welchem sie nachgestrebt haben. Jetzt heimsten verhasste Rivalen den Gewinn ein. Da sie aus eigener Kraft diese nicht zu stürzen vermochten, sahen sie sich nach Bundesgenossen um, wie gemeinsamer Hass sie ihnen zuführte. Wie einst Megakles kein Bedenken getragen hatte, sich mit Pisistratos zu verbrüdern (Bd. II, 474), wie Kleisthenes selbst das Bündniss der Perser gesucht hatte, um sich zu behaupten (Bd. II, 492), so näherten sich die Alkmeoniden auch jetzt wieder den Anhängern des gestürzten Tyrannen. Gab es doch zahlreiche Emigranten, die als Genossen des Hippias oder des Isagoras geächtet waren

(Bd. II, 495) und jetzt von den Persern die Rückführung und die Wiedergewinnung ihres alten Familienguts erhofften. Ihre Verbindung mit der Heimath war nie unterbrochen, gar manche hielten hier heimlich oder wie Hipparchos, der Sohn des Charmos (§. 182), offen zu ihnen. Auch sonst war das Andenken an die gestürzte Monarchie noch vielfach lebendig, vor allem bei der kleinen Bauernschaft, für deren Wohlergehen sie gesorgt, denen sie Land zugewiesen hatten; wie das goldene Zeitalter unter Kronos erschien ihnen die Herrschaft der Tyrannen. Auch mochte, wer den Sieg der Perser für wahrscheinlich oder sicher hielt, bei Zeiten daran denken, sich für die Zukunft eine Deckung zu sichern. Dazu kamen unzufriedene Elemente aller Art, denen der Sturz des bestehenden Regiments die Hauptsache war. Ihnen gesellten sich jetzt die Alkmeoniden zu; die attische Tradition rechnet Megakles, des Hippokrates Sohn, neben Hipparchos zu den Parteigängern des Hippias. Man wusste, dass geheime Verhandlungen mit Hippias gepflogen wurden, dass es Elemente gab, welche bereit waren, Athen dem Feinde in die Hände zu spielen. Noch nach sechzig Jahren haben die Alkmeoniden sich gegen den Vorwurf vertheidigen müssen, dass sie zur Zeit der Schlacht bei Marathon versucht hätten, die Stadt an die Perser zu verrathen.

Die Bedeutung der tyrannenfreundlichen Partei, auf deren Anschluss Hippias 490 rechnete, wird meist sehr unterschätzt, und ebensowenig der Umstand gewürdigt, dass Herodot es für nöthig gehalten hat, zu Anfang des peloponnesischen Kriegs die Alkmeoniden gegen den Vorwurf des Verraths zu vertheidigen VI, 121 ff. Der Versuch ist freilich sehr unglücklich ausgefallen: Herodot vergisst ganz, dass er selbst von dem Bündniss zwischen Megakles und Pisistratos erzählt hat, und seine Behauptung οὐ μὲν ὦν ἦσαν σφέων ἄλλοι δοκιμώτεροι ἔν γε Ἀθηναίοισι ἄνδρες οὐδ' οἳ μᾶλλον ἐτετιμέατο ist für die Zeit der Schlacht bei Marathon einfach unwahr. Bei Arist. pol. Ath. 22, d. h. in der von ihm benutzten Atthidenüberlieferung, zählt Megakles S. d. Hippokrates ausdrücklich unter τοὺς τῶν τυράννων φίλους. Wie weit Xanthippos und Aristides die Schwenkung der Alkmeoniden mitgemacht haben mögen, ist nicht festzustellen. — Die Emigranten, zu denen Dikaios S. d. Theokydes gehört (Herod. VIII, 65), treten beim Zuge des Xerxes wiederholt hervor.

Das übrige Griechenland. Kleomenes gegen Argos und Aegina.

187. Mardonios (Mardunija), der Sohn des Gobryas, eines
der sechs Genossen des Darius, ein junger Mann von hervor-
ragender Begabung und frischem Thatenmuth, Eidam des
Königs und bei ihm in hoher Gunst, war im Frühjahr 492
in Kleinasien eingetroffen (§. 181), um die Führung im Krieg
gegen Griechenland zu übernehmen. Denn wenn auch die
Züchtigung der Friedensbrecher Athen und Eretria das nächste
Ziel der persischen Politik war, musste sie sich doch zu der
Aufgabe erweitern, die gesammte griechische Nation dem
Reich einzuverleiben. Nur so konnte dasselbe gegen die
Wiederkehr ähnlicher Erschütterungen wie der letzten sicher
gestellt, den Ioniern jeder Versuch einer neuen Erhebung un-
möglich gemacht und die Quelle fortwährender Unruhen an
der Westgrenze verstopft werden. Grössere Schwierigkeiten
schienen kaum zu erwarten; man war sicher, im Lande selbst
Bundesgenossen in Fülle zu finden. Staaten wie Theben und
Argos und ebenso die Aleuaden in Thessalien konnten das
Herannahen des persischen Heeres nur mit Freuden begrüssen.
Die kleineren Staaten lähmte der Schrecken, den der Fall
Ioniens verbreitete. So konnte von einer Zusammenfassung
der ganzen Nation, von einer einheitlichen Organisation des
Widerstandes keine Rede sein. Als die Perser — wahrscheinlich doch nicht erst im J. 491, wie Herodot angibt, sondern
im Frühjahr 492, als Mardonios den Feldzug begann — Boten
entsandten, welche von den einzelnen Staaten Erde und
Wasser als Zeichen der Unterwerfung einfordern sollten,
wurde das Gebot fast überall erfüllt, vor allem von den
der persischen Flotte wehrlos preisgegebenen Inseln. Nur in
Athen und in Sparta wies man nicht nur das Ansinnen ab,
sondern scheute sich nicht, die Boten wie gemeine Verbrecher
hier in einen Brunnen, dort in das Barathron zu stürzen.
Die Verletzung des Völkerrechts war in beiden Staaten weniger

ein Ausbruch heroischer Vaterlandsliebe, als ein Versuch der
herrschenden Partei, den Bruch mit Persien unheilbar zu
machen und die widerstrebenden Elemente zum Kampf auf
Leben und Tod zu zwingen. Sie zeigt, dass wie in Athen so
auch in Sparta die Situation sehr verschieden beurtheilt wurde
und die Wogen des Parteikampfs hoch gingen. Das Bewusstsein, einen Frevel begangen zu haben, ist in Sparta bald
darauf erwacht; vor dem Zuge des Xerxes hat man versucht,
die That zu sühnen; aber der König hat die ihm gesandten
Opfer abgewiesen.

Dass Herodot VI, 48 die Entsendung der persischen Herolde erst
nach Mardonios' Feldzug erzählt, beweist für die Chronologie sehr wenig.
Die Tradition bewahrte schwerlich mehr als die Thatsache, dass sie vor
Marathon geschickt waren; Herodot benutzt sie, um die Schilderung der
griechischen Verhältnisse dieser Zeit daran anzuknüpfen. Den Mord der
Boten in Athen und Sparta trägt er VII, 133 ff. nach, als das Schicksal der
spartanischen Gesandten nach Persien, die im Jahre 430 in Athen hingerichtet wurden (Thuk. II, 67), das Ereigniss der Vergessenheit entriss
und ihn mit dem Detail bekannt machte. Der Vorgang in Athen ist von
den Späteren (Plut. Them. 6. Pausan. III, 12, 7) in verschiedener Weise
weiter ausgeschmückt und bei Aristid. panath. I, p. 198 Dind. mit den
Schol. III, 125 sehr mit Unrecht Mardonios' Dollmetscher Mys (Herod.
VIII, 133) hineingezogen, s. Busolt, Gr. Gesch. II², 572. Die modernen
Zweifel an der Realität des Vorgangs halte ich für unbegründet.

188. In Sparta stand damals König Kleomenes auf der
Höhe seiner Macht. Er hatte vor kurzem in der wiederaus-
gebrochenen Grenzfehde mit Argos einen glänzenden Erfolg
errungen. Von Thyrea aus war er gegen Argos bis zum
Erasinos vorgerückt, dann aber auf Schiffen, die ihm Sikyon
und Aegina stellten, über den Golf nach Tiryns gegangen. Dadurch wurden die Argiver gezwungen, eine Feldschlacht anzunehmen. Sie wurden vollständig geschlagen, der Haupttheil des
flüchtigen Heeres in dem Hain des Heros Argos abgeschnitten
und mit Feuer und Schwert vernichtet. In der Stadt bot man
die letzten Kräfte auf und führte Weiber und Sklaven zur Vertheidigung auf die Mauern — bei der Organisation des Widerstands hat die Dichterin Telesilla dauernden Nachruhm gewonnen.

Die Belagerung der festen Stadt mit der steilen Felsburg Larisa
ging über die Kräfte der Spartaner; Kleomenes hat sie garnicht versucht. Er ist deshalb nach der Rückkehr zur Verantwortung gezogen worden, weil er sich habe bestechen
lassen, wurde aber freigesprochen; und in der That würde es
schwer sein anzugeben, was er bei dem damaligen Stande
des spartanischen Kriegswesens noch weiter hätte machen
sollen. Wenn aber auch der Sieg nicht voll ausgenutzt werden konnte, war doch die Volkskraft von Argos gebrochen;
6000 Mann sollen in der Schlacht umgekommen sein. Für
den bevorstehenden Perserkrieg war Argos unschädlich gemacht; auf ein Menschenalter schied es aus der Zahl der
politisch bedeutsamen Mächte aus. Die unterthänigen Gemeinden empörten sich, Mykene und Tiryns machten sich
selbständig und schlossen sich an Sparta an. Auch Kleonae,
im Gebirge zwischen Mykene und Korinth, in dessen Gebiet
der Festplatz von Nemea lag, kann schwerlich argivisch geblieben sein, wenn es auch im Gegensatz zu seinen Nachbarn immer zu Argos neigte (§. 285) und daher am Perserkrieg nicht Theil genommen hat. So blieb nur die Inachosebene mit den zugehörigen Gebirgsthälern im Besitz von Argos.
Bei der Schwäche der decimirten Bürgerschaft gewann ein
Theil der Unterthanen und Leibeigenen das Bürgerrecht. Die
demokratische Gestaltung des Staats, die schon früher begonnen haben mag, gelangte jetzt zu voller Durchbildung.
Das Königthum bestand noch zur Zeit der Perserkriege; aber
es war völlig ohnmächtig geworden. Die laufenden Geschäfte
führten die Rathscollegien (Bd. II, 233) und die Beamten,
aber die Entscheidung lag in den Händen der souveränen
Volksversammlung (ἀλιαία). Recht sprachen, wie in Athen
seit Solon, die Volksgerichte, aber wie es scheint in stärker
demokratischen Formen; in wichtigen Fällen versammelt sich
das ganze Volk zum Gericht auf dem Pron am Abhang der
Larisa. Auch einen Ostrakismos hat es in Argos gegeben. An
Parteikämpfen wird es nicht gefehlt haben, namentlich zwischen
den Alt- und Neubürgern; von den letzteren ist ein Theil,

als die Nachkommen der gegen Kleomenes Gefallenen heran-
wuchsen und den massgebenden Einfluss wiedergewannen,
aus der Stadt verdrängt worden und hat sich nach Tiryns
geflüchtet.

Kleomenes gegen Argos: Herod. VI, 76 ff. 92. VII, 148 [danach
Pausan. III, 4, 1. Polyaen I, 14. Diogen. paroem. 3, 10]; das von ihm
mitgetheilte Orakel war schon den Alten unverständlich (Pausan. II, 20,
10). Der Hergang ist von den zahlreichen Bearbeitern der argivischen
Geschichte (speciell wird Sokrates genannt, FHG. IV, 496) ausgemalt,
vgl. Plut. apophth. Lac. Kleom. 2—6. 13. 17, vor allem durch Einfügung der Telesilla (Pausan. II, 20 = Suid. Τελίσιλλα. Plut. virt.
mul. 4. Polyaen VIII, 33. Clem. Alex. strom. IV, 120), die zur Erklärung eines Festes Τβριστικά benutzt wird. Dass König Demarat
in die Stadt eingedrungen und von ihr herausgeschlagen sei, ist gewiss falsch; er kann am Kriege nicht Theil genommen haben (Herod.
V, 75). Man hat seinen Namen eingesetzt, weil Herodot von Kleomenes nichts derartiges erzählte. Der Schlacht gibt Aristoteles pol.
VIII, 2, 8 die räthselhafte Bezeichnung ἐν τῇ ἑβδόμῃ; nach der Localtradition, die auch sonst mit der Siebenzahl spielt, hätte sie am 7. Her-
maios (wahrscheinlich etwa Januar, vgl. Bischoff, de fastis Graec. ant.,
Leipziger Studien VII, S. 379) stattgefunden. — Bei Herodot spielen
als Motive Vorzeichen und Wunder die Hauptrolle. Das ist die officielle Version und gewiss richtig: der Feldherr, und zumal der spartanische, muss die Kunst, die richtigen Opferzeichen eintreten zu lassen
und die Omina richtig zu deuten, gründlich verstehen. Dass er selbst
auch daran glaubt, ist dadurch nicht ausgeschlossen. — Die Revolution
in Argos stellt Herodot VI, 83 als eine Erhebung der Sklaven dar, die
später nach Tiryns verjagt werden. Dagegen opponirt die locale Ge-
schichtschreibung mit Recht: Plut. virt. mul. 4 ἐπανορθούμενοι δὲ τὴν
ὀλιγανδρίαν οὐχ, ὡς Ἡρόδοτος ἱστορεῖ [dessen Bericht nicht genau wiedergegeben wird], τοῖς δούλοις, ἀλλὰ τῶν περιοίκων ποιησάμενοι πολίτας τοὺς
ἀρίστους, συνῴκισαν τὰς γυναῖκας (woran die Erklärung eines seltsamen
Ehebrauchs anschliesst). Ebenso Arist. pol. VIII, 2, 8 ἠναγκάσθησαν
παραλέξασθαι τῶν περιοίκων τινάς. Die Demokratie in Argos zeigt Aeschylos' Hiketidentrilogie, die vielleicht noch vor 480 fällt; sie überträgt
die Zustände der Gegenwart in die Urzeit des Pelasgos. Der König (vgl.
Herod. VII, 149) ist völlig machtlos, das Volk entscheidet über die Aufnahme des Danaos; im dritten Stück, den Danaiden, spricht das Volksgericht das Urtheil in der Anklage gegen Hypermestra wegen Hochverraths. Das Volksgericht auch Eurip. Orest. 872 ff. Zu Pron und
Haliaia Forsch. I, 101 ff. Ostrakismos Arist. pol. VIII, 2, 4. In die Ver-

fassungskämpfe mag auch die Bronzeinschrift gehören, welche dem Rath
wegen Verwendung heiliger Gelder der Athena Indemnität ertheilt und
jede Klage gegen ihn vor den Rechenschaftsbeamten oder dem Volksgericht unter schwere Strafe stellt: Rodert, Mon. ant. dei Lincei I, 593 ff.
und dazu vor allem Danielsson im Eranos (Upsala) I, 1896.

189. Kleomenes hatte das Hülfsgesuch des Aristagoras
abgewiesen; jetzt aber, wo der Angriff der Perser bevorstand,
ging er mit Eifer auf den Gedanken des Kriegs ein. Er
mochte hoffen, sich dadurch die Führerschaft über ganz
Griechenland zu gewinnen. So vollzog sich aufs neue eine
Annäherung zwischen ihm und Athen, die dadurch erleichtert
wurde, dass der Einfluss seiner Gegner, der Alkmeoniden, gebrochen war. Kleomenes wird schon jetzt den Athenern für den
Fall des Krieges die Hülfe Spartas in Aussicht gestellt haben.
Um so weniger konnte er es dulden, dass ein Glied des peloponnesischen Bundes, Aegina, den Persern die Huldigung gewährt hatte. Als die Athener, froh ihren Rivalen schädigen
zu können, darüber in Sparta Klage erhoben, ging Kleomenes
auf die Insel, um für ihr Wohlverhalten zehn Geiseln zu fordern,
darunter den leitenden Staatsmann Krios, Sohn des Polykritos.
Aber die Aegineten verweigerten die Auslieferung, in geheimem
Einvernehmen mit König Demaratos, der hier wie früher
(Bd. II, 492) getreu der Politik seines Hauses den grossen,
zu unabsehbaren Verwickelungen führenden Plänen seines
Mitkönigs entgegentrat. Er wird auch gegen ein vorzeitiges
Eingreifen in den Perserkrieg gesprochen und gerathen haben,
den persischen Angriff auf den Peloponnes abzuwarten. Die
Aegineten erklärten, sie würden die Geiseln nur stellen, wenn
beide Könige zusammen auf Grund eines Beschlusses der
spartanischen Gemeinde sie forderten. Kleomenes wusste sich
zu helfen: er verschaffte sich von der Pythia einen Orakelspruch, der Demarat, an dessen ehelicher Abstammung der
eigene Vater Zweifel geäussert hatte, für illegitim erklärte,
und setzte seine Absetzung durch die Volksgemeinde durch
(491 v. Chr.). Demarat, von Kleomenes noch weiter gekränkt,
ging nach Persien und wurde vom König mit den Städten

Teuthrania und Halisarne beschenkt (§. 36). An seine Stelle
trat der Kleomenes ganz ergebene Leotychidas, das Haupt
einer Nebenlinie der Eurypontiden. Jetzt konnten die Aegineten die Stellung der Geiseln nicht länger weigern. Sie
wurden von Kleomenes den Athenern in Gewahrsam gegeben, und so auch Aegina vollständig lahm gelegt.

Ueber die Daten der Eurypontiden bei Diodor, die durchweg um
8 Jahre verschoben sind, s. Forsch. II, 504 ff. Die 22 Jahre des Leotychidas, die Diodor XI, 48 (unter dem Jahre 476/5 v. Chr.) in die
Jahre 498/7—477/6 setzt, fallen in Wirklichkeit in die Jahre 490/89 bis
469/8, mithin ist Demarat, da die Liste postdatirt, im Jahre 491/90 abgesetzt; dazu stimmt Herodot VI, 61 ff. aufs beste.

Expedition des Mardonios.

190. Mardonios hat den Feldzug gegen Griechenland
streng methodisch angelegt. Ein starkes Heer sollte auf dem
Landwege durch Thrakien vorrücken, durch die Flotte gedeckt
und in seinen Verbindungen gesichert; so konnte die Unterwerfung Griechenlands systematisch durchgeführt werden. Zu
Anfang des Jahres 492 brach die in Kilikien gesammelte
Reichsarmee nach dem Hellespont auf; die Flotte, welche bei
Lade gesiegt und die Ionier bezwungen hatte, führte Mardonios selbst. Aber auf dem langen Marsch durch Thrakien
verzettelte das Landheer Zeit und Kräfte in Märschen und
Einzelkämpfen. Namentlich durch die Bryger in Makedonien
erlitt man empfindliche Verluste; Mardonios selbst wurde verwundet. Verhängnissvoller noch war, dass die Flotte bei dem
Versuch, die Felswand des Athos zu umschiffen, vom Sturm
erfasst und grossentheils vernichtet wurde — 300 Schiffe,
berichtet die Tradition, seien damals untergegangen, über
20,000 Menschen umgekommen. Die geringe Manövrirfähigkeit
der hochbordigen Trieren bei schwerem Seegang und das
ängstliche Haften an der Küste sind der persischen wie so
vielen anderen Flotten des Alterthums verhängnissvoll ge-

worden. Der Rest der Flotte war nicht mehr im Stande, das Landheer in wirksamer Weise zu unterstützen. Somit war die Expedition gescheitert; nach Unterwerfung der Bryger musste Mardonios die Armee nach Asien zurückführen. Dass die Herrschaft über Thrakien gefestigt und erweitert und dabei auch die reiche Insel Thasos den Persern unterthan geworden war — sie musste im nächsten Jahr ihre Mauern niederreissen und ihre Schiffe ausliefern —, vermochte den vollen Misserfolg des mit so sicheren Erwartungen begonnenen Kriegszugs nicht zu verdecken.

Dass die Tradition bei Herodot (vgl. Charon fr. 3) den Zug des Mardonios richtig auffasst, beweist sowohl der Zug des Datis, wie der des Xerxes; die moderne Ansicht, dass er nur eine Recognoscirung gewesen sei, oder dass er zur Unterwerfung Thrakiens entsandt sei und seine Aufgabe erfüllt habe (WELZHOFER, Fl. Jahrb. 1891, 145 ff.), verkennt die militärische wie die politische Situation vollständig. — Der Marsch an der thrakischen Küste, der vom Hellespont bis Tempe etwa 80 Meilen beträgt, hat nicht nur Xerxes, sondern z. B. auch die Heere des Scipio 190 und des Sulla 85 v. Chr. Monate gekostet, und 188 während des Sommers dem Heere des Manlius Volso schwere Verluste gebracht.

Der Feldzug des Datis.

191. Das Unternehmen gegen Griechenland aufzugeben konnte Darius nicht in den Sinn kommen; vielmehr war es jetzt erst recht zu einer Ehrensache für das Reich geworden. Die persischen Truppen traf keine Schuld; auch diesmal hatten sie sich im Kampfe siegreich behauptet. Aber der Feldzug war falsch angelegt: man hatte Monate gebraucht für beschwerliche Märsche; man hatte die schöne Flotte nutzlos Stürmen und Klippen ausgesetzt; schliesslich hatte man umkehren müssen, ohne auch nur an die Grenze des feindlichen Gebiets gelangt zu sein. Aber war es nöthig, den weiten Umweg über Thrakien einzuschlagen und eine kostspielige Flotte aufs Spiel zu setzen? Die Perser waren unbedingte Herren der See; seit Themistokles' Flottenplan aufgegeben

war — darüber war die persische Regierung selbstverständlich genau unterrichtet —, hatte man zur See keinen Widerstand zu fürchten. Von Milet und Samos aus liess sich ein starkes Invasionsheer in ebenso viel Tagen nach Attika hinüber schaffen, wie es beim Landmarsch Monate brauchte. Dann stand man im Centrum des feindlichen Gebiets; die Gegner waren zersplittert und unentschlossen. Die persisch gesinnten Gemeinden, die zu Persien neigenden Parteien konnten, wenn die persische Armee im Lande stand, sofort in Action treten. So war ein ernstlicher Widerstand kaum zu erwarten; in raschem Anlauf konnte der Haupttheil Griechenlands erobert und dann die Gemeinden, die etwa wie Sparta im Widerstande beharren würden, der Reihe nach niedergeworfen werden. Darius' Entscheidung entsprach diesen Erwägungen: er berief den Mardonios ab und übertrug das Commando einem Meder Datis, dem der Neffe des Königs Artaphrenes, der Sohn des Satrapen von Sardes, beigeordnet wurde. Für das Frühjahr 490 befahl er die Ansammlung einer neuen Reichsarmee und der für den Transport von Mannschaft und Pferden erforderlichen Flotte in Kilikien. Auch diesmal sollen es 600 Trieren gewesen sein, wie beim Skythenzug und in der Schlacht bei Lade. Schon das zeigt, dass die Zahl conventionell und viel zu hoch gegriffen ist. Auch waren es nicht Kriegs- sondern Transportschiffe, grösstentheils wohl offene Pentekonteren, die von den Mannschaften selbst gerudert wurden — schon um der Verpflegung willen musste man die Zahl der Matrosen möglichst beschränken. So erklärt es sich auch, dass die Schiffe bei Marathon auf den Strand gezogen waren und die Athener versuchen konnten, sie mit den Händen festzuhalten. Aber auch wenn die Zahl der Schiffe feststünde, würde sie eine genauere Berechnung der Stärke des Heeres nicht ermöglichen. Mehr als 20,000 Mann können es schwerlich gewesen sein, vielleicht beträchtlich weniger. Jedenfalls war die Armee des Datis wesentlich kleiner als das von Mardonios geführte Landheer. Reiter können nur in sehr beschränkter Zahl, wenige Hunderte, mitgeführt sein; auch

diese konnten schon, wenn das Terrain ihnen zu operiren
gestattete, dem griechischen Hoplitenheer gegenüber von ausschlaggebender Bedeutung werden.   Auf die selbständige Cooperation einer Kriegsflotte verzichtete man; die Schiffe dienten
nur dem Transport.   Alle diese Dinge waren durch den Kriegs-
plan gegeben; auch sie zeigen aber, so gut wie dieser selbst,
dass man von der Widerstandskraft der Griechen ziemlich
gering dachte.

> Zahl der Schiffe: Herodot VI, 95. Die attische Tradition bei Plato
> Menex. 240 a nennt 300 Kriegsschiffe neben den Transportschiffen. Für
> das Landheer hat Herodot keine Zahl gegeben [als Theilnehmer am
> Kampf nennt er VI, 113 Perser und Saken, VI, 98 Ionier und Aeoler];
> die Zahlen der Späteren (200,000 und 10,000 Reiter bei Nepos Milt. 4
> und in dem aus dem alten Epigramm Lycurg. c. Leocr. 109 gefälschten
> bei Suidas κοιχίλη, Aristid. or. 49 p. 511 Dind. [daraus z. B. auch
> Zosimos I, 2]; 300.000 Pausan. IV, 25, 5. Val. Max. V, 3 ext. 3. Suidas
> 'Ιππίας a; 500,000 Lysias epit. 21. Plato Menex. 240 a; 600,000, von
> denen 200,000 fallen, Justin II, 9) haben gar keinen Werth. Bei den
> Neueren schwankt die Schätzung von 60,000 (Duncker u. a., was viel zu
> hoch ist) bis zu 10,000 oder höchstens 15,000 Bognern und 1000 Rei-
> tern (Delbrück, Perserkriege und Burgunderkriege S. 137. 161). Hier
> ist die Zahl der Reiter gewiss noch viel zu hoch. Man beachte wie
> gering sie z. B. in den Schlachten der römischen Zeit auch da gewesen
> ist, wo sie den Ausschlag gegeben hat. — Auf die verschiedenen neueren
> Combinationen über Datis' Feldzug einzugehen, welche den offen vor
> Augen liegenden Zusammenhang durch irgend eine Hypothese zu ersetzen
> suchen (auch Wilamowitz' Meinung, Arist. und Athen I, 112, Hippias
> sei nicht beim Heer gewesen und dies habe keine Reiterei bei sich ge-
> habt, gehört hierher), sehe ich keinen Anlass.

192. Gegen Anfang des Sommers 490 stach Datis mit
seinem Heere von Samos aus in See.   Zur Strafe für sein
Verhalten im J. 500 wurde Naxos verwüstet; die übrigen
Inseln stellten Geiseln.   Auf Delos wurde dem grossen Gott
Apollo ein Opfer dargebracht.   Nachdem die Dryoperstadt
Karystos an der Südspitze Euboeas zur Unterwerfung ge-
zwungen war, erschien die Flotte vor Eretria.   Hülfe hatte
die Stadt von Niemandem zu erwarten; auch die attischen
Kleruchen im Gebiet von Chalkis (Bd. II, 492) zogen vor

nach Attika zu flüchten, statt sich nutzlos aufzuopfern. So war das Schicksal Eretrias besiegelt, auch wenn nicht innerer Hader hinzugekommen wäre. Nach kurzer Belagerung öffneten die Führer der mit Persien im Einvernehmen stehenden Partei den Feinden die Thore, um das Schlimmste zu vermeiden. Die Stadt wurde eingeäschert, die Bevölkerung fortgeführt; Darius hat sie im Gebiet von Susa angesiedelt. Dann führte Datis das Heer nach Attika hinüber; auf Hippias' Rath landete er in der bergumkränzten Ebene von Marathon, deren kleine Bauern ehemals die Hauptstütze der Tyrannis gebildet hatten. Auch konnte hier, wenn es überhaupt zu einer Schlacht kam, die persische Reiterei wirksam in den Kampf eingreifen.

193. Die Erwartung der Perser, die Gegner isolirt angreifen und schlagen zu können, hatte sich vollständig erfüllt. Von einer planmässigen Organisation des Widerstands war keine Rede, eine nationale Armee, die ihnen die Landung hätte streitig machen können, war nicht vorhanden. Zwar schickten, als die Feinde anrückten, die Athener einen Eilboten mit einem dringenden Hülfsgesuch nach Sparta; aber bis die spartanischen Truppen marschfertig waren und in Attika erscheinen konnten, verging geraume Zeit; voraussichtlich musste die Entscheidung vorher gefallen sein. So war auch Athen lediglich auf seine eigene Kraft angewiesen. Nur die Plataeer, denen ein Sieg der Perser die Auslieferung an das verhasste Theben gebracht hätte, wahrten ihm die Treue; ihre gesammte waffenfähige Mannschaft, angeblich etwa 1000 Mann, stiess auf dem Schlachtfelde zu den Athenern. Inzwischen waren auf die Kunde von der Landung der Perser die Bataillone des attischen Hoplitenheers auf Miltiades' Betreiben in voller Stärke ausgerückt, um ihnen die Strasse zu verlegen, die aus der marathonischen Ebene längs des Meers um den Fuss des Pentelikon nach Pallene und weiter nach Athen führt. Ihre Zahl wird auf 10,000 Schwerbewaffnete geschätzt. Leichtbewaffnete hatte man so wenig wie Reiter; die Mannschaften der beiden oberen Classen, welche zu Pferd ins Feld

zogen, gaben in der Schlacht ihre Rosse ab und traten in
die Hoplitenphalanx ein. Voll stolzer Siegeszuversicht waren die
Athener ins Feld gerückt; aber als sie nun auf den Vorhöhen
des Pentelikon lagerten und das feindliche Heer sich gegenüber-
sahen, dem der Ruf der Unbesiegbarkeit vorausging, an Zahl
dem ihrigen überlegen, in fremdartiger, Schrecken erregender
Rüstung und Bewaffnung, da gerieth der Muth ins Wanken.
War es wirklich nothwendig, alles auf einen Wurf zu setzen?
War es nicht gerathener, sich hinter die Mauern Athens zu
flüchten, die Hülfe der Spartaner, die weitere Entwickelung
abzuwarten? Wenn kein anderer Ausweg blieb, schien ja
die Möglichkeit, später doch zu schlagen, immer noch vorhanden. Auch unter den Strategen liessen sich nicht wenige
Stimmen in diesem Sinne vernehmen. Da hat Miltiades eingegriffen. Er erkannte, dass wenn man bei Marathon den
Kampf nicht wagte, man ihn vor Athen noch weniger wagen
würde; sollte man alsdann durch die Operationen der Feinde
oder durch die letzte Verzweiflung doch noch dazu gezwungen
werden, so konnte er nur in schimpflicher Niederlage enden.
Wenn irgendwo so galt hier der Satz, dass jede belagerte Stadt
auf die Dauer unhaltbar ist. Die Perser beherrschten die See;
sie konnten Athen von allen Verbindungen abschneiden und
aushungern, wenn sie es nicht stürmen wollten. Lange vorher aber musste die tyrannenfreundliche Partei, welche mit
den Persern pactiren wollte, ans Ruder kommen oder, um
sich zu retten, die Stadt dem Feinde in die Hände spielen
wie in Eretria. Dagegen eine günstigere Gelegenheit, die feindliche Uebermacht zu schlagen, als sie die eingenommene Stellung bot, liess sich nicht finden; man musste nur warten, bis
die Perser zum Angriff vorgingen und dann muthig den entscheidenden Stoss führen. Es gelang Miltiades, den Polemarchen Kallimachos — das war damals noch ein erwählter
kriegserfahrener Beamter, der als elfter im Strategenrath mit-
stimmte und den Ehrenplatz auf dem rechten Flügel einnahm —
zu überzeugen. Seine Stimme gab den Ausschlag; es wurde
beschlossen auszuharren. Die Consequenz war, dass dem

Miltiades als dem berufenen Führer dauernd das Obercommando überlassen wurde.

Zahl der Athener [vgl. Forsch. II, 184]: 10,000 und 1000 Plataeer Justin II, 9; 9000 und 1000 Plataeer Nepos Milt. 5. Suidas Ἱππίας I. Pausan. X, 20, 2 (σὺν ἡλικίᾳ τε τῇ ἀχρείῳ καὶ δούλοις ἐναμισχιλίων ἀφίκοντο οὐ πλείους; das ist natürlich absurd). Herodot gibt keine Zahl. Die Grundzahl ist offenbar 10,000 (= 10 Phylen zu 1000 Mann), in die die viel zu hoch geschätzten Plataeer entweder eingerechnet oder hinzugerechnet werden. Sichere Gewähr hat sie nicht; doch scheint sie für das den drei oberen Classen entsprechende Hoplitenheer dieser Zeit nicht zu niedrig [DELBRÜCK's Ansicht, das Heer müsse auf 12—15,000 Mann veranschlagt werden, setzt mit Unrecht voraus, dass auch die Theten an der Schlacht Theil genommen hätten, die doch für einen Hoplitenkampf unbrauchbar waren]. — Die Sklaven, die im Kampfe gefallen und gesondert bestattet waren (Pausan. I, 32, 3), sind natürlich nicht mitkämpfende Krieger, wie Pausanias meint, sondern Waffenknechte der Hopliten. — Miltiades' Psephisma, durch das der Ausmarsch nach Marathon angeordnet ward, wird von den Späteren öfter erwähnt: Plut. quaest. symp. I, 10, 3. Kephisodotos bei Aristot. rhet. III, 10. Demosth. 19, 303. — Die sehr einfache topographische Frage ist durch LOLLING's scharfsinnigen aber verfehlten Aufsatz MAI. I unnöthig verwirrt. Er nimmt an, das Heraklesheiligthum, bei dem die Athener lagerten (Herod. VI, 108. 116), sei in dem Seitenthal Avlona bei Vrana zu suchen und die Athener hätten sich hier verborgen gehalten, um, wenn der Feind den Weitermarsch versuchte, hervorzubrechen. Aber eine Stellung der Athener, von der aus sie den Feind nicht sehen konnten, ist ganz undenkbar. Die Stellung am Rande der Höhen, welche die Ebene im Süden begrenzen (Agrieliki), ist die allein natürliche und zugleich die beste Deckung der Strasse nach Athen. Vom Fuss dieser Höhen bis zu dem Hügel (Soros), der jetzt als Grab der Athener erwiesen ist und vermuthlich den Mittelpunkt des Schlachtfeldes bezeichnet, sind 8 Stadien. Vgl. die Karte bei CURTIUS und KAUPERT, Karten von Attika Taf. 18. 19 und dazu MILCHHÖFER im erläuternden Text Heft 3—6, S. 51 ff., der die Stellung von Avlona gleichfalls verwirft. — WILAMOWITZ' öfter wiederholte Behauptung »Marathon und Salamis ist bei einem befestigten Athen undenkbar« (Kydathen 97) verkennt die militärische und politische Situation. Die Frage, ob Athen vor dem Perserkriege eine Mauer hatte (deren Existenz für mich im Gegensatze zu den Ansichten von WILAMOWITZ und DÖRPFELD durch Thuk. I, 89. 93 erwiesen wird), hat mit der Frage, ob man bei Marathon schlagen sollte, nichts zu thun. Selbst wenn die Mauer vertheidigungsfähig war, was schwerlich der Fall war, war Athen verloren, wenn man den Kampf nicht wagte, wie Miltiades bei Herod. VI, 109 klar und un-

widerleglich ausspricht: die moralische Wirkung eines Rückzugs wäre
noch schlimmer gewesen als eine in Ehren verlorene Schlacht. — An
das Hülfsgesuch nach Sparta knüpft bekanntlich die Einführung des arkadischen Pancults in Athen an. Als Grund für das Zuspätkommen der
Spartaner gibt Herodot ein seltsames religiöses Motiv (sie hätten nicht
vor dem Vollmond ausrücken dürfen), das offenbar lediglich erfunden ist,
um eine Entschuldigung vorbringen zu können; bei Plato leg. III, 692 D.
698 E ist es durch die Vermuthung ersetzt, sie seien durch den Krieg
mit den Messeniern (§. 203) verhindert: οὗτοι δὲ ὑπό τε τοῦ πρὸς Μεσ-
σήνην ὄντος τότε πολέμου καὶ εἰ δή τι διεκώλυεν ἄλλο αὐτούς, οὐ γὰρ ἴσμεν
λεγόμενον, ὕστεροι δ' οὖν ἀφίκοντο τῆς ἐν Μαραθῶνι μάχης γενομένης μιᾷ
ἡμέρᾳ. In Wirklichkeit bedarf das Ausbleiben der Spartaner gar keiner
Erklärung; sie sind gekommen, sobald sie konnten, haben aber zur
Mobilmachung sechs Tage gebraucht. Das ist gewiss nicht zu viel, beweist aber, wie wenig man für den Ernst der Situation vorbereitet war.

194. So blieben die Heere mehrere Tage lang unbeweg-
lich in ihren Stellungen. Die Athener konnten ihre gedeckte
Position nicht verlassen, ihr Heer nicht dem persischen Pfeilhagel und dem Angriff der Reiterei in Flanke und Rücken
aussetzen. Aus demselben Grunde mussten die Perser wünschen, in der Ebene zu schlagen; ein Angriff auf die athenische Stellung war bedenklich. Auch konnten sie im Vertrauen auf den Eindruck ihrer Erfolge und die Machinationen
der zu ihnen neigenden Partei zunächst hoffen, dass die Athener
alsbald abziehen und die Strasse nach Athen freigeben würden.
Aber als die Athener sich nicht rührten, wurde die persische
Stellung unhaltbar: unthätig stehen bleiben konnten sie nicht,
abziehen noch weniger, ohne den Muth der Gegner gewaltig
zu steigern und ihr Unternehmen von vornherein für gescheitert zu erklären; ihnen blieb nichts übrig als auf jede
Bedingung zu schlagen. Die Kunde, dass die Spartaner ausgerückt seien, mag den Ausschlag gegeben haben: Datis entschloss sich zum Angriff und führte sein Heer in Schlachtordnung vor, im Centrum, nach persischem Brauch, die besten
Truppen, Perser und Saken. Da stellte auch Miltiades sein
Heer in Schlachtordnung auf, auf dem rechten Flügel Kallimachos mit seiner Phyle, der Aiantis, dann die übrigen der
Reihe nach, jede unter ihrem Strategen, auf dem linken die

Plataeer. Seit langem hatten die Griechen gelernt, die Entscheidung der Feldschlacht nicht im Centrum zu suchen, sondern auf den Flügeln, von hier aus die feindliche Schlachtreihe aufzurollen, und zu dem Zwecke womöglich die Feinde zu überflügeln und in der Flanke zu fassen. Das war freilich bei der numerischen Ueberlegenheit der Perser unmöglich; aber Miltiades dehnte seine Schlachtlinie so weit aus, dass sie der persischen gleichkam, und verstärkte beide Flügel, unbekümmert darum, dass dadurch das Centrum dünn und nur wenige Glieder tief wurde. So erwartete er den persischen Angriff. Als aber die Feinde so weit herangekommen waren, dass ihre Pfeile in Wirksamkeit treten konnten, da »als die Opferzeichen günstig ausfielen«, liess er die ganze Schlachtreihe im Laufschritt vorgehen. So gelangte man zum Nahkampf, ohne von dem persischen Pfeilhagel viel zu leiden und ohne dass die persische Reiterei, überrascht und unsicher, in den Kampf eingreifen konnte. Es entspann sich ein heftiger Kampf Mann gegen Mann. Die Perser wehrten sich tapfer, so sehr sie den Hopliten gegenüber im Nachtheil waren; sie durchbrachen die feindliche Mitte. Aber die tiefe Aufstellung der attischen Flügel brachte die Entscheidung: hier wurden die Feinde geworfen, und dann das siegreiche Centrum angegriffen und geschlagen. Auch bei der Verfolgung gab es noch harte Kämpfe, in denen der Polemarch Kallimachos und der Strateg Stesileos den Tod fanden. Aber die Perser konnten nicht mehr zum Stehen kommen; zum Theil wurden sie in die Sümpfe im Norden der Ebene gedrängt, die Mehrzahl floh zu den Schiffen und stiess sie ins Meer. Hier wurde dem Kynegiros, Euphorions Sohn, dem Bruder des Aeschylos, die Hand abgehauen, als er versuchte, ein Schiff festzuhalten. Sieben Schiffe haben die Athener genommen; mit den übrigen gewann Datis das Meer. 6400 Todte soll er auf dem Schlachtfeld zurückgelassen haben; von den Athenern waren 192 gefallen.

Die älteste Darstellung der Schlacht ist das Gemälde des Mikon und Panainos, des Bruders des Phidias, in der Stoa Poikile, das auf

Grund der Beschreibung des Pausanias I, 15 und sonstiger Schilderungen,
namentlich bei Rhetoren, von ROBERT, die Marathonschlacht in der Poikile (18. Hallisches Winckelmannsprogramm 1895) glänzend hergestellt
ist. Ausser ihm vgl. vor allem WACHSMUTH, Stadt Athen II, 505 ff. Hier
hatten die berühmten Episoden des Kampfes zuerst ihre Fixirung gefunden, Kallimachos' und Kynegiros' Heldentod, Epizelos' Erblindung
(die Herodot VI, 117 von diesem selbst gehört hat), das Eingreifen des
Heros Echetlos mit dem Pfluge, ferner Miltiades' Führerschaft und das
Herbeieilen der Plataeer. Mit dem Bilde stimmt Herodots Bericht überein, der die attische Tradition aus der Mitte des Jahrhunderts widergibt.
Zur Ergänzung kommt die auf Aeschylos zurückgehende Angabe Plut.
quaest. conv. I, 10, 3 hinzu, dass die Aiantis, der Kallimachos angehörte,
auf dem rechten Flügel stand; nach Plut. Arist. 5 waren Themistokles
[vgl. Justin II, 9, 15] und Aristides Strategen ihrer Phylen Leontis und
Antiochis gewesen und hatten im Centrum gestanden. Alle anderen Berichte
haben keinen selbständigen Werth, sondern sind Modificationen der bei
Herodot erhaltenen Tradition. Die populäre Auffassung suchte die That
der Athener möglichst zu steigern; wie die Zahlen ins Absurde übertrieben werden, so auch der Hergang selbst: an demselben Tage, an
dem die Kunde von der persischen Landung eintrifft, rücken die Athener
aus und schlagen die Barbaren, erzählt Isokrates paneg. 86 f. (ebenso
Lysias epit. 26), so dass die sofort ausgerückten Spartaner doch zu spät
kommen. Dementsprechend ist Herodots Bericht bei Justin II, 9 und etwas
stärker bei Nepos Milt. 4 f. überarbeitet; mit Nepos stimmt Suidas' erster
Artikel Ἱππίας im wesentlichen überein [man hält ohne Grund Ephoros
für die Quelle des Nepos; eher ist Justin auf ihn zurückzuführen]. Die
Folge war, dass vor allem die Berathung, ob man schlagen oder sich
nach Athen zurückziehen solle, vom Schlachtfeld in die Stadt, vor den
Ausmarsch, verlegt und mit Miltiades' Psephisma über den Ausmarsch
(§. 193 A.) zusammengeworfen wird [was viele Neuere mitgemacht haben,
ohne zu empfinden, dass sie dadurch Herodots Erzählung die Seele aus-
treiben], und dass es sich dabei in erster Linie darum gehandelt haben soll,
ob man die Hülfe der Spartaner abwarten solle oder nicht. Den Verhältnissen von Raum und Zeit wird bei Nepos wenigstens in so weit Rechnung
getragen, dass die Schlacht auf den Tag nach dem Ausmarsch gelegt wird.
War diese Auffassung richtig, so verdiente der Sieg der Athener in der
That nicht das grosse Geschrei, das man davon machte; er war nichts
als »ein kurzes Scharmützel mit den Barbaren, als diese eben gelandet
waren« (πρόσκρουσμα βραχὺ τοῖς βαρβάροις ἀποβᾶσιν, ὥσπερ οἱ διασύροντες
καὶ βασκαίνοντες λέγουσι Plut. mal. Her. 27; so wohl auch Theopomp
fr. 167). Hier wie immer bewirkt der unwahre rhetorische Aufputz das
Gegentheil von dem was er bezweckt, sobald man die Phrasen real
nimmt. — Ernstlichere Bedeutung haben die Einwände und Bedenken,

welche Herodots gänzlich unmilitärische Erzählung hervorrief. Hierher
gehören die Angaben über das Verhalten der Spartaner (vgl. §. 193 A. und
Plut. mal. Her. 26); über Miltiades' Hinausziehen der Schlacht bis zum Tag
seiner Prytanie; vor allem aber die Frage, warum die Perser ruhig warten,
bis die Schlacht dem Miltiades genehm ist, und wo ihre vorher so stark
betonte Reiterei in der Schlacht geblieben ist. Das hat die Quelle, der
Nepos folgt, zu mehreren ganz richtigen Combinationen veranlasst: Miltiades habe am Fuss der Berge eine gedeckte Stellung gewählt, die durch
zerstreute Bäume gegen die feindliche Reiterei geschützt war; Datis habe
die Schlacht angenommen, um vor Ankunft der Spartaner zu schlagen.
Andere zogen ein Sprichwort χωρὶς ἱππεῖς heran: Datis habe die Reiter
entsandt, die Ionier in seinem Heer hätten das den Athenern durch
Signale von den Bäumen mitgetheilt, darauf habe Miltiades sich zum Angriff
entschlossen; daher stamme das Sprichwort (Suidas s. v. χωρὶς ἱππεῖς, aus
Demon, s. Crusius Rhein. Mus. 40, 316, dem aber Ephoros vorausgegangen
sein mag). Auch diese recht absurde Combination haben viele Neuere aufgegriffen, so namentlich Curtius, der damit eine falsche Uebersetzung der
Stelle Plut. mal. Her. 27 verbindet; er lässt Datis angesichts der Feinde
abziehen und, als die Reiter bereits eingeschifft sind, den Miltiades zum
Angriff vorgehen. [Eine Phantasie, wie Miltiades bei Nacht die Athener
auf Umwegen in die günstige Position führt und Hippias täuscht, bewahrt Clem. Alex. strom. I, 162.] In Wirklichkeit bietet Herodots Schilderung, da es sich um eine einfache Schlacht handelt und die Hauptmomente richtig bewahrt sind, kaum Schwierigkeiten; nur ist es natürlich
arge Uebertreibung, dass die Athener 8 Stadien (1½ km) durchlaufen
hätten; das wird die Entfernung von ihrem Lager bis zum Brennpunkt
des Kampfes gewesen sein. — Dass die persische Reiterei — die auf
den Flügeln gestanden haben mag — nicht rechtzeitig einzugreifen vermochte und, als es erst zum Handgemenge gekommen war, nichts mehr
ausrichten konnte, ist bei der Art der persischen Kampfweise völlig verständlich. Nur ein unentbehrliches Moment fehlt bei Herodot: dass Miltiades die Schlacht nicht provocirt, sondern angenommen hat, als die
Perser zum Angriff vorgingen; statt dessen erscheinen bei ihm der persönliche Ehrgeiz des Miltiades und die günstigen Opferzeichen als Motive.
Dass nur für die Perser, nicht auch für die Athener ein zwingendes
Interesse vorlag, eine Angriffsschlacht zu wagen, hat er nicht beachtet —
solche Erwägungen liegen ganz ausserhalb seines Gesichtskreises. Aber
dass die Perser angriffen, geht auch aus Herodots Schilderung noch hervor, vor allem daraus, dass Miltiades die attische Schlachtreihe so lang
macht wie die persische — diese standen also bereits in Schlachtordnung. — Die Unzahl moderner Untersuchungen über die Schlacht hier-
aufzuzählen ist überflüssig. Im allgemeinen ist es den Neueren sehr schwer
geworden, sich in die einfache Situation hineinzudenken und nun gar den

richtigen Standpunkt zur Beurtheilung zu finden; erst H. Delbrück, Perserkriege und Burgunderkriege (vgl. Hist. Z. 65, 1890, 465) hat die Probleme
richtig formulirt und den Hirngespinsten ein Ende gemacht. Er hat
auch richtig erkannt, dass Marathon und Plataeae sich gegenseitig erläu-
tern. — Datum der Schlacht. Archon Phainippos 490/89 Aristot. pol.
Ath. 22. chron. par. 48. Plut. Arist. 5. Nach Herodot fiel die Schlacht
kurz nach dem Vollmond, also auf den 15. oder 16. eines Monats, vielleicht des Metageitnion (das wäre etwa am 10. Sept. 490 julianisch;
dann wäre das Fest, das die Spartaner gefeiert haben sollen, die Karneen gewesen). Dagegen nach Plut. Cam. 19. de mal. Her. 26. de glor.
Ath. 7 fiel die Schlacht auf den 6. Boedromion (ca. 28. Sept. 490); an
diesem wurde das Siegesfest alljährlich durch ein Opfer von 500 Ziegen
an Artemis Agrotera begangen, was auf ein Gelübde des Polemarchen
zurückgeführt wurde (Xen. Anab. III, 2, 12. schol. Arist. eq. 660. Aelian
v. h. II, 25). Daher richtete dieser das Fest aus (Aristot. pol. Ath. 58.
Poll. VIII, 91). Diese Erklärung besagt, dass das Opfer nicht am Schacht-
tage, sondern an dem nach demselben folgenden Artemisfest stattfand;
daher ist kein Grund, Herodots Datirung zu bezweifeln. So zuerst Boeckh,
Mondcyclen 66, dem alle Späteren folgen, mit kleinen Modificationen.
Der Monat bleibt freilich unsicher. Dass die Schlacht auf den Vollmond fiel, gab den Anlass zu der bei Herodot vorgetragenen Entschuldigung der Spartaner. — Von anderen Notizen sei noch erwähnt, dass
nach Justin Hippias unter den Gefallenen war (im Widerspruch mit Suidas'
Ἱππίας II), nach Ktesias 29, 18 Datis (im Widerspruch mit Herod. VI.
118 f.); bei Ktesias wird Datis' Zug unmittelbar an die Expedition gegen
die Skythen angeschlossen. — Eine absurde rhetorische Erfindung über
Datis' Forderungen an Athen gibt Diod. X, 26.

195. Trotz der Niederlage hat Datis die Hoffnung auf
einen Erfolg nicht sogleich aufgegeben; er umfuhr mit der Flotte
das sunische Vorgebirge. Vielleicht gelang es, durch eine
plötzliche Landung Athen zu überraschen und mit den Ty-
rannenfreunden in der Stadt directe Verbindungen anzuknüpfen: noch nach sechzig Jahren wurden die Alkmeoniden
beschuldigt, durch einen aufgesteckten Schild dem Perser ein
Zeichen gegeben zu haben, dass sie bereit seien, ihm die
Stadt in die Hände zu spielen. Aber bald musste Datis
empfinden, wie unmöglich es war, mit dem geschlagenen
Heer eine Landung und eine neue Schlacht zu versuchen.
Ueberdies war das siegreiche Athenerheer im Eilmarsch
herangerückt und lagerte bei der Stadt. Daher gab er

alle weiteren Unternehmungen auf und kehrte nach Asien zurück.

So war der feindliche Angriff glorreich abgewiesen. Als kurz nach der Schlacht das spartanische Hülfscorps von 2000 Mann eintraf, fand es nichts mehr zu thun, als das Schlachtfeld zu besichtigen und den Athenern seine Anerkennung auszusprechen. Mit Hülfe der Götter hatten die Athener den ruhmvollsten Sieg erstritten, der einem Griechenstamm beschieden war. Sie hatten ein an Zahl überlegenes Heer muthig im Laufschritt angegriffen, sie hatten den Beherrschern der Welt den Ruf der Unbesiegbarkeit geraubt. Auf dem Schlachtfeld selbst wurden die Gefallenen bestattet; ihre Thaten hatten sie den Heroen der Vorzeit gleich gestellt. Miltiades' Name war in aller Munde; seine Zuversicht hatte sich glänzend bewährt. Es konnte scheinen als sei die Abenteuerlichkeit der Pläne des Themistokles erwiesen, die Ueberlegenheit des attischen Hoplitenheers über jeden feindlichen Angriff für alle Zukunft festgestellt. Thatsächlich freilich war nur die Verkehrtheit des vom König gebilligten, von Datis ausgeführten Kriegsplans erwiesen; wie die Dinge verlaufen würden, wenn die Perser zu dem Plane des Mardonios zurückkehrten, vermochte Niemand zu sagen. So viel ist gewiss, dass ein Heerzug wie der des Xerxes im J. 490 Griechenland gänzlich unvorbereitet getroffen und auch die heldenmüthigste Gegenwehr mit überlegener Macht niedergeworfen und erdrückt haben würde, während Datis' Unternehmen überhaupt unausführbar war, wenn Athen im J. 490 bereits eine seemächtige Flotte besass. Die Entscheidung von Marathon hatte nur provisorische Gültigkeit; sie beruhte darauf, dass jede der beiden kriegführenden Mächte die Leistungsfähigkeit des Gegners unterschätzt hatte.

Zum Verhalten der Alkmeoniden s. §. 186 A. — Dass die Spartaner gleich nach der Schlacht eintrafen, berichten wie Herod. VI, 120 auch Isokr. paneg. 87. Plato leg. III, 698 e. — Grab in Marathon: Thuk. II, 34. Paus. I, 32, 3; seine Reste im Soros (§. 193 A.): WOLTERS MAI. XV, 233. STAIS MAI. XVIII, 46. Die Weihgeschenke, die Miltiades verherrlichen

(Poikile, Statuen in Delphi und Marathon), stammen alle aus der Zeit
seines Sohns. Denkmal für Kallimachos CIA. I, 350 (suppl. p. 153), vgl.
Köhler, Hermes XXXI, 150. — Statue eines berittenen persischen Bogen-
schützen auf der Akropolis: Studniczka, Jahrb. Arch. Inst. VI, 239 ff.
Dieselbe Figur auf einem Teller mit der Beischrift Μιλτιάδης καλός:
Klein, griech. Vasen mit Lieblingsinschriften (Denkschr. Wiener Ak.
phil.-hist. Cl. 39, 1891) S. 47, vgl. S. 2. 14. [Anders Helbig, Ber. Münch.
Ak. 1897, II, 279, der die Figur für den jungen Miltiades in skytbischer
Tracht erklärt.]

II. Salamis, Himera, Plataeae und Mykale.

Persien nach der Schlacht. Darius' Tod und der aegyptische Aufstand.

196. Der Gedanke, das europaeische Griechenland dem Perserreich einzuverleiben, war nicht einem wilden Eroberungstrieb entsprungen, sondern dem Zwang der Verhältnisse; das Verhalten der Griechen hatte seine Durchführung unabweisbar gemacht. Um so weniger konnte die Niederlage des Datis einen Anlass bieten, von ihm abzustehen. Vielmehr machte sie die Fortführung erst recht zur Nothwendigkeit: hatte doch der Kriegsruhm des herrschenden Volks einen empfindlichen Schlag erlitten, dessen Rückwirkungen nicht ausbleiben konnten; schon gährte es in Aegypten und Babylonien. Wohl aber war klar geworden, dass man in der bisherigen Weise nicht zum Ziel gelangen konnte; wohl oder übel musste man zum Feldzugsplan des Mardonios zurückkehren, denselben aber mit ganz anderen Mitteln, unter Anspannung aller Kräfte des Reichs, ins Werk setzen. Die Vorbereitungen zu einem derartigen Kriegszug erforderten mehrere Jahre. Ehe sie vollendet waren, kam in Aegypten der Aufstand zum Ausbruch (486 v. Chr., §. 102) und stellte dem Perserheer zunächst dringendere Aufgaben. Noch vor seiner Niederwerfung starb Darius (Herbst 485). Von seinen zahlreichen Kindern folgte ihm Xerxes (Khšäjäršä אחשירש, verschrieben und falsch vocalisirt Aḥašveroš), sein ältester Sohn von Kyros' Tochter

Atossa, die er nach seiner Thronbesteigung zur Gemahlin
erhoben hatte. Xerxes hat im J. 484 Aegypten wieder unterworfen; um dieselbe Zeit bezwang Megabyzos die Rebellion
des Šamaš-irbâ in Babylon (§. 80). Im nächsten Jahre
wurde mit der systematischen Vorbereitung des griechischen
Feldzugs begonnen.

Dass Demarats Mitwirkung bei der Designirung des Xerxes zum
Thronfolger ohne grössere Bedeutung war, sagt Herodot selbst; aber in
das Treiben am Hof gibt die Erzählung einen anschaulichen Einblick.

Parteikämpfe und Verfassungsänderung in Athen.

197. So war der Griechenwelt eine längere Frist gewährt,
als man erwarten konnte. Sie verlief überall, vor allem aber
in Athen, in den lebhaftesten Bewegungen. Nach dem Siege
von Marathon war hier Miltiades der allmächtige Mann; sein
Einfluss wird auch darin zu erkennen sein, dass für das
nächste Jahr (489,8) Aristides, ein Hauptvertreter der conservativen Politik, die bei Marathon gesiegt hatte, zum Archon
gewählt wurde. Von umfassenden Flottenplänen und einer
Heranziehung der besitzlosen Massen zu den staatlichen Leistungen wollte Miltiades nichts wissen; aber die commerciellen
und maritimen Interessen hatte auch der attische Adel seit
langem gepflegt. So dachte Miltiades den Sieg auszunutzen,
indem er, seiner eigenen Vergangenheit entsprechend, in der
Weise des Pisistratos die Macht Athens auf dem Aegaeischen
Meer ausbreitete. Dass die Inseln sich den Persern unterworfen hatten, gab den Vorwand; im Frühjahr 489 ging er
mit der attischen Flotte in See, nachdem er sich unbeschränkte
Vollmacht hatte geben lassen. Er wandte sich, zugleich einem
alten Grolle folgend, zunächst gegen Paros, und forderte eine
schwere Contribution. Statt dessen setzten die Parier sich
zur Wehr. Die wohlbefestigte Stadt einzunehmen gelang nicht,
vielmehr musste Miltiades, am Bein schwer verwundet, das
Unternehmen aufgeben und unverrichteter Dinge heimkehren.
Dieser klägliche Ausgang nach so grossen Erwartungen gab

den Gegnern Luft; das alte Misstrauen gegen den ehemaligen
Tyrannen brach wieder hervor und wurde nach Kräften geschürt. Xanthippos erhob gegen ihn vor der Volksgemeinde
die Anklage wegen Hochverraths; er habe das Volk betrogen.
Ueber derartige Klagen entschied die Volksversammlung selbst,
nicht das Geschworenengericht. Dem todwunden Feldherrn
das Todesurtheil zu sprechen, wie der Kläger beantragt hatte,
konnte sie sich nicht entschliessen; sie verurtheilte ihn zu
50 Talenten (272,000 Mark) als Ersatz für die Unkosten, in
die sein Unternehmen den Staat gestürzt hatte. Kurz darauf
ist Miltiades gestorben; sein Sohn Kimon hat die Busse gezahlt. Dem gewaltigen Vermögen des reichbegüterten Hauses
that das wenig Abbruch. Auch hat Kimon seiner Heimathgemeinde, der er durch den Sturz der chersonesischen Herrschaft
seines Vaters wiedergegeben war, nicht gegrollt: er sah in
dem Spruch offenbar mehr eine Freisprechung als eine Verurtheilung. Aber er war noch jung; Jahre vergingen, bis er
danach streben konnte, sich in Athen dieselbe Stellung zu
erringen, die sein Vater eingenommen hatte.

Ueber den Verlauf der parischen Expedition folgt Herodot VI, 134 einer
religiös gefärbten parischen Tradition. Ephoros hat sie durch eine aus der
sprichwörtlichen Redensart ἀναπαριάζειν »nach parischer Art handeln«. d. h.
einen Vertrag brechen, herausgesponnene Geschichte ersetzt (fr. 107 bei
Steph. Byz. Πάρος). die auch in Nepos Milt. 7 und die Paroemiographen
übergegangen ist. Vgl. Forsch. I, 19 A. — Ueber die Zahl der Schiffe §. 204 A.
— Aristides archon 489/8 Plut. Arist. 5. chron. par. 49. — Dass Miltiades' Process ein Eisangelieprocess vor dem Volk gewesen ist, ist nach
Herodots Bericht zweifellos. [Dass ihn die Freunde vor allem mit dem
Hinweis auf die Gewinnung von Lemnos vertheidigten, ist lediglich
stilistische Einkleidung Herodots, der die Geschichte der letzteren hier an-
bringen will.] Platos Angabe Μιλτιάδην δὲ τὸν ἐν Μαραθῶνι εἰς τὸ βάρα-
θρον ἐμβαλεῖν ἐψηφίσαντο, καὶ εἰ μὴ διὰ τὸν πρύτανιν, ἐνέπεσεν ἄν Gorg.
516 e ist offenbar Uebertreibung. Bei Demosth. 23, 204 ist Miltiades'
Process mit dem des Kimon (§. 314 A.) zusammengeworfen. Ueber die
späteren Ausmalungen und die Geschichten von Kimons Jugend s. Forsch.
II, 25 ff. Historischen Werth hat keine dieser Erzählungen.

198. Miltiades' Sturz hat seinen Urhebern wenig Gewinn
gebracht. Denn mit ihm war zugleich der anerkannt erste

Mann im Staat beseitigt und das Oberhaupt aller derer, welche
im Hoplitenheer das Bollwerk Athens sahen. Der Kampf der
Parteien begann von neuem. In ihm aber gewannen alsbald
nicht die Alkmeoniden und ihr Anhang, sondern die themistokleischen Gedanken die Oberhand. Der Versuch, aus dem
Siege über die Perser leichten Gewinn einzuheimsen, war
kläglich gescheitert; nur zu bald zeigte es sich, dass man
keinen Anlass hatte, in behaglicher Sicherheit auf den Lor-
beern von Marathon auszuruhen. Im Perserreich wurde eifrig
gerüstet; es konnte nicht verborgen bleiben, dass die Pisistratiden und ihr exilirter Anhang, darunter der orphische Theolog
und Orakelsammler Onomakritos (Bd. II, 483), der sich mit
Hippias versöhnt hatte und ihn begleitete, am Hof von Susa
eifrig den Krieg schürten. Eine Entscheidung in Athen war
unvermeidlich. Zu einem Hochverrathsprocess lag trotz aller
Gerüchte kein Anhalt vor: aber man griff zu dem von Kleisthenes vorgesehenen Mittel, das dem Volke freigab, in ge-
heimer Abstimmung einen Mann zu bezeichnen, dessen über-
wiegender Einfluss dem Staat gefährlich schien, und ihn, um
einen neuen Usurpationsversuch zu verhüten, auf zehn Jahre
aus dem Staatsgebiet zu entfernen. Im Frühjahr 487 wurde
die Frage, ob ein Scherbengericht stattfinden solle, zum ersten
Male bejaht, und Hipparchos, des Charmos Sohn (§. 182), durch
die Mehrheit von 6000 Stimmen des Landes verwiesen. Im
nächsten Jahr traf Megakles, den Sohn des Hippokrates, dasselbe Schicksal; so wandte sich die Massregel gegen eben das
Haus, dessen dauernde Herrschaft sie hatte begründen sollen.
Zwei Jahre darauf (484) folgte ihm sein Schwager Xanthippos,
der Ankläger des Miltiades. Schon vorher (487 oder 486)
war eine tief einschneidende Verfassungsreform durchgesetzt
worden. Für die neun Archonten wurde die Wahl abgeschafft;
statt dessen wurden fortan von den Demen 500 Candidaten [1])
nominirt, und aus diesen neun Namen ausgeloost. Damit muss

---

[1]) Ist diese Angabe des Aristoteles wirklich richtig? Fanden sich
jedes Jahr so viele Pentakosiomedimnen und Hippeis als Canditaten für
das Archontat?

nicht nur thatsächlich, sondern auch rechtlich eine Aenderung der Competenz des Archonten verbunden gewesen sein. Bisher hatten die Archonten selbständige Entscheidungen zu treffen, der Polemarch hatte im Strategencollegium bei Marathon den Ausschlag gegeben, und vor allem der Archon war der Präsident der Republik, einer der angesehensten Staatsmänner der Gemeinde, der in seinem Amtsjahr, getragen durch das in der Wahl erwiesene Vertrauen des Volks, einschneidende Massregeln durchsetzen konnte. Fortan haben die Oberbeamten keine politische Bedeutung mehr; sie sind lediglich Verwaltungsbeamte, die die laufenden Geschäfte zu erledigen haben, keine politischen Persönlichkeiten, sondern beliebige Bürger aus den beiden oberen Classen — denn auf diese blieb der Zutritt zur Loosung auch fernerhin noch beschränkt.

Onomakritos mit den Pisistratiden in Susa: Herod. VII, 6. Ueber die Ostrakismen hat erst Aristoteles pol. Ath. 22 Licht geschafft; der allgemeine Zusammenhang, in den sie sich einreihen, ist weder von ihm berücksichtigt, noch von den Neueren bemerkt, so klar er vor Augen liegt. Ostrakon mit dem Namen des Μεγακλες: h[ικκο]κρατος: Αλοπεκεθι CIA. I, 569 (vol. IV, p. 192), zwei mit Χσανθικκος Αρριφρονος; ib. 570. 571. Dass die nach Harpokration s. v. Ἵππαρχος aus Androtion (fr. 5) entnommene Angabe über diesen in Wirklichkeit ein Citat aus Arist. pol. Ath. [nicht die Quelle derselben] ist, bemerkt KAIBEL, Stil und Text der pol. Ath. S. 174 mit Recht. — Ueber Hipparchs spätere Aechtung s. §. 280. — Kurz nach seiner Ostrakisirung gewann Megakles den Sieg in Delphi, den Pindar Pyth. 7 feiert, s. WILAMOWITZ Arist. II, 324 ff., der die Anspielung auf den Ostrakismos klar gelegt hat; vgl. POMTOW, Rh. Mus. 51, 577 ff. 52, 124. — Die Angabe, dass neben Megakles auch Alkibiades, der Grossvater des berühmten, Genosse des Kleisthenes beim Sturz der Tyrannen (Isokr. 16, 26), ostrakisirt worden sei, beide sogar zweimal (Lys. 14, 39; daraus [Andok.] 4, 34, der auch einen Athleten Kallias S. d. Didymios [vgl. CIA. I, 419] ostrakisirt werden lässt), ist schwerlich mehr als rhetorische Erfindung. Die Liste der Ostrakisirten bei Aristoteles ist für die ältere Zeit offenbar vollständig. Bekanntlich lässt Aelian v. h. 13, 24 auch Kleisthenes selbst ostrakisirt werden. — Die Frage, ob ein Ostrakismos stattfinden soll, wird in der sechsten Prytanie gestellt (Arist. pol. Ath. 43), die Ostrakophorie selbst findet wie es scheint in der achten statt (Philochoros fr. 79 b im lex. Cantabr. s. v.). Auch das Gesetz über die Erloosung der Archonten (ἐπὶ Τελεσίνου ἄρχοντος 487/6; heisst das, dass es unter ihm angenommen ist, oder gehört er schon zu den erloosten Archonten?) haben wir erst durch Aristoteles kennen gelernt; es macht einer alten Controverse ein Ende und zeigt, dass Herodots Behauptung VI, 109, Kallimachos sei durchs Loos gewählt, falsch ist. Die Bedeutung der Massregel hat Aristoteles nicht gewürdigt; von ihr hätte er eine neue μεταβολή der Verfassung datiren sollen, nicht von der angeblichen Erstarkung des Areopags nach den Perserkriegen. Es ist kein Zufall, dass in demselben Jahr die staatlichen Aufführungen der Komödien beginnen (§. 440).

199. Die Verfassungsänderung bezeichnet einen bedeutenden Fortschritt auf dem Wege zur reinen Demokratie. Indem sie den kraft seines Amts zur Leitung des Volks berufenen »Regenten« seines Ansehens entkleidet und ihn thatsächlich zu einem untergeordneten Verwaltungsorgan herabdrückt, beseitigt sie jedes verfassungsmässig zur Leitung der Regierung berufene Amt. Nur das Volk selbst bleibt übrig, um in den ordnungsmässigen Formen der Volksversammlung seinen Willen kund zu geben. Es ist derselbe Vorgang, wie wenn in einer Monarchie der Herrscher nach dem für Ludwig XIV. geprägten Ausdruck sein eigener Premierminister wird: der nominelle Souverän, in Athen das Volk, übernimmt jetzt auch thatsächlich die Regierung. Er bleibt gebunden an die Gesetze, die er nicht eigenmächtig ändern darf, aber innerhalb dieser Schranken ist er frei und selbstherrlich, die Beamten sind nur Organe seines Willens, die seine Befehle auszuführen, nicht sie zu leiten haben. Ein Gegengewicht bildet allerdings der Rath der Fünfhundert, da er aus den drei oberen Classen hervorgeht und in ihm daher den Massen gegenüber der Wille der Besitzenden zum Ausdruck kommt. Aber er besteht aus 500 erloosten Mitgliedern, seine 10 Sectionen (Prytanien) lösen sich alle 36 Tage in der Führung der Geschäfte ab. So konnte er wohl die laufenden Angelegenheiten erledigen, die Anträge an das Volk vorberathen und ihre Ausführung anordnen und überwachen, gelegentlich vielleicht auch extreme Beschlüsse hindern; aber mehr als eine Verwaltungsbehörde konnte er nicht werden. Zu einer regierenden Körperschaft fehlten ihm alle Vorbedingungen, eine feste Tradition, ein auf jahrelange politische Thätigkeit begründetes Ansehen hervor-

ragender Persönlichkeiten, ja selbst die Möglichkeit, dass seine
Mitglieder sich wirklich in die Geschäfte einleben konnten,
da sich Jahr für Jahr die ganze Körperschaft erneuerte. In
dieser Hinsicht stand allerdings der zweite Rath, der Areopag,
sehr anders da: er bestand bisher aus Männern, die durch
Volkswahl zu den höchsten Aemtern berufen waren, und auch
in Zukunft noch wenigstens aus Angehörigen der beiden obersten Classen; seine Mitglieder waren lebenslänglich, konnten
also mit den Geschäften völlig vertraut werden; sie genossen
überdies als Mitglieder des von Athena eingesetzten Blutgerichts das höchste Ansehen. Auch politisch stand der
Areopag unabhängig der Volksversammlung gegenüber: er
war verpflichtet, gegen jede Gesetzesverletzung einzuschreiten,
Strafen zu verhängen, verfassungswidrige Volksbeschlüsse zu
cassiren. Auch ins Finanzwesen konnte er eingreifen, vielleicht in der Art, dass er allein ausserordentliche Ausgaben
bewilligen konnte, die nicht aus den regelmässigen Staatsein-
nahmen flossen, so z. B. Anleihen beim Tempelschatz, vielleicht auch die Erhebung einer Vermögenssteuer. So hätte
er vielleicht in ähnlicher Weise zur regierenden Körperschaft
in Athen werden können, wie der Senat in Rom, indem er,
je grösser die politischen Aufgaben und je stärker das Bedürfniss nach Continuität wurde, um so mehr den jährlich
wechselnden Regenten von sich abhängig machte. Dem stand
freilich entgegen, dass ihm der Antheil an der Verwaltung
fehlte, diese vielmehr dem Rath der Fünfhundert überwiesen
war; und jede Möglichkeit einer derartigen Entwickelung war
genommen, seit das Regentenamt politisch nichts mehr zu
bedeuten hatte. Undenkbar wäre es nicht, dass die Areopagiten die Verfassungsänderung nicht ungern gesehen und von
ihr Machtzuwachs gehofft haben, da sie fortan die einzige
selbständige politische Körperschaft waren: Aristoteles nimmt
an, dass der Areopag seit den Perserkriegen zu neuem Ansehen gelangt sei. Aber von Dauer konnte der Gewinn nicht
sein: ohne ein Executivorgan kann keine Körperschaft regieren. Im wesentlichen war der Areopag fortan doch nur

der höchste Staatsgerichtshof, der in wichtigen Dingen hemmend und gelegentlich auch fördernd eingreifen konnte, dessen Einfluss im übrigen aber nur auf dem persönlichen Ansehen seiner Mitglieder beruhte. Auch die Schlüsse des Volkes hat er niemals sanctionirt, so wenig wie der Rath der Fünfhundert, sondern nur durch gerichtliches Verfahren aufgehoben, wenn sie gesetzwidrig waren. So sind alle wichtigen politischen Entscheidungen, soweit wir sehen können, auch im Zeitalter der Perserkriege in der Volksversammlung durchgekämpft worden, nicht im Areopag, mochte dieser auch oft genug retardirend einwirken.

Wenn die Alten schon über die voreuklidische Verfassung nur dürftig unterrichtet waren, so waren ihre Kenntnisse der vorperikleischen Verfassung vollends minimal. So ist uns auch über die politische Stellung des Areopags vor Ephialtes kaum etwas wirklich Brauchbares und Anschauliches überliefert; wir sind im wesentlichen auf Rückschlüsse aus den späteren Institutionen und vor allem aus der Thatsache angewiesen, dass der letzte entscheidende Verfassungskampf eben über die Stellung des Areopags geführt ist. Wie dürftig unser Wissen ist, lehrt die aus den Inschriften erhellende Thatsache, dass die Sanctionirung der Psephismen in älterer Zeit lediglich ἔδοξεν τῶι δήμωι lautete (CIA. I, 1 a IV, p. 57; I, 29 IV, p. 138 am Schluss); das Probuleuma des Raths kann also erst seit Ephialtes obligatorisch geworden sein. Vorher hatte aber der Areopag nicht etwa ein der patrum auctoritas analoges Recht, sondern lediglich die Befugnisse, welche später durch die γραφὴ παρανόμων jedem Bürger als Kläger und den Heliasten als Gerichtshof übertragen sind. — Finanzielle Competenzen des Areopags ergeben sich aus Arist. pol. Ath. 23; da die von ihm verhängten Geldstrafen ἐς πόλιν, d. h. in den Tempelschatz, gezahlt werden (ib. 8), wird er wohl überhaupt die Controlle über diesen geübt haben. — Die Hauptsache aber bleibt immer, dass der Areopag, aus lebenslänglichen, unverantwortlichen, hochangesehenen Mitgliedern zusammengesetzt, die einzige selbständige Körperschaft im attischen Staat bildete und daher so lange einen schwerwiegenden politischen Einfluss ausüben musste, als es ihm überhaupt möglich war, in politischen Fragen eine Ansicht zu äussern. — Als Stütze des Themistokles erscheint der Areopag auch Cic. de off. 1, 75.

200. Wenn durch die Verfassungsänderung Ernst gemacht wird mit dem Gedanken, dass in Athen thatsächlich wie rechtlich Niemand anders regieren soll als das Volk selbst, so tritt

dem gegenüber nur um so schärfer hervor, dass die viel-
köpfige Masse wohl über eine ihr vorgelegte Frage durch
Stimmenmehrheit die definitive Entscheidung geben kann, aber
gänzlich ausser Stande ist, aus eigener Initiative zu handeln.
Ueberall bedarf sie des Eingreifens einzelner Persönlichkeiten,
um auch nur ihres Willens sich bewusst zu werden, geschweige
denn um ihn bestimmt zu formuliren; soll das Staatsschiff
nicht ziellos hin und herschwanken und schliesslich scheitern,
soll eine folgerichtige Politik innegehalten werden, so muss die
leitende Persönlichkeit dieselbe bleiben. Mit anderen Worten,
durch die Beseitigung des von Amts wegen auf ein Jahr zur
Regierung berufenen Regenten wird der Platz frei gemacht
für den amtlosen, aber eben deshalb auf unbegrenzte Zeit,
womöglich für die ganze Dauer seines Lebens die Regierung
übernehmenden Demagogen. Das ist der eigentliche Sinn der
Massregel, und deshalb ist sie in dem Kampfe der Parteien
von so entscheidender Bedeutung gewesen. Der Glaube, dass
das Volk das Richtige zu erkennen und zu wollen befähigt
sei, wenn sein Wille nur frei ist, bildet die selbstverständliche Voraussetzung. Bei der Wahl des Regenten gaben Zu-
fälle aller Art, ererbtes Ansehen und das Getriebe der Parteien nur zu oft den Ausschlag; und kam der rechte Mann
an die Stelle, so musste er nach einem Jahre einem anderen
Platz machen. Das alles wird jetzt anders: unbevormundet
entscheidet das Volk selbst, nach Abwägung der Gründe,
welche der berufene Staatsmann ihm vorlegt; dessen Einsicht
und Beredsamkeit geben den Ausschlag. Stehen sich mehrere
Prätendenten auf den Posten des Volksführers gegenüber, so
bietet das Scherbengericht einen Ausweg, der die Stabilität
der politischen Leitung sichert; aus der Präventivmassregel
gegen eine drohende Usurpation wird ein Mittel, wodurch
das souveräne Volk dem Mann seines Vertrauens freie Bahn
schafft und ihm eine Macht verleiht, die, so lange er das
Volk auf seinem Wege festzuhalten vermag, weit hinausragt
über die Stellung eines Tyrannen. Wer zu der Verfassungsänderung den Namen hergegeben hat, wissen wir nicht; daran

kann kein Zweifel sein, dass sie thatsächlich von Themistokles
ausgegangen ist, wie sie seine Herrschaft begründet hat.
Schlag auf Schlag hat er einen seiner Gegner nach dem anderen gestürzt und sich die dauernde Leitung der Volksversammlung gesichert; jetzt stand nur noch Aristides der vollen
Durchführung seiner Pläne im Wege.

201. Ein Gebiet gab es indess, auf dem eine staatliche
Autorität, die befahl und wirklich das Regiment führte, unentbehrlich blieb, das militärische. Den Polemarchen, der
wenigstens in historischer Zeit immer nur das Oberhaupt der
Militärverwaltung und der damit verbundenen Fremdenpolizei,
nicht der Heerführer gewesen war, konnte man freilich in
einen Loosbeamten umwandeln, aber damit musste er zugleich
seine Stimme im Strategenrathe und sein Commando auf dem
rechten Flügel verlieren. Die Officiere dagegen, welche wirklich commandiren, welche gar den Feldzug leiten sollten,
konnten nicht durch das Loos bestellt werden, sondern nur
durch Wahl. Dadurch gewinnt die Strategie jetzt eine ganz
andere Bedeutung. Ursprünglich hatte sie keinerlei politischen
Charakter getragen: die Bürgerschaft stellte militärisch be-
währte Leute, zu denen sie Vertrauen hatte und die daher
auch anders als die politischen Beamten beliebig oft wiedergewählt werden konnten, an die Spitze ihrer Bataillone, einen
aus jeder Phyle. Im Kriege hat man in der Regel einem
der Strategen die Oberleitung anvertraut, wenn nicht, wie
bei Marathon, wo der gesammte Heerbann im Felde stand,
alle zehn mit dem Polemarchen zusammen beriethen und der
Oberbefehl Tag für Tag wechselte. In allen Zeiten, wo die
militärischen Operationen sehr einfach verliefen, mochte das
angehen; seitdem die Aufgaben sich gewaltig gesteigert hatten,
wurde es zur Absurdität und hätte ohne Miltiades' überlegenen
Einfluss und ohne des Polemarchen Kallimachos entscheidende
Stimme bei Marathon zur Unterwerfung unter die Perser
geführt. Man brauchte jetzt einen wirklichen Feldherrn von er-
probter Erfahrung. Daher hat man, als man das Polemarchenamt seines militärischen Charakters entkleidete, auch die Stra-

tegie umgewandelt. Fortan werden nur neun Strategen aus den Phylen gewählt, der zehnte aber aus dem gesammten Volke: dieser, der Mann des vollen Vertrauens der Bürgerschaft, wird das militärische Oberhaupt des Staats, die übrigen Strategen sind seine Gehülfen, die nach Bedarf auch auf selbständige Missionen entsandt werden können, wenn der Krieg auf verschiedenen Schauplätzen, etwa zu Lande und zur See, gleichzeitig geführt wird. Daher wird ihnen das Phylencommando abgenommen und dafür zehn Hauptleute (ταξίαρχοι) erwählt. — Die Consequenz dieser Umgestaltung ist, dass die Strategie ein politisches Amt wird. Sie allein von allen höheren Staatsämtern wird durch Wahl besetzt; und ihr Ansehen ist um so grösser, da sie Jahr für Jahr denselben Männern anvertraut werden kann. So muss der Demagoge streben, dauernd die Oberstrategie zu bekleiden, wenn nicht umgekehrt, wie in Kimons Zeiten, das Haupt des Strategencollegiums zum Demagogen werden und die politische Leitung der Bürgerschaft übernehmen soll. So lange die Verhältnisse gesund sind, müssen beide Stellungen in derselben Hand liegen; der seinem Wesen nach amtlose Demagoge, der thatsächliche Regent des Staats, gewinnt in der Strategie gewissermassen ein Nebenamt, das die unentbehrliche Ergänzung seiner Herrscherstellung bildet und das er bekleidet, so lange er sich in der Herrschaft zu behaupten vermag. Im J. 480 finden wir die neue Gestaltung des Staats voll ausgebildet: Themistokles steht an seiner Spitze als leitender Stratege, von den übrigen Strategen, die noch bei Marathon eine so grosse Rolle gespielt hatten, ist nicht mehr die Rede. Ebenso wird in den folgenden Jahrzehnten immer nur der Oberstratege genannt, ausser wenn einer seiner Collegen auf eine selbständige Expedition entsandt ist. Wir können nicht zweifeln, dass Themistokles schon vorher in derselben Weise wie später Perikles Jahre lang an der Spitze des Staats gestanden hat. Dagegen mit dem Moment, wo er, beim Beginn des Feldzugs des Mardonios, die politische Leitung verliert, verschwindet er auch als Stratege.

Ueber die Strategie des fünften Jahrhunderts haben unsere Berichterstatter, z. B. Aristoteles, bereits nichts mehr gewusst. Von Neueren
haben einzig DROYSEN, Hermes IX = Kl. Schr. II. 182 ff., und seine Ergebnisse weiter ausführend BELOCH, Att. Politik 274 ff. das sehr schwierige Problem energisch angefasst, während die übrigen, so trotz mancher
richtigen Bemerkungen auch WILAMOWITZ, Arist. II, 89. 108, ihm aus dem
Wege gehen. [Das Material auch bei HAUVETTE-BESNAULT, les stratèges
athéniens, ohne die nothwendigen Consequenzen.] — Aristoteles' Angabe
pol. Ath. 22, 2 ἔπειτα (502,1) τοὺς στρατηγοὺς ᾑροῦντο κατὰ φυλάς, ἐξ ἑκάστης
φυλῆς ἕνα, τῆς δ' ἁπάσης στρατιᾶς ἡγεμὼν ἦν ὁ πολέμαρχος ist in ihrem
zweiten Theil falsch aus der Geschichte des Kallimachos abstrahirt, während doch unzweifelhaft nicht dieser, sondern Miltiades das Heer bei
Marathon commandirt hat. Ebenso haben im heiligen Krieg Alkmeon
(Plut. Sol. 11), gegen Megara Pisistratos (Herod. I, 59), gegen Pisistratos
Leogoras (Andok. 1, 106), im ion. Aufstand Melanthios (Herod. V, 97)
als Strategen, nicht als Polemarchen, das Heer geführt; die Annahme, dass
der Polemarch einmal der Feldherr gewesen ist (so auch Arist. pol. Ath. 3),
ist wahrscheinlich, aber historisch nicht zu erweisen. — Auch der erste
Theil des Satzes des Arist. ist falsch; denn in allen Strategencollegien,
von denen wir überhaupt etwas mehr wissen, gehören einer Phyle zwei
Strategen an, während eine andere leer ausgeht. Der Versuch, diese
Thatsache zu verschleiern (so WILAMOWITZ l. c.), beruht auf unklaren Anschauungen: wenn die Athener den Perikles nur als einen den neun
anderen gleichstehenden Strategen wählten, warum wählten sie aus seiner
Phyle noch einen zweiten und liessen dafür eine andere Phyle unvertreten? Wie die leer ausgehende Phyle bestimmt und entschädigt wurde
(etwa durch das Polemarchenamt?), wissen wir nicht. Seit Themistokles
(nachweislich Stratege 481/80 in Thessalien Herod. VII, 173 und 480/79
bei Salamis) ist der Oberstratege der Leiter der Expeditionen, auch wenn
ihm mehrere oder alle anderen Strategen zur Seite stehen (τρίτος αὐτός,
δέκατος αὐτός bei Thuk.), und wird daher fast immer von den Historikern allein genannt. Erst bei der sicilischen Expedition werden drei
Strategen mit gleicher Vollmacht entsandt. Von da an schwankt die
Praxis, man versucht es bald mit einem, bald mit dreien, bald, wie bei
den Arginusen, mit allen zehn (vgl. Isokr. 3, 24 ἔχοι δ' ἄν τις ἐπιδεῖξαι
τὴν πόλιν, ὅταν μὲν πολλοὺς ἐκπέμψῃ στρατηγούς, ἀποχούσαν, ὅταν δὲ δι' ἑνὸς
ποιήσηται τοὺς κινδύνους, κατορθούσαν). Die Historiker (auch Xenophon,
namentlich Hell. I, 5, 16. 7, 1. II, 1, 16) ignoriren die übrigen, nicht
mit einem selbständigen Commando bekleideten Strategen so völlig, dass
wenn wir nur sie besässen, Niemand auf die Vermuthung kommen würde,
dass es in Athen jedes Jahr zehn Strategen gegeben hat; vgl. auch Lys. 21, 7.
— Dass die Wahl nicht in den Phylen, sondern nur für die Phylen vom
gesammten Volk vorgenommen wird, hätte angesichts des klaren Aus

drucks sämmtlicher Quellen (besonders bezeichnend Xen. Mem. III. 4. 1),
nie bezweifelt werden sollen. — Charakteristisch ist, dass in der Grabschrift der Erechtheis CIA. I, 433 der Stratege zur Phyle gerechnet wird,
später CIA. I. 446 a (suppl. p. 108) nicht mehr. Durch die Institution
der Taxiarchen (zuerst Aeschylos fr. 182, vgl. WILAMOWITZ, Kydathen 223)
hat sich die alte Verbindung zwischen Strateg und Phyle gelockert.

Katastrophe des Kleomenes.   Erhebungen gegen Sparta.

202. Noch stärkere Erschütterungen hat gleichzeitig der
spartanische Staat erfahren. König Kleomenes, Sieger über
Argos, mit Athen verbündet, seit Demarats Absetzung in
Sparta ohne Rivalen, glaubte die Zeit gekommen, wo er seine
weitreichenden Pläne ausführen, die spartanische Verfassung
stürzen und die Herrschaft über ganz Hellas gewinnen könne.
Von Sparta aus freilich liess sich sein Unternehmen nicht
betreiben. So ging er zunächst nach Thessalien, wo er seit
langem Verbindungen angeknüpft haben mochte, dann nach
Arkadien, dessen Gemeinden, Tegea voran, sich nur widerwillig der spartanischen Führerschaft gefügt hatten und die
Gelegenheit herbeisehnten, die volle Freiheit wieder zu gewinnen. An militärischer Tüchtigkeit fühlten sie sich den
Spartanern gewachsen, an Volkszahl waren sie ihnen überlegen; es fehlte nur eins, die Einigkeit und der geeignete
Führer. Kleomenes rief ihre Vertreter zusammen und liess
sie beim Wasser der Styx, des geheimnissvollen Wasserfalls
von Nonakris, schwören, ihm zu folgen, wohin immer er sie
führe. Auch mit Elis wird er Verbindungen angeknüpft, auch
die Heloten gegen ihre Herren aufgewiegelt haben, wie bald
nachher sein Neffe Pausanias: seine Ziele waren nur zu erreichen, wenn der Demos von Sparta, der spartiatische Herren-
stand, seiner Macht beraubt war. Wie die Dinge weiter gegangen sind, lässt unser Bericht, der die officielle spartanische
Version wiedergibt, nicht erkennen. Die Spartaner waren in
grosser Besorgniss und knüpften mit Kleomenes Verhandlungen
an; aber wenn es heisst, »sie boten ihm an, unter denselben
Bedingungen in Sparta zu herrschen wie vorher«, so wird

uns die Hauptsache verschwiegen. Jedenfalls liess Kleomenes
sich bethören; wie es scheint, war er ein Mann, der wohl
stolze Pläne zu entwerfen verstand, dem aber im entscheidenden Moment der königliche Muth versagte. Nach Sparta zurückgekehrt, wurde er als wahnsinnig gefangen gesetzt; wie
man erzählte, hat er sich in einem Anfall von Tobsucht selbst
zerfleischt.

203. Kleomenes' Königthum erbte sein Stiefbruder Leonidas, der wie all seine Brüder mit ihm in Unfrieden gelebt
hatte. Der andere König Leotychidas war seiner ganzen
Stellung nach nicht im Stande, selbständig aufzutreten. So
war die innere Krisis glücklich vorübergegangen. Der Versuch
des Königthums, seine volle Macht wiederzugewinnen, war
gescheitert, die bestehende Ordnung und damit die dominirende Stellung des Ephorats neu gefestigt. Auch zu der
geplanten grossen Erhebung gegen Sparta kam es nicht. Aber
an verschiedenen Stellen führten die Umtriebe des Kleomenes
doch zu Ausbrüchen, die zwar, da sie isolirt blieben, überwältigt werden konnten, aber doch zeigten, auf wie unsicheren
Grundlagen Spartas Stellung ruhte. So entstellt die Tradition
ist, welche die Messenier zur Zeit der Schlacht von Marathon in
Waffen stehen lässt, so unverkennbar ist darin die Erinnerung
an einen Helotenaufstand in dieser Zeit bewahrt. Von den besiegten Messeniern scheint ein Theil nach Sicilien gegangen und
von Anaxilaos, dem Herren von Rhegion, in Zankle angesiedelt
zu sein, das seitdem ihren Namen trägt (Bd. II, 506). Um
dieselbe Zeit hat Tegea den Spartanern den Gehorsam aufge-
kündigt; und ein elischer Seher, Hegesistratos aus dem berühmten Prophetengeschlecht der Telliaden, schürte eifrig gegen
ihre Herrschaft. Schliesslich fiel er den Spartanern in die
Hände und sollte hingerichtet werden; aber es gelang ihm,
aus dem Kerker nach Tegea zu entkommen, indem er sich
den gefesselten Fuss abhieb und die Mauer durchgrub. Schwerlich ist die Wiederherstellung der spartanischen Suprematie ohne
offenen Kampf gelungen. Auch die Aegineten standen in Folge
des Einschreitens des Kleomenes (§. 189) zu Sparta feindlich,

obwohl die Regierung ihnen freigab, sich zum Ersatz an die
Person des Königs Leotychidas zu halten. Das Anerbieten
lehnten sie ab, aber Leotychidas' Bemühungen, ihnen ihre
Geiseln aus Athen wieder zu verschaffen, waren vergeblich.

Kleomenes' Ausgang: Herod. VI, 74 f. 84. Dass seine Entfernung
aus Sparta als Wirkung der Entdeckung seiner Umtriebe gegen Demarat
gefasst wird, ist mindestens einseitig. Messenischer Krieg Bd. II, 343 A.
und oben §. 193 A. Die Angabe, dass Leotychidas den messenischen Aufstand zur Zeit des Tyrtaeos besiegt habe, ist jedoch mit PELOCH, Hermes 35,
1899, 254 ff. auf einen von ihm aus Herod. VIII, 131 nachgewiesenen
älteren König Leotychidas zu beziehen. — Geschichte des Hegesistratos
Her. IX, 37; ein anderer Telliade Tellias stand in phokischen Diensten
VIII, 27. Dagegen wurde der Iamide Tisamenos von Sparta gewonnen
IX, 33 ff. Τεγίην ἰοῦσαν οὐκ ἀρθμίην Λακεδαιμονίοισι τοῦτον τὸν χρόνον
IX, 37. Aegina VI, 85 f.

Athen gegen Aegina.

204. Der Conflict zwischen Athen und Aegina war von
dem Moment an vorhanden, wo Attika eine selbständige commercielle Bedeutung zu gewinnen versuchte. Die Ueberführung
Athens vom pheidonischen zum euboeischen Masssystem durch
Solon bezeichnet sein erstes Stadium. Seitdem mag es wiederholt zu Fehden gekommen sein; was freilich davon berichtet
wird, scheint meist aus den späteren Ereignissen fälschlich
in die alte Zeit übertragen zu sein. Im J. 507 ergriffen die
Aegineten die Waffen zur Unterstützung Thebens (Bd. II, 492)
und begannen die attischen Küsten zu verwüsten und attische
Schiffe zu kapern; im J. 491 benutzten die Athener die
Huldigung an Persien, um die Insel mit Spartas Hülfe zu
demüthigen (§. 189). Wollte man wirklich zu einer Seemacht
gelangen, so musste man, statt Raubzüge gegen die Kykladen
zu unternehmen, versuchen, die Macht der stolzen Insel zu
brechen, die den Häfen Athens unmittelbar vorgelagert war.
So mag Themistokles schon lange zum Krieg gedrängt haben;
um das J. 487 kam er zum Ausbruch. Den entscheidenden
Anlass soll der Ueberfall eines athenischen Festschiffs ge-

geben haben, durch den die Aegineten sich einen Ersatz für
ihre in Athen internirten Geiseln verschafften. Einen will-
fährigen Bundesgenossen fand Athen in Korinth, Aeginas
altem Rivalen; die Korinther haben allezeit Athens Emporkommen eifrig unterstützt, bis Athen auch sie zu überflügeln
begann. Jetzt überliessen sie den Athenern zwanzig Kriegsschiffe. Auch auf Aegina selbst fand Athen Unterstützung
in der demokratischen Partei, an deren Spitze ein ehrgeiziger
Adliger, Nikodromos, stand. Den Athenern gelang es, die
aeginetische Flotte zu schlagen und sich auf der Insel festzusetzen. Aber sie waren um einen Tag zu spät gekommen:
die Demokraten hatten bereits losgeschlagen und waren überwältigt worden. Jetzt wandten sich die Aegineten an Argos.
Hier grollte man ihnen zwar, weil sie wenige Jahre vorher
Kleomenes unterstützt hatten, und versagte von Staats wegen
die Hülfe; aber eine grosse Schaar Argiver unter Eurybates
ergriff mit Freuden die Gelegenheit, Korinth und Sparta Schaden zu thun. Eine neue Gruppirung der Mächte schien sich
vorzubereiten. Dem argivischen Hülfscorps gelang es, die
Athener abzuschneiden und trotz tapferer Gegenwehr grossentheils zu vernichten; ihre Schiffe wurden von den Aegineten
angegriffen und geschlagen. Das Unternehmen war vollständig
misslungen und konnte, da die Aegineten jetzt das Meer beherrschten, nicht wieder erneuert werden. Der kleine Krieg
dauerte noch Jahre lang ohne Entscheidung. Die Geiseln
wurden vermuthlich gegen die Gefangenen ausgewechselt.
Nikodromos und wer sonst von den Demokraten entkommen
war, wurde in Sunion angesiedelt und unternahm von hier
aus Raubzüge gegen Aegina; die übrigen, 700 an der Zahl,
wurden hingerichtet. Die reichen Adelsgeschlechter haben die
Herrschaft über die Insel bis ans Ende behauptet.

Die Berichte Herodots über die Kämpfe zwischen Athen und Aegina
hat erst WILAMOWITZ, Arist. und Athen II, 280 ff. richtig analysirt. Er
hat erkannt, dass die aeginetische Version über den in eine weit ältere
Zeit versetzten Krieg und die von Argos geleistete Hülfe Herod. V, 86 f.
mit dem nach athenischen Berichten erzählten Krieg VI, 87—93 identisch

ist. Diesen Krieg erzählt Herodot vor der Schlacht bei Marathon, und lässt desbalb auch Miltiades VI, 132 mit 70 Schiffen (50 der Naukrarien und 20 korinthische; der Verlust von 4 Schiffen VI. 93 bleibt unberücksichtigt) gegen Paros ziehen. Aber seine eigene Erzählung zeigt, dass der aeginetische Krieg später fällt, nach Kleomenes' Tod; es ist ihm hier wie in anderen Fällen (am auffallendsten III. 48; aber ebenso z. B. bei Miltiades' Zug gegen Lemnos) nicht gelungen, die isolirt erzählten Traditionen chronologisch richtig zu ordnen. Die Zeit des Krieges ergibt sich aus dem Orakel V, 89, das den Athenern räth, den Krieg erst im 31. Jahre zu unternehmen; dann würden sie vollen Erfolg haben. Das bezieht sich auf die endliche Unterwerfung durch Athen im Jahre 456. — Auch die attische, ganz legendenhafte Erzählung von den Bildern der Damia und Auxesia V, 82—85. 88 bezieht WILAMOWITZ mit Recht auf den Krieg von 487; dagegen möchte ich die Erzählung, dass die Aegineten 507 den Thebanern um der Verwandtschaft der Ahnfrauen willen Hülfe leisteten (V, 79—81. 89. VI, 87), als dem Kern nach historisch festhalten. Die Sympathie für Athen tritt in Herodots Erzählung überall deutlich hervor. — Dass KÖHLER's Versuch (Rhein. Mus. XLVI, 1 ff.), die Halle der Athener in Delphi (IGA. 3 a p. 169. DS. 3) auf einen Sieg über Aegina zu deuten, unhaltbar ist, bemerkt WILAMOWITZ mit Recht; er bezieht sie wahrscheinlich richtig auf den Sieg über Chalkis. — Unterstützung durch die Korinther auch Thuk. I. 41. — Dass bei Nepos der Krieg gegen die Aegineten in einen Krieg gegen die Korkyraeer und die Seeräuber verwandelt ist (Them. 2), erklärt NIPPERDEY richtig als Missverständniss von Thuk. I. 13. [Aus Herodot schöpft Duris fr. 50 bei Schol. Eurip. Hek. 931, der an Stelle der Argiver charakteristisch genug die Spartaner gesetzt hat.] Grab der gegen Aegina Gefallenen: Pausan. I, 29, 7.

Xerxes' Rüstungen. Bündniss mit Karthago.

205. Im J. 483 begann Xerxes die Rüstungen für den Kriegszug gegen Hellas. Diesmal sollte das Unternehmen in umfassendster Weise vorbereitet werden, so dass jeder Fehlschlag unmöglich erschien. Mardonios, durch die Niederlage des Datis gerechtfertigt und rehabilitirt, stand dem König als Rathgeber zur Seite. Wie er es 492 versucht hatte, sollten auch diesmal Landheer und Flotte gemeinsam operiren und sich gegenseitig decken; ein schrittweises streng methodisches Vorgehen musste sicher zum Ziel führen. Mardonios' Feldzug hatte gezeigt, welche Gefahren die Klippen des Athos boten;

deshalb gab der König Befehl, die schmale flache Landenge
zu durchstechen, welche das Gebirge mit dem Festland verbindet.   Im J. 483 wurden grosse Schaaren von Arbeitern
und Ingenieuren, vor allem Phoeniker, entsandt, die mit den
einheimischen Arbeitskräften zusammen das Werk in Angriff
nahmen; in drei Jahren konnte es vollendet sein. Auch über
den Strymon wurde eine Brücke geschlagen, und in Abydos
alles Material zusammengebracht, um den Hellespont auf zwei
Brücken neben einander überschreiten zu können.   Ueberall
an der thrakischen Küste und in Makedonien wurden für
den Marsch des Heeres Proviantmagazine angelegt, in allen
Häfen des Reichs Schiffe gebaut und Matrosen ausgehoben.
Die Contingente des Landheers erhielten Befehl, sich im
Herbst 481 im östlichen Kleinasien zu sammeln, damit zu
Beginn des nächsten Frühjahrs das Heer über den Hellespont
geführt werden könne. Die traditionelle Auffassung betrachtet
Xerxes' Expedition als ein kopfloses, phantastisches Unternehmen; in Wirklichkeit ist kaum je ein Kriegszug systema-
tischer und sorgfältiger vorbereitet gewesen als dieser.

Chronologie: Her. VII, 1. 3. 20. 22. 37. Die totale Sonnenfinsterniss,
die Herodot VII, 37 beim Auszug aus Sardes im Frühjahr 480 eintreten
lässt, ist wahrscheinlich nicht die vom 17. Febr. 478, die fälschlich ante-
datirt wurde (so ZECH, astron. Unters. über die wichtigeren Finsternisse,
Preisschr. der Jablonowskischen Ges. IV, 1853, 29. 49 und WISLICENUS,
astron. Chronol. 110 f.), sondern die von Susa, wo sie sichtbar war, nach
Sardes verlegte vom 10. April 481 (so JUDEICH, Hist. Z. 42, 148). —
Athoscanal Her. VII, 22 ff. 37. 117. 122. Thuk. IV, 109. Ueberreste:
LEAKE, travels in Northern Greece III, 143 f. Die antiken (Demetrios von
Skepsis bei Strabo VII fr. 35) und modernen Zweifel an der Vollendung
des Canals sind unbegründet. Von dem Bau stammt bekanntlich ein
grosser Dareikenfund (Num. Chron. VI, 153). Herodots naive Bemerkung, Xerxes habe denselben vielmehr μεγαλοφροσύνης εἵνεκεν gebaut,
ἐθέλων τε δύναμιν ἀποδείκνυσθαι καὶ μνημόσυνα λιπέσθαι, da er die Flotte
bequem hätte können über den Isthmos hinüberziehen lassen, ist allen
Ernstes von einem neueren Gelehrten nachgesprochen worden. — Die
Ueberbrückung des Hellesponts wird bei den Griechen immer besonders
betont (so auch Aesch. Pers. 68. 130. 722. 745), weil in ihr der Charakter des Unternehmens am augenfälligsten hervortritt.

206. Auch im Feindeslande waren die Aussichten für
Xerxes durchaus günstig. Die Adelsgeschlechter von Thessalien
und Theben sehnten sein Erscheinen herbei, ebenso im Peloponnes Argos; dass der Spartanerkönig Demarat und die
Pisistratiden mit ihrem Anhang attischer Exulanten am Heerzug Theil nahmen, konnte im geeigneten Moment von grosser
Bedeutung werden. Nur eine griechische Macht gab es, die
unter Umständen gefährlich werden konnte: das war das
sicilische Reich Gelons. Das neue syrakusanische Königthum
war an Umfang des Gebiets wie an Machtmitteln allen anderen griechischen Staaten weit überlegen. Gelon verfügte über
ein sieggewohntes, trefflich geschultes Heer, eine starke Flotte,
einen wohlgefüllten Schatz, und vor allem, er konnte die
Kräfte seines Reichs voll ausnutzen. Wenn er den Griechen
des Mutterlandes zu Hülfe kam und sie mit Geld und Proviant unterstützte, konnte der Krieg langwierig und der Erfolg
ungewiss werden; ganz abgesehen davon, dass es den Persern
auch im günstigsten Falle kaum möglich war, Sicilien selbst
anzugreifen. Aber das mächtige Reich, welches Hippokrates
und Gelon gegründet hatten, an das sich Theron von Agrigent
anlehnte, hatte in seiner Nachbarschaft erbitterte Gegner.
Schon waren Terillos von Himera und Anaxilaos von Rhegion
den Karthagern in die Arme getrieben; Karthago selbst aber
hatte allen Anlass, nicht länger unthätig zuzuschauen. Es
war ihm in den letzten Jahrzehnten gelungen, sein Macht-
und Handelsgebiet zu einem grossen Reich zusammenzu-
schliessen; alle Versuche der Griechen, innerhalb desselben, auf
Corsica, auf der Westspitze Siciliens, am Syrtenmeer, festen
Fuss zu fassen, hatte es energisch zurückgewiesen. Jetzt war
die Zeit gekommen, wo es die Offensive ergreifen und versuchen musste, seine Macht auf Sicilien zu erweitern, wollte
es nicht Gefahr laufen, sie zu verlieren. Dass Theron Himera
eroberte und Terillos verjagte, gab den äusseren Anlass zum
Krieg. Die Zeit war gekommen, wo die beiden auf der Basis
der orientalischen Cultur erwachsenen Grossmächte in Ost
und West sich die Hand bieten mussten, um das zwischen

ihnen emporgekommene Griechenthum zu ersticken: Persien
und Karthago verabredeten, im Frühjahr 480 gemeinsam zum
Angriff vorzugehen. Dadurch wurde dem Mutterlande die
Unterstützung der sicilischen Tyrannen ebenso entzogen, wie
diesen die Hülfe der alten Heimath. Die kleinen Kämpfe
und Streitigkeiten um locale Interessen verschmolzen zu einem
die ganze Culturwelt vom Atlantischen Ocean bis zum Indus
umfassenden Riesenkampf um die politische Stellung der
griechischen Nation. Wenigstens denjenigen Griechen, die
schon inmitten des Kampfes standen, ist die Empfindung dafür zum Bewusstsein gekommen. Dionysios von Phokaea,
der muthige Schiffscapitän, der eine Zeit lang die ionische
Flotte commandirt hatte, ging nach der Schlacht bei Lade als
Pirat erst in die phoenikischen Gewässer, dann nach Sicilien
und plünderte hier karthagische und etruskische Schiffe, aber
keines, das unter griechischer Flagge fuhr.

Bündniss zwischen Xerxes und Karthago: Diod. XI, 1. 20 (vgl.
§. 229 A.). Ephoros fr. 111 bei schol. Pind. Pyth. 1, 146 soll erzählt
haben, Xerxes habe den Karthagern den Angriff befohlen, und darin
hat man vielfach einen Beweis der Authenticität dieser Nachricht gesehen. Gewiss hat der König zu den Karthagern wie zu Unterthanen
gesprochen, so wenig er ihnen in Wirklichkeit zu sagen hatte; aber das
Excerpt aus Ephoros ist zu schlecht überliefert, als dass auf den Wortlaut etwas zu geben wäre. Aber auch wenn Ephoros darüber keine
Ueberlieferung hatte (doch ist kaum anzunehmen, dass z. B. Antiochos
von Syrakus nichts davon gewusst haben sollte), hat er richtig com-
binirt. Die Neueren sträuben sich vielfach das anzuerkennen, weil sie
an die antiken Verhältnisse einen ganz falschen Massstab anlegen und
sie sich viel zu primitiv vorstellen. Bei Herodot gibt die Frage, warum
Gelon den Griechen nicht zu Hülfe gekommen ist, Anlass zu einer rein
rhetorischen, politisch absurden Discussion [die von den Späteren durchweg wiederholt wird] über die Frage des Oberbefehls (VII, 157—162),
deren Inhalt er ebenso wie den der Discussion zwischen Athen und Tegea
IX, 26 f. den attischen Leichenreden entlehnte, s. Forsch. II. 219 ff. Die
Hülfssendung, die Gelon in Aussicht stellte, wird hier auf 200 Trieren,
20.000 Hopliten, 2000 Reiter, 2000 Schützen, 2000 Schleuderer, 2000 berittene Leichtbewaffnete angegeben; der Krieg gegen Karthago erscheint
als Rachekrieg für Dorieus' Tod, bei dem die Griechen ihrerseits Gelon
nicht unterstützt hätten. Dann folgt VII, 165 ff. nach sicilischen und

karthagischen Quellen der historische Bericht vom Angriff der Karthager, durch den Gelons Hülfssendung unmöglich wurde. Das Bündniss zwischen Karthago und Persien ist dabei übergangen; für derartige politische Combinationen hat weder die Tradition noch Herodot Sinn. — Seemacht der sicil. Tyrannen Thuk. I, 14. — Dionysios von Phokaea Herod. VI, 17. Die Hypothese von Six und Meister, Philol. 49, 607 ff., die ihm die autochthonen Münzen von Segesta und Eryx (Kisch, Z. f. Num. XVI, 187 ff.) zuweist, ist wenig wahrscheinlich [dagegen auch Holm, Gesch. Sicil. III, 599]. Eher mag ihm der phokaeische Goldstater mit der Aufschrift Ζιονο gehören.

Die Schöpfung der attischen Flotte.

207. Die Wiederaufnahme der persischen Rüstungen und der Bau des Athoscanals haben die Entscheidung in Athen herbeigeführt: im Frühjahr 482 wurde Aristides ostrakisirt. Auch wurden die Ostrakisirten angewiesen, bei Strafe der Acht — die zugleich die Vermögenseinziehung zur Folge haben würde — die Küsten des saronischen Meerbusens zu meiden: die Gefahr lag nahe genug, dass sie verbunden an der attischen Küste erscheinen und, auf ihren Anhang im Lande gestützt, ihre Rückkehr erzwingen könnten. — In demselben Jahre gelang es Themistokles, den Flottenbau durchzusetzen. Bisher waren die Ueberschüsse aus den Pachtgeldern der laurischen Bergwerke nach altem Brauch unter die Bürgerschaft vertheilt worden; und gerade jetzt waren sie durch Erschliessung einer neuen Grube sehr gestiegen. Themistokles beantragte, die Erträgnisse für den Flottenbau zu verwenden. Bisher hatten die Verwaltungsbezirke, die Naukrarien, die Schiffe gestellt; fortan sollte der Staat selbst eine Flotte haben — daher werden die Naukrarien jetzt abgeschafft. Nur die Instandsetzung der Schiffe zum Dienst blieb nach wie vor eine »Leistung« (Leiturgie) der einzelnen Bürger, die den Vermögenden der Reihe nach auferlegt ward (Trierarchie). Dass die neuen Schiffe Trieren sein mussten, verstand sich von selbst. Der Bau wurde, da der Staat dafür keinerlei Organ besass, auf die leistungsfähigen Bürger ver-

theilt, denen der Staat die nöthigen Summen überwies, angeblich für jedes Schiff ein Talent. Der Bau wurde rasch gefördert; in den dritthalb Jahren bis zum Ausbruch des Krieges ist die Zahl der Trieren auf weit über 100, angeblich sogar auf 180 gebracht worden. Wie es scheint, wollte man einen Bestand von 200 Trieren erreichen. Nach späteren Begriffen waren sie freilich unvollkommen genug, schwerfällig und daher an Schnelligkeit den phoenikischen Schiffen nicht gewachsen, dabei schmal und ohne durchgehendes Deck, nur mit Vorder- und Hinterkastellen, so dass die an Bord genommenen Krieger (Epibaten), 14 Hopliten und 4 Bogenschützen, in ihren Bewegungen sehr gehemmt waren. Trotzdem durfte man hoffen, wenn man von den übrigen Seestädten Unterstützung erhielt, der persischen Flotte annähernd gewachsen zu sein; hätten doch auch die Ionier sich zur See behaupten können, wenn sie einig gewesen wären.

Arist. pol. Ath. 22 setzt das Flottengesetz und den Ostrakismos des Aristides unter Nikomedes 483/2. Dazu stimmt, dass nach Plut. Arist. 8 Aristides im dritten Jahr [bei Nepos Arist. 1 fälschlich sexto fere anno] zurückgerufen ist; Arist. setzt die Rückberufung unter Hypsichides 481/80, aber mit falscher Zählung τετάρτῳ ἔτει [die Herausgeber corrigiren jetzt τρίτῳ ἔτει]. In dasselbe Jahr 481/80 setzt er die Bestimmung τὸ λοιπὸν ὥρισαν τοῖς ὀστρακιζομένοις ἐντὸς Γεραιστοῦ καὶ Σκυλλαίου κατοικεῖν ἢ ἀτίμους εἶναι καθάπαξ. An dieser Lesung hält Wilamowitz, Arist. I, 114 und auch noch in der dritten Ausgabe des Textes gegen Kaibel, Blass, Busolt u. a. fest, obwohl Philochoros fr. 79 b (lex. Cantabr.) die allein verständliche umgekehrte Formulirung gibt, der Ostrakisirte habe innerhalb 10 Tagen Athen auf 10 Jahre zu verlassen καρπούμενον τὰ ἑαυτοῦ, μὴ ἐπιβαίνοντα ἐντὸς <Γ>ερα<ιστοῦ> τοῦ Εὐβοίας ἀκρωτηρίου, nach der gewiss auch Aristoteles zu corrigiren ist (so Wyse, Blass u. a.). Wilamowitz meint, man habe einen Anschluss der Ostrakisirten an Persien gefürchtet. Aber für diesen Fall war ja eine derartige Bestimmung ebenso unnöthig wie wirkungslos: wer zu den Persern ging, wurde dadurch Feind des Vaterlandes und geächtet (ἄτιμος). Ueberdies kann die Bestimmung, die ein allgemeines Gesetz für die Zukunft gibt, unmöglich im Moment der Rückberufung der Ostrakisirten erlassen sein; sie muss mithin in frühere Zeit, wahrscheinlich 482, gehören. — Ueber das Flottengesetz des Th. gibt Herod. VII, 144 die älteste und einfachste Version, zugleich mit der Zahl von 200 Schiffen (ebenso Justin II, 12), die von den Späteren (Arist. l. c.

= Polyaen I, 30, 6. Nepos Them. 2 = Plut. Them. 4) in 100 corrigirt
ist, da jene Zahl beim Perserkrieg nicht erreicht war und man überdies
die schon vorhandenen Schiffe in Rechnung setzte. Die Version der
Atthis (Arist. Polyaen) berichtet die Erschliessung der Mine von Maronea
(vgl. Demosth. 37, 4) und lässt das Geld an die reichsten Bürger vertheilt werden, die den Schiffsbau auszuführen haben. Das wird richtig
sein; dagegen ist es eine Absurdität im stereotypen Stil der Themistokles-
anekdoten, wenn Th. sein Werk als Geheimniss behandelt haben soll
(οὐ λέγων ὅ τι χρήσεται τοῖς χρήμασιν). Bei Herodot gewinnt Th. die
Massen dadurch, dass er den aeginetischen Krieg als Motiv für den Bau
hinstellt; darauf hat er gewiss hingewiesen, aber worum es sich thatsächlich handelte, musste Jedermann seit zehn Jahren wissen. — Die
Vertheilung der Ueberschüsse der Bergwerke unter die Bürger findet
sich ebenso auf Siphnos, Her. III, 57, und wird auch in Thasos die
Regel gewesen sein, von der man auch hier beim Bau der Flotte
und der Mauer eine Ausnahme machte, Herod. VI, 46. — Ueber die
Gestalt und Leistungsfähigkeit der Schiffe Herod. VIII, 10. 60. Thuk.
I, 14. Plut. Cim. 12. Them. 14, wo die Angabe über die Besatzung
(14 Hopl., 4 Schützen) gewiss authentisch ist. Die späteren Trieren
hatten 170 Ruderer und 8 Schiffsofficiere (CIA. II, 959 und dazu Köhler,
MAI. VIII, 177); für die Schiffe der Perserkriege werden wir eine etwas
geringere Zahl, ca. 150. anzunehmen haben. — Dass die Naukrarien auch
nach Kleisthenes noch bestanden, wird richtig sein [gegen Bd. II, 493 A.].
entsprechend der Angabe des Kleidemos fr. 8; aber schon Kleisthenes
hat ihnen ihre sonstigen Functionen genommen, und seit Themistokles
sind sie gänzlich abgeschafft. Die von den Demen gestellten Matrosen
wurden nach Trittyen geordnet, s. Wilamowitz, Arist. II, 164 ff.

208. Durch die Schöpfung der Flotte wurde die Wehrkraft Athens mehr als verdoppelt. Denn der Bestand des Hoplitenheers wurde dadurch nicht berührt, abgesehen von den
Epibaten, die es an die Schiffe abgab; die etwa 27,000 Ruderer,
welche man für die 180 attischen Schiffe bei Salamis — falls
die Zahl wirklich richtig ist — brauchte, konnten ohne Mühe
von den Theten gestellt werden, vielleicht mit Heranziehung
der Metöken und einzelner zuverlässiger Sklaven. Ausgehoben
wurde die Schiffsmannschaft nach den Gemeindebezirken (Demen) von den Demarchen. — Auch sonst hat Athen sich durch
militärische Reformen für den Perserkrieg vorbereitet. Wie in
Sparta und den übrigen peloponnesischen Gemeinden war auch
in Athen die Bürgerwehr eine geschlossene Hoplitenphalanx;

man besass weder Reiterei noch Leichtbewaffnete. Aber bei
Marathon hatte man trotz des entscheidenden Sieges der
Hopliten empfunden, wie werthvoll zur Schwächung und
Abwehr des feindlichen Pfeilangriffs eine Unterstützung der
Phalanx durch leichtbewegliche Schützen sein würde. Material
war dafür, da sie keinerlei weiterer Ausrüstung und nur ge-
ringer Uebung bedurften, in den Theten reichlich vorhanden.
So wurde aus diesen für den bevorstehenden Krieg ein
Schützencorps von 800 Mann ausgehoben, und auch auf jedes
Schiff, wie schon erwähnt, neben den Hopliten vier Schützen
gestellt.

Schützen bei Salamis Aesch. Pers. 460. Plut. Them. 14; Ktes. 29, 26
lässt sie fälschlich aus Kreta geholt sein. Bei Plataeae Herod. IX, 22.
60, wahrscheinlich 800; denn nur so kommt die Gesammtzahl IX, 29 f.
heraus. Vgl. Forsch. II. 157 und im allgemeinen ib. 184 f.

209. Nach mehr als zehnjährigem Ringen war Themistokles ans Ziel gelangt. Athen war dabei, ein Werk zu schaffen,
wie es die griechische Welt noch nicht gesehen hatte; seine
Flotte überflügelte jetzt die Seemacht von Korinth, Aegina,
Korkyra weitaus, selbst die Gelons, die bei Herodot (VII, 158)
jedenfalls übertrieben auf 200 Trieren angegeben wird, konnte
sich schwerlich mit ihr messen. Mit berechtigter Zuversicht
durfte Athen dem grossen Kriege entgegensehen. An dem
Hinweis, dass es mit den bisherigen Streitkräften nicht einmal
im Stande gewesen war, Aegina die Spitze zu bieten, wird
Themistokles es nicht haben fehlen lassen; aber mit Unrecht
rückt unsere anekdotisch gefärbte Ueberlieferung das in den
Vordergrund — in Wirklichkeit ist ja die Flotte garnicht
gegen Aegina verwendet worden, wozu doch 481 noch Zeit
gewesen wäre, wenn man in thörichter Beschränktheit über
den localen Interessen die allgemeinen hätte hintansetzen
wollen — und lässt die grösste staatsmännische That, welche
die Weltgeschichte bis dahin aufzuweisen hat, als ein Werk
des Zufalls erscheinen, dass Athen mit Aegina Krieg führte
und dass im J. 483 eine neue Silbermine entdeckt wurde.

Themistokles' Schöpfung ist erwachsen aus der klaren Einsicht in die gebieterische Nothwendigkeit der äusseren Politik, die hier wie in allen grossen Fragen als das schöpferische Element im Leben der Nationen sich erweist. Aber sie war zugleich von folgenschwerer Bedeutung für die innere Gestaltung des attischen Staats. Für den wahren Staatsmann sind alle politischen Fragen Machtfragen, auch die der inneren Politik. Themistokles steht viel zu hoch, als dass er auf ein politisches Parteiprogramm hätte eingeschworen sein und der Verwirklichung eines doctrinären Verfassungsideals hätte nachjagen können. Auch die Staatsform ist für ihn nur ein Factor in seiner Rechnung. Nicht weil er selbst Demokrat war, sondern weil sich sein Ziel mit den bestehenden Institutionen nicht erreichen liess, musste er alles daran setzen, die moderne, demokratische Entwickelung zu fördern. Mit Recht betrachten die Theoretiker der späteren Zeit, die die entschwundenen Zustände der Zeit des Kleisthenes und Solon wiederherstellen möchten, ihn als den eigentlichen Begründer der attischen Demokratie: Ephialtes und Perikles haben aus seinen Schöpfungen nur die Consequenzen gezogen. Er hat der Souveränität des Volkes durch die Beseitigung des Archontats zum entscheidenden Ausdruck verholfen, er hat die Stellung des amtlosen Demagogen begründet, er hat die besitzlose Masse, indem er sie zum Kriegsdienst auf der Flotte heranzog, den Besitzenden gleichgestellt. Aber das Wesentliche ist ihm die Mehrung der Macht des Staats, die Erschliessung aller seiner Kräfte. Daher hat er mit der alten Finanzpolitik gebrochen, welche die Ueberschüsse der Staatsverwaltung als wohlerworbenen Besitz der einzelnen Bürger betrachtete, daher die Tausende von Händen, die bisher militärisch nicht mitzählten, wehrfähig gemacht, indem er ihnen das Ruder in die Hand gab, daher hat er, der dem bürgerlichen Oberamt alle Bedeutung nahm, die Stellung des Feldherrnamtes gewaltig gehoben. Ganz neue Aufgaben sind durch ihn dem Staat gestellt; nicht dass er die Demokratie begründet hat, ist das Entscheidende, wie Plato meint, son-

dern dass er den behaglichen Zeiten kleinstaatlichen Stilllebens ein Ende gemacht und Athen zu einer Grossmacht
erhoben hat.

Stimmungen in Griechenland. Der hellenische Bund und der Feldzugsplan.

210. Im Herbst 481 entsandte Xerxes, wie Darius vor
ihm, Boten an alle griechischen Staaten mit Ausnahme Athens
und Spartas mit der Forderung von Erde und Wasser: es
war die officielle Ankündigung des bevorstehenden Zuges.
Damit trat an die Griechen die Frage heran, ob sie es wagen
sollten, für die Freiheit den Kampf auf Leben und Tod aufzunehmen. Der späteren Auffassung freilich war es selbstverständlich, dass griechischer Freiheitssinn und griechische
Tapferkeit über die ungezählten Barbarenschaaren den Sieg
davontragen mussten. Die Zeitgenossen, wie Aeschylos, und die
von ihnen geprägte Tradition, die Herodot aufgezeichnet hat,
fassen den Ausgang anders auf: ihnen ist er ein Wunder,
das nur durch das Eingreifen der Götter erklärlich ist, durch
den Schluss des Zeus, der nicht wollte, dass die ganze Welt
einem Einzigen gehorche. Gewiss waren, namentlich in ent-
legeneren Gebieten, wo man die Gefahr noch fern wähnte,
die Massen von Vertrauen auf ihren Muth und ihre Widerstandskraft erfüllt. Aber ob sie Stand halten würden, wenn
nun der Feind vor den Thoren stand, wenn es darauf ankam, die entscheidende Schlacht zu wagen, das war eine
andere Frage. Hatte sich doch noch bei Marathon gezeigt,
wie leicht im Angesicht des Feindes der Muth ins Wanken
kommen und die Bedenken die Oberhand gewinnen konnten;
ohne Miltiades' Eingreifen hätten die Athener ihre Stellung
geräumt — und dann war nichts mehr zu retten. Gewiss
gab es Bürgerschaften, wie die Spartaner und manche arka-
dische Gemeinden, von denen mit Sicherheit zu erwarten war,
dass sie bis zum letzten Blutstropfen ausharren würden; aber

war davon mehr zu erwarten, als ein ehrenvoller Untergang,
wie er so viele Völkerschaften ereilt hatte, die mit dem Muth
der Verzweiflung der Uebermacht der Assyrer, der Chaldaeer,
der Perser zu widerstehen versucht hatten? Wenn Sparta dem
Verzicht auf die Freiheit die Vernichtung vorzog, konnte es unsterblichen Ruhm gewinnen, wie Xanthos in Lykien im Kampf
gegen Kyros' Heer; aber der griechischen Sache brachte seine
Aufopferung keinen Gewinn. War es da nicht richtiger, sich
zu fügen, zu retten was noch zu retten war, nicht durch
thörichten Widerstand das Unheil zu vergrössern? Hatte
doch eben erst der Ausgang des ionischen Aufstandes aufs
neue erwiesen, wie verhängnissvoll der Versuch auslaufen
musste, sich der Weltmacht zu widersetzen. Allerdings hatten
die Athener gezeigt, dass ein griechisches Hoplitenheer im
Stande war, unter günstigen Umständen und geschickter Führung die asiatischen Schaaren zu schlagen. Aber gab der
Sieg von Marathon irgend welche Aussicht, dass man nun
auch gegen die gewaltigen Heeresmassen, welche Xerxes heran-
führte, das Feld werde behaupten können? Und musste nicht
die persische Flotte, welche die See beherrschte, Griechenland
umklammern und jeden Widerstand im voraus unmöglich
machen?

211. Es kam hinzu, dass es eine die Nation zusammen-
fassende politische Organisation nicht gab, und dass auch in der
äussersten Noth keine Möglichkeit vorhanden war, zu ihr zu
gelangen. Wohl existirte ein hellenisches Gesammtgefühl, das
in Sprache und Religion, in Sitte und Leben seinen Ausdruck fand, durch die gemeinsamen Feste und Spiele und
nicht am wenigsten durch die nationale Dichtung lebendig
erhalten wurde. Aber dies Hellas war ein weit ausgedehntes,
in sich nicht zusammenhängendes Gebiet, das von der Rhone-
mündung bis nach Cypern, vom Dniepr und von der Krim
bis nach Kyrene reichte. Dass den Aussenposten des Griechenthums, den Städten am Schwarzen Meer, Massalia, selbst den
Griechen Unteritaliens der Gedanke einer Theilnahme am
Krieg ganz fern lag, ist begreiflich genug — nur aus Kroton

stiess Phayllos, berühmt durch seine Siege in den pythischen
Spielen, mit einem Schiffe zur griechischen Flotte —; aber
auch die entlegenen Staaten des Mutterlandes, wie Korkyra,
Akarnanien, Aetolien, die kretischen Gemeinden, waren froh
genug, einstweilen ausser Schussweite zu sein. Korkyra, bis
auf die athenische Flottenrüstung die grösste Seemacht des
Mutterlandes, hat zwar seine Hülfe zugesagt und eine Flotte
von 60 Trieren mobil gemacht, aber am Kampfe nicht
Theil genommen, sondern den Ausgang abgewartet; die
übrigen hielten sich von Anfang an neutral. Mindestens
ein Viertel von Hellas, die Griechen von Kleinasien, Cypern
und Kyrene waren Unterthanen der Perser und stellten ihnen
Schiffe und Mannschaft; die sicilischen Mächte waren zwar durch
den karthagischen Angriff gezwungen, in den Nationalkampf
einzutreten, aber eben dadurch auch voll in Anspruch genommen, so dass eine Unterstützung des Mutterlandes von hier
aus unmöglich war. Was übrig blieb, Thessalien mit den um-
liegenden kleinen Völkerschaften, Phokis, Boeotien, Attika,
Megara, der Peloponnes mit Aegina, Euboea und die Kykladen,
die Landschaften, die von dem Angriff der Perser zunächst
bedroht waren, war ein Gebiet von etwa 54,000 qkm und
etwas über zwei Millionen Einwohnern. Aber nicht einmal
dieses Gebiet konnte sich zu gemeinsamem Handeln einigen.
Man verhandelte wohl über ein Bündniss, aber man kam
nicht zum Ziel; die alteingewurzelten Gegensätze machten
den Gedanken eines Zusammenstehens für die höchsten nationalen Güter undurchführbar. Für Athen und Sparta gab
es keine Wahl; beide Staaten waren daher schon seit einem
Jahrzehnt gegen Persien verbündet. Im Peloponnes hatte die
militärische Ueberlegenheit Spartas die alte Cantonspolitik
wenigstens einigermassen überwunden, und der peloponnesische Bund hielt auch jetzt zusammen — wenn auch vielleicht zunächst nur, weil die Gefahr noch fern war und man
glauben konnte, durch Vertheidigung der Isthmoslinie die Invasion überhaupt fernzuhalten. Aber um so weniger konnte
man von Argos erwarten, dass es sich an einem Kriege be-

theiligen werde, an dessen Spitze sein Todfeind stand. Officiell erklärte es sich neutral, um nicht von den Feinden erdrückt zu werden, aber im geheimen trat es mit den Persern
in ein enges Freundschaftsverhältniss (vgl. §. 339) und hoffte
alles von ihrem Siege. Auch die Achaeer am Nordrande des
Peloponnes hielten sich fern. Es waren kleine Bauernge-
meinden, die bisher von den Händeln der griechischen Welt
wenig berührt waren; was für Anlass hatten sie, sich für
eine Sache aufzuopfern, die, wenn sie siegreich war, sie doch
nur in Abhängigkeit von Sparta bringen konnte? In Thessalien und Mittelgriechenland war die Gefahr drohender, die
Möglichkeit einer erfolgreichen Vertheidigung geringer. Aber
auch sonst drängte hier alles zum Anschluss an Persien.
Theben hatte früher im Kampfe gegen Athen mit Sparta
gemeinsame Sache gemacht; seit dies mit Athen Hand in
Hand ging, gaben sich die Machthaber, eine extreme Adels-
faction, ganz dem persischen Interesse hin. Nur so konnten
sie hoffen, ihr Ziel, die Suprematie über ganz Boeotien, zu
erreichen. Die Thessaler hatten vor kurzem den Versuch
erneuert, Phokis zu unterwerfen (vgl. Bd. II, 468), aber eine
schwere Niederlage erlitten. Jetzt geboten im Lande die Aleuaden von Larisa, die nach mancherlei Wirren und Kämpfen
das Oberkönigthum über das ganze Land an ihr Haus gebracht hatten; und sie schürten in Susa eifrig zum Kriege,
um dadurch ihre Stellung zu festigen. Wohl gab es in Thessalien und Theben eine demokratische Opposition, die, um die
Adelsherrschaft zu stürzen, den Anschluss an Athen und
Sparta erstrebte; aber sie konnte so wenig aufkommen wie
in Athen die persisch gesinnten Anhänger der Tyrannis. Aus
Opposition gegen Theben und Thessalien standen wie Thespiae und Plataeae, die beiden einzigen noch unabhängigen
boeotischen Gemeinden, so die Phoker eifrig zur nationalen Sache.

Die Zahlen für Umfang und Einwohnerzahl des griechischen Ge-
biets, die natürlich nur approximative Gültigkeit beanspruchen, sind aus
Beloch, Bevölkerung der griech.-röm. Welt, entnommen, gegen dessen
Ansätze die Bevölkerungszahl etwas erhöht ist. — Phayllos von Kroton

Herod. VIII, 47. Pausan. X, 9, 2. — Die wahre Stimmung in Griechenland ist bei Herodot noch überall erkennbar, vor allem VII, 138 οἱ δὲ οὐ
δόντες (γῆν καὶ ὕδωρ) ἐν δείματι μεγάλῳ κατέστασαν, ἅτε οὔτε νεῶν ἐουσέων
ἐν τῇ Ἑλλάδι ἀριθμὸν ἀξιομάχων δέκεσθαι τὸν ἐπιόντα, οὔτε βουλομένων
τῶν πολλῶν ἀντάπτεσθαι τοῦ πολέμου, μηδιζόντων δὲ προθύμως.
— Zu Theben vgl. §. 219 A. Thuk. III, 62. — Ueber die Verhältnisse Thessaliens vgl. HILLER v. GÄRTRINGEN in »Aus der Anomia« S. 1 ff., der aber mit
Unrecht das Vorkommen eines Gesammtkönigthums in dieser Zeit bezweifelt
und unzweideutige Ausdrücke wie ὁ Θεσσαλῶν βασιλεύς auf locale Fürstenthümer deuten will. Im übrigen sind wir nur ganz unzulänglich unterrichtet.
Die Aleuaden, Thorax und seine Brüder (Herod. IX, 1. 58, vgl. Ktes.
29, 24), nennt Herod. VII, 6 Θεσσαλίης βασιλέες: das waren sie schon
498 (Pindar pyth. 10, 1 fl. 99 f.). Sie regierten also gemeinsam, unter
Leitung des ältesten Bruders, wie die Pisistratiden in Athen und die
Deinomeniden in Syrakus. Vor ihnen müssen Echekrates (Thuk. I, 111),
wahrscheinlich ein Pharsalier, und sein Sohn Antiochos das Königthum
inne gehabt haben; denn Simonides hat auf Antiochos' Tod einen θρῆνος
gedichtet (fr. 34), und da er jedenfalls um 468/7 starb (chron. par. 57.
Suidas; vgl. das von einem Literarhistoriker verfasste Epigramm 147
= Anth. pal. VIII, 28 auf seinen Sieg in Athen 477/6 [chron. par. 54],
nach dem er damals 80 Jahre alt war), lassen sich die beiden Könige
in der Zeit nach dem Perserkriege nicht unterbringen. Andererseits war
im Jahre 511 Kineas ἀνὴρ Κονιαῖος (von Gonnoi?) König, Herod. V, 63;
nach ihm muss Echekrates zur Macht gekommen sein. Θεσσαλίας ἀρχὸς
Ἐχεκρατίδας in dem Anakreon zugeschriebenen Epigramm 108 = Anth.
pal. VI, 142. Ἀντιόχῳ Θεσσαλῷ βασιλεύοντι πάντων Θετταλῶν sagt der
Sokratiker Aeschines bei Philostratos epist. p. 364 KAYSER. Seine Wittwe,
die Hetäre Thargelia von Milet (Hippias v. Elis fr. 1; Tract. de mul. 11
hei WESTERMANN, paradoxogr. 217 = Suidas s. v. Plut. Per. 24; die Quelle
ist Aeschines, vgl. NATORP, Philol. 51, 494), soll nach seinem Tode
30 Jahre regiert und für die Perser Propaganda gemacht haben. Ist
daran irgend etwas richtig, so müsste sie neben Thorax nominell das
Königthum geführt haben. — Echekrates und Antiochos standen wohl
mit den Skopaden in Verbindung, deren von Simonides fr. 32 besungene,
von der Legende ausgemalte Katastrophe doch gewiss einen politischen
Hintergrund hatte (vgl. Phanias bei Athen. X, 438 c; an ihrer Spitze
stand Skopas S. d. Kreon, vgl. Theokrit 16, 39 und die Scholien); sie
scheint in Pharsalos stattgefunden zu haben, obwohl Krannon Sitz des
Geschlechts war (Quintilian XI, 2, 14. Kallimachos fr. 71 u. a.). Durch
die Katastrophe mögen die Aleuaden zur Herrschaft gelangt sein, die sie
mindestens bis auf Leotychidas' Zug 469 (§. 287) behaupteten. Die Erzählung bei Aristoteles pol. VIII, 5, 9 wird in spätere Zeit gehören. —
Weiteres §. 338. — Krieg gegen die Phoker Herod. VIII. 27 f.

212. So waren die Verhältnisse überall zerrissen, die Stimmung gedrückt und schwankend, gerade auch in den Staaten, die sich zum Kampf entschlossen hatten. »Phoebos,« ruft ein megarischer Dichter aus, »du selbst hast diese Stadt mit Mauern geschirmt, wehre du das Mederheer von uns ab, damit wir ferner deine Feste feiern können; denn Furcht erfasst mich, blicke ich auf den Unverstand und den verderblichen Zwist unter den Hellenen; also schütze du gnädig unsere Stadt.« »Zeus möge diese Stadt beschirmen und die übrigen Götter,« heisst es in einem anderen Gedicht, »Apollo uns rechte Rede und rechte Gedanken verleihen. Musiciren wollen wir, trinken und plaudern und den Mederkrieg nicht fürchten. Das ist besser; einträchtigen Sinnes, ohne uns zu sorgen, wollen wir frohe Feste feiern und die Nöthe des Alters und den Tod uns fern halten.« Von solchen Stimmungen bis zum völligen Verzicht auf den Widerstand war nicht weit. Und war es denn wirklich ein so grosses Unglück, wenn man mit den Persern ein Abkommen schloss? Stand nicht bereits ein grosser Theil der Griechen unter persischer Herrschaft? und wäre es ihnen nicht ganz gut ergangen, wenn sie sich nicht zur Empörung hätten verleiten lassen? Gewiss war es ruhmvoller, zu kämpfen, aber doch nur, wenn man Aussicht auf Erfolg hatte; anderenfalls musste man die Fremdherrschaft über sich ergehen lassen. Wenn man sich rechtzeitig unterwarf, hatte man nicht einmal eine Aenderung der Verfassung zu erwarten, wohl aber eine Stärkung der Regierung gegen die unzufriedenen Elemente und dazu Belohnung und Machterweiterung. Viele mochte die Aussicht auf die reichen Ehren und Geschenke locken, die der König gewähren konnte, sie mochten hoffen, durch persischen Einfluss den Vorrang und die Herrschaft in der Heimath zu gewinnen. Die Perser führten keinen Vernichtungskrieg gegen die griechische Nation, sie waren bereit, ihre Götter und Heiligthümer zu ehren, ihre Städte unangetastet zu lassen so gut wie Besitz und Rechte jedes einzelnen; an dem behaglichen Stillleben der einzelnen Gemeinden änderte sich wenig, wenn sie sich bequemten, dem

368 II. 2. Salamis, Himera, Plataeae und Mykale.

Oberherrn eine Abgabe zu zahlen und auf eine Betheiligung
an der grossen Politik zu verzichten, in die einzugreifen sie
doch meist auch sonst gar nicht in der Lage waren. So kam
es, dass von den Männern, die sich durch die Geburt berufen
glaubten, die Geschicke ihrer Heimathgemeinde zu lenken, den
Vertretern der alten Adelsherrschaft, nicht wenige zur Unterwerfung bereit waren, Männer, die der Pflege der ritterlichen
Tugenden, der gymnastischen Ausbildung und des Sports
lebten und die, mochten auch manche sich von niederem
Ehrgeiz verleiten lassen, doch grösstentheils ein ernst und
tief empfundenes sittliches Ideal in der Brust trugen. Es
sind die Kreise, deren Anschauungen sich in Pindars Preis-
liedern für die Sieger in den nationalen Festspielen wieder-
spiegeln. Die Aleuaden Thessaliens waren gewiss in ihrer
Art ansehnliche Männer, die die Regierung nach den richtigen Grundsätzen des Adelsstaats zu führen gedachten; aber
sie waren die ersten, welche sich den Persern in die Arme
warfen. Der thebanische Adel machte es nicht anders.
Pindar selbst mochte im innersten Herzen empfinden, wie
unrühmlich ein derartiges Verhalten sei; aber er hielt zu
seinen Standesgenossen, mahnte die Gegenpartei zur Ruhe
und pries die Segnungen des Friedens. Freilich nicht alle
dachten so; der Adel Aeginas hat sein Verhalten im J. 491
desavouirt, und dieselben Männer, welche damals als Perser-
freunde von Sparta in athenisches Gewahrsam ausgeliefert
waren, haben muthig und treu zusammen mit den Korinthern und Athenern, den erbitterten Gegnern ihrer Heimath
in allen griechischen Händeln, für die nationale Sache gekämpft.

Die angeführten Gedichte Theogn. 757 ff. 773 ff. mögen von demselben Dichter herrühren; aber natürlich ist ihr Verfasser nicht der längst
verstorbene Theognis. Pindar über die Aleuaden: Pyth. 10, 99 ff. Mahn-
gedicht an die Thebaner fr. 109 (s. Polyb. IV, 31) und wohl auch 110.
Seinen Empfindungen nach der Katastrophe gibt er Isthm. 7 Ausdruck;
später hat er bekanntlich die griechischen Siege verherrlicht. Die Versuche, in anderen Gedichten Anspielungen auf seine Stellungnahme zu
den Ereignissen zu finden, sind unberechtigt.

213. Die Thessaler und die meist von ihnen abhängigen kleinen Nachbarstämme, Perrhaeber, Magneten, Phthioten, Aenianen, Doloper, Malier, die Lokrer, die Thebaner gaben den persischen Herolden Erde und Wasser; Argos hielt sich zurück, stand aber mit Persien in Verhandlung, ja es wurde beschuldigt, die Perser zum Krieg aufgereizt zu haben. Die übrigen Staaten, soweit sie bereit waren, am Kriege Theil zu nehmen, schickten Gesandte nach dem Isthmos zu gemeinsamen Berathungen. Freilich, ob ihre Pläne ausführbar seien, war fraglich genug. Die höchste Autorität in der griechischen Welt, die einzige Institution, welche eine allgemein anerkannte geistige und politische Führerrolle in Anspruch nehmen konnte, das delphische Orakel, war entgegengesetzter Ansicht. Wie den Branchiden von Didymoi war auch den Orakeln des Mutterlands und vor allem der delphischen Priesterschaft die Ueberlegenheit der persischen Macht, die Aussichtslosigkeit des Widerstands über jeden Zweifel erhaben. Der Eindruck der jähen Katastrophe des Kroesos wirkte noch nach; aber auch eine kühle Ueberlegung musste zu demselben Ergebniss führen gerade bei Männern, die ganz in den althergebrachten Anschauungen lebten. Die neuen Strömungen, die Entwickelung der attischen Seemacht waren ihnen unheimlich und fremd; was konnten Athens Schiffe ausrichten gegen die persische Uebermacht, die in der Schlacht bei Lade aufs neue erwiesen war? Dass aber im Landkampf alle Ausbildung athletischer Körperkraft, aller Heldenmuth und alle Tapferkeit der Hoplitenheere auf die Dauer nichts ausrichten konnten, selbst wenn es ihnen gelang, einzelne Erfolge zu erringen und den Persern schwere Verluste beizubringen, stand ihnen klar vor Augen. Waren sie, die berufenen Vertreter der Nation, da nicht verpflichtet, mit allen Mitteln Unterwerfung zu predigen und den verblendeten Kampfesmuth, wo er entfacht war, zu dämpfen? So hat das Orakel den Argivern und den Kretern von der Theilnahme am Kampf abgerathen, es hat den Spartanern warnende Sprüche gegeben, vor allem aber für Athen hatte es nur unheilverkündende Worte. Die Stadt

war der Rache der Perser unrettbar verfallen; Pallas Athene,
so sehr sie Zeus um Wendung des Geschicks anflehte, vermochte ihre Stadt nicht mehr zu retten.   Der einzige Rath,
den der Gott geben konnte, war: »ans Ende der Welt zu
fliehen«, die Stadt zu verlassen, ehe die Perser erschienen und
ihren Bewohnern das Schicksal der Eretrier bereiteten, und
vertrauend auf die »hölzerne Mauer«, die Flotte, in der Ferne
eine neue Heimath zu suchen, in der die Gnade der Götter
sich ihnen wieder zuwenden werde.

Das Orakel an Sparta, Her. VII, 220, das den Tod des Königs verkündet, scheint spätere Mache zu sein, ebenso die Schlussverse des zweiten
Orakels an Athen VII, 141 über Salamis. Im Übrigen aber sind die
beiden Orakel an Athen VII, 140 f. sicher ächt (aus dem ersten entlehnt
Aesch. Pers. 84 einen Ausdruck). Auch die Orakel an Argos VII, 148
und Kreta VII, 169 zu beanstanden liegt kein Grund vor.

214. War die Auffassung des delphischen Orakels nicht
der Sache entsprechend? In derselben Lage hatte sich ein
Jahrhundert vorher, wie vor ihm zahlreiche syrische Kleinstaaten gegenüber den Assyrern, so zuletzt das Reich von Jerusalem der Chaldaeermacht gegenüber befunden. In blindem
Vertrauen auf die eigene Kraft und die schützende Gottheit
und auf die Hülfe, die man von Aegypten zu erwarten habe,
hatte die nationale Partei immer aufs neue zum Krieg gedrängt, während ihr gegenüber die Führer der religiösen Entwickelung, Jeremias an der Spitze, in richtiger Schätzung der
politischen Lage die Unterwerfung unter die Chaldaeer predigten und in dem nationalen Selbstvertrauen nur Halsstarrig-
keit und Trotz gegen den Willen der Gottheit sahen, der ein
schweres Strafgericht unvermeidlich mache. Der Ausgang hat
ihnen recht gegeben. Und ein paar Jahrhunderte später war
die griechische Nation in derselben Lage, als sie unter An-
rufung des Geistes der Perserkriege wieder und wieder die
Erhebung gegen die Makedonen und dann gegen die Römer
versuchte, obwohl sie bei der Umwandlung der Weltlage völlig
aussichtslos geworden war. Da erkennen wir im Gegensatz
zu den zum Kriege hetzenden Demagogen wie Diaeos und

Aristion den patriotischen Muth der Männer an, welche es wagten den Thatsachen ins Gesicht zu schauen, welche die Unterwerfung in das Unvermeidliche forderten, um innerhalb des Spielraums, den die fremden Machthaber noch gewährten, zu retten was von Selbständigkeit noch zu retten war. In den Perserkriegen hat der Erfolg anders entschieden; aber es wäre ungerecht, deshalb der delphischen Priesterschaft und ihren Gesinnungsgenossen unehrliche Motive zuzuschreiben. Der patriotische Kriegsmuth der Bürgerschaft in Athen, in Sparta und sonst im Peloponnes war für den Fall, dass man den Krieg durchführen konnte, von höchstem Werth; aber ob der Entschluss zum Kriege gerechtfertigt sei, darüber konnte, wie 1809, 1812 und 1813 in Preussen, nur eine kühle, staatsmännische Erwägung entscheiden, welche alle politischen und militärischen Factoren gegen einander abzuwägen im Stande war.

215. Bei dem Congress auf dem Isthmos waren ausser sämmtlichen Staaten des peloponnesischen Bundes und den Athenern aus Euboea Chalkis, Eretria, das aus seinen Trümmern wieder aufgebaut war, und Styra vertreten, von den Kykladen Keos, Kythnos, Seriphos, Siphnos, Melos, aus Boeotien die Thespier und Plataeer, ferner die politisch von der Mutterstadt abhängigen korinthischen Colonien Leukas, Anaktorion und Ambrakia, endlich die Phoker und vielleicht noch einige kleinere Gemeinden Mittelgriechenlands. Vor der nationalen Aufgabe mussten die particularen Interessen zurücktreten: alle Fehden zwischen den einzelnen Staaten, vor allem der Krieg zwischen Athen und Aegina, wurden beigelegt, ein hellenischer Bund zur Abwehr der Barbaren geschlossen. Denjenigen Staaten, welche freiwillig sich den Persern unterwerfen würden, wurde als Verräthern an der nationalen Sache im Falle des Sieges die Vernichtung angelobt; ihr Besitz sollte als Beute vertheilt werden und dem delphischen Gotte der Zehnte zufallen. Zugleich forderte man alle übrigen Staaten zum Beitritt auf. Positiven Erfolg hatte das freilich nur insoweit, dass die persisch gesinnten Gemeinden sich noch zurückhielten; ja die Thessaler erklärten, sie würden dem Bunde

beitreten, wenn dieser es unternähme, ihr Gebiet zu schirmen.
Um über den Stand der persischen Rüstungen Genaueres zu
erfahren, schickte man Kundschafter nach Asien. Dieselben
wurden aufgegriffen, aber auf Xerxes' Befehl im Lager herum-
geführt und entlassen: er glaubte, es könne nur einschüch-
ternd wirken, wenn die Griechen von dem Umfang der
drohenden Gefahr genaue Kunde erhielten.

Das Verzeichniss der verbündeten Staaten ist auf der aus Delphi
stammenden Schlangensäule in Constantinopel erhalten: IGA. 70, cor-
recter FABRICIUS, Jahrb. arch. Inst. I und danach DS. ⁷ 7; dieselbe Liste,
nur mit Auslassung einiger Namen [vielleicht in Folge von Beschädi-
gungen], gab die Basis der Zeusstatue in Olympia (Pausan. V, 23). Beide
Denkmäler sind als Weihgeschenke für den Perserkrieg nach der Schlacht
von Plataeae errichtet und schon von Herodot benutzt (VIII, 82. IX, 81;
vgl. Thuk. I, 132). Einzelne in der Inschrift genannte Orte (Tenos,
Naxos, Potidaea) haben sich erst später der nationalen Sache angeschlossen. Seriphos Her. VIII, 46. 48 (vgl. 66) und Pale auf Kephalenia
(IX, 28. 31; vgl. §. 235 A.) sind offenbar in Folge von Flüchtigkeit nicht
genannt und haben unterlassen zu reclamiren. DOMASZEWSKI's Versuch,
Heidelb. Jahrb. I, 181, die aufgezählten Staaten in Bundesgenossen von
Sparta, Athen [zu denen Mykene und Elis gehören sollen] und Korinth
zu zerlegen, ist nicht haltbar [s. jetzt SWOBODA, arch. epigr. Mitth. XX,
130 ff.]. — Beschlüsse der Bundesversammlung auf dem Isthmos Her.
VII, 132. 145. 172 (die von Ephoros zu einer ständigen, während und
nach dem Kriege die gemeinsamen Angelegenheiten leitenden Körperschaft gemacht wird, ebenso Plut. Arist. 12, vgl. §. 240 A.), von den Späteren mehrfach ausgeschmückt; so sollen Themistokles und der aus Her.
IX, 9 entlehnte Tegeate Chileos die Versöhnung durchgesetzt haben (Plut.
Them. 6); der Eid über die Rache an den Abtrünnigen [über die Bedeutung von δεκατεῦσαι DITTENBERGER, ind. lect. Halle 1890/91] wird vor
die Schlacht bei Plataeae verlegt (angebl. Wortlaut Lycurg c. Leocr. 81
und Diod. XI, 28 mit kleinen Modificationen; darin auch die unsinnige
Bestimmung, die zerstörten Tempel nicht wieder aufzubauen, die Isokr.
paneg. 156 auf die Ionier überträgt); dagegen Theopomp fr. 167. Dass
Themistokles im Jahre 480/79 und jedenfalls schon im Jahre vorher
attischer Oberfeldherr war (§. 201), ist nicht zu bezweifeln; die Geschichte
Plut. Them. 6 hat allerdings keinen Werth.

216. Die Delegirten der kriegführenden Staaten blieben
als Bundesrath ständig versammelt. Die berufenen Führer
im Kriege waren die Spartaner, zu Lande wie zur See; kein

anderer Staat besass eine Autorität, der die übrigen sich
untergeordnet hätten. Aber die eigentliche Entscheidung lag
in den Besprechungen, welche Themistokles als Vertrauens-
mann Athens, vom Volk mit dem Oberbefehl für den Krieg
ausgestaltet, mit der spartanischen Regierung, d. h. mit den
Ephoren hielt. Wir kennen die Namen der Männer nicht,
welche damals in Sparta den massgebenden Einfluss hatten;
aber sie erwiesen sich der Situation gewachsen. Themistokles
hatte von Anfang an die Ueberzeugung gehabt, dass die Entscheidung auf der See liege; ein griechischer Landsieg konnte
auf die Dauer wenig nützen, aber umgekehrt war das persische
Landheer lahm gelegt, wenn die Flotte geschlagen war. Daraus ergab sich für den Feldzug als Grundgedanke, dass das
griechische Landheer lediglich die Flotte zu decken und ihr
die Möglichkeit zu verschaffen habe, eine Schlacht unter günstigen Bedingungen zu schlagen, dass es selbst aber eine
Schlacht möglichst vermeiden müsse; ein Gedanke von so
zwingender Einfachheit und Klarheit, wie ihn nur der Genius
zu fassen und durchzuführen vermag. Die Spartaner nahmen
den Plan an, so sehr es ihnen widerstreben mochte, das
Landheer in den Hintergrund zu drängen und der Flotte die
Entscheidung zu überlassen. Die grosse Masse sowohl der
Kämpfenden wie später derer, die von den Kämpfen erzählten
und die Tradition gestalteten, hatten von dem Gedanken, der
den Operationen zu Grunde lag, keine Kenntniss, wären auch
nicht im Stande gewesen, ihn zu begreifen; so haben sie die
Spartaner mit Vorwürfen überschüttet, obwohl ihr Verhalten
durchaus untadelhaft und im Gegentheil des höchsten Preises
werth war. Die neueren Kritiker haben das nachgesprochen:
der Grundgedanke des griechischen Feldzugsplans, so deutlich er sich in den Ereignissen selbst ausspricht, ist dennoch
von ihnen nicht erkannt worden.

Die Discussionen bei Herodot (vgl. §. 144) und den Späteren über
die Hegemonie sind rhetorische Machwerke, welche die Anschauungen
der Zeit des peloponnesischen Kriegs in die Verhältnisse der Perserkriege hineintragen, vgl. Forsch. II, 218 ff. Die Neueren haben mit Un-

recht auf diese Frage ein grosses Gewicht gelegt; in Wirklichkeit ist sie
theoretisch und praktisch ohne jede Bedeutung gewesen. Zum Feldzugsplan und dem Verhalten der Spartaner vgl. Forsch. II, 206 ff.

Xerxes' Feldzug.   Artemision und Thermopylae.

217. Im Frühjahr 480 brach Xerxes von Sardes auf,
überschritt im Mai die Brücken über den Hellespont, und
führte sein Landheer auf der Küstenstrasse durch Thrakien.
Etwa Ende Juli hatte er Thermae (jetzt Salonik), den Haupthafen Makedoniens, nahe der Grenze seines ungeheuren Reichs,
erreicht. Hier traf auch die Flotte ein, die das Landheer begleitet und dann den Athoscanal durchfahren und die westlichen Landzungen der Chalkidike umschifft hatte. Den Kern
des Heeres bildeten die iranischen Truppen, Perser, Meder,
Baktrer, und die sakischen Bogenschützen; doch steht zweifellos fest, dass alle Völkerschaften des Reichs, soweit sie nicht
zum Flottendienst herangezogen waren, Contingente zum Landheer gestellt haben. Wie stark das Heer gewesen ist, lässt
sich nur ganz vermuthungsweise abschätzen. Herodot gibt an,
bei der Parade auf dem Felde von Doriskos am Hebros sei
das Fussvolk nach Abtheilungen von Zehntausenden gezählt, oder vielmehr gemessen worden, und dabei hätten sich
1,700,000 Mann ergeben; dazu kämen 80,000 Reiter, 20,000
Kameelreiter und Wagenmannschaften, ferner der ständig anwachsende Zuzug von den europaeischen Völkerschaften, der
auf 300,000 Mann zu veranschlagen sei. Ktesias und Ephoros
haben statt dessen 800,000, andere 700,000 Mann angegeben.
Dass all diese Zahlen absurd sind, bedarf keiner Ausführung.
Das Heer brauchte zum Uebergang über den Hellespont angeblich sieben Tage und Nächte — auf der einen Brücke die
Krieger, auf der anderen der Train und der Tross —; es
marschirte in Thrakien auf drei parallelen Strassen (Her. VII,
121); aber es konnte sich doch in Thrakien wie in Griechenland nur auf einem eng begrenzten Raum bewegen, und Tage
lang ohne Verpflegungsschwierigkeiten in der etwa vier Meilen

breiten Ebene von Therme bis zum Haliakmon lagern, während die Flotte den Golf füllte. Auf mehr als höchstens etwa 100,000 Mann wird man demnach die Landarmee keinesfalls schätzen dürfen, dazu einen sehr grossen Tross, der die Zahl der Combattanten überstiegen haben wird. Was sie durch Krankheiten, Garnisonen u. ä. verlor, mag durch den Zuzug der unterworfenen Gebiete sowie später der Thessaler und Boeoter ausgeglichen sein. Eine Armee von dieser Stärke musste den Griechen unermesslich erscheinen; auch ist es sehr wohl glaublich, dass ihr die Wasserversorgung Schwierigkeiten machte und viele der im Sommer zu dünnen Wasserrinnen zusammengeschrumpften Wasserläufe Thrakiens und Griechenlands völlig erschöpft wurden. — Die persische Flotte bei Salamis war nach Aeschylos 1000 Schiffe stark, darunter (oder dazu?) 207 Schnellruderer. Die populäre Tradition hat meist an der runden Zahl von 1000 Schiffen festgehalten. Dagegen hat Herodot die Stelle so gedeutet, dass die Gesammtzahl 1207 betragen habe. Er lässt aber Xerxes' Flotte beim Auszug so stark gewesen sein — er fügt noch 3000 kleinere Fahrzeuge hinzu und vertheilt die 1207 Schiffe auf die einzelnen Küstenvölker, so dass man deutlich sieht, wie werthlos derartige Listen bei ihm sind. Da die Flotte nach seinem eigenen Bericht durch Stürme und die Kämpfe beim Artemision über die Hälfte ihres Bestandes verliert, ist er, um bei Salamis auf die überlieferte Zahl zu kommen, zu der ungeheuerlichen Annahme gezwungen, der Verlust sei durch den Zuzug aus Griechenland wieder ausgeglichen (VIII, 66), im Widerspruch mit seiner wiederholten Angabe (VII, 236. VIII, 13), dass die persische Flotte durch die Verluste der griechischen ziemlich gleich geworden sei. In Wirklichkeit kann denn auch die persische Flotte bei Salamis nicht viel stärker als die griechische gewesen sein; denn war sie damals noch im Stande, gleichzeitig die griechische mit überlegener Macht im Schach zu halten und ein starkes Detachement nach dem Peloponnes zu entsenden, so wäre es niemals zu einer Seeschlacht gekommen. Die griechische Flotte bei Salamis

war zwischen 300 und 400 Trieren stark; danach werden wir
der persischen damals kaum mehr als 400—500 Kriegsschiffe
— die gewiss nicht sämmtlich Trieren waren — zuschreiben
dürfen. Beim Auszug mögen es etwa 200—300 mehr gewesen sein. Dazu kam aber eine grosse Zahl von Transport-
schiffen, Kähnen u. ä., so dass die Gesammtsumme von
1000 Schiffen nicht unberechtigt ist. Wenn die Trieren, wie
Herodot, wahrscheinlich allerdings zu hoch (vgl. §. 207 A.),
annimmt, mit 200 Ruderern und 30 Kriegern bemannt waren,
so mag auch die Flotte beim Auszug alles in allem etwa
150,000—200,000 Menschen gezählt haben.

Die Chronologie des Xerxeszuges hat Busolt, Fl. Jahrb. 1887, 33 der
Hauptsache nach richtig gestellt; nur überschätzt er den durchschnitt-
lichen Tagesmarsch der Perser. Nach Herod. VIII, 51 hat Xerxes vom
Hellespont bis Athen 3 Monate gebraucht. Nach Athen kam er etwa Mitte
September; für den Marsch von den Thermopylen bis Athen (ca. 20 Meilen)
sind etwa 14 Tage zu rechnen, von Therme durch Thessalien bis zu den
Thermopylen (ca. 35 Meilen) nach Herodot VII. 183. 196 etwa 15 Tage.
Dazu kommt der Aufenthalt an den Thermopylen. Also ist Xerxes An-
fang August von Therme aufgebrochen. Dem entspricht es, dass die
Schlacht bei Termopylae in die Zeit der Olympien und der Karneen, d. i.
in den attischen Metageitnion (Bischoff, de fast. Graec. ant. Leipz. Stud.
VII, 367) fiel; dieser begann im Jahre 480 am 5. August. In Therme
hat er sich mehrere Tage aufgehalten (VII, 131). Somit bleiben für den
Marsch von Sestos bis Therme (ca. 60—65 Meilen) 1½ Monate. Am
Hellespont hat sich Xerxes einen Monat aufgehalten (VIII, 51, also Anfang Mai bis Anfang Juni), für die 50 Meilen von Sardes bis Abydos hat
er mindestens einen Monat gebraucht. Also ist er Anfang April aufgebrochen [vgl. §. 190 A.]. — Die Heranziehung aller Völker zum Kriegsdienst
schildert Aeschylos ganz wie Herodot. Heereszahlen: Herod. VII, 60 ff.
87. 89. 184 ff. VIII, 66. Bekanntlich rechnet er als Gesammtsumme einschliesslich des Trosses 5,283,220 Mann heraus. Das gleichzeitige Epigramm von den Thermopylen, Herod. VII, 228, gibt 3 Millionen. Ktesias
29, 23 gibt 800,000 ausser den Wagen [Aelian v. hist. 13, 3. der aus
ihm schöpft, 700,000], ebenso Diod. XI, 3 (Ephoros) [dazu c. 5 200,000
aus Europa]; Isokr. 5, 100. 12, 49 gibt 700,000, ebenso Justin 2. 10, dazu
300,000 de auxiliis. Nepos Them. 2 700,000 zu Fuss, 400,000 Reiter.
Schiffe: Aesch. Pers. 341, von dem Herodot deutlich abhängig ist. Danach geben Isokr. 12, 49 1300; Isokr. 4, 93. 97. 118. Lysias 2, 27. Diod.
11, 3. Nepos Them. 2 1200 Schiffe (dazu 850 ἱππαγωγοί, 3000 Trie-

konteren Diod., 2000 onerariae Nepos); dagegen Ktes. 29. 23. Plato leg
III, 699 b. Lys. 2, 32. 45. Demosth. 14, 29 1000 Trieren. — Zur Kritik
s. vor allem DELBRÜCK, Perserkriege und Burgunderkriege. Die Annahme,
dass wenigstens für Mardonios' Heer die bei Herodot überlieferte Zahl
(300.000 Mann ausser den griechischen Truppen VIII, 113. IX, 32) historisch sei, wird von ihm schlagend widerlegt. Mardonios' Heer kann
nicht sehr viel grösser als das griechische bei Plataeae gewesen sein;
DELBRÜCK schätzt es auf 45—55,000 Mann. Da Xerxes sich von Artabazos an den Hellespont geleiten lässt, VIII, 126, also gegen Herodots
Anschauung wohl ein grosses Gefolge, aber keine Truppen mit nach
Asien genommen hat, schätzt er auch Xerxes' Heer beim Auszug nicht
grösser. Dabei sind indessen die Verluste, die das Heer auch abgesehen
von den Kämpfen während eines Jahres erlitten haben muss, nicht
genügend berücksichtigt. — Zu den Zahlen vergleiche man, dass Antiochos d. Gr., dessen Reich an Umfang dem persischen nicht viel nach-
stand, bei Magnesia nur etwas über 70,000 Mann zusammengebracht
hatte. Nach Griechenland ist er im Jahre 192 gar nur mit 10,000 Mann,
500 Reitern und 6 Elephanten hinübergegangen, die auf einer Flotte von
40 gedeckten, 60 offenen und 200 Lastschiffen transportirt wurden. Dass
die Meinung, die Zahl der Kriegsschiffe hätten die Griechen leicht feststellen oder gar die Schiffe selbst zählen können, irrig ist, wird jeder
bestätigen, der einen stark belebten Hafen gesehen hat. — Lager in
Therme Herod. VII, 124. 127.

218. Auf das Hülfsgesuch der Thessaler (§. 215) hatten
die Griechen im Frühjahr 480 ein Corps zur Besetzung des
Tempepasses entsandt, unter Führung des Spartaners Euainetos
und des Themistokles. Aber bald überzeugte man sich, dass
diese Stellung unhaltbar war. An der steilen magnesischen
Küste, am Fuss des Ossa und Pelion, konnte die Flotte den
Persern nicht entgegentreten; zu Lande aber liess sich die
Stellung auf dem Wege nördlich vom Olymp durchs Perrhaeber-
land bequem umgehen. Auch König Alexander von Makedonien, der zwar den Persern Heeresfolge leisten musste, aber
auf den Sieg der Griechen und den Sturz der Fremdherrschaft
hoffte, warnte dringend davor, hier den Kampf aufzunehmen.
So entschied man sich, Thessalien den Feinden zu überlassen.
Um so geeigneter zur Abwehr schien die Position im Süden
Thessaliens. Hier bildet das Meer zwischen Euboea und den
thessalischen Küsten einen tief ins Festland einschneidenden

Sund, der den Griechen Schutz gewährte und den Persern die
volle Entfaltung ihrer Seemacht unmöglich machte. An der
Südseite des Sundes, jenseits der Mündung des Spercheios,
treten die Ausläufer des Oeta unmittelbar ans Meer und
lassen nur für eine schmale Fahrstrasse Raum. Zu umgehen
war die Stellung natürlich, sowohl auf Gebirgspfaden, wie
auf der Strasse, welche durch den Pass von Trachis in das
Kephissosthal hinüberführt. Aber darüber verging Zeit; für
mehrere Tage konnte in den Thermopylen ein schwaches
Corps der feindlichen Armee den Weg sperren, und inzwischen
mochte die Flotte die Entscheidung herbeiführen.

Der Thermopylenpass hat sich auch jetzt kaum verändert, da der
Spercheios zwar viel Land angeschwemmt hat, dies aber nur Sumpf ist
und daher das alte Meerufer genau erkennen lässt. — Uneinnehmbare
Stellungen existiren nur in der Phantasie; die populäre Meinung braucht
aber einen schwarzen »Verräther«, der Xerxes den Weg zeigte, und wusste
auch eine ganze Anzahl Schuldige (Herod. VII, 213 f. Ktes. 29. 24) zu
nennen; in Wirklichkeit hätten die Perser den Weg gefunden, auch wenn
sie keinen Führer fanden. Localität von Artemision: LOLLING MAI. VIII.

219. Auf die Kunde von Xerxes' Ankunft in Therme
nahm die griechische Flotte, nach der Ueberlieferung 271 Trieren
und 9 Fünfzigruderer stark, am Nordstrande Euboeas bei
einem Heiligthum der Artemis Proseoia Stellung, gegenüber
der Meerenge, welche zwischen dem Vorgebirge Sepias, dem
Endpunkt der magnesischen Küste, und der Insel Skiathos
hindurchführt. Commandant der Flotte war der spartanische
Admiral Eurybiades; aber die 127 Schiffe, die Athen gestellt
hatte — dazu 20, die von Chalkis bemannt wurden —, gaben
dem Themistokles das entscheidende Uebergewicht. Von anderen Staaten hatte Korinth 40, Megara 20, Aegina nur 18,
Sikyon 12, Sparta, das nur über eine sehr schwache Seewehr
verfügte, 10 Trieren entsandt; dazu kamen 8 Schiffe von
Epidauros, 5 von Troezen, 7 von Eretria, 2 von Styra,
2 Trieren und 2 Fünfzigruderer von Keos, endlich 7 Fünfzigruderer der Lokrer von Opus. Der Rest der athenischen
Flotte, 53 Schiffe, ist offenbar zur Deckung der Rückzugslinie durch den Euripos an der attischen Küste stationirt

worden. Zur Besetzung der Thermopylen rückte König Leonidas selbst ins Feld, mit einem Heer von 4000 Peloponnesiern, darunter 300 Spartiaten, denen sich aus Boeotien
700 Thespier und, widerwillig genug, 400 Thebaner anschlossen, ferner die Aufgebote der Phoker und der opunti-
schen Lokrer. Das war ein Heer, das zur Deckung des Passes
und damit zur Sicherung der Operationen der Flotte vollkommen ausreichte. Den angsterfüllten Bewohnern Mittelgriechenlands mag man verheissen haben, dass ein grösseres
Heer bald nachfolgen werde. Aber beabsichtigt war das niemals, da der Plan, dem Heere des Xerxes eine Feldschlacht
zu liefern, überhaupt nicht bestand; das wäre der sichere
Untergang gewesen.

Zur Schlachtschilderung Herodots s. vor allem Bury, the Campaign
of Artemisium and Thermopylae, Annual of the British School of Athens
1895/96, der den Zusammenhang beider Schlachten mit Recht betont,
wenn er auch den Kampf bei Thermopylae falsch beurtheilt. Die Chronologie, die bei Herodot in Verwirrung ist, hat er vielleicht richtig hergestellt,
indem er annimmt, dass der Sturm an der magnesischen Küste mit dem,
welcher die Euboea umsegelnde Flotte vernichtete, identisch sei; doch
ist Gewissheit in solchen Dingen nicht zu erlangen, und so folge ich
Herodots Erzählung. Die Bedeutung der 53 athenischen Schiffe hat Bury
gleichfalls richtig erkannt; ohne eine solche Deckung hätte auch der ge-
dankenloseste Feldherr die Stellung beim Artemision nicht einnehmen
können, geschweige denn Themistokles. Bury's Vermuthung, dass der
erste Rückzug der griechischen Flotte in den Euripos aus der Entsendung dieser Schiffe entstanden sei, hat viel für sich. — Die Zahlen der
griechischen Schiffe sind natürlich unsicher, aber wir haben nichts anderes.
Beloch (Bevölkerung 508, vgl. griech. Gesch. I, 372, 3) geht in der Kritik
viel zu weit. — Dass zur Zeit der Thermopylenschlacht die Olympien
und die Karneen gefeiert wurden (Herod. VII, 206. VIII, 26. 72), ist
völlig richtig; aber dass die Spartaner und die übrigen Peloponnesier
sich dadurch hätten abhalten lassen, in grösserer Stärke auszurücken,
ist absurd. Die Meinung, die Peloponnesier müssten in voller Stärke in
Mittelgriechenland einrücken und liessen ihre Bundesgenossen schmählich im Stich, wenn sie das nicht thäten, mag damals schon bestanden
haben und ist später weiter ausgebildet (Her. VII, 207. VIII, 40); aber
berechtigt ist sie nicht. Von officieller Färbung der Berichte, von der
Busolt, Gr. Gesch. II, 677 im Anschluss an den bekannten verfehlten
Aufsatz von Nitzsch (Die Tradition der Perserkriege, Rh. Mus. 27) redet,

vermag ich bei Herodot nichts zu finden. — 4000 Peloponnesier an den
Thermopylen: Epigramm bei Herod. VII, 228. In seiner Aufzählung VII,
202 hat er die Perioeken vergessen, die Ephoros bei Diod. XI, 4 nach-
trägt. Die Thebaner werden bei Herodot in gehässigster Weise behandelt, auf Grund einer attischen Version, die eingestandenermassen von
den Ereignissen von 431 beeinflusst ist (VII, 233); die Brandmarkung
durch Xerxes ist boshafte Erfindung. Sonst vgl. Plut. de mal. Her. 33,
der angibt, nach den Localschriftstellern sei nicht Leontiades, sondern
Anaxandros ihr Führer gewesen. Ephoros' Behauptung (Diod. XI, 4),
sie hätten der antipersischen Partei angehört, ist freilich nicht richtig.
Vielmehr war Theben bis dahin Mitglied des hellenischen Bundes und
musste Leonidas Heeresfolge leisten; als aber die Schlacht verloren war,
sind sie so bald wie möglich zu den Persern übergegangen. Auch nach
Tempe hatten sie 500 Mann zum Bundesheer entsandt (Plut. mal. Her. 31).
Vgl. Forsch. II. 210 ff. — Eine Reihe alberner Anekdoten über den Kampf
bei Thermopylae hat Ephoros bei Diod. XI, 4. 6. 9. 10 = Justin. II, 11
aufgenommen, die z. Th. bei Plutarch mal. Her. 32 wiederkehren (vgl.
Plut. apophth. Leon.). Sonst ist völlig klar, dass Ephoros für diese Kämpfe
überall nur Herodot benutzt hat [abgesehen von dem Gedicht des
Simonides c. 11].

220. Xerxes rückte, nachdem er einen Weg durch die
Olympospässe hatte bahnen lassen, ohne Widerstand zu finden, in
Thessalien ein, von dem Adel mit offenen Armen aufgenommen.
Nachdem er am pagasaeischen Golf die Meeresküste wieder
erreicht hatte, ging auch die Flotte von Therme aus vor.
Aber an der magnesischen Küste überfiel sie ein heftiger
Sturm, der drei Tage lang wüthete und ihr an dem hafenlosen felsigen Gestade schwere Verluste (angeblich mindestens
400 Schiffe) beibrachte. Vor dem ersten Anrücken der persischen Flotte waren die griechischen Schiffe nach einem unglücklichen Vorpostengefecht bis in den Euripos zurückgewichen; jetzt kehrten sie in ihre alte Stellung zurück, während
die Perser an der gegenüberliegenden Küste, bei Aphetae am
Eingang des pagasaeischen Golfs, vor Anker gingen. 15 Schiffe
ihrer Nachhut wurden von den Griechen abgefangen. In denselben Tagen war Xerxes mit dem Landheer ins malische
Land eingerückt und lagerte vor den Thermopylen. So standen sich die Heere zu Lande wie zur See unmittelbar gegenüber; eine Schlacht war nicht mehr zu vermeiden. Wer zu-

erst auf einem der beiden Schlachtfelder den Gegner zu werfen
vermochte, hatte damit auch auf dem anderen den Sieg gewonnen. Die Griechen hatten Defensivstellungen eingenommen
und waren zur Vertheidigung bereit, wenn auch der Flotte
der Entschluss Stand zu halten schwer genug wurde. Aber
Xerxes zögerte mit dem Angriff; er mochte Bedenken tragen,
die starke Stellung in den Thermopylen zu stürmen; und die
Flotte musste zunächst die Schäden repariren, die der Sturm
ihr zugefügt hatte. Dann entsandte sie ein Geschwader von
angeblich 200 Schiffen, um Euboea an der Ostküste zu umschiffen und den Griechen in den Rücken zu fallen. Endlich
am fünften Tage liess Xerxes den Sturm auf die Thermopylen beginnen. Da blieb auch der griechischen Flotte keine
Wahl mehr, zumal sie von dem persischen Umgehungsver-
such Kunde hatte; gegen Abend desselben Tages ging sie
zum Angriff vor. Zur Deckung gegen die Ueberzahl und die
überlegene Manövrirtüchtigkeit der Feinde zog sie sich, als
diese den Kampf aufnahmen, in eine halbkreisförmige Stellung
zurück, nach hinten eng zusammengedrängt, und unternahm
von da aus erfolgreiche Vorstösse. Als die Nacht einbrach, hatte
sie die See behauptet und eine Anzahl Schiffe erbeutet, vor
allem aber gesteigertes Vertrauen zu sich selbst gewonnen.
In der Nacht fügte ein heftiges Unwetter den Feinden weiteren
Schaden zu und vernichtete das zur Umgehung entsandte Geschwader, so dass jetzt auch die 53 detachirten attischen
Schiffe zur Hauptmacht stossen konnten. Am nächsten Tag
konnten die Perser zur See keinen ernsthaften Kampf unternehmen; so gelang es den Griechen, eine Anzahl kilikischer
Schiffe zu vernichten. Während dessen wüthete der Landkampf ununterbrochen; an beiden Tagen hatte sich, da weder
die numerische Uebermacht noch die Reiterei zur Geltung
kommen konnte, im Nahkampf die Ueberlegenheit der Griechen
glänzend bewährt. So blieb Xerxes nichts übrig als eine Umgehung der feindlichen Stellung zu versuchen. In der Nacht
erstieg die persische Garde unter Hydarnes, von ortskundigen
Führern geleitet, die Höhen, warf die Phoker, welche den

Gebirgspfad hatten decken sollen, und machte dadurch die Behauptung des Passes unmöglich. Einem Theil der griechischen Contingente gelang es zu entkommen, wie es heisst, von Leonidas selbst entlassen; für den König und seine Spartaner dagegen gab es keine Wahl. Sie waren entschlossen, »getreu den Geboten der Heimath« bis zum letzten Athemzug auf ihrem Posten auszuharren. Die Thespier schlossen sich ihnen an. Schritt für Schritt haben sie den Boden vertheidigt, bis die letzten auf einem Hügel, der den Eingang des Passes deckt, niedersanken. Während dessen war gegen Mittag auch die persische Flotte zum Angriff vorgegangen. Beide Flotten rangen hartnäckig mit einander, so dass die Schlacht unentschieden blieb. Aber die Griechen hatten schwere Verluste erlitten, und ein grosser Theil der übrigen Schiffe war arg beschädigt, so dass sie beschlossen, den weiteren Kampf aufzugeben und sich zurückzuziehen, um die Flotte für eine günstigere Gelegenheit zu retten. Als dann am Abend die Kunde vom Fall der Thermopylen kam, war ihre Stellung vollends unhaltbar. Der Abzug gelang während der Nacht vom Feinde unbemerkt; durch den Euripos erreichten sie den saronischen Golf. So endete die dreitägige Schlacht trotz schwerer Verluste mit dem vollen Siege der Perser. Der Versuch der Griechen, die feindliche Uebermacht zur See zu brechen, war gescheitert, und gleichzeitig war es gelungen, das Landheer zu vernichten, welches die Flotte hatte decken sollen. Und doch waren diese Kämpfe für die griechische Sache nicht erfolglos gewesen: die Flotte war intact aus den Kämpfen gerettet und hatte keinen Grund, wenn sie sich erholt hatte, eine neue Begegnung mit dem Feinde zu scheuen. Der Heldentod des Leonidas und seiner Schaar aber hatte vollends das Vertrauen eher gestärkt als gebrochen; in glänzendem Vorbilde zeigte er der Nation den Weg, den sie zu gehen hatte, und brachte ihr tiefer und lebendiger als alle Worte es vermocht hätten zum Bewusstsein, dass es für sie keine Wahl gebe als zu siegen oder in Ehren unterzugehen.

Was etwa der Geschichte Her. VIII, 4 f., die Euboeer hätten Themistokles und dieser wieder die Admirale von Sparta und Korinth bestochen, damit sie nicht abzögen, als Thatsache zu Grunde liegen mag,
ist nicht festzustellen und geschichtlich ohne Bedeutung. — Auf die
wirklich ganz ernsthaft geführte Discussion einzugehen, ob Leonidas, statt
den Tod zu suchen, richtiger abgezogen wäre, wird man mir hoffentlich
erlassen. — Für die Bedeutung des Kampfes bei Artemision vgl. Pindar
fr. 77 (Plut. Them. 8). Aristoph. Lys. 1250 ff.

Die Schlacht bei Salamis.

221. Durch den Sieg von Thermopylae und Artemision
lag Mittelgriechenland dem Heer des Xerxes offen. Die persisch
Gesinnten nahmen ihn mit Freuden auf, vor allem die Thebaner,
deren Contingent während des letzten Kampfes im Engpass zu
ihm übergetreten war; das Gebiet der Gegner wurde verwüstet, die phokischen Ortschaften, Thespiae, Plataeae in Brand
gesteckt. Auf den Höhen des Parnass und im abgelegenen
Lokris hielten sich versprengte phokische Schaaren; dagegen
kann kein Zweifel sein, dass Delphi sich den Persern angeschlossen hat. Die Späteren haben sich gewundert, warum
die reichen Schätze des Heiligthums nicht von den Persern
geplündert worden sind, und die Delpher hatten das lebhafteste
Interesse daran, ihre Haltung im Nationalkrieg zu verschleiern.
So ist die Legende entstanden, dass die Perser zwar einen
Raubzug gegen Delphi unternommen, die Götter aber das
Heiligthum geschützt und die Barbarenschaar durch Wunder
abgewehrt hätten. Aber der Glaube der Griechen, die Perser
hätten ihre Heiligthümer und Götterbilder principiell bekämpft
und zerstört (so schon Aeschylos Pers. 809), entspricht den
Thatsachen nicht. Wo sie Widerstand fanden, haben sie
mit den Städten auch die Tempel in Brand gesteckt; aber im
übrigen wollten sie Griechenland nicht verwüsten und vernichten, sondern unterwerfen, und die grossen nationalen
Heiligthümer waren die besten Stützen ihrer Herrschaft. Der
delphische Gott vollends galt gerade den Stämmen, die sich
den Persern angeschlossen hatten, der Mehrheit des Am-

phiktionenbundes, als die heiligste Gottheit, und hatte überdies
eifrig für die persische Sache gewirkt; wie hätte es Xerxes
in den Sinn kommen können, sein Heiligthum zu plündern?

Angeblicher Zug gegen Delphi: Herod. VIII, 35 ff. Nach Ktesias
hat ihn Mardonios nach der Schlacht bei Plataeae unternommen und
dabei den Tod gefunden; dann habe Xerxes von Asien aus einen
Raubzug gesandt, der den Tempel ausplünderte (29, 25. 27). Dass die
Perser Delphi hätten plündern können, es aber unterlassen haben, weiss
auch die griechische Tradition Her. IX, 42. Dass zahlreiche Delpher aus
Furcht die Stadt verlassen haben, ist ganz glaublich. — Phoker auf dem
Parnass VIII, 32. IX, 31. Ein Theil der Armee des Xerxes (schwerlich
wie Herodot meint, die ganze) ging nicht durch die Thermopylen, son-
dern durch den Pass von Trachis und Doris ins Kephissosthal, Her.
VIII, 31.

222. Nach der Auffassung der Folgezeit, die durch den
Sieg von Plataeae bestimmt ist, wäre es jetzt die Pflicht
der Griechen gewesen, dem persischen Heere am Fuss des
Kithaeron entgegenzutreten; sie macht den Peloponnesiern
schwere Vorwürfe, dass sie das nicht gethan und Athen ohne
Vertheidigung gelassen haben. Aber im J. 480 war an ein
solches Unternehmen nicht zu denken, schon weil man die
Flotte möglichst stark und wehrkräftig zu erhalten hatte; und
wie hätte man jetzt, nach der Niederlage an den Thermopylen, den siegreichen Feinden eine offene Feldschlacht
anbieten können? Die einzige noch vorhandene Vertheidi-
gungslinie zu Lande war jetzt der Isthmos. Hier sammelte
sich ein starkes peloponnesisches Heer unter Kleombrotos,
dem Bruder des Leonidas, der für dessen unmündigen Sohn
Pleistarchos die Regierung führte, und begann Verschanzungen
anzulegen; die Gebiete nördlich vom Isthmos waren nicht
mehr zu halten. So blieb allen, die sich den Persern nicht
unterwerfen wollten, nichts übrig, als schleunigst ihre Familien
und ihre Habe über See zu flüchten. Auch für Athen gab
es keinen anderen Ausweg. Aber es zeigte sich der Situation
gewachsen. Schon vorher hatte man eine allgemeine Amnestie erlassen und auch den Ostrakisirten die Rückkehr gestattet: vor den grossen Aufgaben des Augenblicks sollten

alle inneren Gegensätze schweigen. Jetzt hatte man den
Muth, der Situation kühn und klar ins Angesicht zu schauen.
Um die Zukunft Athens zu retten, gab man Stadt und Land
dem Feinde preis. Die wenigen Stimmen, welche von der
Heimath nicht lassen wollten und in dem Pallisadenzaun der
Burg die hölzerne Mauer sahen, auf die Apollo die Athener
verwiesen hatte, verhallten ungehört; man beschloss die Aus-
wanderung. Der Areopag beschaffte die nöthigsten Geldmittel
für die Ausrüstung, und wetteifernd gingen Vornehm und
Gering, die waffenstolzen Ritter aus den alten Adelshäusern
und die Bauern vom Lande so gut wie die Handwerker und
Matrosen daran, ein Gebiet von über 40 Quadratmeilen zu
räumen und Tausende von Familien in die Fremde zu führen.
Weiber und Kinder, Knechte und Habe wurden in Salamis,
Aegina, Troezen untergebracht; die Männer gingen zur Flotte,
wo die herrlichste Aufgabe ihnen winkte. Sollte auch diesmal der Ausgang wider sie entscheiden, so blieb immer noch
die Möglichkeit, nach dem Beispiel Phokaeas und anderer
Ionierstädte der unfrei gewordenen Heimath den Rücken zu
kehren und fern im Westen ein neues Gemeinwesen zu
gründen. — In Athen blieben ausser einem Theil der ärmsten
Bevölkerung nur wenige zurück, die von den heiligen Stätten
nicht weichen mochten, darunter die Schatzmeister der Göttin.
Sie verschanzten sich auf der Burg und wehrten sich aufs
äusserste; die Aufforderung der Pisistratiden, sich zu unterwerfen, wiesen sie zurück. Schliesslich wurde der Burgfels
erstiegen, die Vertheidiger niedergemacht, die Tempel in Brand
gesteckt; von den Trümmern nahmen die Emigranten Besitz,
die dem Heere des Xerxes gefolgt waren.

Amnestie und Rückberufung der Ostrakisirten: Andok. I, 77 (Psephisma des Patrokleides von 405). 107 f. mit starker Confusion. Arist.
pol. Ath. 22 (im Jahre 481/80, vgl. §. 207 A.). Plut. Them. 11. Arist. 8
(vor dem Auszug). Nepos Arist. 2 (nach Salamis). Herodot VIII, 79
erwähnt sie nicht. Die Aufhebung des Ostrakismos kann jedenfalls erst
kurz vor dem Auszug erfolgt sein, da Aristides in der Nacht vor der
Schlacht bei Salamis von Aegina kommt, also vorher nicht beim Heer

war. Geldbeschaffung durch den Areopag Arist. pol. Ath. 23 und danach pol. VIII, 3, 5, mit starker Uebertreibung (vgl. §. 199). Cic. off.
I, 75; durch Themistokles nach Kleidemos bei Plut. Them. 10. Die Aufnahme in Troezen illustrirt Plutarch durch ein gewiss authentisches Psephisma des Nikagoras über ihre Verpflegung. Zum Auszug vgl. Philochoros fr. 84. Plut. Them. 10 (Xanthippos). Plut. Cim. 5 (Kimon). Plan
an den Siris zu ziehen Her. VIII, 62. Einnahme Athens auch Ktes.
29. 28.

223. Inzwischen hatte die griechische Flotte bei Salamis
Stellung genommen. Die Verluste vom Artemision waren theils
durch Ausbesserung der Schäden, theils durch weiteren Zuzug
namentlich aus Aegina und dem Peloponnes ausgeglichen.
Auch hatten die korinthischen Colonien Ambrakia und Leukas
Schiffe gestellt; aus Kroton nahm Phayllos (§. 211) am Kampfe
Theil. Die kleinen Kykladen Kythnos, Seriphos, Siphnos
hatten es sich nicht nehmen lassen, wenigstens Fünfzigruderer
zur Flotte zu entsenden. Mit Ausnahme von Keos, das schon
beim Artemision mitgekämpft hatte, waren die übrigen Inseln
persisch gesinnt; auch die Schiffe von Andros und Tenos stiessen
wie die von Karystos auf Euboea zu den Persern. Dagegen
glaubten die Parier sich für alle Fälle zu sichern, wenn sie,
ähnlich den Korkyraeern (§. 211), ihre Schiffe zurückhielten,
und Demokritos von Naxos führte gar die Schiffe seiner Heimath statt ins persische ins griechische Lager. Ebenso ging
das Schiff von Tenos vor der Schlacht zu den Griechen über,
wie beim Artemision ein Schiff von Lemnos. Die Versuche des
Themistokles, die Ionier zum Abfall zu bewegen, waren dagegen erfolglos; auch diejenigen, welche den Sieg der Volksgenossen wünschten, wagten doch nicht, aufs neue abzufallen.
So mag die Flotte annähernd den Bestand vom Artemision
wieder erreicht haben; Aeschylos, der am Kampfe Theil genommen hat, gibt ihr 310 Schiffe. Die Stellung in dem Sunde
zwischen Salamis und dem Festland deckte nicht nur die
Flucht der attischen Bevölkerung und hemmte das Vordringen
der feindlichen Flotte, sondern sie machte auch einen Angriff
des Landheers auf die Isthmosstellung unmöglich, da sie dasselbe beim Vormarsch auf der schmalen Küstenstrasse in der

Flanke und im Rücken fassen konnte. Freilich als man die gewaltigen Massen der feindlichen Armee am jenseitigen Ufer sah, als die persische Flotte in der Bucht von Phaleron vor Anker ging, und vollends als nun auch von der Burg Athens die Flammen aufstiegen, da sank vielen der Muth; sie forderten, man solle sich an den Isthmos zurückziehen unter den Schutz des Landheers und der Verschanzungen. Indessen es war nur zu klar, dass es dann mit dem einheitlichen Widerstande vorbei war: man hätte der persischen Flotte den Weg nach dem Peloponnes freigegeben und damit die Auflösung der eigenen Flotte wie des Landheers unvermeidlich gemacht. Nicht nur die Athener, die Aegineten, die Megarer forderten den Kampf bei Salamis; wer die Situation wirklich überschaute, musste erkennen, dass man an dem letzten Punkt stand, wo ein Kampf und ein Sieg überhaupt noch möglich war. Dass es im Rath der Strategen heftigen Streit gab, ist nicht unmöglich; aber die Gründe für das Ausharren, die Themistokles darlegte, waren unwiderleglich. Auch war, seit die persische Flotte bei Phaleron lag, ein Rückzug durchs offene Meer für die Griechen gar nicht mehr möglich. Die von attischen Gehässigkeiten aus der Zeit des peloponnesischen Kriegs arg durchsetzte Tradition bei Herodot stellt die Sache so dar, als sei die Mehrzahl der Griechen und namentlich die Korinther und ihr Admiral Adeimantos voll Angst und zur Flucht entschlossen gewesen. Davon kann keine Rede sein, und Aeschylos weiss denn auch nichts davon. Ernst wird die Stimmung der Griechen gewesen sein, aber keineswegs niedergeschlagen und verzweifelt; mit einem Heere, das fliehen will, wird kein entscheidender Sieg erfochten.

Die Stärke der Flotte bei Salamis gibt Herodot einschliesslich der beiden Ueberläufer auf 380 Trieren (VIII. 48. 82; in den Einzelposten fehlen 12 Schiffe, wahrscheinlich bei Aegina), d. i. 180 attische [dazu 20 Chalkis geliehene] und 200 andere; nach der Rede bei Thuk. I, 74 hätten die Athener sogar fast zwei Drittel der Flotte gestellt. Dem gegenüber gibt Aeschylos Pers. 338 310 Schiffe, d. i. höchst wahrscheinlich, wie Belocu, Bevölkerung 511 erkannt hat, 110 attische und 200 sonstige. Denn auch Ktesias 29, 26 gibt den Athenern 110 Trieren (als Gesammtzahl der griechischen

Flotte freilich 700 Schiffe gegen über 1000 persische). Zu der Flotte vom
Artemision sind nach Herodot hinzugekommen 6 Schiffe von Sparta,
3 von Sikyon, 2 von Epidauros, 3 von Hermione, 12 (wahrscheinlich 24)
von Aegina und die oben angegebenen; dass dem starke Verluste gegenüberstanden und die Gesammtzahl niedriger gewesen sein muss als beim
Artemision, hat er nicht beachtet. Ueber die Zahl der Perser §. 217.
— Zu den naxischen Schiffen Plut. mal. Her. 36, wonach Hellanikos
ihnen 6, Ephoros 5 Schiffe statt der 4 bei Herodot gaben und von
der ursprünglichen Absicht, die Perser zu unterstützen, nichts erzählten.
Demokritos' Tapferkeit bei Salamis war in einem simonideischen Epigramm verherrlicht. — Die Tradition bei Herodot übertreibt die Angst
der Griechen sehr und ist überdies von dem athenischen Hass gegen
Korinth beherrscht. [Dagegen citirt Plut. mal. Her. 39 mit Recht die
Grabschrift des Adeimantos, die ihm das Hauptverdienst des Sieges zuschreibt. Reste des Epigramms der Korinther von Salamis MAI. XXII, 52.]
In Wirklichkeit war die Hauptschwierigkeit für Themistokles nicht, die
Griechen zum Bleiben, sondern die Perser zum Schlagen zu bringen.
Das hebt Aeschylos scharf hervor, während er vom Kleinmuth der
Griechen nichts weiss. Vgl. Forsch. II. 202 ff. In der Anekdote, dass
Mnesiphilos den Themistokles darauf aufmerksam gemacht habe, man
müsse bei Salamis ausharren, und dass Themistokles den klugen Gedanken dann für sein Eigenthum ausgegeben habe, Herod. VIII, 57, kommt
die Gehässigkeit gegen Themistokles zum Ausdruck. Im übrigen wird
es Hunderte von Leuten gegeben haben, die denselben Gedanken geäussert und sich nachher dessen gerühmt haben; charakteristisch ist
nur die naive Meinung, dass darauf irgend etwas ankäme. Sehr instructiv
ist auch, dass Plutarch im Leben des Themistokles, seiner Kritik mal.
Her. 37 entsprechend, die Mnesiphilosanekdote auslässt, aber ihre Hypostase, den weisen Mnesiphilos als Lehrer des Themistokles, beibehält
(c. 2). [E. Curtius hat dann den Roman, wie gewöhnlich, noch weiter ausgesponnen.] — Auch die Bedeutung der Aufforderung an die Ionier zum
Abfall beim Rückzug von Artemision (Herod. VIII, 22) wird von der
Tradition sehr übertrieben.

224. Die Frage war jedoch, ob die Perser sich darauf
einlassen würden, die Seeschlacht anzunehmen. War es für
sie nicht weit richtiger, die griechische Flotte sich selbst zu
überlassen und nach dem Peloponnes zu fahren? Unterwegs,
auf offener See, war ein Angriff der Griechen, zumal bei der
nautischen Ueberlegenheit der Phoeniker, nicht zu befürchten.
War man aber erst an der peloponnesischen Küste, konnte
man den bisher durch das starke Heer am Isthmos zur Un-

thätigkeit verurtheilten Argivern die Hand bieten und die
einzelnen Landschaften von der See aus angreifen, dann blieb
Heer und Flotte der Griechen gar nichts anderes übrig als
zur Rettung der bedrängten Heimath zu eilen, und Xerxes
konnte mit leichter Mühe den Isthmos forciren und allen
weiteren Widerstand ersticken. Allerdings konnte sich auf
diese Weise der Krieg noch Monate lang hinziehen und noch
viel Blut fordern. Jetzt dagegen hatte man die Gelegenheit, mit einem Schlage ein Ende zu machen. Beim Artemision war die Flotte entkommen; bei Salamis gab es, wenn
die Perser zum Angriff vorgingen, keine Möglichkeit des Ent-
rinnens mehr. Besorgniss hatte man nicht; war man doch
bisher stets siegreich gewesen und hatte den Haupttheil des
feindlichen Landes bereits erobert. Gelang es jetzt, die Flotte
zu vernichten, so war der Krieg zu Ende und es bedurfte
keiner langwierigen Einzelkämpfe mehr. Beides zugleich auszuführen, die griechische Flotte eingeschlossen zu halten und
ein starkes Geschwader nach dem Peloponnes zu schicken,
war die persische Flotte nicht mehr stark genug; schon früher
hatte Xerxes einen dahin gehenden Vorschlag Demarats auf
den Einspruch seines Bruders, des Admirals der Flotte Achaemenes, verworfen. So entschied er sich für die Schlacht.
Bestärkt in seinem Entschluss wurde er durch eine Botschaft,
die ihm, in der Besorgniss, die Perser würden einsichtig genug sein, die Schlacht zu vermeiden, Themistokles durch einen
treuen Sklaven Sikinnos sandte, die Griechen wären unter sich
uneins und entschlossen zu fliehen, er selbst sei den Persern
geneigt; der König möge also angreifen und sich den leichten
Sieg nicht entgehen lassen. Das klang wahrscheinlich genug;
Xerxes mochte schon längst erwartet haben, dass die Griechen
mürbe werden würden. So gab er Befehl, in der Nacht alle
Ausgänge der griechischen Stellung zu sperren und am nächsten Morgen den Angriff zu beginnen; gleichzeitig setzte sich
das Landheer gegen den Isthmos in Bewegung.

   Aus dem persischen Kriegsrath vor Salamis kennt Herodot VIII,
67 das Votum der Artemisia gegen die Schlacht. Demarat über den An-

griff auf den Peloponnes VII, 234 ff. Themistokles' Botschaft als entscheidendes Moment Aesch. Pers. 353 ff. Die §. 223 besprochene Tradition bei Herodot VIII, 74 ff. nimmt ihren Inhalt für Wahrheit.

225. Die griechische Flotte lag in der etwa 500 m breiten,
tief in die Ostküste der Insel einschneidenden Bucht, die den
Hafen der Stadt Salamis (jetzt Ambelaki) bildete. Dieselbe
ist im Norden von einer kleinen Landzunge begrenzt, die sich
dem vorspringenden Festlande bis auf 1200 m nähert, im
Süden von einem $3\frac{1}{2}$ km weit ins Meer vorspringenden Höhenrücken, der den Namen Kynosura trägt. Auch ihm streckt
das attische Festland eine Landzunge entgegen; dazwischen
liegt das kleine Felseiland Psyttaleia. Dadurch wird das
Meer zwischen dem Festland und Salamis im Süden fast völlig
abgesperrt und in einen etwa 5 km langen, über $1\frac{1}{2}$ km
breiten Sund verwandelt. Diesen Sund sperrte die persische
Flotte bei Nacht völlig ab, in drei Reihen hinter einander
aufgestellt. Eine starke Truppenabtheilung wurde auf Psyttaleia postirt, um die Schiffbrüchigen abzufangen, und ein
Geschwader nach dem westlichen Ausgang der eleusinischen
Bucht in dem schmalen Sund zwischen Megara und Salamis
entsandt, um den Griechen jedes Entkommen unmöglich zu
machen. Auf den Höhen des Aigaleos an der Küste im Nor-
den, oberhalb eines Heraklesheiligthums, nahm Xerxes seinen
Standort. Aber wenn die Perser geglaubt hatten, am nächsten
Morgen die feindlichen Schiffe mit Leichtigkeit niederrennen
zu können, so wurden sie bitter enttäuscht. Während der
Nacht hatte erst Aristides, dann die zu ihnen übergehende
Triere von Tenos den Griechen Kunde von den Bewegungen der
Perser gebracht und damit jedem Zweifel ein Ende gemacht. Mit
Tagesanbruch — es war um den 28. September 480 — ging
die gesammte hellenische Flotte unter Schlachtgeschrei gegen die
Feinde vor, zuerst längs Kynosura der rechte Flügel, den die
Spartaner führten, dann die übrigen, die aus der Bucht nach
links deployirten. Den linken Flügel bildeten die Athener;
ihnen standen die Phoeniker, den Peloponnesiern und Aegi-
neten die Ionier gegenüber. Als die Griechen der Feinde ansichtig

wurden, stockten sie einen Moment; bald aber ging ein Schiff nach dem andern zum Angriff vor. Eine Zeit lang stand der Kampf; dann aber kam die persische Flotte ins Gedränge, da die hinteren Reihen die Bewegungen der vorderen hemmten. Die einzelnen Schiffe und Mannschaften kämpften mit äusserster Tapferkeit, zumal da sie unter den Augen des Königs fochten; aber auf dem engen Raum konnten sie nicht manövriren noch sich im Einzelkampf unterstützen. Dabei verstanden die Griechen auch auf der See feste Ordnung zu halten. So errangen sie den Sieg, gerade weil sie in der Minderzahl waren; die Perser hatten sich verleiten lassen, den Kampf auf einem Schlachtfeld anzunehmen, das ihnen so ungünstig war wie nur möglich. Nicht einmal zur Flucht hatten sie jetzt Raum; sie verwickelten sich in einander, das Meer füllte sich mit Schifftrümmern und Leichen. Von vorn drängten die Athener; sie warfen die feindlichen Schiffe entweder auf den Strand oder trieben sie den Korinthern und Aegineten auf dem rechten Flügel in die Arme; das Corps auf Psyttaleia vernichtete Aristides mit einer Schaar attischer Hopliten und Schützen. Als nach zwölfstündigem Kampf die Nacht hereinbrach, war die gewaltige persische Flotte zersprengt und grossentheils vernichtet; der Rest, der sich wieder sammelte, war vollkommen unfähig, das Meer zu behaupten. Die attische Flottenschöpfung hatte sich glänzend bewährt: sie hatte die Freiheit von Hellas gerettet.

Ueber die Schlacht bei Salamis haben wir den völlig authentischen, sehr anschaulichen Bericht des Aeschylos, Pers. 353 ff. Herodot hat denselben benutzt und ergänzt, vor allem durch Einsetzung der Namen, die bei Aeschylos nicht vorkommen durften; ferner hat er ausführliche und offenbar völlig zuverlässige Nachrichten über Artemisia und eine Anzahl zum Theil recht problematischer griechischer Traditionen eingesetzt; über die anderen hat er, wie er selbst sagt, nichts erfahren können (c. 87). Widersprüche zwischen ihm und Aeschylos sind nicht vorhanden. Die Darstellungen der Späteren, so auch die des Ephoros bei Diodor (so richtig Busolt, Rh. Mus. 38, 627 ff. gegen Löschcke, Fl. Jahrb. 1877, 25 ff.), sind lediglich Ueberarbeitungen der Erzählung Herodots, abgesehen von ein paar Notizen bei Plutarch [c. 13 init. c. 15 über Lykomedes nach einer Weihinschrift] ohne jeglichen historischen Werth.

Die Schwierigkeiten, welche die Neueren in der Schlacht gefunden haben,
haben sie selbst erst hineingetragen; durch Willkürlichkeiten aller Art
und durch die Abneigung die Dinge so zu nehmen, wie sie überliefert
sind, haben sie zum Theil die seltsamste Verwirrung geschaffen. Dagegen mit Recht WECKLEIN, Themist. und die Schlacht bei Salamis, Ber.
Münch. Ak. 1892, BUSOLT u. a. Zur Topographie: LOLLING in den hist.
und philol. Aufs. für E. CURTIUS 1884, und, denselben vielfach berichti-
gend, MILCHHÖFER im Text zu CURTIUS und KAUPERT, Karten von Attika,
Heft 7. Dass die Perser Schiffe rings um Salamis, also vor allem in den
Sund zwischen der Insel und Megara, entsandten, sagt Aesch. Pers.
368 ausdrücklich (vgl. Herod. VIII, 76; ebenso hat es Ephoros verstanden, Diod. XI, 17). Dass die Phoeniker auf dem rechten Flügel
am Aigaleos standen, wird durch die Angabe bestätigt, dass die phoenikischen Capitäne, die ihre Schiffe verloren haben, die Ionier bei Xerxes
verklagen, VIII, 90. Stellung des Xerxes: Aesch. Pers. 466. Her. VIII, 90.
Ktes. 29, 26. Choerilos fr. 8 KINKEL. Aristodem. 1, 2. Plut. Them. 13
[vgl. HFICHEL in der Festschrift f. BENNDORF S. 63 f.]. — Datum der
Schlacht: nach Plut. Cam. 19, vgl. Them. 15. Polyaen III, 11, 2 am
20. Boedromion [im Jahre 480 wahrsch. 22. Sept.], d. h. am Iakchostag,
wegen Herod. VIII, 65. Aber BUSOLT (Fl. Jahrb. 1887 34 ff.) hat scharf-
sinnig erwiesen, dass die Schlacht einige Tage später stattgefunden haben
muss, als der Mond im letzten Viertel stand, wenige Tage vor der Sonnenfinsterniss vom 2. Oct. 480, die Kleombrotos' Vorrücken hinderte (§. 227).
Nach Plut. de glor. Athen. 7 wurde der Artemis am 16. Munychion
(April) ein Dankfest für die Schlacht gefeiert.

226. Am nächsten Morgen, als die persische Flotte nicht
im Stande war, den Kampf wieder aufzunehmen, sondern ab-
fuhr, um sich in Sicherheit zu bringen und zugleich die asiatischen Küsten zu decken, trat den Griechen die volle Bedeutung ihres Sieges vor Augen. Sie verfolgten die Feinde
bis nach Andros, ohne sie zu erreichen. Dann hielten sie
Kriegsrath. Nach Themistokles' Auffassung war der Krieg
entschieden, das persische Landheer, seit es die Deckung durch
die Flotte verloren hatte, nicht mehr im Stande, zu operiren.
So rieth er die Verfolgung fortzusetzen, nach dem Hellespont
zu fahren und »die Brücken zu zerstören«. Auf die Brücken
selbst freilich kam wenig an; auch waren sie längst entweder vom Sturm zerstört, wie die Tradition angibt (Her.
VIII, 117), oder abgefahren. Aber Themistokles hat mit dem
Ausdruck nichts anderes gemeint, als dass man die Rück-

zugslinie der Perser angreifen und dadurch die Stellung des
Landheers in Europa unhaltbar machen sollte. Es war sicher,
dass wenn die siegreiche Flotte in Asien erschien, der Aufstand überall in den Griechenstädten aufflammen würde; und
dann blieb dem Heer des Xerxes gar nichts anderes übrig
als schleunigst heimzuziehen, um nicht abgeschnitten und vernichtet zu werden. Themistokles' Gedanke war vollkommen
richtig und er hätte, wenn man ihn energisch ausführte, den
Griechen die Noth des nächsten Jahrs erspart; aber begreiflich ist es, dass er den Peloponnesiern zu kühn erschien.
Jetzt mit der Flotte auf weitaussehende Unternehmungen in
die Ferne hinausfahren und dadurch dem Landheer die Deckung
nehmen, wo der Feind vor dem Isthmos stand, hiess das
nicht das Schicksal leichtsinnig herausfordern und die feindliche Armee nun um ihrer Rettung willen zu dem Kampf
zwingen, den man vermeiden wollte? Im Gegentheil, man
müsse ihr goldene Brücken bauen, statt ihren Rückzug zu
gefährden. So drang Themistokles' Vorschlag nicht durch;
mit den Athenern allein ihn auszuführen, die dazu bereit
waren, schien ihm zu bedenklich. Aber indem man das einzige
Mittel nicht anwenden wollte, durch das man auf das Landheer hätte einwirken können, verzichtete man darauf, den
Sieg von Salamis voll auszunutzen und die Leitung der Ereignisse in die eigenen Hände zu nehmen. Der Krieg ging
weiter.

Ich habe die Ereignisse nach Herod. VIII, 96. 97. 107 ff. erzählt.
Es ist indessen fraglich, ob die Tradition hier den chronologischen Zusammenhang vollkommen richtig bewahrt hat; die Annahme liegt nahe,
dass der Zug nach Andros und die Berathung über den Angriff auf den
Hellespont erst erfolgt ist, nachdem Xerxes den Rückzug angetreten hatte,
und die griechische Flotte bis dahin bei Salamis blieb. Auch ist es möglich, dass die persische Flotte noch einige Tage in Phaleron blieb; dafür
spricht, dass Xerxes seine Bastarde mit Artemisia über See schickte,
Herod. VIII, 103. — Die Discussion zwischen Themistokles und Eurybiades,
Herod. VIII, 108, ist bei Plut. Them. 16. Arist. 9 auf Them. und Aristides übertragen. An dieselbe schliesst Herodot die Erzählung, dass
Them. in verrätherischer Absicht, um sich für die Zukunft eine Zuflucht
beim König zu sichern, die Athener am Zug nach dem Hellespont ge-

hindert und dies durch Sikinnos, den er zum zweiten Mal schickte [Plu-
tarch nennt statt dessen den gefangenen Eunuchen Arnakes, während
Ephoros, Diod. XI, 17, die erste Sendung einem anderen überträgt; dass
Sikinnos beide Male der Gefahr ausgesetzt worden sei, hat also schon bei
den Alten Anstoss erregt], dem Xerxes mitgetheilt habe. Ephoros (Diod.
XI, 19) und ebenso alle Späteren verwandeln das in eine Kriegslist, durch
die Th. den König eingeschüchtert und zum Abzug veranlasst habe;
ebenso die Neueren (z. B. Duncker, der angebl. Verrath des Th., Ber.
Berl. Ak. 1882), die nur darüber streiten, ob die Massregel Erfolg gehabt
habe. Auch Ktesias 29, 26 καὶ φεύγει Ξέρξης βουλῇ πάλιν καὶ τέχνῃ
Ἀριστείδου καὶ Θεμιστοκλέους bezieht sich offenbar auf Sikinnos' Botschaft.
Thuk. I, 137 lässt den Th. in seinem Brief an Artaxerxes als Verdienst
um die Perser aufzählen »die Vorausmeldung des [beabsichtigten] Rückzugs aus Salamis [die Stelle wird oft falsch übersetzt] und die Nicht-
zerstörung der Brücken, die er sich fälschlich zuschrieb«. Ob Thuk.
damit die zweite Sendung des Sikinnos überhaupt bestreiten will oder
nur ihre Deutung durch Herodot, ist unklar. Wahrscheinlich ist die
ganze zweite Sendung des Sikinnos als Gegenstück zu der ersten erfunden.
Sollte sie aber stattgefunden haben, so ist sie jedenfalls ohne Einwirkung
auf die Ereignisse geblieben und geschichtlich daher bedeutungslos. Delbrück hat die Anekdote wie die ganze Situation richtig beurtheilt.

227. Nach der Besiegung seiner Flotte mag Xerxes zunächst geglaubt haben, er könne mit dem intacten Landheer
den Angriff weiter führen. Aber bald machte sich auch ihm
die volle Wirkung der Niederlage fühlbar. Die Situation
sprach nur zu deutlich; nicht nur, dass an einen Angriff auf
den Isthmos jetzt nicht mehr zu denken war, es war auch
unmöglich geworden, dass der König länger in der exponirten
Stellung blieb, ständig der Gefahr ausgesetzt, von seinem Reich
abgeschnitten zu werden. So entschloss sich Xerxes zum
Rückzug. Auf die Kunde davon plante Kleombrotos einen
Vorstoss vom Isthmos aus; aber eine Sonnenfinsterniss
(2. Oct. 480), die als schlimmes Zeichen gedeutet wurde,
hielt ihn davon ab. Mit Recht; es wäre tollkühn gewesen,
durch einen Angriff den Persern Gelegenheit zu geben, die
Niederlage wieder auszugleichen. So konnte Xerxes unge-
fährdet über den Hellespont zurückkehren; freilich brachten
ihm in den ausgesogenen Landschaften Hunger und Krankheiten schwere Verluste. Aber den Plan der Unterwerfung

Griechenlands aufzugeben lag darum kein Anlass vor. Einen
Versuch, den Krieg nach Asien hinüberzutragen, hatten die
Griechen nicht unternommen; jetzt konnte der König die
Sorge für den Schutz seines Reichs übernehmen. Der Armee
aber drohte, so lange ihre Verbindungen nicht angegriffen
waren, keine Gefahr. Daher liess Xerxes sein gesammtes
Landheer unter Führung des Mardonios zurück, mit dem Auftrag, gestützt auf die Thessaler und Boeoter die Unterwerfung
Griechenlands im nächsten Jahre zu vollenden. Mardonios bezog in Thessalien Winterquartiere; hier stiess auch Artabazos
wieder zu ihm, der den König an den Hellespont escortirt
hatte. Auf dem Rückweg hatte er vergeblich versucht, die
Stadt Potidaea und die übrigen Städte auf Pallene, die von
den Persern abgefallen waren, wieder zu unterwerfen.

Die Angabe, dass Xerxes nach (Herod. VIII, 97) oder vor (Ktes. 29,
26. Strabo IX, 1, 13. Aristodemos 1, 2) der Schlacht einen Damm nach
Salamis habe bauen wollen, ist absurd. Vorrücken des Kleombrotos Her.
IX, 10; zur Sonnenfinsterniss s. §. 225 A. Die Gefahren und Verluste des
Rückzugs sind schon bei Aesch. Pers. 480 ff. stark übertrieben [dar-
unter ein Uebergang über das Eis des Strymon], dann in anderer Weise
bei Herod. VIII, 115—120. Dass Xerxes für die Rückkehr 45 Tage
brauchte, d. h. täglich im Durchschnitt noch nicht 3 Meilen, beweist
keineswegs eine überstürzte Flucht, wie Herodot meint [daher ist die
Zahl bei Nepos Them. 5 auf weniger als 30 Tage verkürzt]. Dass die
Tradition (auch Thuk. I, 73, vgl. Aesch. Pers. 803, Xerxes lässt πλῆθος
ἄκριτον στρατοῦ zurück), welche Xerxes den Hauptteil des Heeres mit
sich nehmen lässt, nicht haltbar ist und schon durch die Angabe über
Artabazos VIII, 126 widerlegt wird, ist schon bemerkt; ebenso bleiben
die Aegypter von der Flotte bei Mardonios IX, 31. Die Annahme der
Griechen erklärt sich sehr leicht, da der Hofstaat und der Tross fort
war und das Heer auch sonst beträchtlich kleiner geworden sein muss.

228. So standen den Griechen noch schwere Kämpfe
bevor. Aber für den Augenblick war die Gefahr beseitigt;
man konnte sich ganz der Siegesfreude hingeben. Die Athener
kehrten in ihre Heimath zurück, ebenso die Euboeer und wer
sonst geflohen war. Die Flotte unternahm zunächst, ähnlich
wie Miltiades, aber mit besserem Erfolg, einen Kriegszug gegen
die Inseln, welche die Perser unterstützt hatten, und trieb von

ihnen Contributionen ein — brauchte man doch dringend Geld
für die Fortführung des Kriegs. Freilich Andros, das jede
Zahlung weigerte, zu erobern gelang nicht; aber von Paros,
Karystos, und wohl auch noch manchen anderen erpresste
Themistokles, der auch hier die Seele des Unternehmens war,
bedeutende Summen. Ausserdem wurden überall die Parteigänger der Perser verjagt oder hingerichtet, die Anhänger der
Bundesgenossen ans Regiment gebracht. Selbst von Ialysos
auf Rhodos aus wurde Themistokles um Intervention ange-
gangen, liess sich aber nicht darauf ein. Mit Anbruch des
Winters kehrte die Flotte nach dem Isthmos zurück. Hier
wurde die Beute vertheilt und den Göttern ihr Antheil bestimmt. Den Preis der Tapferkeit in der Schlacht sprach man
den Aegineten zu; das Verdienst des Themistokles anzuerkennen
und zu belohnen vermochte die Rivalität und der Ehrgeiz der
Heerführer nicht über sich zu gewinnen. Dafür war sein Ruhm
in aller Munde; als er nach Sparta kam, offenbar um dort
die Massregeln für die Fortführung des Kriegs zu verabreden,
ist er dort geehrt worden wie nie ein Mensch vorher oder
nachher.

Herodots Bericht VIII, 111 ff. 121 ff. wird durch Timokreons kurz
nach der Gründung des delischen Bundes verfasstes Gedicht bei Plut.
Them. 21 ergänzt, das sich auf dieselben Ereignisse bezieht (KIRCHHOFF,
Hermes XI, 38. WILAMOWITZ, Arist. I, 138; dagegen mit Unrecht BELOCH,
Rh. Mus. XLIII, 108): Themistokles hat, durch 3 Talente bestochen, den
Timokreon nicht nach Ialysos zurückführen wollen, »sondern ist zum
Henker gefahren, die einen wider Recht zurückführend, andere verjagend
oder tödtend, vollgesogen mit Geld, und dann hat er sich auf dem
Isthmos lächerlich gemacht, indem er den Gästen kalten Braten vorsetzte
[ein interessanter Beleg, wie gleich sich in solchen Dingen die Verhältnisse geblieben sind]; die haben's gegessen und gewünscht, man
möge Themistokles keine Beachtung schenken« — was eben dadurch, dass
er die ἀριστεία nicht erhält, in Erfüllung geht. An Gehässigkeit gibt
Herodots Erzählung dem Timokreon nichts nach: Th. habe überall Geld
erpresst, um seine eigenen Taschen zu füllen, wie er denn überhaupt
nach Herodot unter dem Schein des öffentlichen Wohls immer nur seine
persönlichen Interessen verfolgt. Man erstaunt, dass manche moderne
Gelehrte in der Geschichte der politischen Verläumdung so unbewandert
sind, dass sie das unbedenklich nachsprechen. Kritias fr. 8 (Aelian v. h.

X, 17) behauptet, Th. habe vom Vater 3 Talente ererbt, bei seinem
Sturz aber über 100 Talente besessen. Ihm folgen Theopomp und Theo-
phrast bei Plut. Them. 25. — Ehren in Sparta auch Thuk. I, 74, der
deutlich Herodot benutzt; von Ephoros (Diod. XI, 27) zu einer seltsamen
Combination verwerthet, die aber zeigt, dass er nachgedacht und die
Lücken der Ueberlieferung empfunden hat: die Spartaner erkennen den
Athenern den Preis nicht zu, um sie zu demüthigen, ehren dann Them.,
weil sie vor ihm Angst haben; weil Th. ihre Geschenke annimmt, wird
er von den Athenern abgesetzt und Xanthippos an seine Stelle gesetzt.
Dies Zerwürfniss gibt den Persern Muth, Verhandlungen mit Athen anzuknüpfen.

Die Schlacht an der Himera.

229. An dem Tage von Salamis ist, wie die Tradition
behauptet, auch in Sicilien die Entscheidung gefallen. Die
Karthager hatten ein grosses Söldnerheer angeworben, nicht
nur in den von ihnen abhängigen Gebieten, sondern auch bei
den kräftigen Völkerschaften des westlichen Europas, Phoeniker und Libyer, Sarden und Corsen, dazu Iberer vom Ebro,
Elisyker von der Rhone (Bd. II, 425), Ligurer aus den Alpen
— so weit erstreckten sich bereits ihre Verbindungen. Die
Führung übernahm der Suffet Hamilkar, der in zahlreichen
Kämpfen erprobte Sohn Magos, des Schöpfers des karthagischen Heerwesens (Bd. II, 433). Im Frühjahr 480 landete
das Heer bei Panormos; von hier ging es gegen Himera vor,
das nächste Object des Kampfes, das dem Theron entrissen
und an Terillos zurückgegeben werden sollte.

Die einzige brauchbare Quelle ist Herodot VII, 165. Diodor XI,
20 ff. schöpft aus Timaeos, dessen Stil unverkennbar ist (vgl. auch XIV,
67); auch die Ausführungen c. 23 geben Timaeos' Verherrlichung Siciliens wieder, von der Polyb. XII, 26 b berichtet [ebenso stammt Diod.
X, 33 über das Scheitern des Bündnisses mit den Griechen und den
daraus Gelon zufliessenden Ruhm, wie Polybios zeigt, aus Timaeos].
Diodor nimmt c. 20 mit den Angaben über die Heerzahlen den Schluss von
c. 1 wieder auf; also stammt auch dies Capitel aus Timaeos, sowohl die
mit Ephoros nicht genau stimmende Angabe über das Bündniss zwischen
Persien und Karthago (§. 206 A.), wie die über die karth. Werbungen,
in der Galatien und karth. Bürgertruppen vorkommen. Die Zahl des

Heers wird hier wie bei Herodot auf 300.000 Mann, dazu mehr als
200 Kriegsschiffe und 3000 Lastschiffe angegeben; dazu sei 8 Jahre gerüstet worden [wie bei den Persern]. Die Schlacht an der Himera ist
nach Herodot und Aristot. poet. 23 gleichzeitig mit Salamis, nach Diod.
mit Thermopylae, damit für Gelon noch Zeit bleibt, den Plan eines Hülfs-
zugs nach Griechenland zu fassen. — Der karthagische Feldherr heisst
bei Herodot Hamilkar (Ἀμίλκας) S. d. Hanno, bei Justin 19, 2 wohl richtiger S. d. Mago [obwohl vielleicht Hanno zwischen beide eingeschoben
werden könnte]; dagegen bei Polyaen I, 27, 1. 2 Ἰμίλκων, Himilco, und
ebenso bei Diod. XI, 20 [von Vogel fälschlich corrigirt], während er
nachher Ἀμίλκας schreibt. Auf welchen Schriftsteller geht die Form
Himilco und die Anekdote bei Polyaen zurück?

230. Der Kampf auf Sicilien ist die Ergänzung zu den
Kämpfen in Griechenland; aber er vollzog sich unter wesentlich anderen Bedingungen. Karthagos Machtbereich und Hülfs-
kräfte waren weit ausgedehnter als die der sicilischen Tyrannen; aber das Heer, das es nach Sicilien schickte, wird
schwerlich grösser gewesen sein als das der Gegner. Ueberdies hatte Gelon, ganz im Gegensatz zu den Griechen des
Mutterlands, eine vortreffliche Reiterei, die der, welche die
Karthager landen konnten, jedenfalls weit überlegen war.
Auch zur See waren die Tyrannen den Karthagern wohl gewachsen; doch ist es zu Seekämpfen nicht gekommen. Vor
allem aber war hier auch auf griechischer Seite von Anfang
an eine einheitliche Leitung vorhanden; Theron musste sich
seinem weit mächtigeren Schwiegersohn unterordnen. Mit
Geldmitteln war man ausreichend versehen. Auch wird erzählt, dass Gelons Gemahlin, Therons Tochter Damarete, ihren
Schmuck für die Kriegsrüstung hergegeben habe. Um sich
den Rücken zu decken, hatte Gelon seinen Vertrauten Kadmos
mit einer grossen Summe Geldes nach Delphi geschickt, um
wenn es nöthig wäre dem Xerxes seine Unterwerfung zu
melden und einen Zug der Perser nach Sicilien zu verhindern.

Nach Diodor XI, 21 hat Gelon 50,000 Mann und 5000 Reiter. Die
Ueberlegenheit in der Reiterei tritt auch bei Diodor noch hervor; sie zu
erklären, ist ein Sturm erfunden, in dem Reiterei und Kriegswagen der
Karthager zu Grunde gehen. — Kadmos (vorher Tyrann in Kos) in Delphi:
Her. VII, 163 f. — Damarete schol. Pind. ol. II init. und v. 29. Δαμαρέτειον

νόμισμα, nach Pollux IX, 85. Hesych. s. v. von dem zum Krieg gegebenen Schmucke, nach dem späteren Zusatz zu der Weihinschrift [Simo-
nides] fr. 141 und Diod. XI, 26 [dazu Wilamowitz Gött. Nachr. 1897,
314] von dem Golde geprägt, das die Karthager ihr nach dem Frieden
geschenkt hatten. Jetzt hält man das Damareteion allgemein für ein
silbernes Dekadrachmon (vgl. Holm, Gesch. Sic. III, 570).

231. Die Entscheidung fiel zu Gunsten der Griechen.
Der Sieg an der Himera wird von Pindar (Pyth. 1, 146) den
Schlachten von Salamis und Plataeae an die Seite gestellt, und
auch Aeschylos scheint ihn in ähnlicher Weise verherrlicht zu
haben. Aber über den Verlauf des Feldzugs und der Schlacht
wissen wir garnichts. Nicht einmal, ob die Selinuntier auf die
Seite der Karthager getreten sind — nach Timaeos hätten sie
dem Hamilkar die Zusendung eines Reitercorps versprochen —,
steht fest. Sicher ist nur, dass es am Flusse Himera, im Osten
der gleichnamigen Stadt, zu einem gewaltigen Kampf kam, in
dem das Heer der Karthager vernichtet wurde. Auch Hamilkar
fand den Tod; nach karthagischer Erzählung hat er sich, als er
die Schlacht verloren sah, in die Flammen des Opferfeuers gestürzt. Gewaltige Beute fiel den Siegern in die Hände. In Karthago hat man an eine Fortsetzung des Kriegs um so weniger
gedacht, da der Doppelsieg der Griechen in Ost und West die
Cooperation mit den Persern unmöglich gemacht hatte. Es
konnte für sie nur noch darauf ankommen, ihre Besitzungen
auf Sicilien zu retten. So erboten sie sich zu einer schweren
Kriegscontribution; dafür gewährten ihnen die sicilischen Herrscher den Frieden. Aus dem Gewinn hat Gelon mit seinen
Brüdern zahlreiche Tempelbauten ausgeführt und Geschenke
nach Sicilien und Griechenland geweiht, in Delphi einen
schweren goldenen Dreifuss mit einer Nike des Bion von Milet,
in Olympia ein Schatzhaus mit einer Zeusstatue und einen
von Glaukos von Aegina gearbeiteten Wagen mit der Statue
des Herrschers. Die Stellung der Griechen auf Sicilien war
dauernd gesichert. Auch Anaxilaos von Rhegion und Messana
musste sich der Suprematie Gelons fügen: seine Tochter wurde
die Gemahlin Hierons, des ältesten der Brüder Gelons.

Dass Aeschylos in dem auf die Perser folgenden Drama Glaukos von der
Himeraschlacht handelte, ist nicht unwahrscheinlich, da Himera mit seinem
steilen Abhang in den Fragmenten des Stücks (fr. 32 Nauck) erwähnt
wird. — Der aus Timaeos stammende Bericht Diodors ist so phantastisch,
dass aus ihm nichts mehr entnommen werden kann. Das Opfer im
Lager, bei dem Hamilkar durch die als Selinuntier verkleideten Reiter
Gelons umgebracht wird, ist das Opfer bei Herod. VII, 167. Dasselbe
Opfer erscheint in anderer, aber ebenso thörichter Umgestaltung bei
Polyaen I, 27. 2 (vgl. §. 229 A.). Weitere Anekdoten aus dem Krieg
Polyaen I. 28, 1. Frontin I, 11, 18. Vgl. Busolt, Rh. Mus. 40, 156 ff.,
der aus den Berichten noch einiges retten möchte. — Selinus für Kar-
thago auch Diod. XIII. 55. Bei Polyaen I, 28, 2 dagegen kämpfen die
Selinuntier unglücklich gegen die Karthager, und dann macht sich hier
ein gewisser Theron S. d. Miltiades zum Tyrannen. Mit der Geschichte ist
nichts anzufangen. Beute und Weihgeschenke Pausan. VI, 9, 4 f. (vgl. IGA.
359). 19, 7. Diod. XI, 25 f. Weihgeschenk in Delphi: Homolle BCH. XXI, 589.
DS. ²910. Athen. VI. 231 f. Anaxilaos: Diod. XI, 66. schol. Pind. Pyth. I. 112.
— Friede: Diod. XI, 26 (auf die Zahlen, 2000 Tal. Silber, zwei Tempel,
und den goldenen Kranz von 100 Tal. an Damarete. ist nichts zu geben),
aus Timaeos fr. 89 (schol. Pind. Pyth. II, 3, wonach Theophrast erzählte,
Gelon habe ihnen die Menschenopfer verboten [ebenso Plut. apophth.
Gelon 1. ser. num. vind. 6], also die Anekdote, die Justin XIX, 1 von
Darius erzählt (§. 173 A.), auf Gelon übertrug). — Wie Herodots Angabe,
dem Hamilkar werde in Karthago und allen seinen Colonien geopfert, zu
erklären ist, ist gänzlich dunkel.

Der Feldzug von 479.   Schlacht bei Plataeae.

232. Als die Rückkehr des Grosskönigs nach Asien durch
die Niederlage der Flotte unvermeidlich geworden war, hatte
Mardonios selbst sich erboten, das Commando des Heeres und
die Weiterführung des Kriegs zu übernehmen: hatte er doch
den Krieg von allen Persern am eifrigsten betrieben und den
Plan für den Feldzug entworfen. So fühlte er sich jetzt, wo
andere Männer, wie Artabazos und Hydarnes, der Commandant der Garde, verzagten, verpflichtet mit seiner Person einzutreten. Aber der Schwierigkeit der Aufgabe, unter so ganz
veränderten Umständen den Krieg weiter zu führen, war er sich
wohl bewusst. Zwar einen Angriff der Griechen brauchte er, so
lange er der Unterstützung der Thessaler und Bocoter sicher

war, nicht zu befürchten, und Attika, das er für den Winter
geräumt hatte, konnte er jeder Zeit aufs neue besetzen. Selbst
wenn die Griechen jetzt einen Angriff auf Asien wagen und
hier Erfolge erringen sollten, konnte er sich in Thessalien und
Thrakien noch lange behaupten, bis ihm die Unterbindung
der Communicationen Schwierigkeiten bereitete. Die Wiederaufnahme des Angriffs dagegen war auch für ihn äusserst
schwierig. Ein neues Eingreifen der persischen Flotte war
ausgeschlossen; bis die bei Salamis erlittenen Verluste ersetzt
waren, mussten Jahre vergehen. Das einzige, was die Flotte
bis dahin versuchen konnte, war Asien zu decken und die
Ionier niederzuhalten; zu dem Zwecke nahm sie im Frühjahr 479 bei Samos Stellung. Weiter konnte sie sich jedoch
nicht vorwagen; und so war Mardonios allein auf sein Heer
und die griechischen Hülfstruppen angewiesen. Aber wenn
ein Sturm auf die Isthmosstellung nach dem Siege von Thermopylae und Artemision unausführbar gewesen war, so lange
die griechische Flotte die See behauptete, so war er jetzt, wo
die Befestigungen so gut wie vollendet waren, vollends unmöglich. Selbst aber wenn es gelang die Feinde aus ihrer
Stellung herauszulocken, war eine offene Feldschlacht nach
den Erfahrungen von Marathon bei dem durch den Verlauf
des letzten Feldzugs mächtig gesteigerten Siegesvertrauen der
Griechen bedenklich genug. Sicher zum Ziele zu kommen war
nur, wenn es gelang, die Coalition der Gegner zu sprengen.
Die Entscheidung lag in Athen. Glückte es, die Athener vom
hellenischen Bunde auf die Seite der Perser hinüberzuziehen,
so war die Ueberlegenheit zur See wiederhergestellt und die
Besiegung der Peloponnesier in sicherer Aussicht. So entsandte Mardonios im Frühjahr den König Alexander von
Makedonien, dessen Vorfahren bereits seit der Pisistratiden-
zeit in freundlichen Beziehungen zu Athen gestanden hatten
(Bd. II, 476), mit verlockenden Anerbietungen nach Athen. Im
Namen des Grosskönigs bot er nicht nur volle Verzeihung, die
Wiederherstellung ihrer Stadt, und volle Freiheit, sondern
auch jeden Landerwerb, den sie fordern würden, wenn sie

bereit wären, ein freies Waffenbündniss mit den Persern zu schliessen.

233. In den Anschauungen der griechischen Staaten war inzwischen ein vollständiger Umschwung eingetreten. Nach der Schlacht bei Salamis hatten Eurybiades und die Peloponnesier sich geweigert, der persischen Flotte nach Asien zu folgen. Jetzt aber, wo die Situation sich geklärt hatte und die persische Armee nach Thessalien zurückgegangen war, hatte man vor einem Angriff auf den Peloponnes keine Besorgniss mehr. So kehrte die spartanische Regierung zu Themistokles' Plan zurück; als dieser im Winter nach Sparta kam, wird man sich über die Ausführung geeinigt haben. Wenn die Flotte im Frühjahr in See ging, Ionien zum Aufstand brachte und den Hellespont besetzte, war Mardonios lahm gelegt und man konnte hoffen den Krieg zu beendigen, ohne in einer Feldschlacht noch einmal alles aufs Spiel setzen zu müssen. Um ihrem Entschluss auch äusserlich Ausdruck zu geben, übernahm an Stelle des Eurybiades jetzt König Leotychidas selbst das Commando der Flotte. Aber in Athen hatte inzwischen die entgegengesetzte Auffassung die Oberhand gewonnen. Im letzten Herbst war man bereit gewesen, nach Asien zu gehen; damals konnte man hoffen, auf diesem Wege den Krieg rasch zu beendigen und das vom Feinde besetzte Heimathland wieder zu gewinnen. Jetzt aber war die sichere Folge einer Expedition über See, dass das Perserheer aufs neue in Attika einbrach und die Heimath, in der man sich eben wieder einzurichten begonnen hatte, noch einmal verwüstete. Themistokles' Gedanke hatte sich, so schien es, doch nicht bewährt: in einer Landschlacht, nicht zur See, war die Entscheidung zu suchen, nur durch sie konnte der attische Boden gegen eine neue Invasion sicher gestellt werden. So kam die Richtung wieder zu Ansehen, die Themistokles überwunden hatte, an ihrer Spitze die aus dem Exil zurückgerufenen altbewährten Führer, die sich ohne Groll der Sache des Vaterlandes angeschlossen und in der Schlacht ausgezeichnet hatten. Ueber diese Fragen

ist während des Winters 480/79 in Athen heftig gekämpft
worden: das Resultat war, das Themistokles unterlag und
vom Commando entfernt wurde. An seine Stelle trat als
leitender Stratege Aristides und ihm zur Seite Xanthippos.
Nationalgesinnt waren auch sie — die Elemente, welche zu
Persien hinneigten, durften sich nicht rühren, wenn sie auch
im Lager bei Plataeae noch einmal versucht haben sollen,
durch eine Verschwörung zum Ziel zu gelangen (Plut. Arist.
13) —; auch hatten sie nichts dagegen, später den Krieg
nach Asien hinüberzutragen und sich dadurch für alle Zukunft zu sichern. Aber zunächst galt es, die Perser aus
Griechenland zu verjagen. Wenn man im vorigen Jahre sich
für die Bundesgenossen aufgeopfert hatte, so stellte man jetzt
an sie die Forderung, ihre Bundespflicht zu erfüllen, indem
sie zum Schutze Attikas ausrückten. Allerdings musste man
gegen einen Angriff zur See gedeckt sein; man entsandte daher ein Geschwader unter Führung des Xanthippos zur Bundes-
flotte. Aber von einer Offensive zur See, bei der Athen wieder
die Hauptlast des Krieges getragen hätte, wollte man zur Zeit
nichts wissen. So kam es, dass unter Leotychidas' Commando
nur 110 Schiffe, etwa ein Drittel der Flotte von Salamis, sich
zusammenfanden, und dass er trotz der aus Ionien, zunächst
von Flüchtlingen aus Chios, kommenden Aufforderungen zur
Befreiung des Landes nicht über Delos hinausging, sondern
hier monatelang unthätig liegen blieb. Er konnte den Widerstand der Athener nicht überwinden. Vielleicht ist der Auszug der Flotte sogar überhaupt erst später erfolgt, als das
Landheer schon nach Plataeae ausrückte.

Von dem Umschwung in Athen hat die Ueberlieferung keine Kunde
bewahrt, wie sie überhaupt die wirkenden Motive durchweg ignorirt und
persönliche Momente an ihre Stelle setzt. Aber in den Thatsachen
spricht er sich deutlich aus, und es gehört eine seltsame Befangenheit
des Urtheils dazu, wenn neuere Forscher auch jetzt noch die Ersetzung
des Themistokles durch seinen erbittertsten Gegner als einen harmlosen
Vorgang betrachten oder gar mit GROTE ganz unbedenklich behaupten,
ein derartiger Wechsel im Commando sei in Athen die Regel gewesen.
Da hat Ephoros doch schon richtiger gedacht (§. 228 A.; soll übrigens

bei Herod. VIII, 125 die Anekdote von Them. und dem neidischen Timo-
demos von Aphidna [vgl. §. 182 A.] die Verdrängung des Them., der fortan
nicht wieder erwähnt wird, andeuten?). Da die Strategenwahlen im Frühjahr stattfinden und die Strategen im Hochsommer ihr Amt antreten,
Aristides und Xanthippos aber für das Jahr 480/79 noch nicht gewählt sein
können, haben sie entweder ihr Amt erst mit dem nach Br. Keil, Hermes
XXIX zu S. 358 am 25. Skirophorion = 19. Juli beginnenden Amtsjahr angetreten, so dass Herodot, der Xanthippos schon im Frühjahr
Strategen nennt, VIII, 131, ungenau wäre, oder es ist ihnen durch
einen ausserordentlichen Act schon früher übertragen. Für das erstere
spricht, das Xanthippos im Skirophorion 479 als Gesandter nach Sparta
ging (§. 234). Der Archon 479,8 Xanthippides oder Xanthippos (Plut.
Arist. 5. Diod. Chron. par.) hat mit dem Strategen nichts zu thun, wenn
er auch demselben Hause angehört haben mag. — Die Angabe Plut.
Arist. 11, dass Aristides für den Feldzug von Plataeae zum στρατηγός
αὐτοκράτωρ gewählt worden ist, ist jedenfalls richtig und vielleicht urkundlich. Als weitere Strategen nennt Plut. Arist. 20 Leokrates und Myronides.
— Dass Sparta im Jahre 479 im Seekrieg die Initiative hat, hat zuerst
Nitzsch erkannt, die richtige Erklärung Delbrück gegeben. Dass Herodots Erzählung VIII, 132, die Griechen hätten sich nicht über Delos
hinausgewagt, weil ihnen alles weitere Gebiet völlig fremd gewesen und
Samos so fern vorgekommen sei, wie die Säulen des Herakles, historisch
gänzlich verkehrt ist, ist allgemein anerkannt. Waren doch die Spartaner
schon vor einigen 40 Jahren gegen Samos gezogen. Es ist aber nicht
etwa eine officielle spartanische Version, wie Nitzsch meint, sondern
populäre Phantasie.

234. Das waren die Verhältnisse, in die Alexander mit
seiner Botschaft hineintrat. Der Versuchung, welche er brachte,
haben die Athener mannhaft widerstanden; von einem Verrath an der nationalen Sache und einem Compromiss mit
Persien, der schliesslich doch zur Unterordnung unter den
Grosskönig führen musste trotz aller Verheissungen, wollte
Aristides so wenig wissen, wie Themistokles. Aber man suchte
die günstige Situation auszunutzen, um einen Druck auf Sparta
auszuüben. Wochenlang haben die Athener die Verhandlungen hingehalten — natürlich schickten auch die Spartaner
sofort Gesandte nach Athen, um es am Bunde festzuhalten —,
bis sie Alexander mit abschlägiger Antwort entliessen. Zum
Vormarsch über den Isthmos hatten sie freilich die Spartaner
trotz aller Versuche nicht bringen können — es mag dabei

mitgewirkt haben, dass die Peloponnesier versuchen mussten, die Ernte einzubringen, ehe sie zu einem Feldzug ausrückten, der Monate dauern konnte —; so blieb ihnen, als Mardonios jetzt endlich gegen Attika vorrückte (Ende Juni 479), nichts übrig, als nun doch schleunigst das Land zum zweiten Mal zu räumen und nach Salamis zu flüchten. Auch jetzt noch hoffte Mardonios, die Athener gewinnen zu können; er unterliess jede Verwüstung und schickte nochmals Gesandte mit denselben Anerbietungen wie früher. Aber die Athener blieben standhaft; auf Antrag des Aristides wies der Rath die Gesandten des Mardonios ab — ein Buleut, der für ihn eintrat, wurde vom Volke gesteinigt —, schickte aber zugleich die angesehensten Männer der jetzt zur Herrschaft gelangten Partei, Kimon, den Sohn des Miltiades, Xanthippos und Myronides, nach Sparta, um nochmals, von den Plataeern und Megarern unterstützt, peremptorisch den Auszug des peloponnesischen Heeres zu fordern. Die Ephoren suchten die Entscheidung noch weiter hinzuhalten, zumal da die Mauer über den Isthmos nahezu vollendet war. Da erklärten die Gesandten, dass wenn Sparta noch länger zögere, ihnen nichts übrig bleibe, als mit Mardonios abzuschliessen. Auch den anderen Peloponnesiern wurde die Sache bedenklich: speciell wird Chileos von Tegea genannt, der darauf hingewiesen habe, welcher Gefahr man sich aussetze, wenn man Athens Forderung nicht bewillige. So entschlossen sich die Ephoren nachzugeben. Unter Führung des Pausanias, der vor kurzem seinem Vater Kleombrotos (§. 222. 227) in der Regentschaft gefolgt war, entsandten sie den gesammten spartiatischen Heerbann — allerdings wird man zum Schutz gegen Argos jedenfalls eine Abtheilung zurückbehalten haben — mit dem Auftrag, den Isthmos zu überschreiten und den Kampf mit Mardonios aufzunehmen. Die Contingente der Perioeken und der meisten peloponnesischen Bundesgenossen folgten alsbald; die Argiver, so gern sie Mardonios unterstützt hätten, wagten nicht ihnen entgegenzutreten. Damit wurde Mardonios' Stellung in Attika unhaltbar; seine Rückzugslinie und die Verbindung mit Theben

war bedroht, und überdies war es unmöglich, in dem verödeten Lande eine Armee längere Zeit zu ernähren. Zugleich
hatte sich gezeigt, dass die Hoffnung, die Athener zu gewinnen, vergeblich war. So liess Mardonios Stadt und Land
noch einmal gründlich verwüsten und führte dann sein Heer
nach Boeotien zurück. Athen hatte seinen Willen durchgesetzt. In der eleusinischen Ebene vereinigte sich das attische
Heer, von Aristides geführt, mit den Peloponnesiern. Nicht
unmöglich ist es, dass erst jetzt, als Aequivalent für die Concession der Spartaner, die Flotte die Erlaubniss erhielt, nach
Delos vorzugehen, während sie bis dahin zur Deckung der
Auswanderung der Athener zurückbehalten war.

Hinhalten der Verhandlungen mit Alexander: Herod. VIII. 141.
Mardonios hat Athen 10 Monate nach Xerxes besetzt: Herod. IX, 3; die
athenischen Gesandten werden bis zu dem dramatisch geschilderten Auszug der Spartaner 10 Tage hingehalten IX, 8. Danach fällt der Ausmarsch der Spartaner etwa Mitte Juli, um die Zeit des attischen Amts-
neujahrs. Dem entspricht es, dass die Spartaner zur Zeit der attischen
Gesandtschaft die Hyakinthien feierten, die wahrscheinlich (BISCHOFF, de
fast. gr. ant. 369 f.) in den attischen Skirophorion fielen, der im Jahre 479
um den 26. Juni begann. Herodots Bericht über die Verhandlungen mit
Athen ist von Idomeneus, aus dem Plut. Arist. 10 stammt, in späterem
Geschmack überarbeitet und entstellt; dabei werden die Reden der Athener
dem Aristides in den Mund gelegt, was nicht unmöglich ist, aber natür-
lich durch diese Erzählung nicht erwiesen wird. Auch das von ihm angeführte renommistische Psephisma des Aristides ist handgreiflich spätere
Mache. Dagegen wird zum Schluss das authentische Psephisma des
Aristides mit den Namen der drei Gesandten nach Sparta citirt [wäh-
rend Idomeneus den Ar. selbst nach Sparta gehen lässt], offenbar aus
Krateros. — Ueber Mardonios' Rückmarsch aus Attika s. DELBRÜCK S. 143 f.
Vordringen persischer Reiter bis Megara Herod. IX, 14. Paus. I, 44. 4.

235. Mardonios hat keinen Versuch gemacht, den Griechen
die Kithaeronpässe zu sperren; vielmehr musste sein Streben
sein, sie in die Ebene hinabzulocken, wo seine Reiterei entscheidend in den Kampf einzugreifen vermochte. Deshalb
nahm er in der flachen, von zahlreichen kleinen Bächen
durchzogenen Asoposebene Stellung, unweit des an den Vorhöhen des Kithaeron gelegenen Plataeae. Sein Heer mag sich

auf etwa 40—50,000 Asiaten belaufen haben (§. 217 A.); dazu kamen die mehrere tausend Mann starken Contingente der Thessaler und der Thebaner sowie ihrer kleineren Nachbarstämme — das der Phoker hätte Mardonios, weil es ihm unzuverlässig schien, beinahe zusammenschiessen lassen. Das griechische Heer war nicht unwesentlich kleiner. Die Zahl der Athener wird auf 8000 Mann angegeben, was dem Aufgebot von Marathon und den Leistungen der folgenden Jahrzehnte entspricht — es ist dabei zu beachten, dass auf der Flotte etwa 1000 Hopliten standen. Die Zahl der Lakedaemonier dagegen schätzt Herodot viel zu hoch auf 5000 spartiatische und 5000 periökische Hopliten, und dazu gar 40,000 Knechte aus den Heloten, die er gegen alle spartanische Taktik als Leichtbewaffnete mit in den Kampf ziehen lässt. Niemals auch auf dem Höhepunkt seiner Macht hat Sparta auch nur annähernd eine derartige Truppenmacht ins Feld stellen können; nach allen Analogien kann der spartanische Heerbann bei Plataeae höchstens etwa 5000 Mann betragen haben, davon etwas weniger als die Hälfte Spartiaten. — Dazu kamen Mannschaften aus Euboea, aus Plataeae, aus Megara und Aegina, aus Korinth und seinen Colonien (Ambrakia, Leukas, Anaktorion, denen sich Pale auf Kephallenia anschloss, angeblich auch aus Potidaea, das seit dem Winter vom König abgefallen war [§. 227]); ferner in stets wachsender Zahl die Contingente der peloponnesischen Gemeinden, so von allen Städten von Argolis mit Ausnahme von Argos selbst, auch von Mykene und Tiryns (§. 188), ferner von Phlius und Sikyon, von Lepreon in Triphylien. Aus Arkadien sind nur die Tegeaten und Orchomenier ausgerückt, während die übrigen theils durch die Ernte, theils durch die Nothwendigkeit einer Deckung gegen Argos zurückgehalten sein werden. Aber fortwährend trafen noch Nachzügler ein, so kurz nach der Schlacht die Elier und die Mantineer. So mag die griechische Armee allmählich auf etwa 30,000 Hopliten angewachsen sein; dazu kam ein mindestens ebenso starker Tross von Knechten, der aber militärisch nicht in

Betracht kam. Reiter besass das Heer auch jetzt nicht,
Leichtbewaffnete stellten nur die Athener in dem neugebildeten Schützencorps (§. 208), das bei Plataeae 800 Mann
stark gewesen zu sein scheint.

Dem Mardonios gibt Herodot 300.000 Asiaten; die griechischen
Truppen in seinen Diensten schätzt er mit massloser Uebertreibung auf
50.000 (IX, 31; bei Diod. XI, 28: 200,000); Nepos Paus. 1 gibt Mardonios 200.000 Mann zu Fuss, 20,000 Reiter. Ktesias, der die Schlacht
bei Plataeae vor die bei Salamis stellt, gibt ihm dagegen nur 120,000
Mann. Weiteres §. 217. — Das griechische Heer bestand nach Herodot
IX, 28 f. aus 38,700 Hopliten, 35,000 Heloten und 34,500 sonstigen leicht-
bewaffneten Knechten (die Zahl ist wahrscheinlich dadurch entstanden,
dass die attischen Bogenschützen IX, 22. 60 mitgerechnet und auf
800 Mann veranschlagt sind]; total 108,200; dazu 1800 unbewaffnete
Thespier (deren Stadt zerstört war), macht 110.000. Diese Abrundung
zeigt die Mache besonders deutlich. BELOCH, Fl. Jahrb. 1888, 324 ff. hat
vollkommen recht, wenn er die Zahlen hier so gut wie bei der Flotte
und im Heere des Xerxes auf Schätzung beruhen lässt, wenn er auch
in einzelnen Vermuthungen zu weit geht. Ueber die Zahl der Athener
vgl. Forsch. II, 184, über die Spartaner §. 264; zu den Leichtbewaff-
neten, Heloten und Sklaven vgl. DELBRÜCK, Perserkriege 3 ff., 163. [Ktesias
29, 25 gibt 300 Spartiaten, 1000 Perioeken, 6000 aus den anderen Städten.]
— Dass die Potidaeaten an der Schlacht Theil nahmen, ist sehr unwahrscheinlich: Herodot wird sie (und vielleicht auch manche andere, z. B.
die Euboeer) nur nennen, weil sie auf dem plataeischen Siegesdenkmal
in Delphi verzeichnet waren, vgl. §. 215 A. Dass aber, wie BELOCH annimmt, auch die Paleer nur durch Verlesung und falsche Deutung der
Φαληιοι in seine Aufzählung gekommen seien, ist wenig wahrscheinlich.
Die Elier sind trotz ihrer Verspätung (Her. IX, 77) auf dem Denkmal genannt, die Mantineer nicht. Die Späteren haben daraus die absurde
von Ephoros (Strabo VIII, 3, 33. Diod. VIII, 1) aufgenommene Erzählung gemacht, dass die Elier als Bewohner eines heiligen Landes
keine Kriege führen durften.

236. Das griechische Heer überschritt den Kithaeron;
aber einen Angriff auf die Perser in der Ebene durfte es nicht
wagen. Das Vorbild von Marathon wies den Weg: man
musste warten, bis die Perser angriffen, und dann, wenn sie
nahe genug herangekommen waren, mit entscheidendem Stoss
sich auf sie werfen. Aber auch Mardonios hat die Erfahrung
von Marathon beherzigt; er kannte die Gefahr, die ein Angriff

auf die in gedeckter Stellung am Bergabhang stehenden Hoplitencorps barg. Auf beiden Seiten wusste man, worauf es
ankam: Pausanias wie Mardonios hatten berühmte Seher aus
Elis in ihre Dienste genommen, jener den Tisamenos aus dem
Iamidenhause, Mardonios den Telliaden Hegesistratos, den
alten Spartanerfeind (§. 203); beide verkündeten ihren Feldherrn den Sieg, wenn sie sich vertheidigten, nicht wenn sie
angriffen. Mardonios versuchte, durch seine Bogenreiter die
Feinde zu reizen. Bei einem derartigen Gefecht setzten die
Perser unter Masistios den Megarern, die auf Vorposten standen,
hart zu. Aber ein athenisches Elitecorps und die attischen
Schützen kamen ihnen zu Hülfe, und unter ihren Geschossen
fiel Masistios, der sich im Vertrauen auf seinen Heldenmuth
in goldenem Schuppenpanzer kühn vorgewagt hatte; seine
Leiche wurde von den Griechen erbeutet. Dieser Erfolg er-
muthigte Pausanias, sein Heer weiter hinabzuführen in das
Hügel- und Flachland vor Plataeae, wo er seine Truppen
in breiter Front aufstellen konnte. Die Athener auf dem
linken Flügel reichten bis an den Asopos, das Centrum war
im Rücken durch die Hügel von Plataeae und die Bäche
unterhalb der Stadt gedeckt, die sich zu dem kleinen, in den
korinthischen Golf mündenden Fluss Oëroë vereinigen, die
Spartaner auf dem rechten Flügel lehnten sich an den Kithaeron. Mardonios wusste, dass in der Besiegung der Spartaner die Entscheidung lag; ihnen stellte er die Perser, den
Athenern seine griechischen Bundesgenossen gegenüber. Die
spartanische Stellung war auch jetzt noch unangreifbar; dagegen gewährte das Rinnsal des in seinem oberen Laufe ganz
wasserarmen Asopos[1]) keine Deckung. So konnten die persischen Reiter die Griechen fortwährend belästigen und am Wasser-
holen behindern. Aber Pausanias liess sich nicht beirren; er
hielt sein Heer trotz aller Hohnreden der Feinde über die
gerühmte Tapferkeit der Spartaner, die sich so gar nicht

---

[1]) Ich habe ihn Anfang Juni hier fast ohne Wasser gefunden. Die
Ufer sind ganz flach.

zeigen wolle, streng in der Defensive. Aber er liess seine
Spartaner mit den Athenern tauschen und stellte sie auf den
exponirten linken Flügel[1]). Mardonios folgte ihm und liess
die Perser auf den linken Flügel rücken, und wiederholte das
Manöver, als die griechischen Abtheilungen wieder in ihre
alten Stellungen zurückkehrten. So standen sich die Heere
nach Herodot zwölf Tage, in Wirklichkeit vielleicht noch beträchtlich länger gegenüber, ohne dass ein Ende abzusehen
war. Auf die Dauer aber wurde die Situation unhaltbar.
Die Thebaner riethen, sich nach Theben zurückzuziehen und
den Versuch zu machen, durch Bestechungen zum Ziel zu
gelangen, ebenso der persische General Artabazos, der zum
Kampf kein Zutrauen hatte. Davon wollte Mardonios indessen
nichts wissen. Seine Uebermacht war nicht gross genug, um
ein stärkeres Corps über die östlichen Pässe des Kithaeron in den
Rücken der Feinde nach Attika und Megara zu entsenden; aber
seine Reiterei belästigte die Griechen unaufhörlich und fing ihnen
gelegentlich im Kithaeron eine grosse Transportcolonne ab.
Ein Versuch der Griechen, durch Entsendung eines Theils des
Heeres die Pässe frei zu machen, scheint keinen Erfolg gehabt zu haben. So spricht alles für die Richtigkeit der Vermuthung, dass die Griechen sich schliesslich dadurch Luft zu
machen suchten, dass sie der Flotte den Auftrag gaben, nunmehr endlich den Zug nach Asien auszuführen: auf die Kunde
davon blieb Mardonios nichts übrig als den Kampf zu wagen.
Jedenfalls hat Mardonios schliesslich den Entschluss zur Schlacht
gefasst; König Alexander von Makedonien soll den Athenern
in der Nacht die Kunde davon gebracht haben. Zunächst

---

[1]) Das wird der Sinn des sonst ganz räthselhaften Manövers Herod.
IX, 46 sein, das die Tradition mit der Erklärung motivirt, die Spartaner
hätten es vorgezogen, gegen die Griechen zu kämpfen und den Athenern
wegen ihrer Erfahrung von Marathon den Kampf mit den Persern zu überlassen. So kann man natürlich nur in Athen erzählt haben; wenn die
Spartaner von dem Manöver noch etwas wussten, werden sie es ganz
anders erklärt haben. Dass das Manöver auf den letzten Tag vor der
Entscheidungsschlacht fällt, ist wenig wahrscheinlich.

gelang ihm ein neuer Erfolg: seine Reiter verschütteten die
Quelle Gargaphia, aus der die Spartaner ihr Wasser holten.
Dadurch wurde die griechische Stellung unhaltbar; Pausanias
beschloss, das Heer in das Gebiet der Quellbäche der Oëroë
unter die Hügel von Plataeae zurückzunehmen. Der Marsch
wurde bei Nacht angetreten; aber er war noch nicht vollendet, als der Tag anbrach — es ist sehr glaublich, dass ein
Theil der Spartaner, dem die Manöver des Feldherrn als Feig-
heit erschienen, ihm ernstliche Schwierigkeiten machte und
endlich nur sehr widerwillig gehorchte. Als Mardonios bei
Tagesgrauen die Feinde im Rückzug erblickte, in getrennte
Corps aufgelöst, glaubte er den günstigen Moment gekommen:
er schickte die Reiterei voran, führte die Perser im Laufschritt
gegen die Spartaner vor, liess die ganze Armee folgen. Da
zeigte sich die Ueberlegenheit fester militärischer Disciplin in
ihrer ganzen Grösse. Pausanias hielt seine Spartaner und
Tegeaten fest in der Hand; sie rührten sich nicht, ob auch
rechts und links die Pfeile einschlugen und zahlreiche tapfere
Männer ihr Leben lassen mussten, ohne zur Wehr greifen zu
können: »die Opfer waren nicht günstig.« Erst als die Perser
niederknieten, ihre Schilde in den Boden steckten und aus
dem Schildwall heraus ihre Pfeile entsandten, »da streckte
Pausanias die Hände zum Heiligthum der Hera von Plataeae
und flehte um Sieg, und in dem Moment wurden die Opferzeichen günstig«. Die Spartaner und Tegeaten warfen sich
mit voller Wucht auf die Perser[1]), durchbrachen den Schildwall
und drangen mit den Lanzen auf die Feinde ein. Diese

---

[1]) In etwas anderer Beleuchtung erscheint der entscheidende Moment
bei Plato Laches 191 B: »als die Lakedaemonier bei Plataeae an die persischen Schildträger (γερροφόροι) herankamen, entschlossen sie sich, nicht
stehen zu bleiben und den Kampf zu beginnen, sondern zu fliehen; als
aber die Schlachtreihen der Perser sich lösten, wendeten sie um zum
Kampf wie (skythische) Reiter und erfochten so den Sieg«. Ein derartiges Manöver ist gewiss bei dem Sturm auf den Schildwall vorgekommen; es zeigt, wie fest Pausanias seine Truppen in der Hand
hatte.

wehrten sich mit äusserster Hartnäckigkeit, suchten die Lanzen
zu packen und zu zerbrechen; aber hier so wenig wie bei
Marathon vermochten sie, ohne Rüstung und ohne wirksame
Nahwaffen, überdies nur in lockerem taktischem Verbande, den
griechischen Hopliten zu widerstehen. Die Reiterei war auch diesmal nicht im Stande, das Fussvolk aus seiner verzweifelten Lage
zu befreien. Mardonios fiel mit der Kerntruppe der Perser,
die übrigen mussten die Flucht ergreifen. Während dessen
war es der thebanischen Reiterei gelungen, die Megarer und
Phliasier zu werfen und das aufgelöste griechische Centrum
zu durchbrechen; aber die Athener auf dem linken Flügel
hieben das thebanische Fussvolk zusammen, und der Rest
des persischen Heeres, schon beim raschen Anmarsch in Verwirrung gerathen, wurde von der Flucht mit fortgerissen.
Doch konnte die Reiterei wenigstens den Rückzug decken, so
dass ein grosser Theil des Heers gerettet wurde. Artabazos,
der sich von Anfang an vom Kampf ferngehalten haben soll,
führte ihn nach Thessalien und weiter nach Thrakien zurück.
Das befestigte Lager der Perser dagegen wurde erstürmt und
wer in ihm Zuflucht gesucht hatte, niedergemacht. Unermessliche Beute fiel in die Hände der Griechen. So »gewann
Pausanias, der Sohn des Kleombrotos, den herrlichsten Sieg
von allen, von denen wir Kunde haben«. Der Kampf zwischen
Lanze und Bogen — so fasst auch Aeschylos den Perserkrieg
auf — war entschieden, die Ueberlegenheit des disciplinirten
Hoplitenheers endgültig erwiesen.

Der Bericht Herodots lässt zwar im Entscheidungskampf die massgebenden Momente sehr deutlich erkennen, ist aber im übrigen ganz un-
militärisch gehalten, so dass der grossartige, auf genialer Verbindung stra-
tegischer Ueberlegung und entschlossenen Muthes' beruhende Kampf wie
ein Werk des Zufalls erscheint. Die entscheidenden Gesichtspunkte hat
Delbrück gegeben; doch zeigt hoffentlich die hier gegebene Darstellung,
dass sich aus Herodots Bericht noch beträchtlich mehr gewinnen lässt,
vgl. Forsch. II. 206 ff. Ueber die Topographie ist grundlegend die sehr
gründliche Untersuchung von Grundy, the topogr. of the battle of
Plataeae, 1894, mit vortrefflicher Karte. Doch vermag ich manchen Annahmen Grundy's, namentlich über die verschiedenen Phasen der zweiten

Stellung der Griechen und über die Quelle Gargaphia, nicht beizustimmen; hier scheint mir KIEPERT's Ansatz (Atlas von Hellas V) richtiger zu sein. Dass Herodot IX, 30. 31 unter dem Asopos einen andern
Bach verstehe wie sonst, scheint mir unmöglich. — Dass die Truppen des
griechischen Centrums (ausser Megarern und Phliasiern) nicht in den
Kampf gekommen und ihre Gräber Kenotaphien seien (Herod. IX, 85),
ist gewiss Erfindung, wenn die Angabe, dass die Gräber zum Theil erst
später errichtet sind, auch ganz richtig sein wird. — Zur Stimmung der
Perser vgl. die authentische Mittheilung des Thersandros über das Gastmahl in Theben, Herod. IX, 16. — Zu dem Iamiden Tisamenos Herod.
IX, 33 ff., dem die Spartaner mit seinem Bruder des Vollbürgerrecht geschenkt haben, vgl. Pindar Ol. 6, der deshalb das Geschlecht von Pitana
ableitet, und dazu WILAMOWITZ, Isyllos von Epidauros 178 ff. Gegen
Herodots Erzählung IX, 53 von Amompharetos λοχηγέων τοῦ Πιτανητέων
λόχου richtet sich bekanntlich Thuk. I, 20, dieser Lochos habe nie existirt; die Anekdote wird aber doch einen wahren Kern enthalten. — Die
Verluste der Perser sind bei Herodot IX, 70 sinnlos übertrieben; den
Haupttheil des Heeres (angeblich 40,000 Mann) hat offenbar Artabazos
gerettet. Verluste der Griechen: nach Herodot IX, 70 91 Spartaner,
16 Tegeaten, 52 Athener [nach Kleidemos bei Plut. Arist. 19 alle aus
der Aiantis — dann müsste man mit BUSOLT annehmen, dass nur von
dieser Phyle der Grabstein erhalten, der attische Verlust also weit grösser
war], dazu 600 Phliasier und Megarer (c. 69); nach Plutarch Arist. 19
Gesammtverlust 1360; nach Ephoros Diod. XI, 33 über 10,000. — Datum
der Schlacht: Nach Plut. Arist. 19 wird das Siegesfest in Plataeae am
27. Panemos (= Metageitnion Plut. Cam. 19) gefeiert, das wäre im
Jahre 479 am 19. September. Das Todtenfest fand freilich am 16. Alal-
komenios = Maimakterion (Nov./Dec.) statt: Plut. Arist. 21; und so könnte
auch das Siegesfest auf ein späteres Datum fallen als die Schlacht. Aber
nöthig ist dies nicht. Wenn Herodots Erzählung auf ein beträchtlich
früheres Datum (etwa Anfang August) führen würde, so mag eben das
Intervall zwischen dem Ausrücken und der Schlacht grösser gewesen sein,
als Herodot meint. BUSOLT, Gr. Gesch. II², 726 hat mit Recht hervorgehoben, dass das fortwährend wiederkehrende Intervall von 10 Tagen
(so lange halten die Spartaner die Athener beim Auszug hin, liegen die
Heere sich bei Plataeae unthätig gegenüber, bleibt das Heer nach dem
Siege auf dem Schlachtfeld; 20 Tage wird Theben belagert) die griechische Woche (ein Drittel des Monats) ist. Die Athener scheinen das
Siegesfest noch 8 Tage später, am 3. oder 4. Boedromion, gefeiert zu
haben (Plut. de glor. Ath. 7. Arist. 19, wo er dies Datum fälschlich mit
dem boeotischen für identisch hält). — Die übrigen Berichte (Diodor,
Plut. Arist. u. s. w.) sind lediglich freie Bearbeitungen Herodots; nur das
Orakel an Athen Plut. Arist. 12 könnte historisch sein (ebenso c. 13, vgl.

§. 233); c. 17 ist ein spartanischer Festbrauch in die Schlacht hineingetragen.

237. Auf dem Schlachtfelde von Plataeae errichteten die
Sieger Zeus dem Befreier einen Altar und stifteten zur Erinnerung an den Kampf, ähnlich wie ein Jahrhundert zuvor
nach der Befreiung Delphis, ein vierjähriges Siegesfest, die
Eleutherien. Die Leitung des Festes und die Sorge für die
Gräber wurde den Plataeern überwiesen und ihnen dafür ihr
Gebiet und ihre Freiheit garantirt: bei feindlichem Angriff
sollten alle Bundesgenossen ihnen zur Hülfsleistung verpflichtet
sein. Dann zog man gegen Theben, die Hochburg des Perser-
thums in Hellas. Freilich die Stadt zu zerstören und dem
Gott zu verzehnten, wie man zu Anfang des Krieges beschlossen hatte (§. 215), war man weder gewillt noch im
Stande. Man war zufrieden, als die Thebaner nach längerer
Belagerung die Führer der persischen Partei, die Häupter
ihres Adels, auslieferten. Diese selbst hatten, um der Stadt
Schlimmeres zu ersparen, ihre Auslieferung beantragt, in der
Hoffnung, sich durch Geld loskaufen zu können. Aber sie
hatten sich getäuscht; Attaginos entkam; Timagenides und
seine Genossen dagegen liess Pausanias nach Korinth führen
und dort hinrichten. Dann löste das Heer sich auf; die
Thessaler schützte die Entfernung und Grösse ihres Gebiets
vor der Rache der Verbündeten.

Altar des Zeus ἐλευθέριος und Eleutherien: Weihinschrift des Simonides fr. 140. Strabo IX, 2, 31. Plut. Arist. 21. Pausan. IX, 2, 5. Posi-
dippos fr. 29 Kock bei [Dikaearch], descr. Gr. 11. IGSept. I. 1667.
1672. Ehren der Plataeer: Thuk. II, 71. 74. III, 58. 68. Die weiteren
Beschlüsse bei Plut. Arist. 21 über eine jährliche hellenische Rathsversammlung in Plataeae und die Aufstellung eines Heeres zur Fortführung
des Kriegs sind Erfindung so gut wie der Eid vor der Schlacht (Diod.
XI, 29), bei dem das Fest der Eleutherien im voraus gelobt wird (vgl.
oben § 215 A.).

Schlacht bei Mykale. Befreiung Ioniens.

238. Während die Heere des Pausanias und Mardonios
sich bei Plataeae gegenüber standen, ging die Flotte unter
Leotychidas, nachdem sie lange bei Samos gelegen hatte, nach
Asien hinüber. Aufs neue war der Ruf zur Befreiung Ioniens
an sie ergangen, diesmal von Samos aus. Das Entscheidende
aber wird gewesen sein, dass man so der Spannung vor
Plataeae ein Ende zu machen versuchte (§. 236). Die persische Flotte lag bei Samos. Aber selbst wenn sie den Griechen
an Zahl überlegen war, fühlte sie sich unfähig, den Kampf
mit ihnen aufzunehmen. Nicht nur der Schlag von Salamis
wirkte nach; entscheidend war, dass man den ionischen
Schiffen jetzt nicht mehr trauen durfte. So entschloss man
sich, den wichtigsten Theil der Flotte, die phoenikischen Schiffe,
dadurch zu retten, dass man sie nach Hause sandte, die
übrigen aber bei Mykale aufs Land zu ziehen und sich hier
zu verschanzen. Hier nahm dann auch das persische Landheer unter Tigranes Stellung, das Xerxes, der in Sardes den
Ausgang des Kriegs abwartete, zur Deckung der Küste aufgebracht hatte.

Herodots Bericht über den Feldzug von Mykale ist sehr kurz und
lässt uns über wichtige Punkte im unklaren. Ephoros hat in der Vorgeschichte wie in den Ereignissen nach der Schlacht lediglich Herodot
überarbeitet, schildert dagegen die Schlacht selbst sehr abweichend, aber
doch wohl nur nach freier Construction. Die Tendenz ist, den kleinasiatischen Griechen grösseren Ruhm zukommen zu lassen und die Bedeutung des Kampfes zu steigern. — Ueber die Heereszahlen lässt sich
gar nichts sagen. Nach Herodot war die griechische Flotte 110, die persische vor der Entlassung der Phoeniker [an der die Neueren mit Unrecht Anstoss genommen haben, so DOMASZEWSKI, Heidelb. Jahrb. I, 187;
Ephoros bei Diod. XI, 19. 27 lässt die Phoeniker schon von Salamis
nach Hause gehen, weil Xerxes ihnen Strafe gedroht hat] 300 Schiffe
[Diod. über 400], das persische Landheer 60,000 Mann [Diod. XI, 34
100,000] stark.

239. Als die Griechen die Situation überschauten, entschlossen sie sich zum Angriff. Vorher soll Leotychidas, an

das persische Lager heranfahrend, die Ionier zum Abfall aufge-
fordert und ihnen die Parole mitgetheilt haben. Die Landung
verlief ungehindert, angeblich an demselben Tage, an dem bei
Plataeae die Entscheidung fiel. Sofort gingen die Truppen
zum Sturm auf das feindliche Lager vor. Die Perser fochten
auch hier tapfer genug; aber sie hatten kein Vertrauen mehr,
und ihre Generäle scheinen zum Theil — Tigranes fand
tapfer kämpfend den Tod — den Kopf vollkommen verloren
zu haben. Die Griechen im Heere hatte man zu entwaffnen
oder zu entfernen gesucht; als aber der Sieg sich zu Gunsten
der Angreifer neigte, griffen auch sie zu den Waffen und
fielen über die Perser her. So wurde das persische Heer
vernichtet, die Flotte verbrannt. In ganz Ionien flammte der
Aufstand auf; überall wurden die Tyrannen gestürzt, die
persischen Besatzungen verjagt. Die Spartaner trugen Bedenken, durch Aufnahme der kleinasiatischen Griechen in den
hellenischen Bund eine Schutzpflicht zu übernehmen, die sie
schwer erfüllen konnten. Sie schlugen vor, die Ionier sollten
auswandern und in den griechischen Orten, die zu den Persern gestanden hatten, angesiedelt werden. Aber die Athener
widersprachen und setzten durch, dass zunächst wenigstens
die Inseln in den Bund aufgenommen wurden[1]). Und in der
That, wenn selbst im ionischen Aufstande trotz der Erfolge
der Perser zu Lande erst der Sieg bei Lade die Entscheidung
gebracht hatte, was war jetzt noch zu fürchten, wo die Seemacht der Perser vernichtet, ihre Landheere aufs Haupt geschlagen und die Ueberlegenheit der griechischen Waffen
dauernd begründet war? — Nach dem Siege von Mykale
fuhr die Flotte in den Hellespont. Als man sich überzeugt
hatte, dass die Brücken nicht mehr beständen, kehrte Leotychidas mit den Peloponnesiern heim. Die Athener dagegen
betrachteten ihre Aufgabe, sich gegen eine neue persische

---

[1]) Vielleicht ist allerdings diese ganze Erzählung nur spätere Erfindung aus der Zeit des archidamischen Kriegs, die den Ioniern vor-
hält, was sie Athen verdanken und wie thöricht es ist, von Sparta
Schutz zu hoffen.

Invasion sicher zu stellen, nicht als gelöst, ehe sie den europaeischen Brückenkopf, Sestos, in ihrer Hand hätten. Noch im Herbst begannen sie die Belagerung, unterstützt von ionischen und hellespontischen Mannschaften (Thuk. I, 89). Artabazos mit den Resten des Heeres des Mardonios hätte vielleicht Entsatz bringen können; aber er zog es vor, seine Truppen über den Bosporos in Sicherheit zu bringen. Die kleine persische Garnison wehrte sich mit heldenmüthiger Ausdauer den ganzen Winter hindurch. Schliesslich vom Hunger bezwungen, suchte sie sich durch Flucht zu retten; die Stadt aber ergab sich den Athenern. Von den flüchtigen Persern wurde ein Theil von den Thrakern niedergemacht; andere fielen den Athenern in die Hände, darunter der Commandant Artayktes, den Xanthippos grausam hinrichten liess, weil er das Heiligthum des Protesilaos ausgeraubt hatte. Im Frühjahr 478 führte Xanthippos die siegreiche attische Flotte in den Piraeeus zurück.

III. Die Wirkung der Perserkriege.

Die griechische Welt nach dem Siege.

240. Das Ungeheure war geschehen: an dem Widerstande eines Bruchtheils der griechischen Nation war der Angriff des weltbeherrschenden Königs und seiner karthagischen
Bundesgenossen zerschellt. Der Heldenmuth der freien Bürgerschaften, die Einsicht ihrer Staatsmänner und Feldherren hatten
sich glänzend bewährt. Das stolze Gefühl, Thaten vollbracht
zu haben, wie sie seit den Zeiten der Heroen die Welt nicht
gesehen hatte, beseelte alle Theilnehmer am Kampf und ver-
klärte das Andenken derer, die, »als das Geschick von Hellas
auf des Messers Schneide stand«, durch einen Heldentod un-
vergänglichen Nachruhm erlangt hatten. In den kurzen Sprüchen
auf den Gräbern der Gefallenen, die kaum je mehr enthalten
als den schlichten Hinweis auf den ruhmvollen Kampf, hat
die gehobene Stimmung der Zeit einen ergreifenden Ausdruck
gefunden. In kostbaren Weihgeschenken aus dem Ertrag der
Beute wurde den Göttern der Dank des durch ihr sichtbares
Eingreifen befreiten Volkes dargebracht, vor allem dem Zeus
von Olympia und, trotz seiner problematischen Haltung, die
man jetzt nach dem Ausgang umzudeuten versuchte, dem
Apollo von Delphi. Dann ging man daran, die Wunden des
Krieges zu heilen, die Beschäftigung des täglichen Lebens
wieder aufzunehmen. Man mochte glauben, in die alten Verhältnisse zurückkehren zu können, gestärkt durch die Zuver-

sicht, jetzt jedem Feinde gewachsen zu sein, und gehoben durch das Gefühl hellenischer Waffenbrüderschaft, die alle Rivalität siegreich überwunden hatte. Nicht wenige der Mitkämpfer mochten hoffen, dass die Zeit der hellenischen Kriege überhaupt vorbei und eine dauernde Vereinigung der Staaten, ein friedlicher Ausgleich des alten Haders erreichbar sei. Bestand doch der 480 gegründete Waffenbund weiter, war doch die Befreiung aller Hellenen mit dem Zuge nach Mykale zwar in Angriff genommen, aber noch keineswegs vollendet. An eine Wiederaufnahme der Fehde zwischen Athen und Aegina z. B. konnte jetzt, wo beide Staaten bei Salamis mit gleicher Tapferkeit gekämpft und Weiber und Kinder der Athener auf der Insel Zuflucht gefunden hatten, kein Mensch denken. Der Zwist zwischen Sparta und Tegea schien in dem festen Zusammenhalt ihrer Truppen bei Plataeae begraben. Vor allem aber der Bund zwischen Sparta und Athen schien unerschütterlich begründet, seit beide gemeinsam den Krieg durchgeführt hatten, Athen durch Sparta befreit und Sparta durch Athens Hingebung an die Spitze von Hellas geführt war. Wie sollte man nicht auch die weiteren Aufgaben in derselben Gemeinschaft lösen? Die persisch gesinnten Staaten waren zur Ohnmacht verurtheilt; dass keiner von ihnen der Vernichtung anheimgefallen war, die man ihnen in der Erbitterung des Kampfes gelobt hatte, war jetzt, wo die Gefahr für alle Zukunft beseitigt schien, nur ein weiterer Gewinn für Hellas. Selbst die pylaeische Amphiktionenversammlung war jetzt eifrig national gesinnt; sie schmückte die Gräber der Helden von Thermopylae mit Grabsteinen und Sprüchen und setzte einen Preis auf den Kopf des Maliers Ephialtes, der die Perser den Weg durchs Gebirge geführt haben sollte. Den Schmerz über das Schicksal seiner Heimath empfand Pindar tief genug; aber er konnte doch aufathmen, »da ein Gott die wie Tantalos' Stein über unseren Häuptern schwebende unbezwingbare Last für Hellas abgewandt hat« (Isthm. 8, 478 v. Chr.). Bald findet er die Stimmung wieder, wie ehemals Thebens Ruhm in der Sagenzeit zu künden und Spartas Zucht und

Tapferkeit zu verherrlichen. Aber zugleich hat er in begeisterten Worten das Lob des »glänzenden, veilchenbekränzten, ruhmreichen Athens, der Stütze von Hellas, der göttlichen Stadt« gesungen und im Wetteifer mit Simonides von Keos, dem Sänger der nationalen Partei, den Tag von Artemision gefeiert, »wo die Söhne Athens den leuchtenden Grund der Freiheit legten«.

Ephoros hat die hellenische Bundesversammlung, die er für die Perserkriege annahm, auch nachher weiter bestehen lassen und für Themistokles' Katastrophe verwerthet (Diod. XI, 55; ebenso Plut. Them. 23. epist. Them. 18). Das ist ein völlig unhistorischer Reflex des hellenischen Bundes Philipps. — Ueber die von den Späteren fälschlich auf Simonides zurückgeführten Epigramme (die Wurzel dieser Annahme ist Herod. VII, 228) vgl. Wilamowitz, Ber. Göll. Ges. 1897. [Ferner A. Wilhelm, Jahreshefte des österr. arch. Inst. II, 1899, 227 ff.]

241. Die Wirklichkeit jedoch entsprach diesen Stimmungen nur zum Theil. Die Lage der Nation war von Grund aus umgewandelt. Aus kleinen Anlässen und untergeordneten Conflicten war der Krieg mit Persien zu einem Kampfe erwachsen, bei dem selbst die Frage der politischen Existenz der hellenischen Nation noch nicht das Wichtigste war. Um die ganze zukünftige Gestaltung der Weltgeschicke hatte es sich gehandelt: ob im Bereich der Mittelmeervölker die orientalische Cultur und Sitte herrschen solle oder die griechische, darüber war, mochte auch keiner der Kämpfenden sich dessen bewusst sein, auf den Schlachtfeldern von Salamis, Himera und Plataeae die Entscheidung gefallen. Das ist das Wesen der grossen weltgeschichtlichen Momente, dass ihre Tragweite weit hinausgreift über das, was die Gegenwart bewegt, dass wie ihre Wirkungen den Verlauf von Jahrtausenden bestimmen, so auch ihre Bedeutung erst von der Nachwelt ganz ermessen werden kann. Durch den Sieg war die hellenische Nation die erste der Welt geworden; von den griechischen Waffen und der griechischen Politik hing fortan der Gang der Weltgeschichte ab. Es galt, das Gewonnene zu behaupten, den Siegespreis zu ergreifen und festzuhalten. Unermesslich lag

die Zukunft vor dem Hellenenvolke, den herrlichsten Gewinn
verheissend, aber voll von Klippen und Gefahren. Da war
eine Rückkehr in die alten Verhältnisse ganz unmöglich. Der
enge Gesichtskreis, in dem man aufgewachsen war, war mit
einem Schlage gesprengt; schon die Zeitgenossen empfanden,
wie scharf die zwei Jahre des »Mederkriegs« Vergangenheit
und Zukunft schieden, und der heranwachsenden Generation
klang alles, was vor dem Xerxeszuge lag, wie eine alte längst
verschollene Sage. Man mochte wähnen, am Ziele zu sein;
thatsächlich stand man am Anfang.

Die alte Zeit und die neuen Strömungen. Conservatismus und Fortschritt, Religion und Aufklärung.

242. In reicher Mannigfaltigkeit war Leben und Cultur
im sechsten Jahrhundert erblüht. Von Grund aus hatten die
socialen und politischen Verhältnisse des Mittelalters sich gewandelt. Die Zeit war vorbei, wo ein zum Herrschen und
Kämpfen geborener Adelsstand patriarchalisch das Volk regierte, wo der heimathliche Boden noch die gesammte Bevölkerung des Cantonstaats ernährte. Neue Erwerbszweige
und Berufsstände waren dazwischen getreten, Geld und Handel
beherrschten alle Production, die fremden Erzeugnisse waren für
das tägliche Leben unentbehrlich geworden; in weitem Umfang lebte in den grösseren Städten die Bevölkerung von den
Producten überseeischer Gebiete. Darüber war die alte Staats-
gestalt in Trümmer gegangen. Die Idee des Rechtsstaats,
der Herrschaft der Gesetze, die kein Privileg und kein Ansehen der Person kennt, hatte sich überall durchgesetzt.
Aber innerhalb desselben rangen die schärfsten Gegensätze
unablässig mit einander. Mochte der Schwerpunkt des Gemeinwesens im Landbau oder in Handel und Industrie liegen,
überall hatte der Mittelstand, das bäuerliche oder städtische
Bürgerthum, massgebende Bedeutung erlangt; auf ihm ruhte
jetzt die Wehrkraft der Gemeinde, es beanspruchte die politische Leitung für sich. Unter ihm standen die besitzlosen

Massen, die Tagelöhner und Käthner der Ackerbaustaaten,
die Handwerker, Kleinhändler, Matrosen, Handlanger und
Arbeiter der Handels- und Industriestaaten, die der Mittelstand,
auch wo er ihnen, wie in Athen seit Solon, Theilnahme an
der politischen Entscheidung in Volksversammlung und Gericht zugestanden hatte, doch social nur um so mehr von
sich in Abhängigkeit zu halten suchte. Der alte Adel war
häufig völlig vernichtet worden, so in Korinth und vielfach
in Ionien; in anderen Fällen hatte er sich durch zeitgemässe
Concessionen, durch Verzicht auf seine politischen Sonder-
rechte und Verschmelzung mit den führenden Kreisen der
Bürgerschaft thatsächlich im Besitz der Staatsleitung behauptet,
so in Athen, ähnlich vielleicht in Argos und in anderer Weise
in Aegina. In Sparta war er, wenn es hier überhaupt jemals
einen Adel gegeben hat, durch die militärische Entwickelung völlig
und bis auf die letzte Spur absorbirt worden. In voller demo-
kratischer Gleichheit stehen hier die Vollbürger neben einander, aber zugleich in straffer Unterordnung unter das Gesetz
und die ununterbrochene militärische Zucht, die allein die
Herrschaft des Vororts über die Unterthanengemeinden und
die Massen der Leibeigenen erhalten kann. Im Nordwesten,
der daher auch weder politisch noch culturell eine Rolle spielt,
sind die alten Formen des Stammstaats noch lebendig, ebenso
in Elis. Sonst dagegen ist auch da, wo wie in Arkadien
Landwirthschaft und Viehzucht noch fast allein die Grundlage
des Lebens bildet, doch mit der Sprengung des Stammver-
bands die Bedeutung der Gemeindeversammlung und der
Bürgerwehr der Hopliten gewachsen; wenn auch die Staatsordnung aristokratisch ist und die grossen Familien die Leitung
behaupten, entwickelt sich doch selbst hier eine ständig stärker
werdende demokratische Strömung. Umgekehrt hat sich in
vielen Handels- und Industriestaaten eine neue kaufmännische
Aristokratie gebildet, die auf dem Capital und dem Besitz
von Schiffen, Fabriken, Sklaven beruht und den alten Adel
in sich aufnimmt, wie in Aegina, oder an seine Stelle tritt,
wie in Korinth. Wo sich die volle und exclusive Adelsherr-

schaft noch behauptet, wie in Thessalien, oder zeitweilig die Alleinherrschaft wieder gewinnt, wie in Theben und mehrfach auch in Ionien und im Westen (so die Gamoren von Syrakus vor der Tyrannis), trägt ihr Regiment die Züge der Reaction und unterscheidet sich von der Gewaltherrschaft eines Usurpators nur dadurch, dass statt des einen »Tyrannen« eine Anzahl von »Dynasten« das Regiment führt. Darauf beruht es, dass die jüngste Gestaltung der usurpirten Monarchie, wie sie jetzt in Sicilien bestand, sich ausser auf das Militär auf die aristokratischen Elemente stützen konnte: der Gegensatz gegen die Massen und das materielle Interesse führten die beiden ehemaligen Rivalen zusammen.

243. So starke Erschütterungen die Verfassungskämpfe fast allen griechischen Staaten bereiteten, im allgemeinen ist trotzdem das sechste Jahrhundert eine Zeit raschen und ständigen Fortschreitens gewesen. Die politischen Kämpfe und Revolutionen machten dem Talente die Bahn frei und gaben ihm Gelegenheit, sich voll zu entfalten. Wenn sie häufig Schranken aufrichteten, so räumten sie noch mehr aus dem Wege. Die vielfachen Umwälzungen und der mit ihnen verbundene Besitzwechsel mobilisirten das Vermögen und steigerten die Unternehmungslust. So hat der materielle Wohlstand einen gewaltigen Aufschwung genommen; die Lebenshaltung ist überall reicher geworden, die Ansprüche sind gewachsen und mit ihnen die Mittel, sie zu befriedigen. Die Concurrenz steigerte die Energie und den Erfindungstrieb, die Technik der Gewerbe und Künste machte rasche Fortschritte, die Absatzgebiete erweiterten sich, die Kaufkraft des Publicums wuchs. Nicht minder bedeutsam war der Fortschritt auf geistigem Gebiet. Neue Formen und neue Anschauungen traten überall neben die altüberkommenen. In der Poesie hatte sich neben dem absterbenden Epos die Lyrik und mit ihr die Musik stets reicher entfaltet; jetzt traten ihr die dionysischen Kunstformen zur Seite, der in Korinth ausgebildete Dithyrambos und das Drama Attikas, und daneben begannen hier und in anderer Art in Megara und Sicilien die lustigen Umzüge und Masken-

scherze eine festere künstlerische Gestaltung zu gewinnen.
Doch die Poesie war nicht mehr im Stande, alles zu umfassen, was das geistige Leben der Nation bewegte; die neuen
Gedanken und Entdeckungen verlangten einen schlichten,
keinem Formzwang unterliegenden Ausdruck. So war neben
die Dichtung die ungebundene Rede getreten, zunächst im
Lehrvortrag und, entsprechend der Declamation des Epos und
des Iambos durch die Rhapsoden, im Vortrag vor einer Fest-
versammlung, dann aufgezeichnet im Lehrbuch und in der dar-
stellenden Erzählung der geschichtlichen und geographischen
Forschungen.   Der bildenden Kunst gewährten die reicheren
Mittel und die gesteigerten Bedürfnisse der Staaten wie der
Privatleute die Möglichkeit regster Bethätigung.   Die beiden
Baustile gelangten zu voller Entwickelung und begannen, im
Marmor ein neues prächtiges Material zu verwerthen.   Die
Tempel, die Schatzhäuser, die öffentlichen Hallen füllten sich
mit Statuen und Giebelgruppen, neben den Reliefschmuck der
Wände trat die Wandmalerei; mit ihnen wetteifernd, ja sie
überholend, vermochte die Decoration der Thongefässe, wie
sie Athen ausgebildet hatte, lebensvolle Scenen aus der heiligen
Geschichte wie aus dem täglichen Leben zu gestalten.   Gewaltig hatte sich der Horizont des griechischen Volkes erweitert; im Osten und Westen war man bis an den Ocean
vorgedrungen, die Umrisse Westeuropas und Nordafrikas wie
des inneren Asiens bis an und über den Indus tauchten nicht
nur dem Schiffer und dem Kaufmann auf, sondern auch ihren
Landsleuten daheim; von der Literatur wie von der durch
Anaximander von Milet geschaffenen Kartenzeichnung wurden
sie festgehalten.   Zahlreiche fremde Völker traten in den Gesichtskreis, zum Theil mit den rohesten Sitten und Institutionen,
zum Theil mit hoher, uralter Cultur, gegen die die griechische
ein Werk »von gestern und vorgestern« schien.   Vielfach war
diese Cultur der griechischen materiell überlegen.   Ihre Ge-
schlossenheit, die Unerschütterlichkeit ihrer Institutionen, die
Sicherheit, mit der sie jede Frage beantwortete und jeden Zweifel
niederschlug, imponirte den Griechen gewaltig.   Aber wenn man

den Fremden manche Anregung, manche Kunstfertigkeit, in der
Mathematik und Astronomie auch manche wissenschaftliche Erkenntniss verdankte, so waren die Fortschritte, die man selbst
machte, noch viel grösser. Ueberall erhob sich der Geist des Einzelnen zu selbständiger Thätigkeit, unbekümmert um und oft im
Gegensatz zur Tradition. Wie der Künstler neue Formen zu
bilden wagte und neue Mittel der Technik erfand, wie der
Dichter und Musiker neue Rhythmen, neue Harmonien, ja
neue Instrumente schuf, so schritt der Arzt hinweg über die
Schranken des Herkommens und suchte durch eigenes Denken
und Beobachten sein Können zu erweitern, so grübelte der
Mathematiker und Astronom über die Gesetze des Raums,
so versuchte der Denker sich ein eigenes, den neuen Thatsachen entsprechendes Weltbild zu construiren; er begann
Probleme zu sehen in dem, was man vor ihm als selbstverständlich hingenommen hatte. So entstehen die Anfänge der
Wissenschaft, der Astronomie und Geographie und damit im
engsten Zusammenhange die der Mathematik, der Naturwissen-
schaften und der Medicin.

244. Noch stand die alte Religion, wie sie im Cultus
jeder Gemeinde lebte und im Epos sich spiegelte, äusserlich
unerschüttert. Das Eintreten der Volksmassen ins politische
Leben hatte die Religiosität gewaltig gesteigert und neben den
kriegerischen Gottheiten der Adelszeit die volksthümlichen und
bäuerlichen Culte in den Vordergrund gerückt. Wie der Wohlstand sich hob und der Werth des Lebens und seiner Güter
sich steigerte, mehrten sich die Opfer und Weihgeschenke;
Gemeinden und Herrscher wetteiferten mit einander in der
Erbauung prächtiger Tempel, in der Ausrichtung glänzender
Götterfeste. In allen Lebenslagen wandte man sich mit Ge-
beten und Gelübden an die Götter, wandte man sich um
richtige Weisung an die Stätten, wo sie ihren untrüglichen
Willen verkündeten; mächtig erhob sich Glanz und Einfluss
der grossen Orakel und ihrer Priesterschaften. Auch der
heiligen Geschichte, wie sie für die Gesammtheit Homer und
Hesiod formulirt hatten und wie sie die locale Tradition und

Exegese im Anschluss an die heimischen Bräuche und Feste in
mannigfachen Variationen lehrte, stand die Menge noch durchaus gläubig gegenüber. Aber in zahlreichen Einzelfällen kam
es den höher stehenden Männern, welche über diese Dinge
nachzudenken Zeit und Neigung hatten, zum Bewusstsein und
wurde instinctiv auch von den Massen empfunden, dass diese
Erzählungen und nicht selten auch die Riten, die man dem
Herkommen gemäss vollzog, den im eigenen Innern lebenden
Anschauungen nicht mehr entsprachen. Die überlieferte Religion war das Erzeugniss und der Ausdruck einer vergangenen
Zeit; mit dem Zusammenbruch der alten socialen und politischen Ordnung hatte sie ihre Basis verloren, sie entsprach
den Bedürfnissen und Anschauungen der Neuzeit nicht mehr.
Das drängte sich einem Jeden auf angesichts des unzuläng-
lichen Weltbildes der Tradition, ihres naiven Pragmatismus, ihrer
seltsamen, jetzt ebenso unmöglich wie kindisch erscheinenden
Wundergeschichten. So erhob sich der Verstand zum Richter
über die heilige Geschichte und corrigirte, was ihm Anstoss
gab, verwarf es als Erfindung unwissender und thörichter
Dichter. Tiefer noch war der Contrast der ethischen Anschauungen. Die alten Götter waren ihrem Ursprung nach
Naturgewalten, rücksichtslos in ihren Thaten wie in ihren
Einwirkungen auf den Menschen, Frevelhaftes thuend und
erduldend wie die Kräfte der Natur. Glaube und Dichtung
des Mittelalters hatte sie gestaltet wie die Mächtigen der
Zeit, Menschen von gewaltiger kriegerischer Kraft und gähren-
der Leidenschaft, die aber gelernt hatten, sich dem Zwange
der Sitte und des Anstands zu fügen und ernstlich bestrebt
waren, sich zu verhalten, wie es dem wackeren Manne ziemte,
bis dann einmal die verhaltene Leidenschaft alle Dämme
durchbrach und sie zu den wildesten Thaten hinriss. Aber
auch diese Anschauung war seit dem siebenten Jahrhundert
überwunden; das ethische Gefühl hatte sich verfeinert, das
Bewusstsein von der ewigen Rechtsordnung war erwacht.
Wohl sah gerade diese Zeit Menschen genug, die sich auch
über die conventionelle Moral hinwegsetzten und rücksichtslos

nur ihre eigenen Interessen verfolgten, und die, wenn es ihnen gelang, das Ziel zu erreichen und sich zu behaupten, von der Menge angestaunt und bewundert wurden. Aber trotz alledem blieben sie unheimlich; man beneidete sie, aber man empfand doch, dass sie Verbrecher, dass ihr Glück nur Trug sei, dass ihre Frevel eine Sühne gebieterisch forderten, wenn nicht in diesem Leben, so in ihren Kindern und Kindeskindern oder in einer zukünftigen Existenz. Die bedeutendsten Männer der Zeit predigten unablässig, dass das Sittengesetz unverbrüchlich sei, dass für jeden Frevel die Götter früh oder spät die Strafe verhängen, dass wahres Glück nicht zu gewinnen sei ohne Befolgung der sittlichen Gebote. Das galt auch von den Göttern selbst. Sie waren allezeit die Urheber und Wächter wie aller menschlichen Ordnungen so auch des Sittengesetzes gewesen, auch wenn dasselbe sie nicht band; jetzt suchte man den Glauben an die Götter zu retten, indem man sie dem Sittengesetz unterordnete und das ethische Postulat aufstellte, dass die Götter sittliche Mächte sind, die ein gerechtes Regiment führen.

245. In diesem Glauben mochte sich beruhigen, wer auf den Höhen des politischen Lebens stand und die erhebende Wirkung des Ringens mit den Schicksalsgewalten an sich und seinem Gemeinwesen empfand; den Massen konnte er nicht genügen. Zu sehr fühlte man hier die Noth des Lebens, das ungleiche Maass, mit dem die Götter massen, das schreiende Missverhältniss zwischen Schuld und Schicksal des Einzelnen. Der Glaube an die göttliche Gerechtigkeit konnte hier nicht Wurzel fassen; die Zeiten, wo diese auf Erden geweilt hatte, wo die Natur von selbst ihre Gaben spendete und Friede und Eintracht unter den Menschen herrschte, waren, das wusste man seit Hesiods Tagen, längst dahin. Jetzt war das Leben nur Noth und Elend, der Mensch verstossen aus den Regionen der Seligen, die die Götter für sich behalten hatten. Nicht die freudige Hingabe an die Welt und ihre göttliche Ordnung beherrscht diese Kreise, sondern das Bedürfniss nach Erlösung. Die orgiastischen Culte der grossen

Naturgottheiten, der Göttermutter, der ephesischen Artemis,
des kretischen Zeus, vor allem aber der Rausch des dionysischen Trunks und die wilden und ausschweifenden Orgien
seines Dienstes, sie gestatten wenigstens, momentan die Last
des Daseins abzuschütteln, und das Anschauen der geheimnissvollen Bräuche der Göttinnen von Eleusis oder eines anderen
Mysteriencults gewährt die Hoffnung auf eine Ausgleichung
im Reich des Hades, auf ein seligeres Dasein als die trübselige
Schattenexistenz in ewiger Finsterniss, von der die Dichter
erzählen. Auch auf Erden hofft man vorwärts zu kommen,
wenn man sich ganz der Gottheit hingibt, ihre Weihen auf
sich nimmt, ihre Amulete trägt, ihre Reinheits- und Speisegebote befolgt, so absurd sie erscheinen mögen. Aus diesen
Elementen erwächst die neue Religion der Erlösung, welche
in der Pisistratidenzeit die Orphik in Attika verkündet und
welche sich in zahlreichen Variationen rasch durch die ganze
griechische Welt verbreitet. Schaaren von Propheten und
Dienern der neuen Religion durchziehen alle Lande, theils
wirkliche Gläubige, theils armselige Bettelpriester und Schwind-
ler, die für geringes Geld ihre Ceremonien verkaufen, für alle
irdischen Nöthe, für Krankheit, Unfruchtbarkeit, Misswachs
geheime Heilmittel bereit haben, und in doppelsinnigen Orakel-
sprüchen den Mächtigen wie den Geringen verkünden, was
die Zukunft bringen wird. Das Höchste und das Gemeinste
verbindet sich in ihnen wie in jeder die Massen ergreifenden
religiösen Bewegung. Ein gewaltiger Gährungsprocess ergreift
die Gemüther; es konnte scheinen, als habe, der Entwickelung
der orientalischen Culturen entsprechend, die Geburtsstunde
einer neuen theologischen Religion auch im griechischen Volke
geschlagen, welche, die localen Culte in sich aufnehmend und
sich unterordnend, nur in der Schöpfung einer allgemeinen
hellenischen Kirche ihren Abschluss finden könne.

246. Aber auch die Gegenströmung fehlt nicht. Aus der
rationalistischen Aufklärung und den Anfängen der Wissenschaft erwächst, alle Strömungen zu einer Einheit zusammen-
fassend und die einzelnen Zweige, wie die Geographie, die

Mathematik, die rationalistische Geschichtsbetrachtung sich
unterordnend, im Gegensatz zur mystischen Offenbarung die
menschliche Weisheitslehre. Ihre Geburtsstätte ist Milet; aber
bald stellen sich an mehreren anderen Orten zunächst der
ionischen Welt den Milesiern Vertreter verwandter Richtungen zur Seite. Die Probleme sind dieselben, welche die
neue Religion zu lösen sucht, und auch im einzelnen berühren sich die Lösungsversuche vielfach aufs engste und
beeinflussen sich gegenseitig. Aber die Grundauffassung ist
diametral entgegengesetzt, dort übernatürliche Offenbarung
und eine mystische erlösende Wunderwirkung der Götter
und ihrer Propheten, hier eine vernunftgemässe Analyse und
Construction des Weltganzen, die jedes übernatürliche Element ausscheiden will. Auch an Vermittelungen fehlt es nicht,
Propheten, die als Lehrer der »Weisheit« auftreten und eine
Schule gründen, die zugleich eine religiöse und politische
Secte ist, wie Pythagoras, und Philosophen, die wie Xenophanes in dem religiösen Problem, in der richtigen Gotteserkenntniss, den Gipfel und die höchste Aufgabe der Weisheit
sehen.

247. So ist an Stelle der alten homogenen Cultur des
Mittelalters eine bunte Fülle verschiedenartiger, oft schroff
einander gegenüberstehender Gestaltungen und Anschauungen
getreten. Im allgemeinen sondern sie sich zunächst local
von einander: wie in dem einen Gemeinwesen eine demokratische, in dem anderen eine aristokratische Verfassung oder
eine Tyrannis besteht, wie jede Landschaft nicht nur ihre besonderen Feste, sondern auch ihre besonderen Tänze, Rythmen
und Harmonien hat, so scheiden sich auch die Künstler und die
Dichter grossentheils nach der Oertlichkeit. Der Iambos hat sich
nur in der ionischen Welt zu einer selbständigen Dichtungsart
entwickelt, auch die Elegie hat hier ihren Hauptsitz, wenn
sie auch nicht nur nach Attika, sondern z. B. in Theognis
nach Megara, in Tyrtaeos nach Sparta hinübergreift; das
Lied entwickelt sich in Aeolis und Ionien zu einer selbständigen
Kunstgattung. Ueberall in Griechenland blüht der Chorgesang;

aber die Kunstform des Dithyrambos ist ein Product Korinths,
das von hier aus in die Nachbarländer übergreift; die Tragödie ist in Attika erwachsen und noch auf lange Zeit von
dem Nährboden des attischen Lebens und der attischen Feste
untrennbar. Völlig local sind noch Jahrzehnte lang die Anfänge der Philosophie; in Milet, in Elea, in Ephesos sammeln
die Weisen einen Kreis von Schülern um sich, der ihre Lehren
bewahrt und weiterbildet, während in das grössere Publicum
nur unbestimmte und verzerrte Kunde von ihrem seltsamen
Treiben dringt. Auch ihre Bücher, die in dunkler, nur dem
Eingeweihten, dem Schüler verständlicher Sprache die Summe
ihrer »Weisheit« überliefern, vermögen eine umfassendere Wirkung zunächst nicht auszuüben. Der Hochsitz der Medicin sind
Knidos und Kos und ihre Asklepiadengeschlechter, wenn auch
daneben Aerzte aus anderen Theilen Griechenlands, wie Demokedes von Kroton (§. 173), einen grossen Namen gewinnen und an
der Ausbildung ihrer Kunst mitwirken. Ein grösseres Publicum
findet die populärwissenschaftliche, von der Aufklärung getragene, geographisch-ethnographische und historische Literatur; aber auch ihre Pflege beschränkt sich zunächst fast
völlig auf Kleinasien und die Inseln des Aegaeischen Meeres.
Die neue religiöse Bewegung, so weite Gebiete sie ergriffen
hat, trägt doch in ihren Wurzeln und Gestaltungen überall
ein locales Gepräge. Die Heimath der Orphik ist das Athen
der Pisistratidenzeit, daneben treten Kreta und vielleicht einzelne Gebiete der ionischen Welt hervor; die Wirksamkeit des
Pythagoras beschränkt sich auf die Achaeerstädte Unteritaliens,
wenn auch sein Ruf viel weiter gedrungen ist. — Aber wenn
schon im Mittelalter neben den localen Entwickelungen eine
allgemeine, das ganze geistige Leben der Nation umfassende
Cultur bestand, deren Hauptträger das Epos und die fahrenden Sänger und später die Rhapsoden waren, so konnte jetzt
bei den allgemeinen und individuellen Strömungen der neuen
Entwickelung, welche wirklich in die Tiefe griffen, eine universelle Wirkung so wenig ausbleiben wie bei den wirthschaftlichen und politischen Bewegungen. War der Bürger

an das heimische Gemeinwesen gefesselt, so bestand daneben
in den für das geistige Leben wichtigsten Kreisen die freieste
Bewegung; es gab zahlreiche Berufe hoher und niederer Art,
welche geradezu auf ein Wanderleben angewiesen waren. Die
Aerzte, die bildenden Künstler, die Dichter zogen von Ort zu
Ort; Fürsten und Republiken wetteiferten, sie gegen hohe
Belohnung, oft genug, wie bei berühmten Aerzten (Herod. III,
131), gegen festen Gehalt in ihren Dienst zu ziehen. Bei den
Meistern des Chorgesangs, Simonides, Pindar, Bakchylides bestellten sich die Sieger in den Festspielen die Gedichte für
die Siegesfeier, die Staaten die Preislieder für die Götter in
Aegina und Korinth, in Athen und Boeotien, in Phlius und
Arkadien, in Thessalien, in Rhodos und Kyrene, in Sicilien
und Unteritalien. An sie reiht sich alles fahrende Volk, Rhapsoden, ionische Geschichtenerzähler, Gaukler, Bettel- und My-
sterienpriester und Orakelverkünder. Auch tüchtige Handwerker mag man oft genug von auswärts geholt haben; oder
wenn sie in der Heimath nicht vorwärts kamen, suchten sie
in der Fremde ihr Glück, so in Athen, wo ihnen schon seit
Solon die Niederlassung als Metöken möglichst erleichtert war.
Aber auch die eingesessene Bürgerschaft kam oft genug aus
der Enge der Heimath heraus, nicht nur der Kaufmann und
Schiffer, sondern auch der Bürgersmann und Bauer, wenn er
an geheiligter Stätte sich Raths holen ging oder eins der
grossen Feste besuchte, oder wenn der Staat eine Festgesandt-
schaft oder eine Procession in die Fremde schickte — so
schicken die Chier einmal einen Chor von hundert Jüng-
lingen nach Delphi (Her. VI, 27). Neben den heimischen Zu-
schauern fand sich ein ständiges Wanderpublicum ein nicht nur
bei den vier panhellenischen Nationalspielen, sondern auch
bei zahlreichen localen Festen, die weit über ihr Gemeinwesen
hinaus zu Ansehen gelangt waren: Athleten, die die gymnischen Kämpfe bei einem Meister gelernt hatten und berufs-
mässig betrieben, um Preis auf Preis zu gewinnen und dadurch zugleich den Ruhm ihrer Heimath und ihres Geschlechts
zu mehren, Musiker und Sänger, Rhapsoden, und bald auch

die Vertreter des neuen Wissens, die, was sie erforscht und
geschaut hatten, einem grösseren Publicum in ausgearbeitetem
Vortrag mitzutheilen wünschten. So ging ein reger Austausch
durch die ganze griechische Welt; es gab Leute genug, die
wie Anaximander, Hekataeos, Pythagoras (vgl. Bd. II, 502 A.)
selbst vor Reisen ins Ausland nicht zurückscheuten, lediglich
um ihr Wissen zu bereichern. Die führende Stellung im
geistigen Leben nahm nach wie vor die Poesie ein; die Elegien, die Theognis in Megara zum Preise seines Kyrnos sang,
erklangen bei jedem Gelage in ganz Hellas, und nicht minder
die Lieder des Alkaeos und der Sappho, des Anakreon und
des Ibykos, die Elegien des Mimnermos und Solon; Stesichoros'
und später Simonides' und Pindars Chorgesänge wurden aller
Welt vertraut so gut wie die Epen Homers und Hesiods und
die Iamben des Archilochos. So verbreiteten sich die Kunstformen weit über ihren heimischen Kreis hinaus: Pindar und
Korinna dichteten in Boeotien in den von Stesichoros und
von der aeolischen Lyrik geschaffenen Formen und fanden
in der ganzen griechischen Welt ihre Auftraggeber und ihr
Publicum im Wetteifer mit den Ioniern Simonides und Bakchylides von Keos; die attische Tragödie entlehnt ihre Formen
dem ionischen Iambos (und Tetrameter) und dem dorischen
Chorlied. Nicht anders ist es in der bildenden Kunst: die Stile
von Chios und Samos, von Sikyon und Aegina fliessen zusammen in der Plastik Athens; die dorische und die ionische
Bauweise treten oft an denselben Orten neben einander so
gut wie die dorische und die ionische, die lydische und phry-
gische Harmonie.

248. So hat sich der geistige Besitzstand der Nation gewaltig gemehrt. Auch in abgelegenen Gebieten, bis in die
arkadischen Berge hinein, ist man hinaus über die Zeit, wo
neben der gymnastischen und militärischen Ausbildung und
der Kenntniss der heimischen Sitte und Sage die Uebung im
Singen und Tanzen und die durch die Rhapsoden vermittelte
Bekanntschaft mit den grossen Epen den Inhalt der Bildung
erschöpfte. Man empfindet, dass man mehr braucht nicht

nur an Können, sondern auch an Wissen. Für den praktischen Bedarf ist die Kunst des Schreibens unentbehrlich, aber auch für die geistige Ausbildung; schon gibt es Leute, das zeigt die Entwickelung einer Buchliteratur in Dichtung und Prosa, welche die Schöpfungen der Literatur lesen, ja selbst kaufen oder abschreiben oder auswendig lernen, nicht weil sie sie für ihren Beruf brauchen wie die Rhapsoden oder weil sie bei einer Aufführung mitwirken sollen, sondern weil sie ein tieferes Interesse an dem Inhalt nehmen, als durch das gelegentliche Anhören des mündlichen Vortrags befriedigt wird. Das Bildungsbedürfniss ist erwacht, und der Staat nimmt seine Befriedigung in die Hand. Neben den gymnischen und musischen Unterricht tritt der Unterricht im Lesen und Schreiben und in der nationalen Literatur, vor allem Homer, Hesiod, Archilochos, aber auch in den anderen Dichtern. Seine Träger sind zunächst die Bewahrer der literarischen Schätze, die Rhapsoden; von ihnen übernehmen die Schulmeister, die »Schreiblehrer« (γραμματοδιδάσκαλοι) das Lehrmaterial. In Chios sind kurz vor der Schlacht bei Lade 120 Knaben im Schulhause durch den Einsturz des Daches erschlagen worden (Herod. VI, 27); im J. 413 finden wir in der kleinen boeotischen Landstadt Mykalessos mehrere Schulen, von denen eine sehr stark besucht ist (Thuk. VII, 29). Dass in Athen zu Ende des sechsten Jahrhunderts vorausgesetzt wurde, dass jeder Bürger schreiben könne, beweist die Einrichtung des Ostrakismos — wenn auch mancher sich, wie eine bekannte Anekdote erzählt, den Namen des zu Verbannenden von einem anderen auf die Scherbe schreiben lassen mochte.

249. So haben die allgemeinen Ideen, welche die Zeit bewegen, die Frage der Gestaltung des Staats, die religiöse Bewegung, der Rationalismus und die Aufklärung ihren Eingang gefunden in alle Theile Griechenlands. Auch wo man sich ablehnend verhielt, verspürte man doch ihre Einwirkung; man musste zu ihnen Stellung nehmen, sei es auch nur dadurch, dass man aus Princip überall am Alten festhielt. So

mannigfach verschieden aber politisch, social und geistig die
Anschauungen und Institutionen sind, im allgemeinen scheiden
sich die zahlreichen Einzelgestaltungen in zwei grosse Gruppen
von Gegensätzen, die sich auf den Trümmern der mittelalterlichen Ordnung erhoben haben. In der Gestaltung des Staats
und der Lebenshaltung treten sich die am Alten festhaltende
conservative und die moderne fortschrittliche Auffassung gegenüber. Die Basis bildet der alte mittelalterliche Staat, die Herrschaft des Adels und des Grundbesitzes, das Ideal der Mannes-
tugend (ἀρετή) des durch Geburt und Besitz zur Herrschaft
berufenen freien Mannes, dessen angeborene edle Art durch
strenge Erziehung gestählt ist, die Tüchtigkeit, die sich ihrer
eigenen Kraft voll bewusst ist und sie zur Geltung bringt,
aber Anstand und Sitte wahrt, Rechtlichkeit übt, in Freigebigkeit und Gastlichkeit, in der Pflege der körperlichen Ausbildung,
des Sports und des Kriegs, der alten Formen der Musik und
des Tanzes sich äussert. Völlig aufrecht erhalten liess sich
dies Ideal unter der Einwirkung der Ideen des Rechtsstaats
und der Staatseinheit nicht mehr; aber nach Kräften sucht
man den neuen Staatsbegriff ihm einzuordnen. In der conservativen Weltanschauung dominirt der Gedanke der Unterordnung auch des Höchstgestellten unter Gesetz und Zucht,
des ehrfurchtsvollen Gehorsams der Jugend gegen das Alter,
des Niedriggestellten gegen den Vornehmen. Nur wer gehorchen gelernt hat, wird befehlen können. An dem Ueber-
kommenen hält man fest, nur schwer entschliesst man sich,
eine bestehende Einrichtung zu ändern, auch wenn ihre Mängel
deutlich zu Tage liegen. Mit Misstrauen und Geringschätzung
sieht man auf den modernen Erwerb, auf Kaufleute und zins-
nehmende »Wucherer«, und nun gar auf die Handwerker
herab; der einzige eines anständigen Mannes würdige Beruf
ist der des Grundbesitzers. Auch wo in den Kaufmanns-
aristokratien das Kapital und der Erwerb die Basis geworden
sind, wo selbst die Fabrikanten Zutritt in die Regierungskreise
und die Gesellschaft gewonnen haben, wie in Korinth, »der
griechischen Stadt, in der die Handwerker am wenigsten ge-

ring geachtet werden«, wie Herodot sagt (II, 167), wächst
die vornehme Jugend auf in den Anschauungen und Beschäftigungen des Adels: »es ist unmöglich,« sagt Pindar gerade von Korinth (Ol. 13), »die angeborene Art zu verbergen«.
Den alten Glauben und die Religion der Väter hält man fest,
wenn man auch die heiligen Geschichten und Ceremonien
oft genug umdeuten und dem Rationalismus die Concession
machen muss, dass die Tradition verfälscht ist und die reine
Wahrheit nicht wiedergibt.   Aber von den modernen Ideen
und nun vollends von den Grüblern und Zweiflern will man
nichts wissen, sie untergraben die überkommene göttliche
Weltordnung und befördern nur die Revolution und die Ansprüche der unwissenden und »schlechten« Massen, die dem
Regiment der »Guten« aufsässig sind. — Dem gegenüber erkennt die fortschrittliche Auffassung die Vorzüge der Geburt
nicht mehr an.   Zwar schaffen nicht nur Begabung, sondern
auch Besitz und Lebensstellung und die darauf beruhende Erziehung einen Unterschied zwischen den Menschen — denn
zu dem absoluten Gleichheitsprincip der radicalen Demokratie
mögen nur noch wenige fortgeschritten sein —, aber jedem
freien Bürger soll ein gewisses Maass von politischen Rechten
zustehen, sie sollen für die Gesammtheit und damit für
sich selbst steuern und kämpfen, nicht für die Herrschaft
weniger oder eines einzelnen.   Jedem soll die Bahn freigemacht werden, sich zu bethätigen, zu erwerben und im
Privatleben wie im Staat vorwärts zu kommen, und vor allem,
dasselbe Recht soll für alle gelten (ἰσηγορίη καὶ ἰσονομίη). Hier
denkt man daher nicht gering vom Erwerbsleben, von Handel
und Geld und selbst von der Industrie.   Freilich haben die
socialen Vorurtheile ein zähes Leben und gerathen oft genug
praktisch mit der Theorie in Conflict; namentlich die Handwerker, die für andere arbeiten und deren sociale Abhängigkeit daher jederzeit augenfällig ist, als gleichberechtigte Glieder
der menschlichen Gesellschaft anzusehen, kann man sich schwer
entschliessen, von den eigentlichen Theten, den Tagelöhnern,
Matrosen u. s. w. ganz zu schweigen.   Das alte ethisch-

politische Ideal bleibt auch hier die Grundlage — nur wenige
fortgeschrittene Geister wie Xenophanes wagen es, vollständig
mit ihm zu brechen und z. B. zu behaupten, dass die Pflege
des Sports und die Siege bei den Nationalspielen sittlich
werthlos, der ihnen zu Theil werdende Preis absurd sei —;
aber die alten Anschauungen verschieben sich unter der Einwirkung der neuen Ordnungen. In der Phalanx und in der
Seeschlacht erweist sich der gemeine Mann oft als ebenso
tüchtig, ja als tüchtiger als der Hochgeborene, und vor allem,
es kommt auf ihn ebenso viel an wie auf diesen. In der
Volksversammlung, im Rath, in den Aemtern mag er es jenem
oft an Einsicht zuvorthun, im Erwerbsleben ihn weitaus überflügeln. Nicht die Anschauungen des ererbten grossen Grundbesitzes, sondern die des Mittelstandes sind hier massgebend.
Hier herrschen daher freiere Verkehrsformen; die strenge
Zucht, die Ehrerbietung der Jugend gegen das Alter schwindet;
jeder mag sich mit seiner Ansicht hervorwagen und sie durch-
zufechten versuchen. Auch den Untergebenen und den Sklaven
gestattet man freiere Bewegung. Leicht entschliesst man sich
zu Neuerungen; wenn die bisherige Einrichtung sich nicht
bewährt hat, mag man es einmal mit einer anderen versuchen. Die gymnastische und militärische Ausbildung kann
man auch hier nicht entbehren; aber die strengen Bande der
Subordination lockern sich. In den conservativen Staaten
kümmern sich Staat und Obrigkeit um alles, hier gewähren
sie grössere Bewegungsfreiheit und suchen nur das Noth-
wendigste festzuhalten. Das Leben ist nicht nur um des
Staates und des Kampfes willen da; es ist kein Grund vorhanden, sich nicht allen Genüssen hinzugeben, die es gewähren
kann, während die conservative Anschauung darin nur Verweichlichung sieht, die sie bekämpft und verpönt. Auch über
manche Sittengebote, an denen diese streng festhält, setzt
man sich dort unbedenklich hinweg, unbekümmert um den
Vorwurf der Zügellosigkeit, den die Gegner erheben. Und
gewiss kommen moralische Excesse und Defecte oft genug
vor. Dafür aber gewinnt man die Möglichkeit einer freien

Entfaltung der Persönlichkeit, des eigenen Charakters, der Selbstzucht, während die formale Rechtlichkeit, die die conservative Anschauung fordert, nur zu oft zur Scheinheiligkeit, zu einer äusserlichen Behandlung der Sittengebote und der Staatsgesetze verführt.

250. Im einzelnen freilich weichen die Hunderte von griechischen Gemeinden, auch wenn wir sie in die beiden grossen Gruppen einzuordnen versuchen, überall aufs stärkste von einander ab. Es ist sehr verschieden, was man verwirft und was man zu conserviren sucht, hier die Alleinherrschaft des Adels oder des Grundbesitzes oder auch nur einiger weniger privilegirter Familien, dort die feste, auf rechtlicher Gleichheit beruhende Staatsordnung, in der die Besten zur Leitung berufen sind, anderwo die herrschende Stellung der Kaufmannsaristokratie und die Pflege ihrer materiellen und commerciellen Interessen. Athen ist demokratisch und gewährt dem Einzelnen grosse Bewegungsfreiheit; wie es seine Verfassung wieder und wieder geändert, zuletzt unter Kleisthenes auf eine verstandesmässige Basis begründet und unter Themistokles durch die Schöpfung der Seemacht die Entscheidung im Kampf in die Hände der Massen gelegt hat, so nimmt es neue Anregungen von überall her in sich auf. Aber die Grundstimmung der Bevölkerung ist noch durchaus conservativ; man verschmäht die materiellen und geistigen Genüsse nicht, die das Leben bietet, aber an der alten Zucht und am alten Glauben möchte man festhalten, und die Ueberlegenheit und politische Leitung des Adels erkennt man noch lange Zeit unumwunden als selbstverständlich an. — Gelegentlich hat man bereits im Alterthum den Gegensatz der beiden Weltanschauungen, wie er sich im sechsten Jahrhundert gestaltet hat und das fünfte beherrscht, auf den Gegensatz des dorischen und des ionischen Stammes zurückgeführt, anknüpfend an den Gegensatz der strengen dorischen und der weichlichen, von den Kleinasiaten beeinflussten ionischen Harmonie, in dem sich die Unterschiede des Stammescharakters am deutlichsten auszuprägen schienen. Diese Auffassung wurde dadurch bestärkt, dass die radicale Be-

wegung in der That von Ionien ausgegangen ist und in der
Ionierstadt Athen schliesslich ihren Höhepunkt gefunden hat,
während die conservative aristokratische Richtung in Sparta
(daneben auch Kreta) ihren typischen Vertreter fand. Diese
Auffassung würde oberflächlich sein und das Problem nicht
erklären, sondern nur anders formuliren, auch wenn sie zutreffend wäre. Aber das muss, da sie seltsamer Weise immer
aufs neue Vertreter findet, auch immer aufs neue eingeschärft
werden, sie steht mit den Thatsachen in schroffem Widerspruch. Gerade Sparta ist auf ganz anderen Grundlagen erwachsen und erst allmählich zum Vertreter des aristokratischen
Princips geworden; andere dorische Staaten wie Argos und
später Syrakus und Tarent sind dagegen typische Repräsentanten des radicalen Princips. Gerade in nichtdorischen Staaten,
wie Arkadien, Boeotien, Thessalien, tritt uns die conservative
Ordnung und Weltanschauung zur Zeit der Perserkriege am
stärksten entgegen; der Thebaner Pindar und der Ionier
Pythagoras, der in achaeischen Gemeinden wirkt, haben ihr
den charakteristischsten Ausdruck gegeben. Umgekehrt ist
Athen zur Zeit der Perserkriege und noch weit später nichts
weniger als ein Vertreter der »ionischen« Weltanschauung.
Der im Dialekt und in manchen Sitten und Culten hervor-
tretende Stammesgegensatz spielt eine Rolle in den populären
Sympathien und Antipathien, aber eine grössere geschichtliche
Bedeutung hat er nie gehabt, auch die Politik niemals irgendwo
ernsthaft zu beeinflussen vermocht. Aber auch der Gegensatz
der wirthschaftlichen Verhältnisse, so wichtig er ist, reicht
zur Erklärung nicht aus. In vielen Handels- und Industriestaaten haben die Aristokratie und die conservativen Anschauungen die Herrschaft, so in Aegina und Korinth; in den
Ackerbaustaaten des Peloponnes kommt eine starke demokratische Strömung in die Höhe, die unter dem Einfluss der
politischen Lage des Staats in vielen Fällen, so bald nach
den Perserkriegen in Mantinea, Ausschlag gebend werden
kann, ja in Argos durch den Gegensatz zu Sparta zur vollen
Herrschaft gelangt und den Staat ins radicale Fahrwasser

lenkt, obwohl hier, so weit wir sehen können, die Landwirthschaft immer die Hauptbeschäftigung der Bevölkerung geblieben
ist. In Athen dagegen bildet trotz der Entwickelung von Handel
und Industrie und trotz der Demokratie der Grundbesitz die
Basis des Staats, bis die Entwickelung der Seemacht allmählich eine Verschiebung herbeiführt.

251. So sind es überall die verschiedensten Momente,
welche zusammenwirkend die augenblickliche Stellung des
einzelnen Staats bestimmen. Denn das ist überhaupt das
Wichtigste und Entscheidende, dass der Gegensatz wie durch
die ganze griechische Welt, so auch durch jeden einzelnen
Staat hindurchgeht. Er hebt die einheitliche Denkweise des
Mittelalters auf, wo die bestehende Ordnung naturgemäss und
selbstverständlich erschien: er stellt jeden Staat und jeden
Einzelnen vor die Wahl und sprengt dadurch die innere Einheit, die geistige Homogenität der Bürgerschaft. Sie ist überall
in zwei Theile zerrissen, die entgegengesetzt denken und Ent-
gegengesetztes erstreben, die nur mit Mühe durch das Zu-
sammenwohnen und durch den politischen Zwang, durch die
Nothwendigkeit, die unabhängige Stellung des Gemeinwesens
zu wahren, zusammengehalten werden. Während nach aussen
Staat gegen Staat steht, fühlen sich die sich bekämpfenden
Parteien mit den Gleiches erstrebenden Elementen der Nachbarstaaten verbunden, auch wenn sie sich im Felde feindlich
gegenüberstehen. Zu dem alten Gegensatz von Gemeinde zu
Gemeinde kommt ein neuer, der quer durch die einzelnen
Gemeinden hindurchgeht. Die Stellung des Einzelnen zu den
Parteien ist in weitem Umfang, wenn auch keineswegs ausschliesslich, durch seine materiellen Interessen und durch seinen
Stand bestimmt; aber überall, auch wo sie thatsächlich gegeben ist, erscheint sie ihm als seine individuelle Entscheidung.
So gewinnt das Individuum eine ganz andere Bedeutung als
früher; seine Haltung ist ihm nicht mehr von der Tradition
vorgeschrieben, auch wenn er sich ihr ganz in die Arme wirft,
sondern beruht auf seiner Wahl. Und von der Stellung der
Persönlichkeiten ist wieder die Stellung und Gestaltung der

Staaten abhängig. Mögen die wirthschaftlichen Factoren, die
politischen Interessen, die allgemeinen Stimmungen noch so
sehr mitwirken: den Ausschlag gegeben haben überall die
leitenden Staatsmänner, welche die Verfassung neu geordnet
und die politische Richtung des Staats bestimmt haben.
Zwar ermöglicht die Ueberlieferung fast nur in Athen ihre
Individualität und Wirksamkeit wenigstens in den entscheidend-
sten Momenten zu fassen; aber trotzdem unterliegt es doch
keinem Zweifel, dass auch Staaten wie Korinth, Argos, Sparta,
den Städten Ioniens und des Westens ihre Bahnen von führenden Persönlichkeiten gewiesen sind, wenn sie auch oft völlig
verschollen sind. In vielen Fällen hat die Ueberlieferung denn
auch wenigstens die Namen und einen oder den anderen
charakteristischen Zug aus ihrer Wirksamkeit bewahrt.

252. In diese Gegensätze des conservativen und des fortschrittlichen Princips tritt sie durchkreuzend der zweite grosse
Gegensatz, der religiöse. Auch hier bildet die Ueberlieferung,
die alte Religion, die Grundlage, wenn sie auch durchweg,
bewusst und unbewusst, eine rationalistische Färbung erhalten
hat. Die heimischen Götter und Culte und der Glaube an
die Offenbarung des Willens des höchsten Gottes an den
heiligen Stätten, die die gesammte Nation verehrt, sind für
alle Staaten in gleicher Weise unverletzlich und in den Massen
noch völlig lebendig. Aber von der einen Seite sucht die
neue Erlösungsreligion sie umzudeuten und sich zu assimiliren,
das religiöse Leben zu erweitern und zu vertiefen; von der
anderen beginnt die von Ionien ausgehende, aber auch im
Westen Wurzel schlagende Aufklärung und Philosophie sie
wenigstens in der Theorie anzutasten und durch eine neue
Weltanschauung zu verdrängen. Die neue Religion findet in
den Massen einen breiten Boden und freudige Aufnahme; die
entgegengesetzte Strömung vermag zunächst nur einige fortgeschrittene Geister ganz zu gewinnen, treibt aber ihre Wellen
weithin und beginnt dadurch leise den alten Glauben zu erschüttern oder wenigstens zur Abwehr und gelegentlich schon zu
Compromissen zu zwingen. — Es wäre falsch, wenn man glaubte,

dass die beiden grossen Gruppen von Gegensätzen sich im wesentlichen oder gar in ihren Ausgangspunkten deckten, dass etwa die Aufklärung mit dem politisch-socialen Fortschritt, die Religiosität mit dem Conservatismus Hand in Hand ginge. Im Gegentheil, in den Aristokratien herrscht viel eher eine rationalistische Auffassung und Hinneigung zur Freigeisterei. Wenn nur am Staatscult nicht gerührt und der äussere Anstand gewahrt wird, hat man wenig dagegen, die Götter nach homerischem Vorbild ziemlich leger zu behandeln und als Mittel zum Zweck zu benutzen, genau so gut wie man sich darauf versteht, unter Beobachtung der correcten Formen die Moralgebote nach seinen Zwecken zu drehen. Gegen die neue Religion mit ihren bizarren Formen und ihren rigorosen Anforderungen, die von unten hereindringt, verhält man sich eher ablehnend. Dagegen die Massen sind innerlich religiös gestimmt, nur um so mehr, je mehr der Staat demokratisch gestaltet ist; aus ihren Bedürfnissen ist die neue Religion erwachsen, nicht an die aristokratische, homerische Form der Religion, sondern an die Volksculte knüpft sie an. In Attika hat sie ihren Hauptsitz, während sie unseres Wissens z. B. in Sparta niemals zu irgendwelcher Bedeutung gelangt ist. Die Orphiker, Pythagoras der Sectenstifter, Xenophanes, der in der religiösen Frage das centrale Problem der Philosophie erblickt, sind Leute aus dem Volk, während Thales, Hekataeos, Heraklit — über Anaximanders Herkunft wissen wir nichts — Adlige und Aristokraten waren. Umgekehrt hat die religiöse Bewegung in den Aristokratien und aristokratischen Monarchien des Westens feste Wurzel geschlagen, Pythagoras hat seine aristokratische Schule auf mystisch-religiöser Grundlage aufgebaut, während Xenophanes trotz und gerade wegen seiner religiösen Grundstimmung die schärfsten Angriffe des Rationalismus und der Aufklärung gegen die traditionelle Religion wie gegen den orphisch-pythagoraeischen Mysticismus aufnimmt. So zeigt sich auch hier die grösste, überall von individuellen Factoren abhängige Mannigfaltigkeit. Nur das wird sich vielleicht sagen lassen, dass beide Strömungen, die reli-

giöse wie die aufklärende, da am ersten entstehen und am
tiefsten Wurzel fassen können, wo die alten Ordnungen in
den Parteikämpfen am schwersten erschüttert sind und die
Staatsform fortwährenden Schwankungen unterliegt.

253. Aber wenn sich auch die conservative Strömung
gegen die religiöse zunächst vielfach ablehnend verhält, schliesslich müssen sie sich doch gegenseitig anziehen und mit
einander verschmelzen. Mag eine religiöse Bewegung zu Anfang noch so radical, ja revolutionär auftreten, sobald sie
sich auswächst und sich durchzusetzen beginnt, muss sie nothwendig conservativ werden. Denn die Religion ist der grosse
Vertreter der traditionellen Mächte im menschlichen Leben,
und jede neue Religion schafft sofort aufs neue eine unverbrüchliche Norm, welche mehr und mehr die Elemente der
alten Tradition in sich aufnimmt. Je mehr die conservative
Richtung sich durch das Umsichgreifen der fortschrittlichen
Tendenzen bedrängt sah, desto wichtiger wurde für sie die
religiöse Stütze. In Pythagoras sehen wir das Bündniss sich
vollziehen; Pindar, der Verkünder der alten aristokratischen
Weltanschauung, hat so gut wie Aeschylos die orphischen
Ideen aufgenommen und mit der alten, in der Mythenbehand-
lung rationalistisch beeinflussten Religion verschmolzen. Umgekehrt findet die Aufklärung ihren Nährboden in den fortschrittlichen demokratischen Staaten, mögen diese sich noch
so sehr dagegen sträuben, ja sie energisch bekämpfen. Denn
beide sind aus demselben Princip erwachsen, der Idee der
Freiheit, des Kampfes mit der Tradition, beide nehmen die
modernen Elemente in sich auf und suchen durch ihre Förderung ihr Reich zu erweitern.

254. Auch dieser geistige Gegensatz so gut wie der po-
litisch-sociale erhebt die Individualität zu neuer Bedeutung:
auch hier wird der einzelne Mensch vor die Wahl gestellt und
damit über den Bann der Tradition erhoben. Aus individuellen Bedürfnissen ist die neue Religion erwachsen so gut
wie die Philosophie: sie wendet sich an jeden Einzelnen und
will ihn bekehren, sie verheisst ihm Erlösung und Fort-

existenz über das Grab hinaus, während für die alte Religion
das Individuum nur als Glied der Gesammtheit in Betracht
kam. Die alte Zeit kennt nur natürliche Ordnungen, die von
den Göttern oder den Göttersöhnen stammen, und eine freie
individuelle Schöpfung zunächst nur in der bildenden Kunst,
der dann, wie die Individualität sich zu emancipiren beginnt,
Poesie und Musik zur Seite treten. Jetzt wird diese Auffassung auf alle Seiten des menschlichen Lebens ausgedehnt;
überall fragt man, wer es so gemacht hat, denn es könnte
auch anders sein. »Jedes Ding ist die Schöpfung seines Er-
finders,« πᾶν δ' εὑρόντος ἔργον, sagt Pindar Ol. 13, 23. Nicht
am wenigsten gilt das vom Staat. Was man im letzten Jahrhundert so oft erlebt hat, dass die Rechtsordnung und die Verfassung von einem Einzelnen von Grund aus neu gestaltet ist,
wendet man auf alle staatlichen Ordnungen an. Selbst in Sparta
wird man sich der Eigenart des Gemeinwesens im Gegensatz zu
allen anderen bewusst und antwortet auf die Frage, woher sie
stamme, sie sei von Lykurgos geschaffen worden, der jetzt
als Gott verehrt wird, aber ehemals als Mensch auf Erden
weilte: er habe seine Satzungen aus Kreta geholt und dadurch
der vorher herrschenden Unordnung ein Ende gemacht. Die
Persönlichkeit ist als führendes Element in allem menschlichen
Leben und allen geschichtlichen und politischen Vorgängen
anerkannt. — Aber nur um so mächtiger erhebt sich, je mehr
die Aufgaben des Staats sich erweitern und je wichtiger die
auf dem Spiele stehenden Interessen werden, der Idee des Individuums gegenüber die Staatsidee. Sie fordert die Unterordnung des einzelnen Bürgers unter die Gesammtheit, unter
das Recht, die Hingabe von Gut und Leben für das Wohl
des Ganzen. Sie setzt ihm in dieser Richtung weit engere
Schranken als in der mittelalterlichen Zeit dem selbstherrlichen
Adligen gesetzt waren. Denn ohne den Staat, ohne die geordnete menschliche Gemeinschaft, ohne das unverbrüchliche
Walten des Rechts, das ihn zugleich schützt und einschränkt,
kann der Einzelne nicht mehr existiren, weder materiell noch
geistig. So entsteht ein neuer Gegensatz zwischen dem Indi-

viduum und der Allgemeinheit, der nur dadurch gelöst werden
kann, dass jenes sich freiwillig der Staatsordnung und den
Interessen der Gesammtheit unterordnet, auch dann, wenn
seine privaten Anschauungen und Interessen diesen widersprechen. Erst darin besteht die wahre Freiheit, die nur das
Bürgerthum des nicht von der Willkür eines Einzelnen oder
einiger Weniger, sondern von Recht und Gesetz beherrschten
Staats gewähren kann: freiwillig und aus Ueberzeugung von
der sittlichen Nothwendigkeit des Staats thun, was dieser
gebietet, das ist die höchste Aufgabe des freien Mannes, das
ist des Staatsbürgers. — So führt, so fundamental sich auch
die Gestaltung der beiden gleichzeitig sich ausbildenden Culturen unterscheidet, doch im Griechenthum wie im Judenthum
die Entwickelung auf dasselbe grundlegende Problem: die
Stellung des Individuums zur Gesammtheit. Im Judenthum
ist es die Kirche mit ihren religiösen Aufgaben, die von allen
Zweigen freier menschlicher Thätigkeit allein übrig geblieben
ist, während im Griechenthum der Staat sich dominirend und
alle Lebensgebiete in sich aufnehmend der Persönlichkeit gegenüber erhebt.

Die Entscheidung. Pindar und Aeschylos.

255. In diese Gegensätze ist die Entscheidung des Perserkriegs hineingefallen: sie hat auch ihnen die Entscheidung
gebracht. Zu welchen Folgen ein Sieg der Perser geführt
hätte, liegt klar vor Augen. Die griechische Nationalität hätte
sich wie so manche andere in dem Weltreich conserviren
können. Auch die geistige Bewegung, die Kunst, die Wissenschaft und Philosophie mochten sich zunächst weiter entwickeln;
sind doch Anaximander, Hekataeos, Heraklit unter persischer
Herrschaft aufgetreten. Handel und Wohlstand konnten nur gedeihen, wenn die Griechenwelt pacificirt und die Verbindung mit
dem asiatischen Continent ungehindert war, ja sie mochte alsdann die phoenikischen Rivalen, obwohl deren Art den Herr-

schern näher stand, noch weiter überflügeln. Den griechischen
Aerzten am Hof, den griechischen Schiffscapitänen in der
Flotte mochten griechische Söldner und Officiere, Kaufleute
und Hetären, Günstlinge und Minister folgen. Aber das, was
das innerste Wesen der griechischen Cultur ausmacht, hätte
die Fremdherrschaft ersticken und vernichten müssen: den
freien Staat, der allein alle Kräfte des Menschen entfalten und
aus ihrem Ringen die höchste Blüthe einer freien Cultur
erzeugen kann. Nur auf einzelne Persönlichkeiten, wie die
Tyrannen Ioniens oder die Pisistratiden, auf einzelne Geschlechter wie die Aleuaden oder die Oligarchen Thebens
konnte die Fremdherrschaft sich stützen, niemals auf eine
freie Verfassung, mochte sie nun Aristokratie oder Demokratie
sein, selbst dann nicht, wenn die Eroberer nominell die alte
Verfassung bestehen liessen oder wie in Ionien unter Mardonios
wiederherstellten. An Stelle der Staatsidee hätte auch in
Griechenland die Religion und ihr Vertreter, die Priesterschaft, politisch wie geistig die Führung erhalten. Schon stand
das Gerüste aufrecht: die Orakel hatten durch die ganze
griechische Welt und weit darüber hinaus den höchsten Einfluss erlangt, sie waren die Berather des Volks und der
Staaten und strebten, ihre politischen Führer zu werden.
Orakelsammlungen liefen im Lande um, die Wanderpropheten,
Weissager und Zeichendeuter standen überall in hohem Ansehen; man grübelte über den Schicksalssprüchen und suchte
aus ihnen eine sichere Weisung für sein Verhalten zu gewinnen. Mit all diesen Elementen standen die Perser in
engster Fühlung. Die Branchiden von Didymoi waren ihre
ergebenen Diener. Dem delischen Apollo brachte Datis ein
prächtiges Weihrauchopfer; ein Apollobild, das phoenikische
Matrosen aus der Filiale seines Cultus an der boeotischen
Küste geraubt hatten, liess er dem Heiligthum zurückgeben.
Delphi wirkte eifrig für die persische Sache und mahnte überall
vom Widerstand ab. Mardonios hat bei allen Orakeln in
Boeotien und Phokis Rath gesucht, dem Trophonios von Le-
badea, dem Amphiaraos von Oropos, dem Apollo von Abae,

von Theben, vom Ptoon; er hat sich bestrebt, die bei den
Griechen umlaufenden Weissagungen genau zu befolgen. Besser
als irgend ein anderer kannten die Pisistratiden diese Sprüche;
in ihrem Auftrag war der orphische Spruchsammler Onomakritos am persischen Hof. Auch König Xerxes hat den
griechischen Göttern gehuldigt, so der Athena in Ilion und
auf der verwüsteten Burg von Athen. Hätten die Perser
gesiegt, so hätten sie auch in Griechenland versucht, mit
Hülfe der geistlichen Autorität zu regieren, und ihr eine Organisation gegeben wie in Aegypten und bei den Juden. Dann
aber ergab es sich von selbst, dass die vom Staat geschützte
und zur Herrschaft berufene Priesterschaft die neue theologische Religion annahm, mochte sie sich bisher ihr gegenüber auch so ablehnend verhalten haben und sie ihr so unbequem sein wie der Priesterschaft von Jerusalem das Judenthum: die beiden religiösen Strömungen, die politische und
die geistige, mussten in ein Bett zusammenfliessen. Dabei
mochte sich eine rationalistische Weltbetrachtung, ein Versuch,
aus eigener Kraft das Welträthsel zu lösen, in einzelnen
Kreisen immer noch behaupten, wie im Judenthum neben der
theologisch-gesetzlichen die individualistische Gegenströmung
einhergeht. Das Endergebniss wäre schliesslich doch gewesen,
dass eine Kirche und ein durchgebildetes theologisches System
dem griechischen Leben und Denken ihr Joch aufgelegt und
jede freiere Regung in Fesseln geschlagen hätte, dass auch
die neue griechische Cultur so gut wie die orientalischen ein
theologisch-religiöses Gepräge erhalten hätte (vgl. Bd. II, 461).
Fremdherrschaft, Kirche und Theologie im Bunde hätten mit
dem Staat auch hier den Zutritt zu den höchsten Regionen
menschlichen Lebens und menschlicher Thätigkeit für alle
Zukunft versperrt.

256. Diese Entwickelung ist durch die Entscheidung von
Salamis und Plataeae unmöglich geworden. Zwar standen
sich auf den Schlachtfeldern weder die Staatsformen noch die
Weltanschauungen geschlossen gegenüber; auch im Heere der
Freiheitskämpfer fochten zahlreiche Männer aus dem höchsten

Adel, und die Demokratie von Argos war persisch gesinnt. An die Götter und die Orakel glaubten die Heere der Freiheitskämpfer ebenso fest wie ihre Gegner aus Boeotien und Thessalien, und die Religion zu politischen Zwecken zu benutzen haben die Führer auf beiden Seiten verstanden. Aber die Entscheidung erstritten auf nationaler Seite, so verschieden im einzelnen die Verfassungen sein mochten, die freien Bürgerschaften von Sparta, Athen, Arkadien, Korinth, Aegina — es ist das Verhängniss Siciliens gewesen, dass hier der Gegensatz nicht rein herausgebildet war, dass der Kampf für die Unabhängigkeit zugleich ein Kampf für die Dynastien des Gelon und Theron gewesen ist. Das Ergebniss war, dass mit der Erkämpfung der Unabhängigkeit die Idee der Nationalität und der äusseren und inneren Freiheit sich mächtig erhob; dass aber eben dadurch die politischen Aufgaben sich vollständig verschoben. Nicht mehr auf die Behauptung der particularen Existenz in dem kleinen Kreise gleichmächtiger Nachbarstaaten kommt es fortan an, sondern auf die Behauptung und Bethätigung der Unabhängigkeit der gesammten Nation. Damit tritt ein neuer Gegensatz zu den alten: der Staat, der sich in den grossen, die Welt umfassenden Machtfragen bewähren soll, muss selbst eine Macht sein. Die bisher dominirende Verfassungsfrage ist Mittel zum Zweck geworden. Damit ist entschieden, dass, wie auch die innere Verfassung der Staaten sich gestalten mag, doch allein der fortschrittlichen Entwickelung die Zukunft gehört, und zugleich, dass der Kirche und der Theologie die Herrschaft über den griechischen Geist nicht beschieden ist. In Xerxes sahen die Griechen, die auf nationaler Seite standen, den Schänder und Zerstörer ihrer Heiligthümer, sie glaubten, für ihre Götter zu kämpfen. Aber diese Götter waren nichts anderes, als der höchste Ausdruck des heimathlichen Staats und der Nation; in Wirklichkeit kämpfte man gegen die entstaatlichten, zu selbständigen politischen Factoren gewordenen Götter und die individualistische Religion, welche sich der Idee des Staats nicht unterordnen, sondern sie ersetzen, dem Menschen etwas Höheres bieten

wollte. Die Siege der Griechen haben den Apollo von Delphi
gezwungen, national zu werden. An die Untrüglichkeit der
Orakel glaubte man nach wie vor, die Staaten wie die Privaten befragten sie bei allen Entscheidungen in der Folgezeit
ebenso eifrig wie vorher, und die künstlichen Deutungen,
durch die die Priesterschaft von Delphi ihre antinationale
Haltung zu vertuschen suchte, haben gläubige Aufnahme gefunden. Trotzdem haben die Orakel sich von dem Schlag,
den sie auf den Schlachtfeldern des Perserkriegs erlitten hatten,
nie erholt. Die Entscheidungen der Zukunft waren zu gewaltig geworden, als dass man sie nach einem zweideutigen
Gotteswort hätte treffen können; nicht auf den Orakelspruch
kommt es an, sondern auf die Auslegung, die der Staatsmann
ihm gibt, mag er ihn auch in sein Gegentheil verkehren wie
Themistokles vor Salamis. Die Religion und die Götter müssen
sich den Ideen der Nation und des Staats unterordnen, nur
innerhalb derselben haben sie freien Raum. Das ist in der
That eine Rückkehr zu den alten Anschauungen, über die die
neue Religion hinausgeschritten war; die grossen Gedanken,
welche sie enthielt, sind bei Seite geworfen. Aber mit ihnen
sind auch die Gefahren überwunden, welche sie barg; der
verhängnissvolle Keim des Mysticismus und der Theologie
konnte nicht zur Entfaltung gelangen. Damit wird die Bahn
geöffnet für die Entwickelung eines freien geistigen Lebens,
und, mochte man sich noch so sehr dagegen sträuben, auch
für den Radicalismus der Aufklärung, für die negativen und
zersetzenden Gedanken des keine Schranken mehr anerkennen-
den Denkens. Nicht auf einer geheimnissvollen, dem Griechen-
volk angeborenen Disposition, sondern auf dem politischen
Momente, auf der welthistorischen Entscheidung von 480 und
479 beruht es, dass die neue griechische Cultur nicht in der
Religion aufgeht, sondern sie überwindet, dass sie eine Herrschaft des Priesterthums und der Theologie nicht kennt,
sondern die Freiheit des menschlichen Geistes aus sich geboren hat.

257. Dem Zeitalter der Perserkriege gehören zwei der

grössten Dichter an, die Griechenland hervorgebracht hat:
Pindaros von Theben und Aeschylos von Athen. Beide sind
um 525 geboren; die älteste erhaltene Dichtung Pindars
(Pyth. 10) stammt aus dem J. 484, Aeschylos ist um 500 zuerst aufgetreten und hat 484 den ersten Sieg gewonnen. An
poetischer Kraft und Reichthum der Erfindung, auch an Tiefe
der Gedanken kommt Pindar dem attischen Dichter wenigstens
nahe — wir dürfen nie vergessen, dass uns von seinen Dichtungen nur diejenigen vollständig erhalten sind, welche den
sprödesten und für unser Empfinden unerquicklichsten Stoff
behandeln, die Verherrlichung der Sieger in den Nationalspielen. Beide Dichter gestalten denselben Stoff, die Sage,
beide verwenden dieselbe Dichtungsform, den Chorgesang.
Freilich erzählt in der lyrischen Dichtung der Chor die Ereignisse, die Tragödie führt sie dem Zuschauer vor Augen.
Aber wenn auch der tragische Chor costümirt und maskirt
die Orchestra betritt und zwischen seinen Gesängen und Tänzen
der Dichter selbst auftritt, als handelnde Person verkleidet
— seit Aeschylos daneben noch ein zweiter Schauspieler —
und sich in Iamben mit dem Chor unterhält, so ist doch auch
in der Tragödie ursprünglich das lyrische Element das Wesentliche. Weniger was die Handelnden empfinden mochten, will
der Dichter vorführen, als vielmehr der Stimmung und den
Empfindungen Ausdruck geben, die der Vorgang in seiner
Totalität bei den Hörern erzeugen soll, und so sie sittlich be-
lehren und religiös erbauen. Auch wo er seinen Stoff aus
der Gegenwart nimmt, wie Aeschylos in der Persern — und
Phrynichos' historische Dramen werden keinen anderen Charakter getragen haben —, ist die Tendenz die gleiche. So
ist der Unterschied gering zwischen dem tragischen Chor-
dichter und dem lyrischen. Die rhythmischen und musikalischen
Formen, die feierliche getragene Sprache mit ihrem Bilderschmuck
und ihrem Schatz poetischer Wendungen und Gleichnisse sind
durch eine Jahrhunderte lange Kunstpflege gegeben. Aber
wenn Dichter zweiten Ranges wie Bakchylides sich in Form
und Stoff meist streng an die Tradition halten, suchen Pindar

und Aeschylos sie zu vertiefen und innerhalb ihrer Schranken
für ihre Individualität freien Spielraum zu gewinnen. Sie
steigern die Getragenheit und Pracht des Ausdrucks, sie greifen
zu kühnen Wortbildungen und Gleichnissen, sie meiden die
gewöhnliche Redeweise durchaus. In jedes Wort suchen sie
einen besonderen Gedankeninhalt hineinzuzwängen; wie Pindar
verschmäht auch Aeschylos in seinen Chorliedern principiell,
das Einfache einfach zu sagen. So trägt ihr Stil den Charakter einer stark ausgeprägten rhetorischen Manier und streift
nicht selten die Grenzen des poetisch noch zulässigen Ausdrucks; es kann keinem Zweifel unterliegen, dass zahlreiche
Stellen beider Dichter bei der ersten Aufführung dem Hörer
vollkommen unverständlich geblieben sind und nur durch die
Wucht der Melodie und der Rhythmen und durch die Pracht
der Wortfügung gewirkt haben. Formell sind ihre Dichtungen
das Gegenstück zu der gleichzeitigen hebraeischen Poesie eines
Deuterojesaja und Hiob. Aber wie die jüdischen Dichter
haben auch sie es vermocht, in dieser Form den tiefsten Gedanken und Empfindungen Ausdruck zu geben, so dass der
Inhalt die Wucht der Form erträgt und von ihr nicht erdrückt
sondern gesteigert wird. Beide Dichter entstammen aus vornehmem Geschlecht, beide sind im vollen Besitz der Bildung
ihrer Zeit. Ihren Beruf fassen beide so tief wie nur irgend
einer der alten Dichter. Die Gabe, die ihnen die Götter verliehen haben, ist ein heiliges Gut; durch ihren Mund verkünden jene die ewigen Wahrheiten der Religion und der Sittlichkeit, und so fühlen sie sich als die geweihten Lehrer und
Erzieher der Nation. Dass sie ihren Rivalen weitaus überlegen
sind, ist ihnen bewusst. So sehr sie an ihrer Heimath hängen,
unbedenklich entfalten sie, nach Art der fahrenden Sänger
der alten Zeit, ihre Kunst überall, wo man sie ehrt und lohnt,
auch am Hofe der sicilischen Tyrannen. Pindar gehört dem
oligarchisch regierten Theben an, und dichtet vor allem für
seine adligen Standesgenossen, Aeschylos wurzelt in der kleisthenischen Demokratie und schafft seine Dramen für die
Feste der Bürgerschaft Athens. Jener hat am Perserkriege

nicht Theil genommen, Aeschylos bei Marathon und Salamis
mitgekämpft. Aber nur um so stärker tritt die Uebereinstimmung der Lebensanschauung hervor. Beide wurzeln in
den conservativen Ideen, beide vertreten die feste sittliche und
staatliche Zucht und Ordnung. Für Pindar ist die Herrschaft
»der ungestümen Masse« durchaus verwerflich, wenn auch
der rechtschaffene Mann unter jeder Staatsordnung, die die
Götter nach Willkür verhängen, seine Tüchtigkeit bewähren
kann (Pyth. 2, 100 ff.). Aber auch für Aeschylos, obwohl
er die Entwickelung zur radicalen Demokratie mitgemacht hat
und wenigstens zu ihren Consequenzen für die äussere Politik
seine entschiedene Zustimmung ausspricht (§. 321), ist die
Aufrechterhaltung der staatlichen und religiösen Autorität, die
die Bürger zur Gesetzlichkeit und Rechtlichkeit zwingt, das
Wesentlichste im Staate. Mit dem politischen und ethischen
Conservatismus verbindet sich eine tiefe Frömmigkeit. Beide
Dichter glauben an die Mysterien und Heilswahrheiten der
neuen Religion, an ein göttliches Weltregiment und die untrügliche Wahrheit der Sprüche, in denen Apollo den Willen
des Zeus offenbart, an das Gericht in der Unterwelt. Die
mythische Ueberlieferung ist beiden heilige Geschichte, in die
sie ihre tiefsten Gedanken hineinlegen. In scharfem Gegensatz zu dem Rationalismus der ionischen Aufklärung halten
sie an der übernatürlichen Pragmatik, an dem Eingreifen der
Götter und ihren Wunderthaten in voller Gläubigkeit fest.
Dagegen das ethische Postulat, die Ueberzeugung, dass die
Götter, auch wenn sie von sinnlichen Trieben geleitet werden, wie in ihren Liebesabenteuern, doch heilige Mächte sind
und ein gerechtes Regiment führen, dass ihrem Handeln, auch
wo es dem Menschen zunächst anstössig erscheint, ein tiefer
Plan und geheime Weisheit zu Grunde liegt, ist für sie un-
antastbarer Glaubenssatz. Deshalb corrigirt Pindar die Ueberlieferung überall da, wo sie seinen sittlichen und religiösen
Anschauungen widerspricht, im einzelnen ebenso unbedenklich
wie nur irgend ein Rationalist, und wirft, nicht anders als
Xenophanes (Bd. II, 400), den alten Dichtern kecke Erfindung

und Verfälschung vor. Auf die Erzählungen von den Götter-
kämpfen einzugehen lehnt er, wenn die Muse ihn verführt,
sie zu streifen, mit frommem Schauder ab (z. B. Ol. 9).
Aeschylos dagegen hat gerade mit diesen Problemen unablässig gerungen. Alle seine Dramen sind zugleich Theodiceen,
Versuche, den Glauben an die Heiligkeit des göttlichen Regiments durch richtige Auffassung der Ueberlieferung zu retten.

258. Aber wenn sich die beiden Dichter in ihrer Kunstübung
und in ihrer Weltanschauung noch so nahe stehen, so gewinnt doch gerade in ihnen der grosse Gegensatz, welcher die
griechische Welt bewegt, den tiefsten Ausdruck, nur um so ent-
schiedener, je weniger ihnen selbst voll bewusst gewesen sein
mag, wie scharf die Wege sich schieden. Pindar wurzelt mit
allen Phasen seines Wesens in der alten Zeit. Noch einmal, zum
letzten Mal, tritt sie uns in seinen Siegesliedern in ihrer Herrlichkeit entgegen, verklärt von dem Zauber der Dichtung und
der Mythen, die sie geheimnissvoll umweben, so dass wir den
dürftigen äusseren Anlass fast vergessen, von dem aus er sich
gewaltsam genug den Weg bahnt, zu sagen, was ihm das
Herz bewegt. Für alle Zeiten ist durch ihn der nationale
Sport des hellenischen Volks umstrahlt von dem Abglanz der
Poesie. Daheim rüsten sich die Genossen des Siegers zur
Festfeier; dieser selbst stattet den Göttern den Dank ab, dass
sie ihm den höchsten Ehrenpreis gewährt haben, den die
Welt kennt. Würdig ist er seinen Vorfahren und seinen
göttlichen Ahnen an die Seite getreten und hat ein neues
Blatt eingefügt in den Ruhmeskranz seiner Heimath. Lebendig
schauen wir die festgefügte Zucht und Sitte des adligen Lebens, die von tüchtigen Lehrmeistern durchgebildete Manneskraft, den wohlerzogenen Sinn, den altbegründeten Wohlstand
des Hauses, die Gastlichkeit, die Freude am Lied des Sängers,
dem reichlich gelohnt wird, was er dank den Musen und
Chariten, die ihn inspiriren, gespendet hat; wohl mag,
wem die Götter solches gewährt haben, stolzen Hauptes in
seine Gemeinde treten, an deren Regiment Theil zu nehmen
er berufen ist. In den Helden der Vorzeit zeigt die heilige

Geschichte die Vorbilder aller männlichen Tugenden, in Herakles, den Heroen des troischen Krieges, den Argonauten. In
all den unendlichen Mühen und Nöthen haben sie sich bewährt, die die Götter den Menschen immer von neuem auferlegen. Da gilt es, den männlichen Muth und den rechten
Sinn zu wahren, sich warnen zu lassen durch das Geschick
der stolzen Männer, welche durch Ueberhebung und Eigen-
sinn sich zu Frevelthaten haben verlocken lassen und der
Ate, dem Unheil, anheimgefallen sind, und dem untrüglichen
Gotteswort zu folgen, welches Apollo verkündet. Da bewährt
sich das Höchste, was der Mensch besitzt, die angeborene Art
des tüchtigen Mannes, die sich überall durchsetzt. Sie darf
ihre Ueberlegenheit frei zur Geltung bringen, ja sich, wie das
Beispiel des Herakles und seines Rinderraubes lehrt, unter
dem Schutze der Götter mit der Selbstherrlichkeit des freien
Recken selbst über die conventionellen Sittengebote hinweg-
setzen: »denn die Sitte (νόμος), der König aller, der Sterblichen wie der Unsterblichen, erhebt mit beherrschender Hand
das Gewaltthätigste zum Recht« (fr. 169). Aeschylos kennt
etwas Höheres, die freie Unterordnung des Einzelnen unter
das Gesetz des Staats. Bei ihm zuerst tritt uns der Staat
als die höchste sittliche Macht des menschlichen Lebens entgegen. Wo immer es möglich war, hat er den Staats-
gedanken in den alten Sagenstoff hineingetragen und ihn
danach umgebildet. Nicht der König von Argos entscheidet
in der Danaïdentrilogie, die noch der Zeit vor Salamis angehören wird, über die Aufnahme der schutzflehenden Jung-
frauen, die dem ihnen von den aegyptischen Vettern auf-
gezwungenen Ehebunde entfliehen wollen, sondern die Volksgemeinde, und für diese wird zum Lohn der Segen der
Götter erfleht. Als Hypermestra in der Brautnacht den Lyn-
keus rettet, während ihre Schwestern die Freier ermorden,
erkennt Aeschylos darin einen Conflict zwischen dem Staats-
gesetz, das die Mordthat befohlen hat, und der Naturgewalt
der Liebe. Der eigene Vater führt die Schuldige vor das
Volksgericht, und nur das Eingreifen der Aphrodite, die die

göttliche Allmacht der Liebe enthüllt, vermag sie zu retten. In der Oedipodie (467 v. Chr.) ist es das Verbrechen des Laios, dass er gegen den ihm dreimal gewordenen Spruch Apollos einen Sohn gezeugt und dadurch unsägliches Unheil nicht nur über seine Nachkommen, sondern über seine Heimath herbeigeführt hat. Eteokles weiss, dass der Fluch seines Vaters sich erfüllen muss; um Theben zu retten, geht er in den Kampf gegen seinen frevelnden Bruder Polyneikes, der mit fremder Hülfe seine Geburtsstadt zerstören will: »nur die Stadt vernichtet mir nicht von Grund aus,« betet er zu den Göttern, »bewahret Kadmos Land und Stadt frei vom Sklavenjoch.« Durch den Untergang des fluchbeladenen Geschlechts, auf das Pindar mit Stolz den Theron von Agrigent (Ol. 2, 76) und den Thebaner Melissos (Isthm. 3, 26) zurückführt, von dem er selbst so gut abstammt wie die Aegiden Kyrenes und vermuthlich Thales von Milet, wird bei Aeschylos Theben gerettet. So sind denn Aeschylos' Perser (472 v. Chr.), die herrlichste aller Siegesdichtungen, die durch den Mund der Besiegten die Grösse des Freiheitskampfes verkündet und die Ueberlegenheit der griechischen Cultur nur um so gewaltiger vor Augen führt, weil sie dem Gegner die Achtung nie versagt, zugleich eine Verherrlichung der den Völkern des Orients unfassbaren Idee des griechischen Staats, dessen Bürger keinen Oberherrn kennen und nur durch das Gesetz in freiem Gehorsam gehalten werden, der in seinen Männern fortbesteht, auch wenn der Boden der Heimath in Feindesgewalt ist. Die Orestie (458 v. Chr.) klingt aus in den Preis Athens, dessen Göttin mit dem Gerichtshof der Bürger zusammen den Conflict der alten und der neuen Götter beseitigt und die neuen Satzungen des Blutgerichts verkündet, auf denen alle gesittete menschliche Gemeinschaft beruht.

259. Für die pindarische Dichtung ist ein innerer Fortschritt, eine weitere Entwickelung ausgeschlossen: Formen und Inhalt sind gegeben, nur die Einzelgestaltung gestattet immer neue Variationen des unabänderlich feststehenden Grundthemas. Seine Dichtung und die ältere Chorlyrik überhaupt steht und

fällt mit den Ordnungen der alten entschwindenden Zeit. Als
Pindar auftrat, rangen zahlreiche ältere und jüngere Rivalen
mit ihm um den Siegespreis; mit seinem Tode stirbt seine
Dichtweise dahin. Der Reihe nach hat Pindar während eines
langen Dichterlebens alle Ideale in den Staub sinken sehen,
die er verherrlicht hat, das Königthum von Agrigent, Syrakus,
Kyrene, die Selbständigkeit Aeginas, seiner liebsten Stadt, der
Stätte ächt adliger Zucht und Gastlichkeit. Adlige gab es
auch um die Mitte des Jahrhunderts noch genug; aber fast
überall war ihre politische Stellung erschüttert oder gebrochen,
und für die Entfaltung des altadligen Lebens und seines
Glanzes war kein Raum mehr. So klingt sein Leben trüb
aus; als er nach langer Unterbrechung in hohem Alter einem
jungen Aegineten zu Liebe noch einmal zur Dichtkunst zurückkehrte (446 v. Chr.), da fasst er das Ergebniss seiner Lebens-
erfahrung zusammen: »wer einen Erfolg errungen, der strebt
auf Schwingen der Manneskraft in Hoffnung empor und sinnt
auf höheren Gewinn. Aber nur kurze Zeit wächst dem Sterblichen die Freude; rasch stürzt sie zu Boden, wenn die Erwartung getrogen hat. Tagesgeschöpfe, was sind wir, was nicht?
Die Traumgestalt eines Schattens — das ist der Mensch«
(Pyth. 8) [1]). Demgegenüber, welche Entwickelung umschliesst
Aeschylos' Dichtung von den Schutzflehenden bis zur Orestie!
Der Unterschied ist so gewaltig, dass man die beiden Dramen
innerlich kaum noch derselben Kunstgattung zurechnen kann.
Als er zu dichten begann, gab es ein Drama in dem Sinne, den
die Folgezeit und wir damit verbinden, noch nicht; erst er selbst
hat es geschaffen. Neben den Dichter, der sich mit dem Chor
unterredete, stellte er einen zweiten Schauspieler; da beide
das Costüm wiederholt wechseln konnten, war die Möglichkeit gegeben, eine ganze Anzahl von Personen auftreten zu
lassen. In den Schutzflehenden tritt der eine Schauspieler noch

---

[1]) Die Schlussworte »aber fällt von Zeus ein Schein hinein, so liegt
ein lichter Glanz auf den Menschen und das Leben wird lieblich« schränken
den Gedanken nicht ein, sondern lenken nur wieder in die Festesfreude
zurück, der das Lied gilt.

sofort zurück, wenn der andere erscheint. Denn noch ist der
Chor der Träger des Stücks, die Schauspieler reden nur
mit ihm und haben lediglich die Aufgabe, eine neue Situation einzuführen und die unentbehrlichen Voraussetzungen
für ein neues Chorlied zu geben. Nur einmal, wo kein anderer Ausweg bleibt, wird ein kurzes Zwiegespräch zwischen
den beiden Schauspielern gewagt. Aber mit jedem folgenden
Drama entwickelt sich der Dialog lebendiger; ausführliche Erzählungen, Botenberichte werden eingelegt. Schliesslich, in der
Orestie, nimmt auch Aeschylos den dritten Schauspieler an,
den Sophokles zuerst eingeführt hatte. Das sind die äusseren
Formen der inneren Umwandlung. Die Orestie und schon
der Prometheus und die Oedipodie sind nicht mehr eine Reihe
durch zwischengelegte Auftritte lose verbundener Chorgesänge,
auch nicht mehr eine Folge prächtiger Scenen, die wie das
Epos in dem Stoff ihre Einheit haben, sondern wirkliche Dramen.
Die tragische Handlung ist herausgearbeitet, und ihre Träger
sind die handelnden und leidenden Menschen und Götter,
welche die Schauspieler darstellen. Trotz aller herrlichen Gesänge, trotz gelegentlichen Eingreifens in die Handlung ist in
den beiden ersten Stücken der Orestie der Chor in die zweite
Stelle gerückt; nur die Eumeniden zeigen ihn noch einmal in
seiner alten Bedeutung. Aber die Entwickelung greift noch
tiefer. Im Drama erhebt sich der Mensch zu einer freien
sittlichen Persönlichkeit, die ihr Gesetz in sich selbst trägt, so
gut wie in der jüdischen Literatur im Hiob. Die Helden der
Tragödie sind innerlich frei, wie die Bürger von Athen, wenn
eine grosse Entscheidung an sie herantritt. Sie handeln nach
eigener Wahl und haben den Conflict zwischen Leidenschaft
und Recht und den noch schwereren zwischen entgegengesetzten Pflichten in sich auszukämpfen und die Folgen zu
tragen. Damit tritt ein neues Element in die Beurtheilung
des Menschen, das hoch über allen conventionellen Satzungen,
ja über allem Gotteswort steht: das eigene Gewissen. Die
Norm des sittlichen Verhaltens liegt in der eigenen Brust des
Menschen. Die volle Schwere des neuen Conflicts, der dadurch

entsteht und der in seinen Consequenzen zum Untergang der
alten Religion führen muss, hat Aeschylos noch nicht durch-
messen; denn er glaubt an das göttliche Weltregiment und
die untrügliche Wahrheit der Sprüche Apollos [1]), die nur Zeus'
Willen verkünden. Aber wie sehr er mit dem Problem gerungen hat, beweist die Orestie: der sittliche Conflict, den die
Eumeniden durch ein mit Advocatenbeweisen operirendes Gerichtsverfahren und durch die Abfindung der Rachegöttinnen
durch die Begründung ihres Cultus in Athen aus der Welt
schaffen wollen, spielt in den Choephoren in der Brust des
Orestes; und hier zeigt sich, dass er unlösbar ist. Das untrügliche Götterwort befiehlt ihm, den Mord des Vaters an der
Mutter zu rächen; aber von den Gewissensbissen, die sofort
nach der That in seiner Brust erwachen, kann es ihn so
wenig befreien, wie die äusseren Sühngebräuche, die an ihm
vollzogen sind. Aus der Lage, die das Schicksal über Orestes
verhängt hat, gibt es für den Menschen keinen Ausweg: ob
er die Rache vollzieht oder nicht, ein Verbrecher ist er in
jedem Falle, und so muss er innerlich zu Grunde gehen.
Der Dichter hat versucht, trotzdem an dem glücklichen Ausgang festzuhalten, von dem die Sage erzählte. Er sucht ihn
zu ermöglichen, indem er in den Eumeniden an Stelle der
sittlichen die Rechtsfrage in den Mittelpunkt stellt. Auch

---

[1]) Wilamowitz' Auffassung der Choephoren (in der Einleitung zu
seiner Ausgabe) und seine Ansicht, dass Aeschylos das Verhalten des
delphischen Apollo nicht billige, dass er »seine Sittlichkeit gewogen und
zu leicht befunden habe«, kann ich nicht für zutreffend halten. Aeschylos
glaubt, dass die Lösung des Eumenidenprocesses richtig sei, und damit
ist Apollos Verhalten gerechtfertigt. Aber in Wirklichkeit ist das allerdings
keine Lösung, und so führt sie innerhalb der Trilogie selbst zu
einem inneren Widerspruch. Nach unserem Gefühl, und zweifellos schon
nach dem der folgenden Generation, macht der Schluss der Choephoren
das ganze folgende Drama unmöglich. Trotzdem müssen wir die Dichtung und die Lösung nehmen wie sie ist: zu allen Zeiten ist es den
grössten Dramatikern nicht selten begegnet, dass die psychologische
Gestaltung des Stoffs die Voraussetzungen aufhebt, auf denen er beruht
und in die der Dichter doch wieder einmünden muss.

hier sind es nicht die Götter, welche die Entscheidung bringen;
denn entgegengesetzte Gebote stehen sich gegenüber, beide
gleich göttlich und gleich heilig. Den Gerichtshof setzt Athena
ein und ordnet sein Verfahren; das Urtheil fällen die menschlichen Richter nach ihrem Gewissen, der Göttin Stimme gilt
nicht mehr als die eines jeden von ihnen. Sie ist nichts als
die lebendige Macht, die den attischen Staat beseelt; und so
verkündet das Drama, wenn wir es wagen dürfen seinen Inhalt in moderne Worte zu kleiden, dass zwar der sittliche
Conflict im Inneren der Menschenbrust durch keine Macht im
Himmel und auf Erden gehoben werden kann, dass aber die
Rechtsordnung des Staats ihn für die äusserlichen, irdischen
Verhältnisse der auf das Zusammenleben angewiesenen Menschen aus der Welt schafft. — In der gewaltigsten seiner
Schöpfungen, der Prometheustrilogie (um 470), hat der Dichter
gewagt, seine sittlichen Anschauungen selbst auf die Götterwelt zu übertragen: das Bewusstsein des leidenden Gottes,
dass das ewige Recht auf seiner Seite ist, gibt ihm die Kraft,
allen Qualen zu trotzen, mit denen Zeus, der neue Tyrann
der Götter, ihn heimsucht. Die Religion sucht Aeschylos dadurch zu retten, dass er, in Anknüpfung an ältere, auch von
Pindar aufgenommene Sagenformen — Zeus hat die Bande
der Titanen gelöst —, eine innere Entwickelung der Götter
annimmt. Seit Zeus' Regiment sich befestigt hat und die Gefahren, die ihm drohten, durch Prometheus' Offenbarung beseitigt sind, ist er ein gerechter Weltregent, sind er und die
übrigen Himmlischen sittliche Mächte geworden, in deren
Willen der Mensch sich zu fügen, und dadurch sittliche Befriedigung und ewiges Heil zu finden vermag. Auch in den
Eumeniden brechen die neuen Götter das alte Recht und die
doch auf sittlichen Forderungen beruhenden Ansprüche der
blutgierigen Unholde, die den Muttermörder bis in den Tod
verfolgen; aber das neue Recht, das nach Zeus' Offenbarung
Apollo in dem Conflict der Pflichten verkündet, gewährt dem
Menschen Befreiung und Erlösung, und Athena weiss die alten
Mächte, die Töchter der Nacht, zu versöhnen. — Auf die

Dauer freilich konnte eine solche Lösung nicht befriedigen; schon die nächste Generation ist über sie hinweggeschritten. Sie ist nur ein erster Versuch, das neu entstandene Problem zu bewältigen, die neuen immer mächtiger sich erhebenden Ideen mit dem alten Glauben zu versöhnen. Der grosse geistige Kampf kündigt sich an, der die folgenden Geschlechter bis in die tiefsten Tiefen bewegt und die alte Weltanschauung entwurzelt und zu Boden geworfen hat: der Kampf um die Stellung der Persönlichkeit zu den überkommenen Anschauungen, zu der Idee des Staats, zur Religion und zum Sittengesetz.

Die neuen politischen Aufgaben und Gegensätze. Particularismus und Grossmacht. Sparta und Athen.

260. Das Ideal der alten Zeit und der Aristokratie war der Kleinstaat. Vielfach hatte die Entwickelung bereits über ihn hinausgeführt, theils durch Eroberung, theils durch das Bedürfniss kleinerer Gemeinden oder in ihrer Herrschaft bedrohter Parteien nach Anlehnung an eine stärkere Macht; in Attika dagegen hat sich die alte staatliche Einheit der Landschaft aus der mykenischen Epoche erhalten und erweitert. So sind die grösseren Staaten entstanden, welche eine Landschaft zusammenfassen, ja noch darüber hinausgreifen, wie Sparta, Elis, zeitweilig auch Argos, ferner Athen, Theben, Thessalien, die Staaten der sicilischen Tyrannen. Einen Schritt weiter geht der peloponnesische Bund unter Spartas Führung. Aber sofort werden diese Staaten eben durch ihre Existenz, dadurch dass in ihnen eine Macht vorhanden ist, die sei es als Freund oder als Feind für die politischen Combinationen in Betracht kommt, in einen grösseren Zusammenhang, in die allgemeine Politik hineingezogen. Sie müssen Stellung nehmen zu der Frage, die von Osten und Westen an die griechische Nation herantritt. Sparta, die stärkste griechische Macht, auf die sich daher die Blicke zuerst richteten, hat, sobald es die

drohenden Gefahren erkannte, versucht sich von ihnen fern
zu halten und alle Lockungen abgewiesen, während Athen
sich unbesonnen und tollkühn hineinstürzte; doch weder der
Versuch ihr aus dem Wege zu gehen, noch der ihr zuvorzu-
kommen, hat die grosse Entscheidung aufzuhalten vermocht.
Erst innerhalb der Krisis haben die führenden Staaten eine
feste, auf klarerem Einblick beruhende politische Haltung gewonnen — und jetzt liess die grosse Politik sie nicht wieder
los. Der persische Angriff war abgewiesen; aber die Vertheidigung führte sofort mit Nothwendigkeit zum Eingriff in
den persischen Machtbereich: die kleinasiatischen Griechen
liessen sich von dem Verbande der siegreichen Nation nicht
trennen. So wird die Stellung der Ionier noch einmal der
Angelpunkt der Geschichte; auf ihr beruht die Verflechtung
von Ost und West in einer die ganze Culturwelt umspannen-
den Politik. Damit ist zugleich der Kleinstaaterei und dem
bisherigen Staatsideal das Urtheil gesprochen. Eine lockere
Föderation wie der hellenische Bund hatte zwar die Perser
besiegen können, aber die weiteren Aufgaben vermochte sie
nicht zu lösen, sondern nur eine einheitliche, die gesammten
Kräfte der Nation unter fester politischer Leitung zusammen-
fassende Grossmacht. Gelang es einen derartigen Staat zu
schaffen und fest zu begründen, so war Freiheit und Macht
der Nation auf die Dauer begründet; dann konnte sie zu
neuen und stets grösseren Aufgaben vorschreiten, Ost und
West zu einer politischen Einheit zusammenfassen, die Herrschaft über die gesammte Mittelmeerwelt erringen. Scheiterte
der Versuch, so musste Hellas an der Aufgabe, die ihm gestellt war, verbluten und trotz aller Siege schliesslich dem
Uebergewicht der feindlichen Mächte erliegen.

261. Den nächsten Anspruch auf die Führerschaft hatte
Sparta. Es war zweifellos die erste Militärmacht der griechischen Welt, und besass von allen Staaten das grösste Gebiet.
Seit langem war es von allen Seiten als der berufene Führer
anerkannt; aus dem peloponnesischen Bunde war die Föra-
tion erwachsen, welche die Perser besiegt hatte, und hier

hatte es sich in der Führung des Commandos militärisch wie
politisch vortrefflich bewährt. Aber den neuen Aufgaben war
es nicht gewachsen. Die Existenz des spartanischen Staats
beruhte auf der energischen Durchführung der Idee der freien
Wehrgemeinde. Es war einmal ein fortschrittlicher Staat gewesen, der, wenn er auch aus einer Umwandlung uralter Institutionen hervorgegangen war, militärisch und politisch ein
neues Element in die griechische Welt eingeführt hatte. Nirgends so früh wie hier war die volle demokratische Gleichheit der
Bürgerschaft durchgeführt worden: nur dem Recht und dem
Befehl der gesetzmässigen Beamten hatte sie zu gehorchen,
nur die Tüchtigkeit im Kriege und seine Unterordnung unter
die feste Zucht, die für alle in gleicher Weise galt, bestimmte
das Ansehen des Bürgers im Staate und seinen Zutritt zu
den Aemtern und Officierstellen und ermöglichte, wenn mit
dem sechzigsten Jahre seine Dienstpflicht zu Ende ging,
seinen Eintritt in den Rath der Alten — es sei denn, dass
er so völlig verarmte, dass er am gemeinsamen Mahle nicht
mehr Theil nehmen konnte und damit aus der Zahl der Vollbürger ausschied. Auch die Könige hatten sich der Staatsordnung fügen müssen; in den von der Gemeinde erwählten
Ephoren war ihnen eine überlegene Gewalt zur Seite getreten.
Thatsächlich war Sparta ein Rechtsstaat so gut wie Lokri
oder Athen, auch wenn es kein geschriebenes Recht kannte;
die Rechtsordnung war nur um so lebendiger in der gesammten Bürgerschaft. Dieser Entwickelung verdankte der
Eurotasstaat seine Erfolge, die Eroberung eines ausgedehnten
Gebiets, den Ruf der Unbesieglichkeit im Felde. Ein frisches
Leben ging im siebenten und sechsten Jahrhundert durch das
spartanische Volk. Mit Freuden gab man sich den heimischen
Zuständen hin; auch gegen das, was die Fremde Gutes brachte
an Poesie und Musik, verhielt man sich nicht ablehnend. In
der Entfaltung von Wohlstand und Pracht, in gymnastischer
Ausbildung, in der Rossezucht, in der Theilnahme an den
Nationalspielen wetteiferte der spartanische Bürgersmann mit
den adligen Herrn der übrigen griechischen Welt, wenn auch

die hier übliche Ueberschätzung des Sports und die über-
triebene Verherrlichung des Siegers nicht Platz greifen konnten.
Man wusste — schon Tyrtaeos hat das ausgesprochen —,
dass alle diese Dinge, so schön sie an sich waren, nichtig
waren gegenüber der Bewährung im ernsten Kampf. So
kennen wir denn auch kein einziges Siegeslied, das einen
Spartaner verherrlicht.

262. Aber an einem Grundzug des mittelalterlichen
Staats hatte Sparta festgehalten: es war immer ein starrer
Stadtstaat geblieben. Nur die Bürgerschaft der fünf Dörfer,
aus denen der Vorort bestand, besass politische Rechte, das
Landvolk, von dessen Arbeit die Bürger lebten, war leib-
eigen, die Bewohner der Küstenorte zinspflichtige Unterthanen, denen spartanische Vögte geboten und Recht sprachen.
So konnten sich Handel und Gewerbe in Sparta nicht entwickeln. Der Bürger lebte vom Ertrag seiner Güter; einen
anderen Beruf als den des Kriegers kannte er nicht und
durfte er nicht kennen. Bastarde von Helotenfrauen und
Ziehkinder, die den Knaben als Kameraden beigegeben wurden
(μόθακες), hat man innerhalb der herrschenden Bürgerschaft
geduldet, ja in einzelnen Fällen, vermuthlich wenn der Vater
oder die Phylenältesten sie legitimirten, ins volle Bürgerrecht
aufgenommen: Lysander und angeblich auch Kallikratidas und
Gylippos sind solche Halbschlächtige gewesen. Im übrigen
aber waren die Pforten des Staats allen Unterthanen verschlossen, und ebenso unerhört war die Aufnahme eines
Fremden. Dadurch verwandelte sich, je mehr sich das Staatsgebiet erweiterte, desto mehr der spartanische Damos thatsächlich in eine Aristokratie, eine privilegierte Kaste, die eine
weit zahlreichere, mit Gewalt in Abhängigkeit gehaltene Bevölkerung beherrschte und ausbeutete. Von Generation zu
Generation wurde das Missverhältniss grösser, nicht nur durch
die starken Verluste im Kriege, welche die Bürgerschaft trafen,
sondern weit mehr noch durch die natürliche Verminderung,
der jede geschlossene, nicht durch Zufluss von unten sich
ergänzende Aristokratie erliegt. Das Streben den Besitz zu-

sammenzuhalten und zu mehren dominirte durchaus, zumal
der politische und militärische Ehrgeiz, das Streben es den
anderen zuvorzuthun, von Jugend auf jedem Bürger eingeimpft
wurde. Ein jeder suchte massgebenden Einfluss zu erlangen
und in die Aemter zu kommen, Rennpferde zu züchten, bei
Festen daheim und in der Fremde um so mehr Gastlichkeit und
Pracht zu entfalten, weil im bürgerlichen Leben dem behaglichen Genuss des Reichthums enge Schranken gesetzt waren.
Das Gesetz befahl die Ehe und suchte die Kinderzahl zu vermehren; aber durch Erbtheilung verarmten viele Familien
und konnten nur mit Mühe ihre Bürgerstellung aufrecht erhalten. So war es nicht selten, dass mehrere Brüder zusammen nur eine Frau nahmen. Die Töchter der Reichen
wurden in angesehene Familien verheirathet und erhielten
eine grosse Mitgift an Grundbesitz; viele Familien starben aus
bis auf eine Erbtochter, und ihre Hand vergab der Erblasser
oder der nächste Verwandte, oder in Streitfällen der König,
nach seinen Interessen und daher vorwiegend an Wohlhabende.
Ein grosser Theil des Grundbesitzes kam dadurch in die Hände
von Frauen. Auch war es zwar nicht gestattet, das Erbgut
zu verkaufen, wohl aber, es zu verschenken oder testamen-
tarisch einem anderen zu vermachen. So kam es, dass fortwährend Spartiaten aus der Zahl der Vollbürger, der »Gleichen« (ὅμοιοι) ausschieden, weil sie ihre Bürgerpflichten nicht
mehr erfüllen, an den Syssitien nicht mehr Theil nehmen
konnten. Wer sich in der Schlacht feige gezeigt hatte, verlor
das Activbürgerrecht, bis er die Schande ausgemerzt hatte:
wer dagegen verarmt war, war meist für alle Zukunft für
den Staat verloren. Zwar werden die »Minderen« (ὑπομείονες)
zu untergeordneten öffentlichen Aufträgen verwendet, aber
selbst ob sie in den Krieg mitziehen konnten, ist zweifelhaft
— denn woher sollten sie ihre Waffen nehmen? —; und vor
allem, in der Regel wenigstens konnten sie nicht heirathen
und ihr Geschlecht nicht fortpflanzen. Vor allem durch diese
früh beginnende Entwickelung, die im fünften Jahrhundert
immer grössere Dimensionen annahm, ist die Zahl der Bürger

ständig zusammengeschrumpft. Dadurch waren der Expansion
des Staats Grenzen gesetzt, über die er nicht hinausgehen
konnte, ohne seine Grundlagen aufzugeben; schon um die
Mitte des sechsten Jahrhunderts ist Sparta wesentlich aus
diesem Grunde von der Eroberung neuer Gebiete zur Föde-
rativpolitik übergegangen.

Ueber die Geschichte und die ökonomische Entwickelung des spartanischen Staats sowie über die angebliche Gesetzgebung des Lykurgos
sehe ich keinen Grund meine früheren Aufstellungen in irgend einem
wesentlichen Punkte zu ändern. Das angebliche Gesetz des Epitadeus,
welches die Verschenkung und testamentarische Verfügung über die
Grundstücke freigibt (Plut. Agis 5), halte ich für eine Erfindung; Aristoteles pol. II, 6, 10 weiss nichts davon; und es bezeichnet eine legale
Fiction, eine Umgehung des Gesetzes, ist also selbst kein Gesetz. Sollte
aber etwas Thatsächliches zu Grunde liegen, so muss es jedenfalls in
eine weit frühere Zeit gehören, als Plutarch (d. i. Phylarch) annimmt.
Denn dass die Folgen der wirthschaftlichen Entwickelung sich schon im
sechsten und fünften Jahrhundert in stets steigendem Maasse geltend
machten, zeigt die gesammte innere und äussere Geschichte des Staats
und die Schwäche seiner Bürgerzahl. — Im allgemeinen s. vor allem
Aristoteles pol. II, 6. Grosses Vermögen der Kyniska, der Schwester des
Agesilaos: Xen. Ages. 9, 6 = Plut. Ages. 20. Pausan. III, 8, 1. — Theilnahme an den Syssitien ὅρος τῆς πολιτείας Arist. pol. II, 6, 21. ὅμοιοι:
Xen. rep. Lac. 10, 7. 13, 1. 7. Anab. IV, 6, 14. Hell. III, 3, 5. Arist. pol.
VIII, 6, 1. Demosth. 20, 107 [dagegen nicht Herod. VII, 234]. ὑπομείονες
nur Xen. Hell. III, 3, 6. Ueber Wesen und Zusammensetzung der μικρὰ
καλουμένη ἐκκλησία Xen. Hell. III, 3, 8 wissen wir garnichts. Ein anschauliches Bild gibt die Kinadongeschichte Xen. Hell. III, 3. — μόθακες
(auch μόθωνες schol. Arist. Plut. 279 = Harpokr. Hes. Etym. magn. [sehr
ungenau] s. v. μόθων): Phylarch b. Athen VI, 271 e εἰσὶ δ' οἱ μόθακες σύν-
τροφοι τῶν Λακεδαιμονίων, die mit den Kindern zusammen aufgezogen
werden ... εἰσὶν ἐλεύθεροι μέν, οὐ μὴν Λακεδαιμόνιοί γε, μετέχουσι δὲ τῆς
πάσης παιδείας· τούτων ἕνα φασὶ γενέσθαι καὶ Λύσανδρον. Ebenso Aelian
v. h. XII, 43, der Lysander, Kallikratidas und Gylippos nennt; sie waren
τῶν εὐπόρων δοῦλοι, οὓς συνεξέπεμπον τοῖς υἱοῖς οἱ πατέρες συναγωνιουμένους
ἐν τοῖς γυμνασίοις. ὁ δὲ συγχωρήσας τοῦτο Λυκοῦργος τοῖς ἐμμείνασι τῇ τῶν
παίδων ἀγωγῇ πολιτείας Λακωνικῆς μεταλαγχάνει. Für Lysander bestätigt
durch Isokr. paneg. 111, der ihn einen Heloten nennt. Bei Xen. Hell.
V, 3, 9 erscheinen sie als ξένοι τῶν τροφίμων καλουμένων καὶ νόθοι τῶν
Σπαρτιατῶν, μάλα εὐειδεῖς τε καὶ τῶν ἐν τῇ πόλει καλῶν οὐκ ἄπειροι, die
sich freiwillig zum Kriegsdienst stellen. Die meisten von ihnen sind

also nicht Bürger. Die Frage, ob diese Institution alt ist, kann man wie bei so vielen Dingen in Sparta wohl aufwerfen, aber nicht entscheiden. Doch ist sie schwerlich eine Neuerung des fünften Jahrhunderts; Herod. IX, 35 μοῦνοι πάντων ἀνθρώπων ἐγένοντο οὗτοι (Tisamenos und s. Bruder) Σπαρτιῆτησι πολιῆται spricht keineswegs gegen sie. In idealer Fassung erscheint diese Einrichtung der μόθακες und umgekehrt die Ausstossung der Verarmten bei Teles Stob. 40, 8 Λακεδαιμόνιοι ... τὸν μὲν μετασχόντα τῆς ἀγωγῆς καὶ ἐμμείναντα, κἂν ξένος κἂν ἐξ εἵλωτος, ὁμοίως τοῖς ἀρίστοις τιμῶσι· τὸν δὲ μὴ ἐμμείναντα ... εἰς τοὺς εἵλωτας ἀποστέλλουσι, καὶ τῆς πολιτείας ὁ τοιοῦτος οὐ μετέχει. Aehnlich Plut. inst. Lac. 21. 22; vgl. Heraklit epist. 9. Dagegen Arist. pol. II, 6, 12 λέγουσι δ' ὡς ἐπὶ τῶν προτέρων βασιλέων μετεδίδοσαν τῆς πολιτείας hat hiermit nichts zu thun, sondern bezieht sich auf die angebliche Zulassung · aller [dorischen, nicht etwa achaeischen, wie die Modernen meinen] Bewohner Lakoniens zum Bürgerrecht in der Urzeit: Ephoros bei Strabo VIII, 5, 4. Isokr. 12, 177 f.

263. Versuchen wir von den grundlegenden Verhältnissen, soweit unsere ausserordentlich mangelhafte Ueberlieferung es gestattet, ein Bild zu gewinnen. Das Gebiet von Sparta umfasste die beiden Landschaften Lakonien (einschliesslich der den Argivern entrissenen Abhänge des Parnon bis nach Thyrea hinauf) und Messenien, mehr als 8000 qkm, nahezu zwei Fünftel des Peloponnes. Von diesem Gebiet steht etwa ein Drittel im Besitz der spartiatischen Bürger und wird von Heloten bebaut: das alte Stadtgebiet (ἡ πολιτικὴ χώρα), d. i. das »hohle Lakedaimon«, das Eurotasthal mit den wasserreichen und hoch hinauf bebauten Abhängen des Taygetos und Parnon von Pellana und Sellasia bis zum Meer, und der Hauptheil der messenischen Ebene. Es ist der weitaus fruchtbarste Theil des Gebiets, gut bebaut und verhältnissmässig dicht bevölkert. Das übrige Land gehört den Perioekengemeinden, d. h. vor allem der rauhe Ostabhang der Parnon (mit der Thyreatis, jetzt Tzakonien, und Kythera) und die wilde Landzunge des Taygetos (die heutige Maina), ferner das messenische Küstenland und das den Arkadern abgenommene obere Eurotasthal, die Skiritis, deren Bewohner eine Sonderstellung einnehmen und ein eigenes Regiment zum Heer stellen. Auch einzelne Orte im Innern Messeniens, wie Thuria, waren perioekisch. Dies ganze Gebiet ist nur sehr dünn bevölkert;

nur an wenigen Stellen enthält das Gebirge Ackerland; die
Bewohner leben meist von Fischfang, Handel und Industrie,
auch von Bergbau. Auch die Küsten Messeniens sind durch
die Kriege und die politischen Verhältnisse verödet und haben
oft auf Meilen kaum einen Bewohner gehabt, so in der Um-
gegend des völlig zerstörten Pylos, der von der Dichtung gefeierten Stadt des Nestor. So war die Perioekenbevölkerung
im Verhältniss zu der Grösse ihres Gebiets sehr gering, immerhin aber beträchtlich stärker als die spartiatische. Denn in
den Perserkriegen haben sie ebensoviel, seit dem peloponnesischen Kriege weit mehr Truppen gestellt als die Spartiaten; und dabei konnten sie natürlich nur in viel geringerem
Umfang zur Aushebung herangezogen werden als diese. Irgendwelche bestimmte Zahlen zu geben ist so gut wie unmöglich;
doch wird man nicht zweifeln dürfen, dass die Gesammtbevölkerung des lakonischen Staats im fünften Jahrhundert
die Zahl von 250,000—300,000 Seelen erreicht, wenn nicht
überstiegen hat, und dass davon etwa zwei Drittel Heloten
und über ein Viertel Perioeken gewesen sind.

Die Grenzen des Spartiatenlands (= ἡ εἰς τὸ ἄστυ τὴν Σπάρτην συν-
τελοῦσα χώρα, Plut. Lyc. 8) werden bei Plut. Agis 8 angegeben ἀπὸ τοῦ
κατὰ Πελλήνην χαράδρου πρὸς τὸ Ταΰγετον καὶ Μαλέαν καὶ Σελασίαν; dazu
stimmt das Verzeichniss der späteren Eleutherolakonenstädte, Pausan.
III, 21, 7, die aus den alten Perioekenstädten des Taygetos- und Parnon-
gebiets hervorgegangen sind. In Messenien ist u. a. Thuria am Ostrande
der Pamisosebene perioekisch (Thuk. I, 101; wo das daneben erwähnte
Aithaia lag, das Steph. Byz. eine der »hundert« Lakonenstädte nennt,
wissen wir nicht; seinen Abfall 464 erwähnte auch Philochoros lib. III);
ferner Pherae (Nep. Con. 1 colonia Lacedaemoniorum, vgl. Xen. Hell. IV,
8, 7), Mothone und Asine (Bd. II, 344), ebenso offenbar Aulon, Xen. Hell.
III, 3, 8. Vgl. Pausan. III, 8, 4: die Messenier werden zu Heloten gemacht
πλὴν οἱ τὰ ἐν τῇ θαλάσσῃ πολίσματα ἔχοντες. Skiriten: Thuk. V, 68. Xen.
Hell. V, 2, 24. rep. Lac. 12, 3. Kythera: Thuk. IV, 53 Λακεδαιμόνιοι
δ’ εἰσὶ τῶν περιοίκων (VII, 57, 6 Λακεδαιμονίων ἄποικοι), καὶ Κοθηροδίκης
ἀρχὴ ἐκ τῆς Σπάρτης διέβαινεν αὐτόσε κατὰ ἔτος, ὁπλιτῶν τε φρουρὰν δι-
έπεμπον ἀεί. Weihinschrift des Μένανδρος ἁρμοστὴρ Τινδαρίδαις von Kythera
MAI. V, 231. Die Notiz schol. Pind. Ol. 6, 154 ἦσαν δὲ ἁρμοσταὶ Λακεδαιμονίων εἴκοσι deutet man wohl mit Recht auf die Vögte der Perioekenstädte. Recht der Ephoren, die Perioeken ἀκρίτους hinrichten zu lassen:

Isocr. panatb. 181. Im allgemeinen Isocr. panath. 179: man erzählt, dass die Spartiaten τῆς χώρας ... αὐτοὺς μὲν λαβεῖν ὀλίγους ὄντας οὐ μόνον τὴν ἀρίστην ἀλλὰ καὶ τοσαύτην ὅσην οὐδένες τῶν Ἑλλήνων ἔχουσι, τῷ δὲ πλήθει [den Perioeken, die nach Isokrates nicht etwa Achaeer, sondern ein Theil der dorischen Eroberer sind, was die Modernen immer ignoriren] τηλικοῦτον ἀπονεῖμαι τῆς χειρίστης, ὥστ’ ἐπιπόνως ἐργαζομένους μόλις ἔχειν τὸ καθ’ ἡμέραν· μετὰ δὲ ταῦτα διελόντας τὸ πλῆθος αὐτῶν ὡς οἷόν τ’ ἦν εἰς ἐλαχίστους εἰς τόπους κατοικίσαι μικροὺς καὶ πολλούς, ὀνόμασι μὲν προσαγορευομένους ὡς πόλεις οἰκοῦντας, τὴν δὲ δύναμιν ἔχοντας ἐλάττω τῶν δήμων τῶν παρ’ ἡμῖν cet. Nach diesen Zeugnissen halte ich es für ausgeschlossen, dass es innerhalb des Gebiets von Sparta Perioekenstädte gegeben hat. Die Perioeken, die hier wohnten, z. B. in Amyklae (Xen. Hell. IV, 5, 11), werden Handwerker [die eventuell ein paar Morgen Gemüseland besassen] gewesen sein, so gut wie die in Sparta selbst ansässigen (Xen. rep. Lac. 11, 2). Hier gab es natürlich zahlreiche Perioeken: Kinadon zeigt nach Xen. Hell. III, 3, 5 dem Denuntianten auf dem Markt von Sparta über 4000 Männer, darunter ausser den Ephoren und Geronten etwa 40 Spartiaten. Die übrigen waren z. Th. wohl Heloten, aber grösstentheils offenbar Perioeken. — Die Zahl der Heloten war grösser als die Zahl der Sklaven von Chios oder Athen, Thuk. VIII, 40; so schätzt Beloch, Bev. 146 ff. sie wohl mit Recht auf etwa 175,000 Seelen. Die Perioeken dagegen setzt er mit 18000 erwachsenen Männern oder 55,000 Seelen gewiss zu niedrig an; die 15,000 waffenfähigen Perioeken, die Agis mit Landloosen ausstatten will (Plut. Agis 8), führen auf mindestens etwa 70,000 Seelen, wenn nicht noch mehr; und vor dem Verlust Messeniens und Kynuriens muss ihre Zahl noch grösser gewesen sein. Wir werden für das fünfte Jahrhundert mindestens etwa 80.000 Perioeken annehmen dürfen.

264. Diesen Massen gegenüber kann sich die Zahl der herrschenden Bürgerschaft, der Spartiaten, zur Zeit der Perserkriege höchstens auf etwa 12,000 Seelen, d. h. etwa 3800 bis 4000 Männer über 20 Jahre belaufen haben. Denn wenn auch das Erdbeben von 464 und der Helotenaufstand der Bürgerschaft sehr starke Verluste gebracht hat, so zeigt doch die Thatsache, dass es im J. 418 kaum mehr als 2200 waffenfähige Spartiaten gab — im J. 371, vor der Schlacht bei Leuktra, war ihre Zahl auf etwa 1000 zusammengeschrumpft —, dass wir für den Anfang des Jahrhunderts höher nicht hinaufgehen dürfen, und dass Herodots Schätzung auf 8000 spartiatische Krieger, von denen er 5000 bei Plataeae mitkämpfen

lässt (VII, 234. IX, 18), weit über den wirklichen Bestand
hinausgeht. Bei diesem Verhältniss, etwa ein Bürger auf
24 Leibeigene und Unterthanen, konnte der spartanische Staat
sich nur durch eiserne Disciplin und rücksichtsloses Durch-
greifen bei jeder verdächtigen Regung behaupten. Ein pein-
liches Ueberwachungssystem der Unterthanen war unentbehrlich. Die Beamten, Ephoren und Vögte, hatten gegen Heloten
und Perioeken unumschränkte Strafgewalt und machten kurzen
Process; Verhaftungen und Executionen waren an der Tages-
ordnung. Zuverlässige und gewandte junge Männer wurden
aufs Land geschickt um insgeheim die Heloten zu beobachten
und jeden Verdächtigen aus dem Weg zu räumen. Ja die
Ephoren proclamirten beim Amtsantritt geradezu Krieg gegen
die Heloten, damit ihre Tödtung nicht als Mord gelten könne
und die Bürgerschaft beflecke. Zu voller Ausbildung mag
dies System erst nach dem Helotenaufstand von 464 gelangt
sein; seine Anfänge aber gehen unzweifelhaft in weit frühere
Zeit zurück. Es war ganz unmöglich, die Wehrkraft der
abhängigen Bevölkerung auch nur annähernd im Verhältniss
zu ihrer Zahl auszunutzen. Als Knechte nahm man Heloten
in beträchtlicher Zahl mit ins Feld, aber Waffen gab man
ihnen nicht in die Hand; und auch aus den Perioeken hat
man nur verhältnissmässig wenig ausgehoben, vor allem aus
den besser Situirten, die von der Regierung protegirt wurden.
Bis zum Ende des peloponnesischen Kriegs scheint die Zahl
der eingestellten Perioeken über die des spartiatischen Heer-
banns nie wesentlich hinausgegangen zu sein; hinzu kamen
etwa 600 leichter bewaffnete Skiriten (§. 263). Die Hauptsache aber war, dass die Bürgerschaft selbst jederzeit auf dem
Posten war. Bei einem Staatswesen wie diesem musste die
militärische Durchbildung das ganze öffentliche und private
Leben der herrschenden Classe absorbiren. Wir wissen, wie die
alte Sitte der gemeinsamen Mahlzeiten diesem Zwecke dienstbar gemacht wurde, wie die Erziehung für den Krieg, die
Abhärtung und Gewöhnung an Ertragung aller Strapazen, die
strengste Unterordnung unter die Disciplin und das Commando

der Vorgesetzten und Aelteren, ununterbrochenes Turnen und
Exerciren von Jugend auf das Leben des Spartiaten beherrschten.
Dienstpflichtig war er vom 20. bis zum 60. Jahre; für den
Krieg ausgehoben wurden soviel Jahrgänge und Regimenter
als man jedesmal brauchte, die Jahrgänge über 50, die für
den Krieg ausser Landes kaum noch leistungsfähig sein konnten,
allerdings wohl erst in den Nothlagen des vierten Jahrhunderts, die über 55 zuerst nach der Schlacht bei Leuktra (Xen.
Hell. VI, 4, 17). Die militärische Organisation hat im einzelnen vielfach geschwankt; bei unserem über die Maassen
dürftigen Material sind wir nicht im Stande, sie für die verschiedenen Epochen mit Sicherheit festzustellen. Der elementarste taktische Verband war die »Eidgenossenschaft«, die
Enomotie; ihrer vier wurden zu einer »Fünfzigschaft«, Pentekostys zusammengefasst. Die höchste Einheit bildeten die
»Regimenter« (λόχοι), die von »Generälen« (πολέμαρχοι) und
»Obersten« (λοχαγοί) commandirt wurden. Ob sie zur Zeit
der Perserkriege ebenso wie später aus vier Pentekostyen
bestanden, wissen wir nicht; dagegen scheint sicher zu sein,
dass es damals fünf Regimenter gegeben hat, die nach den
Bezirken der Hauptstadt, nach denen vermuthlich auch der
Grundbesitz eingetheilt war, ausgehoben wurden. In dieser
Zeit haben die Perioeken noch in besonderen Abtheilungen
gekämpft. Seit der Mitte des Jahrhunderts, vermuthlich nach
der Katastrophe von 464, ist das geändert, wahrscheinlich
weil die Zahl der Vollbürger zu gering geworden war. Fortan
dienen die Perioeken mit den Bürgern zusammen in denselben
Verbänden, und das Princip der localen Aushebung ist aufgegeben. Damit mag zusammenhängen, dass die Pentekostys,
wenn auch ihre Stärke nach der Zahl der aufgebotenen Jahrgänge schwankt, jetzt viel stärker ist, als ihr Name besagt;
in der Schlacht bei Mantinea 418 v. Chr. bestand sie aus
durchschnittlich 128 Mann. Das Gesammtheer, abgesehen von
den Skiriten und den aus den Heloten neu gebildeten Truppen,
bestand damals aus sieben Regimentern (λόχοι). Weitere Reformen werden später zu besprechen sein.

So zahlreich die modernen Untersuchungen über das spartanische Heerwesen sind (STEHFEN, de Spart. re mil., diss. Greifswald 1881. BELOCH, Bevölkerung 131 ff. RINGNALDA, de exerc. Lac., diss. Groningen 1893, ferner in den Handbüchern der Staats- und Kriegsalterthümer von GILBERT, SCHÖMANN-LIPSIUS, A. BAUER, H. DROYSEN, und bei BUSOLT, Griech. Gesch. I²), so wenig ist es möglich gewesen, zu sicheren Resultaten zu gelangen. Völlig beistimmen kann ich keiner dieser Untersuchungen; vieles scheint mir überhaupt mit unseren Mitteln unlösbar. Die Grundlage bilden Thuk. V, 64 ff. über die Schlacht bei Mantinea, Xenophon rep. Lac. und seine Angaben in den Hellenika. Der Versuch, in Thukydides' Schilderung die bei Xenophon als Grundeintheilung des Heeres genannten sechs Moren, die auch Aristoteles erwähnt hat (Harpokr. s. v.), einzusetzen, scheint mir ebenso unhaltbar, wie der, bei Xenophon rep. Lac. 11, 4. 13, 4 die λοχαγοί zu streichen oder die überlieferte Zahl 4 zu ändern, die durch die Citate bei Harpokr. l. c. und Stob. flor. 40, 26 bestätigt wird, obwohl in den Hellenika Lochen und Lochagen vor 370 nicht vorkommen. Festzuhalten ist, dass Xenophon in der rep. Lac. die Heeresorganisation seiner Zeit als lykurgisch schildert, obwohl sie so moderne Elemente enthält, wie die Cavallerie (11, 1. 3. 12, 2. 13, 6), die 424 zuerst eingeführt ist (Thuk. IV, 55). Mithin steht nichts im Wege, auch die Moren für modern zu halten [11, 3 ist wohl nicht mit den Handschriften und Harpokr. τῶν πολιτικῶν τούτων μορῶν, sondern mit Stob. ὁπλιτικῶν zu lesen]. Dagegen die Officiere, die Xenophon 11. 4, vgl. 13. 4 aufzählt, sind sämmtlich alt; bei Thuk. V, 66 stehen wie bei Xenophon unter dem König die Polemarchen, unter diesen die Lochagen und weiter die Pentekonteren und Enomotarchen, und ebenso kennt Herodot Polemarchen und Lochagen (VII, 173. IX, 53), obwohl beide als Heereintheilung nur Lochen kennen (vgl. Thuk. IV, 8, 9. V, 71, 3 ff.), nicht die nach Xenophon von den Polemarchen commandirten Moren. Sie müssen also vorher höhere Stabsofficiere gewesen sein und sich zu den Lochagen etwa verhalten haben wie Oberste zu Oberstlieutenants. Auch besteht nach Thuk. V, 67 der Lochos aus 16 Enomotien wie bei Xen. 11, 4 die More; der Unterschied scheint also darauf hinauszukommen, dass seit etwa 404 das Regiment, die jetzige Mora, in 4 Bataillone (λόχοι) zu 2 Compagnien (πεντηκόστυες) zu je 2 Corporalschaften (ἐνωμοτίαι) zerfällt, während es vorher unter dem Namen λόχος in 4 Compagnien zu je 4 Corporalschaften zerfiel. So erklärt sich auch, dass in der Geschichte von 404—371 von den Lochagen nicht die Rede ist. Nach 371 sind dann 12 Lochen eingerichtet worden. — Ueber den Bestand des Heeres von Mantinea 418 ist viel gestritten worden. Meines Erachtens lässt Thukydides nur eine Deutung zu. Danach bestand das gesammte spartanische Heer — die Spartaner waren πανδημεί ausgerückt V, 64 — damals aus 1) 600 Skiriten; 2) den νεοδαμώδεις und Brasideern; 3) 7 λόχοι, wovon mindestens 2 auf dem äussersten rechten Flügel, die übrigen im Centrum standen; zu ihnen kamen die ἱππῆς von 300 Mann, die Garde (V, 72, 4); 4) der Cavallerie, nach IV, 55 wahrscheinlich 400 Reiter. Die 7 λόχοι bestanden nach der Berechnung V, 68 aus ungefähr 3584 Mann. Dass seit dem peloponnesischen Krieg Spartiaten und Perioeken in denselben Verbänden fochten, ist zweifellos (vgl. IV, 8, 9). Nach Sphakteria waren aus allen Lochen 420 Mann detachirt; gefangen wurden 292, darunter ca. 120 Spartiaten (IV, 38). Danach verhielten sich Spartiaten zu Perioeken etwa = 5 : 7. Wenden wir dies Verhältniss auf die Armee von Mantinea an, so erhalten wir in den 7 λόχοι etwa 1500 Spartiaten, 2100 Perioeken. Zu jenen sind die 300 ἱππῆς wahrscheinlich hinzuzurechnen, ferner einige Reiter. Ein Sechstel des Heeres, die ältesten und jüngsten, war nach Hause geschickt (V, 64, 3. 75, 1), also etwa 700 Mann, davon 300 Spartiaten. Somit ergeben sich etwa 2200 Spartiaten für die gesammte Armee. Bis zu welchem Jahrgang die Bürgerschaft aufgeboten war, wissen wir nicht; nehmen wir das 50. Jahr an, so erhalten wir nach den Forsch. II, 163 gegebenen Ansätzen (wonach die Bürger von 20—50 Jahren zu denen über 50 sich annähernd wie 2 : 1 verhalten) etwa 3300 Spartiaten über 20 Jahre, vielleicht unter Anrechnung der Invaliden noch etwas mehr. Das ergibt (Verhältniss der Männer über 20 Jahre zur Gesammtbevölkerung = 32 : 100) für die gesammte bürgerliche Bevölkerung rund 10,000 Seelen. Diese Zahlen sind wahrscheinlich noch zu hoch; immerhin aber wird man für die Zeit um 480 noch etwas darüber hinausgehen dürfen. — Bekanntlich schätzt Isocr. 12, 255 die Spartiaten auf »nicht mehr als 2000«; für die Zeit von Leuktra ergeben sich aus Xen. Hell. VI, 4, 15, vgl. 17 für die Jahrgänge 20—55 nicht viel mehr als 1000 Spartiaten (vgl. Arist. pol. II, 6, 11 οὐδὲ χίλιοι τὸ πλῆθος ἦσαν), insgesammt also höchstens 1500 erwachsene Männer. Im dritten Jahrhundert waren es 700 (Plut. Agis 5). Die ὀλιγανθρωπία wird oft erwähnt, z. B. Xen. rep. Lac. 1, 1. — Die Altersgrenze von 60 Jahren (Xen. Hell. V, 4, 13. VI, 4, 17) wird durch das für die Gerusia erforderliche Alter bestätigt; sie besteht ebenso in Athen und Rom. — Die fünf landschaftlichen λόχοι hat Aristoteles aufgeführt: Hesych. Phot. [mit Corruptel] λόχοι. schol. Thuc. IV, 8. schol. Arist. Lys. 453, s. RInonalda p. 10; der landschaftliche Charakter wird durch Herodots λόχος Πιτανάτης (dagegen Thuk. I, 20) bestätigt. Auf ihm beruht offenbar Herodots Zahl von 5000 Spartiaten bei Plataeae. Damals kämpften die Perioeken noch in besonderen Abtheilungen: Herod. IX, 11. 28 f. — Aushebung der Perioeken: λογάδες Herod. IX, 11. τῶν περιοίκων ἐθελονταὶ καλοὶ κἀγαθοί Xen. Hell. V, 3, 9, vgl. Plut. Cleom. 11. Vgl. auch Thuk. IV, 8, 1. — Ueber die κρυπτεία Plut. Lyc. 28 nach Aristoteles. Heracl. pol. 2, 4. Plut. Cleom. 28. Idealisirt Plato leg. I, 633 b, vgl. VI, 763 b.

265. Bei diesen Verhältnissen war der spartanische Staat
völlig ausser Stande, die neuen grossen Aufgaben zu lösen.
Weder seine Wehrkraft reichte aus, um wirklich die Leitung
Griechenlands zu übernehmen, noch seine politische Organisation, noch seine Finanzen. Ein paar Schiffe, die von den
Periockengemeinden gestellt wurden, besass der Staat; an die
Bildung einer grösseren Seemacht konnte er nicht denken.
Das Finanzwesen war gänzlich unentwickelt; bedurfte der
Staat Geld, so musste er versuchen eine Besitzsteuer zu er-
heben, bei der wenig genug einkam, da die Bürger sich
meist viel zu niedrig einschätzten, oder bei den Bürgern
und den Bundesgenossen freiwillige Beiträge einsammeln. Nur
ein Mittel gab es, das zum Ziele führen konnte: den völligen
Umsturz der bestehenden Ordnung, die Emancipation des
Landvolks und die Gleichstellung der Unterthanen mit den
Bürgern. Wenn das geschah, so wurde Sparta der weitaus
mächtigste Staat Griechenlands. Man hat, wie Aristoteles angibt, berechnet, dass Lakonien allein bei rationeller Vertheilung des Grundbesitzes 30,000 Hopliten und 1500 Reiter
würde ins Feld stellen können; nicht viel weniger Mannschaften hätte das zwar beträchtlich kleinere aber viel frucht-
barere Messenien ernähren können. Einer derartigen Macht
wäre in den damaligen Verhältnissen kein Ziel unerreichbar
gewesen; nicht nur den Peloponnes, sondern ganz Griechenland hätte sie in einen Einheitsstaat umwandeln, auch eine
starke Flotte schaffen und neben dem Festland die See beherrschen können. Die Könige des Agiadenhauses, wie vorher Kleomenes so jetzt der Regent Pausanias, schreckten vor
einer derartigen Massregel durchaus nicht zurück, die sie zugleich von den drückenden Fesseln des Ephorats befreit und
zu Herrschern über ganz Hellas gemacht hätte. Aber es ist
begreiflich, dass die Bürgerschaft jetzt, nach allen Erfolgen,
weniger als je bereit war, die Grundlagen aufzugeben, auf
denen Spartas Grösse erwachsen war. Alle materiellen und
egoistischen wie alle idealen Interessen sträubten sich dagegen und machten jeden Reformversuch unmöglich. Con-

servativ war eine Bürgerschaft von grundbesitzenden Kriegern
ihrer Natur nach; jetzt aber kannte sie keine andere Aufgabe
mehr, als die Conservirung alles Bestehenden, auch wo es
brüchig genug war, weil jede Aenderung zu unabsehbaren
Consequenzen führen musste. Principiell hielt man an allem
fest, was von den Altvordern überliefert war, im grössten wie
im kleinsten: man zog die fünf offenen Dörfer Spartas nicht zu
einer Stadt zusammen und baute keine Mauern, man führte kein
geschriebenes Recht ein und hielt an einem veralteten Blutrecht
fest, man münzte kein Gold und Silber, sondern behalf sich
mit Eisenstücken, man duldete beim Hausbau nur Deckbalken
und Thürpfosten von Holz, man sass nur auf Holzbänken, man
verbot das Schnurrbarttragen, man ass schlecht aus Princip.
Wenn Sparta früher fremde Einflüsse vielfach in sich aufgenommen hatte, so sperrte man sich jetzt systematisch ab
gegen jede Infection von aussen: man perhorrescirte jede Neuerung in Musik und Poesie, man wies von Zeit zu Zeit alle
Fremden aus, man verbot den Spartiaten ohne Erlaubniss der
Regierung ins Ausland zu gehen. So wird der Staat aus
einem naturwüchsigen mehr und mehr ein künstliches, nur
noch durch künstliche Mittel aufrecht zu erhaltendes Gebilde.
Bei diesen Tendenzen war es vollberechtigt, wenn die Regierung
alle weitergehenden Anforderungen, die die Politik stellte, consequent ablehnte und der Grossmachtspolitik der Agiaden
energisch entgegentrat. In den Perserkrieg war man, als
kein anderer Ausweg blieb, eingetreten und hatte ihn mit
Einsetzung aller Kraft ruhmvoll durchgeführt. Die dadurch
gewonnene Ehrenstellung wollte man behaupten; aber was
für einen Gewinn konnte es Sparta bringen weiter zu gehen,
seine eigene Existenz aufs Spiel zu setzen um die Ionier und
Kyprier zu schützen und Thrakien den Persern zu entreissen?
So ist es gekommen, dass der spartanische Staat, der kein
höheres Ideal kennt, als den Krieg, in der Politik so kriegs-
scheu wird, wie in aller Geschichte kaum je irgend ein Staat
von gleicher Bedeutung gewesen ist, es sei denn England in
der zweiten Hälfte des neunzehnten Jahrhunderts. Man weiss,

dass jede grössere kriegerische Verwickelung die Existenz des
Staats in Frage stellt, im Falle eines Sieges fast noch mehr
als in dem einer Niederlage, weil der Sieg ihn zwingen musste,
Aufgaben zu übernehmen, denen er ohne Aenderung seines
ganzen Wesens nicht gewachsen war. Die spartanische Politik
kennt kein positives Ziel mehr; sie ist nach aussen ebenso
negativ wie nach innen. So ist Sparta der Hort aller conservativen Interessen, der Vertheidiger alles Bestehenden und
der Hemmschuh für die aufwärts strebende Entwickelung
Griechenlands geworden. Der Staat, der auf das Princip der
Gleichheit aller Bürger gegründet ist, erscheint als das Pro-
totyp wenn nicht einer Adelsherrschaft so doch einer Oligarchie, als ein festes, gegen die verheerenden Ideen der neuen
Zeit und den ruchlosen demokratischen Umsturz aufgerichtetes
Bollwerk.

Da Lakonien nach BELOCH's Arealberechnung noch einmal so gross
ist wie Attika, ist Aristoteles' Angabe pol. II. 6. 11 δυναμένης τῆς χώρας
χιλίους ἱππέας τρέφειν καὶ πεντακοσίους καὶ ὁπλίτας τρισμυρίους ganz zutreffend. — Ueber die spartanischen Finanzen Arist. pol. II. 6. 23: οὔτε
γὰρ ἐν τῷ κοινῷ τῆς πόλεως ἐστιν οὐδὲν ... εἰσφέρουσί τε κακῶς· διὰ γὰρ τὸ
τῶν Σπαρτιατῶν εἶναι τὴν πλείστην γῆν οὐκ ἐξετάζουσιν ἀλλήλων τὰς εἰσφοράς.
Dass das schon von der älteren Zeit gilt, lehrt Archidamos' Rede Thuk.
I, 80: τῶν χρημάτων πολλῷ ἔτι πλέον ἐλλείπομεν καὶ οὔτε ἐν κοινῷ ἔχομεν
οὔτε ἑτοίμως ἐκ τῶν ἰδίων φέρομεν. Die leider sehr schlecht überlieferte
Liste freiwilliger Beiträge der Bundesgenossen auf der Inschrift von Tegea
IGA. 69 (DS.¹ 34) gehört wohl in die Zeit des dekeleischen Kriegs. —
Als Typus des Conservatismus erscheint Sparta schon bei Pindar Pyth.
I, 120 ff. Vgl. auch fr. 199.

266. Sparta gegenüber steht Athen. Seit einem Jahrhundert war es hinausgewachsen über die engen Verhältnisse
des Stadtstaats, seine Bürgerschaft umfasste die gesammte
freie Bevölkerung einer Landschaft von etwa 2400 qkm, etwa
50,000 Bürger über 18 Jahre oder 150,000 Seelen. Das
kleisthenische Phylenheer konnte aus den Grundbesitzern mindestens 10,000 Hopliten ins Feld stellen. Aber dabei blieb
man nicht stehen; Schritt für Schritt wurde das Kriegswesen
weiter entwickelt, auch die ärmere Bevölkerung zum Dienst

herangezogen, und damit die Wehrkraft der gesammten Bürgerschaft dem Staate nutzbar gemacht. Von der von Themistokles geschaffenen Flotte sind im J. 480 180 Schiffe bemannt gewesen, was, wenn wir auf die Trieren dieser Zeit
etwa 150 Ruderer rechnen, 27,000 Ruderer erfordert, die aus
den Theten (vielleicht zum Theil auch schon aus den Metoeken) genommen waren. Das nach den Erfahrungen von
Marathon aus den Theten ausgehobene Schützencorps wurde
allmählich auf 1600 Mann gebracht. Bald nach den Perserkriegen wurde aus den Mannschaften der beiden oberen Classen
ein Reitercorps, zunächst von 300 Mann, formirt. So beginnt
die Taktik der verbundenen Waffen sich zu entwickeln. Nach
aussen hatte der Staat seit Solon und Pisistratos sein Gebiet
erweitert, Salamis annectirt und unter attische Grundbesitzer
vertheilt, das boeotische Grenzgebiet, vor allem die Graerstadt
Oropos, unterworfen, auf Euboea Grundbesitz gewonnen, am
Hellespont, auf Imbros und Lemnos, an der thrakischen Küste
im Pangaiongebiet festen Fuss gefasst, mit der Boeoterstadt
Plataeae eine feste Allianz geschlossen. Das Landgebiet auf
Euboea hatte man allerdings 490 aufgeben müssen und nachher nicht wieder besetzt, sondern offenbar den jetzt eng verbündeten Gemeinden Chalkis und Eretria überlassen; die überseeischen Besitzungen dagegen fielen nach dem Siege über
die Perser an Athen zurück. Die Finanzen waren in gutem
Stande, die Einnahmen des Staats aus Zöllen und Pachtgeldern, namentlich von den laurischen Silberminen, sehr
beträchtlich. In Nothfällen konnte man eine auf Grund der
solonischen Classenordnung abgestufte Vermögenssteuer erheben, und ausserdem bildete der reiche, viele tausend Talente enthaltende Schatz der Athena auf der Burg einen Re-
servefonds, bei dem der Staat Anleihen aufnehmen konnte.

Ueber Bevölkerung und Wehrkraft Athens zur Zeit der Perserkriege:
Forsch. II, 183 f. Entwickelung der Reiterei: Andoc. 3, 5 ff. schol. Arist.
eq. 627. — Salamis (vgl. Bd. II, 413. CIA. II, 14 fr. b), die Oropia
(Ἀθηναίων ὑπήκοοι Thuk. II, 23. IV, 99. VIII, 60), Eleutherae (CIA. I,
446 a. IV, p. 108) und Panakton (Thuk. V, 3. 42) sind bekanntlich Unter-

thanengebiete, die nicht zu den Phylen und Demen Attikas gehören. Dass
das 507 auf Euboea gewonnene Kleruchenland (Bd. II, 492), das 490
geräumt wurde (Herod. VI, 100), nach den Perserkriegen an Chalkis
und Eretria zurückfiel und erst 446 wieder von Athen annectirt wurde,
nimmt Swoboda, Zur Gesch. d. att. Kleruchien, Serta Harteliana S. 30 f.
mit Recht an. — Zum Bestande des Schatzes der Athena s. Forsch.
II. 125 f.

267. So hatte Athen eine Macht in den Kampf werfen
können, wie kein anderer griechischer Staat. Die Führung
hatte es Sparta überlassen, da dies allein die erforderliche
Autorität besass; aber die politische Directive für die Feldzüge von 480 und 479 hatte Athen gegeben, und nur durch
seine Flotte war der Widerstand möglich gewesen. Noch ganz
anders aber fiel dieselbe ins Gewicht, sobald man zur Offensive überging. Gleich nach dem Siege von Mykale war der
Gegensatz hervorgetreten: die Spartaner hatten den kleinasiatischen Griechen den Bundesschutz verweigert und die
Eroberung von Sestos den Athenern allein überlassen. Damit
hatte Athen die Leitung übernommen: so wenig es dabei an
eine Auflehnung gegen den spartanischen Oberbefehl oder
gar an einen Bundesbruch gedacht hatte, binnen kurzem
musste die rechtliche Ordnung den Thatsachen folgen. Der
Perserkrieg hatte erwiesen, dass Athen im Stande war, die
ihm dadurch gestellten Aufgaben zu erfüllen. Mit heroischem
Entschluss hatte es alles an alles gesetzt, den Heimathboden
zweimal dem Feinde Preis gegeben, ohne auch nur einen
Augenblick zu verzagen. Eine gewaltige Kraft strömte daraus immer aufs neue seinen Bürgern zu; ein Staat, der das
gewagt hatte, konnte nicht wieder an sich irre werden. So
haben die Perserkriege in Athen nachgewirkt wie in Preussen
die Erhebung von 1813. Zugleich aber war dadurch der
Bruch mit der Vergangenheit auch äusserlich vollzogen. Trotz
der Demokratie, ja trotz der Schöpfung der Flotte, trotz der
Beschränkung der Beamtengewalt und der Uebertragung der
politischen Leitung auf das souveräne Volk in seiner Gesammtheit war die athenische Bürgerschaft weit mehr con-

servativ als radical gesinnt. Die attische Cultur, wie sie sich
auf der von Solon geschaffenen Grundlage in der Pisistratidenzeit entwickelt hatte, hatte zwar den modernen Staatsbegriff
in sich aufgenommen und an Stelle der Privilegirten das gesammte Volk gesetzt, aber im übrigen an den alten Idealen
energisch festgehalten. Daher blieben hier die adligen Geschlechter, soweit sie nicht durch den Anschluss an die Tyrannen und Isagoras den Untergang gefunden hatten oder
verjagt waren, in hohem Ansehen und behielten noch auf
lange Zeit den entscheidenden Einfluss auf die Staatsleitung.
Streng hielt man auf ehrbare Sitten, auf straffe Zucht der
Jugend; man forderte die Hingabe jedes Bürgers an den Staat;
man hatte zwar die neuen Formen der Dichtung und Kunst
aufgenommen, aber von der radicalen Strömung und den
weichlichen Formen, die aus Ionien kamen, wollte man nichts
wissen. Vor allem aber stand man noch völlig auf dem
Boden des Gottesglaubens und betrachtete jeden Angriff auf
die Landesreligion als das schwerste, nur durch den Tod sühn-
bare Verbrechen gegen die Existenz des Staats. Durch den
heimischen Cult des Dionysos und der Göttinnen von Eleusis,
welche der Verbreitung orphischer und mystischer Anschauungen
den Weg bahnten, ist die Religiosität noch gesteigert worden; sie
erhält geradezu einen pietistischen Zug. Mit Recht rühmt sich
Athen, die gottesfürchtigste Stadt von Hellas zu sein. Trotz
dem allem wird Athen in die Bahnen der modernen Entwickelung hineingedrängt. Es kann nicht mehr zurück, weder
politisch noch culturell; es muss die fortschrittlichen Ideen
und schliesslich auch den geistigen Radicalismus in sich aufnehmen, und wenn es sich noch so sehr dagegen sträubt.
Wenn man auch die alten Tempel wieder aufbaut und überall
an das Alte anzuknüpfen sucht, so ist doch das neue Athen,
welches aus den Schuttbaufen der Perserzeit erstand, von
der Königsstadt des Erechtheus und der Pisistratiden äusserlich und innerlich so verschieden, wie die Flotte von Salamis
von der, mit der Miltiades gegen Paros auszog. Die Göttin
Athena, der man den Sieg verdankt, die schirmend ihre

Hände über ihrer Stadt hält und ihr die Gnade des Zeus sichert, ist die Verkörperung des modernen Staats; aus ihrem Munde verkünden die Tragiker die sittlichen Ideale, welche seine Bürgerschaft bewegen. So war Athen berufen, den ganzen Gewinn der neuen Weltlage in sich aufzunehmen. Die Befähigung ist zugleich eine Verpflichtung und ein Zwang. Mochte Athen wollen oder nicht, es musste danach streben die Suprematie über Hellas zu gewinnen und der griechische Grossstaat zu werden, den die Weltlage gebieterisch forderte.

268. So ist im Momente des Siegs der neue Gegensatz geschaffen, der fortan die politische Lage beherrscht. Trotz aller versöhnlichen Tendenzen, trotz aller Versuche, die Erinnerung an die glorreiche Zeit der Waffenbrüderschaft ungetrübt lebendig zu erhalten, musste er binnen kurzem zum offenen Conflict führen. Ganz Griechenland wird in diesen Gegensatz, in den Dualismus der beiden Grossmächte hineingezwängt. An der Realität der Thatsachen zerschellt auch hier das Ideal der alten Zeit. All die kleinen Gemeinden glaubten mehr noch für ihre Autonomie gekämpft zu haben als für die Wahrung ihrer wie es schien durch die Perser kaum gefährdeten Nationalität; von dem Siege erwarteten sie die Wiederkehr der goldenen Zeit des behaglichen Stilllebens, wo jeder kleine Staat thun und lassen konnte, was ihm beliebte. Ihnen hatte der grosse Kampf keine neue Bahnen eröffnet. Gleich nach dem Siege von Salamis soll sich der Sondergeist in voller Nacktheit enthüllt haben, indem bei der Preisvertheilung am Isthmos jeder Heerführer sich selbst den ersten Preis zuerkannte. Als die Siegesstimmung verrauscht war, lebten all die kleinen Tagesfragen und Streitigkeiten wieder auf, in denen vorher ihr Dasein aufgegangen war. Aber überall war ihnen der Spielraum und die freie Bewegung genommen; der Reihe nach mussten sie alle zu dem grossen Gegensatz Stellung nehmen, einer der beiden Grossmächte sich unterordnen und ihren Geboten weit pünktlicheren Gehorsam leisten als je den Geboten des Perserkönigs. Mit dem doppelten politischen Gegensatz der Kleinstaaten gegen die Grossmächte und der

Grossmächte gegen einander verschlingen sich alle anderen, die materiellen, socialen, culturellen, der Hader jeder Gemeinde mit ihren Nachbarn, die Rivalität der älteren Handelsmächte gegen den ständig wachsenden attischen Handel, der Kampf der Parteien, des Adels und der Bürgerschaft, der Conservativen und der Fortschrittler, der Besitzenden und der Besitzlosen innerhalb der einzelnen Staaten, der Gegensatz der alten und der neuen Ideen. Wenn jeder einzelne Staat in dem einen oder in dem anderen Lager seine Stellung nehmen muss, so innerhalb jedes Staats wieder die sich bekämpfenden Parteien. Ganz Griechenland und innerhalb desselben wieder jedes einzelne Gemeinwesen ist in zwei Theile zerrissen, von denen der eine nach Athen, der andere nach Sparta gravitirt. Alle modernen und vorwärts strebenden Elemente, alle demokratischen Parteien schauen nach Athen, alle conservativen, alles was den bestehenden Zustand erhalten oder die Vergangenheit wiederherstellen will, nach Sparta, vor allem aber die Vertreter der particularistischen Ideen. Als Staatsform ist der Particularismus für alle Zukunft unmöglich geworden; aber als Idee, und darum als geistige und politische Macht, führt er ein zähes Leben, ja er wird nur um so mächtiger, je mehr die fortschreitende Entwickelung ihm thatsächlich die Luft nimmt. Weil er das Alte vertritt, sieht er seinen Vorkämpfer in Sparta, während Athen zum Vertreter des Einheitsgedankens wird. So wird Sparta im Glauben der Massen zum Schirmer der Freiheit der Einzelstaaten im Gegensatz zu dem herrschgierigen, tyrannischen Athen, während doch in Wirklichkeit beide Staaten genau dasselbe erstreben, nämlich die Aufrichtung ihrer eigenen Herrschaft innerhalb der für sie erreichbaren Grenzen.

269. Nicht nur den Massen, sondern auch den führenden Männern in Athen und Sparta ist der Gegensatz erst ganz allmählich ins Bewusstsein getreten; und auch da noch haben sie sich lange genug gesträubt ihn als thatsächlich und unüberbrückbar anzuerkennen. Dass Sparta Athen in Schranken halten wollte, ist begreiflich genug; aber von da bis zu offener

Feindseligkeit war ein weiter Schritt, zu dem man sich auch
im letzten Momente nur mit äusserstem Widerstreben entschloss, nicht nur aus idealen Motiven, sondern vor allem
weil man deutlich empfand, welchen Gefahren man im Falle
eines Bruchs entgegenging. Viel besser schien es, wie im
Perserkrieg sich mit Athen zu vertragen und die Leitung
Griechenlands thatsächlich zu theilen, wenn irgend möglich
unter Wahrung des Ehrenvorrangs, auf den Sparta Anspruch
erhob. Um diesen Preis war Sparta jederzeit bereit, die
Interessen der kleinen Staaten, die sich unter seinen Schutz
drängten und die es Athen gegenüber vertreten musste, zu
opfern und auf Athen gestützt Griechenland zu beherrschen.
Auch in Athen waren diese Gedanken lebendig; noch als der
Gegensatz schon acut geworden war, hat man in achtungs-
werther aber nothwendig erfolgloser Bemühung versucht, an
dem Zusammengehen der beiden Mächte festzuhalten. Aber
dem Mann, der Griechenland zum Sieg geführt hatte, lag auch
jetzt, wie zur Zeit, da der persische Angriff herannahte, die
Zukunft klar und durchsichtig vor den Blicken. Der wahre
Staatsmann kennt keine Empfindsamkeit und keine sentimen-
talen Rücksichten. Wie Themistokles damals die Schöpfung
der attischen Flotte gefordert und nicht geruht hatte, bis er
ans Ziel gelangt war, so erkannte er jetzt, dass Athen die
Herrschaft in Griechenland erringen musste, wenn es bestehen
und Hellas als politische Macht sich behaupten sollte. Das
athenische und das nationale Interesse flossen auch hier in
einander. Um das Ziel zu erreichen, war der Bruch mit Sparta
und ein griechischer Krieg unvermeidlich. So galt es, ihm
entgegenzugehen und ihn vorzubereiten, da es noch Zeit war,
ehe die Gegner ihre Kräfte gesammelt hatten. Auf dies Ziel
hin hat Themistokles fortan gearbeitet. Dass Sparta ihn geehrt hatte wie nie zuvor einen Sterblichen, dass er Hand in
Hand mit Sparta den Nationalkrieg geführt hatte, konnte ihn
keinen Augenblick beirren. Die Möglichkeit einer politischen
Wirksamkeit, die ihm im Feldzuge von 479 genommen war,
war jetzt wiedergekehrt. Denn so scharf sich damals die

Anschauungen entgegen getreten waren, jetzt nach dem Siege
zeigte es sich, dass alle doch demselben Ziele gedient, dass
Aristides und Xanthippos das Werk des Themistokles nur
fortgeführt und vollendet hatten. Aeschylos, im politischen
Leben schwerlich der Richtung des Themistokles zugethan,
spricht nur aus, was alle empfanden, wenn er ihn im J. 472
als den Mann preist, dem man den Sieg von Salamis verdankte. So war zeitweilig sogar ein Zusammenwirken des
Themistokles mit seinen alten Gegnern ermöglicht: während
Themistokles daheim den Staat leitete, übernahm Aristides
die Führung im Kriege.

Die aus einer oligarchischen Parteischrift geschöpfte Behauptung
des Aristoteles, dass nach den Perserkriegen Themistokles und Aristides
[über diesen §. 275 A.] zusammen den Staat geleitet hätten, beruht ausser
auf ihrem Zusammenwirken beim Mauerbau auf der Anekdote, Th. habe
den geheimen Plan entworfen, die nach Xerxes' Abzug bei Pagasae
liegende griechische Flotte zu verbrennen; auf Befehl des Volks habe
er denselben dem Aristides mitgetheilt, und dieser ihn zwar bewundert,
aber als unmoralisch verworfen (Plut. Them. 20. Arist. 22). Diese Anekdote ist ohne jeden historischen Werth; der Plan ist kindisch, und eine
griechische Flotte hat niemals bei Pagasae gelegen [deshalb wird bei
Cic. off. III, 49. Val. Max. VI, 5 ext. 2 die spartanische Flotte in Gythion
an ihre Stelle gesetzt]; es ist unkritisch, eine Situation zu erfinden, in
der das doch möglich gewesen sein soll. Bereits Ephoros hat sie verworfen und durch eine analoge Berathung über den Bau des Piraeeus
ersetzt (Diod. XI, 41 ff.), bei dem man einen ähnlichen Einspruch der
Lakedaemonier besorgt habe, wie beim Mauerbau — was natürlich völlig
absurd ist; denn wie hätten die Spartaner den Hafenbau hindern können,
selbst wenn sie es wünschten. Erfunden ist die Anekdote von der Verbrennung der Flotte als Charakterisirung der politischen Auffassung, die
Themistokles vertrat, und ausstaffirt nach dem Muster der Geschichten
vom Flottenbau und vom Mauerbau. Trotzem ist es richtig, dass Themistokles und Aristides eine Zeit lang Hand in Hand gegangen sind; das
hat namentlich Beloch betont. — Bei Plut. Arist. 22 ist die Auffassung
des Aristides als προστάτης τοῦ δήμου weiter dahin entwickelt, er habe
nach der Schlacht bei Plataeae ein Psephisma verfasst, κοινὴν εἶναι τὴν
πολιτείαν καὶ τοὺς ἄρχοντας ἐξ Ἀθηναίων ἁπάντων αἱρεῖσθαι. Die Angabe zeigt, wie so viele im Leben des Aristides, grobe Unkenntniss der
Thatsachen; die demokratische Reform von 487 [die durch die Aus-

dehnung des Zutritts zum Archontat auf die Zeugiten im Jahre 457
ergänzt wird] besteht ja gerade darin, dass die Wahl abgeschafft und
durch das Loos ersetzt wird.   Die Angabe ist völlig werthlos. — Dass
Themistokles 476 in Olympia gefeiert wurde (Plut. Them. 17), mag
richtig sein; die daran angeknüpften Anekdoten ib. 5. 25 [vgl. §. 288 A.]
sind werthlos.

270. Gleich bei der ersten Massregel, die Athen ergreifen
musste, trat der neue Gegensatz in scharfer Beleuchtung hervor.
Unmittelbar nach dem Siege von Plataeae ging man daran,
die Stadt wieder aufzubauen.   Themistokles entwarf den Plan
dazu.   Das neue Athen sollte eine Grossstadt werden, von
weit grösserem Umfang als die alte Stadt.   Vor allem aber
musste es eine starke Festung sein, die jedem feindlichen Angriff trotzen konnte; dann war es möglich, einen Landkrieg
defensiv zu führen und alle Kräfte auf die See zu werfen.
Den Spartanern und ihren Verbündeten konnte der Mauerbau,
der ihnen jede Einmischung und Bevormundung unmöglich
machte, nur höchst unerwünscht sein; mit Recht erblickten
sie darin den ersten entscheidenden Schritt zur Aufrichtung
des Dualismus in Hellas.   Bis Athen in vertheidigungsfähigem
Zustande war, konnte eine Intervention der Spartaner die
Ausführung hindern.   So wurden Themistokles, Aristides und
Habronichos als Gesandte nach Sparta geschickt.   Themistokles ging allein voraus und wusste durch geschicktes Verhandeln und Abläugnen die Sache so lange hinzuhalten, bis die
Mauern hoch genug waren und man zugleich durch eine nach
Athen gelockte spartanische Gesandtschaft ein Unterpfand für
die unbehelligte Entlassung der eigenen Gesandten gewonnen
hatte.   Den Spartanern blieb nichts übrig, als sich in die
vollendete Thatsache zu fügen. — So war die Grundlage für
die Selbständigkeit Athens gewonnen.   Die Ergänzung der
Stadtanlage bildete der Ausbau des Piraeeus nach Themistokles' Plänen.   Die Hafenstadt sollte zugleich eine zweite
grosse Festung werden.   Während aber die Mauern Athens
rasch nach alter Weise aus Ziegeln auf polygonalem Unter-
grunde errichtet waren, in den man in der Eile hineinbaute,

was an Steinen und Bautrümmern zur Hand war, wurden die Piraeeusmauern das Muster eines modernen Festungsbaus, auf breiter Grundlage von gewaltiger Stärke und Höhe, flankirt von zahlreichen Thürmen. Sie wurden ganz aus sorgfältig gefugten Quadern aufgeführt, die durch Metallklammern zusammengehalten wurden. So war der Piraeeus uneinnehmbar, so lange die Athener die See frei zu halten vermochten. Die Bedeutung der Flotte war jetzt auch dem blödesten Auge klar geworden, so dass aller Widerspruch dagegen wohl oder übel verstummte. Immer von neuem ermahnte Themistokles die Athener, alle Kraft auf die See zu werfen und die Flotte stets im Stande zu halten und zu vermehren; wenn ein übermächtiger Angriff zu Lande sie bedrohe, solle man wie im J. 480 die Hauptstadt aufgeben und sich ganz in den Piraeeus zurückziehen — am liebsten hätte er offenbar die Altstadt gar nicht wieder hergestellt, wenn Tradition und Religion das zugelassen hätten —; dann werde man, gestützt auf die Flotte, allen Feinden widerstehen können.

Ueber den Mauerbau gibt Thukydides 1, 89 ff. die Tradition seiner Zeit, die von den Späteren (z. B. Demosth. c. Leptin. 73. Diod. XI, 39) weiter ausgemalt ist, namentlich indem der Gegensatz verschärft wird: die Spartaner befehlen, den Bau zu unterlassen, u. ä. Ob Polyarchos (nach Schäfer's Conjectur Rh. Mus. XXXIV, 616 Polykritos, nach Herod. VIII, 92) von Aegina, der die Athener in Sparta denuncirt, bei Plut. Them. 19 auf Ueberlieferung oder Ausmalung beruht, ist nicht zu entscheiden. An der thukydideischen Tradition hat wie Peloch, Gr. Gesch. I, 458 schon Theopomp bei Plut. Them. 19 Anstoss genommen; er meint, Themistokles habe die Ephoren bestochen, der officielle Hergang sei also Komödie gewesen. Beloch's politische Auffassung scheint mir ebenso wenig berechtigt, wie die Holm's, Gr. Gesch. II. 104. 136. Aber das Bedenken bleibt, dass den Spartanern unmöglich lange verborgen bleiben konnte, was in Athen vorging. Darum ist aber die Erzählung, wenn sie auch einzelne Momente übertreiben mag, noch nicht zu verwerfen; Themistokles hielt durch sein Abläugnen die Sache hin und hinderte dadurch die Spartaner, die ihm zunächst vertrauten und glauben mussten, es sei möglich durch Verhandlungen zum Ziele zu kommen, den Entschluss einer bewaffneten Intervention auch nur in Erwägung zu ziehen. — Auf die Schwierigkeiten der thuk. Beschreibung der Piraeeusmauern kann ich hier nicht eingehen; ich halte (mit JUDEICH, Fl. Jahrb. 1890, 723 ff.) gegen WACHSMUTH, Stadt Athen II, 18 ff. den Text für richtig überliefert und jede Correctur für unmöglich; ob aber Thukydides' Beschreibung wirklich correct ist, kann zweifelhaft erscheinen. Die λίθοι σιδήρῳ πρὸς ἀλλήλους τὰ ἔξωθεν καὶ μολίβδῳ δεδεμένοι sind ziemlich räthselhaft; und doch ist gerade ἔξωθεν durch den Zusammenhang gegen jede Aenderung geschützt, und bei einer so augenfälligen Sache ein Irrthum am wenigsten zu erwarten.

IV. Die Anfänge der attischen Grossmacht.

Fortgang des Perserkriegs. Uebertragung des Commandos zur See an Athen.

271. Während man in Athen die Stadt wieder aufbaute und die darüber entstandene Spannung mit Sparta die Verschiebung der Stellung der griechischen Mächte zu einander vor Augen führte, nahm der Krieg des hellenischen Bundes gegen Persien seinen Fortgang. Im Frühjahr 478 ging die Flotte — 20 peloponnesische Schiffe, 30 attische, und eine grosse Zahl anderer, wohl namentlich von den Inseln und aus Ionien — aufs neue in See, unter dem Commando des Siegers von Plataeae, der an die Stelle seines politisch und wohl auch militärisch bedeutungslosen Collegen Leotychidas trat; das attische Contingent befehligte Aristides, dem Miltiades' Sohn Kimon zur Seite stand. Die Griechenstädte Kleinasiens waren bis auf wenige Ausnahmen, wie Halikarnass, wo Artemisia sich behauptete, das nur halbgriechische Ephesos, die beiden Magnesia im Binnenlande, und wahrscheinlich auch Lampsakos u. a. (§. 292), bereits durch die Schlacht bei Mykale frei geworden. So wandte man sich, den Traditionen des ionischen Aufstands folgend, nach Cypern. Auch hier werden, als die Flotte erschien, die Griechenstädte sich grossentheils ohne ernstliche Kämpfe freigemacht haben: »sie unterwarfen einen grossen Theil der Insel« lautet Thukydides' summarischer Bericht. Zur Bezwingung der phoenikischen Städte würde auch eine stärkere Heeresmacht nicht ausgereicht haben; die befreiten

Städte konnte man einstweilen unbedenklich sich selbst überlassen. Dringender war die volle Befreiung der Meerengen,
durch die nicht nur den Persern die Verbindung mit Europa
gesperrt, sondern auch die pontische Handelsstrasse wieder
frei wurde, die für die auf überseeisches Getreide angewiesenen
Gebiete Griechenlands — nicht nur Attika und Aegina, sondern auch Theile des Peloponnes (Herod. VII, 147) — von
vitaler Bedeutung war. Noch in demselben Sommer fuhr
Pausanias nach dem Bosporos und entriss Byzanz der persischen Besatzung. Zahlreiche vornehme Gefangene und reiche
Beute fiel den Siegern in die Hände. Die verbündete Flotte
blieb den Winter über im Hafen von Byzanz liegen, um im
nächsten Jahre das Befreiungswerk weiter fortzusetzen.

Dass Kimon während des Feldzugs von Byzanz und beim Hegemoniewechsel neben Aristides Strateg war (Plut. Cim. 6. Arist. 23), wird durch
die Anekdote Ions (Plut. Cim. 9) bestätigt, die weiter keinen historischen
Werth hat, so vielfach sie auch von den Neueren missbraucht worden
ist; vgl. Forsch. II, 63 f. — Die Chronologie ist durch Arist. pol. Ath.
23 definitiv festgestellt, der den Hegemoniewechsel ins Archontat des
Timosthenes 478/7 setzt.

272. Aber schon dieser erste Feldzug führte die Widersinnigkeit der bisherigen Organisation des Bundes deutlich vor
Augen, welche das Obercommando der Flotte in die Hände der
zur See schwächsten Macht legte. Der Gegensatz, der bereits beim
Ausgang des Feldzugs von Mykale hervorgetreten war, machte
sich immer aufs neue fühlbar. Die spartanische Regierung
konnte an der Fortführung des Kriegs garkein Interesse haben;
sie hatte daheim nähere und dringendere Sorgen, und der
Mehrzahl ihrer peloponnesischen Bundesgenossen lag der Schauplatz, auf dem jetzt gekämpft wurde, in nebliger Ferne. Ihr
Feldherr freilich, der Regent Pausanias, dachte anders. Mit
berechtigtem Stolz schaute er auf den Sieg von Plataeae, den
man seiner Führung verdankte; mit stolzen Worten hat er
das in der Inschrift des nach Delphi geweihten Dreifusses verkündet. Wie damals fühlte er sich auch jetzt als Oberhaupt
der Kriegsmacht von ganz Hellas. Die Zeit schien ihm ge-

kommen, wo er ganz Griechenland der Herrschaft des Agiadenhauses unterwerfen und damit zugleich die Fesseln, in die
der heimische Staat das Königthum geschlagen hatte, sprengen
könne. Wenn die Macht, die er selbst mitbrachte, nur gering war, so galt es um so mehr, seine persönliche Stellung
energisch geltend zu machen. Er schaltete in Byzanz als
Herr; er umgab sich mit einer aus den Gefangenen gebildeten
Leibwache von Persern und Aegyptern, er nahm medische
Tracht und Lebensweise an; er behandelte die Bundesgenossen
nach den strengen Grundsätzen der spartanischen Disciplin
und schritt herrisch und unnachsichtlich gegen jede Regung
von Unbotmässigkeit ein. Dadurch beschleunigte er die unvermeidliche Katastrophe. Die eben von ihren Tyrannen und
Satrapen befreiten Ionier, die beim Heere standen, waren
nicht gewillt, dafür die Herrschaft des spartanischen Macht-
habers einzutauschen. Sie begnügten sich nicht, in Sparta
Beschwerde zu führen, sondern knüpften zugleich mit den
athenischen Feldherrn Verhandlungen an; und diese verstanden
es, die Situation zu ihren Gunsten auszubeuten. Die Führer
der beiden ansehnlichsten Geschwader, Uliades von Samos
und Antagoras von Chios, gaben den Ausschlag: sie kündigten
Pausanias den Gehorsam und fuhren zu den attischen Schiffen
hinüber. Die übrigen Griechen mit Ausnahme der peloponnesischen Contingente folgten ihrem Beispiel. Dass um dieselbe Zeit aus Sparta die Abberufungsordre für Pausanias
eintraf und er ihr wohl oder übel folgen musste, hatte keinen
Einfluss mehr; als im Frühjahr 477 der spartanische Admiral
Dorkis mit geringer Macht eintraf, wurde er abgewiesen. Er
besass keine Mittel, seine Ansprüche durchzusetzen, und musste
unverrichteter Dinge nach Hause zurückkehren.

Die Namen des Uliades und Antagoras Plut. Arist. 23 stammen offenbar aus zuverlässiger Ueberlieferung, vermuthlich in localen Chroniken;
ebenso die beim Eid ins Meer versenkten μύδροι ib. 25, die auch Arist.
pol. Ath. 23 kennt. Im übrigen sind die späteren Berichte lediglich
Ueberarbeitungen des Thukydides (mit dem Herod. VIII, 2 übereinstimmt).
— Das Epigramm auf dem delphischen Dreifuss auch [Demosth.] 59, 97.

Ruhmredige Inschrift des Pausanias auf dem Krater am Eingang des
Bosporos Nymphis fr. 15 (Athen. XII, 536 a), vgl. Herod. IV, 81. Dass
schon unter der spartanischen Führung eine ἀποφορὰ εἰς τὸν πόλεμον gezahlt sei (Plut. Arist. 24), ist wenig wahrscheinlich.

273. Die Uebertragung des Oberbefehls zur See auf
die Athener ist von keiner der betheiligten Mächte als eine
Verletzung oder gar als ein Bruch des hellenischen Bundes
gegen Persien betrachtet worden. Die Waffenbrüderschaft
sollte fortbestehen; nur die innere Organisation wurde geändert, ein engerer Bund im Bunde gegründet, der fortan die
Fortführung des Kriegs übernahm. Auch die Spartaner haben
sich den vollendeten Thatsachen gefügt. Wenn es ihren Stolz
verletzen musste, dass man ihnen aufgesagt hatte, so waren
sie doch im Grunde froh, die undurchführbare und gefähr-
liche Aufgabe los zu sein; was ihnen von Pausanias gedroht
hätte, empfanden sie sehr wohl. So machten sie gute Miene
zum bösen Spiel; ja sie liessen auf dem plataeischen Siegesdenkmal die ruhmredige Inschrift des Pausanias ausmeisseln
und durch ein Verzeichniss aller Bundesgenossen ersetzen, damit
der föderative Charakter des Kriegs und die Ablehnung aller
herrschsüchtigen Gedanken von Seiten Spartas deutlich hervor-
trete. Pausanias freilich vermochte sich in die Entscheidung
nicht zu fügen. Trotz allen Argwohns hatte man ihm vor Gericht nichts nachweisen können; daher konnte man auch nicht
hindern, dass er Anfang 477 auf eigene Hand, ohne Auftrag
vom Staate, wieder auf den Kriegsschauplatz ging. Er war
der Vertreter des spartanischen Königthums, dem die Peloponnesier Gehorsam schuldeten; so stellte ihm Hermione eine
Triere. Damit ging er nach Byzanz, das seine Truppen besetzt hielten, und setzte sich hier fest, entschlossen den weiteren Verlauf abzuwarten und die Wiederherstellung seiner
Macht vorzubereiten.

Ephoros' Erzählung (Diod. XI, 50), dass die Spartaner nach dem
Abfall der Bundesgenossen den Beschluss gefasst haben würden, Krieg
gegen Athen zu beginnen, wenn nicht der alte Hetoimaridas sie veranlasst
hätte, davon abzustehen, widerspricht dem Zeugniss des Thukydides I,

95 und der Natur der Thatsachen und trägt die späteren Anschauungen
in eine Zeit, wo die Gegensätze noch latent waren. Ueberdies macht
sie aus Kimons Aeusserung aus dem Jahre 464, Athen dürfe nicht zu-
lassen, dass Hellas lahm werde (Ion bei Plut. Cim. 16), eine ἀρχαία
μαντεία, Sparta müsse sorgen ὅπως μὴ χωλὴν ἔχωσι τὴν ἡγεμονίαν. Vgl.
auch §. 285 A.

Organisation und erste Unternehmungen des delischen Bundes.

274. Der hellenische Bund von 480 war eine lockere
Conföderation ohne feste Institutionen gewesen. Jetzt aber
musste man sich auf einen dauernden Kriegszustand mit Persien einrichten und Jahr für Jahr eine starke Flotte in See
schicken. Gerade die eben befreiten Gemeinden, welche die
Wiederkehr der Gefahr jederzeit erwarteten, nicht nur die
Städte Kleinasiens, sondern auch die Inseln des Aegaeischen
Meers bis nach Euboea und die thrakischen Küstenstädte,
empfanden lebhaft, dass sie eines dauernden Schutzes und
einer festen Organisation bedurften. So schlossen sie mit
Athen einen ewigen Bund und gelobten, mit ihm allezeit
dieselben Freunde und Feinde zu haben. Athen übernahm
den Schutz des Bundesgebiets und damit das Recht, an Orte,
wo es nöthig schien, Besatzungen zu legen; ihm stand der
Oberbefehl und die militärische und politische Leitung in Krieg
und Frieden zu. Dass im Kriege von jedem zum Bunde gehörigen Gemeinwesen die Stellung von Truppen gefordert werden konnte, verstand sich von selbst. Schwieriger war die Auf-
bringung der Flotte, deren man doch vor allem bedurfte. Nur
die grösseren Bundesstaaten besassen Trieren; viele der kleineren waren kaum oder gar nicht im Stande, aus eigenen Mitteln
Schiffe zu bauen, andere hatten wenig Neigung, den kost-
spieligen und beschwerlichen Seedienst auf sich zu nehmen.
So wurde bestimmt, dass an Stelle des Flottencontingents
eine jährliche Geldzahlung treten könne, deren Festsetzung so
gut wie die Beitreibung und Verwaltung den Athenern überlassen wurde; für die Verwaltung wurde in Athen eine alljähr-

lich gewählte Commission von zehn »Hellenenschatzmeistern«
(Hellenotamien) eingesetzt. Dafür verpflichtete sich Athen,
eine so starke Flotte auszurüsten und in Stand zu halten,
wie sie den Zwecken des Bundes genügte. Als Sitz der Casse
wurde, im Anschluss an die alten Traditionen der ionischen
Welt, das Heiligthum des Apollo von Delos gewählt; hier
sollten auch die Bundesversammlungen tagen und über gemeinsame Angelegenheiten berathen, unter Leitung Athens,
das zugleich für die Aufrechterhaltung der Bundessatzungen
und die pünktliche Leistung der übernommenen Verpflichtungen
zu sorgen hatte.

275. Von den bundesgenössischen Staaten haben nachweislich die grossen Inseln, Naxos, dessen Schiffe im Perserkriege zu den Griechen übergetreten waren, Thasos, Lesbos
(d. i. die Staaten Mytilene, von dem die meisten kleineren
Orte der Insel und auf dem Festlande die Städte am Fuss
des Ida abhängig waren, und Methymna), Chios, Samos
Schiffe gestellt; ferner vielleicht einige kleinasiatische Küstenstädte. Die Seemacht der Ionier dagegen war durch die zweimalige Niederlage, erst bei Lade, dann im Perserkriege, so
gut wie vernichtet, so dass hier wohl meist von Anfang an
Geldzahlung eintrat; ebenso vermuthlich bei den Städten von
Rhodos und bei den meisten Kykladen. Im Perserkriege haben
Keos 2, Kythnos 1 Triere gestellt; Paros dagegen, der alte,
arg heimgesuchte Gegner Athens, wird schwerlich mehr ein
Flottencontingent haben stellen können. Die dorischen Kykladen Thera und Melos, sowie Kreta hielten sich dem Bunde
fern. Von den übrigen Inseln traten Lemnos und Imbros als
attische Colonien wieder in den Besitz Athens zurück und
zahlten Geld. Auf Euboea besass Chalkis keine Flotte mehr,
vermuthlich in Folge der Niederlage durch Athen im J. 507;
bei Artemision und Salamis fochten die Chalkidier auf attischen
Schiffen. Das aus den Trümmern der persischen Zerstörung
wiedererstandene Eretria dagegen, Athens Bundesgenosse,
hatte bei Salamis 7, Styra 2 Schiffe gestellt; beide werden
also wohl auch jetzt noch Schiffe gestellt haben. Endlich ge-

hörten zum Bunde die Städte der Chalkidike, die dringend
eines Schutzes gegen die Perser in Thrakien bedurften; von
ihnen hat schwerlich irgend eine Schiffe gehabt. — So bleiben
weit über hundert grössere und kleinere Ortschaften, in Kleinasien einschliesslich der Küsten des Hellesponts — die Chersones war grösstentheils noch in persischen Händen — und
der Propontis, auf den Inseln, und auf der Chalkidike, welche
eine Geldzahlung (φόρος) zu leisten hatten. Die Festsetzung
ihres Betrags überwies man dem attischen Feldherrn Aristides, entsprechend dem griechischen Brauch, die Schöpfung
constitutiver Einrichtungen durchweg dem Ermessen eines
souveränen, vom allgemeinen Vertrauen getragenen Gesetz-
gebers zu überlassen. Aristides hat die ihm gestellte Aufgabe
mit glänzendem Geschick gelöst. Er setzte den Gesammtbetrag der Zahlungen auf 460 Talente (2,402,630 Mark) jährlich fest, und vertheilte denselben auf die einzelnen Gemeinden
unter unparteiischer und unbestechlicher Abwägung ihrer Verhältnisse und ihrer Leistungsfähigkeit. Er erreichte in der
That, dass sie alle mit seiner Ordnung zufrieden waren.
»Magst du den Pausanias preisen oder den Xanthippos oder
den Leotychidas,« sagt ein gleichzeitiger rhodischer Dichter;
»ich preise den Aristides, ihn den einen, der aus dem heiligen
Athen gekommen, unter allen der beste Mann.« Der Ruf der
»Gerechtigkeit«, den er damals sich erworben hat, ist immer
sein glänzendster Ruhmestitel geblieben. Der Gesammtbetrag
von 460 Talenten wird nicht zu hoch erscheinen, wenn man
bedenkt, dass die erste persische Satrapie, die an Umfang das
zahlungspflichtige Gebiet des delischen Bundes schwerlich über-
troffen hat, dem Perserkönig alljährlich einen nicht unwesentlich höheren Tribut (400 bab. Tal. = 2,812.000 Mark) gezahlt hatte.

Ueber die erste Einrichtung des Bundes wiederholen die Späteren
lediglich die Angaben des Thukydides, nur dass sie Aristides' Namen
[in Plut. Cim. wird daneben Kimon eingedrängt] hinzufügen, der durch
die Urkunde des Niklasfriedens (τὰς δὲ πόλεις [auf der Chalkidike] φερούσας
τὸν φόρον τὸν ἐπ᾽ Ἀριστείδου αὐτονόμους εἶναι Thuk. V, 18) bestätigt wird

Die richtige Auffassung des πρῶτος φόρος ταχθείς von 460 Tal. [bei Diod.
XI, 47 verschrieben 560] als Gesammtsumme, die auf die einzelnen Bündner
vertheilt wird, ergibt sich daraus, dass diese Summe bis auf Kleon festgehalten wird. Kirchhoff, der delische Bund im ersten Decennium
seines Bestehens, Hermes XI, hat unter gewaltsamster Umdeutung des
thuk. Textes [die dann schliesslich dazu geführt hat, dass man sich
durch Athetesen zu helfen suchte] die Geschichte der älteren Zeit des
Bundes von Grund aus umzugestalten gesucht und darin viele Nachfolger
gefunden; dagegen vor allen Beloch, Rh. Mus. XLIII, 104 ff.; vgl. Forsch.
II, 82 ff. — Sonst vgl. §. 272 A. An der Authenticität der von den Ioniern
den Athenern geschworenen Eide ὥστε τὸν αὐτὸν ἐχθρὸν εἶναι καὶ φίλον
zweifelt Busolt ohne Grund. — Dass Aristides' Beiname ὁ δίκαιος auf
seiner Organisation der Bundessteuern beruht, ist auch bei Plato Gorg.
526 noch erkennbar; von hier aus ist die Bezeichnung für ihn eine Art
Beiname geworden und auf sein früheres politisches Leben in Athen
übertragen, von dessen Inhalt man garnichts wusste; so schon bei
Herodot VIII, 79. 95. Die oligarchische Schrift, der Aristoteles folgt,
verurtheilt freilich auch ihn als Urheber der attischen Herrschaft und der
Ausbeutung der Bundesgenossen zu Gunsten des Demos; und Theophrast
(offenbar im πολιτικὸν πρὸς τοὺς καιρούς) bei Plut. Arist. 25 hat dies Urtheil dahin modificirt, Aristides sei im Privatleben ἄκρως δίκαιος gewesen, habe aber in der grossen Politik die Moral dem Interesse der
Heimath opfern müssen, was durch einige thörichte Anekdoten belegt
wird, die voraussetzen, dass Aristides noch 454 gelebt habe.

270. Die nächste Aufgabe des Bundes war die völlige
Verjagung der Perser aus Europa. Zu dem Zwecke ging
Kimon, dem die Athener jetzt regelmässig die Kriegsleitung
übertrugen, im J. 470 mit Heer und Flotte nach der thrakí-
schen Küste, wo die Perser noch zahlreiche Castelle besetzt
hielten. Manche ergaben sich ohne ernstlichen Widerstand,
wie es scheint gegen die Gewährung freien Abzugs nach Asien.
Nur die Commandanten Maskames von Doriskos an der Hebrosmündung und Boges von Eion an der Mündung des Strymon
wiesen jede Aufforderung zur Capitulation zurück. Doriskos
zu nehmen gelang nicht, und Maskames hat sich hier wie es
scheint noch Jahre lang behauptet (§. 292). Dagegen warfen
sich die Athener mit aller Macht auf Eion; sie schlugen die
Perser und schlossen die Stadt ein. Um ihr die Zufuhr aus
dem Binnenlande zu entziehen, unternahm Kimon einen Zug

stromaufwärts und verwüstete das Land weithin. Boges vertheidigte sich aufs äusserste; als die Lebensmittel zu Ende waren, warf er seine Schätze in den Strymon und suchte mit den Seinen den Flammentod (wahrscheinlich Frühjahr 475). So gewann Athen die Strymonmündung und den Zugang zu der reichen Ebene des Binnenlandes. Ein erster Versuch sich hier, bei den »Neunwegen«, festzusetzen wurde freilich durch die Edoner vereitelt, die die attischen Ansiedler grösstentheils vernichteten. Dagegen sind die Griechenstädte an der Küste, vor allem Abdera mit ausgedehntem und fruchtbarem Gebiet, ferner Maronea und mehrere kleinere Orte, dem delischen Bunde beigetreten. — Eine Ergänzung des thrakischen Feldzugs bildete die Unterwerfung der Insel Skyros und der Stadt Karystos an der Südspitze Euboeas, der einzigen Gebiete im Bereich des Bundes, die ihm noch nicht angehörten. Die Dryoper von Karystos, welche schon Themistokles 480 heimgesucht hatte, wurden zum Beitritt gezwungen; aus Skyros wurden, ähnlich wie früher aus Lemnos und Imbros die Pelasger, so die durch Piraterie berüchtigten Doloper verjagt oder zu Sklaven gemacht, die Insel wie jene beiden mit attischen Colonisten besetzt (etwa 475 — 472).

Die Feldzüge Kimons werden bei Thuk. und danach bei Diod. XI, 60 und Plut. Cim. 7 [über die Verjagung des Pausanias s. §. 286 A.] unmittelbar an den Hegemoniewechsel angeknüpft. Ephoros hat den Stoff in folgenden Capiteln geordnet: 1) Mauerbau und Piraeeus; 2) Pausanias' Feldzug und Katastrophe; Gründung des Bundes durch Aristides; Hetoimaridas; 3) Katastrophe des Themistokles; 4) Kimons Feldzüge von Eion bis zum Eurymedon. Diodor hat diese Capitel willkürlich auf die einzelnen Jahre vertheilt, und zwar so, dass 476/5 und 474/3—472/1 leer bleiben; Kimons Feldzüge setzt er sämmtlich unter Demotion 470/69. Aber in den Chroniken stand Eions Einnahme unter Phaidon 476/5: schol. Aesch. 2, 31 in einer Liste der 9 Unglücksfälle der Athener bei Enneahodoi: τὸ πρῶτον μὲν Λυσιστράτου καὶ Λυκούργου καὶ Κρατίνου στρατευόντων ἐπ’ Ἡιόνα τὴν ἐπὶ Στρυμόνι διεφθάρησαν ὑπὸ Θρακῶν, εἱλήφοτες Ἡιόνα, ἐπὶ ἄρχοντος Ἀθήνησι Φαίδωνος. Dies Ereigniss wird sonst nicht erwähnt, aber dadurch bestätigt, dass nach Pausan. I, 29 4 die älteste Grabstele auf dem Kerameikos die der in Thrakien gegen die Edoner Gefallenen war. Pausanias bezieht das auf die Niederlage bei Drabeskos 464; aber

da selbst wir noch eine ältere Grabstele besitzen (CIA. I, 432, aus dem
Jahre 465), muss die Katastrophe von 475 gemeint sein. Vgl. Wilamowitz, Arist. II, 292. Dazu stimmt, dass Plut. Thes. 36 die Einholung
der Gebeine des Theseus nach der Einnahme von Skyros unter Phaidon
setzt. Mit Recht führt mithin Blass, Rh. Mus. 29, 481 die genaue Bekanntschaft mit Thrakien in Aeschylos' Persern 493 ff. 866 ff. auf Kimons
Feldzug zurück. Dass die Annahme, Plut. Cim. 8 setze die Einnahme
von Skyros unter Apsephion 469/8, auf Missverständniss beruht, hat
Wilamowitz, Arist. I, 146 gezeigt: die Uebertragung des Schiedsspruchs
im tragischen Wettkampf an die Strategen hat mit den vorher erzählten
Feldzügen gar nichts zu thun. — Thrakischer Feldzug: Herod. VII, 106 f.
Weiteres offenbar authentisches Detail bei Plut. Cim. 7. Dazu die Inschriften der drei Hermen auf dem Markt (Aeschin. 3, 183. Dem. 20,
112. Plut. Cim. 7) und Wilamowitz, Arist. I, 155 f., der mit Recht
die Erzählung Pausan. VIII, 8, 9 für Erfindung erklärt. Unterstützung
durch Menon von Pharsalos: Demosth. 13, 23. 23, 199. — Der Zug
gegen Skyros wird durch Seeraub der Dolopep (Nepos Cim. 2: Plut.
Cim. 8) und durch ein Orakel (Plut. Cim. 8. Thes. 36. Paus. III, 3, 7.
Aristid. II, 315 und schol. III, 688 Dind.) motivirt. — Karystos: Herod.
IX, 105. Vgl. die Namen Σκυροκλῆς und Καρυστόνικος auf den Grab-
stelen CIA. I, 446, 22 und 446 a (IV, p. 109). 27.

277. Nach dem thrakischen Feldzug kommen die militäri-
schen Operationen Athens und des Bundes fast völlig zum
Stillstand. Dafür war die Thätigkeit im Innern um so reger.
Die Ausbildung der Bundesorganisation muss längere Zeit in
Anspruch genommen haben, und kann erst nach mancherlei
Schwankungen zum Abschluss gelangt sein. Der Bund wuchs
hinaus über eine politische Conföderation; die alte sacrale
Handelsgemeinschaft von Delos war in ihm wieder aufgelebt,
nur in erweitertem Umfang und mit grösseren Aufgaben. Sein
Gebiet, die Küsten des Aegaeischen Meeres und der pontischen
Meerstrasse, war geographisch und commerciell eine Einheit.
Durchaus überwog in ihm das ionische Element; man war
bereits gewohnt, die Dorier und Aeoler Kleinasiens unter dem
Ioniernamen mit zu umfassen. Weit wirkungsvoller noch war
die dominirende Stellung Athens. All die alten ehemals blühenden Handelsplätze waren in den Stürmen der letzten Jahrzehnte
aufs schwerste heimgesucht, zum Theil vernichtet; selbst Samos, das unter Sylosons Regiment die Folgen der persischen

Eroberung wenigstens einigermassen ausgeglichen halte und beim ionischen Aufstande am glimpflichsten davon gekommen war, konnte sich doch der alten seebeherrschenden Handelsstadt des Polykrates nicht mehr vergleichen. Dem gegenüber stand Athen mit seinem grossen dicht bevölkerten Landgebiet, zu dem schon zahlreiche überseeische Colonien hinzukamen, seiner starken Flotte, seinem ausgedehnten Handel, seiner rührigen Industrie. Bald mochten alle anderen Bundesgenossen zusammen, wie sie Athen zur See nicht die Spitze bieten konnten, so auch an Zahl der ein- und ausgehenden Handelsschiffe und Bedeutung des Waarenumsatzes Athen kaum noch gleichkommen. So blieb für zahlreiche kleine, oft geradezu winzige Gemeinwesen auf den Inseln und an den Küsten, namentlich auf der Chalkidike und im hellespontischen Gebiet, gar nichts anderes übrig als engster Anschluss an Athen und sorgfältigste Pflege der commerciellen und persönlichen Beziehungen zu den Bürgern der führenden Stadt. Man gestaltete Verfassung und Verwaltung nach dem Muster Athens; die Einwirkung, ja die Existenz einer anderen als einer athenisch gesinnten demokratischen Partei war vollkommen ausgeschlossen. Hier war die Führerschaft Athens von Anfang an nichts anderes als eine Herrschaft, die Beisteuer zur Bundescasse ein Tribut, das gleiche Stimmrecht auf den Bundestagen eine leere Form, die nominelle Souveränität ein trügerischer Schein. Was von den kleinen und kleinsten Bundesgliedern galt, musste bald auch den mittleren, ja den grossen fühlbar werden. So war das officielle Organ des Bundes, die Synode auf Delos, von Anfang an zur Bedeutungslosigkeit verurtheilt. Ueber die Leitung der Politik und des Heerwesens und über die Leistungen für den Bund hatte sie verfassungsmässig überhaupt nichts mitzureden, da hier Athen allein die Führung und die Entscheidung hatte; und auch in der inneren Gestaltung lag alle Initiative in den Händen Athens. Die weitere Entwickelung beruhte auf der Ausbildung seiner Beziehungen zu den einzelnen Gemeinden, nicht zu der Gesammtheit der »Bundesgenossen«.

Die Bedeutung der Bundessynode ist von den Neueren oft überschätzt worden; unberechtigt ist z. B. die Meinung SwoBODA's, arch.-epigr. Mittb. XVI, 67, Athen hätte die Aechtung des Artbmios von Zeleia (§. 337) für das Bundesgebiet nicht verhängen können, so lange die Synode noch bestand. [Analog ist das Schutzdecret für Leonidas von Halikarnass CIA. I, 27 c (IV, p. 164) für Athen und das Bundesgebiet ὅσης 'Αθηναῖοι κρατοῦσι erlassen.] Die Bundesgenossen standen zu Athen nicht anders wie die Latiner zu Rom, die auch eine locale Autonomie besassen.

278. Gleich zu Anfang ist hier ein entscheidender Schritt geschehen durch die Regelung des Gerichtswesens, welche Athen in Angriff nahm.   Innerhalb des Bundesgebiets bestanden hunderte von Particularrechten und Processformen neben einander, welche die verschiedensten Stufen der Rechtsentwickelung repräsentirten, und welche, was noch verhängnissvoller war, sich nach altgriechischer Anschauung gegenseitig vollkommen ignorirten. Es war klar, dass in einem Gebiet, welches nach aussen als Einheit auftreten und im Innern immer mehr zu einem geschlossenen Verkehrsgebiet mit Athen als Mittelpunkt zusammenwachsen musste, ein derartiger Zustand vollständig unmöglich war. Wenn Artaphernes nach der Niederwerfung des Aufstandes die Ionier zur Einführung eines einheitlichen Processverfahrens zwischen den Angehörigen der einzelnen Gemeinden gezwungen hatte (§. 33), so musste Athen noch weiter gehen. Allgemein war anerkannt, dass das solonische Civilrecht wie das Blutrecht des Areopags und der Epheten vorzüglich und den meisten anderen griechischen Rechten weitaus überlegen war. So stellte Athen die Forderung, dass bei allen aus Geschäftsverträgen (ξυμβόλαια), die in Athen geschlossen waren, entspringenden Processen allein die attischen Gerichte und das attische Recht zuständig sein sollten.   Dieser Satz gilt im J. 466 bereits für Chios, einen der grössten und selbständigsten Bundesstaaten; wir werden also annehmen dürfen, dass er gleich bei der ersten Einrichtung des Bundes aufgestellt und wenigstens für weitaus die meisten Staaten durchgesetzt ist, aber nicht als Bundesgesetz, sondern durch Rechtsverträge (ξυμβολαί) zwischen Athen und den einzelnen Gemeinden.

Für die übrigen, d. h. vor allem für die aus Contracten,
die in Chios abgeschlossen waren, entstehenden Processe enthielt der Vertrag mit Chios Bestimmungen, die wir nicht
kennen, die aber hier vermuthlich das Forum des Beklagten
für zuständig erklärten. Im einzelnen wird der Inhalt dieser Verträge sehr verschieden gewesen sein; die herrschende Tendenz
aber war, möglichst die gesammte Rechtsprechung vor das Forum
Athens zu ziehen. Zu völligem Verzicht auf ihre Gerichtshoheit
werden zunächst wohl nur die kleineren, ökonomisch ganz von
Athen abhängigen Gemeinden bereit gewesen sein. Mehrfach mag
man auch das attische Gericht nur als Appellinstanz oder bei
freiwilliger Einigung der Parteien zugelassen haben. Vielfach
wird dann bei Empörungen und Zwangsexecutionen in Folge
von Steuerrückständen oder ungenügender Truppenstellung
eine weitere Beschränkung der Gerichtshoheit durchgeführt
sein. So verlieren allmählich die meisten tributzahlenden Gemeinden ihre Autonomie, ihr eigenes Recht, ganz oder doch
zum grössten Theil; alle Civilprocesse auch mit Nichtathenern
und selbst unter Bürgern der Gemeinde werden, wenigstens
wenn es sich um grössere Summen handelt, den athenischen
Gerichten überwiesen. Volle Einheit ist im Civilrecht und
Civilprocess niemals durchgeführt, und grösseren Gemeinden
hat Athen, auch wenn sie besiegt waren, wenigstens einen
Theil ihrer Gerichtshoheit gelassen, so Chalkis 446, Samos 440,
Mytilene 427; aber im wesentlichen herrscht seit der Mitte
des Jahrhunderts im Bereich der attischen Macht wenigstens
im Handels- und Obligationenrecht das solonische Recht und
das attische Gericht. Die Ergänzung dazu bietet die Einführung der attischen Maasse und Gewichte und des attischen
Geldsystems. Ein vielleicht noch grösseres Interesse hatte
Athen, die Capitalprocesse in den Bundesgemeinden zu controlliren, da hier nur zu leicht politische Momente mitspielen
konnten und Athen seine Anhänger schützen musste. Auch
hier werden die Anfänge der Entwickelung in die ersten
Zeiten des Bundes hinaufragen. Schritt für Schritt mag den
schwächeren Gemeinden durch Vertrag zunächst eine Controlle,

sodann die volle Ueberweisung der Capitalsachen nach Athen
auferlegt worden sein; seit der Mitte des Jahrhunderts hat man
sie nach Aufständen wohl immer eingeführt. So wird für Chalkis — und ebenso gewiss für alle andern euboeischen Städte —
im J. 446 bestimmt: »in Strafprocessen gegen Chalkidier sind
die chalkidischen Gerichte zuständig ausser für Verbannung,
Tod und Verlust der bürgerlichen Ehrenrechte; in diesen Fällen
findet Berufung nach Athen an die Heliaea der Thesmotheten
statt gemäss dem Volksbeschluss« — der diese Fragen bereits
allgemein regelte. In einem Mordprocess gegen einen Mytilenaeer (um 415) sagt Antiphon in der Vertheidigungsrede:
»Keiner Stadt ist es gestattet, ohne Einwilligung der Athener irgend Jemand zum Tode zu verurtheilen« (5, 47). —
Nirgends empfinden wir die Dürftigkeit unserer Nachrichten
über die Entwickelung des Bundes schmerzlicher als auf diesem
Gebiete; aber das Resultat, die volle Durchführung des Ge-
richtszwanges, steht fest. Im allgemeinen haben die Bundesgenossen von der attischen Rechtsprechung mehr Vortheil als
Nachtheil gehabt; denn Athen stellte die Fremden civilrechtlich
wie im Criminalprocess den eigenen Bürgern vollkommen
gleich, und an Stelle der alten Zersplitterung galt jetzt ein
einheitliches, anerkannt vorzügliches Recht. Aber zu vermeiden
waren parteiische Urtheile der athenischen Gerichte nicht, wo
ihr eigenes Interesse in Frage kam, und noch weniger, dass
ihnen Parteilichkeit vorgeworfen wurde. Die Idee des Bundes
wurde durch den Gerichtszwang von Grund aus verändert;
der Haupttheil der »Bundesgenossen« wurde thatsächlich zu
Unterthanen Athens.

Die einzige erhaltene Darstellung der Entwickelung des Bundes, die
kurze Skizze Thuk. I, 99 [daraus entstellt Plut. Cim. 11], redet vom Gerichtszwang überhaupt nicht. Den späteren Zustand schildert [Xen.]
pol. Ath. 1, 16 ff. Die Tragweite dieser Stelle hat man sehr mit Unrecht abzuschwächen gesucht; jedes Wort zeigt, dass hier nicht nur von
Processen zwischen Bundesgenossen und Athenern, sondern von einem
für alle Processe der Bundesgenossen durchgeführten Gerichtszwange die
Rede ist. Vgl. Isokr. paneg. 104 τοῖς αὐτοῖς νόμοις ἁπάσας τὰς πόλεις
διῳκοῦμεν, συμμαχικῶς ἀλλ' οὐ δεσποτικῶς βουλευόμενοι περὶ αὐτῶν; ferner

113: die Mitglieder der von Lysander eingerichteten Dekarchien περὶ τῶν δικῶν καὶ τῶν γραφῶν τῶν ποτε παρ' ἡμῖν γενομένων λέγειν τολμῶσιν, ebenso panath. 63. 66; vgl. Chamaeleon bei Athen. IX. 407 b. Vgl. auch den Sykophanten, der als κλητήρ in Privatprocessen die Städte heimsucht Arist. av. 1422 ff. [es gab natürlich auch δημόσιοι κλητῆρες in Staatsprocessen CIA. I, 37. 38]. — Genauere Bestimmungen enthielt das ganz verstümmelte Psephisma für Milet (um 450) CIA. IV, 22 a, p. 6, wo, wie es scheint, für Civilsachen eine Summe als untere Grenze bestimmt war, die Zahlung der πρυτανεῖα (Gerichtsgelder, vgl. pol. Ath. l. c.) geregelt wurde, und es dann weiter heisst: αἱ δ]ὲ δίκαι Ἀθήνησι ὄντων ἐν τ[ῇ ἡλιαίᾳ?, woran die weiteren Ausführungen anschlossen. Analoge Satzungen für die Colonie in Histiaea, wo für Bagatellsachen (bis zu 10 Drachmen) locale Gerichtshöfe in den einzelnen Ortschaften des Gebiets eingesetzt, die grösseren Processe nach Athen überwiesen werden: CIA. I, 28. 29 [vgl. IV, p. 12]. 30. Früher waren ähnliche Bestimmungen für Erythrae erlassen CIA. I, 10. Im Psephisma über Chalkis CIA. IV, 27a ist nur von der Capitalgerichtsbarkeit die Rede, weil die Civilgerichtsbarkeit offenbar lange vorher geregelt war und keiner neuen Bestimmungen bedurfte. In den Bestimmungen über Mytilene 427 CIA. IV, 96, p. 22 = DS.² 29 heisst es δί]κας διδόν[τα]ς πρὸς Ἀθηναίων τοὺς ἐπισκόπους (?) κα]τὰ τὰς ξο[μβο]λὰς αἱ ἦσαν [πρὸς Μυτιληναίους]; vgl. das Psephisma für Samos aus dem Jahre 405 CIA. IV, 2 no. 1 b Zl. 18 = DS.² 56 καὶ περὶ τῶν ἐγκλημάτων, ἃ ἂν γίγνηται πρὸς ἀλλήλους, διδόναι καὶ δέχεσθαι τὰς δίκας κατὰ τὰς συμβολὰς τὰς οὔσας. In dem Psephisma für Phaselis CIA. II, 11 = DS.² 72, das, wie WILHELM erkannt hat (vgl. Forsch. II, 5 und §. 290), in die Zeit der Eurymedonschlacht gehört, heisst es: ἂμ μὲν Ἀθήνησι ξυμβόλαιον γένηται πρὸς Φασηλιτῶν τινα, Ἀθήνησι τὰς δίκας γίγνεσθαι παρὰ τῷ πολεμάρχῳ [der für die Fremden der regelmässige Gerichtsvorstand ist] καθάπερ Χίοις, καὶ ἄλλοθι μηδὲ ἁμοῦ· τῶν δὲ ἄλλων (sc. δικῶν) ἀπὸ ξυμβόλων κατὰ [τὰς Χίων, so richtig SAUPPE] ξυμβολὰς πρὸς Φασηλίτας τὰς δίκας εἶναι, τὰς [δὲ . . . . . .]ο[.] ἀφελεῖν. Wenn ein (athenischer) Archon einen Process gegen einen Phaseliten über ein anderswo geschlossenes Rechtsgeschäft annimmt, soll das Urtheil ungültig sein und der Beamte eventuell bestraft werden. Dass für Chios nur ein beschränkter Gerichtszwang bestand und dieser auch dem entlegenen Phaselis gewährt wird, hindert nicht, sondern macht sogar sehr wahrscheinlich, dass schon damals für andere Gemeinden viel weitergehende Bestimmungen bestanden. Im Psephisma für Selymbria 409 (CIA. IV, 61a, p. 18, besser DITTENBERGER Syll. 53) wird dagegen bestimmt, dass alle aus Schuldverträgen (ξυμβόλαια) zwischen Privaten oder zwischen der Gemeinde und Privaten erwachsenen Processe als δίκαι ἀπὸ ξυμβόλων behandelt (ὅτι δ' ἂν ἀμφισβητῶσι, δίκας εἶναι ἀπὸ ξυμβόλων), d. h. nach den früheren Verträgen zwischen Athen und Selymbria entschieden

werden sollen; und es ist nicht zu bezweifeln, dass diese die attischen
Gerichte für zuständig erklärten. Weil die Processe auf Staatsverträgen
(ξυμβολαί oder ξύμβολα) beruhen, werden sie als δίκαι ἀπὸ ξυμβόλων bezeichnet: Arist. fr. 380 Rose (Bekker, anecd. 436, 1) Ἀθηναῖοι ἀπὸ ουμβόλων ἐδίκαζον τοῖς ὑπηκόοις. Hesych. ἀπὸ ουμβόλων δικάζειν· ἐδίκαζον
Ἀθηναῖοι ἀπὸ ουμβόλων· τοῖς ὑπηκόοις· καὶ τοῦτο ἦν χαλεπόν. Pollux VIII,
63. Was für Bestimmungen über die in jedem Falle zuständigen Gerichte der Vertrag enthielt, ist aus dem Terminus nicht zu ersehen; auch
mit den Angehörigen selbständiger Staaten, wie den Peloponnesiern, gab
es δίκαι ἀπὸ ξυμβόλων Antiphon 5, 78, die in der Regel das Forum des
Beklagten für zuständig erklärt haben werden und daher diesen den
attischen Gerichten entzogen. Dagegen gehören in den unterthänigen
Gemeinden alle dem Obligationenrecht angehörigen Processe (ξυμβολαίαι
δίκαι, d. h. Processe, die aus ξυμβόλαια, Contracten, entstehen [der Ausdruck ist mit d. α. ξ. nicht zu verwechseln!]) vor das attische Gericht;
daher die oft missverstandene Stelle Thuk. I, 77 καὶ ἐλασσούμενοι γὰρ ἐν
ταῖς ξυμβολαίαις πρὸς τοὺς ξυμμάχους δίκαις καὶ παρ᾽ ἡμῖν αὐτοῖς ἐν τοῖς
ὁμοίοις νόμοις ποιήσαντες τὰς κρίσεις φιλοδικεῖν δοκοῦμεν, das heisst: »denn
auch wenn wir in den Schuldprocessen mit den Bundesgenossen den
kürzeren ziehen und obwohl wir ihnen bei uns gleiches Recht eingeräumt haben [d. h. uns unseres Vortheils freiwillig begeben; es ist
weder von zwei verschiedenen Processformen noch von zwei Classen von
Bundesgenossen die Rede, wie schon der Wechsel der Tempora lehrt],
gelten wir doch für händelsüchtig.« Die angeführten Belege zeigen, dass
die Grundzüge der späteren Gerichtsordnung für die Bundesgenossen weit
über die perikleische Zeit hinaufragen, wenn auch vielleicht diese erst
die Organisation zum Abschluss gebracht hat. — Langsamer ist die Entwickelung der Capitalgerichtsbarkeit gewesen. Der Rath von Erythrae
muss schwören, keinen der zu den Persern geflüchteten Bürger aufzunehmen, οὐδὲ τῶν μενόντων ἐξελῶ ἄνευ τῆς γνώμης τῆς Ἀθηναίων καὶ τοῦ
δήμου (nämlich von Erythrae); dagegen bleibt ihm die Gerichtshoheit
in Mordprocessen (CIA. I, 9, 25 ff.). Das nächste Stadium zeigt das
Psephisma für Chalkis. Ein lebendiges Bild der späteren Zustände gibt
Antiphons fünfte Rede. Vgl. auch CIA. I, 27c (IV, p. 164) = DS.² 28
um 440: Διωνίδην ἐάν τις ἀποκτείνη ἐν τῶν πόλεων, ὧν Ἀθηναῖοι κρατοῦσι, τὴν τιμωρίαν εἶναι καθάπερ ἐάν τις Ἀθηναίων ἀποθάνη (vgl. Arist.
av. 1035). — Einführung der Maasse und Gewichte: Aristoph. av. 1040.
Wilhelm im Anzeiger d. phil. Cl. der Wiener Ak. 7. Dec. 1897 S. 5.

279. Unter dem unmittelbaren Eindruck der Freiheits-
kriege, als die nationale Begeisterung noch überall lebendig
war, war der Bund entstanden; aber die Gestalt, welche er
annahm, musste vielfach Unzufriedenheit hervorrufen, nament-

lich bei den grösseren Staaten. Da der Krieg mit Persien
stockte und der König keine Anstalten machte, die abtrünnigen
Unterthanen wieder zu unterwerfen, konnte der Particularismus
aufs neue sein Haupt erheben. Die jährlichen Zahlungen,
auch wenn sie in Folge der Erweiterung des Bundes herabgesetzt wurden, lasteten schwer genug auf den steuerpflichtigen
Gemeinden, und noch schwerer vielleicht auf den übrigen die
Stellung der Schiffe und Schiffsmannschaften; nicht wenige haben
sie nachträglich gegen eine Geldzahlung abgelöst. Dazu kam die
Beschränkung der Bewegungsfreiheit; Athens Gegner konnten
behaupten, man habe nur einen Herrn gegen einen andern
eingetauscht, da man jetzt Athen Tribut und Heeresfolge leisten
und seinen Geboten gehorchen müsse wie früher dem Grosskönig. Athen dagegen gab keines seiner Rechte auf und war
unerbittlich in der Beitreibung der Rückstände. Eben dadurch
wird es viele Gemeinden gezwungen haben, sich seiner Suprematie zu unterwerfen und seine Gerichtshoheit auf sich zu
nehmen. Auch sorgte es nach Kräften dafür, dass überall
seine Anhänger ans Ruder kamen und die Verfassung nach
attischem Muster umgewandelt wurde. So fehlte es nirgends
an Reibungen, die bald hier bald da in offenen Conflict übergingen, so aussichtslos der Versuch auch war, sich Athens
Uebermacht zu entziehen. Zum Kampfe kam es zum ersten
Mal um das J. 467. Naxos, die wichtigste der Kykladen, bis
dahin Athen befreundet und eben darum nicht tributär, wurde
bundbrüchig und weigerte den Gehorsam. Athen schritt sofort ein; die Naxier wurden besiegt und belagert, bis sie sich
fügten. Sie mussten auf ihre Autonomie verzichten und fortan
Tribut zahlen. Aehnliches ist offenbar vielfach vorgekommen.
Aus Inschriftentrümmern wissen wir, dass die Athener um 460
in Erythrae und Kolophon intervenirt haben — in Erythrae
wie es scheint im Gegensatz zu einer Partei, die sich auf die
Tyrannis und die Verbindung mit Persien stützte und jetzt
verjagt wurde. In beiden Städten wird eine demokratische
Verfassung eingeführt, mit einem erloosten Rath, in Erythrae
von 120 Mitgliedern, der vereidigt wird, dem Volke der Hei-

math, den Athenern und den Bundesgenossen die Treue zu
wahren und nach besten Kräften für sie zu wirken, keinen
der Verbannten ohne Einwilligung Athens und des heimischen
Demos zurückzurufen, noch einen der gebliebenen Bewohner
zu verjagen. Die Rechtsordnung und das Gerichtsverfahren werden nach den oben entwickelten Grundsätzen geregelt, ferner
die Opfer bestimmt, die sie zu den grossen Panathenaeen zu
senden haben. In Erythrae liegt fortan ständig eine athenische
Besatzung unter einem attischen Commandanten (φρούραρχος),
der mit dem Rath zusammen die Loosung der Rathsherrn
leitet. Für die Neueinrichtung ist eine Commission von »Auf-
sehern« (ἐπίσκοποι) hingesandt, die mit ihm zusammen wirken
soll. Analog werden die Verhältnisse nicht nur in Kolophon,
sondern auch vielerwärts sonst geordnet worden sein.

<small>Naxos: Thuk. I, 98. 137. Arist. vesp. 355; bei Diodor und in den
Kimonbiographien übergangen. Vgl. Ναξιάδης CIA. I, 446a (IV, p. 109),
31. Zur Chronologie §. 288 A. — Erythrae CIA. I, 9 (DS. 8). 10 (vgl.
IV, p. 5). 11. Kolophon ib. 13. Ein analoges Decret ib. 15. Die Zeit
ergibt sich aus der Schrift.</small>

Neue Gegensätze in Athen.   Themistokles und Kimon.

280. Seit dem Feldzug von Plataeae und Mykale hatte in
Athen der Parteikampf geruht. Der Streit um die Flotte war
entschieden und mit ihm die Heranziehung der Massen zum
politischen Leben. Den Emigranten, den Anhängern der
Tyrannis und der Adelsherrschaft, war jede Möglichkeit der
Rückkehr geschwunden: die Alkmeoniden hatten sich rechtzeitig von ihnen zurückgezogen und so ihre politische Existenz
gerettet. Auf der Burg wurde die eherne Tafel erneuert,
welche über das Tyrannenhaus und seine Anhänger die Acht
aussprach, der Name des Hipparchos, Sohnes des Charmos
(§. 182. 198), der bei der Aufhebung des Ostrakismos nicht
wie Aristides und Xanthippos zum attischen Heer, sondern zu
Xerxes gegangen war, wurde ihr eingefügt. Die oberhalb des
Marktes aufgestellten Erzbilder des Harmodios und Aristogeiton,

das Werk des Antenor, die Xerxes nach Susa entführt hatte, wurden 477/6 durch ein Werk des Kritios und Nesiotes ersetzt. Der Stolz auf das Geleistete schwellte jede Brust und beseelte die gesammte Bevölkerung mit gesteigertem Selbstgefühl und festem Vertrauen in die Zukunft. Wetteifernd brachten Phrynichos (476?) und Aeschylos (472) den Kampf von Salamis auf die Bühne. Was die Gegenwart bewegte, spiegelte sich wieder in der Sage; nach ihrem Bilde gestaltete man die Erzählungen aus der Urzeit um. Die Heldengestalt des Theseus, einst das mythische Abbild des Pisistratos (Bd. II, 475), wird jetzt der Heros der Demokratie, der Athens Machtstellung begründet und seine Verfassung in volksthümliche Bahnen hinübergeführt hat; sein Kampf gegen die Amazonen, der Antheil seiner Söhne und des Menestheus an der Eroberung Ilions sind die Gegenstücke zu dem neuen Kampf Athens gegen die Barbaren. Theseus' Gebeine führte Kimon im Triumph von Skyros nach Athen; die Grabstätte und das Heiligthum, die man ihm hier bereitete, galt als eine der heiligsten Stätten der Stadt, als Asyl verfolgter und flüchtiger Sklaven. Mit Stolz wies man darauf hin, dass Homer keinem Heerführer vor Troja so hohen Preis zuertheilt hatte wie dem Menestheus, »dem kein Mensch auf Erden gleich war in der Kunst, Rosse und Mannen zum Kampf zu ordnen ausser Nestor« — und auch Nestor, der Ahne mehrerer attischer Adelsgeschlechter und vor allem des medontidischen Königshauses, aus dem Kodros und die Gründer der ionischen Städte hervorgegangen waren, wurde halbwegs von Athen usurpirt [1]). Sonst freilich wusste die Sage nicht viel von Athen zu erzählen. Aber eben das war ein neuer Ruhmestitel: es bewies, dass allein von allen Hellenen Attika seine Bewohner niemals

---

[1]) Dass die Verse Il. B 546 ff. in Wirklichkeit die Zustände der Pisistratidenzeit reflectiren und ein junger Einschub sind, der den ursprünglichen Text verdrängt hat, hatte man vergessen. Sie galten in ganz Griechenland als authentisch, bis die Forschung und vor allem die Opposition des in ihnen zu Attika gerechneten Megara ihre Unächtheit erkannte.

gewechselt hatte, dass das Volk des Kekrops und Erechtheus
Autochthonen waren[1]). Auch den Angriff der peloponnesischen
Dorier hatten sie durch den Heldentod des Kodros abgewehrt.
In jede alte, von der Dichtung gefeierte Sage hat Athen sich
hineingedrängt: es hat die Thebaner gezwungen, die Leichen
der sieben Helden, die Theben zerstören wollten, zur Bestattung
herauszugeben; es hat den Herakliden Schutz gewährt, als
Eurystheus sie durch ganz Hellas verfolgte; vor seinem Gerichtshof hat Orestes den Frieden wieder gefunden, als die
Erinnyen ihn verfolgten. So hat sich Athen in allen Kämpfen
der Urzeit als ein starkes, selbstbewusstes und vor allem
gerechtes und gottesfürchtiges Volk erwiesen, das gegen die
wilden Leidenschaften und die rücksichtslose Selbstsucht der
andern die modernen Ideen des Staats und der Humanität
vertrat. Für das Vaterland ist der Athener zu jedem Opfer
bereit: Erechtheus und Leos gaben ihre Töchter, Kodros sein
eigenes Leben für die Rettung Athens hin. Die Tragödie hat
diese Erzählungen entwickelt und zu selbständigen Episoden
ausgestaltet, die bildende Kunst, seit Athen beginnen kann,
die zerstörten Heiligthümer wieder aufzurichten, sich ihrer für
den Schmuck der Giebel und Friese der Tempel bemächtigt.
Bald genug hat sie Scenen wie die Amazonen- und Kentauren-
kämpfe des Theseus überall in die griechische Welt hinaus-
getragen und so Athens Grossthaten in der Urzeit auch an
Orten verherrlicht, wo man im politischen Leben eifrig auf
Seiten der Gegner Athens stand. — Es war die Gegenwart
und Zukunft Athens, die man so in der Vergangenheit verherrlichte; würdig reihten ihre Thaten sich denen der Urzeit

---

[1]) Daneben waren sie allerdings Nachkommen des Ion und durch ihn
des Apollo. Aber das empfand man nicht als Widerspruch gegen die Auto-
chthonie. Man dachte sich den Hergang so, dass Ion zu Erechtheus gekommen und dem Volk nach sich und seinen Söhnen, den Eponymen
der alten Phylen, den Namen gegeben habe. Seine Vaterschaft war also
nur eine Fiction — genau wie die Angehörigen der zehn neuen Phylen
zugleich Nachkommen der von Kleisthenes eingesetzten Phylenheroen
waren und daneben ihre Sonderstammbäume hatten.

an. Als Kimon 475 von der Eroberung Eions heimkehrte,
errichtete man auf dem Markt, den er mit Platanen schmückte,
drei Hermen, deren Epigramme seine und seiner Krieger muthige
Ausdauer priesen, die sich des Ruhms des Menestheus würdig
erwiesen und die Meder zur Verzweiflung getrieben hatten.
In demselben Jahre wurde den Gefallenen eine Leichenfeier
auf dem Töpfermarkt vor den Thoren ausgerichtet, bei der
ein vom Volk erwählter Redner den Ruhm ihres Heldentodes
verkündete, der sie den Ahnen würdig an die Seite stellte.
Seitdem ist am Schluss jedes Kriegsjahrs (7. Pyanopsion, im
October) die gleiche Feier gehalten worden.

> Zur Stele über die Aechtung der Tyrannen vgl. Swoboda, Arch.-
> epigr. Mitth. 16, 56 ff. Wilamowitz, Arist. I, 114 f., der bei Lycurg. c.
> Leocr. 117 mit Recht (nach Harpokration) Ἵππαρχον τὸν Χάρμου herge-
> stellt hat. — Statuen der Tyrannenmörder: Chron. par. 54; vgl. Wachs-
> muth, Stadt Athen II, 393 ff. u. a. — Das von Themistokles als Choregen
> 476 auf die Bühne gebrachte Stück des Phrynichos (Plut. Them. 5)
> waren wahrscheinlich die Phoenissen. — Zu den Leichenreden Forsch.
> II, 219 f.; ihre stereotypen Erzählungen aus der Sagenzeit hat Herodot
> VII, 161. IX, 27 (§. 144) verwerthet, während Thukydides sie II, 36
> (vgl. I, 73) kurz ablehnt, weil sie allbekannt sind. Die Bezugnahme auf
> Menestheus findet sich bereits in den Hermen von Eion (§. 276 A.), die
> Bestattung der Sieben bei Aeschylos in den Eleusiniern, das Gericht des
> Areopags in der Orestie; danach sind die analogen Hineindrängungen
> Athens in die Sagengeschichte gewiss gleichaltrig und nicht erst Schö-
> pfungen des Sophokles und Euripides.

281. So einheitlich die Stimmung Athens erschien, so
geschlossen es nach aussen vorging, so wenig waren die alten
Gegensätze wirklich überwunden. Alsbald brach der Kampf der
conservativen und der fortschrittlichen Tendenzen nur um so
schärfer hervor, weil jetzt Auffassung und Richtung der grossen
für die ganze Zukunft Athens entscheidenden Politik das Streit-
object geworden waren. Seinen charakteristischen Ausdruck
fand er in dem Ringen der führenden Staatsmänner um die
Leitung des Gemeinwesens; noch mehr als früher verschmolzen
die allgemeinen Factoren mit den individuellen. Die Ueberlieferung freilich hat weder von dem Gange des Kampfes noch

selbst von den Fragen, um die gestritten wurde, Kunde bewahrt; den Zeitgenossen kam es nicht in den Sinn, derartiges aufzuzeichnen, und als sich in späterer Zeit das Interesse auch den Vorgängen der inneren Geschichte zuwandte, war längst der Vergessenheit anheimgefallen, was die nächsten Jahrzehnte nach den Perserkriegen aufs tiefste bewegt hatte. Nur die nackte Thatsache ist uns erhalten, dass auch jetzt Themistokles im Mittelpunkt des Kampfes stand. Aber der Gang der weiteren Entwickelung Griechenlands, über den jetzt die Entscheidung fiel, lehrt, dass es sich keineswegs nur um seine persönliche Stellung handelte, wie die oberflächliche Geschichtsauffassung der Folgezeit wähnt, sondern um die grossen politischen Gedanken, die er durchzusetzen versuchte. Wie weit seine alten Gegner in den Kampf eingriffen, wissen wir nicht. Xanthippos wird nach dem Siege bei Mykale und der Einnahme von Sestos nicht wieder erwähnt und mag bald gestorben sein; sein Sohn Perikles, den ihm Kleisthenes' Nichte Agariste geboren hatte, war noch zu jung, um als politischer Führer hervorzutreten. Unter all den übrigen Mitgliedern des weitverzweigten Alkmeonidenhauses scheint keine Persönlichkeit von hervorragender politischer Begabung gewesen zu sein; sie mussten sich in den Parteikämpfen mit zweiten Rollen begnügen, so bitter sie es empfanden, aus der herrschenden Stellung verdrängt zu sein und so bereit sie daher jederzeit waren, bei den Angriffen gegen jeden der führenden Staatsmänner mitzuwirken. Von Aristides behaupten die Späteren, er habe sich in den Parteikämpfen zurückgehalten, als das persönliche Moment immer stärker hervortrat. Aber das beruht wohl nur darauf, dass man über sein Leben und Wirken nach dem Höhepunkt seiner Laufbahn, der Organisation des Bundes, ebenso wenig etwas wusste, wie über die Zeit vor seinem Ostrakismos; selbst dass er erst um 467 gestorben sei, ist vielleicht nur aus einer werthlosen Anekdote gefolgert. Aber gern wird man glauben, dass er, der die Kämpfe der grossen Zeit mit durchgefochten und die Bedeutung des Themistokles und des Zusammenwirkens mit ihm erkannt hatte, über die Gehässigkeit

persönlichen Haders hinausgewachsen war.   Wie in der Kriegführung trat auch in der Leitung der conservativen Partei
Kimon, der Sohn des Miltiades, an seine Stelle.

Die Späteren, Historiker wie Biographen, wissen über die innere Geschichte Athens nach 477 und über den Anlass zum Sturz des Themistokles
garnichts.   Thukydides geht in dem Excurs I, 135 ff. darauf nicht ein,
sondern erzählt nur die Schicksale des Themistokles nach seiner Verurtheilung.   Bei Plutarch wird der Versuch gemacht, die Lücke durch
die garnicht hierhergehörige Klage über Themistokles' Feldzug gegen die
Inseln im Herbst 480 und durch ein paar Anekdoten auszufüllen; selbst
dass Themistokles der Artemis Aristobule einen Tempel baute, muss zur
Motivirung der Erbitterung der Athener herhalten (Plut. Them. 22).   Die
oligarchische Geschichtsfälschung, der Arist. pol. Ath. 25 folgt, schreibt
dem Themistokles sogar die Führerschaft im Kampf gegen den Areopag
zu, unbekümmert um alle Chronologie. — Ueber Aristides' Schicksale
nach 477 weiss vollends [abgesehen von dem Preis seiner Armuth, den
Aeschines der Sokratiker bei Plut. Arist. 25 durch eine abgeschmackte
Erfindung illustrirt hat] Niemand etwas anzugeben, selbst nicht über
seinen Tod; nach Plut. Arist. 26 wäre er nach den einen auf einer Fahrt
in den Pontos πράξεων ἕνεκα δημοσίων [das sieht wenig nach authentischer Ueberlieferung aus], nach anderen in Athen gestorben, während
Krateros erzählte, er sei wegen Bestechung verurtheilt und in Ionien gestorben.   [Das bezog sich vielleicht, wie Krech, de Crateri pseph. p. 64 ff.
vermuthet, auf einen anderen sonst unbekannten Aristides, der als Steuer-
einsammler, ὅτι τοὺς φόρους ἔπραττε, verklagt und verurtheilt wurde.]
Erfunden ist die Erzählung des Idomeneus Plut. c. 4, welche ihm das
in der Zeit Lykurgs entstandene Amt eines Finanzministers überträgt.
Zu Aristoteles' Auffassung des Ar. s. §. 275 A.   Nepos' Angabe Arist. 8
decessit autem fere post quartum annum quam Themistocles Athenis
erat expulsus [471/0], also 468/7, ist vielleicht nur Folgerung aus der
Anekdote (Plut. Arist. 8), bei der Aufführung von Aeschylos' Thebais, die
in dies Jahr fällt, habe bei der Schilderung des Amphiaraos v. 592 das
ganze Theater sich nach Aristides umgewendet [so auch Busolt III, 1, 113].

282. In den ersten Jahren nach den Perserkriegen hat
Themistokles, der Schöpfer der Flotte, der Erbauer der Stadt-
mauer und des Hafens, im politischen Leben Athens den
leitenden Einfluss besessen.   Die Organisation des Seebundes
war die That des Aristides; aber zweifelsohne hat Themistokles, der mit allem Nachdruck auf die volle Ausbildung
der Seemacht hindrängte, das Werk daheim energisch unter-

stützt und gefördert; manche der organischen Einrichtungen
des Bundes mag auf seine Anregung zurückgehen, und die
Durchführung der attischen Suprematie über die steuerzahlenden
Gemeinden, die rasche Entwickelung der Führerschaft Athens
zu einer thatsächlichen Herrschaft trägt weit mehr das Gepräge seines Geistes als des Aristides. Dass er in Athen
blieb und an dem Krieg nicht Theil nahm, hat zwar zur
Folge gehabt, dass wir über seine Thätigkeit nichts mehr erfahren. Aber es war gewiss nicht eine Zurücksetzung oder
ein Zeichen mangelnden Vertrauens, sondern wie später bei
Perikles, der auch nur in entscheidenden Momenten das Commando selbst übernahm, der Ausdruck seiner führenden Stellung.
So behielt er die Leitung der souveränen Volksversammlung
in der Hand, während die Feldherrn nur ihre Beschlüsse aus-
führten. Aber allmählich begann der junge Kriegsruhm des
Kimon seine Verdienste zu überstrahlen; und dieser verstand
es, seine Thaten ins hellste Licht zu setzen. Geboren als
Sohn eines mächtigen und thatkräftigen Tyrannen und einer
thrakischen Fürstentochter war er durch das Scheitern der
Empörung gegen den fremden Oberherrn zurückgeführt worden in die Heimath seines Geschlechts. Dem Vater ward es
schwer genug, sich nach langer Selbstherrlichkeit auf dem
Boden der so gänzlich veränderten Vaterstadt zurecht zu
finden; der Sohn verwuchs mit dem neuen Athen und seinen
grossen Aufgaben. Wo Schlag auf Schlag die gewaltigsten
Ereignisse sich folgten, wurden die persönlichen Conflicte, in
denen sein Vater zu Grunde gegangen war, bald vergessen;
nur der volle Glanz des ruhmvollsten Sieges, den Athen und
überhaupt irgend ein griechisches Gemeinwesen je erfochten,
fiel auf das Haupt des Sohnes. Von hoher Gestalt, mit
mächtigem Haupthaar, voll Lebenslust und Lebenskraft, leut-
selig und freigebig, ein Freund des Weins und des Sports
und dabei, wie es dem vornehmen Manne ziemte, des Ge-
sangs und der Musik nicht unkundig, ohne Genialität, aber
von gesundem Urtheil, kein gewandter Redner, aber doch
wohl im Stande, ein wirkungsvolles Schlagwort zu prägen,

und vor allem ein Feldherr von sicherem Blick und kühnem
Muth war er das richtige Bild eines dem Dienst seiner Heimath ergebenen Edelmanns und zugleich ein Mann nach dem
Herzen des Volks. Mit verschwenderischer Freigebigkeit ver-
wendete er sein fürstliches Vermögen — theils aus dem Erb-
besitz des Philaidenhauses, theils aus den Schätzen des Ty-
rannenhofs — zum Wohl seiner Mitbürger. Die Stadt schmückte
er mit Anlagen und Bauten. Stets hielt er offene Tafel, seine
Gaugenossen durften in seinem Park sich ergehen und die
Obstbäume plündern, Niemand, der ihn um Unterstützung
anging, wurde abgewiesen. Unwiderstehlich fühlten die Massen
sich zu ihm hingezogen: unter ihm waren sie im Felde des
Sieges gewiss; in dem hochgeborenen Mann erkannten sie
den berufenen Leiter des Staats. Er stand so hoch und die
schlichte Offenheit seines Wesens hatte etwas so Gewinnendes,
dass seine Herablassung nicht verletzend wirken konnte. Man
freute sich, wenn er mit dem Ruhm seiner Thaten nicht
zurückhielt und sorgte, dass Dichter und Künstler seiner Ge-
folgschaft, indem sie Athens Ruhmesthaten darstellten, zugleich seine und seines Vaters Verdienste verherrlichten. In dem
allem war Themistokles sein Gegentheil. Ihm fehlte die Heiter-
keit, die Gabe unbefangen zu geniessen; aus den Mängeln
seiner musischen Bildung machte er kein Hehl; er redete nur
von ernsten Dingen und Staatsgeschäften. Er war ein Ein-
dringling in den Kreis der grossen Familien; dass er in seiner
politischen Laufbahn ein ansehnliches Vermögen erworben
hatte, das er sich und seiner Familie zu erhalten und zu
mehren suchte, erregte den Neid, und, wenn er bei festlichen
Gelegenheiten mit Männern von ererbtem Reichthum wetteifern wollte, die Spottsucht — es ist wohl möglich, dass ihn
der Vorwurf des Knauserns nicht mit Unrecht traf, der in
Timokreons Hohn über den kalten Braten hervortritt, mit dem
er 480 am Isthmos die Gäste bewirthete (§. 228 A.). Das
Uebergewicht seiner Verdienste wirkte mehr drückend als ge-
winnend; es lastete fast wie ein Vorwurf auf den Gemüthern,
dass Athen und ganz Griechenland ihm seine Freiheit, ja seine

Existenz verdankte, und nach griechischer Art wird er nicht
damit zurückgehalten haben, das seinen Mitbürgern vorzu-
halten. So schloss sich alles, was mit Themistokles unzu-
frieden war, um Kimon zusammen. Auch die alten Feinde
seines Hauses, die Alkmeoniden und ihr Anhang, suchten
jetzt Verbindung mit ihm, um den übermächtigen Gegner
zu Fall zu bringen. Die Vermählung Kimons mit Isodike,
einer Enkelin des Megakles (wahrscheinlich des Sohnes des
Hippokrates, des Bruders des Kleisthenes), wird den Abschluss
der Coalition besiegelt haben. Der siegreiche Feldherr wurde
zum Parteihaupt, das sich die Stellung des führenden Staatsmanns gewinnen sollte. Freilich war er dazu vollkommen
ungeeignet. So tüchtig er als Feldherr war, für die Aufgaben
des Politikers und des Parteiführers besass er weder Verständniss noch Neigung. Auch hat er das selbst anerkannt;
wenn er sich mit schwierigen Dingen befassen musste, über-
liess er sich der Leitung seiner geistreichen und hoch be-
gabten Schwester Elpinike, die nach ihrer Scheidung von dem
reichen Kallias aus dem Kerykenhause als selbständige Frau
mit allen bedeutenden Persönlichkeiten Athens, Politikern wie
Künstlern, in regem Verkehr stand. Trotzdem ist es freilich
kaum zweifelhaft, dass Kimon sich berufen fühlte, die Richtung der attischen Politik zu bestimmen. Aber selbst wenn
er gewollt hätte, er konnte sich der Verpflichtung nicht entziehen, die seine Stellung ihm auferlegte. Der persönliche
Gegensatz war vorhanden; sobald sachliche Differenzen von
grundlegender Bedeutung hinzukamen, war der Conflict unvermeidlich.

Kimons Persönlichkeit lässt sich aus den zahlreichen gleichzeitigen
Angaben, die Plutarch bewahrt hat [darunter Kratinos fr. 1 in cp. 10),
sehr wohl fassen; namentlich in Ions Erzählung c. 9 tritt sie, und im
Gegenbilde auch Themistokles, deutlich hervor. Aehnlich im Gegensatz
zu Perikles Plut. Per. 5. Dass Kimon musikalisch nicht ungebildet war,
bezeugt Ion (c. 9) gegen die Uebertreibungen des Stesimbrotos (c. 4) als
Augenzeuge. Theopomp hat seine Freigebigkeit übertrieben (fr. 91; daraus die Biographie bei Nepos 4 und Plut. Cim. 10), während Aristoteles
pol. Ath. 27, 3, der bei Plutarch citirt wird, das Richtige gibt. Im

übrigen bedarf es kaum der Bemerkung, dass die oligarchische Auffassung der Stellung Kimons, der Aristoteles pol. Ath. 26 folgt, grundfalsch ist.

283. Ueber die Stellung zum delischen Bunde herrschte keine Meinungsverschiedenheit. Um so stärker gingen die Ansichten auseinander über die äussere Politik. Ueberliefert ist uns darüber nichts; aber wir wissen, dass Kimon eine Fortführung des Kampfes gegen Persien und ein enges Zusammengehen mit Sparta vertrat. Themistokles dagegen wurde verrätherischer Verbindungen mit Persien beschuldigt und von den Spartanern, seinen ehemaligen Freunden, auf den Tod verklagt und durch ganz Griechenland gehetzt. Er ist also ein Gegner der Fortführung des Perserkriegs gewesen. Weiterer Gewinn war aus ihm nicht zu erhoffen, ein Angriff vom Perserkönig kaum zu befürchten, und wenn er erfolgte, mit den jetzigen Machtmitteln Athens leicht abzuwehren. Dagegen musste der Versuch, dem Perserreich noch weitere Gebiete zu entreissen, zu einer Verzettelung der Kräfte führen, die doch nichts einbrachte. Erst wenn man Frieden schloss, konnte Athen den vollen Gewinn seiner Siege einheimsen; dann trat die commercielle Verbindung der Küste mit dem Hinterlande wieder ein, durch die Athen der ganze Aussenhandel des westlichen Kleinasiens zufiel, dann konnte es den Handel mit Aegypten und Phoenikien wieder aufnehmen und ausbeuten. Auch nach Westen waren Themistokles' Blicke gerichtet, wo das Absatzgebiet Athens sich ständig erweiterte und aus dem Handel politischer Einfluss erwachsen musste. Themistokles hat mit Korkyra gute Beziehungen angeknüpft (§. 333), er hat zweien seiner Töchter die bezeichnenden Namen Italia und Sybaris gegeben. Vor allem aber war es nothwendig, Athens Macht daheim auf breiter und sicherer Basis aufzurichten, die Gegner, die ihm, zum Theil sich selbst noch unbewusst, überall erstanden, niederzuwerfen, wo es noch Zeit war. Themistokles durchschaute den latenten Dualismus, der durch die griechische Welt hindurchging, und war über die Nothwendigkeit einer kriegerischen Auseinandersetzung mit Sparta nicht im Zweifel. Daher galt es, den günstigen Mo-

ment zu benutzen, wo Sparta überall von ernsten Schwierigkeiten bedroht war, und seine Gegner zu unterstützen, statt
aus Rücksicht auf den widersinnig gewordenen Waffenbund
aus der Perserzeit ihm Hülfe zu leisten oder wenigstens eine
wohlwollende Neutralität zu beobachten.

Bedrängniss Spartas. Katastrophe des Pausanias und Ausgang des Themistokles.

284. In der That war Spartas Lage sehr precär geworden. Die bedeutendste Persönlichkeit, der Regent Pausanias, sass noch immer in Byzantion und brütete über
grossen Plänen, wie er allen Gegnern zum Trotz die Herrschaft über Hellas sich gewinnen könne. Schon gleich nach
der Einnahme von Byzanz, als er noch Feldherr der Hellenen
war, hat er durch vornehme Gefangene, die er dem König
zurückgab, Verbindungen mit Persien angeknüpft. Er versprach ihm Griechenland zu Füssen zu legen, wenn er Unterstützung an Geld und Truppen erhalte; als Vasall des Grosskönigs, mit seiner Tochter vermählt, wollte er über Griechenland
herrschen. Nach seiner Entfernung vom Commando setzte er
die Verhandlungen eifrig fort. In Sparta betrachtete man ihn
mit tiefem Misstrauen — schon bei dem Process nach seiner
Abberufung Ende 478 hatte man die Untersuchung auf diesen
Punkt gelenkt —; aber Beweise für seinen Hochverrath konnte
man nicht finden, und als Gegengewicht gegen Athen war
er immer noch zu brauchen. Denn den Athenern musste
es sehr lästig sein, den Eingang des Bosporos in den Händen
eines offenkundigen Gegners zu sehen, der ihnen jederzeit
durch Brachlegung ihres pontischen Handels die ernstesten
Schwierigkeiten bereiten konnte; und doch durfte man nicht
wagen, gegen den Vertreter des spartanischen Königthums
feindlich aufzutreten. So schaltete Pausanias nach wie vor
unbehelligt in Byzanz wie ein Tyrann, ohne doch in der Verwirklichung seiner Pläne einen Schritt vorwärts zu kommen.

Die Geschichte des Pausanias erzählt Thuk. I, 128 ff. [dem Ephoros und Nepos folgen] unter Benutzung der bei seiner Katastrophe aufgefundenen Briefe, von denen er die beiden ersten Schriftstücke mittheilt. Ihre Aechtheit ist evident, selbst wenn sie vom Schriftsteller etwas stilisirt sein sollten; wahrscheinlich sind sie beim Process des Themistokles' nach Athen mitgetheilt worden. Der Unterhändler Gongylos von Eretria erhielt später ein Fürstenthum in Teuthranien: §. 36. — Herodot V, 32 hat von den Vorgängen nur unsichere Kunde und möchte sie möglichst vertuschen. Nach ihm hätte Pausanias ἔρωτα σχὼν τῆς Ἑλλάδος τύραννος γενέσθαι die Tochter des Megabates, eines Neffen des Darius, heirathen wollen, εἰ δὴ ἀληθής γε ἐστὶ ὁ λόγος, während nach Thuk. Megabates aus der Satrapie von Daskylion abberufen und an seine Stelle Artabazos, S. d. Pharnakes, der Führer des Rückzugs der Perser im Jahre 479, gesetzt wird, dem der König grösseres Vertrauen schenkte.

285. Während dessen führte die seit Kleomenes gährende Opposition der Arkader gegen Spartas Hegemonie zu einer grossen Erhebung, die den ganzen Bestand der spartanischen Macht ernstlich in Frage stellte. Eine zusammenhängende Darstellung dieser Kämpfe hat es vielleicht niemals gegeben; jedenfalls sind sie für uns bis auf einige isolirte Notizen verschollen. Die Erschütterung der spartanischen Machtstellung durch die Aufsage der Ionier mag den Ausbruch beschleunigt haben; ihre Wurzel hatte die Bewegung in dem durch die Leistungen in den Perserkriegen neugestärkten Selbstgefühl der kleineren Staaten, die von irgend welcher Unterordnung nichts wissen wollten. Wie nach Kleomenes' Tod übernahm auch diesmal Tegea, die wehrkräftigste der arkadischen Gemeinden, die Führung. Unterstützung fand Tegea bei Argos, das sich von den schweren Verlusten des Krieges mit Kleomenes (§. 188) allmählich erholte und eben im Begriff war, Tiryns wieder zu unterwerfen, die Hauptburg seiner aufständischen Unterthanen, die in Sparta einen Rückhalt gesucht und wie Mykene am Kampf gegen die Perser Theil genommen hatte. In einer Schlacht vor Tegea siegten die Spartaner über die Verbündeten; aber weder konnten sie die Stadt einnehmen, noch ein weiteres Umsichgreifen der Erhebung hindern. Ganz Arkadien mit Ausnahme Mantineas, des Todfeindes Tegeas, trat jetzt in den Kampf ein. Bei Dipaia in Mainalien, im Centrum des

Landes, kam es zur Schlacht; obwohl die Argiver fernblieben,
war die Ueberzahl der Feinde so gross, dass, wie erzählt
wird, die Spartaner ihr Heer nur einen Mann tief aufstellen
konnten.   Aber sie erfochten einen glänzenden Sieg, der ihre
Oberherrschaft über Arkadien wieder herstellte.   In Tegea
kam unter Mitwirkung des spartanischen Feldherrn Kleandridas, der den Krieg gegen die Stadt fortführte, die spartaner-
freundliche aristokratische Partei ans Ruder, die sich fortan ein
Jahrhundert lang behauptet hat.   Wie es scheint, hat Sparta
versucht, seinen Bund straffer zu organisiren; die spartanischen
»Fremdenführer« (ξεναγοί), die fortan neben den einheimischen
Officieren an der Spitze der bundesgenössischen Truppen stehen,
mögen damals eingeführt sein.   Bis nach der Insel Zakynthos,
die zu Sparta ablehnend stand (§. 332), scheint Sparta hinübergegriffen zu haben; hier fiel ihr alter Feind Hegesistratos,
der Seher des Mardonios, in ihre Hände und wurde hingerichtet.   Dagegen vollzog sich um dieselbe Zeit in Elis ein
Umschwung, der den ehemals so eng mit Sparta verbündeten
Staat diesem völlig entfremdete.   Die starre Adelsherrschaft,
in der 90 auf Lebenszeit ernannte Geronten das Regiment
führten, wurde gestürzt, nach attischem Muster zehn neue
Phylen und ein Rath der Fünfhundert eingerichtet, und zugleich die halbautonomen Dorfgemeinden, in die das Stammgebiet bisher zerfiel, zu einer Stadt zusammengezogen (wahrscheinlich 470 v. Chr.).   Die neue Stadt Elis, am Peneos
gelegen, da wo er aus dem Hügelland in die Ebene tritt,
hat rasch ein reges Leben entwickelt, durch das die demokratische Gestaltung des Staats gestärkt und zugleich eine
stets wachsende Abneigung gegen Sparta begründet ward.   In
den nächsten Jahren scheinen die Elier nicht nur ihre Herrschaft über Pisa gefestigt, sondern auch die triphylischen Gemeinden südlich vom Peneos unterworfen und ihrer politischen
Selbständigkeit beraubt zu haben. — Wenn Sparta im allgemeinen seine Suprematie wieder herstellte, so vermochte es doch
die Tirynthier nicht zu retten; die Stadt ist bald darauf (kurz
nach 468) von den Argivern erobert worden.   Die flüchtigen

Bewohner wurden von Sparta im Gebiet von Hermione in Halieis, an der Südspitze der argolischen Akte, angesiedelt. — In dieselbe Zeit dürfte ein misslungener Versuch Korinths fallen, den Argivern die Landstadt Kleonae zu entreissen; Beutestücke, welche Argos von einem Siege über die Korinther nach Olympia geweiht hat, werden diesen Kämpfen angehören.

Schlachten bei Tegea und Dipaia: Herod. IX, 35. Isokr. 6, 99. [Vielleicht mit Recht bezieht O. MÜLLER das Epigramm Simonides fr. 102 BERGK auf die Schlacht bei Tegea; es könnte allerdings auch auf den Kampf bei Mantinea Thuk. IV, 134 gehen.] Mit Recht folgert WILAMOWITZ, Isyllos S. 182 aus Pindar Ol. 6, die ins Jahr 468 gehört [später kann das Gedicht keinenfalls gesetzt werden], wo ein Stymphalier die Beziehungen des Iamidenhauses [dem der Seher Tisamenos angehört, dessen sich Sparta in diesen Kämpfen wie bei Plataeae bediente] zu Sparta (Pitana) genealogisch verherrlicht, dass die Insurrection Arkadiens damals bereits überwunden war. Die beiden Schlachten gehören also etwa in die Jahre 473—470. Für die Geschichte der Ueberlieferung ist höchst charakteristisch, dass kein Späterer von diesen Kämpfen etwas weiss, weder Diodor noch Justin noch Aristodemos; auch die Localschriftstellerei bei Pausan. III, 11. 7. VIII, 8, 6. 45, 2 kennt sie nur aus Herodot. Eine auch nur oberflächliche Kunde von diesen Ereignissen hätte genügt, um die Hetoimaridasgeschichte, die Ephoros auftischt (§. 273), unmöglich zu machen. Auch von Leotychidas' Expedition nach Thessalien hat Ephoros nichts berichtet, und den Krieg der Argiver gegen Tiryns setzte er nach fr. 98 (Steph. Byz. Ἁλιεῖς) in weit frühere Zeit [daher wird er auch bei Diod. XI, 65, 2 ausdrücklich ignorirt]. Dagegen kannte er den Krieg von Argos gegen Mykene: mit dem Erdbeben von 464 und dem messenischen Aufstand setzt seine Kunde der peloponnesischen Geschichte ein, vorher wusste er nur, was bei Thukydides steht. — Die Einführung der ξεναγοί Thuk. II, 75. Xen. Hell. 5, 7 u. a. hat BUSOLT wohl mit Recht in diese Zeit gesetzt. — Kleandridas und Tegea: Polyaen II. 10, 3 [das Strategem des Archidamos bei Frontin I, 11, 9. Polyaen I, 41, 1 deutet BUSOLT dagegen richtig auf einen Kampf im Jahre 369, s. Xen. Hell. VII, 1, 29]. — Herodot IV, 148 sagt von den triphylischen Orten: τουτέων τὰς πλεῦνας ἐπ' ἐμέο Ἡλεῖοι ἐπόρθησαν. Damit verbindet man vielleicht mit Recht die wenig zuverlässige Angabe des Pausanias V, 10, 2, der neue Zeustempel in Olympia und das Götterbild des Phidias seien von den Eliern ἀπὸ λαφύρων errichtet, ἡνίκα Πῖσαν οἱ Ἡλεῖοι καὶ ὅσον τῶν περιοίκων ἄλλο συναπέστη Πισαίοις πολέμῳ καθεῖλον. — Tiryns: Herod. VI, 83 vgl. VII, 137. Strabo VIII, 6, 11. In der neugefundenen

Olympionikenliste (GRENFELL and HUNT, Oxyrhynchos papyri II. ROBERT, Hermes 35) siegt ein Tirynthier Ol. 78, 468; kurz nachher muss die Zerstörung fallen. — Zakynthos und Hegesistratos: Herod. IX, 37, vgl. VI, 70. — Synoikismos von Elis: Strabo VII, 3, 2. Diod. XI, 54 nach chronographischer Quelle (nicht Ephoros) unter dem Jahre 471/0, was richtig sein wird. Ol. 77 (472) werden die Hellanodiken nach der Zahl der Phylen von 9 auf 10 vermehrt (Hellanikos fr. 90. Harpokr. Ἑλλανο-δίκαι. Pausan. V, 9, 5). Sturz der Oligarchie: Arist. pol. VIII. 5, 8. Rath der 500 neben dem δᾶμος πληθύων IGA. 113c = Olympia V (Inschr.) 7; später 600 Thuk. V, 47; an der Spitze der Beamten stehen Damiurgen und θεσμοφύλακες. — BUSOLT's Annahme III, 1, 118 (ebenso schon DUNCKER), dass der Synoikismos von Mantinea in diese Zeit falle, ist wenig wahrscheinlich. Mantinea ist jetzt und noch im messenischen Aufstand (Xen. Hell. V, 2, 3) eifrig spartanisch, während Tegea noch im Kriege gegen Mykene auf argivischer Seite steht. Der Umschwung kann also erst in den nächsten Krieg zwischen Argos und Sparta fallen, s. §. 325. — Korinth gegen Kleonae: Plut. Cim. 17. Gegen Mykene leistet Kleonae den Argivern Hülfe, Strabo VIII. 6, 19, ebenso bei Tanagra Paus. I, 29, 7; in der Folge-zeit sind Kleonaeer und Orneaten unterthänige Bundesgenossen der Ar-giver, Thuk. V, 67, vgl. 47, wie vor Alters. — Der Helm aus Olympia mit der Aufschrift Τάργειοι ἀνέθεν τῶι Δ:ϝι τῶν Κορίνθοθεν und der zugehörige Schild IGA. 32, 33 = Olympia V (Inschr.) 250. 251 gehört in diese Zeit [falsch Bd. II, 478].

286. In diesen Wirren war für Sparta das Verhalten Athens von entscheidender Bedeutung. So lange sie allein standen, konnte Sparta seiner mangelhaft organisirten pelo-ponnesischen Gegner trotz ihrer Ueberzahl Herr werden; griff Athen zu ihren Gunsten ein, so waren unabsehbare Ver-wickelungen zu befürchten. So begreift es sich, dass Sparta alles that, um Kimons Partei zu stärken. Daher hat man Athen das Einschreiten gegen Pausanias freigegeben. Wahr-scheinlich im J. 472 ging eine attische Flotte gegen ihn in See. Er wurde in Byzanz belagert und gezwungen die Stadt zu räumen. Doch gab er seine Pläne auch jetzt noch nicht auf; und auch die spartanische Regierung hatte keinen An-lass, ihn gänzlich Preis zu geben. Er setzte sich in der Feste Kolonai an der Westküste von Troas fest und führte von hier aus seine Verhandlungen mit Persien weiter. Sparta hatte richtig gerechnet: Themistokles konnte seine Politik nicht

durchsetzen, sondern verlor jetzt allen Boden; im Frühjahr 470 wurde er durch den Ostrakismos aus Attika verwiesen — wenn man vor Combinationen nicht zurückscheut, könnte man vermuthen, dass der Ausgang der Schlacht von Dipaia dazu den letzten Anstoss gegeben hat. Aber Themistokles war der Mann nicht, der sich durch eine Niederlage überwinden liess. Waren seine Gegner, denen er der Reihe nach das gleiche Schicksal bereitet hatte, nach wenig Jahren in hohen Ehren nach Athen zurückgekehrt, um bewusst oder unbewusst seine Politik durchführen zu helfen, so durfte er mit um so grösserem Rechte das Gleiche hoffen, da er nicht zweifeln konnte, dass binnen kurzem die Ereignisse seine Voraussicht glänzend rechtfertigen würden. Einstweilen aber war er auch im Exil noch eine Macht und wohl im Stande, die griechische Welt in Athem zu halten und für die Durchführung seiner Gedanken zu wirken. Er ging nach Argos »und bereiste von hier aus auch den übrigen Peloponnes«; offenbar schürte er überall zu einem neuen Kampf gegen Sparta. Der spartanischen Regierung wurde seine Agitation so gefährlich, dass sie sich zu weiterem Entgegenkommen gegen Athen entschloss. Die Ephoren sandten Pausanias den peremptorischen Befehl, nach Sparta zurückzukehren, widrigenfalls man ihn als Feind behandeln werde (um 469 v. Chr.). Er konnte sich nicht widersetzen. In Sparta warfen ihn die Ephoren ins Gefängniss; aber offenkundige Beweise, durch die sie ihn des Hochverraths hätten überführen können, besassen sie nicht, und so musste man von einem Process abstehen und ihn freilassen. Nur um so eifriger arbeitete er an der Ausführung seiner Entwürfe, an dem Sturz der verhassten Staatsordnung. Er blieb mit Artabazos, dem Satrapen von Daskylion, in reger Correspondenz, er theilte dem Themistokles seine Pläne mit, da er in ihm einen Gesinnungsgenossen und Helfer zu finden hoffte, er setzte sich mit den Heloten in Verbindung und versprach ihnen Freiheit und Bürgerrecht, wenn sie ihm beiständen. Die Denuntiationen bei den Ephoren häuften sich; endlich gelang es, ihn durch Vermittelung eines verrätheri-

schen Boten zu belauschen und zu überführen. Er flüchtete
in den Tempel der Athena Chalkioikos; hier hat man ihn,
da man ihn nicht antasten durfte, eingesperrt, bis er an Ent-
kräftung starb. Im Rahmen der spartanischen Staatsordnung
hatte er Grosses leisten und seinen Namen mit dem herrlichsten Siege verbinden können; dem Versuch sie zu durchbrechen ist er erlegen wie zwanzig Jahre vorher sein Bruder,
nur noch ruhmloser als dieser. Indem er, von brennendem
Ehrgeiz getrieben, über ausschweifenden Plänen brütete, verlor er jeden Halt und jeden Massstab. Er war ein tüchtiger Officier von guter Schulung und klarem militärischem
Blick; aber in den grossen Aufgaben des Staatsmanns vermochte sein enger Geist sich nicht zurechtzufinden, der sich
am Erfolg berauschte und im Schein und äusseren Prunk die
Macht sah. Er legte Hand an ein Werk, dem er in keiner
Weise gewachsen war; er baute auf eine Stellung, deren
Grundlagen er selbst untergrub, erst den Bundesgenossen,
dann dem heimischen Staat gegenüber. So war er, der die
Geschicke der Welt zu lenken sich vermass, nur ein Spielball
in dem Ringen der realen Mächte, und als der Moment gekommen war, wurde er von ihnen verschlungen, ohne dass
er auch nur das Geringste zur Verwirklichung seiner Entwürfe
hätte ausführen können.

Für die Alten wie für uns ist, abgesehen von den chronologischen
Daten, Thukydides die einzige Quelle. Ephoros [den Ursprung des dio-
dorischen Berichts aus Ephoros bestätigt die wörtliche Uebereinstimmung
von XI, 54, 4 mit fr. 114 bei Plut. mal. Her. 5; auch bei Plut. Them.
23 liegt dieselbe Darstellung zu Grunde] hat ihn sehr ungeschickt verarbeitet, indem er Pausanias' Katastrophe unmittelbar an den Hegemoniewechsel anschloss und die des Themistokles erst weit später erzählte
(§. 276 A.). Dadurch war er gezwungen, eine doppelte Anklage des Themistokles durch die Spartaner zu erfinden, eine gleich nach Pausanias'
Katastrophe, von der er freigesprochen wird, eine zweite mehrere Jahre
später nach dem Ostrakismos, die er vor dem angeblichen Synedrion der
Hellenen (§. 240 A.) stattfinden lässt. Thukydides' Bericht über Pausanias
ist offenbar im wesentlichen authentisch; einzelnes, wie die Geschichte
des Argiliers, mag von der Tradition legendarisch ausgeschmückt sein.
— Chronologie. Nach Thukydides ist Themistokles zur Zeit der Be-

lagerung von Naxos nach Asien geflohen und kurz nach Artaxerxes' I. Antritt (Sommer 465) zum König gekommen. Sein Ostrakismos fällt also mehrere Jahre vorher [wodurch die Anekdote bei Arist. pol. Ath. 25 auch chronologisch unhaltbar wird]. Wie Aristoteles lehrt, waren die Ostrakismen in der attischen Chronik verzeichnet; er hat es aber nicht mehr für der Mühe werth gehalten, sie nach 480 zu berücksichtigen. Aber in jeder Atthis war das Datum des Ostrakismos des Themistokles zu finden. Dass dagegen auch das Datum seiner Verurtheilung aufgezeichnet war, ist sehr unwahrscheinlich. Mithin sind die überlieferten Daten auf seinen Ostrakismos zu beziehen [gegen WILAMOWITZ und BUSOLT]. Nach diesem datirt Nepos Arist. 3 Aristides' Tod. Dies Datum scheint auf das Jahr 471/0, also Frühjahr 470 zu führen (§. 281 A.). Unter diesem Jahre hat Diodor den zusammenfassenden Bericht des Ephoros über Th. letzte Schicksale eingelegt, nachdem er aus den drei vorhergehenden Jahren nichts von griechischer Geschichte erzählt hat; offenbar fand er das Datum in der von ihm benutzten Chronik und stellte daher das betreffende Capitel des Ephoros hierher. Auf dasselbe Datum führt Cicero Lael. 42: Themistocles ... propter invidiam in exilium expulsus ... fecit idem quod viginti annis ante (im Jahre 491) apud nos fecerat Coriolanus. Bei Eusebius steht Themistokles' Flucht zu den Persern [die in der Chroniknotiz für den Ostrakismos eingetreten ist] unter Ol. 77, 1 472/1 [cod. R. 76, 3]. Das Datum 470 wird dadurch bestätigt, dass bei der Aufführung von Aeschylos' Persern 472 Th. unmöglich ostrakisirt gewesen sein kann. — Pausanias' Katastrophe fällt später als Th. Ostrakismos, unmittelbar vor seinen Process, also, da Th. einige Zeit in Argos gelebt haben muss, frühestens 469, wahrscheinlicher 468. Zwischen seiner Rückberufung und seinem Tod mag etwa ein Jahr gelegen haben. Mithin ist er in Byzanz und Kolonae zusammen von 478 bis etwa 469 gewesen. In welches Jahr dieses Zeitraums seine Verjagung aus Byzanz fällt, ist aus Thukydides' Worten: ἐπειδή ... ἐκ τοῦ Βυζαντίου βία ἐκπολιορκηθεὶς εἰς μὲν τὴν Σπάρτην οὐκ ἐπανεχώρει, ἐς δὲ Κολωνάς cet. nicht zu entnehmen. Bei Plutarch Cim. 6 ist daraus gemacht: οἱ σύμμαχοι μετὰ τοῦ Κίμωνος ἐξεπολιόρκησαν αὐτόν, ὁ δὲ ἐκπεσὼν τοῦ Βυζαντίου ...; diese Worte sind von Plutarch in die Erzählung von seinem Frevel an Kleonike (Pausan. III. 17, 7. Aristodem. 8) und dem Versuch ihn zu sühnen eingeschoben. Seine Quelle knüpfte die Einnahme von Byzanz unmittelbar an den Hegemoniewechsel an. Das ist aber unmöglich. Nun giht Justin IX, 1 an, dass Pausanias sieben Jahre im Besitz von Byzanz gewesen sei, also bis 472. Es hindert nichts, dies Datum, das auf byzantinischer Localüberlieferung beruhen wird, für historisch zu halten. Vgl. Forsch. II, 59 f. Dass für Spartas Verhalten gegen Pausanias die Rücksicht auf Athen massgebend war, hat NORDIN, die äussere Politik Spartas S. 89 f. erkannt.

287. Die schwere Erschütterung, welche Spartas Ansehen
durch die Insurrection der Arkader, durch die Umtriebe des
Pausanias, und nicht am wenigsten durch das Anwachsen
der attischen Macht erlitten hatte, rechtfertigte es, wenn es
den Versuch machte, noch einmal als eine hellenische Macht
im Sinne der Perserkriege aufzutreten. Noch immer waren
die Thessaler für die Unterstützung nicht gezüchtigt, die sie
den Persern gewährt hatten; noch herrschten hier die Aleuaden,
die das Barbarenheer nach Griechenland gerufen hatten. Wenn
Sparta gegen sie einschritt, erwies es sich nicht nur als den
berufenen Vorkämpfer der nationalen Idee, sondern auch
als den Todfeind tyrannischer Gewaltherrschaft und bewies
schlagend die Gehässigkeit des gewiss schon damals von seinen
Gegnern erhobenen Vorwurfs, dass es in engherzigem Egoismus
die Herrschaft von Willkür und Unrecht aufrecht erhalte,
wenn es im Bereich seiner Macht den aristokratischen Ord-
nungsparteien Unterstützung gewähre. Zugleich mussten einem
derartigen Unternehmen die Sympathien der jetzt in Athen
herrschenden Partei gewiss sein, die den Kampf gegen Persien
auf ihre Fahne geschrieben hatte. So entsandte man alsbald
nach Niederwerfung der Gegner im Peloponnes im J. 469, in
derselben Zeit, wo Pausanias zurückgerufen ward, den König
Leotychidas mit einem starken Heer nach Thessalien. Auf
dem Marsch hatte man, da man Athens sicher war, keine
Gefahr zu befürchten. Auch die Aleuaden wagten keinen
Widerstand. Ihre Führer Aristomedes und Angelos wurden
verjagt, es schien möglich, ganz Thessalien zu unterwerfen.
Aber Leotychidas war ein schwacher Mann; den Geldsummen,
die die Aleuaden ihm sandten, vermochte er nicht zu widerstehen. Er gab den Krieg auf und führte das Heer zurück.
Es war zu seinem Verderben; sein Vergehen war offenkundig,
im Lager selbst soll man das Geld bei ihm gefunden haben.
Sein Leben zu retten floh er nach Tegea; das Gericht sprach
ihn schuldig, sein Haus wurde niedergerissen, das Königthum
seinem Enkel Archidamos übertragen. Aber die Schmach liess
sich dadurch nicht auslöschen; der gehoffte Effect war ver-

eitelt, mit dem Einfluss, den Sparta im Norden hätte gewinnen
können, war es vorbei.

Das Datum von Leotychidas' Absetzung steht durch die Königsliste
fest, s. Forsch. II, 507. Daraus ergibt sich der politische Zusammenhang, der von den Neueren, die auf Grund der durchgehenden falschen
Datirung der Eurypontiden bei Diodor das Ereigniss meist 476 setzen,
nicht erkannt werden konnte. Den Hergang, von dem Ephoros nichts
wusste (§. 285 A.), erzählt Herod. VI, 72, der durch Plut. mal. Her. 21
und Pausan. III, 7, 9 ergänzt wird. — Die Neueren haben wie die Geschichte von der geplanten Verbrennung der hellenischen Flotte in Pagasae (§. 269 A.) auch die weitere bei Plut. Them. 20 erzählte Anekdote
mit dem thessalischen Unternehmen in Verbindung gebracht, dass Sparta
beantragt habe, die Staaten, welche nicht am Krieg gegen Persien Theil
genommen hatten, aus der Amphiktionie auszuschliessen; Themistokles
habe das vereitelt. Ich halte die eine Erzählung für ebenso werthlos
wie die andere. Die Amphiktionie hat erst durch den heiligen Krieg
politische Bedeutung gewonnen, und auch da nur scheinbar; damals ist
die Erzählung erfunden.

288. So wenig Ruhm, abgesehen von der aufs neue er-
wiesenen Unbesiegbarkeit seines Bürgerheers, Sparta in all
diesen Kämpfen und Wirren geerntet hatte, so bedeutend war
trotz des Scheiterns des thessalischen Unternehmens der Erfolg seiner zähen und zielbewussten Politik. Es hatte seine
Autorität im Peloponnes wiederhergestellt; es hatte das Attentat
auf seine Verfassung vereitelt; vor allem aber hatte es die von
Athen drohende Gefahr beseitigt und den aufstrebenden Rivalen
sich dienstbar gemacht. Jetzt war auch der letzte und bedeutendste Erfolg in seine Hand gegeben. Dass Themistokles
Neigung gehabt hat, mit Pausanias gemeinsame Sache zu
machen, ist höchst unwahrscheinlich; der abenteuerliche Gedanke, mit persischer Hülfe die griechischen Verhältnisse um-
zustürzen, konnte ihn unmöglich locken, und dass Pausanias
nicht der Mann war, ein derartiges Unternehmen durchzuführen, musste er wissen. Aber die Fortdauer des Conflicts
zwischen dem Regenten und der Regierung konnte seinen antispartanischen Plänen nur willkommen sein. So ist er auf
Pausanias' Eröffnungen eingegangen und hat die Correspondenz
mit ihm fortgesetzt. Jetzt fanden sich die compromittirenden

Actenstücke in Pausanias' Papieren; und die Ephoren zögerten keinen Augenblick, sie zur Vernichtung des gefährlichen Mannes zu verwerthen. Sie schickten eine Gesandtschaft nach Athen mit der Forderung, gegen den Hochverräther einzuschreiten. Die jetzt am Ruder befindlichen Männer ergriffen mit Freuden den Anlass, sich des gefährlichen Mannes, vor dessen Rückkehr sie zitterten, für immer zu entledigen. Ein Alkmeonide, Leobotes, des Alkmaion Sohn von Agryle, brachte die Denuntiation wegen Hochverraths an das Volk. Kimon secundirte ihm eifrig; wie die Masse der Athener mag auch er ehrlich an die Schuld des Mannes geglaubt haben, dessen staatsmännische Gedanken zu fassen ihm nicht gegeben war. Später hat er den Epikrates von Acharnae, der Themistokles' Familie die Flucht ermöglicht hatte, vor Gericht gezogen und seine Hinrichtung durchgesetzt. Da Themistokles sich dem Volksgericht nicht stellte, wurde er verurtheilt und geächtet (468 oder 467); die Schergen Athens und Spartas durchzogen gemeinsam die griechische Welt, um seine Auslieferung zu erzwingen. Es war das letzte Mal, dass beide Staaten einträchtiglich Hand in Hand gingen; ihrer vereinten Macht konnte keine Gemeinde zu trotzen wagen. Themistokles war rechtzeitig aus Argos geflohen, zunächst nach Korkyra; er dachte daran, am Hof der sicilischen Tyrannen Aufnahme und Raum für eine neue Thätigkeit zu finden. Wahrscheinlich ist es die Kunde von Hierons Tod (467) und den kurz darauf in Syrakus ausbrechenden Wirren gewesen, die diesen Plan vereitelt hat. Zu behalten wagten die Korkyraeer den verfehmten Mann nicht; sie brachten ihn nach Epiros. Von hier aus ist er nach mancherlei Abenteuern über Pydna und das Aegaeische Meer nach Ephesos entkommen, das damals noch in persischem Besitz gewesen sein muss. Nach längerer Vorbereitung ging er an den Hof von Susa, wo eben nach Xerxes' Ermordung (Sommer 465) Artaxerxes I. den Thron bestiegen hatte. Der Perserkönig zeigte sich edelmüthiger als das Volk, dem Themistokles Freiheit und Macht geschenkt hatte. Er nahm den Mann, der der persischen Weltmacht Schranken

gesetzt hatte, gnädig auf und entliess ihn in hohen Ehren.
Er schenkte ihm die Städte Magnesia und Myus im Maeander-
thale und Lampsakos mit Perkote und Palaiskepsis in Troas.
Die übrigen Städte müssen, wenn er überhaupt in ihnen die
Herrschaft angetreten hat, bald darauf in athenischen Besitz gekommen sein; in Magnesia dagegen, das immer von den Persern
behauptet wurde, hat er Jahre lang die Regierung geführt bis
an seinen Tod. Die Legende, welche das grösste Verbrechen,
das die griechische Geschichte kennt, durch einen versöhnenden
Abschluss zu sühnen sucht, berichtet, er habe sich freiwillig
den Tod gegeben, als der Grosskönig die Forderung an ihn
stellte, ein Perserheer gegen Griechenland zu führen; seine
Gebeine seien von den Seinen in die Heimath zurückgebracht
und auf attischem Boden heimlich beigesetzt worden.

Wohl mit Recht vermuthet WILAMOWITZ, Arist. I, 151, dass Thukydides hier wie für die Pisistratidengeschichte (VI, 59) lampsakenische
Ueberlieferungen benutzt hat; hier waren wie in Magnesia Themistokles'
Andenken und seine Nachkommen in Ehren geblieben (Inschrift bei LOL-
LING, MAI. VI, 103). Auch Charon von Lampsakos hatte von seinen
letzten Schicksalen erzählt (Plut. Them. 27). Dieser wie Thukydides
liessen Th. zu Artaxerxes kommen; die Späteren, von Deinon und Ephoros
an, rückten die Katastrophe in frühere Zeit und setzten daher Xerxes
an seine Stelle. Ausserdem haben sie die Geschichte im Geschmack
der späteren Zeit mannigfach weiter ausgemalt, so Ephoros, Phanias,
Neanthes u. a. Der Niederschlag all dieser Erzählungen, verbunden mit
einer Anzahl zeitgenössischer und urkundlicher Notizen und Angaben
über seine Nachkommen, Monumente cet. ist in die Biographie übergegangen, die bei Plutarch vorliegt und vom Verfasser der Themistokles-
briefe, eines nicht ungeschickten historischen Romans in Briefen, benutzt
ist. Werth haben neben Thukydides nur diese Notizen, darunter 1) der
Name des Anklägers, den Krateros fr. 5 (lex. rhet.) den Acten entnahm
[aus ihm bei Plut. Them. 23 (irrthümlich Arist. 25) und ep. Them. 8
mit mehreren hinzu erfundenen Namen]. Krateros lehrt zugleich, dass
es sich um eine Eisangelie handelt, wie bei Miltiades' Process. [WILAMO-
WITZ' Behauptung Arist. I, 140: »notorisch hat der Areopag das Urtheil
wegen Landesverraths gegen Th. gefällt«, ist mir unverständlich, wenn
schon die thörichte Anekdote bei Arist. pol. Ath. 25 dieselbe Auffassung
hat; vielmehr ist kein Zweifel, dass das Urtheil von der Volksversammlung gefällt ist.] 2) Stesimbrotos' Angabe über Epikrates Plut. Them. 24
3) Desselben Angabe, Them. habe zu Hieron gehen, dessen Tochter hei-

rathen und ihm die Griechen unterwerfen wollen, Hieron aber habe ihn
abgewiesen, Plut. Them. 24 (ep. Them. 20, vgl. 7, ist fälschlich Gelon
an Stelle Hierons gesetzt). Plutarch verwirft die Angabe auf Grund einer
Anekdote Theophrasts, der Themistokles in Olympia gegen Hieron so reden
lässt, wie später Lysias gegen Dionys (auch Aelian v. h. 9, 5). In Wirklichkeit wird Stesimbrotos' Angabe ganz richtig sein, da nur so Th.
Flucht nach Westen sich erklären lässt. Da dieselbe aber jedenfalls
nahezu in dieselbe Zeit mit Hierons Tod gefallen sein muss — denn
sonst wäre Th. zu Xerxes, nicht zu Artaxerxes gekommen —, ist es wahrscheinlich, dass dies Ereigniss Th. Absicht durchkreuzt hat. — In Thukydides' Erzählung ist die Anekdote von Th. bei Admetos aus der Telephos-
sage entlehnt. Auch dass er auf der Fahrt nach Asien bei dem attischen
Geschwader vorbeigekommen sei, welches Naxos belagerte [WILAMOWITZ'
Versuch Arist. I, 150, dafür bei Plut. 25 die Lesung Θάσον zu vertheidigen, ist unhaltbar, da Plutarch gerade hier ein Citat aus Thukydides
gibt], mag legendarisch sein; doch sehe ich kein Grund, mit WILAMOWITZ
die Angabe zu verwerfen und die Belagerung von Naxos vor 467 anzu-
setzen. [Ephoros setzt an Stelle der Seefahrt den Landweg durch Thrakien, offenbar vor allem aus chronologischen Bedenken, Diod. XI, 56.]
Den Brief des Th. an den König gibt Thuk. selbst nicht als authentische
Urkunde, wie die Schreiben in der Pausaniasgeschichte, sondern als Re-
ferat über die von Th. vorgebrachten Argumente. — Perkote und Palaiskepsis fügen Phanias und Neanthes bei Plut. Th. 29, Athen. I, 29 f.
offenbar mit Recht den von Thuk. genannten Städten hinzu. Nach ep.
Them. 20 hätte Th. Lampsakos die Freiheit gegeben, was, wie WILA-
MOWITZ bemerkt, eine Einkleidung der Thatsache sein mag, dass er sich
hier nicht behaupten konnte und in den Eintritt der Stadt in den delischen Bund willigte. — Die Legende von Th. Tod durch Stierblut erwähnt
Aristoph. eq. 83 und setzt Thukydides voraus [falsch Cic. Brut. 43]. Statue
auf dem Markt in Magnesia (Nepos Them. 10) auf einer Münze der Kaiserzeit: RHOUSOPULOS, MAI. XXI, 18; vgl. WACHSMUTH, Rh. Mus. 52, 140.
Bild in Athen in dem von ihm gestifteten Tempel der Artemis Aristobule: Plut. Them. 22. — Münzen des Th. aus Magnesia: WADDINGTON, rev
num. 1856. BABELON, les Perses achém. LXVIII. 55. — Stiftung von Festen
in Magnesia: Possis bei Athen. XII, 533e. — Zeit seines Todes: §. 290A.

289. Gewaltiger als Themistokles hat kein Grieche in den
Lauf der Geschichte eingegriffen. Sein Leben fällt in die Zeit,
als die grösste Entscheidung bevorstand, zu der die Weltgeschichte bisher geführt hatte: und er hat ihren Ausgang
bestimmt. Aber es ist ihm ergangen wie so vielen grossen
Staatsmännern, welche ohne festgegründete monarchische Ge-

walt, nur durch die Kraft ihres Genius, der die widerstrebenden
Massen mit sich fortreisst, sich die Führung ihres Volks errungen haben. Er überragte seine Zeitgenossen so weit und
sah so viel schärfer als sie, was kommen musste und was
Noth that, dass die Menge ihm nicht zu folgen vermochte.
In den Zeiten· der Noth schaarte sich alles um ihn, sogar die
Rivalen in Athen und die Krieger und Staatsmänner Spartas;
und nach dem Sieg war sein Lob auf aller Lippen. Aber als
geordnete Verhältnisse wiedergekehrt waren und mit ihnen
all die kleinen Intriguen und Leidenschaften der Alltäglichkeit,
da wandten sich die Massen von ihm ab. Das ist die Tragik
seines Lebens, dass seine reale Auffassung einer idealen aber
unwahren Strömung erlag, dass die besten und die schlechtesten
Elemente sich verbanden und ihm die Durchführung des
Höchsten versagten, was er seinem Staate hätte geben können.
Eben die Gedanken, die er gefördert hatte, kehrten sich gegen
ihn: das demokratische Princip und die Idee der nationalen
Einigung gegen Persien. Ihm war beides nur Mittel zum
Zweck gewesen; aber es gab in Athen Patrioten genug, denen
es nur als Verrath erscheinen konnte, wenn er jetzt von Frie-
den mit Persien und von einem Bruch mit Sparta sprach. Und
neben den guten Leuten, welche ein Zusammengehen der beiden
Staaten wie im Perserkriege so auch in Zukunft für möglich
hielten, standen die ehrgeizigen Adelshäupter, welche den
Emporkömmling hassten, der ihnen die Laufbahn versperrte,
und die »freien Bürger«, welche nicht einsahen, warum ein
Mann mehr sein sollte als ein anderer, die mit ihrem gesunden
Menschenverstande jede Frage viel besser entscheiden zu können
meinten, als der überlästige Rathgeber, der sich überall hervor-
drängte. All diese Elemente verbanden sich gegen ihn, die
Spartaner nützten die günstige Situation aus und schürten
die Erbitterung; der Coalition ist er erlegen. Alle Schmähungen,
welche die Gehässigkeit eingab, hat man auf seinen Namen
gehäuft, um die eigene Erbärmlichkeit zu verdecken und zu
entschuldigen: aber der stille Vorwurf, dass man den grössten
Mann schmählich verjagt und gehetzt hatte, den Athen je

gesehen hat, ist nie verstummt. Er war nur zu begründet.
Ruhmreiche Thaten hat Athen noch manche aufzuweisen:
aber dauerhafte Erfolge hat es seit Themistokles' Sturz kaum
noch errungen; und als die Ereignisse seiner Voraussicht Recht
gaben und man sehr wider Willen gezwungen wurde, sich
der Politik zuzuwenden, die er gerathen hatte, als man noch
die Wahl hatte, da war es zu spät: Athen und Griechenland
ist daran zu Grunde gegangen.

V. Die radicale Demokratie in Athen und der Bruch mit Sparta.

Die Schlacht am Eurymedon.

290. Der Streit der Parteien hatte Athen eine Reihe von Friedensjahren geschenkt; sein Ausgang hat zugleich die Wiederaufnahme des Kriegs gegen Persien entschieden. Zunächst mag die Empörung von Naxos (§. 279) dazwischen getreten sein; für Kimon und seine Partei war sie eine dringende Mahnung, sich nach so langem Zögern nunmehr mit um so grösserem Eifer der Erfüllung der wahren Aufgaben des Bundes hinzugeben. So ging, wahrscheinlich im J. 466, Kimon mit einer starken Flotte Athens und der Bundesgenossen in See. Der Angriff richtete sich zunächst gegen die karischen Küsten. Die Griechenstädte, welche bisher noch nicht frei geworden waren, traten dem Bunde bei; von den karischen Küstenplätzen wurden nicht wenige erobert, andere mögen sich freiwillig angeschlossen haben. Das Gleiche that der lykische Städtebund, der vermuthlich schon vorher die persische Oberhoheit abgeschüttelt hatte. Nur die rhodische Colonie Phaselis, die blühende Handelsstadt an der Ostküste Lykiens, weigerte den Anschluss und musste belagert werden. Schliesslich vermittelten die Chier ihre Unterwerfung. Phaselis zahlte 10 Talente und verpflichtete sich zur Heeresfolge; seine Stellung zu Athen im Processrecht wurde nach den für Chios geltenden Vertragsbestimmungen geregelt.

Kritik der Ueberlieferungen über die Schlacht am Eurymedon: Forsch. II, 1 ff. Tukydides I, 100 gibt nur die nackte Thatsache. Plutarch Cim. 12 f. erzählt den Hergang im wesentlichen nach Kallisthenes. Ephoros (bei Diod. XI, 60 f. und in Citaten bei Plutarch) gibt den karisch-lykischen Feldzug offenbar richtig (aus dem bei Plutarch die sicher authentische Angabe über Phaselis bewahrt ist — solche Züge werden auf kleinasiatische und attische Chroniken zurückgehen), hat aber eine ganz absurde Schlachtschilderung entworfen, weil er ein auf Kimons letzten cyprischen Feldzug bezügliches Siegesepigramm, wie seine Zeitgenossen (Lykurg c. Leocr. 72), fälschlich auf die Eurymedonschlacht bezog; daher wird auch die Zahl der erbeuteten Schiffe von 200 auf 100 reducirt (ebenso Aristodem 11). Ein authentisches Zeugniss für die Schlacht ist auch das Epigramm auf die Gefallenen Anthol. pal. VII, 258 (Simon. 105 BERGK), dessen Aechtheit BR. KEIL, Hermes XX sehr mit Unrecht bestritten hat. Kallisthenes' Schlachtschilderung, die natürlich auf ältere Quellen zurückgeht, stimmt damit überein und erscheint durchaus glaubwürdig. [Die Behandlung dieser Fragen durch SCHWARTZ, Kallisthenes' Hellenika, Hermes 35, 1900, kann ich nicht für richtig halten.] — Zur Urkunde über Phaselis CIA. II, 11 (DS. 72) vgl. §. 278 A. — Chronologie: Die Schlacht fällt, da ein längerer Feldzug vorherging, in den Hochsommer oder Herbst, und zwar wahrscheinlich in das Jahr vor dem Aufstand von Thasos (465), also 466, vielleicht auch schon 467, jedenfalls also noch unter Xerxes. Eusebius setzt sie Ol. 79, 4 461/0 unter Artaxerxes (ebenso Aristodem 11, weil er sie nach Themistokles' Flucht zu Artaxerxes erzählt]; Diodor mit dem Feldzug gegen Eion und Skyros ins Jahr 470/69 (§. 294 A.). Mit Unrecht hat man Themistokles' Tod (nach Euseb. Ol. 78, 2 oder 3 467/6 oder 466/5) mit der Eurymedonschlacht in Verbindung gebracht (so Aristodem 10. Suidas Κίμων); die Biographie setzt ihn dagegen in die Zeit von Kimons cyprischem Feldzug Plut. Them. 31. Cim. 18.

291. Nach dem Scheitern der grossen Invasion hatte die persische Regierung sich völlig passiv verhalten; sie hatte die kleinasiatischen Griechen und die Festungen in Thrakien dem athenischen Angriff ohne Unterstützung preisgegeben. Vielleicht hatten Pausanias' Verheissungen ihre Energie noch weiter gelähmt. Jetzt aber, bei dem neuen Angriff auf ihre asiatischen Besitzungen, der weit grössere Dimensionen annahm als irgend ein früherer, konnte sie unmöglich unthätig bleiben. So zog sie an der Küste Pamphyliens eine starke Flotte und ein Landheer zusammen; die nächste Aufgabe war die Vertheidigung

Lykiens und der Südküste Kleinasiens. Aber Kimon kam dem
Angriff zuvor; seit der Schiffsbau durch Themistokles vervoll-
kommnet war und Kimon die Schiffe breiter gemacht und
ein durchgehendes Verdeck eingeführt hatte, auf dem die
Kämpfer sich rasch und frei bewegen konnten, fühlten die
Athener sich auch technisch den Phoenikern überlegen. Die
persische Flotte von 200 Schiffen lag an der Mündung des
Flusses Eurymedon; sie erwartete von Cypern noch einen Zuzug von 80 weiteren phoenikischen Schiffen. Daher suchte der
Oberfeldherr Ariomandes, Sohn des Gobryas, den Kampf zu
vermeiden; als Kimon heranfuhr, zog er die Flotte in die
Mündung des Flusses zurück. Trotzdem ging Kimon zum An-
griff vor. In dem engen Raum war die phoenikische Flotte
unfähig zu manövriren oder überhaupt Widerstand zu leisten;
die Bemannung verliess die Schiffe und flüchtete unter den
Schutz des Landheeres. Kimon schwankte keinen Augenblick; er führte seine Krieger ans Land zum Sturm auf
die feindliche Stellung. Auch diesmal erlagen die persischen
Bogenschützen den griechischen Lanzenkämpfern; in hartem
Kampf wurden die persischen Truppen geworfen, der herrlichste
Sieg errungen. Durch die Entscheidung des Landkampfs war
die persische Flotte verloren; sämmtliche Schiffe, soweit sie
nicht in den Grund gebohrt waren, fielen den Siegern in die
Hände. Auch den von Cypern herankommenden Succurs
gelang es abzufangen und zu vernichten. Mit unermesslicher
Beute kehrte Kimon heim; der Versuch des Perserreichs, dem
Angriff der Athener entgegenzutreten, hatte mit einer ver-
nichtenden Niederlage geendet, ehe er sich überhaupt hatte
entwickeln können.

292. Der schöne Sieg war von weittragenden Folgen.
Zwar ein weiteres Vorgehen im Ostmeer lag zur Zeit noch
ausserhalb der Grenzen der attischen Politik, und auch an
eine Eroberung und Behauptung des abgelegenen und innerlich
dem nationalen Leben Griechenlands gänzlich fern stehenden
Pamphyliens war nicht zu denken. Aber dass die Perser noch
einmal versuchen sollten, den Griechen entgegenzutreten, war

nicht zu erwarten. Das Aegaeische Meer konnte fortan, trotz
der Fortdauer des Kriegszustands, als völlig befriedet gelten.
In den nächsten Jahren zeigte Perikles mit 50, Ephialtes
mit 30 Schiffen die attische Flagge im lykisch-pamphylischen
Meer, ohne einer Spur des Feindes zu begegnen. So war
denn auch der Besitz der neugewonnenen Gebiete einstweilen
gesichert. Phaselis, der lykische Städtebund, alle Küstenplätze
Kariens und mehrere karische Dynasten, ferner im Binnenlande Mylasa, Pedasos, Hyromos u. a. sind Jahrzehnte lang
tributzahlende Bundesglieder gewesen. Spätestens um dieselbe
Zeit ist auch Halikarnass eingetreten, wo nach dem Tode der
Artemisia, der klugen Herrscherin, die im Heere des Xerxes
die fünf Schiffe von Halikarnass und den ihm unterthänigen
Inseln Kos, Nisyra und Kalymna geführt hatte, ihr Sohn
Pisindelis und ihr Enkel Lygdamis sich noch längere Zeit
behauptet hatten. Die Versuche, die Tyrannis zu stürzen,
waren gescheitert; einer der letzten Nachzügler des alten Epos,
Panyassis, der Sänger der Thaten des Herakles und der Coloni-
sation Ioniens, aus halikarnassischem Adelsgeschlecht, hatte
durch Lygdamis den Tod gefunden. Die Inseln wird man
früh an Athen verloren haben; ob Lygdamis noch selbst in den
Bund eingetreten ist, oder ob der Sturz der Tyrannis mit dem
Anschluss an Athen zusammenfällt, ist nicht zu entscheiden.
In dieselbe Zeit mag die Ordnung der Verhältnisse in Erythrae
und Kolophon gehören (§. 279). Auch Ephesos, das bei der
Flucht des Themistokles noch persisch war, wurde Mitglied des
Bundes. Am Hellespont ist Lampsakos wahrscheinlich erst
jetzt zum Bunde gekommen (§. 289), und mit ihm das ganze
Binnenland von Troas mit den Städten Kebrene und Skepsis
(Σκᾶψις) am oberen Skamander, Zeleia am unteren Aesepos.
Nur die Bergfeste Gergis, hoch über dem Skamander an seinem
Eintritt in die Mündungsebene, wo allein sich die teukrische
Nationalität erhalten hatte (Bd. II, 298), hat sich dem Bunde
fern gehalten. Das Gleiche gilt von Adramytion, der lydischen
Colonie südlich vom Ida, und dem teuthranischen Küsten-
land, sowie vom innersten Winkel des smyrnaeischen Golfs,

den die Perser behaupteten — Smyrna selbst lag seit Alyattes in Trümmern (Bd. II, 391). Die aeolische Küste zwischen Kaikos und Hermos gehörte natürlich zum Bunde; von Kyme waren wohl die Aeolerstädte im Hermosgebiet abhängig. Tiefer ins Binnenland ist dagegen hier, in der Nachbarschaft der persischen Hauptstadt Sardes, Athen niemals vorgedrungen; Magnesia am Sipylos hat sowenig je zum Bunde gehört wie Magnesia am Maeander, die Residenz des Themistokles. — An der Propontis gehören alle Griechenstädte zum Bunde, und nicht minder manche Barbaren, so an der thrakischen Küste Tyrodiza, ferner die Myser der Arganthoniosakte, die wenigstens eine Zeit lang (454 v. Chr.) 2000 Drachmen (1800 Mark) gezahlt haben. Ferner erscheint in den Listen ziemlich regelmässig Daskylion mit 500 Drachmen (450 Mark). Das kann allerdings nicht der Satrapensitz sein, sondern entweder ein gleichnamiger Ort, oder vielleicht ein Vorort der Residenz an der Küste. Dagegen haben die Tyrsener (Etrusker), welche nach ihrer Verjagung aus Lemnos und Imbros durch Miltiades in Plakia und Skylake zwischen Kyzikos und der Rhyndakosmündung eine neue Heimath gefunden hatten, niemals zum Bunde gehört. — In Thrakien hatten die Perser sich nach Kimons erstem Feldzug 476 noch in Doriskos an der Hebrosmündung und an einigen Punkten der Chersones behauptet. Hier griff sie Kimon jetzt im J. 465 an; mit vier Trieren fing er ihnen 13 Schiffe weg und schlug sie aus der Halbinsel heraus. Da brach ein Conflict mit Thasos aus, der weitere Operationen unmöglich machte. So ist Athen nie in den Besitz von Doriskos gelangt; der tapfere persische Commandant Maskames scheint den Ort schliesslich an die Thraker überlassen zu haben.

Fahrten des Perikles und Ephialtes: Plut. Cim. 13. — Halikarnass: Suidas s. v. Πανύασσις und Ἡρόδοτος. Seit 454 erscheint die Stadt in den Tributlisten; Lygdamis wird nicht genannt. Aber das unter seiner Herrschaft beschlossene Gesetz der Doppelgemeinde Halikarnass und Salmakis über den Process in Grundbesitzstreitigkeiten (IGA. 500. DS. 10. Anc. Greek inscr. in the British Museum IV, 886; Swoboda, Arch. epigr. Mitth. XV, 115 ff.) scheint erst gegen die Mitte des Jahrhunderts erlassen

zu sein. Beziehungen auf den Sturz der Tyrannis hat man mit Unrecht darin gesucht, s. RCHL, Philol. 41, 54 ff. — Die Ausdehnung
des Gebiets von Kyme erweist die Höhe seines Tributs (12 und seit 450
9 Tal.): bei Diod. XV, 18 streiten Kyme und Klazomenae um den Besitz
von Leuke an der Hermosmündung. — In den Tributlisten des Krateros
kam allerdings nach MEINEKE's sicheren Verbesserungen (Steph. Byz.
p. 715) auch Adramytion vor, ebenso die Markaeer im Ida (Μαρκαιοι,
Ἰδαιοι); aber das beweist nicht, dass sie wirklich Tribut gezahlt haben.
— Zu Daskylion vgl. Steph. Byz. Βρυλλιον, πόλις ἐν τῇ Προποντίδι (seit
432 Mitglied des Bundes), das Ephoros lb. V mit Kios identificirte ...
Βρυλλὶς ἡ χώρα, ἐν ᾗ Δασκύλιόν ἐστι μικρὸν πολισμάτιον, womit nur der
tributzahlende Ort, nicht der Satrapensitz gemeint sein kann. — Feldzug
auf der Chersones: Plut. Cim. 14 und die von KÖHLER, Hermes XXIV,
85 vortrefflich erläuterte Todtenliste CIA. I, 432 (dazu IV, p. 107), die
auch die Gefallenen aus den Bundesstädten (erhalten Madytos und Byzanz)
aufführt. Sie beweist, dass der Aufstand von Thasos während des Kriegs
am Hellespont ausgebrochen ist.

Thasischer Krieg.   Erdbeben in Sparta und messenischer Aufstand.

293. Wie alle thrakischen Griechen werden auch die
Thasier die Errichtung des delischen Bundes mit Freuden begrüsst haben; hatte doch die persische Herrschaft schwer auf
ihnen gelastet (§. 190). Aber als Athen sich an der Strymonmündung festsetzte und die Hände nach der ganzen thrakischen Küste ausstreckte, schlug die Stimmung um. Schon
Pisistratos hatte im Minendistrict des Pangaion festen Fuss
gefasst (Bd. II, 476), den die Thasier exploitirten; Streitigkeiten über die Grenze brachten den Conflict zum Ausbruch.
Im Sommer 465 sagten die Thasier Athen den Gehorsam auf.
Dass sie aus eigener Kraft so wenig im Stande sein würden,
der erdrückenden Uebermacht Athens zu widerstehen, wie ein
paar Jahre vorher Naxos, konnte ihnen nicht verborgen sein.
Aber sie sahen auch, wogegen die jetzt in Athen herrschende
Partei die Augen schloss, dass die Basis der athenischen
Politik, die Freundschaft mit Sparta, nicht mehr zu halten
war. Sparta hatte Athen umworben und ihm Concessionen

gemacht, so lange es selbst in Noth war. Nur um so stärker
war ihm dadurch ins Bewusstsein geführt, dass es nicht mehr
in voller Freiheit schalten konnte. Der Sieg am Eurymedon
zwang ihm vollends die Waffen in die Hände, zumal nach
dieser gewaltigen Machtentwickelung der Ausgang des eigenen
Unternehmens gegen Thessalien nur in um so kläglicherem
Licht erschien. Falls Sparta selbst noch Bedenken trug, so
gab es für seine wichtigsten, durch Athen unmittelbar bedrohten Bundesgenossen, Aegina, Korinth, die argivischen
Küstenstädte, keine Wahl mehr. Sie haben ihren Willen
durchgesetzt. Als die Thasier Sparta um Hülfe angingen,
erhielten sie die Zusage, man werde ihnen durch einen Einfall in Attika Luft machen.

294. Inzwischen hatte Kimon die thasische Flotte geschlagen
und die Belagerung der Inselstadt begonnen (Herbst 465). Man
benutzte den Anlass, den vor 10 Jahren gescheiterten Versuch
einer Coloniegründung im Strymongebiet zu erneuern. Um
sich inmitten einer wilden und kriegerischen Bevölkerung zu
behaupten, bedurfte man einer starken Macht; so wurden die
Bundesgenossen zur Betheiligung herangezogen. 10,000 Mann
unter Leagros und Sophanes besetzten die Ebene der »neun
Wege« und begannen die Stadtgründung. Aber die Edoner
setzten sich zur Wehr und fanden Unterstützung bei den
Stammesbrüdern des Hinterlandes. Bei Drabeskos, auf der
grossen Strasse, die durch die Ebene nördlich vom Pangaion
zum Nestos führt, kam es zur Schlacht; die Colonisten wurden
aufs Haupt geschlagen und grösstentheils vernichtet (Frühjahr 464). — Inzwischen hatten die Spartaner den Angriff
auf Attika vorbereitet; da traf sie eine Katastrophe, die den
Staat an den Rand des Verderbens brachte und seine innere
Schwäche allen Augen enthüllte. Ein furchtbares Erdbeben
zerstörte die Hauptstadt fast völlig und raubte zahlreichen
Bürgern das Leben; das Gymnasium begrub die zum Turnen
versammelten Epheben unter seinen Trümmern (Sommer 464).
Die Umsicht des Königs Archidamos, der sofort zum Appell
blasen und die Bürger unter die Waffen treten liess, verhütete

das Schlimmste; aber durch das ganze Land gab die Katastrophe, welche den Zorn der Götter über die Gewaltherrschaft
und die Frevel des Herrenstandes so deutlich verkündete, den
Leibeigenen das Signal zum Aufstand. Das Centrum der Empörung war auch diesmal die messenische Ebene; auch zwei
Perioekenstädte, Thuria und Aithaia, schlossen sich hier den
rebellischen Bauern an. Zuerst errangen sie manche Erfolge
über die vereinzelten Gegner; bei Stenyklaros fingen sie ein
Corps von 300 Mann ab und hieben sie sämmtlich nieder.
Dann aber erfochten die Spartaner einen entscheidenden Sieg
am »Isthmos«, der die Insurgenten zwang, sich auf die Burg
des Landes, den weit in die Ebene vorspringenden Berg
Ithome, zurückzuziehen, auf dem 'sich ihre Vorfahren schon
einmal Jahre lang gegen ihre Dränger behauptet hatten. Hier
wurden sie von den Spartanern eingeschlossen, das flache
Land wieder unterworfen. Die Gefahr für den Staat war
vorüber; aber an auswärtige Unternehmungen konnte Sparta
auf Jahre hinaus nicht denken.

Thasos und Drabeskos: Thuk. I, 100. IV, 102 [daraus Ephoros bei
Diod. XI, 70. XII, 68]. Plut. Cim. 14. Herod. IX, 75. Isokr. 8, 86. Als
Datum der Niederlage bei Drabeskos steht durch Thuk. IV, 102 und schol.
Aesch. 2, 31 das Jahr 465/4 fest (vgl. §. 174 A.), d. i. wahrscheinlich das
Frühjahr 464. Die ersten Kämpfe auf Thasos fallen nach CIA. I, 432
in dasselbe Kriegsjahr mit den Kämpfen auf der Chersones, haben also
wahrscheinlich im Sommer 465 begonnen. Die Capitulation τρίτῳ ἔτει
fällt somit 463 (Diod. XI, 70 setzt sie richtig unter 464/3). — Erdbeben
in Sparta: Thuk. I, 101. Details bei schol. Arist. Lysistr. 1144, wahrscheinlich nach Philochoros (vgl. schol. 1138), Plut. Cim. 16 = Polyaen
I, 41, 3 (ähnlich Aelian var. hist. VI, 7, vgl. Pausan. IV, 24, 5), und
aus Ephoros (der charakteristisch genug Messenier und Heloten scheidet,
was dem alten Sprachgebrauch, z. B. Thuk. I, 101, widerspricht und
erst seit 370 möglich ist) bei Diod. XI, 63, vgl. 84. Ferner Herod. IX,
35. 64 (daraus Pausan. III, 11, 8; vgl. WILAMOWITZ, Arist. II, 296 A.). Bei
Cic. div. 112 prophezeit Anaximander (!) die Katastrophe und rettet dadurch die Spartaner, die die Stadt verlassen und bewaffnet auf offenem
Felde lagern. — Das Erdbeben fällt nach Plut. Cim. 16 ins 4. Jahr des
Archidamos, d. i. 465/4 (vgl. Forsch. II, 508). Pausan. IV, 24, 5 gibt
Ol. 79, 1 = 464/3, womit nach der in seiner Zeit üblichen Gleichung das
römische Jahr 464 gemeint ist. Damit stimmt Thukydides genau. Trotz

Wilamowitz, Arist. II, 295 ist es gänzlich unmöglich, das Erdbeben mit schol. Arist. Lys. 1144 ins 12. Jahr nach Plataeae unter den Archon Theagenides zu setzen; da muss eine Verwechslung vorliegen. [Busolt, Griech. Gesch. III, 1, 300 glaubt in der verstümmelten Ueberschrift eines Volksbeschlusses über die Messenier CIA. I, 22g (IV, p. 9) οχλις Φι.. den Archon Philokles 459/8 finden zu können, unter den das Ende des Kriegs falle; aber das ist unmöglich, hier kann nur der Name des γραμματευς gestanden haben.] Diodor erzählt den Beginn des 10jährigen messenischen Kriegs XI, 63 unter 469/8, sein Ende XI, 84 unter 456/5. Letzteres wird richtig sein, aber ersteres hat gar keine Bedeutung. Ephoros hatte die Geschichte in folgende Capitel geordnet: 1) Themistokles' Ausgang (Diod. XI, 54—59 unter 471/0); 2) Kimons Feldzüge bis Eurymedon (XI, 60—62 unter 470/69); 3) Erdbeben in Sparta, Bruch mit Athen, Argos gegen Mykene (XI, 63—65 unter 469/8 und 468/7 — die drei folgenden Jahre füllt Diodor dann durch sicilische Dinge und den Thronwechsel in Persien); 4) Feldzüge gegen Thasos und Aegina, die unter dem Gesichtspunkt des Kriegs gegen zwei abtrünnige (!) Inseln vereinigt werden, obwohl sie chronologisch weit auseinander lagen (Diod. XI, 70 unter 464/3); 5) Aegyptische Expedition (XI, 71. 74. 75. 77 [dazwischen Sicilisches] unter 463/2—460/59); 6) Sturz des Areopags (XI, 77 unter 460/59); 7) Krieg gegen die Peloponnesier und Boeoter bis zum 5jährigen Frieden (XI, 78—86 unter 459/8—454/3 [c. 88 wird Perikles' Fahrt unter 453/2 nach anderer Quelle zum zweiten Male erzählt]); 8) Kimons cyprischer Feldzug, Kalliasfriede (XII, 3. 4 unter 450/49 und 449/8); 9) die Kriege bis zum 30jährigen Frieden (XII, 5—7 unter 448/7—446/5). Diese Uebersicht zeigt, dass Diodors chronologische Ansätze völlig willkürlich und bedeutungslos sind. Fest stand ihm nur Kimons Zug nach Cypern. 450/49, mit dem er den Bucheinschnitt macht, und Xerxes' Tod 465/4. Den 5jährigen Frieden setzt er 454/3, weil er den Wiederausbruch des Kriegs unmittelbar nach dem Kalliasfrieden 448/7 eintreten lässt.

295. So blieben die Thasier sich selbst überlassen. Sie haben sich lange gewehrt; erst im dritten Jahre der Belagerung, 463, hat die Stadt capitulirt. Sie musste die Schiffe ausliefern, die Mauern niederreissen, eine schwere, auf mehrere Jahre vertheilte Kriegscontribution zahlen — dafür wurde ihr allerdings der Tribut zunächst sehr niedrig bemessen, nur auf 3 Talente jährlich —, ausserdem ihre festländischen Besitzungen und vor allem ihren Antheil an den Goldminen des Pangaion aufgeben. Dadurch kam Athen in den Besitz des ganzen Küstenstrichs vom Mündungsgebiet des Strymon bis zum Ost-

fuss des Pangaion. Hier aber kreuzten sich seine Interessen mit
denen der aufstrebenden Binnenmacht Makedonien. Seit der
Pisistratidenzeit stand Athen in guten Beziehungen zu den makedonischen Königen, die durch die Dienste, die Alexander I.
Athen im Perserkriege geleistet hatte, noch gesteigert und
von Athen durch Ehrendecrete anerkannt waren. Aber innerlich verschob sich allmählich das Verhältniss. Seit dem Wegfall der fremden Oberhoheit suchte Alexander sein Reich zu
mehren wie seine Vorfahren. Im Süden war ihm Pierien am
Fuss des Olympos mit der Stadt Pydna unterthan, ebenso
das Mündungsgebiet des Haliakmon und Axios und jenseits
desselben die wichtige Hafenstadt Therme; die Griechenstädte
Methone und Aison in Pierien, Mitglieder des delischen Bundes,
waren rings von makedonischem Gebiet umschlossen. Im
Binnenlande dehnte Alexander seine Macht weit über den
Axios bis zum Strymon hin aus: er schlug die thrakischen
Stämme, die Mygdonen, Grestonen, Bisalten, aus dem Hinter-
land der Chalkidike heraus oder unterwarf sie. Im mittleren
Strymongebiet, im Paeonerlande, besetzte er das Gebiet des
Prasiassees, mit einem grossen Silberbergwerk, das ihm täglich ein Talent abwarf — mit ihm beginnt die makedonische
Silberprägung, die sich eng an die der Bisalten und anderer
thrakischer Häuptlinge und Stämme anschliesst. So war Anlass genug zum Conflict vorhanden; Athen musste streben
Makedonien niederzuhalten und commerciell und politisch zu
beherrschen. Aber Kimon ist auf das Drängen der Kriegs-
partei nicht eingegangen; er mochte wenig Neigung haben,
mit dem befreundeten König zu brechen und sich auf ein
weitaussehendes Unternehmen einzulassen, bei dem ein dauernder Erfolg recht zweifelhaft, dagegen sicher war, dass man
einen unbequemen Freund in einen Todfeind verwandeln würde.
Noch mehr hat indessen offenbar auf ihn gewirkt, dass die
inzwischen in Athen eingetretene Wendung und das Verhältniss zu Sparta seine Rückkehr dringend nöthig machten. So
ist er etwa gegen Ende des Sommers 463 mit der Beute von
Thasos in die Heimath zurückgekehrt.

Makedonien: Herod. V, 17. Thuk. II. 99. Plut. Cim. 14. Therme und Pydna: Thuk. I, 61. 137. Nach Philipps Behauptung [Demosth.] 12, 21 hat Alexander das Gebiet von Amphipolis bereits im Perserkriege besetzt und von der den Persern abgenommenen Beute eine goldene Statue nach Delphi geweiht. Ehren der Athener für den König, der mit seinem Vater Perdikkas verwechselt wird: Demosth. 23. 200. Nach Justin VII, 4 hätte Xerxes dem Alexander das ganze Land zwischen Olympos und Haemos geschenkt.

Athen zur Zeit Kimons.

296. In einem Menschenalter war Athen aus einem griechischen Cantonstaat, dem ein paar auswärtige Besitzungen zugehörten, der Herrscher eines ausgedehnten, alle Inseln und Küsten des Aegaeischen Meeres und der hellespontischen Seestrasse umfassenden Gebiets, aus einem Mittelstaat mit schwankender Politik eine zielbewusste, energisch vorwärts schreitende Grossmacht geworden, welche dem König von Asien, der sich der Herr der Welt zu sein rühmte, eben aufs neue den empfindlichsten Schlag zugefügt hatte. Gewaltig wirkte dieser jähe Umschwung auf die inneren Zustände des Gemeinwesens zurück. Ueberall zeigte sich der rascheste Aufschwung und das regste Leben. Wie politisch überflügelte Athen auch in Handel und Industrie nicht nur seine Nachbarn und alten Concurrenten, sondern die ganze griechische Welt. Weit über die abhängigen Gebiete griff der attische Handel hinaus; im Pontus, in Sicilien und Italien, in den vom Perserkönig halb oder ganz unabhängig gewordenen Küstengebieten im Norden Kleinasiens, auf Cypern, in Kyrene fasste er festen Fuss; und überall stand schirmend die Seemacht Athens hinter ihm, der Niemand mehr entgegenzutreten wagte. Die alten See- und Handelsmächte des griechischen Mutterlands und Kleinasiens waren zum Theil gebrochen und Athen unterthan, wie die Städte Ioniens und Euboeas, zum Theil sahen sie sich immer mehr von Athen eingeengt und umklammert, wie Aegina und Korinth und nun gar die kleineren Küstenstaaten. Einzig Korkyra, mit einer starken Kriegs-

und Handelsflotte, hielt sich selbständig und seemächtig in
seiner Position am Ionischen Meer. Der Piraeeus wurde neben
Karthago der Haupthafen des Mittelmeers, d. h. der gesammten damaligen Culturwelt. Zusehends mehrte sich der
Wohlstand der Bürgerschaft. In Schaaren siedelten Fremde
aus Hellas und den Barbarenländern nach Athen über, um
als Tagelöhner oder Handwerker, Krämer, Kaufleute, Ban-
kiers an den günstigen Erwerbsbedingungen der emporstreben-
den Grossstadt Theil zu nehmen. Die attischen Gesetze gestatteten ihnen zwar, wenn sie nicht ein Personalprivileg erhielten, den Erwerb von Grundbesitz nicht, und zwangen sie
einen bürgerlichen Patron anzunehmen, der für ihr Wohlverhalten die Bürgschaft übernehmen sollte, sowie ein geringes
Schutzgeld (1 Drachme monatlich) zu zahlen, stellten sie aber
im übrigen privatrechtlich den Bürgern völlig gleich; sogar ihre
Processe durften sie selbst führen. Auch unmittelbar kamen
ihre Kräfte dem Staate zu gute: vor allem als Matrosen
wurden sie eingestellt wie die Theten, die Reicheren wenigstens seit der Mitte des Jahrhunderts auch zum Dienst als
Hopliten und zu manchen Liturgien herangezogen.

> Die innere Umwandlung Athens nach den Perserkriegen wird auch
> von den Alten berücksichtigt, aber statt auf die spontane ökonomische
> Entwickelung, die durch das Eingreifen der Staatsmänner höchstens ge-
> fördert werden konnte, auf die bewusste Initative dieser zurückgeführt,
> so die Anlockung der Metoeken auf Themistokles (Diod. XI, 43), die
> Uebersiedelung vom Lande in die Stadt auf Aristides (Arist. pol. Ath. 24).
> Zu den Metoeken vgl. pol. Ath. 1, 10 ff.

297. Auch für das geistige Leben Griechenlands wird
Athen immer mehr die Centrale. Wenn schon Pisistratos
und seine Söhne Dichter aus allen Theilen Griechenlands an
sich gezogen und unter ihnen und weiter in den ersten Jahrzehnten der Republik Künstler aus Ionien wie aus Aegina,
Sikyon, Lakonien im Wetteifer mit den heimischen Meistern
die Weihgeschenke der reichen Athener an die Göttin gearbeitet halten, so suchte jetzt, wer eine grössere Bedeutung
und Wirksamkeit erstrebte, vor allem in Athen Anerkennung

zu finden. Wie Simonides und Bakchylides hat auch Pindar
Athen verherrlicht. Philosophen kamen nach Athen und
hielten hier Vorträge, ja Anaxagoras von Klazomenae siedelte ganz nach Athen über. Polygnotos von Thasos, der
Schöpfer der Wandmalerei, hat vor allem in Athen gewirkt,
und in den Athenern Mikon und Panainos, dem Bruder des
Phidias, Schüler und Gehülfen gefunden; ja er scheint ganz
hier ansässig gewesen zu sein. Fremde Künstler wie Hage-
laidas von Argos, Kalamis, Kresilas von Kydonia haben für
Athen gearbeitet neben den Athenern Kritios, Nesiotes, He-
gias u. a. Umgekehrt dringt die attische Cultur hinaus in
das übrige Hellas. Die Segnungen der eleusinischen Weihen
suchen unzählige Hellenen zu gewinnen; zu den grossen attischen Festen, den Dionysien und vor allem den Panathenaeen,
strömen Zuschauer und Theilnehmer nicht nur aus dem Bundesgebiet, sondern aus ganz Griechenland herbei fast wie zu den
grossen Nationalfesten. Das attische Drama wird der Hauptträger der modernen Dichtung. Phrynichos und Aeschylos
führen ihre Tragödien in Sicilien auf am Hof Hierons wie
hernach in den freigewordenen Städten — Aeschylos ist
bald nach 458 in Gela gestorben —; auswärtige Dichter wie
Ion von Chios und Aristarchos von Tegea dichten für die
attische Bühne in Concurrenz mit den einheimischen Tragi-
kern. Nicht minder mächtig erhebt sich die attische Plastik,
zumal seit ihr in Myron aus dem von Athen annectirten
boeotischen Grenzorte Eleutherae und in Phidias schöpferische
Genien erstanden, welche alle anderen Meister weitaus über-
flügelten; nur Polyklet von Argos stand ihnen ebenbürtig zur
Seite. Als bald nach 455 der neue Zeustempel in Olympia
fertig geworden war, beriefen die Elier, welche die Sculpturen
der Metopen und Giebel einheimischen Meistern überlassen
hatten, den Athener Phidias zur Anfertigung des grossen
Gottesbildes aus Elfenbein und Gold, obwohl sie bis zum
J. 451 mit Athen officiell im Kriege gestanden hatten.

Da die von den Spartanern und ihren Bundesgenossen für den
Sieg von Tanagra 457 geweihte Nike (Pausan. V. 10, 4. IGA. 26 a

= Olympia Inschr. 253) auf dem Ostgiebel des Tempels von Olympia
errichtet wurde und demselben organisch eingefügt ist, muss der Tempel
damals im wesentlichen fertig gewesen sein. Danach ist es wahrscheinlich, dass die Zeusstatue des Phidias bald nachher, etwa seit 451, und
vor dem Beginn der grossen Bauten in Athen, gearbeitet ist. Das hat
namentlich LOESCHCKE auch sonst höchst wahrscheinlich gemacht, im
Gegensatz zu der Angabe des Philochoros (schol. Arist. pac. 605), nach
dem Phidias erst nach seinem Process in Athen 437 nach Elis kam, die
Zeusstatue anfertigte und dann von den Eliern gleichfalls der Unter-
schlagung angeklagt und hingerichtet wurde. LOESCHCKE's Ansicht stimmt
dazu, dass Phidias, als er die Athenastatue arbeitete, bereits ein älterer,
kahlköpfiger Mann war, und scheint von den Archäologen jetzt allgemein
angenommen [die Frage des Processes des Perikles in Athen ist dabei ganz
bei Seite zu lassen, vgl. Forsch. II. 500]. Im übrigen kann ich auf die
verwickelten Fragen der Chronologie der griechischen Künstler dieser
Zeit hier nicht eingehen; durch die von ROBERT, Hermes XXXV behandelte Olympionikenliste ist sie wesentlich gefördert und geklärt worden.
— Weiteres §. 478 ff.

298. Die äussere Erscheinung der nach der gründlichen
Zerstörung durch die Perser rasch wieder aufgebauten Stadt
entsprach ihrer neuen Stellung bisher nur wenig. An Umfang übertraf sie die grössten und volkreichsten Nachbar-
städte wie Theben und Korinth kaum, hinter den glänzenden
Stadtanlagen der sicilischen Tyrannen, die freilich weit dünner
bevölkert waren, stand sie weit zurück. Allerdings kam die
Unterstadt des Piraeeus hinzu, die aber erst in den nächsten
Jahrzehnten nach einem regelmässigen Plan ausgebaut wurde.
Die Stadtstrassen waren enge und winklige Gassen, unge-
pflastert, staubig und schmutzig, die Häuser meist klein und
unansehnlich, vielfach mit Verkaufsläden im Erdgeschoss, auch
wohl mit kleinen Höfen, auf denen man ein Gärtchen anlegen
mochte. Nur die grösseren Wohnungen hatten einen Vorhof,
auf dem eine Herme zu stehen pflegte. Die alten Heiligthümer und die grossen Tempelbauten der Tyrannenzeit lagen
in Trümmern, auf der Burg wie in Eleusis behalf man sich mit
Nothbauten, die man provisorisch auf den alten Fundamenten
errichtete. Aber die Finanzen des Staats waren in blühendem
Zustande, gewaltige Summen lagen im Tempelschatz, die letzten

Siege hatten reiche Beute gebracht. So konnte man daran
gehen, der Stadt ein glänzenderes Ansehen zu geben. Vornehme Bürger, vor allem Kimon und seine Verwandten, spen-
deten von ihrem Reichthum zur Verschönerung der Heimath.
So hat Kimon den Markt mit Platanen bepflanzt und vor der
Stadt den Hain des Heros Akademos mit schattigen Spazier-
gängen und Turnplätzen geschmückt. Peisianax, ein naher
Verwandter seiner alkmeonidischen Gemahlin Isodike (§. 282),
erbaute am Markt eine Wandelhalle, Polygnot übernahm es
sie mit Gemälden zu schmücken, für die er jede Bezahlung
ablehnte. Unterstützt von Mikon und Panainos malte er
hier die Grossthaten Athens, die Amazonenschlacht, die Zerstörung Trojas, an der Theseus' Söhne Theil genommen
hatten, die Schlacht von Marathon. Grössere Aufgaben nahm
man nach dem Siege am Eurymedon in Angriff. Man
fasste den Plan, Athen mit seinen Häfen zu einer einzigen
Festung zu verschmelzen; in dem Sumpfterrain des Kephissos
wurde aus den von Kimon beschafften Mitteln der Grund
zu langen Verbindungsmauern gelegt. Vor allem aber konnte
man jetzt daran denken, die Tempel der Burg wieder aufzubauen. Der ganze Burgfelsen sollte ein grosses Heiligthum
der Stadtgöttin werden. Durch gewaltige Aufschüttungen
wurde der zackige Gipfel in ein Plateau verwandelt und im
Südosten bedeutend erweitert. Auf der Südseite umschloss
ihn Kimon mit einer starken Mauer, weniger zur Vertheidigung als zur Stütze der aufgehäuften Erdmassen; im Westen
lief sie in eine feste Bastion aus, die über dem Burgthor auf-
ragte. Auf der Mitte der Burg sollte sich der grosse Marmor-
tempel der Göttin erheben. Bereits waren die Fundamente
gelegt, die Säulen in Arbeit, als der Umschwung der politischen Lage zwang, den Bau auf ein Jahrzehnt zu unterbrechen.

Kimons Anlagen: Plut. Cim. 13. Nepos Cim. 2. Παιπανάκτιος στόα
(= Ποικίλη) Plut. Cim. 4. Diog. Laert. VII. 1, 6. Suidas Ζήνων; Poly-
gnots Uneigennützigkeit auch Harpokr. Phot. Suid. s. v. Πολύγνωτος.
Ueber die Gemälde Robert, die Marathonschlacht (18. Hall. Winckel-
mannsprogr. 1895]. — Die Hypothesen Furtwängler s. Meisterwerke der

griechischen Plastik (vgl. Ber. Münch. Ak. 1898) über die Geschichte der
Tempelbauten scheinen mir wenig wahrscheinlich. Kann der ältere Par-
thenon (über denselben DÖRPFELD, MAI. XVII), den er auf Themistokles
statt auf Kimon zurückführen will, von der grossen Aufschüttung und
der Südmauer getrennt werden? Dass der Bau erst anderthalb Jahrzehnte nach den Perserkriegen in Angriff genommen wird, scheint ebenso
wenig auffällig, wie ich glauben kann, dass an der Verlegung des Heka-
tompedon irgend jemand Anstoss genommen hat, oder gar, dass das eine
revolutionäre Idee war, die nur auf Themistokles zurückgeben könne.
Es ist nicht gerathen, in die athenische Baugeschichte möglichst viel
hineinzugeheimnissen. Die Unterbrechung des Baus ist nicht durch eine
politisch-religiöse Gegenströmung, sondern deutlich durch den Krieg veranlasst worden; sobald wieder Friede war, hat man den Bau wieder aufgenommen, nur in glänzenderer Gestalt.

Die wirthschaftliche Umwälzung und die neuen Parteien.

299. Die Geburtsstände, welche jedem Menschen seine
Lebensstellung, seine bürgerlichen und socialen Rechte und
Pflichten und mit dem ererbten Beruf zugleich einen sicheren
Erwerb unabänderlich zuwiesen, waren mit der mittelalterlichen
Staatsordnung gefallen. Der attische Adel war in den Parteikämpfen des sechsten Jahrhunderts seiner Privilegien beraubt,
aber nicht vernichtet worden; die Ansprüche der Massen auf
gleiches Recht und Antheil am politischen Leben, auf Bewegungsfreiheit und Erwerbsfähigkeit waren befriedigt, ihre
weiteren Forderungen zurückgewiesen. Der Sieg war der Mittel-
partei zugefallen: ihr Ideal hat, auf den von Solon geschaffenen Grundlagen fortbauend, die Verfassung des Kleisthenes
durchzuführen gesucht. Alle Privilegien sind gefallen, ein
Recht gilt für alle Bürger. Auch die landschaftlichen Gruppen,
deren Gegensätze bisher den Staat in Parteiungen zerrissen, wurden zersprengt: in den zehn neuen Phylen sind je ein Bezirk
des Stadtgebiets mit einem des Binnenlandes und einem der
Küste zu einem fictiven Stammverbande verschmolzen, dessen
durch das Loos bestellter Ausschuss, die Prytanen, 36 Tage
lang die Geschäfte des Staates führt, der zu den Aemtercom-
missionen ein Mitglied stellt, dessen Aufgebot die taktische

Einheit des Bürgerheeres bildet. Jeder Bürger gilt, so lange
er unbescholten ist, der Idee nach als gleichwerthig mit jedem
andern: seine Stimme wiegt in der Volksversammlung und
im Volksgericht so viel wie die seines Nebenmanns, die Raths-
stellen und die Aemter mit Ausnahme der militärischen, seit
der Reform von 487 auch die Archontenstellen, werden durch
das Loos besetzt. Jeder Einfluss der Persönlichkeit und der
Partei ist dadurch ausgeschlossen; irgend eine Befähigung für
den betreffenden Posten wird nicht gefordert, ja principiell
abgelehnt, da Niemand irgend eins dieser Loosämter öfter
als ein einziges Mal und die Stellung eines Rathsherrn öfter
als zweimal in seinem Leben bekleiden darf: die Erforder-
nisse sind derart, dass ihnen jeder unbescholtene Bürger Ge-
nüge leisten kann. Nur ein Unterschied ist geblieben: der des
Besitzes. Rechtlich steht der Erwerbsthätigkeit des Armen kein
Hinderniss im Wege, ja der Staat verlangt, dass er arbeite,
und bestraft den beschäftigungslosen Tagedieb. So mag jeder
nach seinen Fähigkeiten suchen zu Wohlstand zu gelangen
und die Glücksfälle ausbeuten, die das Leben bietet. Aber so
lang er nichts hat, ist er eben dadurch behindert, politisch
thätig zu sein. Die Proletarier (Theten), der vierte Stand,
können keine Aemter bekleiden noch als Hopliten kämpfen,
da sie von ihrer Hände Arbeit leben müssen: so steht ihnen
nur die Theilnahme an Volksversammlung und Gericht zu.
Aber auch im dritten Stand, der Bürgerwehr der Zeugiten,
gibt es Leute genug, die von dem Rechte, sich in den Rath
und die Aemter loosen zu lassen, selten oder nie Gebrauch
machen können, weil ihnen ihre Arbeit vollauf genug zu thun
gibt. Im wesentlichen sind es nur die Wohlhabenderen, die
an der Regierung Antheil haben. An ihrer Spitze stehen die
beiden oberen Classen, denen allein die höchsten Aemter zugänglich sind; denn sie leisten dem Staate weit mehr als alle
andern, nicht nur bei der Erhebung ausserordentlicher Ver-
mögenssteuern, sondern vor allem durch die Liturgien, die
alljährlich auf die Reichsten vertheilt werden. So verlegt die
kleisthenische Staatsordnung, indem sie wie die Lasten so

auch die politischen Rechte nach der Leistungsfähigkeit vertheilt, das Schwergewicht in die Besitzenden. Da die Loosung
für Aemter und Rath auf die drei oberen Classen beschränkt
ist, kommt ihr Wille auch in der Leitung der Geschäfte zum
vollen Ausdruck. Denn bei ihrer grossen Zahl sind die Erloosten, beliebig herausgegriffene Individuen aus der Masse,
in ganz anderer Weise Repräsentanten der Gesammtheit der
Constituirenden als unsere erwählten Volksvertreter: jede
Parteiung, jedes Dominiren persönlicher Interessen ist hier
ausgeschlossen, freilich, wie früher (§. 199) hervorgehoben,
auch jede Möglichkeit einer wirklichen Führung der Regierung
durch diesen Rath. Dieselbe war vielmehr zunächst dem jährlich gewählten Regenten, dem Archon, und bei den grossen
Entscheidungen der Volksversammlung zugewiesen. Aber den
conservativen Charakter, der der kleisthenischen Verfassung
innewohnt, hat der athenische Staat auch noch bewahrt, als
durch die Einführung des Looses für die Archonten 487 das
Regentenamt thatsächlich beseitigt und damit das Gewicht der
Volksversammlung gewaltig vermehrt wurde. Denn über allen
anderen Organen des Staats stand controllirend der Areopag;
und er blieb ein Vertreter der oberen Stände von bedeutender,
auf der Lebenslänglichkeit seiner Mitglieder und auf seiner
Function als Blutgericht beruhender Autorität, auch als die
Archonten, die in ihn übergingen, nicht mehr erwählt, sondern
erloost wurden.

300. Durch die Schöpfung der Flotte war die arbeitende
Bevölkerung zu den staatlichen Lasten herangezogen worden:
sie hatte zum Siege und zur Gewinnung der Grossmachts-
stellung ebensoviel beigetragen wie die Hopliten der oberen
Stände. Dafür gewann auch sie einen reichen Antheil an
den Vortheilen, die aus der wachsenden Herrscherstellung der
Bürgerschaft zuflossen. Ueberall waren ihr die Wege geöffnet
zu lohnendem Erwerbe, zur Gewinnung von Wohlstand und
Reichthum. So konnte es scheinen, als sei die Homogenität
der Bürgerschaft, ihre innere Einheit in Denken und Zielen,
welche die Verfassung voraussetzte, jetzt erst recht begründet.

Aber der Schein trog; thatsächlich hatte die neue Gestaltung der Verhältnisse, wie die Gegner der Flotte vorausgesehen hatten, eine Verschiebung des Schwergewichts in die unteren Classen zur Folge. Alle Siege im Felde waren in erster Linie Erfolge der Flotte und des Proletariats: mochten die Hopliten vor Eion und am Eurymedon noch so tapfer gekämpft und den eigentlichen Sieg erfochten haben, dass sie überhaupt kämpfen und siegen konnten, war ausschliesslich das Verdienst der Flotte und der Seemacht. Noch bedeutender waren die Folgen für das wirthschaftliche Leben: die Umwandlung der politischen und materiellen Lage des Staats führte zu einer völligen Verschiebung der inneren Structur der attischen Bürgerschaft.

301. Attika ist kein ergiebiges Land; schon zu Solons Zeit hatte die einheimische Ernte zur Ernährung der Bevölkerung kaum noch ausgereicht. Seitdem hatte die Olivencultur gewaltige Dimensionen angenommen; das Oel wurde ein Hauptartikel des attischen Exports. Dadurch wurde zwar mancher bisher wenig ertragfähige Boden der Binnenlandschaft (Mesogaia) cultivirt, dafür aber auch grosse Flächen Culturlandes, namentlich in der fruchtbaren Kephisosebene, dem Ackerbau entzogen. Wir dürfen annehmen, dass im fünften Jahrhundert höchstens etwa ein Viertel der Bodenfläche Attikas dem Cerealienbau diente — davon wurde, da man mit Brache und Aussaat alljährlich wechselte, also nach dem Zweifeldersystem wirthschaftete, alljährlich die Hälfte (etwa 10—12% des Bodens) mit Getreide, und zwar fast ausschliesslich mit Gerste bestellt. Der attische Getreidebau war eben dem billigen überseeischen Korn gegenüber bei den grossen Productionskosten und der geringen Ertragsfähigkeit des Bodens nicht mehr concurrenzfähig. Lohnender war die Production von Gemüse, namentlich Zwiebeln, Knoblauch, Hülsenfrüchten; aber auch hier machten die Bauern von Megara und Boeotien denen Attikas auf dem Markt der Hauptstadt starke Concurrenz. Nicht wenige Producte wurden aus weiter Ferne importirt, Käse aus Sicilien, Graupen aus Thessalien. Das Obst von

Euboea und Rhodos, der vortreffliche Wein der ionischen und
thrakischen Inseln drängten die attischen Erzeugnisse immer
mehr in den Hintergrund. Nur einzelne Specialitäten, wie
der Honig vom Hymettos oder die Kohlenbrennereien der
Bauern des grossen Dorfes Acharnae in der oberen Kephisosebene, behaupten ihre Stellung. Im allgemeinen haben offenbar die Grundbesitzer, Magnaten wie Bauern, an Getreide wie
an Wein nur gebaut, was sie für den eigenen Haushalt
brauchten; die zahlreiche übrige Bevölkerung, vor allem die
Hauptstadt und der Hafen, waren ganz auf überseeisches
Korn angewiesen. Bereits im fünften Jahrhundert wird Attika
mindestens doppelt so viel Getreide importirt haben, als es
selbst producirte. Zum Theil wurde das Bedürfniss durch die
eroberten und von Athen colonisirten Gebiete gedeckt, die
Inseln Salamis, Skyros, Imbros und vor allem Lemnos, sowie
die Besitzungen in Thrakien, zu denen später noch die auf
Euboea hinzukamen. Mindestens ebenso viel musste aus dem
Ausland bezogen werden, vor allem aus der Krim (§. 431 f.);
darauf beruhte die ausserordentliche Bedeutung, welche die
Beherrschung der hellespontischen Meerstrasse für Athen besass.

Ueber die Grundlagen der agrarstatistischen Berechnung s. Forsch.
II, 189 ff.; über den Import fremder Producte vor allem die Citate bei
Athen. I, 27 ff.

302. So verliert die Landwirthschaft in Attika immer
mehr an Boden. Für die kleisthenische Staatsordnung und
das Bürgerheer, das bei Marathon gesiegt hatte, galt sie als
der eigentliche Lebensberuf des freien Mannes; jetzt beschäftigt
und ernährt sie mit all ihren Nebenzweigen nicht mehr die
Hälfte der Bevölkerung, geschweige denn, dass sie noch der
volkswirthschaftlich wichtigste Erwerbszweig wäre. Dagegen
für die neuen Berufe, die in Stadt und Hafen und auf der See
ihren Nährboden haben und sich um Industrie und Handel
gruppiren, ist jetzt der weiteste Raum geschaffen; sie werden
ausschlaggebend im ökonomischen Leben und daher auch in
der äusseren Erscheinung der Bürgerschaft. In Massen drängt

die Bevölkerung vom Lande in die Stadt. Die Wohlhabenderen mochten, während sie sich hier neuen, einträglicheren Geschäften zuwandten, ihr Ackergut draussen behalten und durch Knechte bewirthschaften lassen, auch zeitweilig selbst inspiciren. Für die Aermeren, die Landarbeiter, Kleinpächter, Tagelöhner, gab es in der Stadt Beschäftigung und Erwerb in Fülle, theils als Arbeiter und Lastträger, Handlanger, Matrosen und Seeleute aller Art, Fuhrleute, Ausrufer (κήρυκες), die namentlich die staatlichen und privaten Auctionen besorgten, durch die ein grosser Theil der Waaren umgesetzt wurde, theils als selbständigere Geschäftsleute, Handwerker und Künstler, Krämer und Detaillisten aller Art — auch die fliegenden Verkaufsstände auf den Märkten und Gassen, z. B. der Wursthandel, fanden guten Absatz. Wer unternehmend oder vom Glück begünstigt war, konnte zu grossem Wohlstande gelangen; mancher kleine Handwerker hat sich zum Fabrikanten, mancher Krämer (κάπηλος) zum Kaufmann (ἔμπορος), mancher Wechsler zum Bankier (τραπεζίτης) emporgearbeitet. Ausserdem beschäftigt der Staat fortwährend zahlreiche Arme für seine Arbeiten, den Schiffsbau und die Bemannung der Flotte, die öffentlichen Bauten. Ferner sind alljährlich Hunderte von Aemtern commissarisch zu besetzen, und zu jedem Amt gehört ein ständiges Bureau mit Berufsschreibern, Boten u. a., in denen zahlreiche Bürger dauernde Anstellung finden — nur für die dienenden Stellungen werden Staatssklaven verwerthet. Die Bedürfnisse des Staats und des Verkehrs- und Geschäftslebens sind so gross, dass die bürgerliche Bevölkerung nicht ausreicht und für den ununterbrochenen Zuzug von Metoeken Raum genug bleibt. — Aber die Anziehungskraft der Stadt geht noch viel weiter. Sie bietet Genüsse in Fülle, sie allein ermöglicht die ständige Theilnahme am öffentlichen Leben und an den Vortheilen, welche der Staat, die grossen Feste, die Wohlthätigkeit der Privaten gewähren; sie allein gestattet, mit den materiellen wie mit den geistigen Fortschritten des Culturlebens enge und ununterbrochene Fühlung zu gewinnen und an dem regen gesellschaftlichen Verkehr Antheil zu nehmen,

der bei Gastmählern und Trinkgelagen alle Schichten der Bevölkerung vereinigt. Die Tyrannen hatten in Athen wie in
Korinth und sonst versucht, diese Entwickelung zu unterbinden
und die ärmere Bevölkerung aufs Land zu drängen: jetzt gelangt die Gegenströmung zu vollem Durchbruch. Noch immer
gibt es Landwirthe, die den grössten Theil ihres Lebens
draussen zubringen und sich vom politischen Leben fernhalten,
auch wenn sie ein Stadthaus besitzen; und wer in den Dörfern
vor der Stadt ein kleines Gut hat, das ihn und seine Familie
nothdürftig ernährt, bleibt wohl draussen wohnen und kommt
früh Morgens in die Stadt und geht des Abends wieder hinaus,
wie die kleinen Leute, die sich in der Komödie zu Volksversammlung und Gericht drängen. Aber auch diese gehören schon
mehr zu den städtischen Elementen als zur Bauernschaft. Von
den etwa 60,000 erwachsenen Männern, welche die attische
Bürgerschaft um 460 gezählt haben mag, hat weitaus die
Mehrzahl in Athen und seiner nächsten Umgebung gewohnt.

Arist. pol. Ath. 24 (nach der oligarchischen Quelle): Aristides συν-
εβούλευε . . . καταβάντας ἐκ τῶν ἀγρῶν οἰκεῖν ἐν τῷ ἄστει· τροφὴν γὰρ ἔσεσθαι
πᾶσι, τοῖς μὲν στρατευομένοις, τοῖς δὲ φρουροῦσι, τοῖς δὲ τὰ κοινὰ πράτ-
τουσι (vgl. §. 296 A.). Für die grösseren landwirthschaftlichen Betriebe
ist es durchaus die Regel, dass der Besitzer, wie in der homerischen
Zeit, ein Stadthaus hat, wie Ischomachos in Xenophons Oecon., auch
wenn er wie dieser oder der wackere Mann bei Eurip. Orest. 917 ff., der
selbst sein Land bestellt (αὐτουργός), nur selten in die Stadt kommt. —
Die Bevölkerungszahl nach Forsch. II, 181 ff. — Ueber ἔμποροι, κάπηλοι,
Handwerker, Lastträger u. s. w. s. ausser Plut. Per. 12 vor allem Plato
rep. 370 ff. soph. 223 d. Stellen, die allein genügen, um die seltsamen
Vorstellungen solcher Wirthschaftshistoriker wie BÜCHER zu widerlegen;
vgl. §. 303 A.

303. Schon bei der Sprengung der mittelalterlichen Verhältnisse hat die moderne Macht des Geldes eine entscheidende
Rolle gespielt; jetzt wird sie zum dominirenden Factor des
wirthschaftlichen Lebens, und zwar in der Form des werbenden
Capitals, das sich mehrt, indem es sich die menschliche Arbeitskraft nutzbar macht, und sie wirthschaftlich in viel grössere
Abhängigkeit bringt, als ehemals in den rechtlich gebundenen

Formen der mittelalterlichen Gesellschaft. Kein grösseres Unternehmen ist ohne Anlagecapital möglich, die Rhederei und das kaufmännische Import- und Exportgeschäft sowenig wie die Fabrik, wie das Bank- und Wechselgeschäft, die Pachtung der Einnahmen und Ausgaben des Staats, oder die Pachtung einer Mine in den Bergwerken vom Laurion oder in Thrakien; aber das hineingesteckte Capital verzinst sich reichlich — ist doch noch im folgenden Jahrhundert 12 % jährlich der übliche Zinsfuss für sichere Darlehen, während man für Darlehen auf Seefahrten, dem grösseren Risico entsprechend, damals 20—33 ⅓ % Zinsen für die Fahrt erhielt. Wie schon im sechsten Jahrhundert in Ionien, Korinth, Aegina, so macht jetzt auch in Athen das selbständige Handwerk immer mehr dem Fabrikbetrieb Platz, der auf Vorrath arbeitet und die Bedürfnisse des ungeheuren und stets wachsenden Exports befriedigt. Für all seine grossen, fortwährend sich vermehrenden Betriebe braucht derselbe Arbeitskräfte in grosser Zahl. Zum Theil wird der Arbeitsmarkt durch den Verfall der Landwirthschaft und den ununterbrochenen Zudrang in die Stadt versorgt. Aber die Bürger fühlen sich, auch wenn sie ihre Arbeit einem andern verdingen, als freie Männer, die politisch ihrem Brodherrn gleichberechtigt sind; sie fordern hohen Lohn — während des peloponnesischen Kriegs beträgt der durchschnittliche Arbeitslohn, dem der Sold für die Soldaten und die bürgerlichen Matrosen entspricht, 1 Drachme (90 Pfennig) für den Tag. Ueberdies sind sie wehrpflichtig; sie können jederzeit zum Dienst auf der Flotte eingezogen werden. Daher kommt es, dass unter den freien Arbeitern, den Steinmetzen, Zimmerleuten, Handwerkern, den in den Vasenfabriken als Maler oder Former beschäftigten Meistern, den Kunstarbeitern in Metall und Elfenbein, die Metoeken und Freigelassenen bald zahlreicher werden als die Bürger. Ebenso sind die Matrosen der Handelsflotte — später auch der Kriegsmarine — grösstentheils angeworbene Fremde, namentlich aus dem Bundesgebiet, wo sich Leute genug fanden, die für billiges Geld, die Hälfte des den Bürgern gezahlten Lohns, als Ruderer ihr

Brod zu verdienen bereit waren. Aber für die schwereren
Arbeiten und vor allem für den eigentlichen Fabrikbetrieb
braucht man billigere Arbeitskräfte, die dem Unternehmer
uneingeschränkt und willenlos zur Verfügung stehen und für
eine bestimmte Arbeit sich abrichten und voll ausnutzen lassen.
Derartige Arbeitskräfte konnte nur die Kaufsklaverei bieten.
Wie früher in Ionien, Korinth, Aegina wächst jetzt auch in
Athen die Sklavenschaft zu gewaltigen Dimensionen. Einen
Theil des Bedürfnisses befriedigen die grossen Kriege; noch
weit mehr aber der Handel mit allen fremden Ländern, mit den
kleinasiatischen und syrischen Culturländern nicht minder wie
mit den Barbaren Skythiens, Thrakiens, Illyriens, wo überall
Menschenmaterial für billigen Preis zu haben war. Das Capital
war vorhanden es aufzukaufen und zu verwerthen: Athen
wird nächst Chios, wo die Sklaverei seit Alters gewaltige
Dimensionen angenommen hatte, der sklavenreichste Staat
von Hellas.

Von den Nationalökonomen wird vielfach die Anwendung der Be-
griffe Capital und Capitalismus auf die antiken Verhältnisse für unzulässig erklärt, vor allem von KARL MARX und den vielen, die bewusst
und unbewusst von ihm abhängig sind, um ganz zu schweigen von
den Phantasien von RODBERTUS und BÜCHER, die eine antike Oikenwirth-
schaft erfunden haben und eine naive Unkenntniss des weltgeschichtlichen Entwickelungsprocesses stolz zur Schau tragen. Wer die Anwend-
barkeit des Capitalbegriffs auf das antike Leben läugnet, vermag,
geblendet durch die abweichenden rechtlichen Formen, die wahre Gestalt des wirthschaftlichen Lebens der Zeit nicht zu erkennen. In Wirklichkeit steht Athen im fünften und vierten Jahrhundert ebenso sehr
unter dem Zeichen des Capitalismus, wie England seit dem achtzehnten
und Deutschland seit dem neunzehnten Jahrhundert. Die Vorherrschaft
der Sklaverei ist aus denselben Wurzeln erwachsen wie die der freien
Arbeit der Neuzeit. Vgl. meinen Vortrag in der Gehestiftung: die Sklaverei im Alterthum, Dresden 1898. — Zum Zinsfuss vgl. BILLETER, Gesch.
des Zinsfusses bis auf Justinian 1898; ferner BELOCH's Griech. Gesch. u. a.
— Sklaven auf Chios: Thuk. VIII, 40.

304. Durch diese Entwickelung wird der bürgerlichen Bevölkerung fortwährend Arbeitsgelegenheit entzogen. Zwar
haben zu alten Zeiten nicht nur freie, sondern selbst bürger-

liche Arbeiter auch in den niedrigsten Beschäftigungen, als
Lastträger, Gartenarbeiter u. a. ihr Brod verdient; aber in
manchen Betrieben, vor allem in der Fabrik und im Bergwerk,
gewinnt die Sklaverei die Alleinherrschaft so gut wie seit
Alters in der häuslichen Bedienung, und in vielen anderen
macht sie der freien Arbeit die schwerste Concurrenz. Auch
der Staat hält Sklaven nicht nur als Diener der Beamten, sondern ebenso ein zuverlässiges Polizeicorps von 300 skythischen
Schützen. Dazu greift der Capitalismus immer weiter um sich
und dringt auflockernd auch in die alten Berufe ein. Von den
scheinbar selbständigen Handwerkern haben offenbar nicht
wenige thatsächlich für grössere Unternehmer gearbeitet. Die
Krämer und Ladeninhaber, die für den täglichen Bedarf ihre
Waaren feil halten, werden von den grossen Fabrikanten und
Kaufleuten wirthschaftlich ebenso abhängig, wie etwa die
Geschirrführer und Bootsleute. Es wird sehr gewöhnlich, dass
wer ein kleines Capital hat, ein Geschäft kauft, in dem er einen
oder ein paar Sklaven für seine Rechnung arbeiten oder verkaufen lässt (vgl. pol. Ath. 1, 11. Xen. memorab. II, 7). Vornehme Leute legen ihr Geld in kaufmännischen Betrieben und
in der Rhederei oder in Bergwerken an. So hat Nikias, in
der zweiten Hälfte des Jahrhunderts der reichste Mann Athens,
eine Grube in Laurion gepachtet, deren Bewirthschaftung er
einem Thraker übergab; die 1000 Sklaven, die er bei diesem
einstellte, brachten ihm täglich einen Gewinn von einem
Obolen auf den Kopf, also jährlich 10 Talente (54,400 Mark).
Aehnlich hatten vorher Kallias und sein Sohn Hipponikos aus
dem Daduchenhause ihren Reichthum erworben, und machten
es viele andere (Xen. vect. 4, 14 f.). Auch der Grundbesitzer
beginnt Sklaven in weit grösserem Umfang als früher zu verwerthen: grössere Wirthschaften werden oft ganz einem Ver-
walter, meist einem tüchtigen Sklaven, überlassen, der Grund-
herr wird zum Capitalisten, der in der Stadt von seinen
Renten lebt. Auch Aufkauf kleinerer Güter durch Capitalisten,
die Grundbesitz erwerben wollten, wird nicht selten gewesen
sein. Durch diese ganze Entwickelung wird die Lage der Land-

bevölkerung noch weiter herabgedrückt. Wir dürfen uns durch
die vielen kleinen Bauern der Komödie nicht irre machen
lassen: ihre Existenz war erträglich und selbst behaglich nur
durch die fortwährenden Zuschüsse, die sie für ihre politischen
Functionen erhielten; ohne dieselben wäre ihre Lage längst
unhaltbar geworden.

305. Durch alle diese Momente entwickelt sich inmitten
des rasch wachsenden allgemeinen Wohlstandes und der stei-
genden Prosperität zahlreicher einzelner Individuen durch die
Wirkungen des Capitalismus eine an Zahl stets zunehmende
Bevölkerung, der ihr Erwerb verkümmert ist oder die überhaupt eine auskömmliche Beschäftigung nicht finden kann.
Nur der rasch fortschreitende politische und wirthschaftliche
Aufschwung des Staats ist die Ursache, dass diese verhängnissvolle Kehrseite der modernen Entwickelung so leicht übersehen
wird. Ihre verheerenden Consequenzen kamen nicht sofort
zu voller Geltung; erst als die Macht des Staats zusammenbrach, trat klar zu Tage, wie verwüstend zwei Menschenalter
capitalistischer Entwickelung gewirkt hatten. Zunächst aber
blendet die wachsende Prosperität, das freie Spiel der wirthschaftlichen Kräfte, welches wie bei jeder ähnlichen ökonomischen Umwälzung eine Fülle von Talenten frei macht und zu
voller Entfaltung ihrer Leistungsfähigkeit anreizt. Aber die
ständige Erweiterung der Absatzgebiete und die immer wachsenden Bedürfnisse des Staats haben doch nicht ausgereicht,
die aus ihren alten Lebensbedingungen gerissene Bevölkerung
zu absorbiren, die sich überdies, wie immer in Zeiten, wo die
Hoffnung auf Gewinn lockt, stark vermehrte; nur durch das
unmittelbare Eingreifen des Staats, die Coloniegründungen und
Ackeranweisungen und die Subventionen, welche er direct und
indirect der Bürgerschaft zukommen liess, ist es möglich gewesen, der Masse der Bürger eine auskömmliche Existenz zu
schaffen und die latente Krisis zu verschleiern, so dass sie
sich nicht in blutigen Revolutionen entlud, wie in so vielen
griechischen Gemeinden in der Tyrannenzeit und dann wieder
im vierten und dritten Jahrhundert. Wohl murren die Massen,

dass sie sich abmühen und im Kriege das Beste thun müssen
und doch von dem Gewinn nicht genug für sie abfällt; instinctiv empfinden sie den tiefen, im Wesen des Capitalismus
begründeten Widerspruch, dass er von jedem Bürger verlangt,
dass er arbeite, und Müssiggang und Bettel bestraft, aber das
Aequivalent dazu nicht bietet, das »Recht auf Arbeit«, die
Möglichkeit eines gesicherten Erwerbs. Aber sie wenden sich
nicht gegen die bestehende Rechtsordnung und die neue Gestaltung der Wirthschaft, sondern suchen innerhalb derselben
Hülfe beim Staat. Er hat seine Aufgabe damit noch nicht
erfüllt, dass er die Massen emancipirt, ihnen politische Rechte
verliehen, ihnen den Weg zu materiellem Gedeihen eröffnet hat:
er soll ihnen auch persönlich Antheil geben am Gewinn der
Gesammtheit, ihnen die Möglichkeit schaffen, ihre Rechte auch
wirklich auszuüben, und so die allgemeine Gleichheit zur Wahrheit machen. Wie der Krieger und der Matrose soll auch
der Beamte, der Rathsherr, der Richter für seine dem Staate
geleistete Thätigkeit einen Sold, eine Entschädigung für die
dadurch seinem Erwerb entzogene Zeit erhalten; und im übrigen
soll der Staat die materiellen Interessen der Massen nach Kräften
berücksichtigen und fördern. Das sind Forderungen, für die
die Capitalisten unbedenklich eintreten können. Sie können
die abhängigen Massen so wenig entbehren wie der Staat;
wenn sie ihre Ansprüche befriedigen, behalten sie die Bewegung
in der Hand und können um so sicherer ihre eigenen Interessen
durchsetzen und die Politik des Staates nach ihren Wünschen
lenken. Sind sie doch selbst durch das Princip der freien
Bewegung gross geworden: indem sie es bis in seine letzten
Consequenzen verfolgen, werfen sie die Gegner vollends zu
Boden und bahnen sich den Weg zur Uebernahme des Regiments. So gehen trotz aller Gegensätze von Arm und Reich
alle auf dem Boden des modernen grossstädtischen Lebens, des
Handels und der Industrie erwachsenen Elemente Hand in
Hand und bilden politisch nur eine einzige fortschrittliche
Partei mit radical-demokratischem Programm.

306. Ihr gegenüber stehen alle diejenigen Elemente, deren

Beruf in die ältere Gesellschaftsordnung hinaufragt. Auf dem
Lande schwindet der alte Gegensatz zwischen dem Grossgrundbesitzer und dem Bauern und Pächter. Zwar die Forderung einer indirecten staatlichen Unterstützung ist auch dem
kleinen Landmann sehr willkommen und er ist bereit, für sie
einzutreten; aber im übrigen empfindet er auf Schritt und
Tritt, dass die Interessen der städtischen Bevölkerung andere
sind als die seinen, dass er mit dem Grossgrundbesitzer zusammengehen muss und wie dieser in dem Capitalismus und
der capitalistischen Politik seinen gefährlichsten Gegner hat.
Zu dieser agrarischen Partei gravitirt auch ein Theil der
städtischen Bevölkerung, kleine Leute vom Zeugitencensus
etwa der Art wie später Sokrates, die ein Haus, ein Grundstück vor den Thoren, ein kleines Capital besitzen und mit
dem zufrieden sind, was ihnen die alte Ordnung gewährt,
während sie jede Neuerung mit Misstrauen betrachten; vielleicht auch Handwerker und Krämer, die in der alten Weise
ihr Geschäft fortbetreiben und sich durch die neuen Verkehrsformen in ihrer Existenz bedroht fühlen. Alle diese Kreise
sehen ihr Ideal in der Vergangenheit; sie möchten die Ordnung festhalten, welche Solon und Kleisthenes begründet haben,
sie sehen mit schweren Bedenken das Proletariat zu ausschlaggebender Bedeutung in der Volksversammlung anwachsen und
das Hoplitenheer, die eigentliche Wehrkraft eines gesunden
Volks, aus seiner Stellung im Centrum des Staatslebens verdrängen. Von einer Entschädigung für die Erfüllung der
Bürgerpflichten wollen sie nichts wissen, und nun gar eine
darüber hinausgehende Berücksichtigung der Massen und ihrer
Begehrlichkeit erscheint ihnen als Rechtsbruch, als Willkürherrschaft und Anarchie. So klammern sie sich an alles,
was der Durchführung der absoluten Volksherrschaft entgegen
steht; wenn man die gesetzlichen Schranken nicht mehr ver-
engen kann, sollen sie wenigstens nicht erweitert, der Antheil
der Massen am politischen Leben nicht noch vermehrt werden.

307. So geht der Riss, der die ganze griechische Welt
und in ihr jede einzelne Bürgerschaft spaltet, auch durch das

Volk von Athen. Auch hier stehen sich die conservative und die fortschrittliche Partei mit diametral entgegengesetzten Anschauungen und Forderungen gegenüber. Auch hier ist der Gegensatz durch die Lebensstellung der Einzelnen gegeben; aber er erscheint als freie Wahl, als Resultat einer richtigen Auffassung der Principien des politischen und socialen Lebens. Auch hier wirft jede Partei der anderen Befangenheit in verkehrten Anschauungen, Neuerungssucht oder verblendetes Festhalten an veralteten Ideen, vor allem aber schnöden Eigennutz vor, der sie wider besseres Wissen zu wilder Begehrlichkeit verführe. Das wahre Object des Kampfes ist die Herrschaft über den Staat. Den eigentlichen Kampfboden bildet daher der innerste Lebensnerv des Staates, die auswärtige Politik, sei es in der acuten Form von Krieg und Frieden, sei es in dem immerwährenden Ringen um die politische Richtung, die Beziehungen zu den fremden Mächten, die Mehrung des Einflusses, die Förderung der Handelspolitik. Die Schlagworte dagegen entlehnen beide Parteien der politischen Theorie, den Principien der inneren Gestaltung des Staats. Hier vertritt jede Partei eine unerschütterliche Ueberzeugung, die ihr auf zwingender logischer Nothwendigkeit zu beruhen scheint, während sie doch nur der Ausdruck ihrer vitalsten Interessen ist.

308. Wie im modernen Europa der Kampf der Parteien zunächst um die Frage getobt hat, ob dem Monarchen oder der Majorität der Volksvertretung die Entscheidung zustehen soll, wie daher in England die Parteien sich nach der Frage scheiden, ob das legitime Herrscherhaus oder der vom Parlament eingesetzte König den Thron innehaben solle, so hat sich in Athen der Parteikampf auf die Frage nach der Stellung des Areopags zugespitzt. Der Areopag war der Hemmschuh der fortschrittlichen Entwickelung; da er über der Aufrechterhaltung der Gesetze zu wachen hatte, konnte er jede Verfassungsänderung verhindern. So musste er zunächst seiner politischen Macht entkleidet werden, wenn das demokratische Programm durchgeführt werden sollte. Was hatte es denn auch für eine innere Berechtigung, dass die Beschlüsse des

souveränen Volks der Controlle einer Körperschaft reicher
Männer unterlagen, die zwar das Herkommen ganz gut kannten
und als Blutrichter tadellos functioniren mochten, die aber
politisch niemals das Geringste bedeutet hatten, sondern beliebig durch das Loos zusammengewürfelt waren? Gebe man
doch dem Volk die Bahn frei; es weiss selbst am besten, was
ihm und damit der Gesammtheit, dem Staate, nutzt. Nichts
thörichter, als der Glaube, wer seine eigenen Angelegenheiten
vernünftig besorgen kann, sei nicht im Stande, über politische
Fragen sich ein richtiges Urtheil zu bilden oder wenigstens
instinctiv das Richtige zu treffen. Und wozu wird denn in
den Volksversammlungen debattirt, als um die Menge aufzu-
klären und die richtige Ansicht allen greifbar herauszuschälen?
Dass der gemeine Mann seinen Geschäften nachgehen und
sich um den Staat nicht kümmern solle, entspricht dem idealen
Staatsbegriff so wenig, dass vielmehr wer so lebt als ein un-
brauchbarer Mensch zu bezeichnen ist, der nicht verdient,
Bürger zu sein. Besorgt man aber, dass wenn die Furcht
und die Controlle durch eine vom Volke unabhängige Körperschaft wegfällt, das Volk sich zu Ungerechtigkeiten und Ge-
setzesverletzungen hinreissen lässt, so ist das ein ganz unbe-
rechtigtes Misstrauen gegen den gesunden Sinn des Volks und
die tief in seiner Brust wohnende Scheu vor dem Gesetz. Auch
sind ja die Beamten und die Gerichte dazu da, über der Befolgung von Recht und Gesetz zu wachen, und das schönste
aller Gesetze Solons, der eigentliche Grundpfeiler der bürgerlichen Gleichheit, gibt jedem Athener das Recht, sich des
Misshandelten, also auch der verletzten Gesetze, anzunehmen
und für sie Klage zu erheben. Soll aber das Ideal der Demokratie, zu dem sich ganz Athen bekennt und durch das es
alle Feinde besiegt hat, die rechtliche und sociale Gleichheit
Aller (ἰσονομία und ἰσηγορία), zur Wahrheit werden, so muss
dem Aermeren die Betheiligung an Aemtern und Gericht von
Staats wegen ermöglicht werden; sonst bleibt trotz aller Ver-
fassungsparagraphen die Regierung thatsächlich immer in den
Händen der »Wenigen«, der Minorität der Besitzenden. Das

ist nichts weniger als eine Bereicherung der Massen auf Kosten
der Besitzenden oder der Unterthanen: der Staat soll dem
Aermeren nur geben, was ihm als Bürger zukommt, der für
das Vaterland sein Leben so gut in die Schanze schlagen
muss, wie der Reiche. Schon in älterer Zeit hat man dem
gesammten Volk Antheil gegeben an den Opferschmäusen und
den grossen Festen und dadurch die höhere Bildung, ehemals
ein Vorrecht der Adligen und Reichen, zum Gemeingut des
gesammten freien Volks gemacht. Auf diesem Wege soll man
fortfahren, die Feste vornehm und glänzend ausstatten, Turn-
hallen und Bäder der Masse zugänglich machen. Es ist nur
billig, wenn diese an den Vortheilen, die aus der von ihr er-
kämpften Machtstellung Athens fliessen, Antheil erhält, wenn
die Reichen, die ihren Wohlstand den Erfolgen des Staats
verdanken, und die abhängigen Gemeinden, denen Athen die
Feinde abwehrt, dazu beisteuern. So wird dem gesammten
Volk ein menschenwürdiges Dasein und eine homogene Bildung gewährt. Das wird jedem Bürger in seinem Beruf wie
in seiner Thätigkeit für den Staat zu Gute kommen und so
auch die Leistungsfähigkeit des ganzen Staats heben. So wird
wie im Geschäftsleben so auch in der Politik an Stelle der
vornehmen Geburt und des Cliquenwesens die Intelligenz freie
Bahn gewinnen und, was allein dem Staatswohl entspricht,
der wirklich Einsichtige den entscheidenden Einfluss gewinnen,
mag er reich oder arm, vornehm oder gering sein. Dadurch
werden alle Unterschiede der Stände aufgehoben und eine wirkliche Einheit des Volks geschaffen. Damit fällt auch der Vorwurf
in sich zusammen, die radicale Demokratie sei eine Herrschaft
der Masse, des Pöbels, über den Staat. Denn »in der Menge
ist die Gesammtheit enthalten« (ἐν γὰρ τῷ πολλῷ ἔνι τὰ πάντα
Herod. III, 80, vgl. Thuk. II, 37, 1). In Wahrheit ist die
radicale Demokratie das Selbstregiment des gesammten freien
Volks, und wenn die »Wenigen« das bestreiten und behaupten
vergewaltigt und unterdrückt zu werden, so sprechen sie, indem sie selbst sich vom Volke ausschliessen, sich selbst das
Urtheil.

Es bedarf kaum der Bemerkung, dass die hier gegebene Schilderung der Ideale der Demokratie durchweg fast wörtlich aus Thukydides' Leichenrede (vgl. §. 389 A.) und ihrem Gegenbilde, der πολιτεία Ἀθηναίων, entnommen ist. Im übrigen ist die gesammte poetische und prosaische Literatur der Zeit von diesen Gedanken und Gegensätzen beherrscht; vor allem sind Euripides' Hiketiden zu vergleichen. Die Discussion über die drei Idealverfassungen bei Herodot III, 80—82 (vgl. V, 78) zeigt, dass diese Fragen in der Zeit des Perikles in derselben Weise discutirt worden sind, wie in der des Sokrates und Plato. — ἰσηγορία und ἰσονομία Herod. III, 80. 142. V, 78. Eurip. Hiket. 429 ff. — Einen Nachhall des grossen Entscheidungskampfes geben Aeschylos' Eumeniden, aufgeführt Frühjahr 458, mit der scharfen Betonung des Satzes μήτ᾽ ἄναρχτον βίον μήτε δεσποτούμενον αἰνέσῃς 526, was in Athenas Rede bei Einsetzung des Areopags 698—708 weiter ausgeführt wird. [Nach dem demokratischen Ideal bei Thuk. II, 37, 3 liegen dagegen δέος und αἰσχύνη im δῆμος selbst; Aeschylos dagegen fordert μὴ τὸ δεινὸν πᾶν πόλεως ἔξω βαλεῖν· τίς γὰρ δεδοικὼς μηδὲν ἔνδικος βροτῶν;]

309. Durch die Erfolge der äusseren Politik ist die demokratische Partei emporgekommen. So fordert sie ein Fortschreiten auf der betretenen Bahn. Die Bundesgenossen soll man in voller Abhängigkeit halten, überseeische Besitzungen zu Landanweisungen an die ärmeren Bürger vertheilen, den Machtbereich Athens erweitern, ihm neue Absatzgebiete erschliessen. Dass eine derartige Politik nothwendig zum hellenischen Krieg führen muss, kümmert sie wenig. Zur See können die Gegner Athen nichts anhaben; sollten sie einmal in Attika einfallen, so schadet das Handel und Industrie nicht viel, so lange Athen und sein Hafen uneinnehmbar sind und die See offen haben. Bei der städtischen Bevölkerung ist der Krieg durchaus populär; er scheint wenig Gefahren zu bringen, wohl aber leichten Sieg und reiche Beute. Man fühlt sich des Sieges sicher, man glaubt sich allen Gegnern überlegen und im Stande ein grosses Reich über Hellas aufzurichten, ja womöglich die ganze Mittelmeerwelt Athen zu Füssen zu legen. Ueberall in der griechischen Aristokratie gibt es eine Partei, welche den Umsturz der bestehenden Verfassung erstrebt, in Athen den natürlichen Bundesgenossen sieht und nur darauf wartet, den attischen Demokraten die Hand zu

bieten. Ueber die Grenzen der Einzelstaaten hinweg vollzieht
sich die Allianz der grossen Parteien, welche alle Gemeinden
zerreissen; das Parteiinteresse macht dem Staatsinteresse energisch Concurrenz. Es sind die Gedanken der Politik des
Themistokles, welche die attische Demokratie in erweiterter
Form wieder aufnimmt. Der Todfeind der Demokratie und
des Aufschwungs Athens ist Sparta, der verknöcherte Staat,
der von Unterdrückung und brutaler Gewalt lebt, nichts anderes
kennt als Turnen und Exerciren, jede freie Bewegung im
Inneren wie draussen niedertritt, gegen alles Fremde und
Moderne sich absperrt. Ohne allen Grund beansprucht es
den Primat in Hellas; im Perserkrieg hat es Athen die Haupt-
leistung überlassen und nur lau unterstützt, seitdem tritt es
ihm überall hindernd in den Weg. Der natürliche Bundesgenosse der attischen Demokratie dagegen ist Argos, der alte
Feind Spartas. Im Perserkrieg freilich stand es auf feindlicher Seite; aber es konnte nicht anders, weil es sich Spartas
erwehren musste, und der nationale Defect wird durch seine
demokratischen Institutionen mehr als aufgewogen. Ueberhaupt sind die Gegensätze der Perserzeit obsolet geworden: den
Grosskönig hat Athen so gründlich gedemüthigt, dass von
ihm keine Gefahren mehr drohen. So wird, was bei Themistokles das Resultat kühler politischer Erwägung war, jetzt
Sache des Temperaments, der durch den Parteikampf leiden-
schaftlich erregten Stimmung..

310. In allen diesen Fragen, im Inneren wie nach aussen,
steht die conservative Partei auf dem entgegengesetzten Standpunkt. Sie will das Bestehende erhalten: durch die alten
Einrichtungen ist Athen gross geworden, welcher Frevel wäre
es, sie jetzt anzutasten. Dass eine Autorität im Staate vorhanden ist, welche nur der Gottheit und ihrem Gewissen verantwortlich über den Gesetzen wacht, erscheint ihr als gebieterische Nothwendigkeit: wer vermöchte sonst die blinden
ewig begehrlichen Massen im Zaum zu halten? Mit dem Bestand der Flotte hat man sich versöhnt; aber sie soll das
Landheer nicht in den Hintergrund drängen, die Besitzenden,

die Hopliten sollen der Schwerpunkt Athens bleiben. Dass
auch die ärmeren Bürger in Heer und Flotte dienen, ist ihre
Pflicht gegen den Staat, der sie beschützt und ihnen unzählige
Wohlthaten erweist; dass sie Zutritt zu den Aemtern und Entschädigung dafür verlangen, ist eine unerhörte Anmassung,
die Besoldung der Aemter eine Umkehr jeder gesunden Staatsordnung. Die Besitzenden leisten dem Staat noch weit mehr;
sie üben sich ihr Leben lang für den Krieg, sie setzen im Handgemenge ihr Leben ganz anders ein als die Ruderer, und überdies liegt auf ihnen der ganze Druck der Liturgien und der
Vermögenssteuer. Mit Freuden erfüllen sie ihre Pflicht gegen
den Staat, aber dafür haben sie auch Anspruch auf die
leitende Stellung. Gerade hier tritt die wirthschaftliche Grundlage des Parteikampfes deutlich hervor: die Capitalisten wollen
die Massen und den Staat ebenso gut beherrschen wie die
Agrarier, aber sie treten für die Forderungen der Menge ein,
weil die demokratische Gestaltung des Staats ihnen am meisten
zu Gute kommt; der agrarischen Partei dagegen scheint es
ein schweres Unrecht, eine Fütterung des Pöbels auf ihre
Kosten, wenn seine Ansprüche erfüllt werden. Die allgemeine
Gleichheit ist in ihren Augen eine Theorie, welche der Begehrlichkeit der Menge schmeichelt, aber die thatsächlich vorhandenen
Unterschiede nicht aus der Welt schafft; es ist nicht wahr, dass
jeder Bürger ohne weiteres befähigt ist über politische Fragen
mitzureden und am Regiment Theil zu nehmen. Wie kann
der Handwerker oder gar der Matrose und Tagelöhner, der
sein ganzes Leben in sklavischer Beschäftigung verbringt, über
die Aufgaben des Staats und überhaupt über geistige und
sittliche Dinge ein Urtheil haben? Für jede andere Thätigkeit fordert man Befähigung und Vorbildung, jede Arbeit lässt
man nur von dem ausführen, der sie gelernt und sich als
geschult erwiesen hat; wie sollte es in der Politik anders
sein? Dass sie das empfinden, zeigen ja die Massen selbst,
sobald es sich um militärische Dinge handelt. Niemals ist jemand auf den Gedanken gekommen, auch die Officiersstellen
durch das Loos zu besetzen; sein Leben will jeder Bürger

nur dem anvertrauen, der sich als tüchtig bewährt hat. So
gebührt auch die politische Leitung nur denen, die durch
freiere Lebensstellung und auskömmlichen Besitz, durch Geburt und Erziehung zu politischer Thätigkeit berufen sind,
den »Besten« und »Tüchtigen«, die ihren Intellect geschult,
ihren Körper gestählt, ihre Leidenschaften durch Vernunft und
Erfahrung gebändigt haben. Wollen die Massen selbst regieren, so entsteht die Pöbelherrschaft, die Umkehrung der
natürlichen Ordnung, die Herrschaft der »Schlechten« und
des »Gesindels« über die »Guten«. Nach wie vor ist die
Landwirthschaft der wichtigste, einzig des wahren Bürgers
würdige Beruf, auf dem die Lebenskraft des Staats beruht;
ihre Interessen müssen daher allen anderen vorangehen. Wenn
es sein muss, werden auch die Conservativen einen Kampf
mit den continentalen Staaten nicht scheuen; dann wird sich
zeigen, dass das Hoplitenheer noch immer den Kern der attischen Wehrmacht bildet. Die Boeoter oder Megara und
Aegina wird man ganz gern noch weiter demüthigen, das
Landgebiet Attikas erweitern; das haben die Vorfahren auch
gethan. Die Bundesgenossen soll man beschirmen, wie man
verheissen hat, und darauf halten, dass sie ihre Leistungen
an Athen erfüllen; aber man soll sie nicht drücken, vielmehr ihnen alle Freiheit lassen, die sich damit verträgt. Von
einer radicalen Expansionspolitik wollen die Conservativen
nichts wissen. Die eigentliche Aufgabe Athens ist nach wie
vor der Krieg gegen Persien; noch ist die Zerstörung Athens,
die Verbrennung seiner Tempel nicht gerächt, noch die Wiederkehr der Gefahr nicht ausgeschlossen. Ein Pactiren mit dem
Landesfeind wäre der schwerste Schlag für die Ehre Athens.
Deshalb soll man festhalten am hellenischen Bund und an
der Freundschaft mit Sparta. Hat sie doch herrliche Früchte
getragen; ist doch Sparta das Vorbild althellenischer Mannes-
zucht und Bürgertugend gegenüber der in Athen immer stärker
einreissenden Zuchtlosigkeit und Wankelmüthigkeit. »Da sind
die Spartaner doch ganz andere Leute« (ἀλλ' οὐ Λακεδαιμόνιοί
γε τοιοῦτοι, Stesimbrotos bei Plut. Cim. 16) hat Kimon den

Athenern oft genug vorgehalten. Zugleich ist Sparta der Hort
der conservativen Interessen; je kecker die Gegenpartei ihr
Haupt erhebt, desto mehr richten die Conservativen ihre Augen
dorthin und hoffen im Bunde mit ihm ihre Herrschaft zu behaupten und zu stärken.

311. Unter den beiden Parteien waren die Anhänger
des Alten numerisch vielleicht noch die stärkeren. Aber sie
sind schlecht organisirt, sie wohnen weit durch das Land zerstreut und können sich vollständig nie, in grosser Zahl nur
bei besonders wichtigen Anlässen in der Volksversammlung
zusammenfinden; überdies haben sie den Nachtheil der Defensive. Die Fortschrittler dagegen haben ihren Anhang in
der Hauptstadt beisammen; sie können geschlossen vorgehen.
Sie haben den Vortheil des Angriffs und der Kritik. Sie bekämpfen das Bestehende, sie schaaren alle Missvergnügten und
Unzufriedenen um sich und stellen ihnen eine Besserung ihrer
Lage in Aussicht. Sie fühlen sich getragen von den Idealen
der neuen Zeit, die sie der Verwirklichung entgegen führen
wollen. So gewinnen sie die Herzen der Jugend, während die
Alten mürrisch abseits stehen. In glänzenden Farben können
sie ihr Programm ausmalen; die materiellen Interessen, die
dahinter stehen, treten zurück, während die Gegner nicht nur
als Vertheidiger eines verlorenen Postens, sondern auch als
herzlose, jeder höheren Auffassung baare Egoisten erscheinen.
Und doch sind die Gegner den Demokraten in einem Punkte
überlegen. So blendend die Idee der bürgerlichen Gleichheit
erscheint, den Thatsachen entspricht sie nicht. Die Unterschiede der Stände sind nun einmal vorhanden und erzeugen
sich immer aufs neue. Mag thatsächlich die Macht des Capitalismus noch so bedeutend sein, gesellschaftlich hat er doch
nicht dieselbe Geltung wie die alten Stände. Die Landwirthschaft gilt nun einmal zu allen Zeiten als der höchste Beruf,
der Stand der Grundbesitzer als der erste. Ihm zunächst
steht der Kaufmann; schon Hesiod hat trotz alles Sträu-
bens neben dem Ackerbau den Handel als berechtigten Erwerb anerkennen müssen. Der reich gewordene Fabrikant

dagegen kann auch in entwickelten Industriestaaten nur schwer
das gleiche Ansehen gewinnen — ein so demokratisch ge-
sinnter Schriftsteller wie Herodot bezeichnet es als Besonderheit
von Korinth, dass hier die Fabrikanten nicht gering geschätzt
werden. Im allgemeinen gelten erst die Söhne der reichen
Industriellen, wie z. B. Sophokles, als vollberechtigt. Das
reine Geldgeschäft vollends, so unentbehrlich es geworden ist
und so wenig sich auch die vornehmen Stände ganz von
ihm fernhalten können, gilt immer als anrüchig. Zinsen
nimmt jeder; aber trotzdem ist er überzeugt, dass der Zins
eigentlich nicht besser ist als Erpressung und Wucher, dass
es widernatürlich ist, wenn das Geld sich vermehren soll wie
Pflanzen und Thiere — wie viel ehrbare Geschäfte im letzten
Grunde von Darlehensgeschäften nicht verschieden sind, kommt
nicht zum Bewusstsein. Es ist eine seltsame Befangenheit,
wenn nicht wenige moderne Schriftsteller glauben, dass unsere
Zeit anders darüber dächte. In einer Uebergangsepoche, wo
die neuen Verhältnisse sich erst durchsetzen wollen, in einem
Staate, in dem Jahrhunderte lang ausschliesslich der Adel das
Regiment geführt hat, treten diese Anschauungen nur um so
schärfer hervor; sie lassen sich nicht mit einem Schlage beseitigen wie ein Gesetz. Die Masse folgt wohl dem Rathe
eines Emporkömmlings, wenn sie meint, dass es ihr vortheil-
haft ist; aber ihren Führer sieht sie nicht in ihm, und wenn
er noch so begabt und scharfsichtig ist. So scheitert die
Gleichheitstheorie in der Praxis an der gesellschaftlichen Ordnung und an dem Instinct der Menge. Wer das Volk dauernd
leiten will, muss über ihm stehen. Trotz alles Geredes von
dem Eigennutz der vornehmen Herrn betrachtet das Volk sie
ebenso gut als die geborenen und berufenen Staatsmänner,
wie sie sich selbst. Daher behält der Adel noch lange seinen
Einfluss, auch als alle seine Vorrechte beseitigt sind. Versteht
der vornehme Mann nur einigermassen, den dringendsten Anforderungen der demokratischen Partei Rechnung zu tragen,
so kommt er zu Aemtern und Ehren und gilt als unentbehrlich, auch wenn er ihr nicht angehört. Um so gewaltiger

ist die Wirkung, wenn ein Mann aus vornehmem Hause von
bedeutender politischer Begabung, mit klarem Einblick in die
Aufgaben der Zeit, an die Spitze der demokratischen Partei
tritt und seine Ziele mit den ihren identificirt. Dann ist er
der wahre Führer des Volks, gegen den jeder andere in den
Schatten tritt; dann kann er eine Macht und einen Einfluss
gewinnen, der weit über die Parteien hinausgreift, selbständig
und übermächtig zwischen sie tritt und die Geschicke des
Staats mit seiner Person unauflöslich verbindet.

Kimon, Ephialtes und Perikles. Beginn der Parteikämpfe.

312. Seit dem Ostrakismos des Themistokles war Kimon
der erste Mann Athens. Dass als bei den Dionysien im Frühjahr 468 der junge Sophokles zum ersten Male als tragischer
Dichter auftrat und den Wettkampf mit Aeschylos wagte, der
Archon Apsephion gegen alles Herkommen die Entscheidung
dem Kimon und seinen Collegen in der Strategie übertrug,
ist bezeichnend für die Stellung, die er in der öffentlichen
Meinung einnahm. Auch im übrigen Griechenland gab es seit
Pausanias' Tode keinen, der ihm gleich kam. Mit Sparta
stand er in engster Verbindung, auch die Elier und Thessaler
vertrat er in Athen als Proxenos; Lakedaimonios, Eleios und
Thessalos hat er danach seine drei Söhne erster Ehe genannt.
Aber trotz aller Popularität des gefeierten Feldherrn konnte
die innere Unhaltbarkeit seiner Stellung auf die Dauer nicht
verborgen bleiben. Er war Aristokrat vom Scheitel bis zur
Sohle, der geborene Vertreter der conservativen Partei. Sein
ganzes Streben ging auf Wahrung der alten Ordnung und
Sitte, der Herrschaft der Grundbesitzer unter Führung des
Adels. Seine äussere Politik war durchaus idealistisch. Aufrechterhaltung des hellenischen Bundes und Zusammengehen
mit Sparta, Fortführung des Perserkriegs und Mässigung gegenüber den Bundesgenossen waren seine Ziele. Und doch hatte
gerade er von allen Lebenden am meisten dazu gethan, dass

sein Programm unhaltbar wurde. Das Schwergewicht der
Verhältnisse hatte eine bundesgenössische Gemeinde nach der
andern zum Aufstand getrieben, und er hatte sie unterwerfen
müssen; seine Siege hatten den gewaltigen Aufschwung Athens
herbeigeführt, sie waren in erster Linie der Flotte, dem Handel,
der demokratischen Partei zu Gute gekommen; und vor allem,
sie hatten die Fortdauer der Allianz mit Sparta und den
Peloponnesiern unmöglich gemacht. Für Kimon war ein Pactiren mit den Gegnern ausgeschlossen; wollte die radicale
Partei zum Ziele gelangen und die äussere Politik in die
Bahnen lenken, welche die Umstände gebieterisch forderten,
so musste zunächst sein Einfluss gebrochen werden. So verbindet sich mit dem Principienkampf aufs neue der persönliche Kampf um die Stellung des leitenden Staatsmanns. An
die Spitze der Opposition treten die Männer, welche in Kimon
den Gegner ihrer Ansprüche sehen und selbst seine Stellung
einzunehmen trachten.

Preisgericht unter Apsephion: Plut. Cim. 8 [dazu WILAMOWITZ.
Arist. und Athen I, 146, vgl. §. 276 A.]; vgl. chron. par. 56. Kimons
Söhne: Forsch. II, 48 f.

313. Der Coalition zwischen Kimon und den Alkmeoniden
war Themistokles erlegen; mit der Erreichung des Ziels fiel
der unnatürliche Bund auseinander. Die Alkmeoniden hatten
sich Kimons bedient, um den gefährlichsten Gegner zu Fall
zu bringen; die Herrschaft erstrebten sie für sich selbst. So
kam es, trotz der Verschwägerung, alsbald zum vollen Bruch.
Inzwischen war dem Hause in Xanthippos' Sohn Perikles ein
Führer herangewachsen, der befähigt war, seine Ansprüche
durchzusetzen. Perikles fühlte sich als den Erben seines mütter-
lichen Grossoheims Kleisthenes; die Stellung, die dieser eingenommen hatte, wollte er sich erringen. Als sein politischer
Erzieher wird Damonides aus dem Demos Oa genannt; er
habe ihm die Wege gezeigt, durch die er die Bedürfnisse des
Volks befriedigen und so sich in den Besitz der Macht setzen
könne. Damonides war zugleich musikalischer und politischer
Theoretiker; in den Anfängen der griechischen Speculation,

wo man die Welt als Einheit zu erfassen suchte und überall
Beziehungen und Analogien fand, ist eine Verbindung beider
Theorien nichts Ungewöhnliches. Er stand nicht hoch genug,
um selbst politisch wirksam zu sein; aber er hat die Ansprüche der Demokratie ausgebildet und systematisirt. Perikles
hat das demokratische Programm rückhaltlos acceptirt und
mit voller Energie vertreten. Ob er aus persönlichen Motiven oder aus innerster Ueberzeugung sich der Demokratie
angeschlossen hat, ist eine Frage, die in dieser Fassung überhaupt nicht gestellt werden darf. Jedem grossen Staatsmann,
der den Beruf und die Kraft zu wirken in sich fühlt, stehen
auch die Wege klar vor Augen, die allein zum Ziele führen
können; und eben daraus erwächst ihm die Ueberzeugung
von der inneren Berechtigung seiner Gedanken und die Kraft
zu heilsamer Wirksamkeit; sonst müsste er an sich verzwei-
feln. So lenkt Perikles ein in die Bahnen des Themistokles;
er wird der Erbe und Vollender der Politik des Mannes, den
sein Haus bekämpft und in den Tod getrieben, an dessen Verfolgung er als junger Mann wahrscheinlich selbst mitgearbeitet
hat. Er verbindet sich mit den Resten der themistokleischen
Partei. An der Spitze derselben stand Ephialtes, der Sohn
des Sophonides. Unter allen grossen attischen Staatsmännern
ist er derjenige, von dem wir am wenigsten wissen, trotz der
ausserordentlichen Bedeutung seiner Wirksamkeit; sein Andenken ist durch Perikles in den Hintergrund gedrängt worden.
Er wird als ein unbestechlicher, persönlich unbescholtener
Mann gerühmt. Aber es war, so scheint es, ein leidenschaftlicher Charakter, der mit Fanatismus die demokratischen Ideen
verfocht und die Gegner bitter bekämpfte, was diese ihm mit
blutigem Hass vergalten. Ephialtes war der ältere und schon
lange politisch thätig; so fiel ihm zunächst die führende Rolle
zu. Im Anschluss an ihn und als Hauptförderer seiner Politik
suchte Perikles in die Höhe zu kommen. Zahlreiche Genossen
und Gehülfen standen ihnen zur Seite, die zum Theil zeitweilig grosse Bedeutung gehabt haben mögen; aber mit wenig
Ausnahmen sind selbst ihre Namen für uns verschollen.

Damonides oder Damon (Δάμων Δαμονίδου Ὄαθεν St. Byz. s. v. Ὄα; bei Arist. und Plut. Οἴηθεν), als Cheiron, der Perikles aufgezogen hat, angeredet Plato com. bei Plut. Per. 4; als Musiker und pol. Theoretiker bei Plato Laches 180 d. 197 d. 200 a. b [wo er zum Schüler des Prodikos gemacht und sein Verhältniss zu Perikles auf Nikias übertragen wird]; rep. III, 400 b. IV, 424 c (οὐδαμοῦ γὰρ κινοῦνται μουσικῆς τρόποι ἄνευ πολιτικῶν νόμων τῶν μεγίστων, ὥς φησί τε Δάμων καὶ ἐγὼ πείθομαι). Dementsprechend ist bei Isokr. 15, 235 Perikles Schüler des Anaxagoras und des Damon τοῦ κατ᾽ ἐκεῖνον τὸν χρόνον φρονιμωτάτου δόξαντος εἶναι τῶν πολιτῶν. Als Lehrer und Vertrauter des Perikles neben Pythokleides (vgl. Plut. Per. 4) und Anaxagoras auch [Plat.] Alk. I, 118 c. — Arist. pol. Ath. 27: Damon, ὃς ἐδόκει τῶν πολλῶν εἰσηγητὴς εἶναι τῷ Περικλεῖ· διὸ καὶ ὠστράκισαν αὐτὸν ὕστερον; daraus Plut. Per. 9. Genaueres wusste man nicht; die oligarchische Schrift, der Arist. folgt, führt auf ihn speciell die Köderung des Volks durch die Richterdiäten zurück, zu der Perikles gegriffen habe, weil sein Vermögen nicht ausreichte, mit Kimons Freigebigkeit zu wetteifern. Das hat Aristoteles ganz ernsthaft nacherzählt! — Im allgemeinen vgl. Wilamowitz. Hermes XIV, 318. Arist. I, 134 und über Damons musikalisch-politische Schrift in Form einer Rede an die Areopagiten, an deren Aechtheit zu zweifeln kein Grund vorliegt, Büchler, Rh. Mus. 40, 309. — Ephialtes: αὐξανομένου δὲ τοῦ πλήθεος γενόμενος τοῦ δήμου προστάτης Ἐφιάλτης ὁ Σοφωνίδου, καὶ δοκῶν ἀδωροδόκητος εἶναι καὶ δίκαιος πρὸς τὴν πολιτείαν ἐπέθετο τῇ βουλῇ Arist. pol. Ath. 25. Die thörichte Anekdote von seinem Zusammenwirken mit Themistokles gegen den Areopag wird doch den Kern haben, dass E. mit Th. in Verbindung gestanden hatte, wie er sein Werk fortsetzte. Jedenfalls muss er 462 schon lange politisch thätig gewesen sein. Auf Aristoteles gehen die Daten der biographischen Literatur zurück (Plut. Cim. 10. 15. Per. 7. 10); selbständig und gewiss authentisch ist nur noch Plut. Cim. 16, seine Opposition gegen das spartanische Hülfsgesuch. Eine anekdotische Erweiterung ist seine Armuth Aelian v. h. XIII, 39. XI, 9 (= II, 43. III, 17). Plato erwähnt ihn nie, Isokrates schweigt mit Absicht von ihm, weil er sein Werk hasst. Isokrates' Auffassung gibt Ephoros bei Diod. XI, 71 wieder δημαγωγὸς ὢν καὶ τὸ πλῆθος παροξύνας κατὰ τῶν Ἀρ. cet.; seine Ermordung ist die gerechte Strafe.

314. Bald nach der Eurymedonschlacht wird der Kampf begonnen haben; die dreijährige Abwesenheit Kimons in dem thrakisch-thasischen Feldzug (465—463) gab seinen Gegnern die Bahn frei. Ephialtes begann mit persönlichen Angriffen gegen die Areopagiten, Processen und Hinrichtungen wegen Unterschleifs und Amtsmissbrauchs. Auch der Vorwurf, dass

die vornehmen Herrn im Rath gegen die Demokratie con-
spirirten, den eine Anekdote von Themistokles inscenirt werden lässt, hat gewiss nicht gefehlt. Daneben müssen die
Anträge auf Verfassungsänderung, das Ringen in der Volksversammlung einhergegangen sein. Die Trübung des politischen Horizonts, die geheime Verbindung zwischen Sparta und
Thasos konnte nicht verborgen bleiben. Als Kimon endlich
sieggekrönt heimkehrte, fand er die Situation vollständig verändert; statt des Jubels der Massen erwartete ihn der Vorwurf, er habe sein Amt missbraucht, die Forderung der
Rechenschaftslegung. Die Volksversammlung stimmte den Beschuldigungen zu; wie es scheint, wurde Kimon vom Amte
suspendirt. Zur Führung der Anklage wurden, dem attischen
Rechte entsprechend, Anwälte bestellt, unter ihnen Perikles.
Man beschuldigte ihn, er habe Athens Interessen Preis gegeben, indem er, vom König Alexander bestochen, die Gelegenheit zur Bekriegung Makedoniens vorübergehen liess.
Aber man kam nicht zum Ziel. Elpinike verhandelte auch
diesmal wieder mit Geschick, und wenigstens Perikles hatte
nicht den Wunsch, die Sache zum äussersten zu treiben. Es
kam hinzu, dass der Vorwurf wenig geschickt und sachlich
nicht zu begründen war — man sieht, dass die Gegner nach
jedem Vorwand gegriffen hatten, der sich verwenden liess.
Vor allem aber war Kimons Ansehen noch zu tief gewurzelt,
als dass man die Klage mit Erfolg hätte durchführen können.
So hat Perikles sie nur lau vertreten; Kimon wurde frei gesprochen und für das nächste Jahr aufs neue zum Strategen
gewählt. Er war noch immer der erste Feldherr und der
leitende Staatsmann Athens.

Process Kimons: Plut. Cim. 14 = Per. 10 (die Intervention der
Elpinike nach Stesimbrotos; dazu eine schlecht erfundene Vertheidigungsrede Kimons); Arist. pol. Ath. 27 mit völlig verschobener Chronologie;
in arger Confusion, mit Miltiades' Process vermengt, bei Demosth. 23, 205.

315. Während dessen hatten die Spartaner vergeblich
versucht, der festen Stellung der Messenier auf dem Ithome
Herr zu werden; in den Künsten regelrechter Belagerung waren

sie ganz unbewandert. Daher wandten sie sich um Bundeshülfe wie an ihre übrigen Bundesgenossen so an Athen. Die
Athener hatten in letzter Zeit im Festungskrieg grosse Uebung
gewonnen; man durfte hoffen mit ihrem Beistand die Bergfeste zu bezwingen. Durch das Hülfsgesuch wurde der Streit
der Parteien über die äussere Politik entfesselt. In der That
schien es eine seltsame Zumuthung, dass Athen den Staat,
der soeben erst einen Einfall in Attika geplant hatte, aus
seinen Nöthen befreien solle. Man solle sich freuen, meinte
Ephialtes, dass der anmassende Rivale gedemüthigt sei, aber
ihm nicht aufhelfen. Dagegen trat Kimon mit aller Energie
für die Hülfsleistung ein; das Gedeihen von Griechenland be-
ruhe auf dem Zusammengehen der beiden Grossmächte, die
wie Stiere den Wagen von Hellas zögen; man dürfe nicht
dulden, dass Hellas lahm werde und Athen allein am Joch
ziehe. Sein Einfluss war noch so gross, dass er seine Ansicht durchsetzte; mit starker Truppenmacht zog er im Sommer 462 den Spartanern zu Hülfe.

Gesandtschaft der Spartaner unter Perikleidas: Aristoph. Lysistr.
1137. mit starker Uebertreibung. Aeusserungen des Kimon (nach Ion)
und des Ephialtes (aus derselben Quelle?) Plut. Cim. 16. Hülfszug
Kimons πλήθει οὐκ ὀλίγῳ Thuk. I, 102, mit 4000 Hopliten Aristoph.,
μετὰ πολλῶν ὁπλιτῶν Kritias bei Plut. l. c., nach dem Kimon τὴν τῆς
πατρίδος αὔξησιν ἐν ὑστέρῳ θέμενος τοῦ Λακεδαιμονίων συμφέροντος die Hülfe
durchsetzt; ungenau Xen. Hell. VI, 5, 33. Hülfsleistung der Aegineten
Thuk. II, 27. IV, 56, der Mantineer Xen. Hell. V, 2, 3; auch Plataeae
sandte ein Hülfscorps Thuk. III, 54. — Bei Plut. Cim. 17 ist durch
Flüchtigkeit Kimons Hülfszug nach Sparta verdoppelt; ausserdem ist derselbe aber identisch mit der στρατεία, zu der Kimon c. 15 auszieht (ἐξέπλευσε,
mit ungenauem Ausdruck; zu einem unbekannten Feldzug, den WILAMO-
WITZ annimmt, ist weder zeitlich Raum, noch könnte er sonst gänzlich
verschollen sein), während dessen der Areopag gestürzt wird. Nach der
Rückkehr macht Kimon den Versuch, die Aristokratie wieder herzustellen; da wendet sich der Demos gegen ihn. Letzteres ist identisch mit
seinem Ostrakismos nach der Rückkehr aus Messenien c. 17; dazwischen
ist aus Didymos ein langer Excurs über sein Verhältniss zu Sparta eingeschoben: s. weiter Forsch. II, 50 ff. Dazu stimmt die Angabe des
Eupolis bei Plut. Cim. 15. Der Sturz des Areopags, der durch Aristoteles
pol. Ath. 25 auf das Jahr des Konon 462/1 festgelegt ist, fällt also in

die Zeit der lakonischen Expedition, diese mithin 462 und Kimons Ostrakismos ins Frühjahr 461. Dazu stimmt ebensowohl die Chronologie der
vorhergehenden Jahre wie die Angabe Theopomps fr. 92 = Nepos Cim. 3,
dass er οὐδέπω πέντε ἐτῶν παρεληλυθότων, post annum quintum quam
expulsus erat, zurückgerufen sei. Das war nach der Schlacht bei Tanagra 457. Also fällt der Ostrakismos 461 (im übrigen vgl. §. 329 A.).
Zu gleichen Ergebnissen sind PHILIPPI, ONCKEN, AD. SCHMIDT und vor allem
BUSOLT gelangt.

Kimons Sturz.   Die Verfassungsänderung und der Bruch mit Sparta.

316. Die demokratische Partei hat es vielleicht nicht
ungern gesehen, dass Kimon seine Politik durchsetzte. Die
4000 Hopliten, die er nach Messenien führte, gehörten grossentheils den Reihen ihrer Gegner an; vor allem aber war dadurch Kimon selbst aufs neue aus Athen entfernt. So hatte
Ephialtes freien Spielraum. Er beantragte, den Areopag seiner
politischen Rechte zu entkleiden und ihm die Oberaufsicht über
den Staat zu nehmen. Wie der Kampf sich gestaltet hat und
wie die Verfassungsänderung durchgesetzt wurde, wissen wir
nicht. Nur das Ergebniss steht fest, dass die Gesetze, die Ephialtes
und sein Genosse Archestratos einbrachten — denn um Gesetze
handelte es sich, nicht um einen einfachen Volksbeschluss —,
angenommen wurden. Vielleicht war der Areopag so eingeschüchtert, dass er auf sein Einspruchsrecht verzichtete. Mit
welcher persönlicher Erbitterung der Kampf geführt worden
ist, zeigt, dass Ephialtes bald darauf ermordet wurde. Der
Mörder ist nie mit Sicherheit ermittelt, die That nie gesühnt
worden. — Die Entscheidung im Inneren sprach thatsächlich
auch der bisherigen äusseren Politik das Urtheil. Sie zeigte
ihre Wirkung sofort. Die Hoffnungen, welche Sparta auf die
athenischen Truppen gesetzt hatte, erfüllten sich nicht, die
Belagerung kam nicht vorwärts. Jetzt aber, wo im Staat die
Gegenpartei ans Ruder gekommen war, konnten die Spartaner die Anwesenheit der Rivalen im eigenen Lande nur
mit schwerem Misstrauen betrachten. Mochten sie sich auf

Kimon und die ihm' nahe Stehenden noch so sicher verlassen
können, so gab es doch auch im Heere Demokraten, und die
Masse der Truppen fügte sich unzweifelhaft der gefallenen
Entscheidung und den Gesetzen der Heimath. Mussten nicht
alle demokratischen und antispartanischen Elemente im Peloponnes mit den Athenern Fühlung suchen? War es nicht
zu erwarten, dass die athenischen Truppen mit den Messeniern in Verbindung traten — die Sympathien für den
unterdrückten Volksstamm waren in Athen wie anderswo in
Griechenland stark genug —, dass man die Anwesenheit der
Truppen in Messenien zu einem Handstreich benutzte? Solche
Erwägungen bestimmten die spartanische Regierung, sich der
gefährlichen Gäste zu entledigen. Unter der Erklärung, dass
man ihrer Dienste nicht mehr bedürfe, forderte man Kimon
auf, seine Truppen zurückzuführen. Ueber die Bedeutung der
Massregel war kein Mensch im Zweifel. Als Kimon auf dem
Rückmarsch den Isthmos passiren wollte, machten die Korinther Miene, ihm das Betreten ihres Gebiets zu weigern;
nur durch energisches Auftreten, das sich auf vorherige An-
fragen gar nicht erst einliess, konnte er den Durchmarsch erzwingen.

τοὺς Ἐφιάλτου καὶ Ἀρχεστράτου νόμους τοὺς περὶ τῶν Ἀρεοπαγιτῶν,
von den Dreissig aufgehoben, Arist. pol. Ath. 35, vgl. Wilamowitz. Arist.
I. 68. Ermordung des Ephialtes: Diod. XI, 77; Arist. pol. Ath. 25 nennt
Aristodikos von Tanagra als Mörder; nach Antiphon 5, 68 wurde der
Mörder nie entdeckt; vgl. [Plato] Axiochos 368 d. Nach einem Einfall
des Idomeneus (Plut. Per. 10) hätte Perikles den Mord veranlasst, um
den Concurrenten los zu werden. — Kimons Durchzug durch Korinth
Plut. Cim. 17.

317. Das Verhalten der Spartaner hat den Sieg der
demokratischen Partei entschieden; Kimon hatte allen Halt
verloren. Ein Versuch, die Verfassungsänderung rückgängig
zu machen, scheiterte vollkommen; im Frühjahr 461 erlag
Kimon dem Ostrakismos und musste Athen verlassen. Der
Reihe nach wurden die Forderungen der Radicalen Gesetz.
Das Wichtigste war die Einführung einer Geldentschädigung

für die Uebernahme aller durch das Loos besetzten Staats-
stellen, also für die Verwaltungsämter [1]), für den Rath und
für die Gerichte, die erst dadurch zu wirklichen Volksgerichten
wurden. Die Gerichtshöfe wurden fortan aus 6000 für jedes
Jahr bestellten Geschworenen für jede Verhandlung ausgeloost;
zugelassen war jeder unbescholtene Bürger über 30 Jahre.
Da jeder Gerichtshof mit mehreren hundert Geschworenen besetzt wurde, bezogen täglich, ausser an Festtagen, Tausende
den Richtersold. Niedrig genug freilich waren die gezahlten
Summen auch für die damaligen Verhältnisse: der Richter erhielt
2 Obolen (30 Pfennig), die Rathsmänner und Beamten ursprünglich wohl kaum mehr, d. h. so viel, dass der Empfänger davon zur Noth seinen Unterhalt für den Tag bestreiten konnte.
Es sind Diäten, nicht Gehälter. Scharf tritt der Unterschied
der antiken und der modernen Staatsidee hervor: der Begriff
eines Berufsamts, das seinen Mann ernährt so gut wie jeder
andere Beruf, ist der radicalen Demokratie vielleicht noch
fremder wie jeder anderen antiken Staatsform; als er auf
Umwegen durch das Kaiserthum eingeführt wurde, hat er
den Untergang des antiken Staats herbeigeführt. Diejenigen
Aemter, welche Befähigung und Vorbereitung erfordern und
daher auch Kosten verursachen, bleiben immer Ehrenstellen,
für die keine Entschädigung gewährt wird — so die militärischen Aemter, und nun gar die ausserordentliche Stellung eines Berathers und Leiters des Volks. Die Erledi-
gung der laufenden Geschäfte dagegen in Rath und Verwaltung wie die Urtheilsfindung im Gericht erfordern lediglich
Ehrlichkeit und Pflichtgefühl, keine höhere Einsicht oder Ge-
schicklichkeit. Hier ist daher eine Entschädigung für die
aufgewendete Zeit am Platze: nur dadurch wird jeder Bürger
in die Lage versetzt, seine bürgerlichen Functionen wirklich
auszuüben. — Die Consequenz war, dass im J. 457 das

---

[1]) Nur die Schatzmeister der Athena wurden nach wie vor lediglich aus den Pentakosiomedimnen erloost, können also unmöglich eine
Besoldung erhalten haben.

Archontat auch den Zeugiten zugänglich gemacht wurde. Noch
weiter zu gehen ist selbst der radicalen Demokratie nicht in
den Sinn gekommen. Dass ein völlig besitzloser Arbeiter oder
Händler die Stellung des Präsidenten, des Königs, des Ge-
richtsvorstands bekleiden und später im Areopag sitzen solle,
widersprach dem socialen Empfinden doch allzusehr. Auch
war nicht zu erwarten, dass ein Thete den Wunsch verspüren
sollte, gegen eine auf die Dauer doch nicht ausreichende Entschädigung seinen Erwerb ein Jahr lang aufzugeben. — Andere Einrichtungen zum Besten der Massen kamen hinzu,
vor allem eine Vermehrung der Festlichkeiten und die Einführung von Schaugeldern (Theorika), damit der Bürger bei
den dramatischen und musikalischen Aufführungen feiern könne
ohne zu darben. Auch ausserordentliche Spenden sind dem
Volke nicht selten gewährt worden.

Im allgemeinen vgl. πολ. Ἀθ. 1, 3 ἔπειτα ὁπόσαι μὲν σωτηρίαν φέρουσι
τῶν ἀρχῶν χρησταὶ οὖσαι, καὶ μὴ χρησταὶ κίνδυνον τῷ δήμῳ ἅπαντι, τούτων μὲν τῶν ἀρχῶν οὐδὲν δεῖται ὁ δῆμος μετεῖναι [corrupt], οὔτε τῶν στρα-
τηγιῶν [em. COBET] οἴονται σφίσι χρῆναι μετεῖναι οὔτε τῶν ἱππαρχιῶν·...
ὁπόσαι δ' εἰσὶν ἀρχαὶ μισθοφορίας ἕνεκα καὶ ὠφελείας εἰς τὸν οἶκον, ταύτας
ζητεῖ ὁ δῆμος ἄρχειν. Plato Gorgias 515 ταυτὶ γὰρ ἔγωγε ἀκούω, Περικλέα
πεποιηκέναι Ἀθηναίους ἀργοὺς καὶ δειλοὺς καὶ λάλους καὶ φιλαργύρους, εἰς
μισθοφορίαν πρῶτον καταστήσαντα. Plut. Per. 9 ἄλλοι δὲ πολλοὶ (im Gegensatz
zu Thukydides' Urtheil) πρῶτον ὑπὸ Περικλέους φασὶ τὸν δῆμον ἐπὶ κληρου-
χίας καὶ θεωρικὰ καὶ μισθῶν διανομὰς προαχθῆναι. ib. καὶ ταχὺ θεωρικοῖς
καὶ δικαστικοῖς λήμμασιν ἄλλαις τε μισθοφοραῖς καὶ χορηγίαις συνδεκάσας τὸ
πλῆθος. Perikles als Einführer der Theorika auch Ulpian zu Demosth.
Olynth. 1. 1 (mit der bekannten in den Lexicis wiederkehrenden Anekdote,
dass das Geld zur Bezahlung der Plätze gedient habe). Die Neueren bestreiten die Einführung der Theorika durch Perikles, weil sie an der von
Böckh auf Grund des damaligen unzureichenden Materials angenommenen
Identität von Theorikon und Diobelie festhalten. In Wirklichkeit hat die
von Kleophon eingeführte Diobelie (Arist. pol. Ath. 28), die nur während
des dekeleischen Kriegs bestand, mit dem Theorikon nichts zu thun.
Da Philochoros die Einrichtung des Theorikon im dritten Buche erwähnt (fr. 85 bei Harpokr. τὸ δὲ θεωρικὸν ἦν τὸ πρῶτον νομισθὲν δραχμὴ
τῆς θέας, ὅθεν καὶ τοὔνομα ἔλαβε), ist an der Richtigkeit der Ueberlieferung, die es auf Perikles zurückführt, nicht zu zweifeln. — Die von
Aristoph. vesp. 662 gegebene Zahl von 6000 jährlich bestellten Geschworenen, die natürlich nur in seltenen Fällen sämmtlich tagten, ist gegen

die Bestreitung FRÄNKEL's (die att. Geschworenengerichte, 1877) durch
Arist. pol. Ath. 24 bestätigt worden. Richtergeld bis auf Kleon zwei
Obolen: schol. Arist. vesp. 88. Die späteren Diäten s. Arist. rep. Ath. 62.
Die 9 Archonten erhielten auch damals nur 4 Obolen εἰς σίτησιν für sich
und ihren Herold und Flötenbläser — dies Amt blieb also wesentlich
Ehrenamt.

318. Aus der Verfassung wurden mit den politischen
Rechten des Areopags die letzten Spuren einer selbständigen,
das souveräne Volk bevormundenden Regierung beseitigt. Die
Functionen des Areopags sind zum Theil auf den Rath der
Fünfhundert übertragen, der jetzt vollständig der geschäfts-
führende Ausschuss des Volks geworden ist — daher wird
jetzt für jeden Volksbeschluss eine Vorberathung im Rath obligatorisch (προβούλευμα, vgl. §. 199 A.). Er führt die Aufsicht
über alle Beamten, vor allem über das Finanzwesen; alle
Finanzcommissionen sind von ihm abhängig und dürfen nur
unter seiner Mitwirkung Gelder einnehmen oder auszahlen.
Auch die Polizeigewalt, die früher der Areopag ausübte, steht
jetzt dem Rath zu; er kann Geldstrafen verhängen und auf offener
That ertappte Verbrecher festsetzen und hinrichten lassen. Erst
beträchtlich später ist auch in diesen Fällen die Entscheidung
den Gerichten überwiesen worden. — Die höchsten politischen
Aufgaben, welche dem Areopag gestellt waren, sind dagegen
dem Geschworenengericht der Heliaea zugefallen. Die Richter
haben geschworen, nach den Gesetzen, und wo diese nicht
zureichen, nach bester Einsicht zu entscheiden; so können
die Gesetze ihrer Obhut anvertraut werden. Alle staats- und
verwaltungsrechtlichen Entscheidungen sind ihnen überwiesen,
die — vom Rath vorbereitete — Prüfung der Qualification
und der Amtsführung der Beamten, die Streitigkeiten über
die Heranziehung zu Liturgien u. s. w. Wenn das Volk einen
gesetzwidrigen Beschluss fasst, hat jeder Bürger das Recht,
gegen den Antragsteller Klage zu erheben; dadurch wird der
Beschluss suspendirt, und die Gerichte entscheiden, ob er
gültig ist oder nicht. Auch wenn es sich bei einer Entscheidung nicht um das Belieben oder den Vortheil des Souveräns,

sondern um Recht und Billigkeit handelt, treten die Gerichte
ein. So vor allem, wenn das Volk die bestehenden Gesetze
für unzulänglich befunden hat und ihre Ergänzung oder Ab-
änderung wünscht. Im vierten Jahrhundert, vielleicht aber
schon seit Ephialtes, wird alljährlich in der ersten regelmässigen Volksversammlung die Frage gestellt, ob die bisherigen Gesetze als ausreichend erachtet werden; es kann
aber auch zu andern Zeiten ein dahingehender Antrag ein-
gebracht werden. Dann hat Jeder das Recht, neue Gesetzes-
vorschläge einzubringen, oder aber das Volk beauftragt eine
Commission, Vorschläge zu machen. Die Entscheidung dagegen gibt nicht die Volksversammlung, sondern ein Geschworenengericht von »Gesetzgebern« (νομοθέται), vor dem
ein regelrechter Process zwischen den alten Gesetzen und den
neuen Vorschlägen geführt wird. Nach demselben Verfahren
werden die Tribute der Bundesgenossen festgesetzt, so dass
diesen eine unparteiische Berücksichtigung ihrer Verhältnisse
hier ebenso garantirt ist, wie bei den nach Athen überwiesenen
Processen. In all diesen Fällen wirkt der Rath mit den Geschworenen zusammen und bereitet ihre Entscheidung in derselben Weise vor wie sonst die der Volksversammlung. Daher
gelten Rath und Geschworene als die berufenen Repräsentanten
des gesammten Staats. Aus ihnen werden z. B. die staatlichen
Opfercommissionen für Götterfeste entnommen. Ebenso leisten
sie insgesammt rebellischen Bundesstädten nach ihrer Wieder-
unterwerfung den Eid, der diesen die Erhaltung ihres Gemeinwesens und die gerechte Behandlung ihrer Bürger in den
Processen zusichert, ohne freilich dadurch das souveräne Volk
selbst zu binden (vgl. §. 393).

Ueber die Functionen des Raths genügt der Verweis auf Aristoteles
und auf die anonyme pol. Ath. 3, 2, die 9, 3 ff. auch über die Gerichte
das Wichtigste gibt. — Ursprüngliche Strafgewalt des Raths, die abgeschafft wurde, als er einen Verbrecher Lysimachos summarisch hinrichten
lassen wollte: Arist. pol. Ath. 45, vgl. 41, 2. Diese Neuerung muss wohl
älter sein als die Codification des bestehenden Verfassungsrechts aus der
Zeit nach 411, von der CIA. I, 57 Bruchstücke vorliegen, da es hier
heisst ἄνευ τοῦ δήμου τοῦ Ἀθηναίων πληθύοντος μὴ εἶναι θάνατον ... und

μὴ εἶναι θωὰν ἐπιβαλεῖν Ἀθηναίων μηδὲ ἑνί; als Vertreter des Demos
haben hier die Gerichte zu gelten.. Im übrigen werden todeswürdige auf
der That ertappte Verbrecher, wenn sie geständig sind, immer durch die
Polizei (die ἕνδεκα) ohne Gerichtsverfahren hingerichtet (Arist. pol. Ath. 52),
ebenso wie in Rom. — Dass die γραφὴ παρανόμων erst durch Ephialtes
an Stelle der νομοφυλακία des Areopags eingeführt ist, scheint mir gegen
WILAMOWITZ, Arist. II, 193 nicht zweifelhaft. Die sieben νομοφύλακες dagegen, die das lex. Cantabr. in einem stark verkürzten Excerpt aus Philochoros lb. 7 (ebenso Harpokr.) in die Zeit des Ephialtes zu setzen scheint,
werden mit Recht von allen Neueren der Verfassung des Demetrios von
Phaleron zugewiesen, von der Philochoros im 7. Buch handelte. — Die
Frage nach der Gesetzgebung im fünften Jahrhundert gehört zu den
schwierigsten Problemen des attischen Staatsrechts. Das spätere Recht hat
R. SCHÖLL, über att. Gesetzgebung, Ber. Münch. Ak. 1886 auf Grund der
Urkunden der Timokratea (Dem. 24, 20—23. 33) vortrefflich dargelegt. Dass
dieselben nicht älter sind als das vierte Jahrhundert, lehrt ihre Fassung;
aber SCHÖLL behauptet mit Recht, dass im fünften Jahrhundert gleichartige Bestimmungen gegolten haben müssen. [Von Solon freilich können
sie schwerlich stammen, da sonst nicht berichtet werden würde, er habe
die Athener auf zehn oder hundert Jahre eidlich an die Beobachtung
seiner Gesetze gebunden.] Unter den Geschäften des Raths nennt pol.
Ath. 3, 2 πολλὰ περὶ νόμων θέσεως, unter denen der Richter 3, 5 αἱ τάξεις
τοῦ φόρου, in der Regel alle vier Jahre. Die τάξις φόρου von 425 CIA.
I, 37 ist nach SCHÖLL's richtiger Ergänzung von Zl. 47 f. von βουλή und
ἡλιαία unter Vorsitz der εἰσαγωγεῖς vorgenommen. (Was aber in dem
Fragment einer Tributquotenliste CIA. I, 266 die besondere Kategorie
[πόλεις ἃς ἡ] βουλὴ καὶ οἱ πεντακόσιοι [. . . . ἔτ]αξαν bedeutet, hat noch
Niemand wirklich zu erklären vermocht.) Im Psephisma des Tisamenos
403 (Andoc. 1, 84) wirken bei der Wiederherstellung der Gesetze ἡ βουλὴ
καὶ οἱ νομοθέται οἱ πεντακόσιοι, οὓς οἱ δημόται εἵλοντο, ἐπειδὴ ὀμωμόκασιν
zusammen. νομοθέται finden wir zuerst erwähnt im Jahre 411 nach dem
Sturz der Vierhundert Thuk. VIII, 97: von da bis zum Ende des Kriegs
dauert die Gesetzesrevision und Gesetzgebungsthätigkeit ununterbrochen.
Aber auch vorher wird wiederholt Anlass dazu gewesen sein; es liegt kein
Grund vor, die νομοθέται von 411 für eine Neuerung zu halten. — Einsetzung der ἱεροποιοί für die Hephaestien: CIA. I, 35 b (IV, p. 64), 10 aus
den δικασταί, 10 aus der βουλή erloost, einer aus jeder Phyle. Eid der
βουλή und der δικασταί im Psephisma für Chalkis CIA. I, 27 a. — Nichts
mit der Gesetzgebung zu thun haben die ξυγγραφεῖς, welche allgemeine
reglementarische Bestimmungen gaben: CIA. I, 22 a. IV, p. 6 Zl. 2 über
Milet; CIA. I. 31, 25 ξυγγραφαί περὶ τῶν πόλεων τῶν ἐπὶ Θράκης; über
die Abgabe nach Eleusis CIA. I, 27 b. IV, p. 59 (τάδε οἱ ξυγγραφῆς ξυν-
έγραψαν); Aristoph. Ach. 1150 Ἀντίμαχον τὸν Ψακάδος τὸν ξυγγραφῆ, der

Bestimmungen über die Chöre bei den Lenaeen erlassen hat; ebenso verfasst der Baumeister Kallikrates mit drei erwählten Buleuten die ξυγγραφαί über den Bau des Tempels der Athene Nike Εφ. αρχ. 1897; spätere συγγραφείς Thuk. VIII, 67; CIA. I, 58; τάδε Δημόφαντος συνέγραψεν Andoc. 1, 96. συγγραφαί über die Vollziehung der gesetzlichen Opfer Lys. 30, 17. 21. Das alles sind nicht Gesetze, wie WILAMOWITZ, Arist. II, 193 meint, sondern im Auftrage des Volkes ausgearbeitete Regulative; sie werden von der Volksversammlung angenommen wie jedes andere Psephisma, nicht etwa von den geschworenen νομοθέται als Gesetz dem Volke auferlegt. Vgl. GANTZER, Verfassungs- und Gesetzrevision in Athen vom Jahre 411 bis Eukleides, diss. Halle 1894.

319. So können die Athener sich rühmen, dass im Gegensatz zu der auf Gewalt begründeten Willkürherrschaft eines Einzelnen oder auch einer bevorrechteten Classe oder Körperschaft in Athen lediglich die Gesetze herrschen; alle Beamten, Rath und Gericht und jeder einzelne Bürger sind verpflichtet, dafür zu sorgen, dass sie streng befolgt werden. Innerhalb dieser Schranken ist der Demos vollkommen frei und wie ein ächter Souverän auch vollkommen unverantwortlich. Fasst er einen gesetzwidrigen Beschluss, ergreift er Massregeln, die ins Verderben führen, so trifft nach attischem Staatsrecht die Verantwortung moralisch und rechtlich die Redner, die ihm schlecht gerathen und ihn zu ungesetzlichen oder thörichten Handlungen verführt haben, eventuell auch die geschäftsführenden Prytanen, welche die gesetzwidrige Abstimmung zugelassen haben. Alle Organe, die der Staat besitzt, sind nur Werkzeuge, Mandatare des alleinregierenden Volks. Sie vermögen nur, in den ihnen gewiesenen Bahnen die Verwaltung zu führen und die ihnen vom Souverän, der Volksversammlung, gegebenen Befehle zu vollziehen. Regieren, d. h. der äusseren und inneren Politik die Directive geben, ein Budget aufstellen, einen Feldzug oder eine diplomatische Verhandlung leiten, kann weder der Rath mit den kurzlebigen Prytanenausschüssen, noch irgend eine der zahllosen Commissionen. Sie alle haben keine andere Autorität als die rein abstracte der Gesetze; und diese schnüren sie in eng begrenzte Competenzen ein und stellen sie gegenseitig unter die

schärfste Controle. Sie ersetzen die sittliche Verantwortlichkeit vor dem eigenen Gewissen, die allein eine schöpferische
politische Thätigkeit ermöglicht, durch die rechtliche. Das
Misstrauen gegen die Persönlichkeit, das im tiefsten Wesen
der Demokratie und des Gleichheitsprincips liegt und daher
auch alle modernen Staaten immer mehr überwuchert hat,
scheint aus der Gestaltung des attischen Staats überall hervor.
Der blinde Zufall, nicht irgend welche Befähigung setzt den
Rath und mit Ausnahme der Hellenotamien alle Commissionen
der Verwaltung zusammen; sie alle haben nur zu thun, was
jeder beliebige andere, den das Loos im nächsten Jahre an
ihre Stelle führt, ebenso gut thun kann. Noch dazu darf Niemand eins dieser Aemter zweimal bekleiden, noch dem Rath in
seinem Leben öfter als zweimal angehören. Jede Bildung einer
Tradition, einer Autorität in Rath und Aemtern ist vollständig ausgeschlossen; für die Führung der laufenden Geschäfte
sind sie völlig abhängig von ganz untergeordneten Werkzeugen,
Schreibern aus niederem Stande [1]) oder aus den Staatssklaven.
Am drastischsten tritt das Fehlen jeder leitenden Regierung
in dem Finanzwesen hervor (§. 401 f.): all die zahlreichen
Finanzcommissionen sind lediglich Cassenverwalter. Sie sind
für den Bestand ihrer Cassen und die Leistung der auf sie
angewiesenen Zahlungen verantwortlich und werden, wenn ein
Defect oder gar ein Unterschleif vorliegt, streng bestraft; alle
aufgelaufenen Rechnungen werden alle vier Jahre bei den
grossen Panathenaeen von einem vom Rath ernannten Rech-
nungshof von 30 »Rechenmeistern« geprüft. Aber wie wäre
irgend eine dieser Commissionen oder der sie beaufsichtigende
Rath im Stande gewesen einen Finanzplan zu entwerfen oder
auch nur die finanzielle Lage des Staats und seine Bedürfnisse wirklich zu übersehen? All das ist ausschliesslich Aufgabe des amtlosen Staatsmanns, des Demagogen. Sollte der

---

[1]) Mit diesen Bureauschreibern ist der mit der Commission erlooste,
für das Jahr (oder die Prytanie) bestellte Secretär (γραμματεός), der
die Actenstücke durch seine Unterschrift ausfertigt, nicht zu verwechseln.

Zufall einmal einen tüchtigen Mann in ein Amt führen, so
ist ihm Zeit und Raum benommen, wirklich etwas zu leisten.
Für besondere Aufträge, bei denen Sachverständige unentbehrlich sind, wie Bauten oder Gesandtschaften, ernennt das Volk
allerdings die Männer, die ihm geeignet scheinen; aber ihnen
sind ihre Competenzen genau vorgeschrieben. Selbständiger
stehen nur die Strategen da und vor allem ihr Oberhaupt.
Aber auch dieser vermag nur etwas, so lange er das Vertrauen des Volks behauptet; schlägt die Stimmung um, so
ist er lahm gelegt, ganz abgesehen davon, dass das Volk ihn
jederzeit vom Amte suspendiren kann: in jeder Prytanie wird
es befragt, ob es mit der Amtsführung der Strategen einverstanden ist; wird die Frage verneint, so haben die Gerichte
die Entscheidung.

Leitung des Finanzwesens durch den Demagogen: Xen. memorab.
III, 6, 4 ff. Arist. rhet. I, 4. — Zu den Logisten vgl. Forsch. II, 131.
Hinrichtung von neun Hellenotamien wegen falschen Verdachts: Anti-
phon 5, 69.

320. So ist in der That in Athen mit der Selbstregierung des Volks so bitterer Ernst gemacht, wie niemals vorher noch nachher in der Geschichte. Es gibt in Athen keine
Regierung, kein Ministerium, keine Autorität als die Volksversammlung. Jeder Athener hat das Recht, ihr seine Ansicht vorzutragen und zu versuchen, ob seine Rathschläge
Gehör finden; aus den Vorschlägen wählt das Volk kraft der
ihm inne wohnenden Weisheit aus, was ihm am zweckdien-
lichsten erscheint. Aber nur um so deutlicher zeigt sich,
dass die attische Demokratie thatsächlich auf eine Institution
zugeschnitten ist, von der die geschriebene Verfassung nichts
weiss: auf die Leitung des Staats durch den vom Vertrauen
des Volks auf unbegrenzte Zeit an seine Spitze berufenen Demagogen. Ihm die Bahn frei zu machen, haben zuerst
Kleisthenes, dann Themistokles ihre Reformen eingeführt;
Ephialtes und Perikles haben den letzten Schritt gethan, indem sie den letzten Rest einer selbständigen Autorität be-
seitigten und zugleich durch die Heranziehung der besitzlosen

Menge zum Regiment die neue Ordnung auf die breiteste
Basis stellten. Die Massen, und mögen sie noch so oft sich
versammeln — ausser den regelmässigen vier Versammlungen
in der Prytanie jederzeit, wenn rasche und ausserordentliche
Entscheidungen erforderlich waren —, selbst regieren können
sie nicht; irgend eine Einheit aber muss da sein. Einen Ueberblick über die Lage des Staats, das Finanzwesen, die äussere
Politik in Krieg und Frieden kann nur gewinnen wer die
Staatsgeschäfte als seinen Lebensberuf treibt. Einfluss zu gewinnen sei es auf einzelnen Gebieten sei es auf die Gesammt-
leitung mögen beliebig viele versuchen; gedeihen kann der
Staat nur, wenn die Politiker sich einer überlegenen Persönlichkeit unterordnen, oder wenn, falls mehrere um den Primat kämpfen, der Souverän eine definitive Entscheidung trifft
— die Form dafür bot der Ostrakismos — und sich dann
dem Mann seiner Wahl mit vollem Vertrauen hingibt. Dieser
Regent, oder wenn man lieber will, dieser Premierminister des
souveränen Volks kann aber — das ist auch noch für Perikles selbstverständlich — nur ein Mann aus den ersten Familien des Landes sein; denn die Stellung setzt die volle
Hingabe aller Kräfte an den Staat voraus, ohne dass sie
irgend welchen materiellen Gewinn oder auch nur einen Ersatz für die aufgewandte Arbeit, für die grossen Ausgaben
der leitenden Stellung gewährt noch gewähren darf. Darauf
beruht es, dass der Kampf um die Verfassung zugleich ein
Ringen der grossen Adelsgeschlechter um die Herrschaft gewesen ist, dass das ehrgeizigste von ihnen, die Alkmeoniden,
jetzt in seiner weiblichen Linie durch Perikles vertreten, in
demokratischen Concessionen allen andern den Rang ablief,
um dadurch um so sicherer und dauernder für sich selbst
die Herrschaft zu gewinnen. Aber die Kehrseite fehlt nicht.
So lange der Demagoge das Vertrauen der Massen behauptet,
ist seine Stellung so unumschränkt und allmächtig wie nur
je die eines erblichen Monarchen oder eines erfolgreichen Usurpators. Aber hören seine Erfolge auf, regt sich das Misstrauen, wissen kühne Rivalen ihm die Volksgunst zu entziehen

und eine neue politische Wendung herbeizuführen, dann kann
seine Macht so jäh und so völlig zusammenbrechen, wie nur
je die eines Tyrannen. Und mit der politischen Katastrophe
ist es nicht gethan. Es war ein gefährliches Amt, dem Volk
von Athen zu dienen. Der Demos war souverän und unverantwortlich; die Schuld für jeden scheinbaren oder wirklichen
Misserfolg, für jede Verscherzung seiner Gunst trug nicht er,
sondern seine Rathgeber; so war es sein gutes Recht, sie zur
Verantwortung zu ziehen. Das hat der attische Demos so
eifrig und so erbarmungslos gethan wie nur der launischste
Despot. Es ist der Ruhm des Perikles und seiner Genossen,
dass sie bei der Umwälzung von 461 jedes gerichtliche Nachspiel
gemieden haben und selbst der nach der thasischen Expedition
gemachte Versuch, Kimon zu verurtheilen, nicht wieder aufgenommen wurde. Sonst aber hat im Leben der athenischen
Demokratie jede Wendung im grossen wie im kleinen zu den
schlimmsten Processen geführt; ihr Andenken ist gebrand-
markt durch die unabsehbare Reihe schimpflicher politischer
Urtheile gegen die leitenden Staatsmänner wie gegen Feldherrn und Gesandte, von den Processen des Miltiades und
Themistokles an. Noch weit verhängnissvoller aber war es,
wenn mit dem Sturz des leitenden Staatsmannes zugleich
sein Posten vacant wurde, wenn die Gegner zwar die Kraft
hatten ihn zu beseitigen, aber nicht, ihn zu ersetzen. Das
war bisher nicht oder doch nur vorübergehend eingetreten, so
lange noch ein Fortschritt der inneren Entwickelung möglich
war. Jetzt aber, mit der Umwälzung von 461, war das letzte
Ziel erreicht, über das hinaus Niemand mehr gehen konnte,
und zugleich war mit dem Sturz des Areopags der letzte
Hemmschuh beseitigt. War es zu erwarten, dass die eman-
cipirten Massen, wenn sie sich einmal fühlen gelernt hatten,
sich aufs neue der Autorität eines auch noch so bedeutenden
Mannes fügen würden? War das nicht der Fall, dann mussten
die Schattenseiten der radicalen Demokratie um so furchtbarer
hervortreten, dann musste sich zeigen, was es bedeutete, einen
Staat, der eine Grossmacht sein wollte und musste, zu or-

ganisiren ohne eine Regierung. Der attische Staat ohne anerkannten Demagogen war nichts anderes als permanente Anarchie. Einstweilen freilich lagen derartige Gedanken und
Besorgnisse noch fern. Gerade der Umstand, dass Perikles
und seine Genossen den breiten Massen die Betheiligung am
Staatsleben eröffnet hatten, gab ihnen den festesten Halt; diese
empfanden, dass sie ohne ihren Führer sich nicht behaupten
konnten. Dadurch hat Perikles eine Stellung gewonnen, die
auch schwere Stürme unerschüttert bestehen und Misserfolge
ertragen konnte, wie sie jedem anderen Staatsmann verhängnissvoll geworden wären.

321. Die conservative Partei hat die Durchführung des
demokratischen Programms nicht hindern können. Die Extremen waren so erbittert über den Sieg des Pöbels, dass man
den Ausbruch eines Bürgerkriegs, den Versuch mit Spartas
Hülfe die alte Verfassung wiederherzustellen befürchtete. Aber
bei den Gemässigten überwog das Staatsgefühl; sie fügten
sich, wenn auch mit der stillen Hoffnung, dereinst die Umwälzung rückgängig machen zu können. Das brüske Vorgehen Spartas übte auf die innere Krisis einen heilsamen
Einfluss. Auch unter den Anhängern des Alten war weitaus
die Mehrzahl entrüstet über die Beleidigung, die Athen, die
noch dazu gerade Kimon erfahren hatte, und einverstanden
damit, dass man den Handschuh aufnahm. Sofort trat Athen
in ein Bündniss mit Argos und mit Thessalien, den Wider-
sachern Spartas. Der hellenische Waffenbund gegen Persien
war zerrissen, die politische Constellation der Pisistratidenzeit
wiederhergestellt. Ein Mann wie Myronides, der bereits zur
Zeit des Xerxes neben Kimon und Aristides thätig gewesen
war und durchaus auf dem Boden der alten Ordnung stand
— über die Parteistellung des Tolmides und Leokrates, die
neben ihm als Feldherrn hervortreten, wissen wir nichts —,
stellte seine Kraft der neuen Politik zur Verfügung und hat
zu ihren Erfolgen fast am meisten beigetragen. Seinem Bei-
spiele werden viele gefolgt sein; auch Aeschylos billigt das
Bündniss mit Argos (Eumen. 289. 669. 762). Nur eine For-

derung stellten sie dagegen auf: die Fortführung des National-
kriegs gegen Persien, und daher zunächst die Wiederaufnahme
der Befreiung Cyperns, die man seit Pausanias' Feldzug 478
hatte liegen lassen. Es galt zu zeigen, dass Athen trotz
des Bundes mit dem perserfreundlichen Argos an der nationalen Politik festhielt. Die radicale Partei war bereit, auf
diese Forderung einzugehen. Die Verhältnise waren günstig,
die völlige Ohnmacht des Perserreichs schien klar vor Augen
zu liegen; eine Erweiterung des Machtbereichs, eine Erschliessung Phoenikiens und Aegyptens für den attischen Handel
konnte der demokratischen Politik nur willkommen sein. So
trat der Radicalismus die Herrschaft an mit dem umfassend-
sten Programm, das sich denken liess: zugleich ein Kampf
um die Herrschaft in Griechenland und energische Fortführung
des Perserkriegs. Gelang es, das Ziel zu erreichen, so hatte
die athenische Bürgerschaft nicht nur die Suprematie in Hellas,
sondern zugleich die Weltherrschaft gewonnen. Grosse Anstrengungen und Opfer musste der Kampf kosten; aber die Erfolge der letzten Jahrzehnte hatten das Selbstvertrauen mächtig
gesteigert, und die volle Entfesselung der Kräfte der Bürgerschaft durch die Verfassungsänderung stärkte die Ueberzeugung,
allen Gegnern gewachsen zu sein. Mit keckem Muthe und
voller Siegeszuversicht ging man in den gewaltigen Kampf.

Ueber die Motive zur Wiederaufnahme des Perserkriegs erfahren
wir garnichts: die Athener operiren mit 200 Schiffen auf Cypern, als das
Hülfsgesuch des Inaros eintrifft Thuk. I, 104. Die hier vorgetragene Erklärung der vielleicht verhängnissvollsten Wendung der griechischen Geschichte scheint mir evident; der Hinweis auf den äusseren Krieg und
die Erfolge, die er bringen wird, im Gegensatz zu dem drohenden Bürger-
kriege, bei Aesch. Eum. 858 ff. (speciell 864 f.), vgl. 913 f. 976 ff., dient
ihr zur Bestätigung. — Ueber Myronides' Stellung Aristoph. Lys. 801.
Eccl. 302, vgl. auch Eupolis bei Plut. Per. 24. Er war bereits 479 Gesandter (§. 234) und bei Plataeae Stratege gewesen, wie Leokrates: Plut.
Arist. 11. 20.

VI. Der Ausgang der Perserkriege und der erste Krieg Athens gegen die Peloponnesier.

Thronwechsel in Persien. Angriff der Athener. Aegyptischer Aufstand.

322. König Xerxes hat nach den Niederlagen von Plataeae und Mykale noch vierzehn Jahre auf dem Thron des Perserreichs gesessen, ohne noch einmal in den Gang der Weltgeschichte einzugreifen. In manchem Perser mag das Gefühl der Schmach lebendig gewesen sein, dass die grosse Rüstung so kläglich ausgegangen, dass man nicht einmal im Stande war, den tapferen Garnisonen in Thrakien zu Hülfe zu kommen; die Empfindung, dass sie an einem Wendepunkt ihrer Geschichte angekommen seien, dass ihnen ein neues, stärkeres und unüberwindliches Element entgegengetreten war, spricht sich in Aeusserungen der Perser, von denen die Griechen berichten, mehrfach aus. Den König focht das wenig an. Als eine Kränkung seines Herrscherstolzes mag er das Scheitern des Unternehmens empfunden haben; grössere Bedeutung hat er ihm schwerlich beigelegt. Im Grunde war ja das eigentliche Ziel, die Züchtigung Athens, erreicht worden, die widerspenstige Stadt in Flammen aufgegangen; und im übrigen stand das Reich intact. Xerxes war nach wie vor der König der Könige und der Länder, mochten auch einige entlegene Küstengebiete zeitweilig widerspenstig sein und den Tribut weigern. In einzelnen Momenten, wie in der

Entsendung des Sataspes zur Umschiffung Afrikas (§. 61), klingen die Gedanken der grossen Zeit des Reichs noch einmal nach; sonst aber zeigt sich überall nur Stillstand und der Beginn des Verfalls. Der König ging auf in sinnlichen Genüssen und Haremsumtrieben, deren er nicht mehr Herr zu bleiben vermochte (vgl. Herod. IX, 108 ff.) — so zeigt ihn auch die jüdische Esthernovelle —; im Reich aber lockerten sich überall die Bande des Gehorsams und bei dem herrschenden Volke verfiel die Zucht. Die Hingebung an Vaterland und König, die es gross gemacht hatte, wich der Begehrlichkeit und dem gemeinen Ehrgeiz, der die Magnaten in das widrige Intriguenspiel des Hoftreibens hineinzog. Wie die Griechen werden auch andere Grenzstämme und ebenso die wilden und tapferen Räuberstämme in den Gebirgen Irans, Armeniens, Kleinasiens schon jetzt sich unabhängig gemacht und ihre Freiheit gegen die schwächlichen Angriffe der Satrapen vertheidigt haben. Auch Aufstände von Statthaltern mögen bereits unter Xerxes vorgekommen sein — wie denn sein Bruder Masistes, vom König in seinem Weibe tödtlich beleidigt, schon bald nach 479 den Plan gefasst hatte sich in seiner Provinz Baktrien unabhängig zu machen; aber er wurde mit seinen Söhnen und seinem Gefolge erschlagen, ehe er das Land erreichte.

323. Im Sommer des J. 465 wurde Xerxes von seinem allmächtigen Vezir Artabanos ermordet. Der That beschuldigte dieser den ältesten Sohn des Königs, Darius; so wurde derselbe von seinem jüngeren Bruder Artaxerxes (Artakhšatra) getödtet, und dieser bestieg den Thron. Aber Artabanos dachte für sich selbst und seine Söhne die Herrschaft zu gewinnen und auch den neuen König zu beseitigen. Er versuchte, den Eroberer Babylons (§. 80) Megabyzos, den Sohn des Zopyros, dem Xerxes seine Tochter zur Frau gegeben, der aber jetzt mit seiner Gemahlin zerfallen war, ins Complott zu ziehen. Doch dieser warnte vielmehr den König; in offenem Kampfe, so wird berichtet, wurde Artabanos mit seinem Hause und seinem Anhang bewältigt und getödtet. —

Artaxerxes I. war, wie sein Verhalten in den jüdischen Wirren zeigt (§. 122. 124 f.), ein gutmüthiger, leutseliger Herrscher, aber schwach und leicht bestimmbar. Er mochte bestrebt sein, seine Aufgabe als Regent zu erfüllen und die Schäden des Reichs zu bessern; aber Bedeutendes zu leisten war er nicht geschaffen. Gleich zu Anfang seiner Regierung fiel der Satrap Artabanos in Baktrien ab, wurde aber in zwei Schlachten überwältigt. Verhängnissvoller war, dass Aegypten sich aufs neue empörte. Wieder waren es die Libyer des westlichen Deltas, von denen der Aufstand ausging; ihre Fürsten Inaros und Amyrtaeos brachen in das Nilland ein. Wie einst Necho und Psammetich konnten auch sie hoffen, im Kampf mit der asiatischen Grossmacht das Pharaonenreich wiederherzustellen; durften sie doch von Athen noch ganz andere Untersützung erwarten, als jene durch Lydien und die griechischen und karischen Söldner gefunden hatten. Ein Theil der Aegypter fiel ihnen zu, während andere, die an die Uebermacht des Weltreichs glaubten und in den Libyern auch nur Fremdherrscher sehen mochten, treu an Persien festhielten. Der Statthalter Achaemenes, Xerxes' Bruder, zog ein grosses Heer zusammen; aber bei Papremis wurde er von Inaros geschlagen und getödtet, sein Heer vernichtet.

Zur Chronologie vgl. Forsch. II, 482 ff. — Ermordung des Xerxes und seines Sohnes, Beseitigung des Artabanos: Ktes. pers. 29. 29 f., von dem Justin III, 1 wenig [aber die Quelle ist Deinon, wie die vortreffliche Namensform Bagabaxus für Megabyzos bestätigt, vgl. Deinon fr. 21], Diod. XI, 69 etwas stärker abweicht, während Aristoteles pol. VIII, 8, 14 einer ganz anderen Version folgt. [Ermordung durch den Sohn Aelian v. h. 13, 3]. Die Thatsache auch auf der Stele Ptolemaeos' I. §. 102 A. Artabanos mag 7 Monate als Vezir des Artaxerxes gewaltet haben; daraus machen die Chronographen eine 7monatliche Regierung des Artabanos als König, was natürlich Unsinn ist, vgl. Forsch. II, 499. — Artaxerxes I. mag das ihm bei Diod. XI, 71, vgl. Nepos de reg. 1, ertheilte Lob verdienen. Abfall Baktriens: Ktes. 29, 31. Aegyptischer Aufstand, Schlacht bei Papremis: Herod. III, 12. 15. VII, 7. Thuk. I, 104. Ktes. 29. 32. Ephoros (Diod. XI, 71. 74) hat Thukydides und Ktesias benutzt und entstellt und lässt die Athener an der Schlacht Theil nehmen, wovon die anderen Quellen nichts wissen.

Das ist gewiss falsch; nach Thuk. ruft Inaros die Athener, nachdem er Αἰγύπτου τὰ πλέω zum Abfall gebracht hat καὶ αὐτὸς ἄρχων γενόμενος. Chronologisch bestimmen lassen sich nur die sechs Jahre der athenischen Expedition = 459—454 (§. 326 A. 335). — Ob König Chabbaš (§. 102 A.) in diese oder eine noch spätere Zeit gehört, ist nicht zu entscheiden.

324. Das waren die Verhältnisse, in die Athen eingriff. Das neue Unternehmen war in demselben Stil angelegt wie Kimons Feldzug nach Karien und zum Eurymedon. Mit 200 eigenen und bundesgenössischen Schiffen fuhren die Athener nach Cypern und begannen die Eroberung der Insel (459 v. Chr.). Da wandte sich Inaros um sie an Hülfe. Das Anerbieten war verlockend; die Aussicht, Aegypten den Persern dauernd zu entreissen und der attischen Macht und dem attischen Handel zu sichern, stellte einen ungeheuren Machtzuwachs und einen tödtlichen Schlag gegen Persien in Aussicht. So ging die Flotte nach Aegypten; sie forcirte die Einfahrt in den Nil und vernichtete die persische Flotte. Memphis wurde angegriffen und die Stadt selbst genommen; aber in der Citadelle, der »weissen Mauer«, behauptete sich die persische Besatzung, verstärkt durch die im Lande angesiedelten Perser und die treugebliebenen Aegypter. Die Belagerung der starken Festung zog sich manches Jahr hin. Sonst aber schien das Unternehmen völlig geglückt und die beträchtlichen Verluste an Menschenleben werth, die es gekostet hatte. Selbst nach Phoenikien, wo sich Unabhängigkeitsgelüste regen mochten, konnten die Athener übergreifen.

Thukydides' kurzer Bericht I, 104 wird durch Ktesias 29, 32 ergänzt, der allerdings im einzelnen, so in der Schiffszahl, unzuverlässig ist; den Namen des Feldherrn Charitimides corrigirt Busolt wohl mit Recht in Charmantides. Diodor ist werthlos. Um so wichtiger ist die Grabschrift der Phyle Erechtheis CIA. I, 433, welche die im Jahre 460/59 (§. 326 A.) ἐν Κύπρῳ, ἐν Αἰγύπτῳ, ἐν Φοινίχῃ [die Ordnung ist chronologisch] und auf den griechischen Schlachtfeldern Gefallenen aufzählt.

Krieg in Griechenland.

325. Inzwischen hatte auch in Griechenland der Krieg
begonnen. Der Bund der beiden Demokratien Athen und
Argos und der dadurch herbeigeführte Umschwung der griechischen Politik machte sich sofort geltend. Die Spartaner
waren noch immer durch die Einschliessung des Ithome lahmgelegt; offenbar konnten die Messenier auf den leicht zu vertheidigenden Abhängen des Berges Vieh halten und Korn
pflanzen. Die Argiver, durch das Bündniss gedeckt, benutzten
die Gelegenheit, die vor einem Jahrzehnt begonnene Wiederherstellung ihrer Macht zu vollenden. Ihr altes Unterthanenland, die Inachosebene und die angrenzenden Bergthäler mit
ihren Landstädten, hatten sie im letzten Kriege wiedergewonnen
(§. 285) bis auf Mykene und das von Sparta besetzte Gebiet
von Thyrea (Bd. II, 469). Jetzt wurde Mykene angegriffen. Die
abhängigen Gemeinden leisteten Zuzug, vor allem Kleonae,
ebenso die Tegeaten, die alten Bundesgenossen; nach längerer
Belagerung wurde die Stadt, deren gewaltige Mauern man
nicht erstürmen konnte, durch Hunger bezwungen und zerstört, die Gefangenen zu Sklaven gemacht, das Gebiet aufge-
theilt. Ein Rest der Bevölkerung fand in Makedonien bei
König Alexander Aufnahme. Es scheint, dass die Spartaner
den Versuch gemacht haben, Mykene zu retten. Wir wissen
nur die nackte Thatsache, dass es bei Oinoe, im Thal des
Charadros, durch das die Strasse von Argos nach Mantinea
führt, zu einem Treffen kam; die Localität zeigt, dass der Angriff von Sparta ausgegangen sein muss. Die Athener leisteten
Bundeshülfe, die Spartaner wurden geschlagen. Der Sieg
wurde von beiden Staaten als ein grosser Erfolg gefeiert; in
Athen wurde er in der Halle des Peisianax (§. 298) als
Gegenstück zu dem Gemälde der Marathonschlacht dargestellt,
die Argiver weihten die Statuen der Sieben gegen Theben als
Siegesdenkmal nach Delphi. Es war die erste Bethätigung
der neuen Waffenbrüderschaft, die die grössten Hoffnungen

erregte. Eine Folge des Sieges wird gewesen sein, dass
in Mantinea die demokratische Partei die Oberhand gewann.
Wie vor zehn Jahren in Elis siedelte auch hier die Bevölkerung aus den fünf Dorfschaften, in denen sie bisher gelebt hatte, in eine ummauerte Grossstadt zusammen, die mit
argivischer Hülfe erbaut wurde; eine neue Phylenordnung wird
sich damit verbunden haben. Fortan ist Mantinea eifrig
demokratisch und antispartanisch. Die unvermeidliche Folge
war, dass Tegea sich jetzt eng an Sparta anschloss; die
beiden Todfeinde konnten niemals zusammengehen.

Argos gegen Mykene: Strabo VIII, 6, 19 μετὰ δὲ τὴν ἐν Σαλαμῖνι
ναυμαχίαν Ἀργεῖοι μετὰ Κλεωναίων καὶ Τεγεατῶν ἐπελθόντες ἄρδην τὰς
Μυκήνας ἀνεῖλον καὶ τὴν χώραν διενείμαντο, vgl. 6, 10. Nach Paus.
VII, 25, 6 ward die Stadt durch Hunger bezwungen, die Bewohner
flüchteten grossentheils nach Makedonien, ein Theil nach Kleonae und
nach Keryneia in Achaia. Ephoros (Diod. XI, 65) hat den Krieg im
Anschluss an den messenischen Aufstand erzählt [dass Diodor ihn ins
Jahr 468/7 setzt, hat gar keine Bedeutung, vgl. §. 294 A.] — deshalb
kann Sparta keine Hülfe leisten — und in seiner Weise durch die Motivirung mit der Theilnahme Mykenes am Perserkriege, sowie durch
eine Schlacht und Erstürmung ausgeschmückt; ebenso Pausan. II, 16, 5.
— Die Schlacht bei Oinoe ist nur durch die Denkmäler bei Pausan.
I, 15, 1. X, 10, 4 bekannt; zur Localität Pausan. II, 25, 2. Dass sie
nicht ein unbekanntes Scharmützel des korinthischen Krieges ist, wie
man früher meinte, sondern in diese Zeit gehört, hat ROBERT, Hermes
XXV, 412. Marathonschlacht (Winckelmannsprogramm Halle 1894) 4 ff.,
vgl. Hermes XXXV, 193 f. unwiderleglich erwiesen. Das Gemälde in der
Stoa Poikile ist von den übrigen nicht zu trennen, und von den Künstlern
des delphischen Weihgeschenks Hypatodoros und Aristogeiton besitzen
wir eine Inschrift (IGA. 165), deren archaische Schrift ihre Zeit festlegt.
Dann fällt die Schlacht vor die mit Halieis beginnenden Kämpfe. Dass
Thukydides sie nicht erwähnt, ist nicht auffallend; sie gehört der argivischen Geschichte an, die Athener kämpfen nur als ἐπίκουροι; das ist
durch den Satz Ἀργείοις τοῖς ἐκείνων (τῶν Λακ.) πολεμίοις ξύμμαχοι ἐγένοντο für den Abriss der attischen Geschichte genügend angedeutet. —
Μαντίνεια ἐκ πέντε δήμων ὑπ' Ἀργείων συνῳκίσθη Strabo VIII, 3, 2. vgl.
Xen. Hell. V, 2; über die Zeit §. 285 A. BR. KEIL, das Gottesurtheil von
Mantinea, Gött. Nachr. 1895, S. 358 f. sucht aus dem noch immer sehr
dunklen Texte BCH. XVI, 569 nachzuweisen, dass die einzelnen manti-
neischen Gemeinden vor dem Synoikismos rechtlich selbständig waren. —

Phylen: LEBAS II, 352 p = GDI. 1203.   Zur Stellung Mantineas und Tegeas in der Folgezeit Thuk. IV, 134. V. 29. 32.   Vielleicht gehören Kleandridas' Operationen gegen Tegea (§. 285) erst in diese Zeit.

326. Gleichzeitig hat Athen selbst einen grossen Erfolg errungen: Megara trat zu ihm über.   Auch hier zeigte sich die propagandistische Wirkung der demokratischen Idee.   Der Adel des kleinen Landes stand zu Sparta; aber unter der Bauernschaft und der Stadtbevölkerung gab es viele, die im Anschluss an Athen das einzige Heil sahen.   Mit der alten Machtstellung des Staats war es längst vorbei; zur See war sein Gebiet von Athen umklammert, der attische Markt sein Hauptabsatzgebiet.   Es kam hinzu, dass Korinth das Streben, Megara zu erobern (Bd. II, 174), niemals aufgegeben hatte — noch vor kurzem hatte es einen Handstreich auf die Stadt versucht.   Jetzt betrieb es das Unternehmen um so eifriger, da der Bruch mit Athen die Gefahr einer attischen Annexion nahe gerückt hatte.   Der Angriff Korinths beschleunigte die Entscheidung: Megara rief die Athener zu Hülfe und warf sich ihnen ganz in die Arme (spätestens 460).   Die Athener besetzten Stadt und Gebiet; sie verbanden Megara mit seinem Hafen Nisaea durch Mauern, um es gegen Ueberfall und Belagerung zu schützen.   Zugleich übernahmen in der Stadt die Demokraten das Regiment.   So war ein Ziel erreicht, das die attische Politik über ein Jahrhundert lang, seit Solon und Pisistratos, erstrebt hatte.   Zugleich aber war dadurch der Bruch mit Korinth unheilbar geworden.   Korinth sah sich überall von Athen überflügelt und beengt und jetzt auch auf der Landseite unmittelbar bedroht, wie von Süden her durch Argos.   Die alte Freundschaft mit Athen schlug in bittern Hass um.   Von Sparta war zur Zeit wenig zu hoffen; aber Korinth war zu energischer Abwehr entschlossen.   Eng verband es sich mit den Küstenstädten von Argolis und mit Aegina, das sich durch den Bruch gleichfalls aufs schwerste bedroht sah; die Korinther mochten bitter bereuen, dass sie selbst Athen einst die Mittel gewährt hatten, den alten Rivalen zu demüthigen.

Korinth gegen Megara: Plut. Cim. 17. Thuk. I, 103. — Chronologie: Da der messenische Krieg 10 Jahre dauerte Thuk. I, 103 = Diod.
XI, 64 [die Correctur von δεκάτῳ ἔτει in τετάρτῳ ist ganz unzulässig],
kann sein Ausgang nur ins Jahr 455 fallen, vgl. §. 294 A. Mithin hat
Thuk. I, 103 seine Beendigung und die Ansiedlung der Messenier in
Naupaktos vorweg genommen; mit προσεχώρησαν δὲ καὶ Μεγαρῆς Ἀθη-
ναίοις (plusquamperfectisch) nimmt er den chronologischen Faden wieder
auf. Dass der messenische Krieg bis 455 dauerte, bestätigt sich auch
dadurch, dass Naupaktos offenbar erst nach Unterwerfung der opunti-
schen Lokrer athenisch geworden ist (§. 330), und dass bei Tanagra
Nikomedes, nicht Archidamos, die Spartaner führt (§. 328). Andererseits lehrt CIA. I, 433, dass die Schlachten bei Halieis, Aegina, Megara
[bei Kekryphaleia sind offenbar keine Angehörigen der Erechtheis ge-
fallen] und die gleichzeitigen cyprischen und aegyptischen Kämpfe in
dasselbe Jahr fallen (τοῦ αὐτοῦ ἐνιαυτοῦ). Dies Jahr kann nur das
Kriegsjahr sein, von einer Todtenfeier (im Spätherbst) bis zur nächsten,
nicht das Amtsjahr. Das wird dadurch bestätigt, dass unter den Gefallenen der Phyle ein στρατηγῶν Φρύνιχος und ein στρατηγὸς Ἱππο-
δάμας ist, d. h. der vorjährige Stratege, von 460/59, und der diesjährige,
von 459/8. Dass die Grabschrift aus dem Herbst 459 stammt, also
die Schlachten in den Sommer 459 zu setzen sind, ergibt sich aus
der sechsjährigen Dauer der aegyptischen Expedition, deren Ende spätestens in den Sommer 454, das Jahr der Uebertragung der Bundescasse von Delos nach Athen, gesetzt werden kann; vgl. §. 385 A.
Möglich wäre höchstens, ein Jahr früher hinauf, nicht aber, mit WILA-
MOWITZ ein Jahr weiter hinabzugehen. — Diodor hat die Belagerung
von Aegina bereits unter dem Jahre 464/3 erzählt (XI, 70, vgl. §. 294 A.),
dann folgt sie nochmals XI, 78 unter 459/8 im Zusammenhang mit den
Kämpfen bei Halieis und Kekryphaleia; Aegina wird nach neunmonat-
lichem Kampfe unterworfen, was ganz unmöglich ist. Der Anschluss von
Megara an Athen, die Schlacht bei Megara und die Schlacht bei Tanagra
folgen dann unter 458/7, die bei Oinophyta unter 457/6, Tolmides' Fahrt
um den Peloponnes 456/5, Perikles' Fahrt 455/4 [und nochmals XI, 88
unter 453/2], der fünfjährige Friede unter 454/3. Man sieht, Diodor ist
chronologisch völlig werthlos; es ist Zufall, dass die Daten für Tanagra,
Oinophyta und Tolmides' Zug im wesentlichen richtig sind. Im Übrigen
hat Ephoros die ersten Kämpfe im engen Anschluss an Thukydides erzählt, nur mit einigen Entstellungen zu Gunsten Athens. Justins Auszug aus Trogus III, 6 ist völlig verwirrt. Auch Lysias epitaph. 48 ff. erzählt im wesentlichen wie Thukydides. Ganz entstellt ist der Abriss
der Geschichte dieser Zeit bei Andoc. 3, 3 ff. = Aeschines 2, 172 ff.;
besser sind die Notizen in Platos Menexenos 242. Aristodem ist völlig
werthlos.

327. Doch auch Athen liess es an Energie nicht fehlen. Im Frühjahr 459 erschien seine Flotte im argivischen Golf und landete Truppen in Halieis, der tirynthischen Ansiedlung an der Südspitze von Argolis (§. 285) — offenbar plante man eine Cooperation mit Argos in Fortsetzung des Kriegs der Argiver gegen ihre ehemaligen Unterthanen. Doch die Korinthier und Epidaurier traten den Athenern entgegen und schlugen sie zum Lande hinaus. Aber die Niederlage wurde bald durch einen Sieg über die Schiffe der Peloponnesier bei Kekryphaleia, einer dem Hafen Aeginas vorgelagerten Insel, ausgeglichen. Dadurch wurde es möglich, Aegina selbst anzugreifen. Um die Stadt zu retten, brachten die Peloponnesier nochmals eine Flotte zusammen, welche sich mit den aeginetischen Schiffen vereinigte. Aber auch Athen mit seinen Bundesgenossen konnte, trotz der 200 in Aegypten stehenden Schiffe, noch eine starke Flotte aufbringen. Unter Führung des Leokrates wurden auf der Höhe von Aegina die Gegner vollkommen geschlagen, 70 Schiffe genommen. Die Stadt wurde eingeschlossen, die Belagerung konnte beginnen. Ein Mittel, ihr zur See Hülfe zu leisten, hatten die Peloponnesier nicht mehr; so versuchte Korinth durch einen Angriff auf Megara den Aegineten Luft zu machen. Athens Kräfte waren bereits aufs äusserste in Anspruch genommen, ein starkes Heer kämpfte in Aegypten, ein anderes lag vor Aegina. Trotzdem dachte man nicht daran, die Belagerung aufzuheben; vielmehr zog das Aufgebot der ältesten und jüngsten Jahrgänge unter Myronides' Führung den Korinthern entgegen. Die Schlacht blieb unentschieden, jedes der beiden Heere versuchte auf dem Schlachtfelde ein Siegeszeichen zu errichten. Darüber kam es nach einigen Tagen zu einem neuen Kampf, in dem die Korinther geschlagen wurden; eine starke Abtheilung verirrte sich auf der Flucht in ein Gehöft und wurde von den Athenern zusammengehauen (Herbst 459).

328. So hatte Athen auf allen Kriegsschauplätzen siegreich das Feld behauptet. Aber die Gegner hatten ihre volle Kraft noch nicht eingesetzt, da Sparta sich ganz zurück-

gehalten hatte. Athen musste Vorkehrungen treffen für den
Fall eines grossen Angriffs, einer Invasion Attikas durch die
Gesammtmacht der Peloponnesier. Deshalb wurde die schon
in Kimons Zeit (§. 298) geplante Verbindung Athens mit
seinen Häfen, Piraeeus und Phaleron, durch starke Mauern
jetzt schleunigst in Angriff genommen. War das Werk vollendet, so war Athen zu Lande unangreifbar und, so lange
es die See beherrschte, auch durch Hunger nicht zu bezwingen.
Freilich musste bis dahin noch geraume Zeit vergehen. Um
so mehr Anlass hatte Sparta, nicht länger zu säumen. Vermuthlich wurde sein Vorgehen durch die Perser beschleunigt,
welche eine Gesandtschaft mit grossen Geldmitteln nach Sparta
schickten (§. 335). Zu einem directen Angriff wollte man
sich allerdings nicht entschliessen, dazu war Spartas Situation
noch zu exponirt. Auch musste ein Einfall in Attika selbst
die Eintracht der Bürgerschaft stärken und den Zusammen-
schluss gegen den Feind, der Athen den Untergang drohte,
herbeiführen. Trat man dagegen mit imponirender Heeresmacht in der Nachbarschaft Athens auf, so durfte man hoffen,
wie im J. 508 der gestürzten conservativen Partei die Hand
bieten und durch sie nicht nur die alten Verhältnisse wieder herstellen, sondern auch Athen thatsächlich in dauernde
Abhängigkeit von Sparta bringen zu können. Und in der That
gab es nicht wenige unter den oligarchischen Heissspornen,
welche eine Intervention Spartas herbeisehnten und jetzt um
so mehr darauf drängten, weil mit Vollendung der langen
Mauern jede Möglichkeit schwinden musste, durch offenen
Angriff oder einen Handstreich eine Restauration herbeizuführen. Gerade jetzt bot sich ein willkommener Anlass, das
Unternehmen ins Werk zu setzen. Die Phoker hatten den
kleinen dorischen Stamm im Quellgebiet des Kephissos angegriffen, und dieser wandte sich Hülfe suchend nach Sparta. Die
Phoker, als Feinde der Boeoter, standen mit Athen im Bunde;
aber auch abgesehen davon war es für Sparta ein Gebot
der Ehre, den Stammgenossen, die für ihre Ahnen galten,
beizustehen. Dass trotzdem die Hülfsleistung nur ein Vor-

wand war, zeigt die Stärke der aufgebotenen Truppenmacht:
1500 spartanische Hopliten — wohl nur zum Theil Vollbürger,
die übrigen Perioeken — 10,000 bundesgenössische. An ihrer
Spitze rückte, da König Archidamos noch in Messenien stand,
Nikomedes, Pausanias' Bruder, der nach Pleistarchos' frühem
Tode († 458) für seinen unmündigen Neffen Pleistoanax die
Regentschaft führte, in Phokis ein (Frühjahr 457). Da die
Isthmosstrasse durch Megara gesperrt war, muss er von Korinth oder Achaia aus übergesetzt sein. Die Phoker wurden
rasch zur Nachgiebigkeit gezwungen; die Hoffnung auf eine
Revolution in Athen dagegen erfüllte sich nicht. Wohl gingen
geheime Botschaften hin und her, aber ein Ergebniss hatten
sie nicht; als die Krisis heranrückte, behauptete auch bei den
erbittertsten Gegnern der Demokratie das Staatsgefühl die
Oberhand, anders als bei Isagoras und seinem Anhang ein
halbes Jahrhundert vorher: man gehörte jetzt einer Grossmacht an und empfand, dass weit mehr auf dem Spiele stand
als ein Sieg in den Verfassungsfragen je einbringen konnte.

Dass die Schlacht bei Tanagra in den Sommer 457 fällt, scheint
ziemlich fest zu stehen; ins Jahr 459/8 (Forsch. II, 511), d. h. wahrscheinlich 458, fällt Pleistarchos' Tod. Es ist begreiflich, dass nach den
grossen Kämpfen von 459 im nächsten Jahre eine Ruhepause eintrat.
Auch die Angabe über Kimons Rückberufung (§. 315 A.) führt auf 457.

329. Die athenische Regierung liess es auch diesmal an
Energie nicht fehlen: sie besetzte die Pässe des Gebirgs Ge-
raneia, das Megaris vom Isthmos trennt, und sperrte den See-
weg durch eine in den korinthischen Golf gesandte Flotte.
Auch jetzt noch trugen die Spartaner Bedenken anzugreifen;
sie nahmen Stellung in Boeotien. Hier war die Macht Thebens durch das Strafgericht nach der Schlacht bei Plataeae
gebrochen, die Adelsherrschaft gestürzt. Aus eigener Kraft
vermochte die thebanische Demokratie die Suprematie in
Boeotien nicht wiederzugewinnen. Jetzt aber, wo die Partei-
gruppirung der Perserkriege vor dem alles beherrschenden
Gegensatz gegen Athen zurücktrat, trugen die Spartaner so
wenig Bedenken vor einem Bündniss mit Theben, wie Athen

vor dem mit Argos und Thessalien. Das alte in der Pisistratidenzeit begründete Verhältniss stellte sich wieder her.
Die Spartaner boten dem Demos von Theben die Hand, ver-
stärkten und erweiterten die Festungswerke der Stadt, und
unterstützten ihre Bestrebungen nach Wiederherstellung der
Herrschaft über Boeotien. Dadurch wurde die Situation auch
für Athen unhaltbar; es durfte die Aufrichtung eines boeotischen Einheitsstaats nicht dulden, seine Anhänger in den
Städten, welche die Gegner verjagten, nicht fallen lassen;
auch in Theben selbst neigten jetzt — so seltsam verschoben
sich die Verhältnisse — die Oligarchen zu Athen. Dazu kam,
dass die Verbindungen Spartas mit den Führern der Adelspartei ruchbar wurden und man bei längerem Zögern den
Ausbruch einer Gegenrevolution befürchten musste. So rückte
das Gesammtaufgebot Athens, unterstützt von 1000 Argivern,
einem thessalischen Reitercorps, und dem Zuzug der Bundesgenossen, in Boeotien ein, alles in allem 14000 Mann. Die
Spartaner hatten bei Tanagra unweit der attischen Grenze
Stellung genommen; offenbar wollten sie die Asoposebene für
Theben sichern. Einen Angriff der Athener scheinen sie nicht
erwartet zu haben; daher fehlte das boeotische Aufgebot in
der Schlacht. Die Athener kämpften tapfer, allen voran die
Häupter der Adelspartei, die den Verdacht ihrer Mitbürger
durch die That widerlegten; auch Kimon erschien, um am
Kampfe Theil zu nehmen, wurde aber zurückgewiesen. Die
Entscheidung gab, dass die thessalischen Reiter während der
Schlacht zu den Gegnern übergingen und auf ihre Bundesgenossen einhieben — es war ihnen nicht geheuer bei der
Verbindung mit dem demokratischen Athen, die nur zu leicht
auf ihre Stellung daheim zurückwirken und ihre in drückender
Abhängigkeit gehaltenen Unterthanen aufwiegeln konnte. So
ward der Tag für die Spartaner gewonnen. Aber ein entscheidender Sieg war es nicht, und an eine Fortführung des
Angriffs gegen Athen konnte man bei der gefährdeten Stellung
im Peloponnes um so weniger denken, da die Hoffnung auf
die attischen Oligarchen sich als eitel erwiesen hatte. Ueber-

dies war es kaum möglich, das Heer der peloponnesischen Bauern noch länger unter den Fahnen zu halten; die Feldarbeiten riefen nach Hause. So begnügte sich Nikomedes, das Gebiet von Megara zu verwüsten, und führte das Heer über den Isthmos heim.

Von dem Bündniss zwischen Sparta und Theben spricht Thukydides nicht; aber es ergibt sich aus den Thatsachen, und die Angaben des Ephoros (Diod. XI, 81 = Justin III. 6) sind offenbar correct; diese Dinge hatte z. B. Hellanikos unzweifelhaft viel ausführlicher berichtet als Thukydides. Zur Bestätigung dienen die Angaben, dass innere Kämpfe in Boeotien Athen nachher den Sieg ermöglichten: Thuk. III. 62, 5 Ἀθηναίων τὴν ἡμετέραν χώραν πειρωμένων ὑφ' αὐτοῖς ποιεῖσθαι καὶ κατὰ στάσιν ἤδη ἐχόντων αὐτῆς τὰ πολλά; IV, 92, 6 ὅτι τὴν γῆν ἡμῶν στασιαζόντων κατέσχον in Reden von Thebanern, Plato Menex. 242a vom attischen Standpunkt συνέβαλον μὲν ἐν Τανάγρᾳ ὑπὲρ τῆς Βοιωτῶν ἐλευθερίας Λακεδαιμονίοις μαχόμενοι, der Kampf bleibt unentschieden, aber die Spartaner ᾤχοντο ἀπιόντες, καταλιπόντες Βοιωτοὺς οἷς ἐβοήθουν, οἱ δ' ἡμέτεροι τρίτῃ ἡμέρᾳ ἐν Οἰνοφύτοις νικήσαντες τοὺς ἀδίκως φεύγοντας δικαίως κατήγαγον. Mit Recht bezieht wohl Busolt die Aeusserung des Perikles über den inneren Hader der Boeoter, in dem sie sich aufreiben, Arist. rhet. III. 4. auf diese Zeit. Dass Athen die Aristokraten unterstützte, sagt pol. Ath. 3. 11 und wird aus der historischen Situation vollkommen begreiflich; danach ist die Andeutung Arist. pol. VIII. 2, 6 ἐν Θήβαις μετὰ τὴν ἐν Οἰνοφύτοις μάχην κακῶς πολιτευομένοις ἡ δημοκρατία διεφθάρη zu erklären. — Wenn die Peloponnesier im Mai ausgerückt sind, wie im pelop. Kriege, kann die Schlacht bei Tanagra frühestens in den Juli fallen. Auf Ephoros' Schilderung der Kämpfe (Diod. XI, 80. ebenso Pausan. I. 29, 9). die zu einer Verdoppelung der Schlacht führt, ist nichts zu geben. Ebenso ist der von ihm behauptete Abschluss eines viermonatlichen Waffenstillstands nach derselben sehr problematisch; denn vor die Verwüstung von Megaris kann er nicht fallen, und nachher hat er keinen Sinn mehr. Die angebliche Friedensvermittelung Kimons, da man für das nächste Jahr (εἰς ὥραν ἔτους) einen Einfall der Peloponnesier erwartet habe (Plut. Cim. 17, Per. 10), ist notorisch falsch und aus der von Theopomp fr. 92 (= Nepos Cim. 3. Plut. Cim. 18, vgl. §. 315 A.) vorgenommenen tendenziösen Heraufrückung des Waffenstillstands von 450 an die Schlacht bei Tanagra entstanden. Damals dachten aber die Athener gar nicht an Frieden, wie die Ereignisse beweisen, und hatten auch keinen Anlass dazu. Die Realität der Angabe über das Verhalten der Freunde Kimons in der Schlacht und seine Rückberufung nach derselben auf Antrag des Perikles (Plut. Cim. 17 = Per. 10) ist darum aber nicht zu bezweifeln. Nur die Angabe von

dem durch Elpinikes Vermittelung geschlossenen Abkommen zwischen
Kimon und Perikles (Plut. Per. 10) ist unhistorisch (Forsch. II, 84); sie
stammt n i c h t aus Stesimbrotos. Dass die Athener angriffen, sagt Thuk.
(ἐπεστράτευσαν αὐτοῖς). Zur Schlacht Herod. IX, 35. Den attischen Oberfeldherrn kennen wir nicht; unter den Strategen wird Perikles gewesen
sein (Plut. Per. 10). Grabdenkmäler der gefallenen Kleonaeer (= CIA.
I, 441 + IV, 1, p. 107) und Argiver in Athen Paus. I, 29, 7 f. Das
Grabepigramm der attischen Reiter hat A. WILHELM, Jahreshefte des
österr. arch. Inst. II, 221 ff., in Simonid. epigr. 108 (Anthol. VII, 254)
erkannt und ein Bruchstück desselben in CIA. II, 1677 entdeckt. Siegesdenkmal in Olympia : IGA. 26a = Olympia 253.

330. Trotz der Niederlage im Felde hat die Schlacht von
Tanagra den Athenern politisch nur Gewinn gebracht. Vor den
höchsten Aufgaben des Staats war der innere Hader verstummt.
Das Blut der hundert Genossen Kimons, die den Tod gesucht
und gefunden hatten, war nicht vergeblich geflossen; der
harte Kampf hatte die Einheit der Bürgerschaft wiederhergestellt. Perikles selbst beantragte jetzt die Rückberufung
Kimons. Die Spartaner hatten den taktischen Sieg nicht ausnutzen können; ihr Unternehmen war gescheitert, sie mussten
Aegina wie Boeotien sich selbst überlassen. Zwei Monate
nach der Schlacht, etwa im September 457, führte Myronides
das athenische Heer aufs neue nach Boeotien. Bei Oinophyta
wurden die Thebaner mit dem boeotischen Heerbann vollständig geschlagen. Die Folge war, dass die thebanische
Macht aufs neue zusammenbrach. Tanagra wurde genommen und geschleift, die übrigen Städte fügten sich. Ueberall
wurden die verjagten Oligarchen zurückgeführt und die athenische Partei ans Ruder gebracht. Ganz Boeotien verpflichtete
sich Athen zur Heeresfolge. Bis an die Thermopylen wurde
der attische Machtbereich ausgedehnt. Die Phoker waren
bereits mit Athen verbündet; die hypoknemidischen Lokrer
mit dem Vorort Opus am euboeischen Golf mussten Geiseln
stellen. Wahrscheinlich bei dieser Gelegenheit verloren sie
den Besitz von Naupaktos im Gebiet der westlichen, ozoli-
schen Lokrer, wohin sie vor einiger Zeit, zusammen mit den
Ozolern von Chaleion, Ansiedler geschickt hatten — vielleicht

auf Bitten der einheimischen Bevölkerung, die gegen die
Aetoler in den Bergen des Hinterlands einen schweren Stand
haben mochte.

Schlacht bei Oinophyta — die Lage ist leider unbekannt — am
62. Tage nach Tanagra Thuk. I, 108; am dritten Plato Menex. 242 b.
Ephoros bei Diod. XI, 81—83 hat die Schlacht verdoppelt und ein schwerlich historisches Detail über das Ausbleiben eines Theils der Athener
hinzugefügt. Ausserdem überschätzt er die militärische Leistung bedeutend, auf Grund der Stellung Thebens zu seiner Zeit. Dass Myronides
ganz Boeotien πλὴν Θηβῶν unterworfen und die Phoker bekriegt habe,
ist falsch; ausserdem ist der thessalische Feldzug (§. 338) irrthümlich gleich
hier angeschlossen. — Zwei Strategeme Frontin II, 4, 11. IV, 7, 21. Stimmung in Theben nach der Schlacht, in der der Thebaner Strepsiades
gefallen war: Pindar Isthm. 7. — ἔποικοι der Opuntier und Chaleier nach
Naupaktos IGA. 321 = IGS. III, 334 mit DITTENBERGER's Commentar, vgl.
Forsch. I, 291 ff. Naupaktos blieb Mitglied des Stammbundes der Λοκροί
ϝεσπάριοι Zl. 10, vgl. §. 2; daher Thuk. I, 103: Ansiedlung der Messenier
in Naupaktos, ἣν ἔτοχον ἄρτι κότες (οἱ Ἀθ.) νεωστὶ Λοκρῶν τῶν Ὀζολῶν
ἐχόντων.

331. Durch die letzten Ereignisse war den Aegineten jede
Aussicht auf Entsatz genommen. So entschlossen sie sich
zur Unterwerfung; sie mussten ihre Mauern schleifen, ihre
Schiffe ausliefern und in den delischen Bund eintreten (456
v. Chr.). Der Jahrestribut der reichen Handelsstadt wurde
auf dreissig Talente (163200 Mark) festgesetzt. Das Ausharren der Athener hatte sich glänzend belohnt: der alte
Rivale war politisch vernichtet. Dass sie in Ruhe leben und
ihre Freiheit bewahren möge, ist alles, was Pindar der ge-
liebten, ehemals so ruhmreichen Stadt noch wünschen kann
(Pyth. 8). Auch Troezen, halbionisch (Bd. II, 128 A. 175)
und gewiss mit Epidauros verfeindet, hat sich an Athen angeschlossen. So konnte Athen weiter gehen und die volle
Offensive gegen die Gegner ergreifen, vor allem gegen das
korinthische Colonialreich.

Troezen attisch: Thuk. I, 115. IV, 21; Andoc. 3, 3 ἡνίκα .. Μέγαρα
εἴχομεν καὶ Πηγὰς καὶ Τροιζῆνα, vgl. Forsch. II, 133.

Unternehmungen in Westgriechenland.   Korinth und Korkyra.

332. Bisher hatte Korinth die Vorherrschaft im westlichen Griechenland und das hier in der Tyrannenzeit gegründete Colonialreich im wesentlichen behauptet. Leukas, durch den von Gorgos angelegten Canal, der den schmalen von der Stadt zum Festland hinüberführenden Isthmos durchstach (Bd. II, 394), in eine Insel verwandelt — über die lange Nehrung der Lagune weiter im Norden konnten Kriegsschiffe auf einer Schleifbahn gezogen werden, wie über den Isthmos von Korinth —, Anaktorion am Eingang des Golfs von Ambrakia, und im Mündungsgebiet des Aratthos, auf epirotischem Gebiet, das mächtige Ambrakia selbst, mit ausgedehntem Landgebiet, waren zwar selbständige Gemeinwesen und zum Theil von Korinth in Gemeinschaft mit Korkyra gegründet; aber sie alle hielten zu Korinth und waren jederzeit bereit ihm thatkräftige Unterstützung zu leihen; daher hatten sie auch am Perserkriege Theil genommen. Die gleiche Stellung nahm weiter im Norden, schon auf illyrischem Gebiet, Apollonia ein. Ein paar andere Küstenpunkte, wie Molykreion an der engsten Stelle des korinthischen Golfs, noch auf lokrischem Boden, Chalkis in Aetolien, Sollion in Akarnanien gegenüber von Leukas waren unmittelbarer Besitz Korinths. Die meisten Nachbarstaaten waren ihm befreundet und verbündet, vor allem die Stämme und Fürstenthümer von Epiros, sodann Oeniadae, die grösste und selbständigste Stadt der Akarnanen, an der Mündung des Acheloos, und von den vier Gemeinden der Insel Kephallenia wenigstens die westlichste und wohlhabendste, Pale, die daher auch zur Schlacht bei Plataeae ein kleines Corps entsandt hatte (§. 235). Auch Sikyon, ein volkreicher unter gefestigtem aristokratischem Regiment stehender Ackerbaustaat, hatte sich eng an Korinth und Sparta angeschlossen. Ferner haben die Aetoler ohne Zweifel zu Korinth geneigt, schon aus altererbter Feindschaft gegen die Akarnanen, zumal seit

die Athener Naupaktos besetzt hatten; freilich waren sie ein
uncultivirter in offenen Dörfern lebender Bergstamm, dessen
Mannen zwar zu Raubzügen jederzeit bereit waren und auch
gegen Sold in fremde Dienste traten, dessen primitive Volksgemeinde aber (Bd. II, 215) für eine consequente politische
Action gänzlich ungeeignet war. Feindlich zu Korinth standen
dagegen die kleinen akarnanischen Landgemeinden, die sich
durch Leukas, Anaktorion, Ambrakia beengt fühlten, und ihre
nördlichen Nachbarn, die epirotischen Amphilocher, die Ambrakia gezwungen hatte, ambrakiotische Ansiedler in ihre
Hauptstadt Argos aufzunehmen, ferner Zakynthos, dessen anti-
spartanische Haltung früher schon erwähnt wurde (§. 285),
und vor allem das mächtige Korkyra. Diese Staaten haben
daher auch am Perserkriege nicht Theil genommen.

Die Stellung der einzelnen Gemeinden zeigt ihre Haltung im kor-
kyraeischen und peleponnesischen Kriege Thuk. I, 26 ff. 46. 47. 55. II,
9. 30. 68. 80. Zur Topographie von Leukas (Thuk. III, 80. IV, 8) s.
PARTSCH, die Insel Leukas, in PETERMANN's Mitth. Ergänzungsheft 95, 1889.
Molykreion, Κορινθίων μὲν ἀποικίαν, Ἀθηναίων δὲ ὑπήκοον Thuk. III, 102.
Chalkis: Thuk. I, 108, vgl. II, 83. Sollion: Thuk. II, 30. III, 95. V, 30.
Zu Aetolien Thuk. I, 5. III, 94.

333. Es schien nahe zu liegen, dass Korkyra, seit anderthalb Jahrhunderten mit Korinth aufs tiefste verfeindet, sich
mit Athen zu gemeinsamem Kampf gegen die Mutterstadt
verband. So hat denn auch Themistokles die Beziehungen
Athens zu Korkyra gepflegt, ebenso wie er, offenbar aus
gleichem Grunde, dem Molosserkönig Admetos entgegengetreten
ist. Aber Korkyra verhielt sich ablehnend. Die Insel war
durch die Ueppigkeit ihres Bodens und durch die Gunst ihrer
Lage — die nach Italien und Sicilien gehenden Schiffe
mussten, da sie sich nur ungern von der Küste entfernten,
den Weg über Korkyra nehmen — rasch zu grossem Wohlstande emporgeblüht. Die Verfassung war, wie es scheint,
gemässigt demokratisch, ähnlich der Korinths; die Regierung
lag in den Händen der grossen Kaufmannsfamilien, denen
auch der Haupttheil des fruchtbaren Weinlands im Cen-

trum der Insel gehörte. Sie pflegten die Handelsbeziehungen nach Osten und Westen, und schufen daneben eine starke Kriegsmarine, die sich im J. 436 auf 120 Trieren belief. Zu ihrer Bemannung (ca. 24 000 Mann) reichte freilich trotz der dichten Bevölkerung der Stadt und der Insel die freie Bürgerschaft nicht aus, zumal man doch im Falle eines Kriegs auch eine Landarmee nicht ganz entbehren konnte; daher mussten als Ruderer weitaus in der Mehrzahl Sklaven verwendet werden. So war Korkyra stark genug eine selbständige Politik zu verfolgen, und hatte wenig Neigung, sich durch Anschluss an Athen ins Schlepptau einer fremden Politik zu begeben und dadurch schliesslich seine eigenen Interessen zu schädigen. Daher wahrte es in allen Händeln streng die Neutralität, wie früher im Perserkriege (§. 211), so jetzt im Kampf zwischen Athen und Korinth. Mit seinen Neigungen stand es sogar, trotz aller Feindschaft gegen Korinth, eher auf Seiten der zur See schwächeren Partei; mit Sparta und Sikyon wahrte es gute Beziehungen.

Stellung und Macht Korkyras: Thuk. I, 25 ff.. Da Korkyra die Demokraten von Epidauros abweist und die Aristokraten unterstützt (I, 24. 26), wird die Verfassung gemässigt gewesen sein; daher beginnen die Kämpfe zwischen Demos und Aristokratie in Folge des Anschlusses an Athen. — Sklaven als Matrosen Thuk. I, 55. — Themistokles εὐεργέτης der K. Thuk. I, 136, was bei Plut. Them. 24 durch einen Schiedsspruch zu Gunsten Korkyras in einem Streit mit Korinth über Leukas, von den Scholien durch ein thörichtes Autoschediasma erklärt wird. Dem Admetos τί ἀντ-είπεν Ἀθηναίων δεομένῳ ib. — Beim Conflict mit Korinth gewinnt Korkyra Sparta und Sikyon zu einem Vermittelungsversuch und erklärt, wenn dieser scheitere, werde es gezwungen φίλους ποιεῖν οὓς οὐ βούλονται, ἑτέρους τῶν νῦν ὄντων μᾶλλον, ὠφελίας ἕνεκα Thuk. I, 28.

334. Athen war jetzt stark genug, um auch allein im Westen vorzugehen. Seit es den megarischen Hafen Pagae und Naupaktos gewonnen hatte, besass es am korinthischen Golf feste Positionen, von denen aus es die Ausfahrt sperren konnte. So konnte es, da es durch den Besitz von Aegina und Troezen (mit der Halbinsel Methana) den saronischen Golf vollkommen beherrschte, jetzt den gesammten

Handel Korinths brach legen. Im J. 455 unternahm Tolmides mit einer Flotte von 100 Schiffen und einem starken Hoplitencorps eine Kriegsfahrt um den Peloponnes. Zunächst verwüstete er das lakonische Gebiet an verschiedenen Stellen und verbrannte den spartanischen Kriegshafen Gythion. Dann ging er ins Westmeer. Zakynthos schloss sich Athen an, ebenso die Städte von Kephallenia. Des weiteren gelang ihm die Einnahme der korinthischen Stadt Chalkis in Aetolien. Auch Molykreion in nächster Nähe von Naupaktos wird wohl damals von Athen besetzt sein. Schliesslich landete er im Gebiet von Sikyon und schlug den sikyonischen Landsturm zurück. — Um dieselbe Zeit war es den Spartanern endlich, nach zehnjährigen Kämpfen, gelungen, die Messenier auf dem Ithome zur Capitulation zu zwingen. Da sie einen Sturm, der schwere Verluste drohte, nicht wagen wollten, gewährten sie ihnen freien Abzug. Die Athener nahmen die Flüchtlinge auf, Tolmides führte sie nach Naupaktos und siedelte sie dort neben den alten Einwohnern an. Dadurch war diese Position für Athen dauernd gesichert.

Tolmides' Zug fällt nach schol. Aesch. II, 75 unter den Archon Kallias 456/5, also Sommer 455. Dazu stimmt Thukydides, und ebenso (zufällig) Diodor. Mit ihm würde man die Ansiedelung der Messenier in Naupaktos verbinden, auch wenn es bei Diodor nicht geschähe. Von den weiteren Zusätzen zu Thukydides' Bericht bei Diodor XI, 84 (ebenso Pausan. I, 27, 5. schol. Aesch. l. c.; übertrieben Aeschines 2. 75) scheint das bei Polyaen III, 3 wiederholte Stratagem, wie er sich eine starke Bemannung verschafft, phantastisch. Das übrige aber, sowohl die Angriffe auf Boiai, Kythera, Methone, wie die Gewinnung von Zakynthos und Kephallenia, kann ich nicht mit Busolt III, 1, 326 für unhistorisch halten. Es sind dieselben Vorgänge, die sich zwanzig Jahre später im korkyraeischen und archidamischen Kriege wiederholen. — Die Messenier bildeten in Naupaktos mit den alten Einwohnern eine Doppelgemeinde, wie ehemals die epiknemidischen ἔποικοι; s. die Inschrift des olympischen Weihgeschenks (Nike des Paionios) IGA. 348 = Olympia 259 Μεσσάνιοι καὶ Ναυπάκτιοι ἀνέθεν Διὶ Ὀλυμπίωι δεκάταν ἀπὸ τῶν πολεμίων, von Dittenberger mit Recht in die Zeit nach dem Nikiasfrieden gesetzt. — Die Zeusstatue der Spartaner in Olympia mit der Weihinschrift Pausan. V, 24. 3 = IGA. 75. Olymp. 252 hat, wie Dittenberger bemerkt, mit dem messenischen Krieg nichts zu thun, sondern gehört ins sechste Jahrhundert.

Katastrophe des aegyptischen Unternehmens und Ausgang des griechischen Kriegs.

335. Wie die Peloponnesier lagen die Perser mit Athen im Kriege. Zunächst hatte jeder den Kampf für sich geführt und dadurch den Athenern ermöglicht, überall das Feld zu behaupten. Nichts schien natürlicher, als dass sie sich zu einem gemeinsamen Schlage vereinigten. So erschien, vermuthlich bereits im J. 458, ein persischer Abgesandter, Megabazos, mit grossen Geldsummen in Sparta, um die Peloponnesier zu energischer Kriegführung, zu einem directen Angriff auf Athen zu veranlassen und dadurch zur Aufgabe des aegyptischen Unternehmens zu zwingen. Die Spartaner haben sich auf die Verhandlungen eingelassen und das Geld genommen — vermuthlich sind die Kosten des Zugs nach Tanagra davon bestritten worden —; aber zu energischer Kriegführung konnten sie sich nicht entschliessen. Die spartanische Regierung hat weniger das Gefühl der Schmach eines Zusammengehens mit dem Nationalfeind bestimmt, obwohl auch dies noch weit später in einem Theil der spartanischen Bürgerschaft sehr lebhaft gewesen ist, als vielmehr der klare Einblick in das, was auf dem Spiel stand. Auch nachdem der messenische Aufstand erdrückt war, war Spartas Stellung im Peloponnes immer unsicher. Selbst wenn Argos sich zurückhielt — es scheint nach den ersten Erfolgen den Krieg lau genug geführt zu haben —, gährte es überall; jederzeit konnte die Erhebung neu emporlodern, in der sich Particularismus und demokratische Bestrebungen gegen Sparta verbanden. Seit den schweren Verlusten durch das Erdbeben und den Helotenaufstand hatte Sparta noch mehr Grund als früher, sein Bürgerheer nicht leichtsinnig aufs Spiel zu setzen. Es kam hinzu, dass Athens Stellung zwar Spartas Ehrenansprüche, aber nicht seine eigentlichen Interessen verletzte; in den Peloponnes hatte Athen erst hinübergegriffen, seit Sparta den Bruch provocirt hatte. Die beiden Staaten hätten viel-

leicht noch lange Zeit in kühler Freundschaft neben einander
bestehen können, hätten die Bundesgenossen, vor allem die
Korinther, nicht in den Krieg getrieben. Ihren Forderungen
hatte Sparta nachgeben müssen; sollte es aber alles aufs
Spiel setzen, indem es den Krieg in einen Kampf auf Tod
und Leben verwandelte? Eine Niederlage fürchtete man nicht,
aber wie schwer Athen beizukommen war, stand deutlich vor
Augen; überdies konnte man, so lange Argos mit Athen verbündet war, schwerlich auf die Dauer den Kriegsschauplatz
aus dem Peloponnes verlegen. Vielleicht noch grösser war
jedoch die Scheu der spartanischen Staatsmänner vor einem
entscheidenden Siege. Wurde Athen niedergeworfen, so blieb
garnichts anderes übrig, als dass Sparta die Herrschaft über
Griechenland und den Schutz über die Griechen Kleinasiens
übernahm, also zugleich den Kampf mit Persien wieder aufnahm, aus dem es seit 477 glücklich, wenn auch nicht in
Ehren, ausgeschieden war. Wie konnte der spartanische Staat
diese Aufgabe erfüllen, wo er kaum die Herrschaft im Peloponnes behaupten konnte und schon in der Pisistratidenzeit
weislich darauf verzichtet hatte, seinen Bund über Megara
hinaus auszudehnen? Ein König, der unbekümmert um die
inneren Verhältnisse nach der Herrschaft gestrebt hätte, wie
Kleomenes und Pausanias, war nicht vorhanden, die selbständige Königsmacht war gebrochen. Der Eurypontide Archidamos ging, den Traditionen seines Hauses entsprechend,
mit den Ephoren Hand in Hand; und diese, aus dem
Princip der Volkssouveränität erwachsen und die berufenen
Vertreter des Willens der Bürgerschaft, hielten streng an
der defensiven Politik fest, unbekümmert um die Vorwürfe,
welche die Bundesgenossen gegen sie erheben mochten. Daher hat man den Krieg nur lässig geführt; seit dem Scheitern
des Unternehmens von Tanagra ging man vollends jedem
energischen Entschluss aus dem Wege. So konnte Megabazos
nichts ausrichten; die Gelder, die er gebracht hatte, wurden
anderweitig verwerthet, schliesslich musste er unverrichteter
Dinge heimkehren. Dem Perserkönig blieb nichts übrig, als

aus eigener Kraft die Wiedergewinnung Aegyptens zu versuchen.

Chronologie. Die aegyptische Katastrophe fällt, wie Thukydides'
Angaben lehren, ins Frühjahr 454; dementsprechend ist die Bundescasse
seit Anfang des Archontenjahrs 454/3, das nach Br. Keil, Hermes XXIX
am 22. Juli begann, in Athen. Die Einschliessung von Prosopitis dauerte
1 Jahr 6 Monate, begann also Ende 456; Megabyzos' Angriff fällt mithin
ins Frühjahr 456. Die Rüstungen der Perser haben also spätestens 457
begonnen, Megabazos' Sendung nach Sparta, wo er geraume Zeit verweilt
hat, fällt spätestens 458.

336. Während dessen war in Aegypten der Kampf zum
Stehen gekommen. Weder die Perser vermochten etwas aus-
zurichten, noch Inaros und die Athener die Citadelle von
Memphis zu nehmen. Im J. 456 aber rückte Megabyzos
(§. 323), der schon Babylon bezwungen hatte, mit einem
starken Landheer und einer phoenikischen Flotte in Aegypten
ein; und diesmal errangen die persischen Waffen einen vollen
Erfolg. Das aegyptisch-athenische Heer wurde geschlagen,
Memphis entsetzt; schliesslich wurde Inaros mit den Athenern
und den Resten der Aufständischen gezwungen, sich auf die
Insel Prosopitis im Delta zurückzuziehen. Hier behaupteten
sie sich noch anderthalb Jahre, von den Persern rings eingeschlossen; auch auf dem Nil vermochten sie nicht mehr
durchzubrechen. Schliesslich gelang es im Frühjahr 454 den
Persern, durch Ableitung eines Nilarms die Schiffe, welche
die Insel vertheidigten, aufs Trockene zu setzen und ihre
Truppen hinüberzuführen. Damit war die verbündete Armee
verloren; der Haupttheil wurde zusammengehauen, dem Rest
der Athener gelang es, sich nach Kyrene durchzuschlagen
und von hier aus die Heimath zu erreichen. Inaros ergab
sich dem Megabyzos gegen Zusicherung seines Lebens. Megabyzos ist energisch für sein Wort eingetreten; erst nach fünf
Jahren gelang es der Königinmutter Amytis, die Rache für
den Tod des Achaemenes forderte, Inaros' Hinrichtung durchzusetzen. Aegypten wurde wieder persische Provinz; nur in
den Sümpfen des westlichen Delta behauptete sich Amyr-

taeos. Um das Unheil voll zu machen, fiel kurz nach der Katastrophe eine attische Flotte von 50 Schiffen, welche Ablösungsmannschaft brachte, bei der Landung den Persern in die Hände und wurde grösstentheils vernichtet.

Thuk. I, 109 f. ist fast die einzige Quelle; Ktesias bietet einige sehr unzuverlässige Daten mehr (Achaemenides ist bei ihm Bruder des Artaxerxes, der Untergang der Armee findet in Byblos statt, nicht auf Prosopitis [Herod. II, 41]), dazu wie immer sinnlose Zahlen für das Perserheer. Ephoros (Diod. XI, 74. 75. 77) erzählt im wesentlichen nach Thuk., doch mit Benutzung des Ktesias, und mit starker Färbung zu Gunsten Athens. Vernichtung der 200 Schiffe αὐτοῖς τοῖς πληρώμασι in Aegypten Isokr. 8, 86. In Wirklichkeit mag ein Theil der Flotte nach den ersten Erfolgen heimgekehrt sein. Zu Megabyzos Herod. III, 160: Amyrtaeos in den Sümpfen auch Herod. II, 140, vgl. III, 15.

337. So vernichtend endete das mit so günstigen Aussichten begonnene Unternehmen. Es war der erste schwere Rückschlag, den die attische Politik nach so vielen Erfolgen erfuhr. Mochte immer noch eine stattliche Anzahl Trieren im Piraeeus liegen, für den Augenblick war man den Persern gegenüber fast wehrlos. Die phoenikische Flotte war Herrin des Ostmeers, Cypern trat wieder unter die persische Herrschaft zurück. Bis eine neue Flotte gebaut war, konnten die Phoeniker im Aegaeischen Meer erscheinen und seine Küsten und Inseln brandschatzen. Wenigstens die Gelder auf Delos musste man in Sicherheit bringen: auf Antrag der Samier wurde die Bundescasse im Hochsommer 454 auf die Burg von Athen verlegt. Doch bald zeigte sich, dass die Befürchtungen übertrieben waren. Zwar scheint in diese Zeit die Entsendung des Arthmios von Zelea mit neuen Geldsummen in den Peloponnes zu gehören, um noch einmal zu versuchen, Sparta zum Schlagen zu bringen. Aber im übrigen waren die Perser mit dem Gewonnenen zufrieden und nicht gewillt, nochmals eine Flotte im Kampf gegen die Griechen aufs Spiel zu setzen. In Sparta aber blieb man consequent bei der defensiven Politik; man wollte nicht für Persien kämpfen. Athen liess den Muth nicht sinken: um zu zeigen, wie wenig man an ein Einlenken Persien gegenüber denke, wurde auf

Antrag des Kimon Arthmios, Bürger einer zum delischen
Bunde gehörigen Stadt, als Verräther an der nationalen Sache
mit seinem ganzen Hause geächtet und seine Ergreifung befohlen, wenn er sich im Bundesgebiet sehen liesse. Bald
konnte man auch in Griechenland aufs neue die Offensive
ergreifen. Auf dem Aegaeischen Meer zu operiren, mochte
man aus Rücksicht auf die Perser Bedenken tragen; aber
den Peloponnesiern und speciell den Korinthern wollte man
zeigen, dass sich Athen nach wie vor als Herrin der See
fühle. Darum stach Perikles im J. 453 mit dem in Pagae
stationirten Flottencontingent und einem Hoplitencorps von
1000 Mann in See, um die Operationen des Tolmides zu
wiederholen. In der That wagten die Korinther nicht, sich
auf der See zu zeigen. Zunächst landete Perikles aufs neue
im Gebiet von Sikyon und schlug die Sikyonier. Die Folge
war, dass die achaeischen Gemeinden am Nordrande des
Peloponnes, die sich bisher den griechischen Händeln möglichst fern gehalten und auch an dem Perserkriege nicht Theil
genommen hatten, zu Athen übertraten; sie hielten offenbar
die Sache Korinths für verloren. Dann versuchte Perikles
den Akarnanen die Hand zu bieten und Oeniadae (§. 332)
zu erobern; dadurch hätte Korinth seine letzte Position am
Golf verloren. Aber es gelang nicht, die starke Festung zu
nehmen; nach längerer Belagerung musste Perikles sich zum
Abzug entschliessen.

Verlegung der Bundescasse: das Datum steht durch die sog. Tributlisten fest; bei Justin III, 6 (wahrsch. Ephoros) wird sie fälschlich an
den Anfang des Kriegs mit Sparta gesetzt. Das Motiv wird bei Plut.
Per. 12 richtig angegeben: τὸν δῆμον ... δείσαντα τοὺς βαρβάρους ἐκεῖθεν
(von Delos) ἀνελέσθαι καὶ φυλάττειν ἐν ὀχυρῷ τὰ κοινά. Antrag der Samier:
Theophrast bei Plut. Arist. 25, fälschlich in die Zeit des Aristides gesetzt. — Die von den Rednern des vierten Jahrhunderts viel behandelte
Aechtung des Arthmios von Zeleia ist von Swoboda, Arch.-epigr. Mitth.
XVI vortrefflich klar gestellt (doch vgl. §. 277 A.). Den Wortlaut des
Aechtungsdecrets gibt Demosth. 9, 41: Ἄρθμιος Πυθώνακτος Ζελείτης
ἄτιμος καὶ πολέμιος τοῦ δήμου τοῦ Ἀθηναίων καὶ τῶν συμμάχων αὐτὸς καὶ
γένος, ὅτι τὸν χρυσὸν τὸν ἐκ Μήδων εἰς Πελοπόννησον ἤγαγεν. Antragsteller Kimon: Krateros im schol. Aristid. bei Wilamowitz, Progr. Göt-

tinger Sommersem. 1884. 10; bei Plut. Them. 6 wird es fälschlich Themistokles zugeschrieben und in den Zug des Xerxes gesetzt. Da Kimon
der Antragsteller war, muss Arthmios' Sendung später sein als die des
Megabazos. [Gehört die Anekdote von dem abgefallenen Perser Rhoi-
sakes Plut. Cim. 10, der mit Geld nach Athen kommt, in diese Zeit?]
— Perikles' Zug Thuk. I, 111 wird bei Plut. Per. 19 übertrieben verherrlicht [die Angabe über die Localität der Schlacht gegen die Sikyonier
ἐν Νεμέᾳ deutet man mit Recht auf den Nemeabach, die Grenze zwischen
Sikyon und Korinth], ebenso bei Diodor, der ihn zweimal erzählt, XI,
85 unter dem Jahre 455/4 im Zusammenhang der Kriegsgeschichte offenbar nach Ephoros — vorher geht die Bemerkung, dass Tolmides damals
in Boeotien stand —, und XI, 88 unter 453/2 wohl nach der Chronik.
Hier wird die Aussendung von Kleruchen nach der Chersones durch
Perikles (vgl. Plut. Per. 19), nach Euboea und Naxos durch Tolmides
(ebenso Pausan. 1, 27, 5) daran angeschlossen, was chronologisch vielleicht richtig, aber für die Kriegsgeschichte ohne Bedeutung ist (vgl.
§. 396). Angebliche Besetzung von Oiniadae durch die Naupaktier, die
es nach einem Jahr wieder verlieren, Pausan. IV, 25, vgl. V, 26, 1; derartige Kämpfe sind gewiss vorgekommen. Achaia athenisch auch Thuk.
I, 115. IV, 21. — Chronologie: Der thessalische Feldzug fällt wahrscheinlich noch 454; mit ihm hängt unzweifelhaft der Vertrag mit den
Phokern ἐπ' Ἀρ[ίστωνος ἄρχοντος 454/3 CIA. I, 22b (IV, p. 8) Zl. 13 zusammen. Mithin fällt Perikles' Zug 453. Darauf folgen drei inhaltlose
Jahre (διαλιπόντων ἐτῶν τριῶν Thuk. I, 112) 452—450 und dann der fünfjährige Waffenstillstand und der cyprische Feldzug von 449. Diodor
vertheilt denselben auf die beiden Jahre 450/49 und 449/48; aber er füllte
nur einen Sommer (vgl. Forsch. II, 19, 1). Der fünfjährige Vertrag fällt
offenbar mit dem dreissigjährigen Frieden zwischen Sparta und Argos
zusammen, der im Sommer 421 ἐπ' ἐξόδῳ war Thuk. V, 14. 28, aber
Anfang 420 (Thuk. V, 40) noch nicht abgelaufen zu sein scheint; er
muss also im Sommer oder Herbst 450 geschlossen sein. Dann haben
die Spartaner allerdings bei dem Angriff auf Attika 446 den Waffenstillstand gebrochen; doch scheint es kaum möglich, seinen Abschluss, und
dann auch alle vorhergehenden Ereignisse bis zum Beginn der aegyptischen
Expedition und des griechischen Kriegs, um ein Jahr hinaufzurücken.

338. Schon vorher hatte sich den Athenern eine Gelegenheit zu dem Versuch geboten, die Thessaler für den bei Tanagra begangenen Treubruch zu züchtigen. — Ueber die Verhältnisse Thessaliens sind wir auch in dieser Zeit nur ganz
mangelhaft unterrichtet. Jedenfalls hatte der Adel sich im
vollen Besitz der Macht behauptet und, wie es scheint, auch

ein Oberkönigthum nicht wieder aufkommen lassen, das nur zu leicht versuchen konnte, sich auf die bürgerliche Bevölkerung in den Städten und die unterthänigen Gemeinden zu stützen. Auch der Bruch mit Athen war ein Werk des Adels, während »die Masse der Thessaler mit ihren Sympathien immer zu Athen neigte« (Thuk. IV, 78). So begreift es sich, dass jetzt der Versuch gemacht wurde, das Königthum mit athenischer Hülfe wieder herzustellen. Orestes, der Sohn des Echekratides, der um das Jahr 500 das Königthum inne gehabt hatte (§. 211 A.), wandte sich nach Athen, und hier ging man bereitwillig auf den Plan ein. Vielleicht noch im J. 454 rückte ein athenisches Heer mit dem Aufgebot der Phoker und Boeoter in Thessalien ein. Aber im Felde konnte man gegen die thessalische Reiterei nicht viel ausrichten, ein Angriff auf Pharsalos misslang, und die erwartete Erhebung des Landes blieb aus. So mussten die Athener das Unternehmen aufgeben; der Versuch auch Thessalien in Abhängigkeit zu bringen und damit die attische Macht auf dem Festlande bis an die makedonische Grenze auszudehnen, war gescheitert.

Der kurze Bericht des Thuk. I, 111 (den Ephoros bei Diod. XI, 83 an den Feldzug von Oinophyta angeschlossen hat; dass Myronides das Heer führte, mag richtig sein) gibt uns nur völlig unzureichenden Aufschluss. Echekratides ὁ Θεσσαλῶν βασιλεύς, der Vater des Orestes, kann nur der §. 211 A. besprochene sein; also war Orestes ein Bruder des Antiochos und damals schon ziemlich bejahrt. Dass er selbst jemals König gewesen wäre, ist nicht überliefert; dass der Versuch einer Restauration seiner Herrschaft geraume Zeit nach dem Sturz seines Hauses unternommen wurde, bietet nicht mehr Anstoss als die analogen Restaurationsversuche der Stuarts und Bourbonen. Mit dem Orestes, Sohn des Pherekrates, in der ganz räthselhaften thessalischen Bronze MAI. XXI, 110, 248 und Taf. 7. MEISTER, Ber. sächs. Ges. 1896 hat der Sohn des Echekrates schwerlich etwas zu thun [gegen MEISTER vgl. jetzt BR. KEIL, Hermes XXXIV, dem ich nicht überall zustimmen kann]; aber in diese Zeit gehört die Inschrift, in der einem Korinther Sotairos von der Gemeinde der Θητιόνιοι [so richtig KEIL] Ehrenrechte verliehen werden. Die Bestimmung, dass dieselben gültig sind κὴν ταγά κὴν ἀταγίαι, bestätigt das Schwanken der politischen Verhältnisse, in denen das Oberkönigthum nur zeitweilig besetzt war. — Vertrag mit den Phokern § 337 A.

339. Der Zug des Perikles durch den korinthischen Golf ist das letzte Unternehmen Athens in diesem Kriege. Gewaltige Verluste hatte der Krieg gebracht, nicht nur an Geld und Material — war doch in Aegypten eine grosse Flotte vernichtet worden, die schleunigst wieder ersetzt werden musste —, sondern vor allem an Menschenleben. In dem einen Jahre 459 hatte die Phyle Erechtheis 177 Todte aufzuweisen, zwei Strategen, einen μάντις, vier Bogenschützen, die übrigen 170 wahrscheinlich meist, wenn nicht sämmtlich Hopliten. Wenn der Verlust der anderen Phylen ebenso gross war, so wären in diesem Jahre etwa 1700 Mann gefallen. Hatten auch in mehreren anderen Jahren nur kleine Treffen stattgefunden, so war doch die Schlacht bei Tanagra sehr blutig gewesen; und dann kam die Vernichtung der nach Aegypten gesandten Armee. Es ist klar, dass die attische Bürgerschaft, wenn der Krieg in derselben Weise wie bisher weiter geführt wurde, binnen kurzem aufgerieben sein musste: der Nachwuchs der besitzenden Classen war in manchen Jahrgängen fast vernichtet. Auch auf den Bundesgenossen lastete der Krieg schwer und hatte bedeutende Opfer an Mannschaften und Geld gefordert. Im J. 450 sah Athen sich gezwungen, die Bundessteuern nicht weniger Gemeinden namentlich unter den Inseln (Andros, Ios, Seriphos, ferner Karystos auf Euboea) beträchtlich herabzusetzen, ja bei den exponirtesten Bundesstädten in Kleinasien, Phaselis in Lykien und Astakos in Bithynien, dort von 6 auf 3, hier von $1\frac{1}{2}$ auf $\frac{1}{6}$ Tal. zu reduciren. Wir können nicht zweifeln, dass es vielerorts gährte. An einzelnen Stellen kam die Unzufriedenheit zu offenem Ausbruch. So erfahren wir, dass in Milet die Aristokraten, welche hier ausnahmsweise am Ruder geblieben waren, von Athen abfielen, offenbar im Vertrauen auf Persien, und unter den Demokraten ein grosses Blutbad anrichteten; im J. 450/49 wurde die Stadt wieder unterworfen und in volle Abhängigkeit gebracht, die Verfassung demokra-

tisch umgestaltet. Es war von unabsehbarer Bedeutung, dass
die Gegensätze noch nicht zu voller Durchbildung gelangt
waren und die Gegner vor energischem Kampfe zurückscheuten; sonst hätte schon jetzt eine Katastrophe eintreten
können, wie nach der Niederlage in Sicilien. Trotz aller Erfolge, die der griechische Krieg gebracht hatte, war es klar
geworden, dass die Ziele, welche sich die Demokratie im
J. 461 gesteckt hatte, für Athens Kräfte nicht erreichbar
waren. Dass ein Einlenken dringend geboten sei, kann den
leitenden Männern, wie Perikles, schon jetzt nicht mehr
zweifelhaft gewesen sein, mochten sie es auch für bedenklich
halten, sofort mit einem ausgesprochenen Friedensprogramm
hervorzutreten. Aber an eine neue Expedition gegen Persien
war nicht zu denken, so lange man mit den Peloponnesiern
im Krieg lag; und weitere Erfolge gegen diese waren nicht
mehr zu erreichen, es sei denn, dass Argos zu energischem
Vorgehen bereit gewesen wäre. Aber auch in Argos war die
Stimmung offenbar nicht mehr aggressiv. Das Bündniss hatte
beiden Staaten Vortheil gebracht: es hatte den Argivern die
Stellung wieder verschafft, die sie vor den Perserkriegen eingenommen hatten, und Athens Erfolge waren nur dadurch
möglich geworden, dass Argos den Korinthern und Spartanern
in der Flanke und im Rücken sass. Aber die weitergehenden
Hoffnungen, die Athen auf das Bündniss gesetzt hatte, erfüllten sich nicht. Argos war zwar eine volkreiche Stadt
und dabei eifrig demokratisch; aber eine Grossmachtspolitik
konnte es nie treiben. Man wusste, dass man Sparta auf die
Dauer nicht gewachsen war; ein weiteres Vorgehen im Peloponnes wäre nur möglich gewesen, wenn man sich ganz
Athen in die Arme warf und aus einem gleichberechtigten
Alliirten sein Vasall wurde. Es kam hinzu, dass der Bund
mit Athen auf die Dauer das Verhältniss zu Persien trüben
musste; und den Rückhalt, den dieses gewährte, mochte man
nicht missen. Es ist bezeichnend, dass alsbald nach dem
Frieden eine argivische Gesandtschaft nach Susa ging, um
dem König die Frage vorzulegen, ob er ebenso wie sie die

mit Xerxes geschlossene Freundschaft noch als fortbestehend
betrachte oder ob er Argos jetzt unter seine Feinde rechne;
worauf Artaxerxes antwortete, dass er Argos nach wie vor
für seinen besten Freund halte. Was man erstrebte, war
im wesentlichen erreicht; die weitergehenden Ansprüche auf
Thyrea und Kynurien (Bd. II, 469, vgl. Thuk. V, 41) hielt
man zwar aufrecht, aber man machte keinen ernsthaften Versuch, Sparta diese Gebiete zu entreissen.

Die Bedeutung der Verluste an Menschenleben speciell für den
Niedergang der Besitzenden wird bei Arist. pol. Ath. 26 mit Recht hervorgehoben, mit im übrigen grundfalscher Auffassung der Ereignisse. —
Ueber die Tributsätze grundlegend Busolt, der Phoros der attischen
Bündner, Philol. XLI, 652 ff., ferner Pedroli, i tributi degli alleati
d'Atene, in Studi di storia antica pubbl. da G. Beloch I, 1891. Abfall
von Milet: pol. Ath. 3, 11. CIA. I, 22 a (IV, p. 7), mit dem auf 450/49
[s. Kirchhoff] zu beziehenden Datum ἐπ’ [Εὐθ]ύνου ἄρχοντος. — Argos
und Persien: Herod. VII, 151. Forsch. II, 75. 214 ff.

340. Auf Seiten der Peloponnesier mochte die Unzufriedenheit mit der gegenwärtigen Situation und die Erbitterung über
die Erfolge Athens gross genug sein; aber wirkliche Kriegs-
stimmung war auch hier nicht vorhanden, und Aussicht auf
einen ernstlichen Erfolg, so lange Argos, Boeotien, Megara auf
Seiten Athens standen, noch weniger. Dagegen war Korinth
durch die Erfolge Athens völlig lahmgelegt und muss in grosse
Noth gerathen sein. So kam der Krieg zum Stocken; drei
Jahre (452—450) verliefen gänzlich ereignisslos. Es scheint,
dass keiner der Kriegführenden den Anfang machen wollte,
wohl aber jeder Anerbietungen der Gegner erwartete. Endlich im J. 450 begannen die Verhandlungen. Den Anstoss
wird Argos gegeben haben; und ihm gegenüber war Sparta
zum Abschluss um so eher bereit, da es hier keine Ansprüche
aufzugeben brauchte. So wurde zwischen beiden Staaten ein
Friede auf dreissig Jahre abgeschlossen. Mantinea (§. 325)
musste allerdings wieder in den peloponnesischen Bund eintreten, falls es überhaupt formell aus demselben ausgetreten
war. Da konnte auch Athen nicht länger zurückbleiben;

Kimon wurde nach Sparta gesandt, um über den Frieden zu verhandeln. Hier aber zeigte sich Sparta viel zurückhaltender, vor allem wohl auf Betreiben Korinths. Zwar schien eine Fortführung des Kriegs momentan keine Aussicht zu gewähren, aber zu einer Anerkennung der athenischen Eroberungen konnte man sich nicht entschliessen. Alles, was man bewilligte, war ein Waffenstillstand auf fünf Jahre, der Athen für den Augenblick freie Hand liess, aber auch Korinth die See wieder freigab und den Peloponnesiern für die Zukunft alle Ansprüche vorbehielt.

Zur Chronologie §. 337 A. Kimon als Friedensvermittler: Andoc. 3, 3 (= Aesch. 2, 172), der ihn mit Miltiades zusammenwirft; Ephoros (Diod. XI, 86 mit Uebergehung der drei thatenlosen Jahre); ferner Theopomp fr. 92 und die Biographie Plut. Cim. 18. Nepos Cim. 3, in unmittelbarem Anschluss an die Schlacht bei Tanagra (vgl. §. 329 A.).

Cyprische Expedition. Friede mit Persien.

341. Kimon hatte sich bei seiner Rückberufung den bestehenden Verhältnissen gefügt und mit der neuen Verfassung zugleich die führende Stellung des Perikles und seiner Genossen anerkannt. Indem er, seinen alten Tendenzen folgend, den Waffenstillstand mit Sparta vermittelte, diente er doch nur ihrer Politik. Jetzt aber, wo man den Rücken gedeckt hatte, trat er mit der Forderung auf, gegen den eigentlichen Gegner, den Perserkönig, den Kampf um so energischer fortzusetzen. Perikles mochte Bedenken genug haben und die Erfolglosigkeit des Unternehmens voraussehen; aber allerdings liess sich mit vollem Recht behaupten, dass eine neue Machtentfaltung im Orient nach dem vollständigen Scheitern der aegyptischen Expedition dringend geboten war. Man durfte nicht eingestehen von Persien besiegt zu sein und den nationalen Kampf aufgegeben zu haben, weil man ihn nicht fortführen konnte — und im übrigen wäre es so aussichtslos wie gefährlich gewesen, der Forderung des alten Persersiegers entgegenzutreten. Die neue Flotte war fertig; so ging Kimon im

J. 449 mit 200 Schiffen nach Cypern in See. Sechzig davon schickte er nach Aegypten, um mit Amyrtaeos (§. 336) den Versuch der Insurrection Aegyptens zu wiederholen. Mit den übrigen Streitkräften wandte er sich gegen Kition, den Hauptsitz der Phoeniker auf der Insel. Die griechischen Städte, vor allem Salamis, werden sich ihm angeschlossen haben. Aber ein neuer Erfolg war ihm nicht mehr beschieden; während der Belagerung von Kition ereilte ihn der Tod, im glücklichsten Moment, noch in voller Erwartung des Sieges, ehe der unvermeidliche Rückschlag eintrat und die Ziele, denen er nachstrebte, zum zweiten Male als Wahngebilde enthüllte.

Ueber den cyprischen Krieg Forsch. II, 14 ff. Neben Thukydides bietet das von Ephoros und seinen Zeitgenossen auf die Eurymedonschlacht bezogene berühmte Siegesgedicht Diod. XI, 62, Anth. pal. VII. 296 cet. [von Br. Keil, Hermes XX sehr mit Unrecht für unächt erklärt] verwerthbare Angaben. Schon früh ist der Sieg in Kimons Lebzeiten versetzt worden; dadurch ist der ganze Feldzug von Ephoros (Diod. XII, 3 f., auch bei Plut. Cim. 18 mit Vorsicht benutzt) vollständig umgestaltet worden; seine Erzählung hat, von einzelnen vielleicht zu verwerthenden Detailangaben (Einnahme von Marion, Namen der persischen Feldherrn, Tod des Anaxikrates) abgesehen, historisch gar keinen Werth. — Verkehrt ist auch, dass bei ihm das Friedensanerbieten von den Persern ausgeht, noch bei Kimons Lebzeiten, und darauf erst Kallias nach Susa geschickt wird; die Thatsachen lehren deutlich das Gegentheil. — Nach Isokr. 8, 86 (= Aelian v. h. 5. 10) hätten die Athener auf Cypern 150 Trieren verloren, was übertrieben ist.

342. Mit Kimons Tode kam in Athen die Friedenspartei ans Ruder. Ein geeigneter Feldherr für den Perserkrieg war nicht mehr vorhanden, der Enthusiasmus war verraucht, und deutlich kam zum Bewusstsein, dass weitere Erfolge nicht mehr zu gewinnen seien; auch kommt in Betracht, dass die Vertreter der Kriegspolitik grossentheils beim Heere standen und jetzt nicht mitstimmen konnten. Der Führer der Friedenspartei war Perikles, der jetzt nach dem Tode des Rivalen — auch Männer wie Myronides werden inzwischen gestorben sein — die alleinige Leitung der athenischen Politik gewann. Es wurde beschlossen, die Flotten aus Cypern und Aegypten ab-

zuberufen und eine Gesandtschaft unter Führung des Kallias,
des ehemaligen Schwagers Kimons (§. 282), zu Unterhandlungen
nach Susa zu schicken. Inzwischen hatten die Perser eine
starke Flotte gerüstet und eine Armee nach Cypern geworfen.
So erfolgte der Abzug der Athener nicht ohne schwere Kämpfe.
Nachdem man die Belagerung von Kition, die nicht von der
Stelle gerückt war, aufgegeben hatte, wollte die Flotte die
Landtruppen in Salamis aufnehmen. Aber die phoenikischen
und kilikischen Schiffe traten ihr entgegen: es kam zu einer
grossen Seeschlacht, in der die Athener noch einmal einen
vollen Sieg erfochten und 100 feindliche Schiffe nahmen. Gleichzeitig hatten auch die Landtruppen siegreich gekämpft, freilich mit schweren Verlusten; unter den Gefallenen war auch
der Feldherr Anaxikrates. Es war der letzte Kampf und der
letzte Sieg des Perserkriegs; so ist es begreiflich, dass man die
Waffenthat als einen glänzenden Erfolg verherrlichte — »nie
seit das Meer Europa von Asien trennt und der wilde Krieg
die Städte der Menschen heimsucht, ist eine derartige That
vollbracht zugleich zu Land und zur See; gewaltig schrie Asien
auf unter dem Doppelschlag, von beiden Händen getroffen«
heisst es auf dem Siegesdenkmal in Athen. Die Schlacht, die
in Wirklichkeit nur den Rückzug ermöglicht hat, sollte dem
Publicum und der Nachwelt als der glorreiche Abschluss eines
vierzigjährigen erfolggekrönten Krieges erscheinen.

343. Bald darauf begannen die Friedensverhandlungen
in Susa. Kallias konnte den Persern die Ueberlassung des
Ostmeers, den Verzicht auf Aegypten und Cypern bieten. Dafür
verlangte er die Anerkennung des attischen Machtbereichs und
der Freiheit der zu ihm gehörigen ehemals persischen Küstengebiete. Dazu aber konnte sich die persische Regierung nicht
verstehen; ein officieller Verzicht auf Provinzen des Reichs,
eine Freigebung rebellischer Unterthanen war ehrenrührig für
die Würde des Königs; und ein Zwang dazu lag um so weniger
vor, wo der Wunsch Athens, zum Frieden zu gelangen, so
deutlich hervortrat. Andererseits dachte man jetzt so wenig
wie während des letzten Menschenalters daran offensiv vor-

zugehen; für den Augenblick war, das hatte die letzte Niederlage der Flotte auf Cypern aufs neue gezeigt, das Verlorene
mit Gewalt nicht wieder zu gewinnen. Aber man konnte
abwarten; wenn man die Rechte des Reichs wahrte, war
ein Friedensschluss auch für Persien ein grosser Gewinn.
Konnte doch der Krieg in Aegypten jeden Augenblick wieder
grössere Dimensionen annehmen. Ueberdies hatte sich um
diese Zeit in Syrien der Satrap Megabyzos, der Sieger von
Prosopitis, empört (§ 420); wenn er sich mit Athen verband,
konnte der Krieg sehr gefährlich werden. So war man bereit,
den athenischen Besitzstand thatsächlich anzuerkennen und sich
zu verpflichten, nichts gegen denselben zu unternehmen. Schon
bisher hatte der König die abgefallenen Städte unbehelligt gelassen und ruhig ertragen, dass die Tribute von ihnen nicht
eingingen; er war bereit seine Rechte auch ferner ruhen zu
lassen. Mehr zu erreichen war die attische Gesandtschaft nicht
im Stande; so nahm sie das Gebotene an. Der König verpflichtete sich, kein Kriegsschiff vom Schwarzen Meer aus über
den Eingang des Bosporos, die Kyaneen, vom Ostbecken des
Mittelmeers aus über die Ostgrenze Lykiens, die Stadt Phaselis
und die chelidonischen Inseln, hinauszuschicken und kein Landheer in die Nähe der Meeresküste zu führen, »auf einen Pferde-
lauf«, wie die Formulirung gelautet zu haben scheint. Damit
waren die Küsten des Aegaeischen Meeres und der Propontis
thatsächlich den Athenern überlassen. Abgetreten wurde nichts,
und daher konnte auch von einer Festsetzung der Grenze oder
auch nur von einer Aufzählung der zum attischen Machtgebiet
gehörigen Orte nicht die Rede sein — deshalb stand auch
nichts im Wege, dass Athen Küstenstädte, die sich freigemacht
hatten und von Persien nicht angegriffen wurden, in sein Gebiet einzog; das ist in der Folgezeit in Kilikien und am Schwarzen
Meer geschehen. Gegen einen Angriff war das attische Schutz-
gebiet durch das Versprechen des Grosskönigs geschützt; aber
freiwillig konnten die Städte jederzeit unter seine Herrschaft
zurücktreten, ohne dass Athen ein rechtlicher Einspruch dagegen zustand. Ebenso blieben diejenigen Orte des Küsten-

gebiets, die sich dem delischen Bunde nicht angeschlossen hatten, wie Smyrna, Adramytion, Gergis in Troas und manche Orte an der Propontis, nach wie vor unter persischer Herrschaft. Nur eine Festsetzung der Höhe der Abgaben, welche Persien in den ihm überlassenen Orten, vor allem wohl auf Cypern, erheben durfte, scheint Athen erreicht zu haben. Auf diese Bedingungen wurde der Kriegszustand zwischen beiden Staaten beendigt und der Verkehr zu Land und zur See freigegeben. Ein formeller, feierlich beschworener Friedensschluss war das nicht — daher wurde auch keine Vertragsurkunde darüber in Athen aufgestellt —, sondern ein durch eine bindende Erklärung des Grosskönigs bekräftigtes Abkommen. Es ist begreiflich, dass man in Athen mit dem Erreichten keineswegs zufrieden war, und wohl glaublich, dass Kallias mit schweren Vorwürfen empfangen wurde; er soll bei der Rechenschaftsablage in eine Busse von 50 Talenten verurtheilt sein, weil er sich habe vom Grosskönig bestechen lassen. Hatte man doch auf alles verzichten müssen, was man seit der Wiedereröffnung des Krieges im J. 459 erstrebt hatte; und dafür war nicht einmal eine rechtliche Anerkennung des Besitzstandes erreicht. Mehr war freilich nicht zu erlangen, und an eine Verwerfung des Abkommens war nicht zu denken. Zu gross war der Gewinn des endlich erreichten Friedenszustands, der zugleich die Aussicht eröffnete, durch Erschliessung des Ostens für den attischen Handel den Wohlstand Athens gewaltig zu heben. Man hat denn auch der Friedensgöttin einen Altar errichtet. Aber bsonders ruhmreich war das Abkommen allerdings nicht. Erst zwei Generationen später, als die Weltlage sich vollständig zu Gunsten Persiens verschoben hatte, hat man es hervorgezogen und für einen glänzenden Ruhmestitel Athens, für den Höhepunkt der griechischen Geschichte ausgegeben.

Ueber den Kalliasfrieden s. Forsch. II, 71 ff. Die Benennung »Kimonischer Friede« ist spät und absurd. Die Bedingungen nach Thuk. VIII, 56. Isokr. 4, 120. 7, 80. 12, 59. Dem. 19, 273. Lyc. c. Leocr. 73. Plut. Cim. 13. Suidas s. v. Κίμων u. a. Dass der Perserkönig auf die griechischen Gebiete in Asien nicht verzichtet hat, bestätigen Herod. VI, 42. Thuk. VIII, 5. 6. Daher kann er auch ihre Autonomie nicht bewilligt haben, wie bei Diod. Lyc. Snidas behauptet wird. Ephoros (Diod. XII, 4) lässt die Initiative zum Friedensschluss von Persien ausgehen und setzt die Gesandtschaft des Kallias vor Kimons Tod; die Thatsachen lehren das Gegentheil. — Process des Kallias: Dem. 19, 273. — Durch ein Missverständniss hat der Schriftsteller, dem Plut. Cim. 13 folgt, aus Kallisthenes gefolgert, dass dieser eine Tradition anführe und bekämpfe, welche den Frieden nach der Schlacht am Eurymedon geschlossen sein liess. In Wirklichkeit hat Kallisthenes ohne Zweifel den Frieden von 449/8 selbst erwähnt, s. Forsch. II, 3 f. — Die Urkunde des Friedens hatte Krateros mitgetheilt (Plut. Cim. 13); aber die Inschrift war in ionischen Buchstaben abgefasst, also erst im vierten Jahrhundert angefertigt; deshalb hat Theopomp fr. 167. 168 den Frieden für eine Erfindung der Athener erklärt, und ihm sind bekanntlich seit DAHLMANN und KRÜGER viele Neuere gefolgt, namentlich weil Thukydides in der Pentekontaetie den Frieden nicht erwähnt, obwohl seine spätere Geschichtserzählung ihn überall voraussetzt. Die Zweifel an der Realität des Friedens sind ganz unbegründet.

Abfall des Festlands von Athen.   Dreissigjähriger Friede.

344. Nach dem Frieden des Kallias konnte Athen aufathmen. Es mochte sich der Hoffnung hingeben, die Verluste der schweren Kriegszeit an Geld und Menschenleben in einigen Jahren vollkommen ausgleichen zu können. Eine active, alle Interessen des Staats fördernde innere Politik sollte die Ergänzung des Verzichts auf weitere Eroberungen bilden. Augenfällig trat das darin hervor, dass man jetzt auf Perikles' Betreiben die seit elf Jahren unterbrochenen Tempelbauten in grösserem Stil wieder aufnahm. Die Voraussetzung war freilich, dass es gelang, auch in Griechenland den Frieden aufrecht zu erhalten und das in dem letzten Kriege Gewonnene zu behaupten. Man liess sich denn auch durch Provocationen nicht zu unbesonnenen Schritten hinreissen. Als die Spartaner im J. 449 einen Zug nach Phokis unternahmen, um das delphische Heiligthum aus der Abhängigkeit von dem athenisch gesinnten phokischen Bunde zu befreien und die Gemeinde Delphi autonom zu machen, traten ihnen die Athener nicht

wie 457 in den Weg. Aber bald nach dem Abzug der Spartaner stellte Perikles das alte Verhältniss und die Suprematie der Phoker wieder her. Einige Zeit darauf jedoch brachen in Boeotien Unruhen aus. Es ist begreiflich, dass die Boeoter die Abhängigkeit von dem alten Feinde nur ungern ertrugen, und dass das Verhältniss Athens zu den Adligen nicht von Dauer sein konnte; nur mit Gewalt, mit Verfassungsänderungen und Verbannungen, liess sich die Herrschaft Athens aufrecht erhalten. Auch mochte ein Theil der Aristokraten die Unhaltbarkeit seiner Lage einsehen und den Rückweg in seine natürliche Stellung und den Bund mit Sparta suchen. Im J. 447 gelang es den verjagten Gegnern Athens, sich in Orchomenos festzusetzen; von hier aus gewannen sie eine Anzahl anderer Orte, namentlich das zu Orchomenos gehörige Chaeronea. In Athen scheint man der Erhebung keine grössere Bedeutung beigemessen zu haben; mit nur 1000 Mann und einer Anzahl Bundesgenossen zog Tolmides gegen sie aus. Auch glückte ihm die Einnahme von Chaeronea; zu einem Angriff auf das feste Orchomenos dagegen reichten seine Kräfte nicht aus. Inzwischen hatten die Aufständischen aus Theben und dem übrigen Boeotien und aus Lokris und Euboea Zuzug von Gesinnungsgenossen erhalten; bei Koronea überfielen sie die abziehenden Athener und brachten ihnen eine vernichtende Niederlage bei. Tolmides selbst fiel, mit ihm viele der angesehensten Männer; was nicht erschlagen war, wurde gefangen. Der Aufstand ergriff ganz Boeotien; seine Bewältigung war mit Athens Kräften kaum mehr zu erreichen. Denn zur Zeit der Schlacht bei Oenophyta war Boeotien zerrissen; jetzt aber war es geeint durch den Hass gegen den fremden Druck. Dazu kam das Bewusstsein, dass man Athen Verlusten, wie sie der letzte Krieg gebracht hatte, nicht wieder aussetzen dürfe, dass man daher einen schweren und wechselvollen Krieg unter allen Umständen vermeiden müsse. So entschloss man sich, gegen Rückgabe der Gefangenen ganz Boeotien zu räumen; nur Plataeae hielt nach wie vor am Bunde mit Athen fest. Das übrige Boeotien ist seitdem aufs neue zu einem Bundes-

staat geeinigt. Nominell standen alle selbständigen Stadtgemeinden (Bd. II, 222) einander gleich; die Führung hatte Theben, das von den elf Boeotarchen zwei ernannte — danach
gab es wohl ausser Theben noch neun selbständige Gemeinden.
Die Verfassung war eine gemässigte Oligarchie oder Aristokratie, in der vermuthlich allein die Grundbesitzer politische
Rechte hatten. Ihre eigenen Angelegenheiten verwaltete jede
Stadt selbst; zur Entscheidung der politischen Fragen wurde
ein Bundesrath berufen, dem die Boeotarchen die Vorlagen
machten. Zu dem Zwecke waren, so scheint es, die voll-
berechtigen Boeoter in vier Collegien getheilt, die abwechselnd
die Geschäfte besorgten; bei wichtigen Anlässen mussten alle
vier Räthe zusammentreten. — Mit der Befreiung Boeotiens
fiel auch das Bündniss mit Phokis; zwar die phokischen Landstädte neigten immer zu Athen, aber Delphi und mit ihm der
spartanische Einfluss gewannen jetzt aufs neue die Leitung des
Stammbundes. An eine Behauptung von Lokris war vollends
nicht zu denken.

Heiliger Krieg: Thuk. I, 112. Plut. Per. 21. Philochoros fr. 88 bei
schol. Arist. av. 556, wonach die athenische Intervention τρίτῳ ἔτει
nach der spartanischen erfolgt ist. Ist das richtig, so wird der spartanische Zug ins Jahr 450/49, der athenische ins Jahr 448/7 gehören.
In diese Zeit gehört die Erneuerung des Bündnisses mit den Phokern
CIA. I, 22b (IV, p. 8); und wahrscheinlich die Usurpation eines Weihgeschenks des Kroesos in Delphi für die Spartaner durch einen Delpher
Herod. I, 51. — Die folgenden Ereignisse sind bei Diodor falsch geordnet
[1) Abfall von Megara; 2) Peloponnesier nach Attika und Schlacht bei
Koronea; 3) Abfall Euboeas und Friede] und auf die Jahre 448/7—446/5
vertheilt. Dass der Friede Ende 446 geschlossen ist, steht durch Thuk.
I, 87. 115. II, 2. 21 fest. Mithin fällt die Schlacht bei Koronea wahr-
scheinlich noch 447. — Boeot. Krieg: Thuk. I, 113. Hellanikos fr. 49
bei Steph. Byz. Χαιρώνεια. Plut. Per. 18. Zur Schlacht bei Koronea
Thuk. III, 62. 67. IV, 92. Plut. Ages. 19; ἡ σὺν Τολμίδῃ τῶν χιλίων ἐν
Λεβαδείᾳ συμφορά Xen. Mem. III, 5, 4; bei Haliartos Paus. I, 27, 5. Tod
des Kleinias, Vaters des Alkibiades: [Plato] Alk. I, 112c. Isokr. 16. 28.
Plut. Alc. 1. — Im archidamischen Krieg bilden οἱ Βοιωτοί einen einzigen
Staat, etwa wie die Schweiz oder Nordamerika; über die Einzelgemeinden
Thuk. IV, 93; vgl. Bd. II, §. 222. Elf Boeotarchen Thuk. IV, 91, dar-
unter zwei Thebaner, die wohl meist die Leitung haben (vgl. II, 2

wo Theben auf eigene Hand operirt). Die τίσσαρες βουλαί τῶν Βοιωτῶν Thuk. V, 38 hat Köhler, Ber. Berl. Ak. 1895, 455 f. durch die Analogie der aristokratischen Idealverfassung in Athen Arist. pol. Ath. 30 richtig erklärt. Die Verfassung war Oligarchie Thuk. V, 31, 6, aber eine ὀλιγαρχία ἰσόνομος, keineswegs eine δυναστεία ὀλίγων ἀνδρῶν μὴ μετὰ νόμων wie zur Zeit der Perserkriege Thuk. III, 62. — Gesinnung der Phoker Thuk. III, 95: aber sie sind im archidamischen Kriege Bundesgenossen Spartas II, 9, ebenso die Lokrer von Opus.

345. Die Niederlage bei Koronea und mehr noch der Verzicht auf jeden Versuch sie wieder auszugleichen, haben dem Ansehen Athens einen unheilbaren Schlag versetzt. Man sah, dass man Athen zu Lande nicht mehr zu fürchten brauchte; der entscheidende Stoss, den zu führen Sparta bisher stets Bedenken getragen hatte, konnte kaum noch besonders gefährlich erscheinen. Der Wunsch, das attische Joch abzuschütteln, bestand überall; es kam nur darauf an, zusammenzuwirken und Athen zu überraschen. Im Sommer 446 kündigten die Städte Euboeas Athen den Gehorsam; eine Ansiedlung von attischen Kleruchen auf der Insel, die Tolmides vor einiger Zeit ausgeführt hatte (§. 396), mag hier die Erbitterung besonders gesteigert haben. Perikles ging mit dem Haupttheil des attischen Aufgebots hinüber sie zu unterwerfen. Da empörte sich Megara, überfiel und massacrirte den Haupttheil der attischen Besatzung; der Rest rettete sich in den Hafen Nisaea. Sofort waren Truppen aus Korinth, Sikyon, Epidauros zur Stelle. Der Rest der attischen Bürgerwehr, drei Phylen, ging unter Andokides gegen Megara vor, vermochte aber die Stadt nicht zu nehmen; Perikles musste aus Euboea zurückgerufen werden. Aber jetzt rückte das Gesammtaufgebot der Peloponnesier unter König Pleistoanax heran und fiel in Attika ein. In der eleusinischen Ebene standen sich beide Heere gegenüber; die Stunde der Entscheidung schien gekommen. Aber Athen hatte das dringendste Interesse, eine Feldschlacht zu vermeiden, bei der eine Niederlage so gut wie gewiss war[1]);

[1]) Ob die drei Phylen noch in Pagae abgeschnitten waren oder bereits den beschwerlichen Rückzug durch Boeotien über den Kithaeron

und auch Pleistoanax und sein Rathgeber Kleandridas, der Feldherr aus dem arkadischen Kriege (§. 285), scheuten vor dem Kampfe zurück. Sie wussten, dass mit dem Siege Athen noch nicht bewältigt war, dass der Krieg sich noch Jahre lang hinziehn, Athen ihnen im Peloponnes schwere Gefahren bereiten konnte; und eine Vernichtung Athens erstrebten sie nicht, nur die Wiederherstellung des Zustands vor 460. Dazu war Perikles bereit; in geheimen Verhandlungen gab er den spartanischen Führern bindende Versprechungen. Daneben sollen Pleistoanax und Kleandridas den Lockungen des Geldes, das Perikles ihnen sandte, ebenso wenig haben widerstehen können, wie einst Leotychidas. Das ist sehr wohl möglich; dennoch aber geschah nur, was die Situation ergab und das wohlverstandene Interesse beider Staaten erforderte. Pleistoanax führte das Heer über den Isthmos zurück, Perikles konnte nach Euboea zurückkehren und die Städte, die jetzt jede Aussicht auf Unterstützung verloren hatten, zur Ergebung zwingen. Dass der Rückzug ohne Kampf im Peloponnes grosse Erbitterung hervorrief, ist begreiflich; Pleistoanax und Kleandridas wurden in Sparta wegen Bestechung verurtheilt, der König abgesetzt — er fand im Heiligthum des lykaeischen Zeus in Arkadien ein Asyl.

Der Bericht des Thuk. 1, 114 wird ergänzt durch die von Köhler, Hermes XXIV, 92 (dazu Beloch ib. 479) gedeutete Grabinschrift des Python CIA. II. 1675, eines Megarers, der die attischen Truppen auf dem Wege von Pagae durch Boeotien führte, wobei Andokides zahlreiche Gefangene machte. Diodor und Plut. Per. 22 bieten wenig von Bedeutung. Perikles auf Euboea auch Aristoph. nub. 213. Philochoros fr. 89. Weiteres §. 393. — Bestechung des Pleistoanax und Kleandridas (vgl. §. 398) Thuk. II, 21. V, 16. Die von Perikles ἐς τὸ δέον ausgegebene Summe (Aristoph. nub. 859), angeblich 10 Talente, wird von Ephoros fr. 118 (= Diod. XIII, 106. Plut. Per. 23. Nic. 28; entstellt Theophrast bei Plut. l. c.) auf diesen Vorgang gedeutet.

---

zurückgelegt und die Vereinigung mit der Hauptmacht gewonnen hatten, ist nicht erkennbar. Auf alle Fälle hat nicht die Rücksicht auf sie, sondern die allgemeine Situation die Entscheidung des Perikles bestimmt.

346. Trotzdem hat Sparta an der von dem König und seinem Rathgeber vertretenen Politik festgehalten. Im Herbst 446 wurden die Friedensverhandlungen in Sparta eröffnet. Athen war bereit, wie im Jahre vorher auf Boeotien, so jetzt auf Megara und die peloponnesischen Gebiete zu verzichten und seine Besatzungen aus Pagae und Nisaea sowie aus Troezen und Achaia zurückzuziehen. Darauf gingen die Peloponnesier ein, Sparta in der richtigen Erkenntniss, dass damit alles erreicht war, was seine Interessen forderten. Auch Korinth, die treibende Kraft im Kriege, erklärte sich zufrieden. In der That hatte es im wesentlichen erlangt, was es erstreben musste, um selbständig existiren zu können. Zwar die Position der Messenier in Naupaktos musste ihm unangenehm genug sein; aber im übrigen war die Freiheit des korinthischen Golfes und damit die Verbindung mit seinen Besitzungen im Westen errungen und die athenischen Besatzungen standen nicht mehr an seinen Grenzen, die unmittelbare Verbindung mit Boeotien war wiederhergestellt. Ueberdies brauchte es den Frieden dringend; durch die Sperrung der Meere im Osten und Westen war sein Handel Jahre lang (455—450) fast brach gelegt worden und mussten seine Kräfte und Hülfsmittel nahezu erschöpft sein. Auf die von Athen gebotenen Bedingungen hin schien ein Auskommen möglich; daher hat Korinth noch nach Jahren, beim samischen Aufstand, energisch zum Frieden geredet. — So wurde denn der Friede zunächst auf dreissig Jahre abgeschlossen — Friedensschlüsse auf ewige Zeiten waren den Griechen fremd, da sie die Bewegungsfreiheit der Staaten für alle Zukunft durch heilige Eide gebunden hätten; dagegen stand einer Verlängerung der Frist nach Ablauf des Termins nichts im Wege. Gegenseitig erkannte man den Bestand des Bundesgebiets an und verpflichtete sich, abtrünnige Bundesgenossen nicht zu unterstützen noch aufzunehmen; bisher neutrale Staaten dagegen mochten beitreten, welchem Bunde sie wollten. Auch Aegina blieb Athen überlassen, unter der Bedingung, dass es gegen Zahlung des Tributs autonom bleiben, d. h. dass Athen

sich in seine inneren Verhältnisse nicht einmischen solle —
neben der messenischen Ansiedlung in Naupaktos war das der
einzige Gewinn, den Athen aus dem langen Kriege behauptete.
Zwischen beiden Bundesgebieten sollte freier Verkehr herrschen.
Bei Streitigkeiten sollte man nicht zu den Waffen greifen,
sondern ein Schiedsgericht berufen. Das Verhältniss zu Argos
konnte jeder der beiden Contrahenten nach Gutdünken regeln.
Auf diese Bedingungen hin ist im dritten Jahre nach dem
Abkommen mit Persien, im Winter 446/5, auch in Griechenland der Friede wiederhergestellt worden.

Friedensbedingungen: Thuk. I, 115, ferner I, 35. 40. 67. 140. 144.
IV, 21. VII, 18. Pausan. V, 23, 4 (Stele in Olympia). Ueber das Schicksal
von Chalkis in Aetolien (§. 334) erfahren wir nichts; Molykreion ist
426 athenisch (Thuk. III, 102). — Unter den zehn athenischen Gesandten werden genannt Andokides von seinem Enkel 3, 6, Kallias und
Chares von Diod. XII, 7.

VII. Der Westen seit dem Perserkriege.

Der Westen nach der Himeraschlacht. Hieron und die Schlacht bei Kyme.

347. Im Aegaeischen Meer hat sich nach Abwehr des persischen Angriffs der Krieg noch Jahrzehnte lang fortgesetzt: er war nicht zu Ende, ehe nicht alle Griechen vom Joch der Barbaren befreit waren. Auf Sicilien dagegen brachte der Sieg über die Karthager sofort auch den Frieden. Die Gefahr war vorbei, griechische Gebiete, die man hätte befreien können, gab es nicht; der Gedanke, die Karthager vollständig aus Sicilien zu verdrängen, ist nicht verwirklicht, vielleicht nicht einmal ernstlich erwogen worden. Seine Ausführung hätte lange schwere Kämpfe und Belagerungen erfordert und leicht einen verhängnissvollen Rückschlag herbeiführen können. Auch ist es sehr fraglich, ob die Kraft der Griechen ausgereicht hätte, um die ganze Insel zu erobern und zu behaupten; war doch ein grosser Theil der Sikeler im Innern noch selbständig, ebenso im Westen die Elymer und zum Theil auch die Sikaner. Die innere Kräftigung und der materielle und moralische Gewinn, den der Sieg gebracht hatte, war bedeutend genug; da war es rathsam, den Frieden und den Verkehr mit dem mächtigen Nachbar wiederherzustellen. Der Erfolg zeigt, dass Gelon und Theron richtig gerechnet haben; siebzig Jahre lang hat Karthago die sicilischen Griechen unbehelligt gelassen, bis es unter ganz anderen Verhältnissen den Angriff erneuerte.

348. Zwei Jahre nach dem Siege ist Gelon an der Wassersucht gestorben (478 v. Chr.), für seinen Ruhm zu rechter Zeit. Er war eine energische Persönlichkeit, ein tüchtiger Feldherr und Organisator, aber skrupellos und gewaltsam wie nur einer der Tyrannen Siciliens. Wie er durch Treubruch gegen die Söhne des Hippokrates die Herrschaft gewonnen hatte, so hat er unbedenklich beseitigt, was seinen Plänen im Wege stand, Städte zerstört, ihre Einwohner verpflanzt, das niedere Volk von Megara und Euboea ausser Landes verkauft. Das alles war vergessen über der grossen That seines Lebens; nur durch die Machtmittel, die er in seiner Hand vereinigt und mit sicherem Blick verwendet hatte, war der Sieg an der Himera möglich geworden. So hatte er sich einen Platz errungen neben den Gründern der sicilischen Städte und wurde wie diese heroischer Ehren theilhaftig; sein Andenken blieb gefeiert, so lange griechisches Leben auf der Insel bestand. — Gelon selbst hat die Nachfolge nicht seinem unmündigen Sohne, sondern dem Hieron, dem ältesten seiner drei Brüder, übertragen. Dieser hat das Regiment in der Weise seines Bruders fortgeführt und die äussere Stellung seines Reichs glanzvoll behauptet. Die unterthänigen Gemeinden, Griechen wie Sikeler, wurden in Abhängigkeit gehalten. Als Anaxilaos von Rhegion und Messana seine nördlichen Nachbarn, die Lokrer, angreifen wollte, zwang Hieron ihn Frieden zu halten; den Resten der Sybariten leistete er Hülfe gegen Kroton. Ueberall suchte er in den italischen Griechenstädten Verbindungen zu gewinnen.

Das anerkennende Urtheil über Gelon (vgl. Plut. Timol. 23) ist von Timaeos weiter ausgestaltet, im Gegensatz zu Hieron. Er erzählt auch, dass Gelon nach dem Siege von Himera unbewaffnet unter das Volk getreten sei und angeboten habe, seine Herrschaft niederzulegen; da das Volk das ablehnt, wird sein Regiment legitim (Diod. XI, 26, vgl. 38. 67. XIV, 66. Polyaen I, 27, 1. Aelian v. h. 6, 11. 13, 37). Daran ist schwerlich irgend etwas historisch als dass unter den sicilischen Tyrannen wie unter den Pisistratiden, in Sikyon, Halikarnass und sonst die verfassungsmässigen Formen beobachtet wurden. — Zu Gelons Tod und Chronologie Arist. fr. 216. pol. VIII, 9. 23. Gelons Sohn Arist. pol. VIII, 8, 19. —

Hieron gegen Anaxilaos: schol. Pind. Pyth. 2, 34 (gewiss Timaeos), vgl.
1, 98. 112; von Pindar Pyth. 2, 35 erwähnt; gegen Kroton: Diod. XI, 48
= schol. Pind. Ol. 2, 29. 37 (Timaeos). Beziehungen zu Italien: Polyaen
I, 29, 2. Kämpfe auf Sicilien, an denen er selbst Theil nimmt: Pind.
Pyth. 1, 96 (hierher Polyaen I, 29, 1?) im Jahre 470 oder kurz vorher;
vielleicht im Krieg gegen Thrasydaeos (§. 354).

349. So begann das Reich von Syrakus nach Italien
hinüberzugreifen. Bald sah es sich hier zum zweiten Male
vor eine Aufgabe von entscheidender Bedeutung gestellt. Die
Macht der Etrusker war durch die Befreiung Roms und La-
tiums und die Siege des Aristodemos von Kyme (Bd. II, 498 f.)
zwar erschüttert aber nicht gebrochen. Jetzt versuchten sie
aufs neue, ihre Herrschaft über Campanien und damit über
Mittelitalien zu vollenden, indem sie den Angriff auf Kyme er-
neuerten. Eine starke etruskische Flotte erschien an der campanischen Küste — ein Beweis, dass der Angriff von der Gesammtheit des etruskischen Volkes ausging, wenn auch die
Colonisten in Capua und Nola die Flotte des Mutterlandes
eifrig unterstützt haben werden. Kyme wandte sich an Hieron,
und dieser entsandte seine Flotte. In einer grossen Seeschlacht vor der Stadt wurden die Etrusker vollständig geschlagen (474). Der Sieg hat, wie Pindar sagt, »Hellas von
schwerer Knechtschaft erlöst«; er bildete die Ergänzung zu
dem Tage an der Himera. Hätten die Etrusker gesiegt, so
würde Karthago unzweifelhaft seinen Bundesgenossen die Hand
geboten und den Versuch zur Unterwerfung Siciliens mit guten
Aussichten erneuert haben. Auch jetzt noch war man Jahre
lang in Syrakus eines karthagischen Angriffs gewärtig. Aber
er unterblieb; die Schlacht von Kyme hatte die Ueberlegenheit
des sicilischen Reichs erwiesen. Die Etrusker haben den
Schlag nie verwunden; mit ihrem Streben nach der Herrschaft über Italien war es vorbei. Dagegen besetzte Hieron
die Insel Pithekusai (Ischia), zugleich zum Schutz der Küste
und als Vorposten seiner Herrschaft im Westmeer. Erst durch
den Sieg von Kyme ist die Unabhängigkeit der Latiner und
die Machtstellung Roms definitiv begründet worden. So apo-

kryph die Erzählung von einer Getreidesendung der sicilischen
Tyrannen bei einer Hungersnoth nach Rom im J. 486 ist, so
wenig können wir zweifeln, dass zwischen beiden Staaten nahe
Beziehungen bestanden. Es konnte scheinen als werde doch
auch das italische Meer noch einmal vollständig griechisch
werden, als erwachse hier im Westen aus den Kämpfen gegen
die Barbaren eine Macht von gleicher Stärke und gleichen Erfolgen wie Athen im Osten.

Schlacht bei Kyme: Diod. XI, 51 [seine Chronologie scheint hier
wie überhaupt für Sicilien durchweg correct; Timaeos gab ja genaue
Daten]. Pind. Pyth. I, 140 (wohl auch Nem. I, 80. 102). Siegeshelm
in Olympia IGA. 510. Olympia, Inschriften 249. Drohen eines karthagischen Krieges: Pindar Nem. 9, 67 (472?). Pyth. 1, 137 (470 v. Chr.).
Pithekusai: Strabo V, 4, 9 (Timaeos). Angebl. Getreidesendung nach
Rom: Liv. II, 34. Dionys. VII, 1. 20 (= Plut. Cor. 16).

Sicilien unter der Herrschaft der Tyrannen.

350. Die Tyrannis in Sicilien, die des Theron und des
Anaxilaos so gut wie die des Gelon und Hieron — und ebenso
z. B. die des Aristodemos von Kyme —, beruhte auf einem
starken Söldnerheer; sie trägt anders als die Herrschaft der
älteren Tyrannen des Mutterlandes alle Züge einer Militär-
monarchie. Den Siegen im offenen Felde verdankt sie die Begründung oder wenigstens die Befestigung ihrer Macht. Immer
bleibt das militärische Commando und die Sorge für die
Truppen und Festungswerke ihre Hauptaufgabe; wenn Hieron,
vom Stein geplagt, in den auswärtigen Kriegen die Führung
seinem Bruder oder anderen Generälen überlassen musste,
so hat er auf Sicilien sein Heer in der Sänfte begleitet.
Am Hofe nahmen die hohen Officiere die erste Stelle ein;
zwei von ihnen, Aristonus und Chromios, waren mit Gelons
Schwestern vermählt. Sehr stark werden die dynastischen
Interessen gepflegt. Die Tyrannen wissen, wie schwer es ist,
die Usurpation in eine legitime Monarchie umzuwandeln; daher suchen sie ihre Familien möglichst zu heben, die Häuser
des Ainesidemos und des Deinomenes, der Väter des Theron

und Gelon, als auserwählt und gottbegnadet hinzustellen.
Neben Theron steht sein Bruder Xenokrates, der durch Siege
bei den panhellenischen Wettrennen den Ruhm des Herrschers
mehrte; bei den Isthmien haben sich beide zusammen als
Sieger ausrufen lassen. Dem Gelon standen drei Brüder zur
Seite, Hieron, Polyzelos und Thrasybulos. Nach aussen traten
sie überall in schönster Eintracht auf; ihrer aller Namen verkünden die Weihgeschenke von Delphi, die Dichter preisen in
den Lobgesängen für Hierons Siege im Rennsport mit Vorliebe
»die Söhne des Deinomenes«, auch auf ihn fällt der Abglanz
der Thaten Gelons. In Wirklichkeit freilich konnten Gegensätze und Reibungen nicht ausbleiben. Gelon hatte sterbend
das Reich dem Hieron übergeben, aber dem Polyzelos mit der
Hand seiner Gemahlin Damarete, Therons Tochter, das Obercommando über die Streitkräfte verliehen. Hieron wünschte
seinem eigenen Sohn Deinomenes die Nachfolge zu verschaffen,
während seine Brüder sie für sich erstrebten, Darüber kam
es alsbald zum Zerwürfniss; Hieron, der Polyzelos' militärische
Stellung nur ungern ertrug, soll versucht haben ihm bei der
Hülfssendung nach Sybaris den Untergang zu bereiten. Polyzelos wandte sich an Theron, der jetzt zugleich sein Schwiegersohn und Schwiegervater war. Dadurch kam es zum Bruch
auch zwischen den beiden Staaten, welche gemeinsam die
Karthagergefahr abgewehrt hatten; Theron mochte das Uebergewicht des Königs von Syrakus schon lange nur ungern ertragen haben. Aber Himera, wo sein Sohn Thrasydaeos ein
drückendes Regiment führte, knüpfte Verhandlungen mit Hieron
an; zwei Vettern Therons, Hippokrates und Kapys, empörten
sich gegen ihn. Trotzdem ging Theron zum Angriff vor.
Schon lagen sich die Heere am Flusse Gela gegenüber, als es
dem Dichter Simonides gelang, den Frieden herzustellen; er
mochte beiden Herrschern vorstellen, wie leicht der Kampf die
Revolution entfesseln und beide den Thron kosten könne
(476 v. Chr.). Hieron nahm Polyzelos zu Gnaden auf; Himera
wurde der Rache Therons überlassen, die rebellischen Vettern,
die hier Zuflucht gesucht hatten, von ihm besiegt.

Theron und Xenokrates: Pind. Ol. 2, 88, vgl. Pyth. 6. Isthm. 2.
Söhne des Deinomenes: Bacchyl. 5, 11. 32. 35, vgl. Pind. Pyth. 1, 94.
153. Epigramm in Delphi schol. Pind. Pyth. 1, 155. Anthol. 6, 214
(Simon. ep. 141 Bergk), dazu Wilamowitz, Gött. Nachr. 1897, 314. Weih-
inschriften BCH. XXI, 589. DS. 910. — Conflict Diod. XI, 48, schol.
Pind. Ol. 2, 1. 29. 57. 173. Pyth. 6, 4 (Timaeos fr. 86. 90). — Timaeos
fr. 84 (schol. Pind. Nem. 9, 95) über Aristonus und Chromios ist von
Schwartz, Hermes 34. 485 richtig gedeutet: sie waren Vormünder des
Sohnes Hierons Deinomenes als Königs von Aetna, nicht wie man bisher interpretirte, Vormünder eines Sohnes Gelons; vgl. §. 353.

351. Wie im Mutterlande sind auch in Sicilien und Unteritalien die Tyrannen meist im Gegensatz zur Oligarchie emporgekommen — nach Syrakus allerdings haben die Gamoren
selbst, vom Volk bedrängt, den Gelon geführt —; zur Herrschaft gelangt, suchten sie zwar die materiellen Ansprüche der
Massen, namentlich die des Landvolks, zu befriedigen, aber
zugleich sie im Zaume zu halten und in conservative Bahnen
einzulenken. Dadurch hatten in Athen die Pisistratiden einen
Theil des Adels dauernd für sich gewonnen. Auch die sicilischen Tyrannen sind nicht anders verfahren; aber hier sind
die Gegensätze schärfer, die Aufgaben grösser geworden. Von
einem Pactiren mit der Demokratie ist bei ihnen nicht mehr
die Rede. Die Massen sind aufgeregt, begehrlich, immer zu
Revolutionen geneigt; ihnen gegenüber sucht das Königthum
seine Stütze ausschliesslich im Heer und in den conservativen
Elementen. In mehr als einer Beziehung erinnern sie an die
Zeiten des zweiten französischen Kaiserreichs. Gelon »hielt
das Volk für die unangenehmste Mitbewohnerschaft«, sagt
Herodot; in Megara und Euboea hat er die Besitzenden be-
gnadigt und in die Bürgerschaft von Syrakus aufgenommen,
den Demos dagegen, »obwohl er am Kriege unschuldig war
und daher auch nichts Schlimmes für sich erwartete«, in die
Sklaverei verkauft. »Nach dorischer Ordnung, mit gottbegrün-
deter Freiheit«, d. h. auf aristokratischer Grundlage, hat
Hieron seine Neuschöpfung, die Stadt Aetna, begründet (Pind.
Pyth. 1, 117). Die älteren Tyrannen waren meist adliger
Abstammung; bei Gelon und Theron ist das sehr fraglich,

denn von den Ahnen des Deinomenes ist nie die Rede, und
Therons Stammbaum, der ihn auf die kadmeischen Könige
Thebens zurückführt, dürfte erst von seinen Hofgenealogen
fabricirt sein. Aber sie wollen ächte Adlige sein und die
Ideale der Aristokratie verwirklichen. So lebt an ihren Höfen
das Treiben der Adelszeit noch einmal wieder auf, in einer
Zeit, wo es sonst überall dahin sank. Mit Eifer pflegen sie
die Rossezucht und den nationalen Sport — auch auf die
Münzen setzt man gern Viergespanne (vgl. Bd. II, 506) zur Erinnerung an die gewonnenen Siege —, freigebig spenden sie
jedem, der an ihren Hof kommt, vor allem den Dichtern, die
ihre Thaten verherrlichen. Simonides, ehemals der Günstling
des Polykrates, des Hipparchos, des Skopas, daneben von der
athenischen Demokratie hochgeehrt, hat seine letzten Jahre an
Hierons Hof zugebracht und hier auch eine politische Rolle gespielt (§. 350); seinem Neffen Bakchylides hat er hier die
Wege geebnet. Sein Rivale war Pindar, der seit langem mit
Therons Hause, seit 476 auch mit Hieron in Verbindung
stand und in den folgenden Jahren glänzende Briefe, Preis-
gedichte und Siegesgesänge sandte, in denen er, wenn er auch
weder aus seiner Erwartung einer reichen Belohnung noch aus
der Geringschätzung seiner Rivalen einen Hehl macht, doch
stets seine Selbständigkeit und den Adel seiner Gesinnung
wahrt. Er hat in seine Gesänge Ermahnungen eingeflochten,
wie sie nur ein Dichter wagen konnte, der sich den Mächtigen
dieser Erde ebenbürtig fühlt und als der überlegene Künder
der höchsten Gedanken, welche das Menschenschicksal bewegen, anerkannt ist. Auch Aeschylos ist bei Hieron gewesen und hat an seinem Hof die Perser aufgeführt. Die
ersten Künstler der Zeit, Kalamis und der Aeginete Onatas,
arbeiteten die Weihgeschenke für Hierons Siege in Olympia
(§. 477). Prächtige Tempelbauten gaben Zeugniss zugleich von
der Frömmigkeit und der Kunstliebe und Macht der Herrscher.
Auch ihre Münzen beweisen, welches Interesse sie der Entwickelung der Kunst zugewandt haben.

352. So standen die Höfe von Syrakus und Agrigent

hinter keinem der älteren Fürstenhöfe zurück. Und doch ist
dies ganze Treiben nur Schein, dem die wirkliche Grundlage
im Leben fehlt. Das sicilische Königthum ist seinem Ursprung
wie seinem Wesen nach durchaus revolutionär, auch wenn es
den Umsturz bekämpft; es kann seinen modernen Charakter
wohl verhüllen, aber nicht aus der Welt schaffen. Ein starkes
Heer und ein wohlgefüllter Schatz bilden seine Grundlage,
nicht die patriarchalischen Ordnungen der alten Zeit. Es
möchte sich mit einem constitutionellen Mantel umhüllen, als
getragen von der allgemeinen Zustimmung des Volkes hin-
stellen: »Hieron der Sohn des Deinomenes und die Syrakusier
dem Zeus Tyrrhenerwaffen von Kyme« lautet die Inschrift eines
nach Olympia geweihten Helms aus der Beute von Kyme.
Die verfassungsmässigen Formen wird man nach Möglichkeit
beobachtet haben, wie andere Tyrannen auch (§. 348 A.). Aber
an Conflicten fehlte es nie. Die Herrscher selbst empfanden
es am schwersten. Hieron, kränklich und verbittert, ist seines
Lebens nie froh geworden. Er wusste, wie viele heimliche
Gegner er hatte, und konnte der Spione und der Bluturtheile
nicht entbehren; von der anderen Seite drängten sich die
Schmeichler gewaltig an ihn heran, die ihm nach dem Munde
redeten. Theron scheint, wenn wir aus einem Gedichte
Pindars so viel folgern dürfen, die Sorge um das zukünftige
Leben und das Strafgericht der Ananke, das der Menschen in
der Unterwelt wartet (Bd. II, 458), gequält zu haben — dem
gegenüber deutet Pindar an, dass der Herrscher, der in drei-
maliger Wiedergeburt die Seele von allem Unrecht völlig ferngehalten, »den Pfad des Zeus einschlagen werde zu Kronos'
Burg« und hier auf den Inseln der Seligen, draussen im Ocean,
einem seligen Leben entgegen gehe wie die Heroen der Vorzeit. — Aber auf Erden konnten die Tyrannen sich dem
Zwange ihrer Stellung nicht entziehen; immer aufs neue
mussten sie gewaltsam dreingreifen, um ihren Staaten Consi-
stenz und Dauer zu verleihen. Ein Moment kommt hinzu,
dass für die Entwickelung Siciliens alle Zeit charakteristisch
und verhängnissvoll gewesen ist: die rücksichtslose Gewaltsam-

keit, die sich aus seinem Charakter als Colonialland ergab.
Es fehlte das Verwachsensein mit dem heimathlichen Boden,
die stetige, naturwüchsige Entwickelung. Die Städte waren
künstliche Schöpfungen, vor wenig Jahrhunderten, Agrigent
sogar erst vor hundert Jahren angelegt, rasch zu grossem
Wohlstand und bedeutender Macht emporgeblüht; in ihnen
lebten neben den Nachkommen der alten Colonisten die späteren Zuzügler und die halb hellenisirte, oft in drückender Abhängigkeit gehaltene einheimische Bevölkerung, alle in heftigem
Widerstreit der Interessen. Das alles konnte auch anders sein;
das einzelne Gemeinwesen ermangelte der Individualität, es
erweckte keine Ehrfurcht, wie die seit Urzeiten bestehenden,
von Göttern und Göttersöhnen begründeten und geordneten
Städte des Mutterlandes und selbst der kleinasiatischen Küste.
So erwacht immer von neuem der Trieb, die historische Continuität zu durchbrechen, von neuem zu beginnen, die alten
Verhältnisse, wo sie lästig und unzureichend erschienen, über
den Haufen zu werfen. Im Mutterlande galt es als schwerer
Frevel, eine Stadt zu zerstören; in Sicilien hat man nie Bedenken getragen, ein Gemeinwesen zu vernichten, nicht nur
im Kriege, sondern wann immer die politischen Interessen es
rathsam erscheinen liessen.

Heimliche Gegner Hierons Pind. Pyth. 1, 162 u. a. Spione: Arist.
pol. VIII, 9, 4. Sehr schlecht hat ihn Timaeos bei Diodor behandelt,
im Gegensatz zu den Lobsprüchen Pindars; in viel besserem Licht erscheint er in Plutarchs Apophth. reg. — Verbannte aus Gela, Agrigent,
Himera u. a. Diod. XI, 76.

353. Die moderne Zeit forderte die Concentration aller
Kräfte des Staats in einem Mittelpunkt und drängte auf die
Grossstadt hin. Diese Entwickelung haben die sicilischen
Tyrannen mit allen Mitteln gefördert. Gelon hat das spätere
Syrakus geschaffen, indem er den langgestreckten, zum Theil
schon vorher besiedelten Höhenrücken Achradina zu der Altstadt auf der Insel Ortygia zog und den grösseren Theil der Bewohner Gelas, ebenso die Einwohner des zerstörten Kamarina
und den Adel von Megara und Euboea hierher verpflanzte

(Bd. II, 507). Beide Stadttheile wurden stark befestigt, am
Hafen auf einer kleinen Insel zwischen Altstadt und Festland
das Arsenal und vermuthlich auch die Kasernen angelegt; auf
Ortygia lagen die Gestüte der Herrscher. Eine starke Besatzung hielt die Bürger in Unterwürfigkeit; auch die fremden
Söldner, die auf mehr als zehntausend geschätzt werden —
viele von ihnen stammten aus dem Peloponnes, einen starken
Bestandtheil bildeten wohl auch die Sikeler —, erhielten das
Bürgerrecht und damit ohne Zweifel zugleich Grundbesitz.
Grosse Leitungen versorgten die Stadt mit Wasser, sie wurde
mit Tempeln und öffentlichen Bauten geschmückt. So gross
der Umfang des Stadtgebiets war — er übertraf den Athens
bei weitem —, so reichte er doch noch nicht aus; vor Achradina
bildete sich die Vorstadt Tycha. So entstand »die Grossstadt
Syrakus, das Heiligthum des kriegsmächtigen Ares, die gewaltige Ernährerin eisengepanzerter Männer und Rosse« (Pind.
Pyth. 2, 1). In ähnlicher Weise wurde Agrigent, »die schönste
der Städte der Menschen« (Pind. Pyth. 12, 2), von Theron
mit den zahlreichen durch die Gefangenen der Himeraschlacht
gewonnenen Arbeitskräften ausgebaut. Das ganze von Hügeln
umschlossene Plateau zwischen den Flüssen Akragas und
Hypsas, ein Areal fast von derselben Grösse wie das themisto-
kleische Athen, zog er zur Stadt und umschloss es mit einem
Mauerring. Auf dem steil abfallenden Höhenzug, der sie im
Süden begrenzt, erhoben sich gewaltige Tempel, Wasser-
leitungen und unterirdische Canäle durchzogen die Stadt, an
der tiefsten Stelle wurde ein prächtiges Bassin angelegt. Ebenso,
nur mit noch grösserer Gewaltsamkeit, ist das neue Messana
an Stelle des alten Zankle durch Anaxilaos geschaffen worden
(Bd. II, 506). Daneben stehen zahlreiche andere Umwälzungen.
Himera wurde von Theron nach dem schweren Strafgericht,
das er über die Stadt verhängte (§. 350), mit Doriern aus
Sicilien und anderen Fremden, die sich herandrängten, neu
besiedelt. Um dieselbe Zeit (476/5) hat Hieron die Bewohner
von Katana und Naxos nach Leontini übergeführt. Das Gebiet
von Naxos, an der Grenze des Fürstenthums von Rhegion und

Messana, blieb verödet, an der Stelle von Katana dagegen
gründete er eine neue Grossstadt Aetna, die zehntausend Bürger
enthalten sollte. Die Hälfte der neuen Besiedler musste Syrakus
abgeben, die übrigen waren in Peloponnes angeworbene Colonisten. Zum Regenten der Stadt bestellte er unter der Vor-
mundschaft seiner Schwäger Aristonus und Chromios seinen
Sohn Deinomenes; er selbst genoss als Oekist heroische Ehren.
Pindar wird nicht müde die neue Gründung zu preisen,
Aeschylos verherrlichte sie in einem Drama. Durch diese
Massregeln ist die Herrschaft des Dorierthums auf der Insel
vollendet worden. Leontini war fortan die einzige Ionierstadt;
im Binnenlande gelegen, schien es von Syrakus leicht in Abhängigkeit zu halten. Auch die Hellenisirung der einheimischen Bevölkerung schritt stetig fort. Die Sikaner waren meist
Selinus und Agrigent, von den Sikelern der grösste Theil —
mit Ausnahme der Nordküste — Syrakus unterthan; die
Unterwerfung und Zerstörung einzelner Städte, die Trans-
plantationen, die Aufnahme in die Söldnerheere der Tyrannen
förderten die Verschmelzung mit der herrschenden Bevölkerung. Auf der anderen Seite haben diese gewaltsamen Umwälzungen die allgemeine Unsicherheit der Verhältnisse wesentlich gefördert; bei jeder politischen Revolution drohte ein verhängnissvoller Rückschlag.

Im allgemeinen s. HOLM, Sicilien I. Syrakus: Diod. XI, 25. 26.
72 u. a. CAVALLARI und HOLM, die Stadt Syrakus im Alterthum, deutsch
von LUPUS. Agrigent: Diod. XI, 25. XIII, 82. Polyb. IX, 27. SCHUBRING,
hist. Topogr. von Akragas, 1870. Himera und Aetna: Diod. XI, 49; vit.
Aesch.; Pind. Pyth. 3, 121. Nem. 1 und schol. Pyth. 1. 58. 112 ff. fr. 105.
Aeschyl. fr. 6 ff. NAUCK. — Hierons Sohn Deinomenes auch Pausan. VI,
12, 1. VIII. 42, 9, vgl. §. 350 A. — Ein Peloponnesier im Dienst des
Tyrannen ist Phormis Ἀρκὰς Μαινάλιος, νῦν δὲ Συρακόσιος auf einem
Denkmal in Olympia (vgl. §. 367) bei Paus. V, 27; etwas älter ist Pra-
xiteles von Mantinea Συρακόσιος καὶ Καμαριναῖος [d. i. von Hippokrates
bei der Neugründung (Thuk. VI, 5. Philistos schol. Pind. Ol. 5. 19) in
Kamarina angesiedelt und von hier bei der Zerstörung durch Gelon nach
Syrakus übergeführt] IGA. 95 = Olympiainschr. 266. Ihr Beispiel zeigt,
zu welchem Wohlstande manche dieser Reisläufer gelangten.

Ausgang der sicilischen Tyrannis.

354. Trotz aller Macht und alles Glanzes stand die sicilische Tyrannis doch nur auf unsicherem Boden; sie konnte sich nur behaupten, wenn eine bedeutende Persönlichkeit die Krone trug und die Gegensätze innerhalb der herrschenden Kreise niederzuhalten oder zu unterdrücken vermochte. Daher ist sie auf die zweite Generation nirgends übergegangen. Zuerst fand sie in Agrigent ihr Ende. Theron starb im Jahre 472/1. Sein Sohn Thrasydaeos, gewaltthätig und ehrgeizig, nahm den Krieg gegen Syrakus wieder auf. Es kam zu einer heftigen Schlacht, in der Hieron siegte. Thrasydaeos konnte sich in seinem Reich nicht mehr behaupten und fand in Megara den Tod; Agrigent und Himera machten sich frei und Hieron hat ihre Unabhängigkeit anerkannt. Er hat den Fall des Königthums von Agrigent noch etwa fünf Jahre überlebt. Nach seinem Tode im J. 467/6 übernahm sein Bruder Thrasybulos — Polyzelos wird inzwischen gestorben sein — die Regierung. Er wird als gewaltthätig und grausam geschildert, ähnlich wie Thrasydaeos; sein Regiment schien den Fortbestand der Dynastie zu gefährden. So erhoben sich seine nächsten Verwandten gegen ihn im Namen des rechtmässigen Thronerben, des Sohnes Gelons, den Thrasybul in Ausschweifungen zu Grunde gehen lasse, um selbst die Herrschaft zu behalten. Dadurch bekamen die populären Bestrebungen Luft; der Aufstand brach in Syrakus aus. Thrasybul zog seine Truppen und die Ansiedler von Aetna zusammen und behauptete sich in der Altstadt und Achradina. Die Rebellen besetzten die Vorstadt Tyche und riefen von überall her die Gegner der Tyrannis herbei, aus Gela, Agrigent, Himera, den Sikelerstädten; selbst aus Selinus erhielten sie Zuzug. Auch eine Flotte rüsteten sie aus und schlugen die Schiffe des Tyrannen. Nach heftigen Kämpfen musste Thrasybul Achradina räumen und sich auf die Insel zurückziehen. Schliesslich gab er selbst seine Sache verloren und capitulirte gegen freien Abzug (466/5); er ist nach Lokri

gegangen, wo man ihn im Andenken an die Wohlthaten
Hierons (§. 348) freundlich aufnahm. Nur elf Monate hatte
er die Herrschaft behauptet.

Untergang des Thrasydaeos: Diod. XI, 53. Als Pindar Ol. 12 für
den Kreter Ergoteles dichtete, der nach Himera gegangen war und 472
in Olympia, 470 in Delphi gesiegt hatte, war Himera frei (καὶ Ζηνὸς
Ἐλευθερίου, σώτειρα Τύχα). Therons Neffe Thrasybulos, der Sohn des
Xenokrates, lebte später unbehelligt in Himera (Isthm. 2). — Sturz Thra-
sybuls: Diod. XI, 67 f., wesentlich ergänzt durch Aristot. pol. VIII, 8, 19;
zur Chronologie ib. VIII, 9, 23. Bei dieser Gelegenheit fand auch der von
Pindar Ol. 6 besungene Agesias den Tod: schol. v. 165 bei WILAMOWITZ,
Isyllos 172.

355. Anaxilaos, der Herrscher von Rhegion und Messana,
war im J. 476/5 gestorben. Die Regentschaft für seine unmündigen Söhne hatte er seinem treuen Diener Mikythos übertragen. Dieser hat wie Anaxilaos (§. 348) versucht, seine
Macht in Unteritalien auszudehnen. Er trat in ein enges
Bündniss mit Tarent. Aber in der furchtbaren Niederlage,
welche die Tarentiner im J. 473/2 durch die Iapyger erlitten,
»dem grössten Gemetzel unter Griechen von allen, von denen
wir Kunde haben,« wie Herodot sagt, fanden auch 3000 Rheginer den Tod. Dagegen gelang die Besetzung der verfallenen
Griechenstadt Pyxus an der Westküste südlich von Elea —
es sollte wohl ein weiterer Stützpunkt gegen die Etrusker sein
wie das von Anaxilaos gegründete Skyllaion an der Meerenge
(Bd. II, 506). Freilich haben die meisten Colonisten die neue
Heimath bald wieder verlassen, vermuthlich nach Mikythos'
Sturze. Hieron, immer bestrebt, den Rivalen an der Meerenge zu schwächen, veranlasste kurz vor seinem Tode die
herangewachsenen Söhne des Anaxilaos, von dem Regenten
Rechenschaft zu fordern. Mikythos rechtfertigte sich glänzend,
übergab ihnen die Regierung, und zog sich nach Tegea in
Arkadien zurück. Ein paar Jahre (467—461) haben Anaxilaos'
Söhne noch die Herrschaft behauptet; dann ergriff die frei-
heitliche Bewegung auch Rhegion und Messana. Die Tyrannen
wurden verjagt, in ganz Sicilien war wie in Unteritalien die
republikanische Staatsordnung hergestellt.

Mikythos: Herod. VII, 170. Diod. XI, 48. 52. 59. 66. Justin 4, 2
[die Geschichte von der Besetzung Rhegions durch die Himeraeer Justin
4, 3 ist wohl aus der Zankles durch die Samier entstellt]. Weihgeschenk
in Olympia Pausan. V, 26. IGA. 532 f. = Olympiainschr. 267 ff. Anaxilaos' Sohn Leophron: Dion. Hal. XIX, 4. schol. Pind. Pyth. 2, 34.
Justin 21, 8 [Bedrängniss durch die Lokrer]. Athen. I, 3e [wo Simonides' Gedicht auf Anaxilaos auf ihn übertragen ist]. Pyxus auch Strabo
VI, 1, 1. Niederlage der Tarentiner Herod. VII, 170. Arist. pol. VIII,
2, 8. Diod. XI, 52 mit unhistorischen Zügen. Sturz der Tyrannis Diod.
XI, 76. Im allgemeinen vgl. die scharfsinnigen Combinationen von Pais.
Atakta, Pisa 1891; indessen ist das Material zu dürftig, um zu sicheren
Schlüssen zu gelangen.

Sturz des Königthums in Kyrene.

356. Um dieselbe Zeit ist auch das Königthum in Kyrene
gefallen. Da dasselbe, obwohl aus dem alten erblichen Stadt-
fürstenthum hervorgegangen, nach den Revolutionen des sechsten Jahrhunderts (Bd. II, 418) einen ähnlichen Charakter trägt,
wie die sicilische Tyrannis, werden wir seine Geschichte hier
anreihen dürfen. Die demokratischen Reformen in Kyrene hatte
Arkesilaos III. um 525 beseitigt; seitdem konnten er und seine
Nachfolger sich nur durch Gewalt behaupten, trotz all ihrer
Schätze und Einkünfte und trotz der Pflege adliger Künste
und der Gastlichkeit. Sie hatten sich den Persern unterworfen
(Bd. II, 486); aber nach dem Scheitern der Angriffskriege
gegen Griechenland schüttelten auch sie die fremde Oberhoheit ab. Auf Battos IV. den Schönen, der zur Zeit der
persischen Expedition gegen Barka (§. 99) regierte, folgte
Arkesilaos IV. Wir kennen ihn und die Zustände in Kyrene
fast nur durch die beiden Gedichte, mit denen Pindar seinen
Wagensieg in Delphi im J. 462 besungen hat. Er hält ihm die
rechte königliche Art vor; Arkesilaos ist der legitime von den
Göttern begnadete Herrscher, über sein Alter hinaus umsichtig
— er war also noch jung und noch nicht lange auf den Thron
gekommen. Er hat einen Aufstand bezwungen und Straf-
gerichte verhängt; aber jetzt soll er Gnade üben: »leicht ist

die Stadt zu erschüttern auch für Schwächere; sie wieder auf
ihre Stelle zu setzen ist schwer, wenn nicht ein Gott die
Fürsten lenkt. Entschliesse dich, dem gesegneten Kyrene allen
Eifer zuzuwenden.« Er bittet einem der Verbannten, Damo-
philos, die Rückkehr zu gewähren. — Arkesilaos hat, um seine
Macht zu stärken, Ansiedler nach Euhesperides an der grossen
Syrte entsandt, das also wieder unter kyrenaeische Herrschaft
gekommen sein muss (vgl. Bd. II, 418. III, 99). Dazu hat
er in Griechenland durch Euphemos Mannschaften anwerben
lassen; nach dessen Tode übernahm des Königs Schwager
Karrhotos, der bei den pythischen Spielen seinen Wagen gelenkt hatte, die Führung. Auch einen Sieg in Olympia, den
Pindar ihm wünscht, hat Arkesilaos noch im J. 460 gewonnen.
Aber das Gebet um dauernden Schutz gegen alle Gefahren
ging nicht in Erfüllung. Die Kyrenaeer empörten sich, Arkesilaos suchte Zuflucht in Euhesperides, wurde aber hier erschlagen. — Spätestens um dieselbe Zeit wird das Königthum
auch in Barka gestürzt sein. Damit war, da das spartanische
Königthum von den Alten mit Recht nicht als eine wirkliche Monarchie betrachtet wird, die monarchische Staatsform mit Ausnahme von Cypern aus der ganzen griechischen
Welt geschwunden. — Zu dauerhaften Zuständen scheint die
demokratische Gestaltung des Staates auch in Kyrene nicht
geführt zu haben. Fast das einzige, was wir aus dem nächsten Jahrhundert von ihm erfahren, ist ein Usurpationsversuch
des Ariston (um 400 v. Chr.), bei dem fünfhundert Vornehme
umgebracht wurden. Er führte zu einem blutigen Bürgerkrieg,
an dem auch flüchtige Messenier Theil nahmen, bis schliesslich
die Ueberreste die decimirten Parteien sich wieder vertrugen.

Battos IV. kennen wir nur aus Herakl. pol. 4, 3. Besiedlung von
Euhesperides: schol. Pind. Pyth. 5, 33. vgl. 4, 455. Siege und Sturz des
Arkesilaos arg. Pyth. 4 (die 200jährige Dauer des Königthums ist über-
trieben). Herakl. pol. 4, 4 (wo Battos für Ark. genannt wird; nach dem
Orakel Herod. IV, 163 herrschten 4 Battos und 4 Ark. über Kyrene). —
Spätere Kämpfe: Diod. XIV, 34. Zu den Messeniern (in Euhesperides)
vgl. Pausan. IV, 26, 2. 5 [gehört hierher Arist. pol. VII, 2, 10?]. — Sonst
wird Kyrene wohl nur noch Thuk. VII, 50 genannt.

Innere und äussere Kämpfe auf Sicilien. Duketios der Sikelerkönig.

357. Nach einem Menschenalter monarchischen Regiments hatten die Städte Siciliens die Selbstbestimmung wiederge-wonnen. Ueberall wurden die Besatzungen der Herrscher ver-jagt, die Verfassungen mehr oder weniger demokratisch ge-ordnet, Zeus dem Befreier Altäre und Statuen errichtet und glänzende Feste gefeiert. Aber zu geordneten Verhältnissen war man darum noch nicht zurückgekehrt. Die Anhänger der Ty-rannis waren erschlagen oder verjagt, wenn sie sich nicht, wie Therons Neffe Thrasybulos (§. 354 A.) in Himera, den neuen Ordnungen gefügt hatten; dagegen kehrten die Verbannten zurück und forderten Wiedereinsetzung in ihren Besitz und ihre bürgerliche Stellung. In allen Städten standen neben dem Adel die nach der Herrschaft strebenden Massen, neben den Altbürgern die in grosser Zahl zugeströmten Neubürger und die gewaltsam in die Grossstädte verpflanzten Bürgerschaften aufgehobener oder wie Gela in ihrem Bestande geschmälerter Gemeinden, von denen ein Theil sich in den neuen Verhält-nissen wohl fühlte und prosperirte, ein anderer in die alte Heimath zurück wollte und die alte Selbständigkeit wieder zu erlangen strebte. Den herrschenden Städten standen die unter-worfenen gegenüber, welche Freiheit·und Selbstbestimmung zurückverlangten, den Griechen die Unterthanen, den Bürgern die Soldtruppen der Tyrannen, welche, auch wenn sie sich in die neuen Verhältnisse fügten und auf ihr bisheriges Ueber-gewicht verzichteten, doch wenigstens Grundbesitz und Ver-mögen und das ihnen verliehene Bürgerrecht behalten wollten. Dagegen sah die bürgerliche Bevölkerung in ihnen Eindring-linge und Feinde, und auf die ihnen überwiesenen Güter wur-den zahlreiche Ansprüche geltend gemacht. Das Königthum hatte alle diese widerstrebenden Elemente niedergehalten; jetzt waren sie entfesselt und setzten sich in hartem Kampfe aus einander. Bei der Unstetigkeit der sicilischen Verhältnisse,

die durch die Umwälzungen der Tyrannenzeit zu völliger Loslösung von allen Traditionen geführt hatte, war derselbe nur
um so reicher an Gewaltsamkeiten und Wechselfällen.

Timaeos, der fanatische Tyrannenfeind, hat die Verhältnisse Siciliens nach dem Sturz der Tyrannis, die Friedenszeit und den anwachsen-
den Wohlstand in glänzenden Farben geschildert Diod. XI, 68, 6. 72, 1.
Wie sehr damit seine eigenen Erzählungen im Widerspruch stehen, hat
er nicht empfunden. — Dass keineswegs überall reine Demokratien eingerichtet wurden, lehrt der weitere Verlauf.

358. In Syrakus haben die Altbürger das Regiment an
sich gerissen und den Fremden und Söldnern das Bürgerrecht
oder wenigstens die Theilnahme an den Wahlen genommen.
Diese griffen zu den Waffen und besetzten die Altstadt und
die Achradina; die Altbürger verschanzten sich vor den Thoren
und schnitten jenen die Zufuhr ab. Es folgten langwierige
und heftige Kämpfe zur See und zu Lande; schliesslich siegten
die Syrakusaner. Aehnliche Bewegungen traten in Gela, Agrigent, Himera und wohl auch in Rhegion ein; die Verbannten
kehrten heim, die angesiedelten Fremden wurden verjagt. Nur
in Messana hat sich die neue Bevölkerung und mit ihr auch der
neue Name behauptet, wenn auch an seiner Stelle der Name
Zankle vorübergehend auf den Münzen noch wieder auftaucht
— wohl ein Beweis, dass auch hier schwere Erschütterungen
nicht ausgeblieben sind. Die Geloer besetzten das schon von
Hippokrates (Bd. II, 505) für sie gewonnene Gebiet von Kamarina und stellten die Stadt wieder her; sie ist fortan trotz
ihrer dorischen Bevölkerung immer Syrakus feindlich geblieben.
Auch die Sikeler erhoben sich unter Führung des Duketios
und warfen sich auf Aetna, dessen Feldmark Hieron auch ein
grosses Stück sikelischen Landes zugewiesen hatte. Mit ihnen
verbanden sich die Syrakusaner: in mehreren Schlachten wurden die Aetnaeer besiegt und gezwungen die Stadt zu räumen.
Den Abziehenden wurde der Ort Inessa im Binnenlande am
Fuss des Aetna überwiesen, der daher jetzt den Namen Aetna
erhielt. Einige Jahre später sind sie hier den Sikelern erlegen (§. 361). Katana wurde wieder hergestellt, ebenso

Naxos; die alten chalkidischen Einwohner werden aus Leontini zurückgekehrt sein. Dagegen Megara und Euboea blieben
zerstört, ihr Gebiet im Besitze von Syrakus. Mannigfach
haben diese Kämpfe und Gegensätze sich gekreuzt; schliesslich kam das allgemeine Friedensbedürfniss zum Durchbruch.
Man einigte sich dahin, dass im allgemeinen in den Städten
die Altbürger das Regiment führen sollten, während den
Fremden und Söldnern freier Abzug mit ihrer Habe gewährt
und Landbesitz im Gebiet des soeben befreiten Messana angewiesen wurde (461,0 v. Chr.).

Einzige Quelle ist Diod. XI, 72. 76, der die Ereignisse, die offenbar
viele Jahre füllen, auf die beiden Jahre 463/2 und 461/0 vertheilt, so
dass die Chronologie im einzelnen nicht fest steht. Zu Syrakus vgl.
Arist. pol. VIII, 2, 11 Συρακούσιοι μετὰ τὰ τυραννικὰ τοὺς ξένους καὶ τοὺς
μισθοφόρους πολίτας ποιησάμενοι (das war vielmehr in der Tyrannenzeit
geschehen) ἐστασίασαν καὶ εἰς μάχην ἦλθον. — Zu Kamarina Thuk. VI, 5
[schol. Pind. Ol. 5, 16. 19 ist corrupt]. In der Ode auf Psaumis von
Kamarina Ol. 4 452 v. Chr. preist Pindar den Sieger als πρὸς ἀσυχίαν
φιλόπολιν καθαρᾷ γνώμᾳ τετραμμένον v. 26, und in Ol. 5 wird v. 19 die
Neugründung erwähnt (νέοικον ἕδραν). — Aetna und Inessa auch Strabo
VI, 2, 3. Im Jahre 426 ist Inessa ein Σικελικὸν κόλισμα Thuk. III, 103.
— Das Gebiet von Megara bleibt syrakusisch: Thuk. VI, 75. 94. Zu Euboea
Strabo VI, 2, 6. — Münzen von Messana mit der Legende Δανκλαιον aus
dieser Zeit: Holm, Gesch. Sic. III, 576 f.

359. Zu dauernder Ruhe freilich kamen die sicilischen
Städte auch durch diese Pacification nicht. Ueberall musste
man nicht nur die Verfassung neu ordnen, sondern vor allem
feststellen, wer überhaupt Bürger war, wer nicht, und die
Besitzverhältnisse regeln. Vielfach blieben die Neubürger
wenigstens zum Theil in ihrer neuen Heimath oder wurden
noch weiter neue und zweifelhafte Elemente in die Bürgerlisten aufgenommen und mit Grundbesitz ausgestattet. So
riss der innere Hader nicht ab. In Agrigent erhielt die Verfassung zunächst einen aristokratischen Charakter; wie in
so vielen aristokratischen Gemeinwesen des Mutterlandes und
Unteritaliens, z. B. in Kroton und Lokri (Bd. II, 232), lag die
Regierung in den Händen der »Tausend«, d. h. der reich-

sten Bürger. Nach dreijährigem Bestande musste diese Verfassung der Demokratie Platz machen. Für diese war vor
allem Empedokles thätig, ein Agrigentiner aus vornehmem
Hause, dessen Vater Meton bereits ein Gegner der Tyrannen
gewesen zu sein scheint; ebenso soll der Sohn allen, die sich
des Strebens nach Tyrannis verdächtig zu machen schienen,
sei es auch nur durch Verletzung der gesellschaftlichen Formen, energisch entgegengetreten sein. Dass er selbst als
Wundermann und Prophet auftrat, in phantastischer Kleidung
und mit grossem Gefolge, und für sich ausserordentliche Ehren
beanspruchte, stand dem nicht im Wege; denn er war etwas
anderes, als die übrigen Menschen. Er strebte nicht nach
politischer Herrschaft, sondern wollte mit seinen Wundergaben
unter ihnen wirken und sie beglücken wie ein Gott. Langen
Bestand scheint die Demokratie nicht gehabt zu haben; wir
hören von einer Erhebung der Gegner, die auch Empedokles zwang, seine Heimath zu verlassen. — Aehnliche
Wirren gab es in allen sicilischen Städten. Etwas mehr erfahren wir nur über Syrakus. Gestützt auf die ärmere, politisch zurückgesetzte Bevölkerung versuchte hier Tyndarides,
sich zum Herrn der Stadt zu machen: er wurde verurtheilt
und mit seinen Anhängern in einem Aufstand erschlagen.
Aehnliche Versuche wiederholten sich mehrfach, bis man zu
dem Mittel griff, das sich in Athen bewährt hatte, und die
Bürger, die verdächtig erschienen, durch ein »Oelblattgericht«
(πεταλισμός) auf fünf Jahre in die Verbannung schickte. Aber
wenn man in Athen dies Mittel nur im äussersten Nothfall
angewandt und alsbald in ein letztes Entscheidungsmittel im
Kampf der politischen Parteien umgewandelt hatte, durch das
dem Zwist ein Ende gemacht und dem Bürgerkrieg vorgebeugt
wurde, so verstand man in Syrakus nicht Maass zu halten.
In grosser Zahl wurden die angesehensten Männer ins Exil
gesandt und dadurch gerade die tüchtigsten Männer vom politischen Leben abgeschreckt, dagegen der Hader verewigt. So
schaffte man die Institution bald wieder ab. Die Verfassung
wurde demokratisch gestaltet; so weit ging man freilich nicht,

dass man wie in Athen an die Stelle der Wahl das Loos setzte.
Aber die Zurücksetzung der Aermeren und der Neubürger wurde
beseitigt. Dagegen suchte man durch eine hohe Altersgrenze
für die Wählbarkeit den Ehrgeiz der vornehmen Jugend in
Schranken zu halten. Die Regierung führten fünfzehn Strategen, die auch in den Volksversammlungen den Vorsitz hatten;
bei den Massen aber war der Einfluss von Demagogen massgebend, welche des Beifalls sicher waren, wenn sie die vornehmen und reichen Herrn hochverrätherischer Umtriebe ver-
dächtigten, während diese auf legitimem und illegitimem Wege
versuchten, ihre alte Stellung wieder zu erlangen. Die wiederholt vorkommenden Verurtheilungen unglücklicher Feldherrn
(§. 361. 363) sind ein sprechendes Zeugniss für die Verwilderung der Zustände, selbst wenn diese ihr Geschick durch Unfähigkeit und Bestechlichkeit wirklich verdient haben sollten.

Hauptquelle Diod. XI. 86 f. unter dem Jahre 454/3. Agrigent:
Diog. L. VIII, 66 nach Timaeos, aus dem auch die Anekdoten über Em-
pedokles' Auftreten gegen angebliche Usurpatoren ib. 64 f. stammen [vgl.
Neanthes ib. 72]. Mit Recht bemerkt Bidez, la biographie d'Empédocle,
Gand 1894, dass diese Erzählungen im wesentlichen geschichtlich sein
werden. Er hat überhaupt das Material in vortrefflicher Weise behan-
delt; Sicherheit ist aber bei der Beschaffenheit der Quellen nur in wenigen
Fällen zu gewinnen. Unklar bleibt VIII, 67 (Timaeos): ὕστερον μέντοι τοῦ
Ἀκράγαντος οἰκιζομένου (corrupt) hätten Empedokles' Feinde seine Rück-
kehr von der Reise nach Olympia verhindert. Den Widerspruch zwischen
Empedokles' persönlichem Auftreten und politischen Ansichten hebt
Timaeos mit Recht hervor. Aristoteles bezeichnet ihn als ἐλεύθερον καὶ
πάσης ἀρχῆς ἀλλότριον (ib. 60); dass ihm das Königthum angeboten sei
(Xanthos ib. 60, vgl. Favorinus ib. 73), ist Schwindel. — Die Zustände
in Syrakus zur Zeit der sicilischen Expedition ergeben sich aus Thuk.
VI. 32—41. 72. VII. 55. Dass Aristoteles die damalige Demokratie im
Gegensatz zu der nach 413 eingeführten als gemässigt (πολιτεία) be-
zeichnet pol. VIII. 3. 6, beruht darauf, dass nach 413 das Loos an Stelle
der Wahl trat.

360. In den äusseren Verhältnissen waren im wesentlichen die Zustände vor der Tyrannenzeit wieder hergestellt.
Aber die eigentliche Entscheidung stand noch aus. Es war
unmöglich, in die Zeit der Kleinstaaterei und der Isolirung

zurückzukehren, über die die grösseren Städte schon im
sechsten Jahrhundert hinausgewachsen waren; mochte man
immer den allgemeinen Frieden und die Autonomie der Einzelgemeinden decretiren, wichtiger als alle Stimmungen waren
die überall sich kreuzenden Ansprüche und Interessen. Dazu
war jetzt in den Sikelern ein neuer Factor in die Bewegung
getreten. Längst hatten mit den materiellen Errungenschaften
der fremden Cultur auch ihre Sprache und ihr geistiges Leben
bei ihnen Eingang gefunden, vor allem das Städtewesen und die
militärische Schulung; mehrere der selbständigen Sikelerstädte
haben kleine Silbermünzen mit griechischer Aufschrift geprägt.
Jetzt hatten auch die ehemals Syrakus unterthänigen Gemeinden grossentheils die Freiheit wieder gewonnen und an
den letzten Kämpfen unter Duketios selbständig und entscheidend Theil genommen. Dieser selbst war ein Mann von
hoher Begabung, offenbar nicht nur als Feldherr und Staatsmann den Griechen ebenbürtig. Sein Ziel war, sein Volk zu
einigen und ihm die Herrschaft über die fremden Eindring-
linge zu gewinnen, die Stelle zu erringen, welche durch den
Sturz der Könige von Syrakus vacant geworden war. Auf
ihren Bahnen wandelte auch er. Nachdem er das von Hieron
zu Aetna geschlagene Gebiet wieder gewonnen hatte, gründete
er im Binnenlande, westlich von Leontini, die Stadt Menainon
(Menai) und theilte die Feldmark unter die Ansiedler auf.
Dann unterwarf er weiter nördlich die Bergstadt Morgantina
am Rande der Symaithosebene und zwang der Reihe nach
alle Sikelerburgen mit Ausnahme Hyblas zur Anerkennung
seiner Herrschaft. Für den neuen Einheitsstaat gründete er
eine Hauptstadt an der heiligsten Stätte seines Volks, bei den
von wogenden Schwefelquellen gefüllten Kratern der Paliken
(jetzt Palagonia). Die neue Stadt Palike, in fruchtbarster Lage,
wurde mit ausgedehnten Mauern umgeben und füllte sich rasch
mit Bewohnern; auch die Bevölkerung des hoch gelegenen
Menainon wurde jetzt hierher übergeführt (453/2 v. Chr.).

Die Geschichte des Duketios kennen wir nur aus Diod. XI, 78. 88 ff.
91 f., der sie unter den J. 459/8. 453/2. 451/0 erzählt; seine späteren

Schicksale und die damit zusammenhängenden Kämpfe XII. 8. 29 unter
446/5 und 440/39. Deutlich sieht man, dass ein zusammenhängender
Bericht zu Grunde liegt [in den die gleichzeitige Geschichte von Syrakus
c. 86 f. 88 eingefügt war], bei dem Timaeos nur die Hauptereignisse
chronologisch fixirt hatte. Die Identität von Μέναινον (später Menai)
c. 78 und Μενίας (cod. patm., vulg. Νίας) c. 88 wird durch Apollodor
fr. 50 bei Steph. Byz. Μεναί, πόλις Σικελίας ἐγγὺς Παλικῶν bestätigt; dass
Diodor die von Dukelios gegründete Stadt seine πατρίς nennt, ist begreiflich [gegen Holm]. Ebenso findet sich der Ort der Entscheidungsschlacht
Νομαί Diod. XI, 91 bei Apollodor fr. 51 (Steph. Byz.) als Νέαι. — Münzen
haben nach Holm, Gesch. Sic. III, 603 in der ersten Hälfte des fünften
Jahrhunderts von Sikelerstädten geprägt: Longana, Abakainon, Hipana
an der Nordküste, Henna, Galaria, Morgantina im Binnenlande. — Der
Cult der Paliken war auch von Aetna übernommen; Aeschyl. fr. 6. 7.

361. Die Griechenstädte, von inneren Unruhen zerrissen,
haben dieser Machtentwickelung zugesehen ohne einzugreifen.
Jetzt aber, als Dukelios das neue Aetna (Inessa) eroberte und
dann das Castell Motyon im Gebiet von Agrigent angriff, verbanden sich Syrakus und Agrigent gegen ihn. Aber ihre
Heere wurden geschlagen, Motyon erobert. In Syrakus verurtheilte man den geschlagenen Feldherrn zum Tode und erneuerte im nächsten Jahre den Krieg mit stärkeren Kräften.
Während die Agrigentiner Motyon wieder eroberten, wandte
sich Dukelios gegen die Syrakusaner. Aber nach heftigem
Kampfe wurde er geschlagen, sein Heer zersprengt. Die griechischen Heere vereinigten sich, die Sikeler fielen von ihrem
König ab, da das Glück ihn verliess; unter den wenigen, die
bei ihm blieben, zeigte sich Verrath. Da gab Dukelios seine
Sache verloren; vor seinen eigenen Landsleuten flüchtete er
bei Nacht nach Syrakus an die Altäre und ergab sich und
sein Reich den Syrakusanern. Scham und Gewissen siegten
über die Erbitterung der Menge; Dukelios wurde nach Korinth
gebracht, um hier als Staatspensionär von Syrakus zu leben
(451 oder 450). Mit dem Traume eines Sikelerreichs war es
zu Ende; Palike wurde zerstört, das sikelische Volk verfiel
unaufhaltsam der Fremdherrschaft und der vollen Hellenisirung.

Von den Kämpfen um Motyon hat Philistos im 5. Buch erzählt:
Μοτύη .. φρούριον Σικελίας παραθαλάττιον. Steph. Byz. identificirt es fälsch-

lich mit dem phoenikischen Motye, ebenso die Quelle des Pausanias V, 25, 5 bei der Beschreibung des von Agrigent aus der Beute nach Olympia geweihten Denkmals, das Kalamis gearbeitet hat. Es waren Knaben von Erz, die die Rechte betend emporstreckten; das passt auf die Befreiung von Motyon vorzüglich.

362. Der Hauptgewinn des Kriegs war Syrakus zugefallen; es konnte versuchen, alle Sikeler zu unterwerfen. Im Binnenlande scheint es wenig Widerstand gefunden zu haben. Um auch die Nordküste zu gewinnen, hat man zugelassen, dass Duketios unter Berufung auf einen Orakelspruch Korinth verliess und, unterstützt von dem Sikelerfürsten Archonidas von Herbita, an dem »schönen Strande«, etwa in der Mitte zwischen Messana und Himera, eine Stadt Kaleakte gründete. Ueber diese Dinge waren die Agrigentiner, die sich jeden Antheil am Gewinne entrissen sahen, aufs höchste erbittert und erklärten Syrakus den Krieg. Ein Theil der Sikeler schloss sich ihnen an; aber am Himerafluss erlitten sie eine schwere Niederlage, die sie zum Frieden zwang (446;5). Duketios hat noch mehrere Jahre bis an seinen Tod (440;39) in Kaleakte gesessen, von Syrakus unbehelligt, immer noch sich mit Entwürfen tragend, dereinst sein Sikelerreich wiederzugewinnen, die sich doch niemals erfüllen konnten. Während dessen haben die Syrakusaner den letzten Widerstand gebrochen. Die ganze Symaithosebene mit ihren Zuflüssen wurde ihnen unterthan und tributpflichtig; an die wichtigsten Punkte wurden Besatzungen gelegt. Nur in den Bergen und an der Nordküste haben die Sikeler zum Theil noch ihre Unabhängigkeit bewahrt. Syrakus war aufs neue der mächtigste Staat der Insel, eng verbündet mit Messana und mit Lokri in Italien, während Rhegion, ihr alter Gegner, von innerem Hader zerrissen war. Im Süden war Gela ihm befreundet, ebenso Himera an der Nordküste; die kleineren Städte erkannten seine Oberhoheit an. Nur Kamarina, das sich von Gela unabhängig gemacht hatte, und Leontini mit Naxos und Katana, die Reste der Chalkidier, standen feindlich. Agrigent war durch seine Niederlage zum Zuschauen verurtheilt. Im äussersten Westen

hielten sich die Karthager friedlich, zufrieden wenn ihre Besitzungen nicht angegriffen wurden. Die Elymerstädte, Entella im Binnenlande, Eryx und vor allem Segesta, versuchten sich unabhängig zu behaupten; Segesta hat im J. 454,3 die wahrscheinlich sikanische Binnenstadt Halikyai angegriffen. Dagegen suchte Selinus seine Macht gegen das Binnenland auszudehnen und lag mit Segesta in fortwährendem Hader. Von Syrakus hatte die mächtige Stadt nichts zu befürchten; schon der Gegensatz gegen Agrigent führte beide zusammen. So konnte Syrakus hoffen die Herrschaft über die ganze Insel zu gewinnen. Den vereinzelten und ohnmächtigen Gegnern blieb nichts übrig, als in der Fremde Anlehnung zu suchen; Segesta hat schon im Kriege mit Halikyai 454, Leontini und Rhegion im J. 433 ein Bündniss mit Athen geschlossen. Wenige Jahre später, im J. 427, begann Syrakus den Angriff gegen Leontini.

Quelle: Diod. XII, 8. 26. 29. 30. Archonidas, τῶν ταύτῃ [im Norden] Σικελῶν βασιλεύων τινῶν, unterstützt die Athener, † 415: Thuk. VII, 1. — Die Bewohner der von Syrakus eroberten Sikelerstadt Τρινακίη Diod. XII, 29 nennt das argum. Πικηνούς, wozu PAIS die Notiz bei Steph. Byz. Πίακος, πόλις Σικελίας· οἱ πολῖται Πιακηνοί und die Kupfermünzen des fünften Jahrhunderts mit Πιακιν (HOLM, Gesch. Sic. III, 688) zieht. — Sikelische Unterthanen von Syrakus Thuk. VI, 20, 4. 45. 48. Die spätere Gruppirung der sicilischen Gemeinden zeigt Thuk. III, 86: im Jahre 427 standen auf Syrakus' Seite alle dorischen Städte (zu denen auch Himera III. 115. VII, 58 gehört, ebenso Messana und Lipara III, 88. 115) ausser Kamarina (zu dessen Stellung vgl. IV, 25. 58. VI, 88), ferner Lokri; Leontini wird von den übrigen Chalkidiern (Naxos, Katane) und Rhegion unterstützt. Agrigent wird sich wie im späteren Kriege möglichst neutral gehalten haben (V, 3. VII, 32 f. 58, vgl. 46. 50). Herrschaft von Syrakus über die Sikeler, Besatzung in Inessa (Aetna) III, 103, ebenso in Kentoripa, Hybla u. a. VI, 94. vgl. 45; im Gebirge waren die Sikeler zum Theil noch unabhängig VI, 88 (gegen Diod. XII, 29), vgl. 34. 45. — In dem von Diodor XI, 86 unter 454,3 erzählten Grenzkrieg zwischen Segesta und Lilybaeum ist für letzteres, wie KÖHLER, MAI. IV, 32 erkannt hat, Halikyai zu lesen; von den Verträgen mit Athen unter dem Archon 'Αρ[ιστ]ων CIA. I, suppl. p. 58 no. 22 k und I, 20 (besser suppl. p. 139) erwähnte der erstere den Krieg mit den 'Αλι]κυαίοις. Halikyai wird sich an Selinus angelehnt haben. — Verträge mit Rhegion und Leontini CIA. I, suppl. p. 13 no. 33. 33 a. Vgl. §. 435.

363. So war die Demokratie in Syrakus in die Bahnen
zurückgelenkt, welche die Tyrannis betreten hatte. Schon
vorher, um das J. 453, hatte sie die Kämpfe gegen die Etrusker
erneuert, die fortwährend das Westmeer unsicher machten.
Zwar die Ansiedelung Hierons auf Pithekusae (§. 349) war
aufgegeben, dafür aber suchte man jetzt Etrurien selbst heim.
Der Feldherr Phayllos freilich gab den Krieg nach einem Angriff auf Aithalia (Elba) auf, angeblich bestochen — er wurde
deshalb verurtheilt; aber sein Nachfolger Apelles besetzte nicht
nur diese Insel, sondern verwüstete auch die etruskischen
Küsten und Corsica, und kehrte mit reicher Beute heim.
Dauernde Erfolge waren freilich bei derartigen Zügen nicht
zu gewinnen; aber sie zeigten, dass die Etrusker zur See den
Griechen nicht mehr Stand halten konnten und Syrakus sich
als die Herrin des »etruskischen« Meers betrachten durfte.

Etruskerkrieg: Diod. XI, 88. Philistos hat davon offenbar im
5. Buch erzählt: fr. 23 Aἰθαλία. Feindschaft zwischen Etruskern und
Syrakus: Thuk. VI, 88. VII, 57. Pithekusai aufgegeben, von Neapel besetzt: Strabo V, 4, 9 (πόλις Ἑλληνίς Skyl. 10).

Die Cultur Siciliens.

364. Wenn es auf Sicilien an äusseren und inneren
Kämpfen auch nach dem Sturz der Tyrannen keineswegs gefehlt hat, so hat doch die ganze Insel und jede einzelne
Stadt in dieser Zeit einen gewaltigen Aufschwung genommen.
Zwischen den blutigen Schlachten der ersten wirren Jahre,
dem Sikelerkriege, dem Kriege zwischen Syrakus und Agrigent
lagen, wie schon in der Tyrannenzeit, lange Friedensjahre,
und wenn in den wechselvollen inneren Bewegungen die Unsicherheit aller Verhältnisse immer aufs neue hervortrat, so
ist doch das Bestreben unverkennbar, sich vor den ärgsten
Ausschreitungen zurückzuhalten; bei der Stärke der Gegensätze ist es ein Ruhm für alle Parteien, dass seit 461 blutige
Revolutionen vermieden worden sind. Die steigende Pro-

sperität, welche die ganze griechische Welt ergriffen hatte,
kam auch der Insel zu Gute. Jedem Gegner konnte man
sich gewachsen und überlegen fühlen; die alten Feinde, Karthager und Etrusker, waren zurückgeworfen und wagten keinen
Angriff mehr. Auch in den nichtgriechischen Theilen der
Insel drang die hellenische Cultur mächtig vorwärts. Wie die
Sikelerstädte (§. 360) haben die Elymer von Segesta, Eryx, Entella griechische Münzen geprägt, daneben solche in einheimischer Sprache und griechischer Schrift; auch die Phoenikerstädte Motye und Panormos prägten sowohl mit phoenikischer
wie mit griechischer Legende, letzteres sogar unter seinem
griechischen Namen (der phoenikische war wahrscheinlich
צִיץ Ṣiṣ). In der kleinen sikelischen Landstadt Inykon fand
wenig später der Sophist Hippias für seine Vorträge ebenso
viel Zulauf, wie in den regsten Griechenstädten. Der Landbau hat zweifellos an Ausdehnung und Intensität zugenommen; im Gegensatz zu den grossen Städten des Mutterlands
war man in Sicilien nicht auf fremden Import angewiesen.
Neben Getreide producirte man namentlich Wein und Oel,
vor allem auf dem ausgedehnten Gebiet von Agrigent. Ein
reger Handel verband die Insel nicht nur mit dem Mutterlande, und hier in stets wachsendem Maasse mit Athen, und
mit Italien — neben den griechischen Städten namentlich, wie
die vielen sicilischen Lehnworte im Lateinischen bezeugen,
mit Rom —, sondern auch mit Karthago. Ausser den Producten des Landbaus wurden Industrieerzeugnisse exportirt;
besonderen Ruhm genossen in der griechischen Welt die
sicilischen Wagen. In Grossstädten wie Syrakus hat sich
zweifellos eine rege Industrie entwickelt. Die Bevölkerung
wuchs rasch und noch rascher der Wohlstand. Die ganze
Entwickelung drängte auf die Bildung grosser Vermögen
hin; die wiederholten Besitzwechsel und Neuauftheilungen
der Feldmark führten dazu, dass die Reichen das Land in
weitem Umfange aufkauften und ein grosser Theil des Grundbesitzes sich in wenigen Händen concentrirte. Ihnen gegenüber stand in den Grossstädten ein zahlreiches Proletariat;

auch die Sklavenschaft mehrte sich rasch, theils durch die
Kriege, theils durch Kauf und Raub. So bestand ein scharfer
Classengegensatz, der in den politischen Kämpfen jederzeit
hervortritt.

Ueber die Münzen s. HOLM, Gesch. Sic. III. Hippias in Inykon:
Plato Hipp. mai. 282 e. 284 b; die Lage. des Orts lässt sich aus Herod.
VI, 23 f. nicht genügend bestimmen. Nach Pausan. VII, 4. 6 und Steph.
Byz. war es eine Sikelerstadt, und daran wird (gegen HOLM I, 60. 358)
festzuhalten sein, obwohl Pausanias und Charax bei Steph. Byz. s. v.
Καμικός den Urkönig Kokalos aus der Daedalossage hierher setzen, der
sonst in der Sikanerstadt Kamikos localisirt ist. — Ueber die wirthschaftlichen Verhältnisse geben neben den geschichtlichen Nachrichten besonders bei Diodor die Schilderungen des Lebens in Selinus und Agrigent
Diod. XIII. 55. 81 ff. (der Luxus wird auch in den Angaben über Empedokles geschildert, ebenso Herakl. pol. 37) einige Auskunft. Die Anekdoten (z. B. die Erzählung von dem Sohne des Antisthenes, der einen
Bauer zwingen will, ihm seinen Acker zu verkaufen, worauf der Vater
ihm räth, denselben reich zu machen, dann werde er einen grösseren
Besitz haben wollen und sein Grundstück losschlagen) dürfen zur Charakteristik verwerthet werden, auch wenn sie im einzelnen nicht historisch sind. Vgl. ferner Thuk. VI. 17. 20 u. a. Plato ep. 7, 326 und
sonst über die Lebensweise der italischen und sicilischen Griechen (Kochkunst Gorg. 518 b. rep. III, 404 d). — Sicilische Wagen: Pindar fr. 106.
Kritias eleg. fr. 1. — Für Selinus vor allem BENNDORF, Metopen von
Selinunt, 1873.

365. Die allen schnell aufblühenden Colonien natürliche
Raschheit und Leichtigkeit des Lebens wird durch den jähen
Wechsel in den Geschicken der Staaten wie der Einzelnen
nur noch gesteigert. Je unsicherer die Zukunft, je prekärer
der Besitz ist, desto mehr will man den Moment geniessen,
desto geneigter ist man auch, alles auf eine Karte zu setzen.
»Die grosse Bevölkerungszahl der Städte«, lässt Thukydides
den Alkibiades sagen, »beruht darauf, dass sie von zusammen-
gewürfelten Massen bewohnt sind; so vollziehen sich Verfassungsänderungen und Aufnahme fremder Elemente leicht.
Daher betrachtet denn auch Niemand seinen Wohnsitz als
sein Vaterland; weder ist er selbst militärisch ausgerüstet
und bewaffnet, noch hat er auf seinem Grundbesitz dauernde

Anlagen errichtet; ein Jeder sucht sich zu verschaffen, was
er durch den Einfluss seiner Redegewandtheit oder auch im
Bürgerzwist vom gemeinen Gute erraffen kann, um es, wenn
er einen Fehlschlag erleidet, in ein anderes Land mit sich
fortzunehmen.« Das Masshalten fehlt völlig, das den Anschauungen des Mutterlands — mochte Demokratie oder
Aristokratie herrschen — als das höchste Gesetz der Lebensweisheit und des Lebensgenusses galt. Prunk und Genuss-
sucht sind der Grundton des sicilischen Lebens — recht im
Gegensatz zu dem angeblichen dorischen Nationalcharakter, der
nach einer phantastischen Geschichtsauffassung den Schlüssel
für das Verständniss der griechischen Geschichte gewähren
soll. Die Reichen lieben mit ihrem Reichthum zu prunken,
glänzende Feste zu feiern, in üppigen Gewändern und mit zahl-
reichem Gefolge aufzutreten, in prächtigen Häusern zu wohnen, den Freuden der Tafel und der Liebe bis zum Ueber-
mass zu huldigen; die sicilische Kochkunst wurde berühmt.
Wie die Grossen der Tyrannenzeit huldigen sie mit Eifer
dem Rennsport und üben die grossartigste Gastfreiheit; verschwenderisch spenden sie der Menge bei Staats- und Familien-
festen. Dadurch suchen sie zugleich ihren Einfluss zu steigern und sich für den Fall eines Umschlags Popularität und
Existenz zu sichern. Auch die Staaten denken nicht anders.
Mochten noch so viele zu Grunde gegangen, Städte zerstört,
vornehme Männer erschlagen oder verbannt sein, das war ihr
Geschick; dafür hatten andere sich behauptet und waren in
die Höhe gekommen. Man traute auf sein Glück, auf die
Götter, die helfen mussten — feierte man ihnen doch glänzende Feste und baute herrliche Tempel mit reichen Schätzen —,
man verschloss gegen die Unsicherheit der Lage absichtlich
die Augen, überzeugt, es werde schon gehen. Als die Athener
im J. 415 nach Sicilien zogen, war man in Syrakus überzeugt, kein Feind könne der Stadt etwas anhaben und traf
keinerlei Vorbereitungen für den Krieg. In Selinus fühlte man
sich so sicher, dass man die Mauern verfallen liess. »Durch
diese Götter sind die Selinuntier siegreich,« setzte man auf die

Weihinschrift goldener Götterbilder, die man nach Beendigung
eines Kriegs anfertigen liess, »durch Zeus siegen wir und durch
Phobos und Herakles und Apollo und Poseidon und die
Tyndariden und Athena und Malophoros und Pasikrateia und
die übrigen Götter, vor allem aber durch Zeus« (IGA. 515).
Nirgends in der griechischen Welt sind so zahlreiche und so
prächtige Tempel gebaut worden, wie in Selinus und Agrigent; freilich würde man im Mutterlande die gewaltigen Dimensionen, in denen der Zeustempel von Agrigent und der
Apollotempel von Selinus entworfen sind — beide sind niemals ganz vollendet worden —, und die riesigen Giganten,
welche im Inneren das Gebälk trugen, als masslos verschmäht haben. Unwillkürlich rufen diese Bauten trotz des
ganz andersartigen Aufbaus die Riesenwerke des Orients,
namentlich die aegyptischen Tempel, ins Gedächtniss. So
wenig an eine Beeinflussung durch dieselben zu denken ist,
so deutlich zeigt sich, wie die griechische Cultur hier, in der
eigenartigen und exponirten Lage Siciliens, äusserlich und
innerlich in die Bahnen des Orients einlenkt. Das Gleiche
lehren auch die fortgeschrittensten der Metopen von Selinus.
Die Unbeholfenheit, die ihnen noch immer anhaftet, theilen sie
mit den gleichzeitigen oder etwas älteren Metopen und Giebel-
figuren von Olympia und anderen Ausläufern der Uebergangs-
zeit von der archaischen zur vollendeten griechischen Kunst.
Aber daneben zeigen sie eine Weichlichkeit und Sinnlichkeit
der Formen, welche der Kunst des Mutterlands fremd ist.
Die wunderbaren Schöpfungen der sicilischen Münzprägung
können uns nicht darüber hinwegtäuschen, dass sich die
wahre griechische Kunst auf sicilischem Boden niemals hätte
entwickeln können; auch stehen sie deutlich unter dem Einfluss der Kunst des Mutterlandes — ebenso wie die Weihgeschenke der Tyrannen in Delphi und Olympia nicht von sicilischen Meistern gearbeitet sind. Grandios sind die Bauten
allerdings. Wie zum Trotz schauen die Tempel von Selinus
und die lange Tempelreihe auf dem Höhenrücken, der steil
abfallend Agrigent im Süden begrenzt, hinaus ins karthagische

Meer, als wollten sie verkünden, dass unter ihrem Schutze
die Städte für die Ewigkeit sicher gegründet seien. Um so
ungeahnter und furchtbarer ist dann im J. 409 die Katastrophe hereingebrochen, die der kurzen Herrlichkeit ein Ende
bereitete.

366. Im sechsten Jahrhundert hat Sicilien den Stesichoros
hervorgebracht, den grossen Gesetzgeber der Chorlyrik; und
schon bei ihm zeigt sich der Geist der Insel in der kühnen
Art wie er die Stoffe umgestaltet und die Traditionen um-
wandelt. Eine Persönlichkeit von gleicher Bedeutung hat
Sicilien im fünften Jahrhundert nicht mehr aufzuweisen. Man
verfolgt zwar die geistige Entwickelung der übrigen griechischen Welt, man lässt sich von den Gedanken der Philosophen anregen, man bestellt sich Oden bei den Meistern der
lyrischen Kunst und veranlasst Aeschylos, seine Dramen vorzuführen. Aber productiv hat die Insel an diesen Schöpfungen
nicht mehr Theil genommen. Ohne Zweifel hat man sich
an der Pracht der Rhythmen und Melodien pindarischer und
aeschyleischer Gesänge berauscht und an den tiefen Gedanken,
welche sie verkünden, seine Freude gehabt, ja selbst sie innerlich zu erfassen und zu beherzigen versucht. Aber im Grunde
ist diese ganze Literatur und die Stimmung, aus der sie erwachsen ist, Sicilien fremd geworden; wo man sich selbst
überlassen ist, geht man ganz andere Wege. Auch hier
bricht sich das sicilische Temperament Bahn, die Hingabe
an den Augenblick, ein scharfer Blick für das Wirkliche,
ausgelassener Humor, die Neigung zu Witz und Spott, zu
Disputiren und Rechthaberei, eine frivole Lebensanschauung,
der es doch an Gutmüthigkeit nicht fehlt, die aber vor allem
den Moment voll auskosten will. Seit Alters gab es wie
in den meisten Orten des Mutterlands so auch in Sicilien
Volkslustbarkeiten, bei denen Chöre von Possenreissern auf-
traten, die lustige Schwänke von Göttern und Menschen
vortrugen und das Publicum in Spottgesängen verhöhnten.
Gelegentlich haben sie festere Form angenommen; so kannte
man alte iambische Spottlieder des Aristoxenos von Selinus.

Aus diesen Anfängen ist analog der attischen die sicilische
Komödie erwachsen. Ihre Ausbildung verdankt sie dem Epicharmos, der, angeblich auf Kos geboren, als Kind nach dem
sicilischen Megara gekommen sein soll — andere lassen ihn
auf Sicilien geboren sein —, dann bei der Zerstörung Me-
garas durch Gelon nach Syrakus übersiedelte und hier in der
Tyrannenzeit zahlreiche Komödien aufgeführt hat.

Ueber die sicilische Komödie s. [jetzt Kaibel, Comicorum graec. fragmenta I, 1. 1899. Von älteren vor allem] Bergk, griech. Literaturgesch.
IV. Aristoxenos von Selinus: Epicharm bei Hephaestion 8, 1. vgl. Kaibel
bei Pauly-Wissowa II, 1056. ἰαμβισταί in Syrakus: Athen. V, 181 c. —
Für Epicharm: Lorenz, Leben und Schriften des Koers Epicharmos, 1864.
Die Notizen der Biographie bei Suidas und Diog. Laert. VIII, 3 sind
meist ganz unsicher. Als Begründer der Komödie Plato Theaet. 152 e.
Arist. poet. 3. 5, neben Phormis; de com. III, 4 f. in Bergk's Aristophanes
p. XXXII [Kaibel p. 7]. Dass er auch ein philosophisches Lehrgedicht
verfasst habe, ist höchst unwahrscheinlich. Ψευδεπιχάρμεια: Athen. XIV,
648 d. Wie Plato hat Euripides den Epicharm gekannt und benutzt. s.
Wilamowitz, Herakles I, 29; gegen seine [auch von Kaibel accepirte]
Annahme, die Sentenzen, auf die dieser anspielt, stammten aus einem
untergeschobenen Werk, s. Rohde. Psyche 551.

367. In der attischen Komödie ist alsbald das politische
Leben in den Mittelpunkt getreten. In Sicilien war das durch
die Zeitverhältnisse ebenso sehr ausgeschlossen wie durch die
Neigungen des Volks. Den Gegenstand der Komödien Epicharms bildet die Vorführung komischer Scenen und Typen
aus dem Alltagsleben; mit scharfem Witz wird Leben und
Treiben der Menschen mit all seinen Schwächen und Gebrechen vorgeführt und durchgehechelt. Träger der Handlung
sind nicht nur die Menschen; noch beliebter ist die Götter-
und Heroenkomödie. Auch sie geht auf ältere Traditionen
zurück. Derbe Spässe, Darstellung lustiger Scenen aus der
Götterwelt, waren mit dem Dionysoscult überall verbunden;
auch in Athen gab es eine Götterkomödie. Die sicilische
Komödie zieht Götter und Heroen völlig in das Menschliche
und Alltägliche hinab. Auch in dieser Gattung war Epicharm
Meister. Seine Götter und Helden thun und treiben nichts
anderes als die biederen Bürger von Syrakus; aber wenn die

Thorheiten und Leidenschaften der Menschen sich in der Götterwelt widerspiegeln, wenn die Quantitäten von Speise und Trank
aufgezählt werden, die Herakles vertilgt, wenn bei dem Hoch-
zeitsmahl der Hebe und des Herakles alle Vorbereitungen und
all die schönen Leckerbissen, welche man auftischt, ausführlich geschildert werden, wenn uns erzählt wird, dass der
Götterkönig Zeus einen delicaten Fisch, von dem auf dem
Markt nur ein Exemplar aufzutreiben war, für sich und seine
Frau vorwegnimmt und die anderen Götter nichts davon ab-
bekommen, so ist die Wirkung überall ins Groteske gesteigert.
Daneben tritt die Neigung zum Disputiren, die Freude an
Scharfsinn und Witz charakteristisch hervor. Epicharm war
ein vielseitig gebildeter Mann, vertraut mit der Literatur,
auch in den Lehren der zeitgenössischen Philosophen — Xenophanes, Pythagoras, Heraklit — gut bewandert. So benutzt
er ihre Argumentationen z. B. um nachzuweisen, dass weil
der Mensch heute ein anderer ist als gestern, er seine Schulden nicht zu bezahlen braucht. Aber auch ernstere Gedanken
hat er in seinen Stücken vorgetragen, von der Ewigkeit der
Götter und der Vergänglichkeit des Irdischen, von dem über-
sinnlichen Ursprung des Geistes, des Denkvermögens in Menschen und Thieren, oder die Lehre des Xenophanes von der
Relativität unserer Anschauungen: wir erscheinen uns, dem
Hunde der Hund, dem Esel der Esel schön. Derartige Aeusserungen haben Epicharm eine Stellung unter den Philosophen
verschafft. Besonderen Ruhm haben schon bei den Zeitgenossen die zahlreichen Sprüche praktischer Lebensweisheit genossen, die in seinen Stücken verstreut waren. — Als Rivale
Epicharms wird Phormis oder Phormos genannt, angeblich
identisch mit einem arkadischen Kriegsmann im Dienste Gelons
(§. 353 A.), als Nachfolger sein Sohn oder Schüler Deinolochos.
Weiter entwickelt hat sich die sicilische Komödie nicht; an
ihre Stelle traten in der folgenden Generation die Mimen So-
phrons, kurze Genrescenen aus dem Volksleben, mit scharfer
Charakteristik, in derb volksthümlicher Sprache, daher auch
in Prosa.

368. »Bleibe nüchtern und vergiss nie zu misstrauen
(lass dich durch nichts blenden und bethören), das sind die
Sehnen der Seele,« dieser Spruch Epicharms ist bezeichnend
für die kühle, vorsichtig-vernünftige Art, mit der der Sikeliote
in die Welt schaut. Je schwankender die Zustände waren, je
schärfer sich die Interessen und Parteiungen gegenüberstanden,
je weniger in den Volksgerichten auf eine ruhige sachliche
Erwägung des Rechtsfalls zu hoffen war, desto mehr galt es
den Kopf klar zu halten und sich durch nichts aus der Fassung bringen zu lassen, wollte man sich im Leben behaupten.
Wohl aber musste man versuchen, den Gegner zu blenden,
die Menge mit sich fortzureissen und wenn nicht zu überzeugen, so doch zu überreden, sowohl im politischen Leben
wie vor Gericht; wer des Wortes nicht mächtig war, war
einem gewandten Gegner gegenüber verloren, mochte er noch
so sehr im Recht sein. So hat sich in Sicilien die Kunst der
Rede ausgebildet. Schon bei Epicharm finden wir rhetorische
Mittel reichlich verwandt und parodirt, die Antithese, die poin-
tirte Formulirung des Gedankens, die blendenden Verallgemeine-
rungen und Schlüsse, welche den Hörer betäuben und zu verstummen zwingen. Bald traten Lehrmeister auf, welche die
Kunstgriffe der Rhetorik in ein System brachten und Leuten,
die in eine Nothlage geriethen, für Geld die Rede schrieben,
die sie brauchten. Sie erboten sich auch die heranwachsende
Jugend zu lehren, wie sie eine kunstvoll gegliederte Rede zu
verfassen, welche Mittel und Mittelchen sie anzuwenden hatten,
um Erfolg zu haben. Nicht auf die Wahrheit, nicht auf Recht
und Unrecht kommt es an, sondern auf die Wahrschein-
lichkeit, auf den Effect; da die Augenblickswirkung entscheidend ist, braucht man die Hörer nicht zu überzeugen, sondern nur zu überreden und zu verwirren. Als der erste, der
in dieser Richtung thätig war, wird der Syrakusaner Korax
genannt; sein Schüler Tisias hat seine Lehren in Buchform
zusammengefasst. Weit über beide hinaus ging Gorgias von
Leontini (geb. um 490). Er war zunächst von Empedokles
beeinflusst, nahm aber auch sonst die Anregungen der gleich-

zeitigen Philosophie in sich auf. Aus den Zweifeln an der
Realität der Sinneseindrücke, an dem Wesen des Wirklichen
überhaupt, welche die grossen Denker entwickelt hatten, zog
er die Folgerung, dass es überhaupt nichts Reales gebe; alles
komme darauf an, wie man die Dinge darstelle. So wird die
Kunst der Rede die Beherrscherin des menschlichen Lebens,
durch die man alles erreichen kann. Der »Redekünstler«
(Rhetor) allein besitzt die ächte »Weisheit«, er vermag jederzeit seine Ansicht durchzusetzen, »Kleines gross und Grosses
klein zu machen durch die Kraft der Rede«, über jeden
Gegenstand weit erfolgreicher zu sprechen als der Fachmann,
dem all seine Kenntnisse nichts helfen, wenn er der Rede
nicht mächtig ist. In blumenreichen Schaustücken, in denen
ein geistreichelndes Spiel mit Worten, Antithesen, Gleich-
klängen, Metaphern die Hörer berauschte und über die Ge-
dankenarmuth hinwegtäuschte, führte er seine Kunst der
Masse vor; er erbot sich, jede Frage, die man ihm stelle,
sofort zu beantworten. In Schaaren strömte die Jugend in
seinen Unterricht, um sich durch seine Kunst für das praktische
Leben vorzubereiten und eine glänzende Laufbahn zu sichern.

Ueber Korax und Tisias genügt der Verweis auf BLASS, att. Beredsamkeit. Gorgias' Auffassung des λόγος als δυνάστης μέγας, ὃς σμικροτάτῳ
σώματι καὶ ἀφανεστάτῳ θειότατα ἔργα ἀποτελεῖ kennen wir nicht nur aus
Plato, sondern aus seinen eigenen Worten in der Helena 8 ff., deren Aechtheit mir nicht zweifelhaft ist. Die Schrift περὶ τῆς φύσεως ἢ περὶ τοῦ
μὴ ὄντος ist bekannt; vgl. Isokr. Hel. 3: Γοργίαν τὸν τολμήσαντα λέγειν,
ὡς οὐδὲν τῶν ὄντων ἐστίν. Darin, dass er sich auch, im Anschluss an
Empedokles, mit physischen Erklärungen der Sinneswahrnehmungen beschäftigt hat, vermag ich nicht mit DIELS, Gorgias und Empedokles, Ber.
Berl. Ak. 1884, der seine Lehren erläutert und zugleich seine stilistische
Abhängigkeit von Empedokles nachgewiesen hat, einen Widerspruch gegen
die in dieser nihilistischen Schrift vorgetragenen Grundanschauungen zu
sehen, der dazu zwänge diese Lehren in eine ältere Periode zu setzen
und einen Bruch in Gorgias' Entwickelung anzunehmen. Platos Menon
zeigt, dass er diese Lehren noch am Ende seines Lebens in Thessalien
vorgetragen hat. Wenn er auch die Realität aller Dinge läugnete, so
konnte er wie Parmenides doch δόξαι über die Entstehung der Sinneswahrnehmungen vortragen, sei es auch nur als παίγνια, wie das Lob der
Helena. Weiteres §. 522 ff.

369. Der reine Rationalismus genügt wohl einzelnen Denkern, aber niemals einem Volke. Je mehr das Leben auf eine nüchterne, rein verstandesgemässe Auffassung hindrängt, welche nur den eigenen Vortheil kennt, und im ununterbrochenen Kampfe mit den entgegenstehenden Gewalten jedes Mittel zu ergreifen zwingt, um sich siegreich zu behaupten, desto stärker wird das Bedürfniss nach einem Gegengewicht. Der von der praktischen Thätigkeit absorbirte Verstand kann das nicht schaffen; er sieht nur den ewigen Kampf der widerstrebenden Gewalten, in dem ihm die Möglichkeit einer Erkenntniss des Absoluten, einer ewigen Wahrheit entschwindet. Nur der Glaube vermag die Erlösung und den versöhnenden Abschluss zu bieten. Nur scheinbar ist es ein Widerspruch, dass das Sicilien des fünften Jahrhunderts mit seiner leicht beweglichen, durchaus auf das Reale gerichteten, skeptisch gesinnten Bevölkerung keine wahre Philosophie erzeugt hat, dass dagegen Theologie und Mysticismus in hoher Blüthe stehen; das eine ist nur die nothwendige Ergänzung des anderen. Die Städte, fortwährend von innerem Hader zerrissen und in ihrer Existenz bedroht, werfen sich um so energischer den heimischen Göttern in die Arme; sie trotzen auf ihren Schutz und suchen ihn durch glänzende Bauten, Feste und Geschenke zu sichern. Bei den Massen steht der mystische Cultus der Demeter und Persephone und des Dionysos in hohem Ansehen. Daneben verbreiten sich die Geheimlehren der Orphik. Pindar zeigt, wie beliebt am Hofe Therons die Speculationen über Unsterblichkeit und das Gericht nach dem Tode waren. Dem Glauben an eine über der Welt stehende Gottheit, an den übernatürlichen Ursprung des denkenden Geistes in Mensch und Thier hat Epicharm wiederholt Ausdruck gegeben. Auch an Magiern und Propheten kann es auf Sicilien nie gefehlt haben — von wahrsagendem Weibsgesindel, das den Frauen für ein paar Geldstücke die Zukunft verkündet, hat gleichfalls Epicharm geredet, und schon der einzige Vers des alten Aristoxenos (§. 366), der uns erhalten ist, handelt von der Betrügerei der Seher. Auf diesem Unter-

grund ist die für das Sicilien des fünften Jahrhunderts cha-
rakteristischste Gestalt erwachsen, Empedokles von Agrigent
(ca. 495—435). Von der politischen Thätigkeit dieses Mannes
ist schon die Rede gewesen (§. 359). Aber das trat ganz zurück
gegen die weit höheren Ziele, die er sich gesetzt hatte. Er hatte
umfassende medicinische und naturwissenschaftliche Kenntnisse
erworben und wie es scheint Sinn für exacte Beobachtung
und Experimente; er hatte sich in den Systemen der Philosophen, des Xenophanes und vor allem des Parmenides, ferner
der Pythagoreer und des Heraklit umgesehen und ihre Lehren
in sich aufgenommen; dazu war er aufs stärkste von orphischen Anschauungen beeinflusst. Damit verband sich ein
unbedingter Glaube an sich selbst und seine Mission. Die
Menschen zu erlösen, ihnen Wohlthaten zu erweisen wie ein
Gott ist er in die Welt gekommen. Fleischgenuss und Mein-
eid sind die grossen Verbrechen, welche die göttlichen Geister,
die Dämonen, 30,000 Jahrzeiten hindurch von den Sitzen
der Seligen fernhalten und in die Finsterniss und das Gefilde des Elends hinabstossen, wo sie ruhelos von Existenz zu
Existenz wandern müssen als Pflanzen, Thiere, Menschen —
die Pflanzen hat er, über die Orphiker und Pythagoreer
hinausgehend, in den Kreis der belebten Wesen aufgenommen.
Nur Enthaltsamkeit von allen Verbrechen und vor allem von
dem Frevel der Fleischnahrung — denn jedes Schlachten und
jedes Thieropfer ist Mord, verübt an Verwandten, Eltern und
Kindern, die in Thiergestalt leben — kann sie von Stufe zu
Stufe heben: »zum Schluss werden sie Seher und Dichter und
Aerzte und Fürsten unter den Menschen auf Erden, und von
da erheben sie sich zu Göttern und Genossen der übrigen Un-
sterblichen.« Diese Stufe hat Empedokles erreicht. Die ganze
Natur liegt offen vor ihm, er beherrscht sie. »Ich wandle unter
Euch,« ruft er den Bewohnern Agrigents zu, »als unsterblicher
Gott, nicht mehr als Sterblicher, von allen geehrt, wie es
sich gebührt, geschmückt mit Binden und Kränzen. Wenn ich
in die blühenden Städte komme, ehren mich Männer und
Frauen; unzählige Schaaren folgen mir, zu fragen, was ihnen

Gewinn bringt, die einen um Orakel zu holen, die anderen
die Heilung von schmerzlichen Krankheiten zu erfahren.« So
hat er denn Wunder in Menge gethan. Gorgias, der in seinen
physischen Anschauungen wie in der Ausbildung der Rede-
kunst aufs stärkste von ihm beeinflusst ist, hat ihn zaubern
sehen; eine Scheintodte, an der die Kunst der Aerzte ver-
zweifelte, hat er zum Leben erweckt, indem er die Wärme
des Herzens wahrnahm und belebte; in Agrigent hat er die
verderblichen Winde, welche die Felder ausdörrten, in Esels-
bälgen aufgefangen; das versumpfte und verpestete Gebiet von
Selinus hat er durch Entwässerungsanlagen und Canalisation der
Flüsse entseucht. Auf den Münzen dieser Stadt sind die Dank-
opfer dargestellt, welche man den Flussgöttern Selinus und
Hypsas darbrachte, daneben ein abziehender Reiher. Als
Wundermann vor allem lebt er denn auch im Gedächtniss
der Menschen weiter. Ueber seinen Tod gab es keine Nachrichten; um so freiere Hand hatte die Legende, von seinem
»Verschwinden« die abenteuerlichsten Geschichten in Umlauf
zu setzen, die dann von Anhängern und Gegnern immer weiter
ausgesponnen sind. »Aber,« so fährt er nach den oben angeführten Worten fort, »was rede ich noch lange von diesen
Dingen, als wäre es etwas Grosses, wenn ich die sterblichen
vergänglichen Menschen überrage«; und nun trägt er seine
Erlösungslehre vor und die Mahnung sich des »schändlichen
Mordes«, des Fleischgenusses zu enthalten. In einem anderen
Lehrgedicht, das er seinem treuen Lieblingsschüler Pausanias
widmete, hat er die Grundlagen seiner praktischen Thätigkeit entwickelt. Aus den disparaten Lehrsätzen der Philosophen und Mystiker hat er sich ein Weltsystem zurecht
gemacht von den vier ewigen, beseelten Grundstoffen, aus
deren Anziehung und Abstossung (»Zuneigung« und »Hader«)
die Welt und der ewige Wechsel der Dinge und auch alle
lebenden Wesen und alle Sinneswahrnehmung und jede Erkenntniss hervorgehen. Diese rein materialistischen Anschauungen, welche auch die Götter nur als höchste Stufe
der elementaren Entwickelung und daher wohl als »lang-

lebig‹ aber nicht als unsterblich anerkennen und das Universum streng einheitlich auffassen, stehen im schärfsten Widerspruch zu den mystischen Lehren von dem göttlichen Ursprung des menschlichen Geistes und der einen, fast mit Xenophanes' Worten geschilderten Gottheit, — ›wir können ihr nicht nahen noch sie mit unseren Augen erreichen noch mit Händen fassen ... auch hat sie keine menschliche Gestalt, sondern sie ist nur ein heiliger, unermesslicher Geist, der mit schnellen Gedanken das ganze Weltall durchdringt‹. Und doch beruht auf diesen Ideen Empedokles' Prophetenrolle und seine Befähigung, den Menschen den Zusammenhang der Dinge zu offenbaren. Er hat den Widerspruch so wenig empfunden, wie er etwa aus der Lehre, dass auch in den Pflanzen der gestürzte göttlich-menschliche Geist lebt, die Folgerung gezogen hat, man müsse sich auch der Pflanzennahrung enthalten — nur den Bohnengenuss hat auch er verpönt. Die Hauptsache war auch bei dem kosmisch-physischen System die praktische Anwendung: ›Du wirst die Heilmittel gegen Krankheiten erfahren,‹ redet er Pausanias an, ›und den Schutz gegen das Alter, da ich allein Dir dies alles gewähre. Du wirst die Kraft der Winde bezwingen, welche das Erdreich mit ihrem Wehen verderben, und wieder, wenn Du willst, umgekehrt Winde herbeiführen; Du wirst aus finsterem Regen den Menschen zu rechter Zeit Trockenheit schaffen, und wieder in Sommers Dürre netzende Regengüsse; Du wirst aus dem Hades die Abgeschiedenen heraufführen.‹ Als Geheimniss hat er dem Pausanias seine Lehre verkündet, ›soweit es gestattet ist‹. Ein wahrer Philosoph war Empedokles nicht, zu einem einheitlich durchdachten System sich durchzuringen war er nicht der Mann. Aber vielfache Anregungen hat er in die Welt geworfen; die von ihm zuerst formulirte Lehre von den vier Elementen hat bekanntlich Jahrtausende hindurch nachgewirkt. — So reiht sich Empedokles an die zahlreichen Mystiker und Propheten des sechsten Jahrhunderts, einen Pherekydes, Onomakritos, Pythagoras an. Aber er ist noch bizarrer als sie alle; in seinen Lehren wie in seinem

Wirken halb ein von grossen Gedanken bewegter, von innerer Ueberzeugung getragener Prophet und Heilkünstler, halb ein sich selbst betrügender Betrüger, eine seltsame Mischung von Denker und Charlatan, wie sie ähnlich die Zersetzung der antiken Cultur in manchen Neuplatonikern und dann wieder die Gährung der Renaissancezeit so vielfach erzeugt hat, z. B. in Paracelsus. Deutlicher noch als seine Vorgänger zeigt er, wie auch in der griechischen Cultur die Möglichkeit beschlossen lag, in die Bahnen des Orients einzulenken — und so ist es doppelt bezeichnend, dass er Sicilien angehört. Im Orient hat es allezeit viele seines Gleichen gegeben; in der griechischen Welt erscheint er dem ersten Blick befremdend und fast isolirt. Mit Recht ist die weitere Entwickelung über ihn hinweggegangen.

Ueber Empedokles vgl. ausser den Geschichten der Philosophie (zuletzt vor allem Gomperz, griech. Denker 1, 183 ff.) E. Rohde, Psyche 465 ff. Kern, Empedokles und die Orphiker, Archiv f. Gesch. d. Philos. I, 498 ff., und vor allem Bidez (§. 359 A.) und Diels, über die Gedichte des E., Ber. Berl. Ak. 1898. Warum ich von ihren Auffassungen abweichen muss, ist im Texte angedeutet. Wenn man zwischen den mystisch-prophetischen Lehren der καθαρμοί und den physikalischen des Gedichts περὶ φύσεως einen tiefen Widerspruch statuirt, den Bidez und Diels durch verschiedene Abfassungszeit zu erklären suchen, so übersieht man, dass der Gegensatz nur ein logischer aber kein psychologischer ist. Die Tendenz beider Gedichte ist ganz die gleiche, praktische: die Begründung der Stellung des inspirirten Wundermanns. — Vgl. auch §. 512.

Italien im fünften Jahrhundert.

370. Die Geschichte des Griechen Italiens ist in denselben Bahnen verlaufen wie die Siciliens, mit der sie aufs engste verflochten ist; nur fehlen die grossen entscheidenden Kämpfe. Die Etruskergefahr ist durch das Eingreifen von Syrakus endgültig abgewiesen worden. Die Niederlage durch die Iapyger (§. 355) war für Tarent zwar ein schwerer Schlag, aber die Existenz der Stadt konnte sie nicht gefährden; wie es scheint,

wurde sie einige Jahre später durch einen grossen Sieg über
die Peukelier und Iapyger ausgeglichen, den Tarent durch ein
glänzendes Weihgeschenk nach Delphi verherrlichte. Seitdem
hatten, so schien es, die Griechen Italiens eine ernste Gefahr
von auswärts so wenig zu befürchten wie die sicilischen
Städte. An der Westküste war Rom mit Kyme und Sicilien
nahe befreundet und eine Stütze der hellenischen Politik. An
Uebergriffe konnte es nicht denken; es musste froh sein, wenn
es die durch Spurius Cassius (Bd. II, 500) begründete Suprematie über Latium einigermassen behauptete und sich der
Angriffe der Etrusker von Vei und der Aequer und Volsker
in den Bergen erwehren konnte. Bedenklicher waren die Bewegungen bei den rohen aber kriegerischen sabellischen Berg-
stämmen, denen ihre Heimath zu eng wird. Seit der Mitte
des Jahrhunderts können wir das Vordringen der Lucaner
nach Süden gegen das alte Choner- und Oenotrerland verfolgen; die Griechen selbst hatten ihnen durch die Zerstörung
von Siris (§. 397 A.) und Sybaris den Weg frei gemacht.
Etwa um dieselbe Zeit mögen die Angriffe der Sabeller gegen
die Etruskerstädte der campanischen Ebene begonnen haben.
In Kyme und Neapel wird man sie zunächst als Bundesgenossen begrüsst haben; wie hätte man vermuthen sollen,
dass die Barbaren aus den Bergen den kriegsgeübten, stark
befestigten Griechenstädten gefährlich werden könnten? Der
griechische Handel mit Italien und die Einwirkung der griechischen Cultur mehren sich ständig; und immer bedeutender
tritt auch hier die Stellung Athens hervor. Die Erbschaft
Phokaeas und Milets fällt ihm zu; es beherrscht den Import
nach den Etruskerstädten Toscanas wie nach Adria und Spina
an der Pomündung; nicht minder dominiren die attischen Vasen
in den Gräbern von Kyme und Nola in Campanien. Dafür
fanden die etruskischen Metallarbeiten, Trinkschalen, Trom-
peten, Hausrath aller Art in Griechenland und speciell in
Athen starken Absatz. Wie die griechische Kunst und Literatur auf den etruskischen Adel gewirkt hat, ist früher geschildert. Nicht anders war es in Rom. Als man sich hier

im J. 444 entschloss, das Landrecht zu codificiren und den
modernen Bedürfnissen entsprechend zu gestalten, sandte
man eine Commission nach Griechenland, das dortige Recht
zu studiren. Sie hat sich vor allem nach Athen gewandt ·
und zahlreiche Sätze aus dem solonischen Recht entlehnt.
Ausserdem soll sie sich der Hülfe eines vornehmen Verbannten
aus Ephesos, Hermodoros, des Freundes des Heraklit (§. 505),
bedient haben, der sie nach Rom begleitete. Aehnliche Einwirkungen werden in Apulien und bei den sabellischen Stämmen
nicht gefehlt haben; erscheinen doch unter den Pythagoreern
nicht wenige Lucaner.

Sieg der Tarentiner über die Peuketier und den ihnen zu Hülfe
gekommenen Iapygerkönig Opis: Pausan. X, 13, 10. Da das Weihgeschenk von Onatas gearbeitet ist, der schon für Hieron thätig war,
werden wir ihn nicht zu tief herabsetzen dürfen. — Von den Lucanern
hören wir zuerst nach der Gründung Thuriis Polyaen II, 10 (§. 400).
— Die Abhängigkeit des Zwölftafelrechts vom griechischen Recht ist
von manchen Neueren sehr mit Unrecht bestritten worden.

371. Im übrigen ist die Geschichte Grossgriechenlands
auch im fünften Jahrhundert für uns fast ein leeres Blatt. In
friedlichen Verhältnissen, ohne äusseren Feind, musste in den
fruchtbaren Küstenstrichen Unteritaliens Wohlstand und Volkszahl in ähnlicher Weise wachsen wie in Sicilien — wenn
dies auch dank dem weit ausgedehnteren Culturland an der
Südküste Italien bald überflügelte. Aber überall wurde die
gedeihliche Entwickelung durchkreuzt durch innere Kämpfe
und durch den ewigen Hader zwischen den Nachbarn. Das
Anwachsen der ärmeren Bevölkerung in den Städten hatte
schon im sechsten Jahrhundert zu demokratischen Erhebungen
und zur Tyrannis, und auf der anderen Seite in Kroton zur
Organisation der zur Herrschaft berufenen »Besten« in dem
Pythagoreerorden geführt, der sich von hier aus in andere
Städte, namentlich wie es scheint nach Metapont, vielleicht auch
nach Tarent verbreitete. Der Meister selbst soll bald nach dem
Fall von Sybaris vor der demokratischen Opposition unter Kylon
aus Kroton haben weichen müssen (Bd. II, 503); aber seine Jünger

behaupteten sich noch längere Zeit, allerdings unter fortwährenden Kämpfen mit der Gegenpartei. Endlich, wie es scheint gegen
die Mitte des fünften Jahrhunderts, kam es zu einem grossen
Volksaufstand; die Kyloneer steckten das Versammlungshaus
der Pythagoreer in Brand. Von den hier Versammelten
entkamen nur Lysis und Archippos; alle anderen, etwa vierzig, fanden in den Flammen den Tod. Von Kroton aus ergriff die Bewegung auch die übrigen Städte, vor allem wohl
Metapont. »Ueberall in Grossgriechenland,« sagt Polybios, »wurden die Synedrien der Pythagoreer verbrannt; die Folge war,
wie natürlich, da die ersten Männer aus jeder Stadt auf so
unerwartete Weise umgekommen waren, dass überall die
grössten Umwälzungen sich vollzogen und die Städte von
Mord, Revolution und Unruhen aller Art erfüllt wurden.«
Die Reste der Pythagoreer waren meist nach Rhegion geflüchtet und von hier aus in alle Welt zerstreut — mehrere,
so Lysis, haben in Theben Aufnahme gefunden. Von dem
Verlauf der inneren Kämpfe wissen wir gar nichts. Endlich,
nachdem die Stürme ausgetobt hatten, wandte man sich an
das Mutterland Achaia, und die achaeischen Gesandten haben
durch geschickte Vermittelung bessere Zustände geschaffen.
Damals sind auch die Reste der Pythagoreer, etwa sechzig
an Zahl, zurückberufen worden und zum Theil aufs neue zu
bedeutendem Einfluss gelangt. Der Hauptsitz der Schule ist
damals Tarent geworden.

Hauptstelle Polyb. II, 39. Die vielfach in Pythagoras' Lebzeiten
gesetzte Katastrophe (vgl. Bd. II, 503 A.) kennen wir genauer nur aus
Aristoxenos bei Iamblich. vit. Pyth. 248 ff. und dem von ihm abhängigen
phantastischen Bericht des Apollonios von Tyana ib. 254 ff., in dem die
von Polybios erwähnte Vermittelung der Achaeer 263 bei der Rückkehr
der Pythagoreer wiederkehrt. Sonst s. noch Plutarch de gen. Socr. 13,
ἐπεὶ γὰρ ἐξέπεσον αἱ κατὰ πόλεις ἑταιρίαι τῶν Πυθαγορικῶν στάσει κρατη-
θέντων, wo aber die Verbrennungskatastrophe nach Metapont verlegt und
Philolaos für Archippos eingesetzt wird. Ueber den Bericht Iamblichs ist
grundlegend Rohde, Rhein. Mus. 26, speciell S. 564 ff. Aus den Trümmern
der Ueberlieferung hat Unger, Ber. Münch. Ak. 1883 mit grossem Scharfsinn, aber mit übermässigem Vertrauen auf die Zuverlässigkeit der zer-
sprengten Daten eine zusammenhängende Geschichte der Pythagoreer

herzustellen versucht. Für die Zeit der Katastrophe ist der einzige Anhalt, dass der nach allen Angaben bei der Verbrennung entkommene
Lysis Lehrer des Epaminondas gewesen ist, also noch um 400 gelebt
haben muss. — In welche Zeit der Tyrann Kleinias von Kroton Dion.
Hal. XIX, 4 gehört, wissen wir nicht. Luxus in Kroton: Timaeos fr. 82.

372. Wie weit Tarent von diesen Erschütterungen ergriffen worden ist, wissen wir nicht. Hier war schon nach
der Niederlage durch die Iapyger, in der die Blüthe der
waffenfähigen Jugend den Tod gefunden hatte, der Census
beseitigt und die reine Demokratie eingeführt worden. Doch
verstanden es bei dem starken Aufschwung, den hier Handel
und Wohlstand nahmen, die Reichen, thatsächlich das Regiment zu behaupten und durch systematische Wohlthätigkeit
sowie durch eine Scheidung der Aemter in erlooste Schein-
ämter und politisch wichtige Wahlämter die Massen in der
Hand zu behalten. So glichen sich die Wirkungen der Niederlage durch die Iapyger bald wieder aus: Tarent wurde die
blühendste und volkreichste Stadt und der Haupthandelsplatz
Unteritaliens, seine Macht erstreckte sich weithin über die
Küsten des tarentinischen Golfs. — In Rhegion nahmen nach
dem Sturz der Tyrannis die Wirren kein Ende. Dagegen behauptete sich in Lokri mit dem Recht des Zaleukos auch die
alte Zucht und die aristokratische Staatsordnung. — Die Kämpfe
der Gemeinden mit einander sind zum Theil schon in der
sicilischen Geschichte erwähnt worden. Zwischen Lokri und
Rhegion war der Hass alt und unbesiegbar. So lange die
Tyrannis bestand, war Rhegion der mächtigere Staat (§. 348);
dann aber wuchs die Bedeutung von Lokri, das sich eng an
Syrakus anschloss. Im übrigen suchte die Stadt ihre Herrschaft über Hipponion, Medma, Temesa an der Westküste
zu behaupten oder wieder herzustellen. Auch gegen Kroton
wird der alte Gegensatz fortbestanden haben. Die Neigung
zum Anschluss an Syrakus scheint in der Tyrannenzeit auch
in Kroton hervorgetreten zu sein. Wenigstens hören wir,
dass der Weltläufer Astylos von Kroton, der in Olympia in
den Jahren 488. 484. 480 den Preis gewann, sich bei den

beiden letzten Siegen dem Hieron zulieb als Syrakusaner ausrufen liess; deshalb hätten allerdings die Krotoniaten seine
Statue umgestossen und sein Haus in ein Gefängniss umgewandelt — offenbar als die Stimmung umschlug, vielleicht
seitdem Hieron mit Lokri in enge Beziehungen trat. — Friedlicher mag es im Westen, in Kyme und Neapel, hergegangen
sein. Der höchste Ruhm aber fällt der kleinen Stadt Elea
(Hyela) zu (Bd. II, 348), wo die Reste der tapferen Phokaeer
sich nicht nur gegen die überlegenen Kräfte ihrer nördlichen
Nachbarstadt Posidonia und gegen die Lucaner siegreich behaupteten, sondern auch ein Gemeinwesen schufen, in dem
die grössten Denker der Zeit, Parmenides und Zeno, die Begründer der wissenschaftlichen Philosophie, sich heimisch
fühlen und eine gesegnete Wirksamkeit ausüben konnten.

Verfassung von Tarent: Arist. pol. VIII, 2, 8. VII, 3, 5, vgl. VI,
4, 1. Rhegion und Lokri: Thuk. IV, 1. 24 u. a.; zu den Verhältnissen
in Lokri Pind. Ol. 10, 13 ff. 118 ff. 11, 16 ff. (ἀτρέκεια, Tapferkeit).
Kriege im Westen: Thuk. V, 5. Strabo VI, 1, 5, vgl. Pausan. VI, 6.
Astylos: Pausan. VI, 13, 1, vgl. Robert, Hermes 35, 163 f. — Elea:
Strabo V, 1, 1. Die Anekdote von Zeno und dem Tyrannen Diog. L. IX,
26 u. a. ist schwerlich geschichtlich; eher die Angabe des Speusippos
ib. 23, dass Parmenides Elea Gesetze gegeben habe.

373. Auch das Leben und Treiben der italischen Städte
war dem Siciliens gleichartig. In Luxus und üppigem Sinnengenuss wetteiferten sie mit einander. Wie stark vor allem
Kroton, aber auch andere unteritalische Städte am nationalen
Sport Theil genommen haben, wurde früher schon erwähnt
(Bd. II, 420). Für Sieger aus Kroton, Lokri, Metapont haben
Simonides, Pindar, Bakchylides gedichtet. Die Götterkomödie
muss auch in den Volkslustbarkeiten der italischen Städte
heimisch gewesen sein; aus ihr sind im dritten Jahrhundert
in Tarent die mythologischen Possen Rhinthons hervorgegangen. Orphische Geheimculte und orphischer Seelenwande-
rungs- und Unsterblichkeitsglaube, Wunderthäter und mystische Propheten sind in der Heimath des Pythagoreerthums
stets weit verbreitet gewesen; aber daneben hat Unteritalien

anders als Sicilien wahre Philosophen erzeugt, nicht nur in den grossen Denkern von Elea, sondern auch in den Kreisen der pythagoreischen Schule. Unteritalische Dichter von Bedeutung kennen wir aus dieser Zeit nicht; dagegen gehört ihm einer der grossen Künstler der ersten Hälfte des fünften Jahrhunderts an, der Maler und Bildhauer Pythagoras (§. 477). Von Geburt war er freilich ein Samier; vielleicht gehörte er zu denen, welche sich um 494 Zankles bemächtigten. Dann mag er an den Hof des Anaxilaos gegangen sein und vorwiegend in Rhegion gelebt haben; denn die Schriftsteller bezeichnen ihn allgemein als Rheginer. Gearbeitet hat er vor allem für Sieger aus dem Westen, ferner Götterbilder für Syrakus und Tarent; doch ist er auch im Mutterlande, z. B. für Theben, thätig gewesen und hat olympische Sieger aus Arkadien und Kyrene dargestellt. — Die nächste Generation hat dann Zeuxis, den Maler aus Heraklea in Unteritalien, hervorgebracht. — Für die Gesammtentwickelung Italiens war entscheidend, dass sich hier in der Rivalität der einzelnen Gemeinden eine dominirende Macht nicht gebildet hat. Aus dem Schutz, den die Tyrannen von Syrakus den Griechen Italiens gewährt haben, hätte sich bei längerem Bestande ihrer Macht eine politische Herrschaft entwickeln können; nach ihrem Sturz blieb Italien wieder im wesentlichen sich selbst überlassen. So bestand für fremde Mächte ein starker Anreiz einzugreifen und Unteritalien ihren Interessen dienstbar zu machen. Zunächst hat das, früher noch als in Sicilien, Athen versucht. Bereits Themistokles hatte die Blicke nach Italien gerichtet (§. 283); der Erbe seiner Gedanken, die perikleische Demokratie, hat, sobald sie die Hände freibekam, auch hier seine Pläne aufgenommen.

Pythagoras bezeichnet sich selbst als Samier: Inschr. v. Olympia 144. 145 (IGA. 388. 388 a): Pausanias dagegen nennt ihn VI, 6, 6 aus Anlass desselben Denkmals und auch sonst durchweg Rheginer; die Kunsthistoriker (Plin. 34, 59 f. Diog. Laert. VIII, 47) scheiden fälschlich einen Rheginer und einen Samier. Vgl. u. a. Robert, archäol. Märchen S. 33. Hermes 35, 184 f.

Massalia.

374. Seit der Schlacht bei Alalia im J. 540 (Bd. II, 438) war die Vorherrschaft der Karthager im Westmeer entschieden; aber die griechischen Bestrebungen, auch die westlichen Küsten Europas in den Bereich ihres Handels und ihrer Colonisation zu ziehen, waren darum noch nicht erloschen. An die Stelle Phokaeas trat seine Tochterstadt Massalia. Im Besitze eines vorzüglichen, von Bergen umschlossenen und daher leicht zu vertheidigenden Hafens, unweit der Mündung eines grossen Stroms, und zugleich als einziger Handelsplatz eines ausgedehnten Landes ohne jeden Concurrenten, ist Massalia rasch zu einem volkreichen und wohlhabenden Gemeinwesen erwachsen. Es vermochte sich nicht nur wiederholter Angriffe der Ligurer zu erwehren — freilich musste man gegen plötzliche Ueberfälle und Raubzüge immer auf der Hut sein und daher die Mauern in gutem Stande und ständig bewacht halten — sondern auch zahlreiche Hafenbuchten des Alpengebiets zu besetzen; so sind die massaliotischen Colonien Tauroeis, Olbia, Antipolis, Nikaia, die Ansiedlungen auf den hyerischen Inseln u. a. entstanden. Sie alle waren mehr befestigte Hafenplätze zum Schutze der Küstenschiffahrt, als selbständige Gemeinwesen, und blieben daher immer von der Mutterstadt abhängig. Die Verbindung war nur zur See sicher; die Bergpfade waren in den Händen der ligurischen Stämme, namentlich der Salyer. Wein und Oel wurden an den Berghängen in grossen Quantitäten gezogen; grösseres Ackerland fehlte. Um so mehr war die Stadt auf die Pflege von Handel und Seefahrt angewiesen. Zu ernsthaften inneren Streitigkeiten nach Art der übrigen griechischen Gemeinwesen fehlte in Massalia wie in den ähnlich gestellten pontischen Colonien die Musse; man war sich immer bewusst, wie gefährdet die Lage war, wie unentbehrlich die Eintracht, um Wohlstand und Freiheit zu behaupten. So blieb die Verfassung dauernd streng aristokratisch. Die

Leitung des Gemeinwesens lag in den Händen eines grossen Raths von 600 »Amtsfähigen« (Timuchen), die aus den alteingesessenen Familien auf Lebenszeit ernannt wurden — schon die Grosseltern jedes Timuchen mussten Bürger gewesen sein. Ein Ausschuss von fünfzehn Mitgliedern erledigte die laufenden Geschäfte; an seiner Spitze standen die angesehensten Männer, von denen einer der regierende Bürgermeister war. Nur wer Kinder hatte, durfte in den grossen Rath eintreten; dagegen konnte der alte, ächt aristokratische Grundsatz, der Brüder und Söhne eines Mitglieds bei dessen Lebzeiten vom Eintritt ausschloss, auf die Dauer nicht aufrecht erhalten werden. Andererseits sperrte man sich nicht engherzig nach aussen ab; auch fremde Gewerbtreibende wurden ins Bürgerrecht aufgenommen, wenn sie sich in einem gerichtlichen Verfahren als würdig erwiesen. Unter diesem Regimente hat sich Massalia Jahrhunderte lang in geordneten Zuständen selbständig und mächtig erhalten. Die Finanzen waren blühend, das Arsenal und die Schiffswerft in gutem Stande, das Recht, anknüpfend an die alten Ordnungen der Heimath, wohl geordnet, seine Sätze jedermann zugänglich aufgestellt, wie in Athen und Rom.

Hauptquelle: Strabo IV, 1, 4 f. Dazu der sehr phantastische Abriss einer Geschichte Massalias bei Justin XLIII, 3 ff. Ferner für die Colonien die Notizen bei Avien (vgl. Bd. II, 425 A.), Skylax, dem sog. Skymnos, Strabo IV, 1, 9 f. — Aus Antipolis besitzen wir eine Inschrift bereits aus dem fünften Jahrhundert IGr. Sic. 2424. Zur Verfassung Arist. pol. VII, 4, 5. VIII, 5, 2.

375. Der Handel Massalias beruhte vor allem auf der Verbindung mit dem Hinterlande; das Rhonethal war seine natürliche Handelsstrasse. Massalia hat daher die Mündungen des Stromes besetzt und durch Wartthürme sowie durch eine Stadt Rhodanusia geschützt; auch wurde, wie in allen massaliotischen Ansiedlungen, ein Heiligthum der Stadtgöttin, der ephesischen Artemis, auf einer Insel des Rhonedeltas angelegt und so der Handel unter den wirksamen Schutz der Gottheit gestellt. Wenn stromaufwärts auch Orte wie Are-

late, Avenion, Kabellion als massaliotische Colonien bezeichnet
werden, so sind das wohl nur Factoreien in den einheimischen
Städten aus späterer keltischer Zeit. Von der Rhone gingen
die Handelsrouten theils ins Thal der Loire, an deren Mündung
ein Ort Korbilon als Handelsplatz genannt wird, und zu den
Venetern der Bretagne, theils ins Rheingebiet. Bis an den
Ocean, ja vielleicht gelegentlich selbst nach Britannien, sind die
Kaufleute vorgedrungen; von den verheerenden Sturmfluthen
der Nordsee hatten die griechischen Schriftsteller des vierten
Jahrhunderts eine unbestimmte Kunde. Die Kelten sahen die
fremden Händler und ihre Waaren gern und liessen ihnen
allen Schutz angedeihen. Auch Elemente der Cultur, Schrift
und schriftliche Abfassung der Handelsgeschäfte haben sie
später von Massalia übernommen. So kamen sie im Gegensatz zu den uncultivirten, immer feindseligen Ligurern in den
Ruf regen Bildungsbedürfnisses, friedlicher Gesittung, und vor
allem grosser Hellenenfreundschaft, den Ephoros weiter ausgemalt hat. Auch die Fabel von einer »Heraklesstrasse« —
es ist wohl der Weg, den Herakles mit den Rindern des
Geryones gezogen ist —, die von Italien durchs Keltenland
und das von den Kelten besetzte Ligurien nach Spanien führe,
und auf der jeder Wanderer, ob Einheimischer, ob Grieche,
in völliger Sicherheit reisen könne, wird damit zusammenhängen. Es kann nicht zweifelhaft sein, dass Massalia das
Vordringen der Kelten im Rhonethal gern gesehen und begünstigt hat.

Colonien im Rhonegebiet: Strabo IV, 1, 5. 8. Skymn. 268. Steph.
Byz. Nach Avien 689 wäre Arelate die ehemalige Griechenstadt The-
line, was schwerlich genau ist. Cultur und Philhellenismus der Kelten:
Ephoros bei Strabo IV, 4, 6 und Skymn. 183 ff. Strabo IV, 1, 5. Korbilon:
Polyb. bei Strabo IV, 2, 1. Veneter: Skymn. 193 (Ephoros), vgl. BERGER,
Gesch. d. wiss. Erdkunde der Griechen II, 6. Sturmfluthen: Ephoros bei
Strabo VII, 2, 1. Aristot. eth. Nic. 3, 10 und die abgeleiteten Stellen, s.
MÜLLENHOFF, Deutsche Alterthumskunde I, 231 ff. BERGER II, 62. —
Heraklesstrasse: [Arist.] mir. ausc. 85 (Timaeos).

376. Zwischen Rhone und Pyrenaeen gründete Massalia
Agathe im Elisykergebiet, am Fuss der Pyrenaeen Rhodae und

Emporiae. Letzteres, ursprünglich auf einer Insel gelegen, dann an die Küste verlegt, war ein stark befestigtes Castell, vor dessen Thoren eine gleichfalls befestigte Ansiedlung der Indiketen entstand. So waren die Griechen gezwungen, Tag und Nacht strenge Wache zu halten; nur in grösseren Abtheilungen gingen die Händler hinaus, um mit den Spaniern Geschäfte zu treiben, dagegen wurde kein Eingeborener in die Stadt eingelassen. — Auch in der Mitte der spanischen Ostküste, beim Cap de la Nao. lagen drei massaliotische Ansiedlungen, von denen Hemeroskopion am bekanntesten ist. An der Südküste endlich lag die vielleicht schon von Phokaea gegründete Stadt Mainake, mit einer tartessischen Niederlassung auf der Insel im Hafen (Bd. II, 429); die alte Freundschaft zwischen Phokaeern und Tartessiern hat sich auf Massalia vererbt. — Auch an Versuchen, in den Ocean vorzudringen, wird es nicht gefehlt haben; eine verschollene Kunde ist auf uns gekommen von einer Entdeckungsfahrt des Euthymenes von Massalia an der afrikanischen Küste, die vielleicht noch in die Zeit vor Hekataeos gehört. Er soll das Wasser des Oceans für süss erklärt und den Nil daraus abgeleitet haben — was sich hinter diesen Phantasien verbirgt. ist allerdings nicht zu ermitteln. — Auch sonst hat Massalia die Politik Phokaeas fortgesetzt. Der früher so vielfach ventilirte Gedanke, die grossen Inseln Corsica und Sardinien dem Griechenthum zu gewinnen, ist gewiss noch oft wieder aufgetaucht. Kaufleute aus Massalia begegnen uns in alten Inschriften aus der Phoenikerstadt Tharros auf Sardinien, und wenn wir dem griechischen Namen Olbia trauen dürfen, den eine Stadt im Nordosten der Insel führt, so ist in ihr ein Emporium der Massalioten aus dieser Zeit zu sehen. Auch sonst finden sich Spuren griechischen Einflusses auf Sardinien; in Delphi stand als Weihgeschenk eine eherne Statue des Sardus, des Stammvaters der Insel. — Dabei übte Massalia eine strenge Seepolizei, ähnlich den Hansestädten: die Stadt war voll von Beutestücken aus den Piratenkämpfen. Mit den Etruskern wird man oft genug zusammengestossen sein; wenn

sie auch nicht mehr gefährlich waren, so mochten sie doch oft
lästig genug fallen. Um so enger war die Stadt seit Alters mit
Rom befreundet. Das grosse vermuthlich in der ersten Hälfte
des fünften Jahrhunderts entstandene Heiligthum der römischen Bauernschaft, der Dianatempel auf dem Aventin, galt
für eine Filiale der phokaeisch-massaliotischen Artemis von
Ephesos; als die Römer nach der Eroberung Vejis dem delphischen Apoll aus dem Zehnten der Beute einen goldenen Dreifuss weihten, stellten sie das Geschenk im Schatzhaus der
Massalioten auf.

Agathe: Strabo IV. 1, 6. Steph. Byz. — Emporiae und Rhodae (da-
neben bei Strabo XIV, 2, 10 und Skymnos nach Timaeos fälschlich auf
Rhodos und dessen angebliche Seeherrschaft [Bd. II, 302 A.] zurückgeführt):
Strabo III, 4, 8. Skylax. Skymn. 203. Plin. III, 22. Liv. 34, 9. Dass von
ihnen auch Avien 559 ff. die Rede ist, haben Christ und Unger erkannt.
— Hemeroskopion: Strabo III, 4, 6. Avien 476. Eine andere dieser Städte
ist wahrscheinlich Ἀλωνίς, νῆσος καὶ πόλις Μασσαλίας Steph. Byz., Mela
II, 6. — Mainake Strabo III, 4. 2. Avien 427 ff. Skymn. 146. Vielleicht gehören auch die griechisch klingenden Orte Kallipolis und Kypsela Avien.
514. 527 hierher. Dass die Colonien in Spanien in den Fragmenten des
Hekataeos nicht erwähnt werden, scheint zu beweisen, dass sie jünger
sind als dieser. — Euthymenes: Berger, Gesch. d. Erdk. I, 107 ff. III. 6
[dazu Diels, Ber. Berl. Ak. 1891, 582]. — Zu Avien hat inzwischen
namentlich Marx, Rh. Mus. 50, 1895, eine Reihe werthvoller Bemerkungen gebracht, von denen die Identificirung des Namens Oestrymnis
mit dem Stamm der Osismier (u. Var.) in der Bretagne besonders hervorgehoben zu werden verdient. Aber seine Ansicht, dass die Quelle des
ersten Theils, der Beschreibung der oceanischen Küsten, jünger sein
müsse als der zweite Theil und erst der Zeit um 200—150 angehöre,
weil früher »die Geographie der Küste ausserhalb der Säulen des Her-
cules unbekannt war«, scheint mir gänzlich missglückt; Herodot beweist
ja das Gegentheil, da er bereits die in Aviens Quelle vorgetragenen Anschauungen verwirft, diese also älter sein müssen als er. — Dass die Behauptung der Späteren, Sagunt sei eine griechische Stadt, Colonie von
Zakynthos, lediglich aus dem Anklang des Namens gefolgert ist und geschichtlich falsch ist, bedarf kaum der Bemerkung. — Ueber Olbia (bei
Pausan. X, 17, 5 als Gründung des Iolaos und der Thespiaden) vgl.
Pais, intorno alla storia d'Olbia (Bibiotheca Sarda VI) 1895. Sicherheit
ist allerdings nicht zu gewinnen. Statue des Sardus: Pausan. X, 17. —
Massalioten in Tharros: Inscr. gr. Sic. et Ital. 609. 610. — Strabo IV,
1, 5 ἀνάκειται δ᾽ ἐν πόλει σογχὰ τῶν ἀκροθινίων, ἃ ἔλαβον καταναυμαχοῦντες

ἀεὶ τοὺς ἀμφισβητοῦντας τῆς θαλάττης ἀδίκως ist wohl so zu deuten, wie im Text angenommen, wenn daneben auch an die Kämpfe mit Karthago gedacht sein wird. Die Beziehungen zu Rom sind bekannt; das Weihgeschenk Diod. XIV, 93.

Karthago.

377. Mit seiner Machtstellung hat Massalia auch den Gegensatz gegen Karthago von Phokaea geerbt, und dieser war gefährlicher als die Feindschaft der Etrusker. Die karthagische Politik hat die Richtung, welche sie im sechsten Jahrhundert eingeschlagen hatte, consequent festgehalten. Ein einziges Mal hat man sich zu einem grossen weitausschauenden Unternehmen verleiten lassen, als das Bündniss mit Xerxes volle Gewähr eines sicheren Gelingens zu bieten schien. Als aber der Angriff auf die sicilischen Herrscher wider Erwarten zu einer schweren Niederlage führte, ist Karthago zu der alten bedächtigen und abwartenden Politik zurückgekehrt. Zufrieden seinen Besitz zu behaupten hat es, so reg auch der diplomatische Verkehr gewesen sein wird, sich jeder Intervention in den sicilischen Angelegenheiten enthalten und auch die alten Bundesgenossen, die Etrusker, ihrem Schicksal überlassen, als Hieron sie angriff. Um so zäher dagegen hat man an dem Ziel festgehalten, den südwestlichen Theil des Mittelmeers vollständig in ein karthagisches Meer zu verwandeln und hier wie auf dem Ocean jeden fremden Concurrenten auszuschliessen. Die Westspitze Siciliens, Sardinien, die Pityuseninsel Ebusos bildeten die grossen Marksteine der karthagischen Macht; um das Gebiet abzuschliessen, musste der Süden Spaniens hinzukommen. Gades, so wird berichtet, wurde von den benachbarten spanischen Stämmen (also wohl den Tartessiern) angegriffen, die auf seinen Wohlstand neidisch waren, und wandte sich um Hülfe an Karthago. Die Karthager gewährten sie ihm, benutzten aber die Gelegenheit, um ihm einen Theil seines Gebiets zu entreissen. Auch von Kämpfen zwischen Karthago und Gades selbst, von einer

Belagerung und Erstürmung der Stadt ist uns Kunde erhalten.
Wie Gades wurden auch die übrigen Phoenikerstädte in Spanien (Karteja, Sexi, Abdera) Karthago unterthan und durch
neue Ansiedlungen vermehrt. Diese Entwickelung führte zum
Conflict mit Massalia, mit dem es auch vorher schon an Reibungen nicht gefehlt haben mochte. »Als über die Weg-
nahme von Fischerboten zwischen Massalia und Karthago
Krieg ausgebrochen war,« erzählt Justin, »haben die Massalioten die karthagischen Heere oft geschlagen und ihnen
schliesslich Frieden gewährt.« Dieser dürftige Auszug aus
einem wahrscheinlich schon sehr unzulänglichen Bericht lässt
den Hergang nur ganz ungenügend erkennen. Dass die Massalioten Seesiege über Karthago erfochten haben, beweisen
eine Apollostatue und ein ehernes Cultbild der Athena, die
sie aus der Beute nach Delphi weihten. Auch haben sie ihre
Besitzungen an der Westküste Spaniens behauptet und von
hier aus nachhaltigen Einfluss auf das Binnenland geübt —
darauf bezieht sich die Bemerkung: »sie schlossen Freundschaft
mit den Spaniern«, die sich bei Justin an die Erwähnung des
Kriegs anschliesst. Wenn Karthago die Absicht gehabt hat,
auch die nördlichen Küsten des Westmeers in seinen Machtbereich zu ziehen — die Anwerbung von Spaniern vom Ebro,
Elisykern und Ligurern für das Heer Hamilkars 480 weist
darauf hin —, so hat es den Plan nicht durchführen können.
Dagegen Mainake und die Verbindung mit dem Ocean haben
die Massalioten verloren. Mainake wurde zerstört, in seiner
Nähe die Karthagerstadt Malaka gegründet. Die ganze Südküste Spaniens bis nach Mastia in der Gegend des späteren
Neukarthago wurde karthagischer Besitz; selbst noch weiter
nördlich lag eine phoenikische Ansiedlung an der Segura-
mündung. Wie weit es dabei zu Kämpfen mit den Spaniern
gekommen ist, wissen wir nicht. Die Mastiener (Bastuler) an
der Küste sind wohl unterthänig geworden, während die Tartessier im Baetisthal unabhängig blieben; denn keine Spur
weist darauf hin, dass Karthagos Gebiet sich vor den Eroberungen des Hamilkar Barkas tiefer ins Binnenland ausgedehnt

hat. Allerdings blieb den Tartessiern nach dem Verlust der Verbindung mit den Griechen nur die Anlehnung an Karthago übrig. Ihre Handelsstadt Tartessos an der Baetismündung ist später verschollen; sie mag in diesen Kämpfen verfallen oder zerstört sein. — Aushebungen wurden unseres Wissens in Spanien nicht vorgenommen: die unterworfenen Gebiete waren wohl meist den abhängigen Phoenikerstädten zugetheilt. Den Lockungen der karthagischen Werber dagegen sind die Iberer jederzeit in grosser Zahl gefolgt. Sonst ist die Einwirkung Karthagos auf Spanien gering gewesen. Selbst wenn die Iberer die Schrift zunächst den Phoenikern verdanken sollten, scheint doch in ihrer Gestaltung daneben griechischer Einfluss stark hervorzutreten; und die reiche Literatur der Turdetaner (Tartessier), welche Sagen, Traditionen und Gesetze in poetischer Form enthielt, ist gewiss nicht unter phoenikisch-karthagischer Anregung entstanden. — Welche Zeit diese Entwickelung in Anspruch genommen hat, ist nicht zu ermitteln. Sicher steht nur, dass Karthago, als es um das J. 344 aufs neue einen Vertrag mit Rom schloss, sein Absperrungssystem auch auf den Süden Spaniens »von Mastia im Tarseion (d. i. im Tartessierlande, Bd. II, 425 A.) an‹ ausgedehnt hat. Aber damals wird diese Küste längst karthagisch gewesen sein; die gegen die ältere Zeit äusserst dürftige Kunde, welche die griechischen Schriftsteller des vierten Jahrhunderts, vor allem Ephoros und Skylax, vom Westen besitzen, weist darauf hin, dass der Fall Mainakes und der Verlust der Verbindung mit dem Westen etwa in die letzten Jahrzehnte des fünften Jahrhunderts zu setzen ist.

Karthago und Gades: Justin 44, 5. Athenaeos περὶ μηχαν. p. 9 ed. Wescher (poliorcétiques) = Vitruv X, 19, wonach damals der Sturmwidder erfunden worden wäre. Später werden die Gaditaner als socii atque amici der Karthager bezeichnet (Liv. 28, 37, 1 aus Polybios) wie die übrigen unterhänigen Phoenikerstädte. — ἐμπόρια πολλὰ Καρχηδονίων in Spanien jenseits der Säulen des Herakles Skylax 1: Λιβυφοίνικες (d. h. Phoeniker aus Afrika, wie bei Hanno) ἐκ Καρχηδόνος ἀποικίαν λαβόντες in Spanien am Σαρδῷον πέλαγος Skymn. 196; ebenso Avien 114. 310 f. Erytheia, d. i. die Insel von Gades, karthagisch; 376 ultra has columnas

propter Europae latus vicos et urbis incolae Carthaginis tenuere quon-
dam (d. h. zur Zeit der Vorlage); 421 Libyphoenices. Zahlreiche Phoenikerstädte an der Südküste östlich von Gibraltar 438 ff. Die Quelle
erwähnte Mainake als noch bestehend; Avien 426 f. identificirt es fälschlich mit Malacha, s. Strabo III. 4, 2. — Phoeniker am Fluss Theodorus
(= Tader, Segura) Avien 456 ff. — Krieg mit Massalia: Justin 43, 5;
Weihgeschenke Pausan. X, 8, 6. 18. 7 (ἀπὸ τῆς πρὸς Καρχηδονίους ἀπαρχὴ
ναυμαχίας). — Dass Ephoros, wie Skymn. 146 zeigt, Mainake noch erwähnte, beweist nicht, dass die Stadt damals noch bestand (gegen Niese,
Gesch. d. griech. und mak. Staaten I, 492). — Anwerbung iberischer
Söldner: Diod. XIV, 44. 54. 80; ebenso schon beim Feldzug von 480.
Die iberische Schrift führt Hübner, monumenta linguae Ibericae, 1893, im
Anschluss an die spanischen Forscher auf phoenikische Vorbilder zurück,
doch mit nicht gerade sehr überzeugenden Gründen; jedenfalls tritt vielfach in den Buchstabenformen griechischer Einfluss hervor, vor allem
aber darin, dass dieselben phoenikischen Consonanten als Vocalzeichen
verwerthet werden, wie in der griechischen Schrift. Literatur der Turdetaner: Strabo III, 1, 6 (Artemidor).

378. Durch die Besetzung der südspanischen Küsten
waren die Karthager in der Lage, allen Fremden die Fahrt
durch die Strasse von Gibraltar und die Aufsuchung der
oceanischen Küsten unmöglich zu machen. Das Absperrungssystem, dessen urkundlicher Ausdruck in den Verträgen mit
Rom erhalten ist, wurde mit aller Strenge durchgeführt. »Die
Karthager bohrten die Schiffe in den Grund, wenn ein Fremder
nach Sardinien oder den Säulen des Herakles fahren wollte,«
sagt Eratosthenes; »daher finden die Nachrichten über den
Westen meist wenig Glauben.« Die Verbindung der Griechen
mit Gades und Tartessos hörte auf, die atlantischen Küsten
Europas und gar die Zinninseln, an deren Existenz schon
Herodot nicht mehr glauben wollte (Bd. II, 428), sanken in
Vergessenheit; an ihre Stelle traten fabelhafte Erzählungen
von einer gesegneten Insel im fernen Ocean, die die Phoe-
niker entdeckt hätten, deren Kenntniss aber die karthagische
Regierung nicht nur den Fremden, sondern auch dem eigenen
Volk streng verborgen halte, damit dies nicht, durch die
Kunde verlockt, dahin auswandere. Die älteren Bestrebungen
zur Erschliessung und Ausnutzung der oceanischen Küsten sind

von den Karthagern eifrig fortgesetzt worden; in Europa haben
sie die Verbindung mit den keltischen Küsten und den Zinninseln
festgehalten, in Afrika den Gedanken aufgenommen, die Umschiffung des Continents, die einst von Osten her den Phoenikern Nechos gelungen war, jetzt von Westen mit dauernden
Ergebnissen auszuführen — eine Aufgabe, deren Lösung Euthymenes von Massalia (§. 376) und vor kurzem noch, zweifellos von Karthago unterstützt, der Perser Sataspes (§. 61)
vergeblich versucht hatten. Gegen die Mitte des fünften Jahrhunderts unternahmen die führenden Staatsmänner Karthagos,
die Brüder Himilko und Hanno, Entdeckungsfahrten, jener an
der europaeischen, dieser an der afrikanischen Küste. Die
Berichte beider sind später den Griechen zugänglich geworden.
Himilko ist jedenfalls bis an die oestrymnischen d. i. die Zinninseln vorgedrungen und hat von der nordfranzösischen Küste,
wo vor kurzem nach Verdrängung der Ligurer die Kelten sich
festgesetzt hatten, Kunde gebracht. Im übrigen haben wir
aus ihm nur verschwommene Nachrichten über die Gefahren
der Oceanfahrt, die Untiefen, die Windstillen und Nebel, den
Seetang, die riesigen Seeungeheuer. Dagegen ist uns von
Hannos Bericht eine griechische Uebersetzung im Auszug erhalten. Seine nächste Aufgabe war, an der Küste jenseits
der Heraklessäulen »libyphoenikische (d. h. mit Phoenikern
aus dem karthagischen Gebiet besiedelte) Städte zu gründen«.
Daher ging er mit einer Flotte von 60 Pentekonteren in See,
»die gegen 30,000 Männer und Frauen« — die Zahl ist wohl
bedeutend übertrieben — »mit sich führte und mit Proviant
und allem anderen wohl versehen war«. Südlich von Lixos
hat er an der marokkanischen Küste sechs Ortschaften angelegt, an die sich weiter südlich auf einer kleinen Insel Kerne
(Kyrauis bei Herodot) am Nordrand der Sahara, wahrscheinlich an der Mündung des Flusses Sakhiet el Hamra in fruchtbarer Gegend gegenüber den kanarischen Inseln, ein letztes
und wichtigstes Emporium anschloss, an einer Stelle, wo schon
früher ein stummer Tauschhandel mit den Eingeborenen sich
gebildet hatte. Von hier aus ist er noch etwa einen Monat

lang weit an der Küste der Sahara entlang und über dieselbe
hinaus bis nach Senegambien und der Guineaküste vorgedrungen, vielleicht bis zum Cap Palmas; schliesslich musste
er aus Mangel an Lebensmitteln das weitere Vordringen aufgeben. Allzuviel war an den unwirthlichen Küsten nicht
zu holen, so dass die Fahrt schwerlich wiederholt worden
ist. Dagegen entwickelte sich auf der Insel Kerne ein lebhafter
Tauschhandel mit den Eingeborenen: die Kaufleute brachten
Salben und ähnliche Toilettegegenstände, attische Thongefässe,
auch Wein; die Eingeborenen zahlten in Thierfellen und Elfenbein, daneben wie es scheint auch in Gold, das von Guinea
durch Tauschverkehr vielfach bis hierher gelangte. — Die
Gründung dieser Colonien am Ocean beweist, dass die Mittel-
meerküste und Lixos bereits vorher von den Karthagern abhängig und colonisirt war.

Absperrung des Westens: Strabo XVII, 1, 19 (Eratosthenes). III,
5, 11. Die fabelhafte Insel: mir. ausc. 84. Diod. V, 20 (Timaeos).
Fahrten des Himilko und Hanno: Plin. II. 169. Periplus des Himilko:
Avien 117 ff. 380 ff. 404 ff. Benutzt bei Skylax 1. [Arist.] mir. ausc. 136,
d. i. Timaeos. — Der erhaltene Periplus des Hanno ist offenbar nur ein
Auszug aus dem Originalbericht; das beweist auch Arrian Ind. 43. Seine
Einwirkung findet sich schon in Herodots Angabe, dass die Karthager die
Umschiffbarkeit Afrikas behaupten (IV, 43), sodann bei Skylax 112 durchweg. Primitiver Tauschhandel auf Kerne Herod. IV, 196; der entwickelte
Handel bei Skylax 112. Ueber die Fahrt des Hanno (von den Aelteren
vor allem C. MÜLLER in den geogr. gr. min.) hat zuletzt C. TH. FISCHER,
Unters. zur alten Länder- und Völkerkunde I, 1893 eingehend gehandelt,
dessen auf SIEGLIN zurückgehende Localisirungen zum Theil wohl zweifellos richtig sind, wenn er auch mit der Annahme starker Aenderungen
der geographischen Verhältnisse in historischer Zeit zu weit gehen dürfte.

379. Seit einem Jahrhundert waren die Phoenikerstädte
Nordafrikas von Karthago abhängig; allmählich war die ganze
Küste von den Philaenenaltären an der grossen Syrte bis zum
Ocean besetzt und wo die Beschaffenheit des Landes es zuliess, mit Castellen und Städten besiedelt worden. Das Binnenland dagegen empfand wohl die Abhängigkeit von der mächtigen Handelsstadt und war ein ergiebiger Werbeplatz für

ihre Heere; aber eine karthagische Herrschaft bestand hier
nicht. Die Gewinnung der Seeherrschaft und der Häfen und
Küsten des Westmeers bildete die Grundlage der karthagischen
Macht; Sardinien, Sicilien und die südspanische Küste standen
im Centrum ihrer Politik und ihrer Unternehmungen. Jetzt
erst, gegen die Mitte des fünften Jahrhunderts, ging Karthago
daran auch das Binnenland zu erobern und ein nordafrika-
nisches Reich zu begründen. Die Tributzahlung, die man
bisher den Libyern geleistet hatte, wurde eingestellt und der
Krieg begonnen. Auch hier war Hanno der Führer. Die acker-
bauenden libyschen Stämme, die Zaueken im Hinterlande
Karthagos und im Bagradasthal (Zeugitana) und weiter südlich in Byzacium die Byzanten (Gyzanten, Zyganten), theilweise wohl auch die Maxyer an der kleinen Syrte und am
Tritonsee (den Schotts) wurden vollständig unterworfen. Auch
gegen die Stämme des Westens, die »Nomaden« (Numider)
von Algier und die Mauren in Marokko, wurde Krieg geführt.
Eine wirkliche Unterwerfung dieser Stämme hat Karthago
weder erstrebt, noch hätte es sie durchführen können; an der
unwirthlichen, felsigen und hafenlosen Küste des Nordwestens
war selbst eine Einziehung des Küstengebiets unmöglich. So
begnügte man sich, ein Bundes- und Abhängigkeitsverhältniss
wenigstens der angrenzenden Stämme und ihrer Häuptlinge
herzustellen, welches das karthagische Gebiet gegen Einfälle
sicherte und sie vielleicht zum Theil zur Stellung von Hülfscorps verpflichtete oder wenigstens der karthagischen Werbung
die Wege freigab. Um so vollständiger wurde das Ackerland des
Ostens unterworfen; in der neugeschaffenen Provinz, deren Umfang, abgesehen vom Süden, ungefähr der heutigen Regentschaft Tunis entsprochen haben mag, hatten die Libyer die
volle Schwere der Kaufmannsherrschaft zu empfinden. Sie
verloren alle Selbständigkeit und standen unter dem harten
Regiment der karthagischen Feldherrn, Vögte und Steuerein-
treiber. Die Hälfte des Bodenertrags nahm Karthago für sich,
dazu hohe Steuern von den Dorf- und Stadtgemeinden, und
bei Rückständen kannten die Beamten keine Schonung. Ueber-

dies wurde die kriegstüchtige Mannschaft hier nicht angeworben, sondern ausgehoben und unter karthagischen Officieren in die überseeischen Garnisonen und Schlachtfelder geschickt. Ein grosser Theil des Landes wurde karthagischer
Privatbesitz; durch Confiscationen, namentlich bei Steuerrückständen, wird derselbe ständig gewachsen sein. So entstanden
hier grosse Latifundien, die der karthagischen Aristokratie gehörten und mit Sklaven bewirthschaftet wurden. Die Boden-
cultur nahm dadurch in dem ergiebigen, äusserst fruchtbaren
Lande einen gewaltigen Aufschwung; die rationelle, die menschliche Arbeitskraft rücksichtslos ausbeutende Landwirthschaft
der Karthager, deren Grundsätze Mago in einem umfangreichen
Lehrbuche zusammengefasst hat, ist später für die Römer vor-
bildlich geworden. »Das Land war voll von Gartenwirthschaften
und Pflanzungen,« heisst es in einer Schilderung aus dem J. 310,
»da das Wasser durch Gräben überall hingeleitet war. Da reihten
sich Dorfschaften an einander mit prächtigen, reich ausgestatteten Häusern und Wirthschaftsgebäuden. Das Land war zum
Theil mit Wein, zum Theil mit Oliven und Obstbäumen bepflanzt; dazu kamen Heerden von Rindvieh und Kleinvieh und
im Sumpflande Gestüte. So machte das ganze Land den Eindruck mannigfachen Wohlstands, da es den vornehmsten Karthagern gehörte, und diese ihren Reichthum zur Beschaffung
aller Genüsse verwertheten.« Gegen feindliche Angriffe schien
die Provinz völlig gesichert: die Libyer waren geknebelt, gegen
die Ueberfälle der Nomaden schützte man sich durch die Anlage von Grenzgräben. Mit Recht konnte von Hanno, dem
Schöpfer der Provinz, gesagt werden, »er habe die Karthager
aus Tyriern zu Afrikanern (Libyern) gemacht«. Er hatte
ihnen »grossen Reichthum, zahlreiche Küstenplätze, Häfen und
Trieren geschaffen und die Herrschaft über ein weites Land
und ein weites Meer verliehen«.

Ueber die Verhältnisse der Unterthanen und die Organisation des
Reichs s. die trefflichen Ausführungen Meltzen's, Gesch d. Karth. II. —
Justin XIX, 2 itaque et Mauris bellum inlatum et adversus Numidas pug-
natum et Afri compulsi stipendium urbis conditae Karthaginiensibus

remittere; Trogus prol. 19 res Karthaginiensium in Africam per Sabel-
lum Annonem gestae [was der Beiname bedeutet, ist ganz unklar]. Das
angeführte Urtheil über Hanno bei Dio Chrys. or. 25 p. 313 Dindorf.
Ackerbauende libysche Stämme: Herod. IV, 191 ff.; vgl. Hekataeos fr. 305
Μέταοα, πόλις Λιβύης· Ἑκ. περιηγήσει Ἀσίας· ἐξ αὐτῆς σιτοφάγοι καὶ ἀροτῆρες; die Lage des Ortes ist unbekannt. Schilderung der Provinz Diod.
XX, 8; drückende Steuererhebung Polyb. I, 72 u. a. — Aushebungen bei
den Libyern und ebenso in den Phoenikerstädten und unter der Bürgerschaft der Hauptstadt: Diod. XIV, 44. 54. 80, im Gegensatz zu der Anwerbung von Söldnern bei den Iberern und den maurischen und numi-
dischen Königen und Stämmen und »einigen der in der Richtung nach
Kyrene wohnenden Völkerschaften«. Das wird durch die spätere Geschichte überall bestätigt. Ueber den Umfang der Provinz lässt sich
Sicheres nicht ermitteln. Grenzgräben: Phlegon mirab. 18 Εὔμαχός
[Geschichtschreiber Hannibals, Athen. XII, 577 a] φησι ἐν περιηγήσει, Καρχηδονίους περιταφρεύοντας τὴν ἰδίαν ἐπαρχίαν. Das sind wohl die Φοινικίδες
τάφροι bei Thenae, die Südgrenze von Byzacium und der römischen Provinz Afrika (Plin. 5, 25), welche die gefälschte Ueberlieferung bei Appian
Lib. 32. 54. 59 von Scipio im Frieden 201 als Grenze gegen Massinissa
gesetzt werden lässt. Tissot's Versuch, Reste desselben nachzuweisen
(géogr. comparée de la prov. rom. d'Afrique II. 12. 18), beruhte auf einem
Irrthum, wie S. Reinach zu der Stelle bemerkt.

380. Aehnlich wird es auf Sardinien ausgesehen haben,
so weit die Insel karthagisch war — nie unterworfen waren
trotz vieler Kriege die Iolaer oder Ilienser, der Hauptstamm
der Ostküste. Auch hier gab der Ackerbau reichen Ertrag; in
der Regel hat die Insel den karthagischen Heeren auf Sicilien
das Brod geliefert. Wenn Timaeos dagegen erzählte, die Karthager hätten auf der ehemals so fruchtbaren Insel alle Frucht-
bäume umgehauen und den Eingeborenen ihre Anpflanzung
bei Todesstrafe verboten, so kann sich das nur auf Massregeln gegen rebellische oder Grenzstämme beziehen, die
fälschlich auf die ganze Insel ausgedehnt sind. — Von Aushebungen oder Truppenwerbungen auf Sardinien erfahren wir
nichts. Dagegen hat man für den grossen sicilischen Feldzug des Jahres 406 auch auf den Balearen, deren Bewohner
als Schleuderer berühmt waren, Werbungen vorgenommen.
Im übrigen scheint von diesen Inseln, die die Brücke von
Sardinien nach Spanien bildeten, nur die Pityuseninsel Ebusos

(Bd. II, 432) ganz in karthagischen Händen gewesen zu sein,
während man sich auf den beiden grösseren balearischen
Inseln mit der Besetzung einiger Küstenpunkte begnügt hat.

Timaeos' Angabe über Sardinien: mir. ausc. 100. Die Iolaer frei:
Diod. V, 17 (Timaeos). — Anwerbungen auf den Balearen: Diod. XIV,
80; vgl. V, 18 (Timaeos). Die Bewohner der Balearen, καίπερ εἰρηναῖοι
ὄντες, gelten für vortreffliche Schleuderer, καὶ τοῦτ' ἤσκησαν, ὥς φασι,
διαφερόντως ἐξ ὅτου Φοίνικες κατέσχον τὰς νήσους Strabo III, 5, 1. Im
Jahre 206 sagt Livius 28, 37 (aus Polybios) von Pityusa (Ebusos): Poeni
tum eam incolebant, während Mago auf Mallorca feindlich abgewiesen
wird, und sich Menorcas mit Gewalt bemächtigen muss. Die späteren
Hauptstädte auf Mallorca sind römische Gründungen, während Bocchorum
und ebenso Mago auf Menorca, dem Namen nach zu urtheilen, phoeni-
kisch gewesen zu sein scheinen.

381. Ueber den eigentlichen Unterthanen Karthagos stehen
die »Bundesgenossen«, die phoenikischen Städte Nordafrikas,
Siciliens, Sardiniens, Spaniens, mögen sie nun altphoenikische
oder karthagische Gründungen sein. Auch Utika ist jetzt in
den karthagischen Bund eingetreten (Bd. II, 431). Auch diese
Städte, die in Afrika und Spanien meist als Libyphoeniker
bezeichnet werden, waren thatsächlich Karthago unterthan,
so gut wie die attischen und später die römischen Bundesgenossen. Sie hatten keine auswärtige Politik, ja aller Verkehr mit dem Auslande war ihnen — mit Ausnahme der
freier gestellten Städte auf Sicilien — untersagt; sie mussten
einen hohen Tribut zahlen — so nach Polybios Leptis
zwischen den Syrten, wohl als Haupt eines grösseren Bezirks, täglich ein Talent, was allerdings, an welches Talent
wir auch denken mögen, doch kaum glaublich erscheint —;
im Kriegsfalle werden auch in ihnen Aushebungen vorgenommen, und karthagische Aufsichtsbeamte sorgen dafür, dass
die Interessen der herrschenden Stadt gewahrt werden. Aber
sie haben sich in die Nothwendigkeit ohne ernsten Widerstand gefügt und in schweren Zeiten wiederholt treu zu Karthago gehalten. Sie sind eines Bluts mit den Karthagern, sie
haben dasselbe Recht, sie stehen wie diese hoch über den
fremdsprachigen Unterthanen, und nehmen Theil an dem Ge-

winne, den die Machtstellung Karthagos dem Phoeniker bringt.
Im Gegensatz zu den offenen Ortschaften der Libyer sind ihre
Städte durchweg ummauerte, selbständige, wenn auch unter
Controlle stehende Gemeinden mit eigenem Regiment und
eigenen Beamten, Suffeten, an der Spitze. Ihre Bürger stehen
privatrechtlich den Karthagern gleich und können im Heer
avanciren, ja zu hohen Posten gelangen. Wenn ihnen der
Handel mit dem Auslande, den Griechen und den italischen
Stämmen, gesperrt ist, so ziehen sie dafür aus dem Handel
mit der Hauptstadt, mit den Unterthanen, mit den barbari-
schen Stämmen des Hinterlands reichen Gewinn. Dazu bringt
ihnen Karthagos Macht Friede und Sicherheit. So prosperiren
die Städte unter seiner Herrschaft — deutlich tritt das namentlich auf Sardinien hervor, wo eine starke phoenikische Bevölkerung ansässig wird und Städte wie Karalis und Sulci, auch
wenn sie schon in viel früherer Zeit gegründet sind, jetzt erst
zu Bedeutung gelangen.

Die weit verbreiteten Anschauungen von der Opposition der Phoenikerstädte gegen Karthago hat Meltzer mit Recht bekämpft, und auch
hervorgehoben, dass sie im Gegensatz zu den offenen libyschen Orten
(Justin 22, 5. 5) durchweg befestigt waren. — Die vier Kategorien der
Bewohner des karthagischen Gebiets werden bei Diod. XX, 55 (Timaeos)
aufgezählt: 1) Phoeniker von Karthago; 2) Libyphoeniker in den Seestädten καὶ κοινωνοῦντες τοῖς Καρχηδονίοις ἐπιγαμίας; 3) die Masse der
libyschen Unterthanen; 4) Nomaden — die eigentlich nicht zum karth.
Gebiet gehören. Die drei anderen Kategorien erscheinen im Vertrage
zwischen Hannibal und Philipp Pol. VII, 9 als: 1) Karthager; 2) οἱ Καρχηδονίων ὕπαρχοι, ὅσοι τοῖς αὐτοῖς νόμοις χρῶνται, von denen die Uticenser
noch besonders genannt werden; 3) ὅσαι πόλεις καὶ ἔθνη Καρχηδονίοις
ὑπηκόα. — Tribut von Leptis: Liv. 34, 62. — Aufsichtsbeamte ἐπὶ τὰς
πόλεις oder πρὸς τὰς περιοικίδας Arist. pol. II, 8, 9. VII, 3, 5. — Suffeten in Malta: CISem. I, 124, in Gades: Liv. 28, 37.

382. Wie Sparta, Massalia, Korinth, Lokri zeichnet sich
Karthago im Gegensatz zu der Mehrzahl der griechischen
Staaten aus durch die Stabilität seiner inneren Verhältnisse,
die schroffe Uebergänge und Revolutionen nicht kennen. Sie
beruht nicht sowohl auf den Eigenthümlichkeiten des semiti-

schen Volkscharakters als vielmehr auf der exponirten Stellung der Stadt, die alle Machtmittel zusammenfassen musste, wollte sie die Herrschaft über ein so ausgedehntes und so verschiedenartig zusammengesetztes Gebiet behaupten, vor allem aber darauf, dass unter diesen Machtmitteln das Geld durchaus in erster Linie stand. Nur wenn die Finanzen sich in blühendem Zustande befanden, der Schatz wohlgefüllt, das Arsenal und die Zeughäuser reich versorgt waren, konnte man ein grosses Söldnerheer anwerben und die starke Flotte im Stand halten, welche zur Behauptung der Seeherrschaft und der überseeischen Provinzen unentbehrlich war. Ein derartiger Staat kann nur bestehen, wenn eine mächtige Kaufmannsaristokratie das Regiment führt; und jeder neue Erfolg stärkte ihre Stellung, es sei denn, dass ein siegreicher General den Versuch wagte, sich über sie zu erheben. Die Masse des Volks, die Handwerker, Händler, Arbeiter, Matrosen, dem Namen nach souverän, und zur Entscheidung berufen, wenn die regierenden Beamten und der Rath nicht einig waren, war materiell durchaus abhängig von den reichen Kaufleuten und hatte Theil an dem Wohlstand, den diese erwarben. Ihr konnte es nur willkommen sein, dass die Bürgerschaft, im Gegensatz zu den zinsenden Bundesstädten und den hart ausgebeuteten Unterthanen, frei war von Steuern und Abgaben, dass sie nur in geringem Maasse und wohl nur bei grösseren Kriegen zur Conscription herangezogen wurde[1]) und im wesentlichen Unterthanen und Fremde für sie die Haut zu Markte trugen. Die höheren Aemter behielten die Vornehmen für sich, und hier gab neben ererbtem Ansehen vor allem das Vermögen den Ausschlag. Ganz offen, etwa wie

---

[1]) Danach ist die Darstellung Bd. II, 433 zu berichtigen, vgl. Diod. XIV, 44. 80 über Aushebungen für die Heere auf Sicilien 409 und 406; ferner Plato leg. II, 674a über das Verbot des Weingenusses im Heer. Arist. pol. IV, 2, 6 über die als militärische Auszeichnung, nach der Zahl der Feldzüge, von den Bürgern getragenen Ringe, und vor allem Meltzer II, der aber die Zahl der Bürger in den Heeren zu überschätzen scheint.

bis vor kurzem in England der Stellenkauf in der Armee, wurde der Aemterkauf betrieben. Jahre lang wurden dieselben Männer zu den Aemtern wiedergewählt oder sassen in den regierenden Ausschüssen, dem Rath und den Pentarchien, über deren Einrichtung und Functionen uns im übrigen jede genauere Kunde fehlt. Selbst die Vereinigung mehrerer Aemter in derselben Hand war zulässig. Besoldungen gab es nicht; aber es galt als selbstverständlich, dass das Amt seinen Mann ernähren und die Auslagen mit Zinsen wieder einbringen musste, theils durch legitime Emolumente, vor allem aber durch Bestechlichkeit und durch Erpressungen von den Unterthanen. Die abhängigen, aber nicht minder einträglichen Posten wurden Leuten aus dem Volk gegeben, und dies dadurch willfährig und bei guter Laune erhalten. Auch in den Bundesstädten und in den neugegründeten Colonien fanden Viele Grundbesitz und Wohlstand. So war Karthago thatsächlich ein durchaus aristokratischer Staat. Aber die regierende Oligarchie erhielt sich dadurch lebensfähig, dass sie sich nicht als Stand abschloss oder gar den Mitgliedern des herrschenden Standes die Theilnahme am Geschäftsleben verbot, wie das in so vielen ähnlichen Staaten, zuletzt noch in Venedig, geschehen ist und überall nothwendig zum Verfall der Aristokratie geführt hat. Auf diese Weise ist es Karthago möglich geworden, ein Reich zu begründen und Jahrhunderte hindurch zu behaupten, wie es nicht nur dem Umfang, sondern auch den Machtmitteln nach niemals auch nur entfernt von einem griechischen Staat erreicht worden ist. Aber allerdings haben die regierenden Kreise wohl zäh festgehalten, was sie besassen und was ihr unmittelbarer Vortheil gebot; eine unwiderstehliche Energie des Angriffs und eine volle Hingabe an den Staat dagegen konnten sich in einem Gemeinwesen nicht entwickeln, in dem das Geld alles galt und in dem die Politik zum Verzicht auf ein wirkliches Bürgerheer und zu tiefem Misstrauen gegen die Armee zwang. So ist es gekommen. dass Karthago die Unterwerfung des Westens nicht vollendet hat und dass die Griechen Siciliens wie Massalia sich ihm

gegenüber zu behaupten und ein Gleichgewicht der Mächte
herzustellen vermochten.

> Ueber die karth. Institutionen s. Arist. pol. II, 8, sowie die Notizen
> III, 1, 7. VI. 5. 11. VII. 3. 5. VIII. 10, 4, und die zusammenfassende
> Darstellung Meltzer's, die aufs neue beweist, wie traurig es um unsere
> Kunde bestellt ist. Seine Annahme, dass es in K. eine Geschlechter-
> aristokratie und eine Vertretung von Geschlechtsverbänden im Rath ge-
> geben habe, kann ich nicht für richtig halten.

383. Die politische Leitung des Staats hat auch in der
ersten Hälfte des fünften Jahrhunderts in den Händen der
Familie Magos gelegen, deren Stellung durch Hamilkars Niederlage an der Himera nicht erschüttert worden ist; sie war
durch seinen Tod gesühnt. Hamilkars Söhne Himilko, Hanno,
Gisgo, und die Hasdrubals, seines älteren auf Sardinien gefallenen Bruders, Hannibal, Hasdrubal und Sapho, führten das
Regiment; sie bekleideten vermuthlich abwechselnd das Suffeten-
und Feldherrnamt. Am bedeutendsten ist uns unter ihnen
überall Hanno entgegengetreten, der Vollender der Grösse Karthagos. Aber etwa um die Mitte des Jahrhunderts trat ein
Umschwung ein; die Aristokratie erhob sich gegen die nun
schon drei Generationen andauernde übermächtige Stellung
des Hauses, die in eine Monarchie überzugehen schien. Der
entscheidende Gegenzug war die Einrichtung eines Staats-
gerichtshofs, der die Controle über die Feldherrn ausüben
und ihre Rechenschaftsablage entgegennehmen sollte. Er bestand aus 104 Mitgliedern, die von den Pentarchien gewählt
wurden. Da die Wiederwahl auch hier zulässig war, wurden
die Stellen bald lebenslänglich und die Körperschaft die eigentliche Vertreterin der herrschenden Classe und ihrer Interessen;
sie gewann eine ähnliche Stellung, wie in Sparta die Ephoren
und in Venedig der Rath der Zehn. — Die herrschende Familie wagte keinen Widerstand, sei es aus Patriotismus, sei
es weil ihr die buntscheckige Armee und die von der Aristokratie abhängigen Massen keine ausreichende Stütze gewähren konnten. So folgte bald ihr völliger Sturz. Gegen

Hanno wurden Beschuldigungen erhoben wegen seiner über das bürgerliche Maass hinausgehenden Lebensführung; auch die Niederlage an der Himera scheint man jetzt gegen die Söhne des unglücklichen Feldherrn ausgespielt zu haben. Hanno wurde verurtheilt und musste in die Verbannung gehen, ebenso sein Bruder Gisgo, der in Selinus eine Zuflucht fand. Die Gefahr einer Usurpation war beseitigt; aber der Gegensatz zwischen den Feldherrn und der bürgerlichen Gewalt hat von da an bis ans Ende die Geschichte Karthagos beherrscht und seine Unternehmungen gelähmt.

Hauptquelle: Justin XIX, 2. Der Gerichtshof der 100 oder 104 auch Arist. pol. II. 8, 2. 4. Richter und Feldherrn Diod. XX, 10 (310 v. Chr.). iudicum ordo Carthagine ea tempestate (um 200 v. Chr.) dominabatur, eo maxime, quod idem perpetui iudices erant. res fama vitaque omnium in illorum potestate erat: Liv. 33, 46 (d. i. Polybios). — Hannos Verurtheilung, motivirt damit, dass er einen gezähmten Löwen bei sich führt (vgl. Aelian hist. nat. 5, 39. var. hist. 14, 30): Plin. 8, 55. Plut. praec. reip. ger. 3. Gisgo verbannt: Diod. XIII, 43 (Timaeos), διὰ τὴν τοῦ πατρὸς ἧτταν, was so nicht richtig sein kann. — Der Hanno bei Pol. VIII, 6, 2 ist der Usurpator der Zeit des Dionys.

384. Von der Cultur Karthagos lässt sich ein ausreichendes Bild nicht gewinnen. Gewaltige materielle Leistungen hat die Stadt aufzuweisen, ein reges Leben und einen hochentwickelten Wohlstand. In allen materiellen Errungenschaften, in der Industrie, im See- und Kriegswesen stand sie ebenbürtig neben den Griechen; in den politischen Einrichtungen konnte sie ihnen in mancher Beziehung zum Muster dienen. Wie weit sich aber ein höheres geistiges Leben entwickelt hat, lässt sich trotz dem, was wir über die Periplen des Hanno und Himilko und über Magos landwirthschaftliches Werk wissen, nicht erkennen. Den Stämmen Afrikas hat Karthago, so stark es sie bedrückte, doch die Elemente der Civilisation gebracht, wie denn auch die phoenikische Sprache bei den Libyern den einheimischen Berberdialekt mehr und mehr verdrängt hat. Aber eine Einwirkung, wie etwa die Griechen auf Italien oder auch nur Massalia auf Gallien, haben die

Phoeniker auf die Völker des Westens niemals geübt. Die
Leistungen des Staats und die Stabilität seiner Verhältnisse
haben den Griechen mit Recht imponirt, zumal als im vierten
Jahrhundert daheim alles zusammenbrach. In Handelsverkehr stand man mit den Griechen, und mancherlei persönliche Beziehungen waren nicht zu vermeiden — war doch
Hamilkars, des Feldherrn an der Himera, Mutter eine Syra-
kusanerin (Herod. VII, 166). Aber im übrigen stand Karthago den Griechen auch culturell durchaus fremd und feindlich gegenüber. Von den griechischen Einflüssen, welche uns
in den Phoenikerstädten in der asiatischen Heimath, auf Sicilien und selbst auf Sardinien entgegentreten, ist in Karthago
und Nordafrika nichts zu spüren. Bezeichnend dafür ist, dass
während die von allen karthagischen Unterthanen am freiesten
gestellten sicilischen Städte sich dem Einfluss der griechischen
Verkehrsformen nicht entziehen konnten und daher Münzen
zu prägen begannen (§. 364), Karthago durchaus bei dem
alten orientalischen Barrenverkehr blieb, trotz des hochentwickelten Standes seiner Finanzen. Es stand also in dieser
Beziehung selbst hinter dem Perserreich zurück. Und doch
konnte man eines bequemeren Werthmessers nicht entbehren;
die Regierung gab daher kleine mit dem Staatssiegel gestempelte
Lederbeutel als Creditgeld aus. In jeder Beziehung erscheint
Karthago als ein vorgeschobener Posten des semitischen Orients,
mit seiner brutalen Kriegführung, seiner rücksichtslosen Aus-
saugung der Unterthanen, seinem Strafrecht, das gegen verurtheilte Feldherrn — und gewiss auch gegen Verbrecher —
die barbarischsten Strafen gestattete, und vor allem mit dem
blutigen Brauch, in Nothfällen die erstgeborenen Söhne, wenn
sie herangewachsen waren, den zürnenden Göttern zu opfern.
Auch die karthagischen Waaren tragen durchaus orientalischen
Charakter; die karthagischen Kunstgegenstände, Schmucksachen,
Siegel und Amulete, welche sich auf Sardinien und in Italien
gefunden haben, halten an den altüberkommenen Typen fest,
in den rohen Sculpturen der karthagischen Votiv- und Grab-
stelen zeigt sich nirgends die geringste griechische Einwirkung,

in einer Zeit, wo dieselbe im phoenikischen Mutterlande bereits immer stärker zur Geltung kommt (§. 85).

Ledergeld: [Plato] Eryxias 400 ἐν δερματίῳ ϸμικρῷ ἀποδέδεται ὅϭον γε ϭτατῆρος τὸ μέγεθος· ὅτι δέ ἐϭτι τὸ ἐνἀποδεδεμένον, οὐδεὶς γιγνώϭκει, εἰ μὴ οἱ κοιοῦντες [es war wohl garnichts darin, gewiss kein Werthobject]· εἶτα κατεϭϼϼαγιϭμένῳ τούτῳ νομίζουϭι, καὶ ὁ πλεῖϭτα τοιοῦτα κεκτημένος, οὗτος πλεῖϭτα δοκεῖ χρήματα κεκτῆϭθαι καὶ πλουϭιώτατος εἶναι.

Druck:
Customized Business Services GmbH
im Auftrag der
KNV Zeitfracht GmbH
Ein Unternehmen der Zeitfracht - Gruppe
Ferdinand-Jühlke-Str. 7
99095 Erfurt